비잔티움
연대기

비잔티움 연대기

BYZANTIUM

창건과 혼란

존 줄리어스 노리치 지음 • 남경태 옮김

바다출판사

Braniçevtsa
PATZINAKS
Morava
Vidin
Ister (Danube)
Ras
Naissus (Niš)
Varna
Trnovo
Sardica (Sofia)
PARISTRIUM
Anchialus
Mesemb
BULGARIA
Sozopolis
Maritsa
Skopje
Philippopolis (Plovdiv)
MACEDONIA
Adrianople (Edirne)
Vardar
Ochrid
Prilapon
Serrae (Seres)
Mosynopolis
THRACE
Voden
Thessalonika
Gallipoli
Castoria
Berrhoea (Verria)
THESSALONIKA
Mt Athos
Cyzicus
Abydos
Lemnos
Addramytteum
Larissa
Nicopolis
Lesbos
Pergamum
Aegean
Sardis
NEGROPONT
HELLAS
Chios
Smyrna
Phil
Thebes
Ephesus
Sea
Samos
Corinth
Athens
Antio
PELOPONNESOS
Patmos
Rhodes
Chandax (Candia)
CRETE

B Y Z A N T I U M

• **지도**

지중해 세계 | 콘스탄티노플 | 이탈리아 | 발칸 반도 | 소아시아와 중앙아시아

• **연대표**

• **주요 인물**

• **주요 사건**

노리쿰
판노니아
사바 강
도나우 강
아퀼레이아
베로나
파두아
베네치아
시스키아(시사크)
시르미움
시기두눔(베오그라드)
볼로냐
라벤나
피렌체
피사
페루지아
일리리아
나이수스(니시)
아드리아 해
오스티아
로마
디라키온
오크리드
나폴리
타란토
에피루스
히드룬툼
(오트란토)
티레니아 해
테살리카
코르키라
(코르푸)
크로토네
테르모필라이
파노르무스(팔레르모)
나우파쿠스
이오니아 해
시실리
엘리스
카타니아
자킨투스
시라쿠사
메토니
지 중 해
지중해 세계

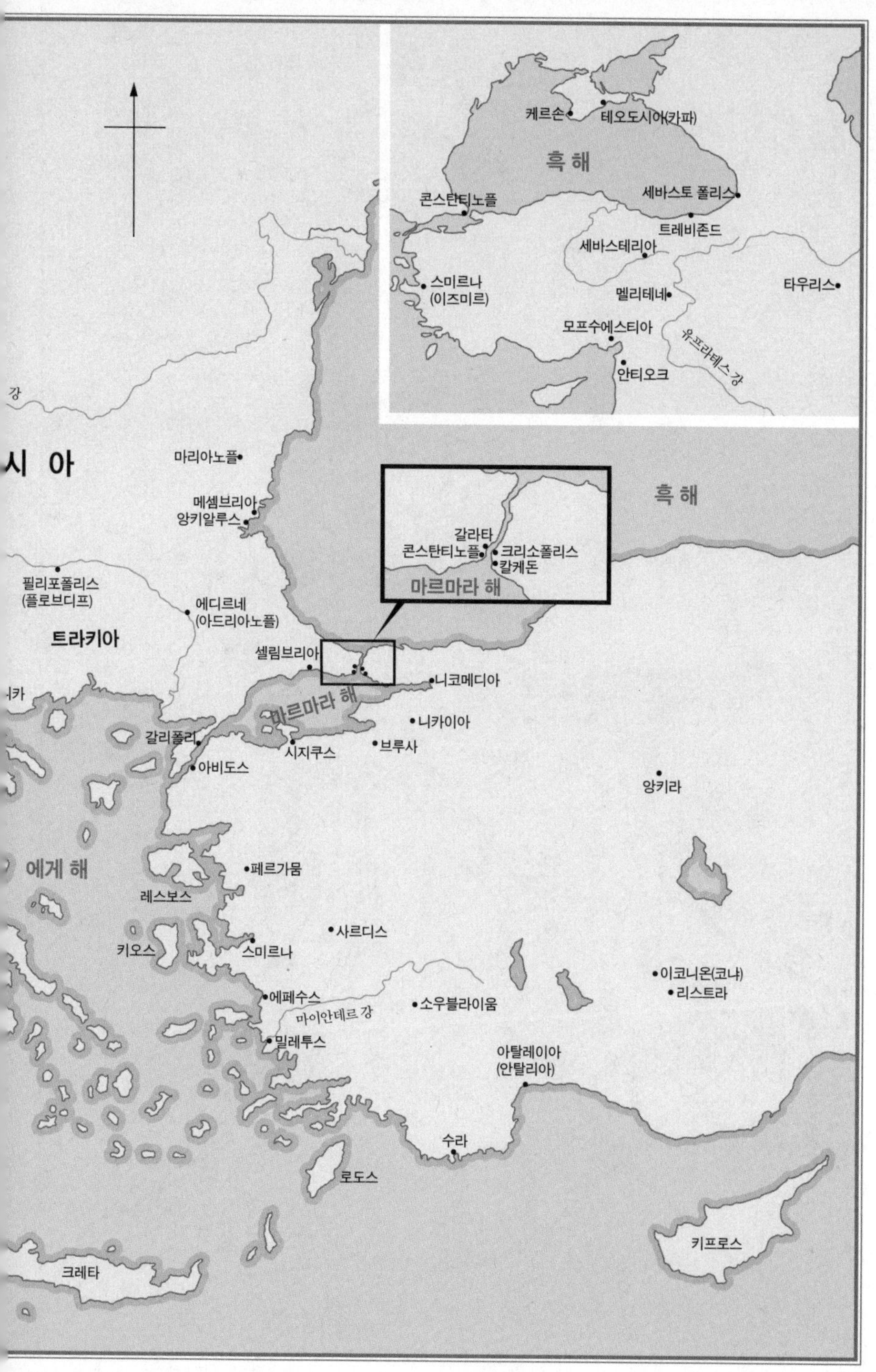

케르손
테오도시아(카파)
흑 해
콘스탄티노플
세바스토 폴리스
트레비존드
세바스테리아
스미르나
(이즈미르)
멜리테네
타우리스
모프수에스티아
유프라테스 강
안티오크
강
시 아
마리아노플
메셈브리아
앙키알루스
흑 해
갈라타
콘스탄티노플
크리소폴리스
칼케돈
마르마라 해
필리포폴리스
(플로브디프)
에디르네
(아드리아노플)
트라키아
셀림브리아
니코메디아
마르마라 해
니카이아
갈리폴리
시지쿠스
브루사
아비도스
앙키라
에게 해
페르가뭄
레스보스
사르디스
키오스
스미르나
이코니온(코냐)
리스트라
에페수스
소우블라이움
마이안데르 강
밀레투스
아탈레이아
(안탈리아)
수라
로도스
키프로스
크레타

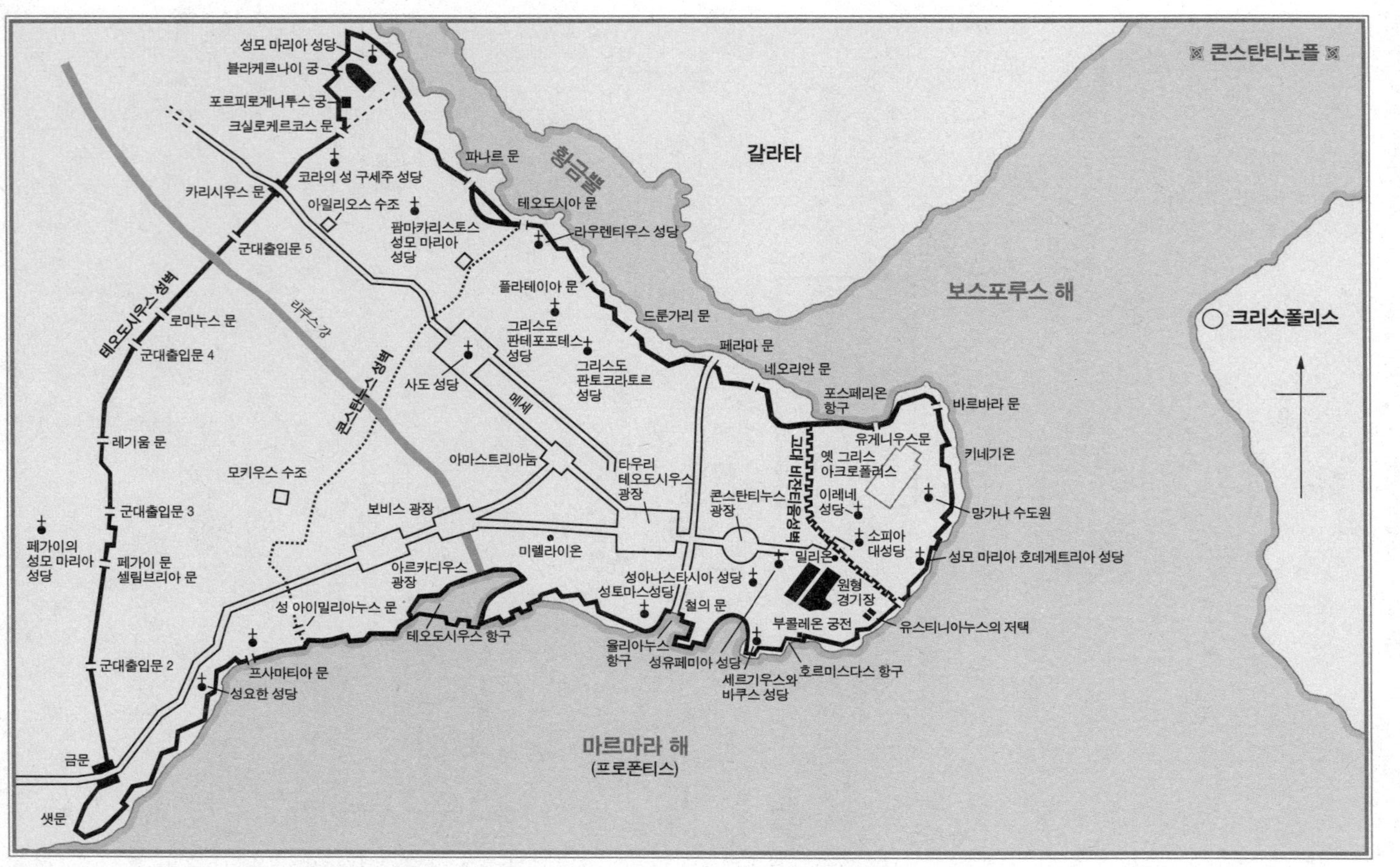
콘스탄티노플
갈라타
황금뿔
보스포루스 해
크리소폴리스
마르마라 해
(프로폰티스)
성모 마리아 성당
블라케르나이 궁
포르피로게니투스 궁
크실로케르코스 문
파나르 문
코라의 성 구세주 성당
카리시우스 문
아일리오스 수조
테오도시아 문
라우렌티우스 성당
팜마카리스토스
성모 마리아
성당
군대출입문 5
플라테이아 문
그리스도
판테포프테스
성당
드룬가리 문
리쿠스 강
테오도시우스 성벽
로마누스 문
군대출입문 4
그리스도
판토크라토르
성당
페라마 문
네오리안 문
사도 성당
메세
콘스탄티누스 성벽
포스페리온
항구
바르바라 문
유게니우스문
키네기온
옛 그리스
아크로폴리스
레기움 문
아마스트리아눔
타우리
테오도시우스
광장
모키우스 수조
콘스탄티누스
광장
고대 비잔티움성벽
이레네
성당
망가나 수도원
군대출입문 3
보비스 광장
소피아
대성당
페가이의
성모 마리아
성당
페가이 문
셀림브리아 문
미렐라이온
밀리온
성모 마리아 호데게트리아 성당
아르카디우스
광장
성아나스타시아 성당
성토마스성당
원형
경기장
성 아이밀리아누스 문
철의 문
부콜레온 궁전
유스티니아누스의 저택
테오도시우스 항구
율리아누스
항구
성유페미아 성당
호르미스다스 항구
군대출입문 2
프사마티아 문
세르기우스와
바쿠스 성당
성요한 성당
금문
샛문

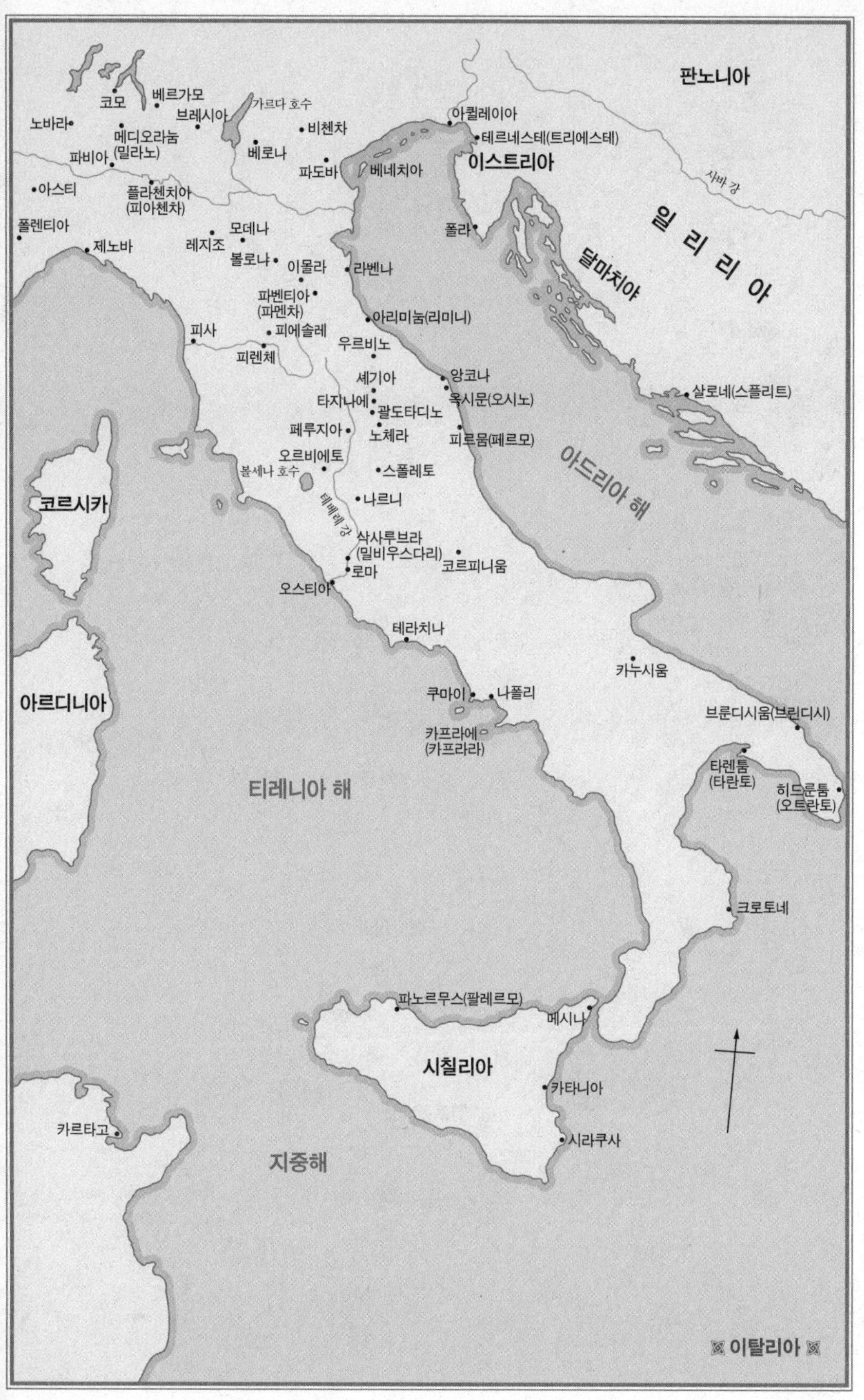
판노니아
코모
베르가모
가르다 호수
노바라
브레시아
비첸차
아퀼레이아
메디오라눔
(밀라노)
테르네스테(트리에스테)
베로나
파비아
파도바
베네치아
이스트리아
아스티
플라첸치아
(피아첸차)
사바 강
일리리아
폴렌티아
모데나
폴라
제노바
레지조
볼로냐
이몰라
라벤나
달마치아
파벤티아
(파멘차)
아리미눔(리미니)
피사
피에솔레
우르비노
피렌체
셰기아
앙코나
살로네(스플리트)
타지나에
옥시문(오시노)
괄도타디노
페루지아
노체라
피르뭄(페르모)
오르비에토
아드리아 해
볼세나 호수
스폴레토
코르시카
나르니
테베레 강
삭사루브라
(밀비우스다리)
코르피니움
로마
오스티아
테라치나
카누시움
쿠마이
나폴리
아르디니아
브룬디시움(브린디시)
카프라에
(카프라라)
타렌툼
(타란토)
티레니아 해
히드룬툼
(오트란토)
크로토네
파노르무스(팔레르모)
메시나
시칠리아
카타니아
카르타고
시라쿠사
지중해
이탈리아

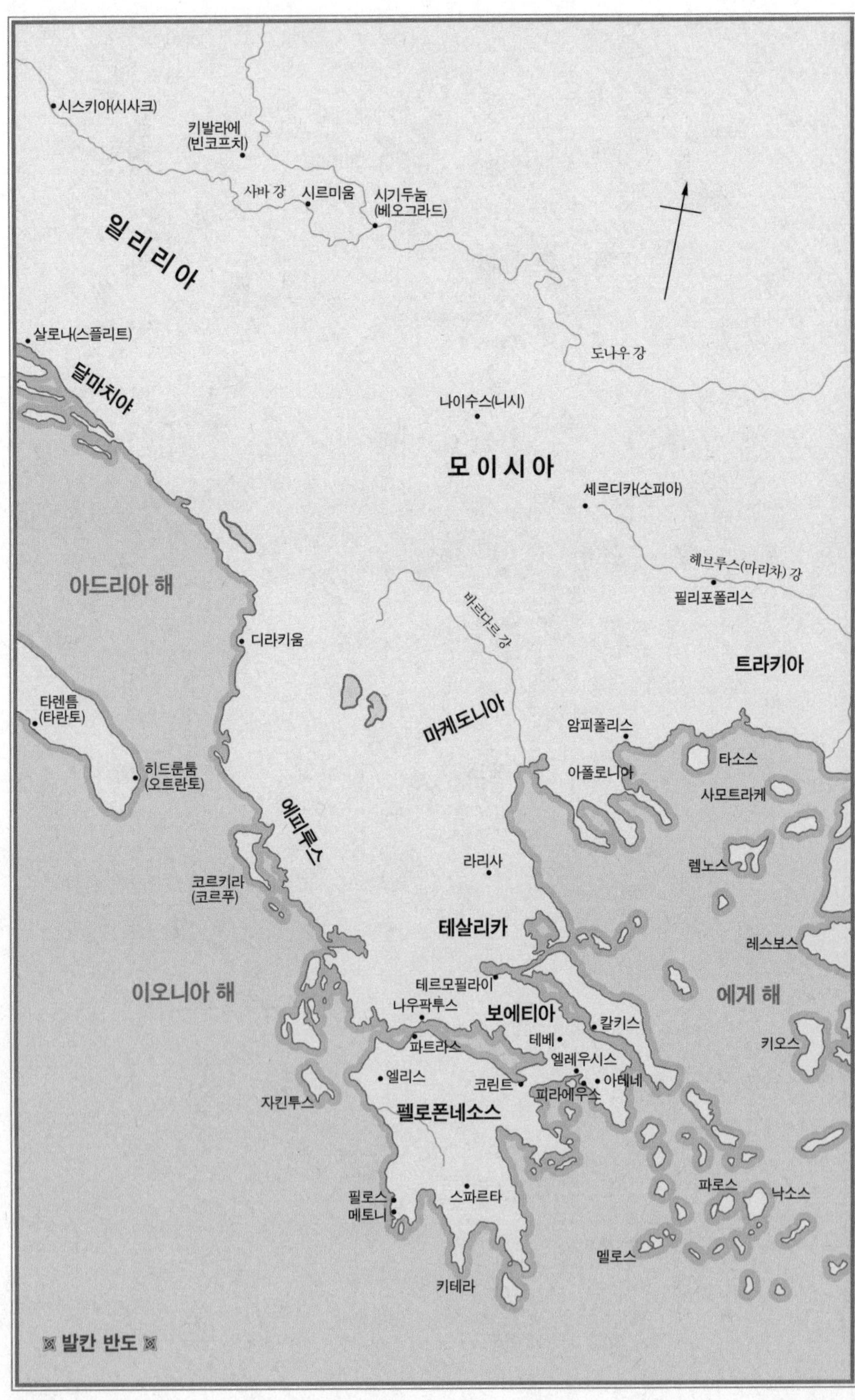

시스키아(시사크)
키발라에
(빈코프치)
사바 강
시르미움
시기두눔
(베오그라드)
일리리아
살로나(스플리트)
달마치아
도나우 강
나이수스(니시)
모이시아
세르디카(소피아)
아드리아 해
헤브루스(마리차) 강
필리포폴리스
바르다르 강
디라키움
트라키아
타렌툼
(타란토)
마케도니아
암피폴리스
타소스
아폴로니아
히드룬툼
(오트란토)
사모트라케
에피루스
라리사
렘노스
코르키라
(코르푸)
테살리카
레스보스
이오니아 해
테르모필라이
에게 해
나우팍투스
보에티아
칼키스
테베
키오스
파트라스
엘레우시스
엘리스
코린트
아테네
피라에우스
자킨투스
펠로폰네소스
파로스
낙소스
필로스
스파르타
메토니
멜로스
키테라

발칸 반도

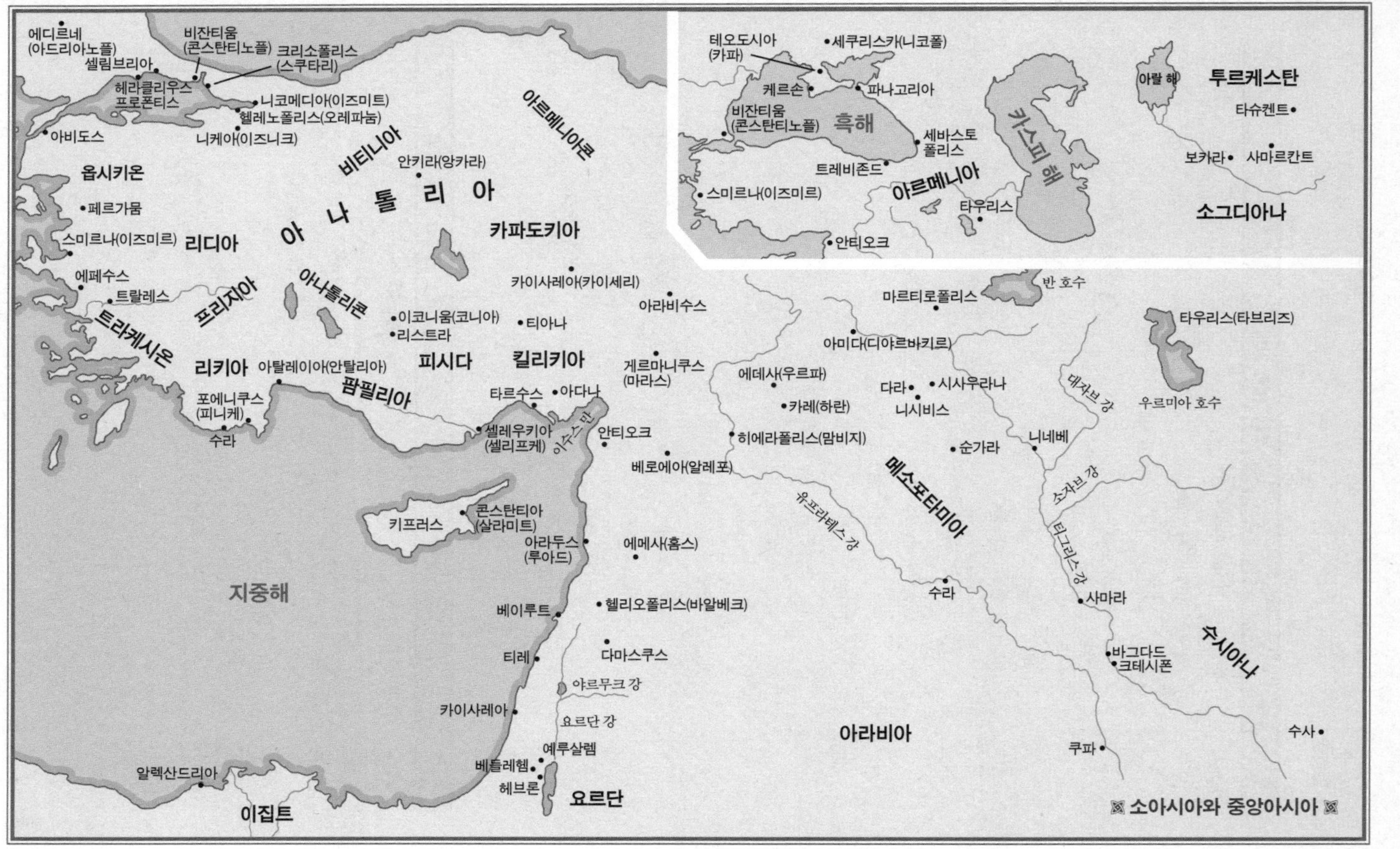
에디르네
(아드리아노플)
비잔티움
(콘스탄티노플)
크리소폴리스
(스쿠타리)
셀림브리아
헤라클리우스
프로폰티스
니코메디아(이즈미트)
헬레노폴리스(오레파눔)
니케아(이즈니크)
아비도스
옵시키온
페르가뭄
스미르나(이즈미르)
리디아
에페수스
트랄레스
트라케시온
프리지아
아나톨리콘
리키아
아탈레이아(안탈리아)
포에니쿠스
(피니케)
수라
비티니아
안키라(앙카라)
아 나 톨 리 아
아르메니아콘
카파도키아
카이사레아(카이세리)
이코니움(코니아)
리스트라
티아나
피시다
킬리키아
팜필리아
타르수스
아다나
셀레우키아
(셀리프케)
이수스 만
안티오크
아라비수스
게르마니쿠스
(마라스)
베로에아(알레포)
키프러스
콘스탄티아
(살라미트)
아라두스
(루아드)
에메사(홈스)
지중해
베이루트
헬리오폴리스(바알베크)
다마스쿠스
티레
야르무크 강
카이사레아
요르단 강
예루살렘
베들레헴
헤브론
요르단
알렉산드리아
이집트
마르티로폴리스
반 호수
아미다(디야르바키르)
에데사(우르파)
카레(하란)
히에라폴리스(맘비지)
다라
시사우라나
니시비스
순가라
니네베
메소포타미아
유프라테스 강
대자브 강
소자브 강
티그리스 강
수라
사마라
바그다드
크테시폰
아라비아
쿠파
수시아나
수사
타우리스(타브리즈)
우르미아 호수
테오도시아
(카파)
세쿠리스카(니코폴)
케르손
파나고리아
비잔티움
(콘스탄티노플)
흑해
세바스토
폴리스
트레비존드
아르메니아
스미르나(이즈미르)
안티오크
카스피 해
타우리스
아랄 해
투르케스탄
타슈켄트
보카라
사마르칸트
소그디아나
소아시아와 중앙아시아

● 연대표

연대	로마 제국 황제	
300년	디오클레티아누스 284~305 막시미아누스 286~305	† 공동 황제
	콘스탄티우스 1세 클로루스 305~306 갈레리우스 305~311 막센티우스 306~312	† 공동 황제
	콘스탄티누스 1세 대제 306~324 리키니우스 312~324	† 공동 황제
	콘스탄티누스 1세 대제 324~337	
	콘스탄티누스 2세 337~340 콘스탄티우스 2세 337~350 콘스탄스 337~350	† 공동 황제
	콘스탄티우스 2세 350~361 율리아누스 361~363 요비아누스 363~364 발렌티니아누스 1세 364~375	
	발렌스 364~378 그라티아누스 375~383	† 공동 황제
	테오도시우스 1세 379~392 발렌티니아누스 2세 383~392	† 공동 황제
	테오도시우스 1세 392~395	

연대	동방 황제	서방 황제
400년	아르카디우스 395~408	호노리우스 395~423
	테오도시우스 2세 408~450	콘스탄티우스 3세 423
		요한네스 423~425
		발렌티니아누스 3세 425~455
	마르키아누스 450~457	페트로니우스 막시무스 455
		아비투스 455~456
	레오 1세 457~474	마요리아누스 457~461
		리비우스 세베루스 461~465
		안테미우스 467~472
		올리브리우스 472

연대	동방 황제	서방 황제
400년	레오 2세 474	글리케리우스 472~474
		율리아누스 네포스 474
	제논 474~491	로물루스 아우구스툴루스 474~476
	(바실리스쿠스 475~476)	
	아나스타시우스 1세 491~518	
	유스티누스 1세 518~527	
	유스티니아누스 1세 527~565	
	유스티누스 2세 565~578	
	티베리우스 2세 콘스탄티누스 578~582	
	마우리키우스 582~602	
600년	포카스 602~610	
	헤라클리우스 610~641	
	콘스탄티누스 3세 641	
	헤라클로나스 641	
	콘스탄스 2세 포고나투스 641~668	
	콘스탄티누스 4세 668~685	
	유스티니아누스 2세 리노트메투스 685~695	
	레온티우스 695~698	
700년	티베리우스 3세 698~705	
	유스티니아누스 2세 리노트메투스 705~711	
	필리피쿠스 바르다네스 711~713	
	아나스타시우스 2세 713~715	
	테오도시우스 3세 715~717	
	레오 3세 717~741	
	콘스탄티누스 5세 코프로니무스 741	
	아르타바스두스 742	
	콘스탄티누스 5세 코프로니무스 743~775	
	레오 4세 775~780	
	콘스탄티누스 6세 780~797	
800년	이레네 797~802	샤를마뉴 800~814

• **주요 인물**

콘스탄티누스 1세 대제 (274년경~337년)

그리스도교를 최초로 국교로 공인하고 콘스탄티노플로 천도한 로마 황제. 비잔티움의 역사는 여기서 출발하며 그가 내린 결정은 이후 문명 세계의 미래를 바꾸는 중대한 계기가 된다.

배교자 율리아누스 (332년~363년)

콘스탄티누스 대제의 조카로 그리스적인 지성과 교양, 뛰어난 황제와 장군의 자질을 갖추었으나, 그리스도교를 배척하고 이교를 부활시키려 한 덕에 '배교자'라는 이름을 얻었다. 르네상스인들에게는 비극적 영웅으로, 계몽주의자들에게는 이성과 계몽의 선구자로 여겨진 다채로운 인물.

테오도시우스 1세 (347년~395년)

위협적인 고트족을 제국에 흡수하는 탁월한 지도력과 외교술을 발휘했고, 훌륭한 정부와 종교적 정통성을 확립하기 위해 애썼다. 380년 삼위일체를 믿는 사람만을 보편적인(catholic) 그리스도교도로 인정한다는 칙령을 발표했다.

아테나이스 (?~460년)

테오도시우스 2세의 황후로 아름다운 미모와 헬레니즘적 교양을 갖추고 있었다. 그리스 학문을 사랑했던 그녀의 영향으로 설립된 콘스탄티노플 대학에서 콘스탄티누스 대제 이후 모든 법령을 집대성한 『테오도시우스 법전』이 편찬되었다. 황제에게 버림받은 말년에는 예루살렘에서 쓸쓸한 최후를 맞았다.

훈족의 왕 아틸라 (?~453년)

'신의 징벌'이라 불리는 훈족의 왕 아틸라는 나폴레옹에 비견될 정도로 단시간에 유럽을 공포에 떨게 만든 가장 강력한 야만족 지도자였다. 발렌티니아누스 3세의 누이 호노리아는 당시로서는 매우 파격적으로 아틸라에게 청혼을 하기도 했다.

동고트족의 왕 테오도리쿠스 (454년~526년)

테오도리쿠스는 비잔티움 황제였던 제논과의 협의 아래 오도아케르를 타도하고 이탈리아에 동고트 왕국을 세웠다. 명목상으로 제국의 주권을 인정했으며 로마인과 고트인이 조화롭게 사는 것을 중시했다. 철학자 보이티우스를 처형한 일을 죽을 때까지 후회했다.

유스티니아누스 1세 (482년~565년)

『유스티니아누스 법전』을 편찬하고, 대규모 토목공사와 행정 기구 재편 등에 힘써 향후 수백 년간 제국이 성장하는 기반을 마련했다. 라틴적인 사고방식을 가지고 옛 로마 제국의 영광을 되살리려 애쓴 진정한 의미에서의 마지막 로마 황제였다.

테오도라 (500년경~548년)

매춘부에서 황후의 자리까지 오른 역사상 가장 극적인 삶을 산 여성 중 하나. 30대 중반의 나이에 유스티니아누스를 만나 황후가 된 후에는 남편의 자문 역할을 하며 국가 대소사에 간여했다. 명석한 두뇌와 수완으로 비잔티움의 실질적인 통치자가 되었다.

벨리사리우스 (505년경~565년)

비잔티움의 역사상 가장 뛰어난 장군으로 유스티니아누스 황제 치세에 이탈리아 재정복과 반달족 정벌 등에서 큰 공을 세웠다. 그의 인기와 능력을 시기한 황제에게 번번이 푸대접을 받으면서도 충성심을 잃지 않았다.

호스로우 1세 (?~579년)

'불멸의 영혼'이라 불린 페르시아 역사상 가장 빛나는 지도자. 정치가로서, 장군으로서, 지식인으로서 모두 뛰어난 업적을 남겼으며, 30여 년 동안 유스티니아누스의 호적수이며 경쟁자였다.

헤라클리우스 (575년~641년)

페르시아의 호스로우 2세가 맹위를 떨치던 최악의 상황에 제위에 올라 629년 페르시아 제국을 격파하고 참십자가를 되찾았다. 그의 힘과 결단력이 없었다면 콘스탄티노플을 비롯한 서유럽은 페르시아의 수중에 들어갔을 테고 이후의 역사는 상당히 달라졌을 것이다. 그리스어를 제국의 공용어로 삼아 옛 로마의 전통과 완전한 결별을 이루기도 했다.

마호메트 (570년경~632년)

622년 예언자 마호메트가 메카를 버리고 메디나로 이주한 것을 기점으로 이슬람의 시대가 열렸다. 이후 이슬람 세력은 그리스도교권의 가장 강력한 적수이자 경쟁자로 성장한다.

유스티니아누스 2세 (669년경~711년)

레온티우스의 반란으로 유스티니아누스 2세는 코와 혀를 잘리는 형벌을 받고 유배를 당한다. 그러나 그는 신체 훼손을 당한 자는 로마인의 황제가 될 수 없다는 전통을 깨고 705년 두 번째로 제위에 올라 '리노트메투스(코 없는 황제)'라는 별명을 얻었다.

이레네 (752년~803년)

남편인 레오 4세가 죽자 아들 콘스탄티누스 6세의 섭정이 되었으며 이후 11년 동안 실질적인 지배자로 군림했다. 성상 숭배를 인정한 제2차 니케아 공의회를 소집하기도 했던 그녀는 자신을 폐위시킨 아들의 두 눈을 뽑아 버림으로써 역사상 가장 잔인한 어머니로 기억된다.

● 주요 사건

밀비우스 다리의 전투 (312년)

공동 황제였던 막센티우스와의 교전 중 콘스탄티누스 대제는 하늘에 "이것으로 정복하라"는 문구와 함께 빛의 십자가가 걸려 있는 것을 목격한다. 이후 밀비우스 다리의 전투에서 대승을 거둔 콘스탄티누스는 그리스도교를 적극 후원하게 된다.

제1차 니케아 공의회 (325년)

성자는 유한한 피조물이라고 주장하는 아리우스파를 이단으로 규정하고 부활절 날짜 등을 논의한 그리스도 교회의 첫 공의회. 교회 통일을 목표로 회의를 주재한 콘스탄티누스 대제는 교회와 국가가 결합하는 비잔티움의 체제를 확립했다.

콘스탄티노플 천도 (330년)

콘스탄티누스 대제는 아시아의 관문에 있는 천혜의 항구도시 비잔티움을 새로운 제국의 수도로 삼고 자신의 이름을 따 '콘스탄티노플'이라 불렀다. 콘스탄티노플 천도로 문명의 중심은 동방으로 옮겨 간다.

테오도시우스 성벽 축조 (413년)

마르마라 해에서 황금뿔까지 뻗은 이 성벽은 테오도시우스 2세 치세에 축조되었으나 실은 안테미우스의 업적이다. 황제의 후계자들에 의해 삼중으로 보강된 성벽 안의 콘스탄티노플은 최후 함락의 그날까지 수많은 침입자들에게 난공불락의 요새였다.

제4차 칼케돈 공의회 (451년)

단성론을 주장한 네스토리우스를 파문하고 그리스도는 신성과 인성을 함께 지닌 하나의 위격임을 확정한 공의회. 이후 발표한 교령에서 콘스탄티노플 주교에게 총대주교의 직함을 부여하고 로마 교황에 버금가는 지위를 인정하여 서방 교회와 동방 교회의 경쟁을 낳았다.

서로마의 멸망 (476년)

스키리족 출신의 용병 대장 오도아케르에 의해 소년 황제 로물루스 아우구스툴루스가 폐위된 476년 서로마 제국은 멸망했다. 오랫동안 버려져 있던 이탈리아는 유스티니아누스에 이르러서야 재정복되었으며, 서방에 황제가 다시 등장하는 것은 샤를마뉴가 대관식을 치른 200여 년 후였다. 서로마 멸망은 로마의 주교가 세속적인 권력까지 갖게 되는 중세 교황 시대의 출발이기도 하다.

페르시아의 예루살렘 정복 (614년)

페르시아의 호스로우 2세는 시리아와 팔레스타인에 이어 마침내 예루살렘을 정복하고 수많은 그리스도교도들을 무자비하게 학살하는 한편 참십자가를 비롯한 유물들을 강탈하여 콘스탄티노플을 경악에 빠뜨렸다.

제1차 성상 파괴 (725년~786년)

레오 3세가 주도한 성상 파괴는 그리스도의 신성은 인간처럼 2차원이나 3차원의 형상으로 표현할 수 없다는 일종의 단성론적 사고에서 나왔다. 콘스탄티누스 5세 때 절정에 달했으며, 성상 숭배의 찬반을 둘러싸고 제국은 분쟁의 소용돌이에 휩쓸렸다.

교황령 탄생 (756년)

로마에 침입한 롬바르드족을 물리친 프랑크족의 단신왕 피핀은 예전 비잔티움의 영토였던 중부 이탈리아 지역을 교황 스테파누스 2세의 소유로 선언했다. 반세기 뒤 신성 로마 제국의 탄생에 결정적 역할을 하는 프랑크족과 교황의 동맹이 시작된 것이다.

제2차 니케아 공의회 (787년)

이레네가 소집한 제2차 니케아 공의회에서 성상 숭배는 다시금 부활하게 된다. 단성론 사고에 뿌리를 둔 성상 파괴론을 부정하는 것은 아시아적 이념을 받아들이지 않으려는 비잔티움 제국의 마지막 거부의 몸짓이었다.

샤를마뉴의 대관식 (800년)

800년 크리스마스에 로마의 성 베드로 대성당에서 프랑크 왕 피핀의 아들 샤를마뉴는 로마 교황 레오 3세에게 제관을 받고 '로마인의 황제'라는 직함을 받는다. 이로써 서로마 제국이 멸망한 지 400여 년 만에 서유럽은 다시 황제를 맞았다.

차 례

서문
문명은 비잔티움에게 빚을 지고 있다

"비잔티움 제국의 역사에 관한 일반적인 평가는 거의 예외 없이 문명 세계에서 가장 비열하고 가장 경멸스러운 역사라는 쪽으로 모인다. …… 하긴 그토록 오래 지속된 문명 중 그렇게 절대적으로 빈약한 문명의 역사도 드물 것이다. …… 비잔티움의 역사에 등장하는 인물들은 훌륭한 미덕을 배울 용기를 갖지 못한 자들이었다. …… 대부분 말과 행동에서 노예 같은 심성을 가진 자들로서, 경박한 성적 쾌락에 빠져들다가도 신학적으로 미묘한 문제가 등장하거나 흥미진진한 전차 경주라도 벌어지면 엄청나게 흥분하여 미친 듯이 소란을 일으키는 그런 족속들이었다. …… 제국의 역사는 성직자, 환관, 여인들의 음모와 독살, 반역, 배신과 친족 살해 등을 빼놓고는 말할 수 없는 단조로운 이야기들의 연속이다."

이 지독한 비방은 1869년에 출판된 W. E. H. 레키*의 『유럽 도덕의 역사History of European Morals』에서 발췌한 것이다. 내게는 레키가 의도한 대로 그렇게 마음에 와 닿지는 않지만—오히려 그의 이야기 중 마지막 구절은 내게 비잔티움 역사가 단조롭기는커녕 대단히 흥미로울 것이라는 관심을 유발시켰다—어쨌든 지난 2백여 년간, 후기 로마 제국이라 알려져 왔던 나라에 대한 평가는 매우 혹독하기 짝이 없었던 것도 사실이다. 그 오랜 비방의 원조는 사실 18세기의 에드워드 기번**이었다. 기번은 당시 고전 교육을 받은 모든 영국인들이 그랬듯이 비잔티움 제국을 고대 그리스와 로마가 간직했던 모든 미덕에 대한 배신으로 보았으며, 지식인층의 이런 분위기는 20세기까지도 이어져 왔다. 제1차 세계대전 이후 로버트 바이런 Robert Byron, 데이비드 톨벗 라이스David Talbot-Rice, 스티븐 룬시먼 Steven Runciman과 그들의 친구와 제자들 덕분에 균형추는 움직이기 시작했지만, 비잔티움 제국이 참모습을 되찾고 이제 과거가 되어 버린 두 강력한 문명을 잇는 계승자로서 자리매김하게 된 것은 제2차 세계대전 이후였다. 이는 지중해 동부 지역(레반트)*** 여행이 상대적으로 편리해지면서 비잔티움의 유적들이 일반에게 널리 알려진 덕분이기도 했다.

문제는 우리가 비잔티움 제국을 너무 모르고 있다는 사실이었다.

* 19세기 아일랜드의 역사가.

** 『로마 제국 쇠망사』를 쓴 18세기 영국의 역사가.

*** 레반트(Levant)란 소아시아와 시리아, 동부 지중해의 섬들을 가리키는 고대의 이름인데, 오리엔트와 마찬가지로 '해 뜨는 곳', 즉 '동쪽 나라'라는 뜻이다(오리엔트는 라틴어이고 레반트는 프랑스어 또는 이탈리아어이다). 넓게는 이집트와 그리스도 레반트에 포함하는데, 쉽게 말하면 지중해 동부 세계를 대표하는 지명이라 보면 된다. 그래서 중세와 근대의 서유럽인들은 지중해 무역을 레반트 무역이라 부르기도 했다. 이 이름은 오늘날까지도 종종 사용되는데, 그 경우에는 시리아 일대만을 가리키는 게 보통이다.

옛날부터 내려온 태도는 쉽게 사라지지 않았다. 내가 영국 최고의 전통과 명성을 자랑하는 공립 학교에서 5년간 공부할 때도 비잔티움은 늘 침묵과 함구의 대상이었다. 솔직히 말해서 당시에는 연구는커녕 그 이름조차 거의 들어본 기억이 없다. 나 역시도 옥스퍼드에 가고 나서야 겨우 개략적인 윤곽만 알게 되었을 뿐이다. 오늘날에도 여전히 많은 사람들은 과거의 내가 그랬듯이 비잔티움 제국에 대해서 모호한 인식밖에 가지고 있지 않다. 이 책을 쓴 이유는 바로 그 때문이다.

하지만 그 이유만은 아니다. 비잔티움 제국은 330년 5월 11일 월요일 콘스탄티누스 대제가 창건한 이래 1453년 5월 29일 화요일 오스만 술탄 메메드 2세가 정복하기까지 무려 1,123년 18일이나 존속했다. 내가 연전에 베네치아의 역사를 쓸 때 새삼 깨달은 사실이지만, 그런 장구한 세월을 적당한 두께의 책 한 권으로 다룰 수는 없는 노릇이다. 한두 명의 역사가들이 시도해 보았지만, 내가 보기에 그 결과는 전혀 만족스럽지 않다. 그럴 경우 독자들은 지극히 개략적이고 파편화된 설명으로 오히려 길을 잃고 헤매거나, 무수한 사실들의 융단폭격 속에서 대피처를 찾아야 한다.

그보다 더 여유 있는 방식을 찾아본 결과 나는 이 첫 권을 대략 초기 500년의 역사와 일치시켰다. 머리말에 해당하는 첫 두 장에서는 콘스탄티누스의 초기 시절과 그가 권좌에 오르는 과정을 다루었다. 내가 보기에 이 대목은 그 자체로도 흥미로울 뿐 아니라 다음의 내용을 이해하기 위해서 필수적이다. 제3장에 가서야 콘스탄티노플은 '새 로마'가 되며, 로마 제국은 비잔티움으로 불리게 된다(로마 제국이라는 옛 이름은 떨쳐 버리지 못했다). 이 책은 470년 뒤 샤를마뉴가 800년 크리스마스—역사 전체를 통틀어 가장 외우기 쉬운 날짜 중 하나다—에 서로마 황제가 되어 대관식을 치르는 것으로 끝난다. 보스포루스의 전통적인 황제에게는 처음으로 라이벌이 등장한 셈이다. 둘째 권은 십자군의 모험을 다룰 것이며, 셋째 권은 제국의 장엄한—동시에 대단히 비극적인—최후를 이야기할 것이다.

여러분은 혹시 "무엇 때문에 이 사람은 이 엄청난 작업을 떠맡은 걸까?" 하고 물을지도 모르겠다. 원래 이 생각은 내 것이 아니라 내 친구 보브 고틀리브의 것이었는데, 한참 뒤에 그는 내가 관여하는 미국 출판사를 떠나 〈뉴요커New Yorker〉를 편집했다. 당시 나는 어마어마한 작업을 상상하고는 좀 겁도 났지만 내 기억으로는 한순간도 망설이지 않았다. 그 무렵 이미 나는 사반세기가 넘도록 비잔티움의 세계에 매료되어 있었다. 나는 1954년 그리스에 처음 가본 뒤 그 이듬해는 베오그라드, 또 그 다음 3년은 베이루트의 영국 대사관에 근무하면서(당시 베이루트는 전 세계에서 가장 매혹적인 도시였다) 동부 지중해 세계와 그 지역에 얽힌 모든 것들에 깊은 애정을 가지게 되었다. 1964년에 외무부를 떠나 집필을 시작했을 때—리레스비 시트웰과 함께 쓴—나의 첫 작품이, 지금도 비잔티움의 숨결이 살아 숨쉬는 듯한 '아토스 산'*을 소재로 했던 것은 결코 우연이 아니다.

가장 최근에 내가 관심을 집중한 대상은 베네치아인데, 이곳은

* 고대 그리스인들이 신성하게 여긴 그리스 북부의 산.

비잔티움 제국의 속주였다가 나중에 그 문명권의 중요한 일부가 된 도시다. 콘스탄티누스 대제의 사도 성당을 본떠 지은 산마르코 대성당과 토르첼로 대성당에서는 콘스탄티노플에 견줄 만한 높은 수준의 비잔티움 모자이크를 볼 수 있다. 그러나 두 도시는 사실 엄청나게 다르다! 베네치아는 잔잔하고 얕은 석호 위에 세워진 덕분에 내륙으로부터의 공격에 대해 안전했다. 베네치아는 그 종말의 순간까지 불가침의 지역이었고, 베네치아인들도 이를 너무도 잘 알고 있었다. 반면에 콘스탄티노플은 거의 항구적인 외부의 침략과 포위에 시달렸으며, 황제와 신민들의 영웅적인 방어 덕분에 가까스로 살아남곤 했다.

또한 두 도시의 주민들도 극단적으로 대조적이었다. 베네치아인들은 당대에서 가장 냉소적이고 철면피이며 장삿속이 밝았던 반면, 비잔티움인들은 신비주의자로서 그리스도와 성모, 성인들을 마치 자기 가족처럼 가깝게 여긴 사람들이었다. 마지막으로 가장 중요한 차이가 있다. 베네치아는 각종 위원회들이 지배하는 집단 정치 체제를 취했다. 검은 옷을 입은 선출된 위원들은 비밀리에 활동했으며, 그들의 구성은 늘 변했고, 그들의 결정은 어느 개인에 의해 좌우되지 않고 집단적으로 채택되었다. 그러나 비잔티움은 그리스도의 12사도와 동격이며, 지상에서 신의 대리자인 황제가 다스리는 전제 체제였고, 백성들의 목숨은 그의 손가락 하나에 달려 있었다. 이 황제들 중에는 영웅의 면모를 갖춘 인물도 있었으나 괴물 같은 인물도 있었다. 하지만 어느 쪽이든 황제들은 대단히 재미있는 이야깃거리를 남겼다.

바로 그 이유 하나만으로도 이 책을 쓰는 일은 즐거웠다. 또한 이 책은 작으나마 비잔티움 제국에 대한 경의의 표시이기도 하다. 우리의 문명은 이 제국에 지고 있는 커다란 빚을 한번도 제대로 인정한 적이 없다. 그러나 이 그리스도교의 위대한 동방의 보루가 없었다면, 유럽 세계는 7세기에 페르시아 왕의 군대를 어찌 막았을 것이며, 8세기에 바그다드 칼리프의 군대를 어찌 당해 낼 수 있었을까? 제국이 아니었다면 오늘날 우리는 어떤 언어를 말하고 어떤 신을 숭배하고 있을까? 문화의 측면에서도 우리가 지고 있는 빚은 적지 않다. 야만인들의 침략과 그에 이은 로마의 몰락 이후, 서유럽에서는 가끔 수도원에서 깜박이는 불빛을 제외하고는 학문의 빛이 거의 꺼져 있었다. 그러나 보스포루스의 제방에서는 학문의 불길이 꺼지지 않았고 고전의 유산도 보존되었다. 콘스탄티노플의 학자들과 책을 베끼는 일에 몰두한 필경사들이 아니었다면, 지금 우리가 고전이라고 아는 것의 대부분—특히 그리스와 라틴 문학과 로마법—은 실전失傳되었을 것이다.

하지만 오늘날 우리는 제국이 남긴 이 지대한 공헌을 모두 당연시하며 잊고 있다. 지금 우리에게 비잔티움인들의 천재성을 상기시켜 주는 것은 오직 한 가지, 그들의 찬란한 예술뿐이다. 그리스도교 역사에서—아니, 어느 종교의 역사에서도—예술가들이 자신의 작품에 그토록 심오한 영적 느낌을 불어넣으려 한 경우는 없었다. 비잔티움의 신학자들은 종교 화가와 모자이크 제작자들에게 신의 형상을 나타내도록 힘써야 한다고 주문했다. 그것은 결코 쉬운 일이 아니었지만, 오늘날 제국의 성당과 수도원에서 우리는 그들의 주문이 훌륭하게 성취되었음을 볼 수 있다.

마지막으로, 비잔티움학의 전문가라면 이 책에서 아마 찬동할 수 없는 견해를 적잖이 발견할 것이다. 충분히 그럴 수 있다. 우리가 다루는 것과 같은 먼 시대에 관해서는 전해지는 기록이 극히 빈약하다. 또한 같은 사건을 놓고 두 기록자가 서로 반대로 설명하는 경우도 적지 않다. 그럴 경우 역사가는 확률을 따져 가능한 한 최선의 내용을 추출할 수밖에 없다.

하지만 고인 강물이 흙탕물이더라도 본류는 얼마든지 맑을 수 있다. 나는 그 흐름을 가능한 한 정확하게, 그대로 따라가려고 노력했다. 아직 바다에 이르려면 먼 길을 더 흘러가야 한다. 그러나 그 여정에는 틀림없이 합당한 보답이 따르리라고 믿는다.

존 줄리어스 노리치

1987년 12월, 런던

자연의 존재에서 나의 형상을 찾지는 않으리라.
그리스의 대장장이가 금을 두드려 빚은 형상을 택하리라.
그래서 조는 황제를 깨우고 황금의 가지로 하여금
비잔티움의 귀족과 귀부인들을 위해 노래하게 하리라.
지나가 버린 것, 지나가고 있는 것, 혹은 앞으로 다가올 것에 대해.

W. B. 예이츠, 「비잔티움으로 항해하며」

※ 일러두기

1 이 책에서는 국내에서 일반적으로 통용하는 '비잔틴 제국'이라는 용어 대신 '비잔티움 제국'이라는 용어를 사용하기로 한다. '비잔틴Byzantine'은 '비잔티움Byzantium'의 형용사이므로 '비잔티움 제국'이라고 표기해야 옳기 때문이다. 마찬가지로 '라틴Latin'과 '아랍Arab'도 '라티움Latium'과 '아라비아Arabia'의 형용사형이지만 비잔티움 제국을 제외하고는 관례에 따라 '라틴'과 '아랍'이라는 용어를 사용하기로 한다.

2 저자인 존 줄리어스 노리치가 붙인 원 저작의 주석은 책 말미에 배치했으며, 본문에 *표시와 함께 실려 있는 주석은 내용 이해를 돕기 위해 옮긴이가 덧붙인 것이다. 또한 본문이나 주석에서 〔 〕로 묶은 부분 역시 옮긴이가 덧붙였다.

3 단행본 서적으로 분류할 수 있는 책은 『 』, 문서 및 논문은 「 」, 그 외 예술 작품은 〈 〉로 표시했다.

4 외래어 인명 및 지명, 고유명사의 표기는 외래어 표기법(문교부 고시 제85-11호)에 따랐다.

1

신이 보낸 자, 콘스탄티누스의 등장

323년까지

그러한 불경스러운 태도가 인류에게 만연하고 국가는 파멸의 위협을 맞았으니, 신께서는 어떤 대책을 강구하셨겠는가? …… 나 자신이 바로 신께서 택하신 도구였다. …… 그리하여, 해가 자연의 법칙에 순종하여 수평선 아래로 가라앉는 먼 브리타니아의 바다에서부터 시작하여 나는 신의 도움으로 당시 만연한 온갖 형태의 악을 내쫓고 없앴다. 그것은 바로 인류가 나를 통해 깨달음을 얻고 신의 성스러운 법에 제대로 순종토록 하기 위해서였다.

콘스탄티누스 대제 유세비우스의 『콘스탄티누스의 생애De Vita Constantini』, II, 28

로마 제국의 분할

우선 이름부터 시작하자. 비잔티움은 아마도 모든 역사를 통틀어 가장 마술적으로 공명하는 지명이리라. 설사 그 이름을 딴 제국이 존재한 적이 없었다 하더라도, W. B. 예이츠 같은 시인이 찬미하지 않았다 하더라도, 심지어 일체의 허식이나 야망도 없이 처음부터 끝까지 유럽 대륙의 가장 외딴 곳에 있는 초라한 그리스 식민지로서 자존심과 야망이 없었다 하더라도, 비잔티움은 그 이름 자체가 주는 음악적인 효과로 오늘날까지 우리의 마음과 기억에 강렬한 인상을 남겼을 것임에 틀림없다. 황금과 공작석과 반암斑岩의 이미지, 웅장하고 엄숙한 의식, 루비와 에메랄드가 수놓인 직물, 은은한 향이 풍기는 어둑한 회랑을 희미한 빛으로 장식하고 있는 호사스러운 모자이크. 과거의 역사가들에 따르면 이 도시는 기원전 658년에 그리스의 도시 메가라에서 온 이주민들의 우두머리인 비자스Byzas라는 사람이 창건했다고 한다. 하지만 현재의 역사가들은 비자스라는 사람이 없었다고 말하는데, 우리로서는 그들이 옳기만을 바랄 따름이다. 마술은 언제나 설명 없이 남아 있는 게 좋은 법이니까.

다음에는 위치를 보자. 위치 역시 최고다. 비잔티움은 아시아의 관문, 삼각형을 이룬 넓은 곶의 동쪽 끝자락에 있다. 남쪽에는 프로폰티스—오늘날에는 마르마라 해라고 부른다—가 있고, 북동쪽에는 까마득한 옛날부터 황금뿔Golden Horn이라 불린, 길이 8킬로미터 가량의 넓고 깊은 내해가 자리잡고 있다. 자연이 빚어 낸 훌륭한 항구이자 난공불락의 요새로서 육로만 잘 방비하면 가히 무적의 도시였다. 해로를 통한 공격은 마르마라 해의 양 끝이 동쪽의 보스포루스와 서쪽의 헬레스폰트(다르다넬스) 두 해협으로 막혀 있기 때문에 대단히 어려웠다. 이렇듯 식민의 완벽한 조건을 갖추고 있기에 보스포루스 맞은편 해안에 17년 먼저 도시를 건설한 칼케돈의 주민들은 자신들의 눈이 멀었음을 한탄했다. 불과 2~3킬로미터 떨어진 곳에 훨씬 좋은 도시의 터가 있다는 것을 왜 보지 못했던가?

마지막으로 볼 것은 사람, 즉 로마 황제 콘스탄티누스 1세다. 역사상 그 어느 지배자도—알렉산드로스도, 앨프레드도, 샤를마뉴도, 예카테리나도, 프리드리히도, 심지어 그레고리우스도—콘스탄티누스만큼 '대제大帝'라는 칭호에 완벽하게 어울리는 인물은 없다. 그는 불과 15년의 간격을 두고 문명 세계의 미래를 바꾸게 될 두 가지 중대한 결정을 내렸기 때문이다. 첫째는 한 세대 전만 해도 그 어느 때보다 가혹한 박해의 대상이었던 그리스도교를 로마 제국의 공식 종교로 채택한 것이다. 둘째는 제국의 수도를 로마에서 옛 비잔티움 터에 건설한 신도시로 옮긴 것이다. 이후 비잔티움은 1600년 동안

† 그리스도교를 로마 제국의 국교로 채택한 콘스탄티누스 대제의 모자이크.

이나 그의 이름을 따서 콘스탄티누스의 도시, 즉 콘스탄티노플*이라고 불리게 된다. 이 두 가지 결정과 그것이 가져온 결과로 인해 그는 그리스도, 석가모니, 마호메트를 제외하고 역사상 가장 큰 영향력을 미친 인물로 자리매김하게 된다. 우리의 이야기도 바로 그로부터 시작한다.

로마 제국 후기에 관한 우리의 단편적인 지식으로는 어쩔 수 없는 일이지만, 우리는 콘스탄티누스가 2월 27일 로마 다키아 속주의 나이수스(현재 유고슬라비아의 니시)에서 태어났다고는 자신 있게 말할 수 있어도 출생 연도는 확실히 알지 못한다. 전해지는 바로는 274년이라고 되어 있으나 한두 해쯤 틀릴 수도 있다. 그의 아버지 콘스탄티우스—얼굴이 희다는 뜻의 '클로루스'라는 별명으로도 불렸다—는 이미 아들이 태어날 무렵 제국에서 가장 뛰어난 장군의 하나로 인정받고 있었다.

하지만 그의 어머니 헬레나는 12세기 역사가인 몬머스의 제프리

* 그리스어 정식 명칭은 콘스탄티노폴리스(Konstantinopolis), 즉 '콘스탄티누스의 도시'이다. 이것을 영어식으로 읽으면 콘스탄티노플이 되는데, 거의 모든 역사서에 이렇게 표기되어 있으므로 여기서도 그냥 콘스탄티노플이라 부르기로 한다.

가 말한 것처럼 콜체스터*의 신화적인 창건자이자 자장가에 나오는 늙은 왕 콜Old King Cole의 딸이 아니라, 비티니아** 출신의 초라한 여관집 딸이었다. 어떤 역사가들은 그녀와 콘스탄티우스가 실제로 결혼을 했는지도 의심했다. 또 콘스탄티누스의 가문에 적대적인 이교도 역사가들은 심지어 그녀가 어릴 적에 아버지의 여관에서 노리개 노릇을 하며 이따금 손님들에게서 푼돈을 받았다고도 말했다. 어쨌든 그녀는 만년에 이르러 아들이 절대 권력자가 된 뒤에야 제국에서 가장 존경받는 여인이 될 수 있었다. 또한 70대에 접어든 327년에야 비로소 이 열렬한 그리스도교 개종자는 유명한 성지순례를 떠나 기적처럼 참십자가[True Cross, 그리스도가 못 박혔던 십자가]를 발굴함으로써 성인의 반열에 오를 수 있었다.

정확한 출생 연도는 모르지만 콘스탄티누스는 그의 아버지가 로마 제국의 네 지도자들 중 한 사람이 되었을 때 이미 헌헌장부가 되어 있었다. 이미 286년에 디오클레티아누스 황제는 제국이 다루기 힘들 만큼 팽창했다고 판단했다. 그에 따라 제국의 적들도 지나치게 넓게 퍼졌고, 통신선도 너무 길어져 한 명의 군주로는 감당할 수 없었다. 그래서 그는 자신의 옛 전우인 막시미아누스를 공동 황제로 임명했다. 디오클레티아누스는 늘 동방 영토에 관심이 많았으므로, 도나우 강에서 유프라테스 강까지의 중간 지점쯤 되는 마르마라 해 연안의 니코메디아(현대의 이즈미트)를 근거지로 삼았다. 그 덕분에

* 런던 근처의 도시. 로마인이 영국에 처음 거주했다고 전해진다.

** 마르마라 해에 면한 지역의 옛 이름.

니코메디아는 안티오크나 알렉산드리아는 물론 로마에 견주어도 손색이 없을 만큼 크게 발달했다. 그러나 그의 치세에 로마는 이미 과거의 영광에 대한 기억밖에 남지 않은 상태였다. 그 지리적 위치만 보아도 로마가 3세기에 제국의 효율적인 수도로서 기능하기란 어려웠다. 그러므로 서방 제국의 황제가 된 막시미아누스가 로마가 아니라 메디올라눔, 즉 오늘날의 밀라노를 사실상의 수도로 삼은 것은 당연했다.

두 명의 황제는 한 명보다 나았다. 그러나 오래지 않아 디오클레티아누스는 권력을 더 세분하여 자신과 막시미아누스의 휘하에 각각 한 명씩의 '부제(副帝, Caesar)'를 두기로 했다(자신과 막시미아누스는 '정제(正帝, Augustus)'라고 불렀다)*. 부제들은 각자 할당받은 영토에서 전권을 행사했고 권력의 세습도 가능했다. 부제들 중 한 명인 트라키아 출신의 거칠고 사나운 직업군인 갈레리우스는 발칸을 관장했고, 다른 한 명은 갈리아를 근거지로 삼으면서 반란이 심한 브리타니아를 로마령으로 관리하는 것을 책임졌는데 그가 바로 콘스탄티우스 클로루스였다.

하지만 이런 제도의 결함은 이미 그 당시에도 명백했다. 디오클레티아누스가 제국은 한 몸이고 분리될 수 없으며, 단일한 법과 지

* '카이사르(Caesar)'라는 말은 율리우스 카이사르에게서 나온 이름이고, '아우구스투스(Augustus)'라는 말은 그의 양아들이자 로마 제국의 초대 황제인 옥타비아누스가 받은 존칭이다. 원래는 인명으로서 고유명사였던 이 두 용어는 이후 황제의 직함을 뜻하는 일반명사가 되었다. 특히 카이사르는 'emperor(임페라토르에서 비롯된 용어)'보다 전제적인 의미가 강한 황제를 뜻하는 말로 후대에까지 널리 사용되었는데, 러시아의 차르(Tsar)나 독일의 카이저(Kaiser)는 모두 카이사르에서 나온 말이다.

† 디오클레티아누스 시대의 사두정치를 표현한 것으로 추정되는 4세기의 반암 군상의 부분. 베네치아 산마르코 바실리카의 남서쪽 모퉁이에 있다.

휘 계통을 따른다고 아무리 강조한다 해도, 그 자신이나 후계자들이 조만간 별개의 네 제국으로 인식하고 서로 다투게 될 것은 불을 보듯 뻔했다. 아니나 다를까, 사태는 실제로 그렇게 전개되었다. 초기 몇 년은 그런 대로 순조로웠다. 그동안 젊은 콘스탄티누스는 디오클레티아누스의 궁정에서 살았는데, 아마 인질의 의미도 있었겠지만('사두' 중 누구도 다른 동료들을 완전히 신뢰할 수는 없었으니까) 그는 황제의 측근들 중에서 일찍부터 두각을 나타냈다.

그 덕분에 콘스탄티누스는 295년부터 296년에 걸친 황제의 이집트 원정에 동행한 뒤 돌아오는 길에 팔레스타인의 카이사레아에 들렀는데, 이곳에서 그는 유세비우스라는 젊은 그리스도교 학자에게 깊은 인상을 받았다고 한다. 나중에 그는 현지 주교가 되어 콘스탄티누스의 전기를 쓰게 되지만, 당시에는 아직 서른 살가량의 속인이었다. 그래도 그는 카이사레아가 자랑하는 오리게네스 신학파의 대표자인 팜필루스의 친구이자 제자였다. 훗날 유세비우스는 『콘스탄티누스의 생애』에서 자신이 만난 영웅을 이렇게 묘사했다.

> 그는 모든 사람의 존경을 받았다. 사람들은 이미 당시에도 그가 황제의 위대함을 지닌 인물이라고 여겼다. 기품에서나, 외모에서나, 신장에서나 그를 따를 만한 인물은 없었다. 그는 체력도 누구보다 뛰어나서 사람들을 겁에 질리게 만들었다.
>
> **유세비우스**, 『콘스탄티누스의 생애』, I, 19

아버지의 죽음을 딛고

2년 뒤 콘스탄티누스는 디오클레티아누스의 페르시아 원정에서도 그의 오른팔로 활약했다. 당시 그는 디오클레티아누스의 곁을 거의 떠나지 않았으므로 303년에 황제가 갓 완공된 니코메디아 대성당에 불을 지르는 장면도 목격했을 것이다. 그 일은 이후 8년간 걷잡을 수 없이 전개될 유명한 그리스도교 박해의 신호탄이었다. 그러나 305년에는 로마 제국의 역사상 유례가 없는 황제의 자진 퇴임이라는 대사건이 일어난다. 20년 동안 황제로 재위하고 있었으므로 디오클레티아누스의 권력은 절대적이었는데도 그는 속세에서 물러나 상당히 외딴 곳인 달마치야 해변의 살로나(현대의 스플리트)에 미리 지어 놓은 넓은 궁궐로 들어간 것이다. 그러자 그가 발탁한 막시미아누스도 마지못해 퇴임하게 되었다.[1]

여기서 그 뒤에 일어난 대단히 복잡한 사태를 상세하게 밝히느라 시간을 지체할 필요는 없을 테니 간략하게 정리하고 넘어가자. 갈레리우스와 콘스탄티우스 클로루스—그 무렵 그는 헬레나를 버리고 막시미아누스의 양녀인 테오도라와 결혼했다—가 공동 황제로 승진하는 데는 문제가 없었지만 그들의 후계자, 즉 두 명의 부제를 새로 임명하는 문제는 열띤 다툼을 불렀다. 한편 콘스탄티누스는 자신이 엉뚱한 곳으로 넘겨져 목숨을 잃을까 두려워한 나머지 야밤에 갈레리우스의 니코메디아 궁정에서 탈출하여—추격을 막기 위해 그는 역마들의 오금을 잘라 버렸다—아버지가 있는 불로뉴로 갔다. 마침 콘스탄티우스 휘하의 로마군은 브리타니아를 원정하기 위해 준비하는 중이었다. 걸핏하면 남쪽을 침범하는 픽트족[스코틀랜드의 원주민]을 하드리아누스 장벽 너머로 몰아내려는 계획이었다.

의기투합한 아버지와 아들은 영국해협을 건너 몇 주일 만에 작전을 성공시켰다. 하지만 그 직후인 306년 7월 25일에 콘스탄티우스 클로루스가 요크에서 사망했다. 그의 시신에서 마지막 숨결이 끊어지기가 무섭게 그의 친구이자 동맹자인 보조 병력 프랑크 기병대를 지휘하던 알레마니족[게르만족의 일파]의 크로쿠스 왕은 콘스탄티누스가 아버지를 계승한 후임 정제라고 선언했다. 그 짧은 여름 원정에서 청년 콘스탄티누스는 현지 군단들의 진정한 존경을 받은 것으로 보인다. 병사들은 즉각 함성을 지르고 현장에서 곧바로 황제의 자주색 토가를 콘스탄티누스의 어깨에 걸쳐 주었으며, 그를 방패 위에 태우고 환호했다.*

그것은 일대 사건이었다. 그 소식은 꼬리에 꼬리를 물고 갈리아 전역에 퍼졌으며, 각지에서 젊은 장군에게 충성과 지지를 표명했다. 그러나 콘스탄티누스는 아직 공식적인 승인이 필요했다. 그래서 그가 병사들의 추대를 받은 뒤 처음으로 취한 조치는 니코메디아의 갈레리우스에게 아버지의 죽음을 공식적으로 알리고 서방 정제의 복장을 입고 월계관을 쓴 자신의 초상화를 보낸 것이었다. 락탄티우스[3세기 로마의 그리스도교 학자]에 따르면 갈레리우스는 이 초상화를 보자마자 본능적으로 불 속에다 던져 버렸다고 한다. 날이 갈

* 황제를 커다란 방패 위에 올려 추대하는 것은 원래 로마 제국의 전통으로 장차 비잔티움 제국 시대에도 여러 차례 계승된다. 특히 반란이 일어나거나 제위의 세습이 끊어져 유명한 장군이 제위에 올랐을 경우 병사들은 그런 행사를 통해 충성을 다짐했다.

수록 인기가 높아지는 경쟁자에 맞서는 것이 얼마나 위험한 일인지 측근들이 한참 설득한 뒤에야 그는 가까스로 마음을 진정시켰다. 하지만 갈레리우스는 젊은 반역자—아직까지는 콘스탄티누스가 반역자라는 사실이 분명했다—를 정제로 승인하는 것은 한사코 거부하고, 마지못해 부제로만 인정했다.

콘스탄티누스로서는 일단 그 정도로도 충분했다. 자신이 아직 최고 권력자가 될 준비를 갖추지는 못했다고 여겼는지도 모르지만, 어쨌든 그는 이후 6년 동안 갈리아와 브리타니아에 머물면서 반란이 일어났을 때 잔인하고 냉혹하게 대응한 것을 제외하면 대체로 그 지역을 현명하게 잘 다스렸다(306년에 프랑크족 일파가 반란을 일으켰을 때는 수천 명이 경기장에서 맹수들의 밥이 되었다. 당시의 기록에 따르면 맹수들도 워낙 살육을 많이 한 탓에 지쳐 버렸다고 한다). 또한 그는 노예들을 비롯하여 피정복 민족의 생활을 크게 향상시켰으며, 그의 자제력과 성적인 절제는 전대의 황제들과 큰 대조를 이루었다.

그러나 그토록 자제하고 절제했던 그도 307년에 조강지처인 미네르비나를 버리고, 옛 황제인 막시미아누스와의 동맹을 위해 그의 딸 파우스타와 결혼했다. 당시 막시미아누스는 2년 전 억지로 강요당한 퇴위를 번복하고 다시 제위에 올라 아들인 막센티우스와 함께 갈레리우스에게 맞서고 있었다. 이들 부자의 지배 권역은 이탈리아의 전 지역만이 아니라 멀리 에스파냐와 북아프리카까지 이르렀다. 하지만 그들의 입지는 아직 확고하지 못했다. 갈레리우스가 도나우 연안의 군대들을 동원하고 동부 군단들로 군대를 증강시켜 공격해 온다면 대단히 위험했다. 게다가 만약 갈리아의 콘스탄티누스까지 동시에 그들을 향해 진격한다면 그들의 처지는 풍전등화가 될 수 있었다. 그러므로 그 결혼은 양측에게 모두 정략적인 이득을 가져다주는 것이었다. 막시미아누스와 막센티우스는 콘스탄티누스와 필요에 따른 동맹을 맺었고, 콘스탄티누스는 이제 두 명의 황제와 혈연관계를 맺게 된 것이다.

제국을 통째로 소유할 야심을 품은 콘스탄티누스가 과연 언제까지 제국의 외딴 구석을 지배하는 데 만족했을지는 알 수 없다. 311년 4월, 그리스도교도들에게 관용을 베푸는 칙령을 내려 적어도 형식적으로는 대탄압을 종식하기 며칠 전에, 선임 정제인 갈레리우스가 사바 강변의 시르미움(지금의 스렘스카 미트로비카)에서 사망했다. 유세비우스와 락탄티우스 모두 그의 죽음에 대해 눈살이 찌푸려질 만큼 비그리스도교적인 환희를 표명했다.

> 갑자기 갈레리우스의 몸 은밀한 부위에 종기가 돋더니 심각한 관상管狀 종양으로 발달했다. 이것은 치료되기는커녕 그의 내장 깊숙이까지 번졌다. 그 뒤 그곳에서 수많은 벌레들이 나오고 지독한 악취가 풍겼다. 사실 그의 신체는 병에 걸리기 전에도 지나친 폭식으로 인해 비대한 기름 덩어리처럼 변해 있었다. 그런데다 이제 참을 수 없을 만큼 역한 냄새가 나고 보기에도 끔찍한 모습이 된 것이다. 악취를 견디지 못하는 의사들은 사형에 처해졌고, 몸뚱이 전체가 잔뜩 부풀어 올라 도저히 살아날 가망이 없었지만, 아무런 도움이 되지 못한 의사들도 무자비하게 처형당했다
>
> **유세비우스** 『교회사Historia Ecclesiastica』, VIII, 16

로마 진군

갈레리우스의 죽음으로 이제 세 명이 최고 권력을 공유하게 되었다. 한 명은 갈레리우스의 술친구로서 일리리아(일리리쿰), 트라키아, 도나우 속주들을 통치하는 발레리우스 리키니아누스 리키니우스였고, 또 한 명은 갈레리우스의 조카로 305년에 부제로 임명되어 제국의 동부를 맡고 있는 막시미누스 다이아였으며, 나머지 한 명은 콘스탄티누스였다.

그러나 그 밖에도 제4의 인물이 있었다. 그는 법적으로 황제의 서열은 아니었으나 오래전부터 자신이 부당하게 제위를 빼앗겼다고 생각해 온 갈레리우스의 양자 막센티우스였다. 늙은 황제 막시미아누스—그는 그 전해에 어리석게도 콘스탄티누스의 부재중에 갈리아 남부에서 모반을 꾀했다가 처형당하거나 자살을 강요받아 최후를 맞이했다—의 아들인 그는 오랫동안 젊고 똑똑한 매제를 증오해 왔다. 또한 앞에서 보았듯이 그는 콘스탄티누스가 즉위한 이래 지중해 일대에서 자신의 기반을 꾸준히 강화하고 있었다. 자신과 아버지가 이탈리아를 지배하기도 전인 306년에 막센티우스는 이미 '로마인의 왕' 이라는 직함을 사용했고 로마의 친위대로 자처했다. 그로부터 5년이 지난 지금 그는 이제 다른 세 명의 경쟁자에 못지않은 세력을 떨치게 되었다. 심지어 그는 자기 아버지의 죽음을 구실로 삼아 콘스탄티누스를 살인자이자 반역자라고 낙인하며 그에 대한 적대감을 공공연히 드러냈을 뿐 아니라 이탈리아 전역의 모든 기념물에서 콘스탄티누스의 이름을 제거하라고 명했다.

이제 전쟁은 피할 수 없었다. 갈레리우스가 죽었다는 소식을 듣자마자 콘스탄티누스는 즉각 전쟁 준비에 들어갔다. 하지만 적을 향해 진군하기에 앞서 그는 리키니우스와 협정을 맺었다. 막센티우스가 차지한 영토는 원래 리키니우스의 것이어야 마땅했다. 콘스탄티누스에게는 다행스럽게도 리키니우스는 동방의 막시미누스 다이아와 맞서고 있는 처지였으므로 군대를 이끌고 그 영토를 되찾으려 할 여유가 없었다. 그래서 그로서는 그저 자기 대신 콘스탄티누스가 이탈리아를 재정복해 주는 것이 고맙기만 할 따름이었다. 이 협정에는 또 하나의 정략 약혼이 따랐다. 리키니우스가 콘스탄티누스의 이복누이인 콘스탄티아와 약혼한 것이다.

이렇게 외교적 준비를 마친 뒤 콘스탄티누스는 311년 가을에 콜마르에서 겨울을 나면서 전략을 짜고 군대의 보급을 준비했다. 조시무스는 그 병력이 기병 8천 명과 보병 약 9만 명으로 이루어졌다고 말한다. 그 규모는 아마 콘스탄티누스가 동원할 수 있는 전체 병력의 3분의 1밖에 안 되겠지만, 갈리아를 무방비 상태로 비워 놓을 수는 없었다. 사실 그는 막센티우스의 전력을 잘 알고 있었으므로 이 정도 병력이면 충분하리라고 보았다. 게다가 더욱 확신을 기하기 위해 그 자신이 직접 최고 사령관을 맡았다. 이리하여 312년 초여름에 그는 행군을 시작했다.

여기서 콘스탄티누스가 이탈리아를 정복하고 막센티우스를 무너뜨린 이야기를 간단히 따라가 보자. 몽스니 고개를 거쳐 알프스를 넘은 그는 수사—원정에서 처음으로 공략한 주요 도시—를 습격해서 손에 넣었으나 병사들에게는 통상적인 권리인 약탈과 노략질을

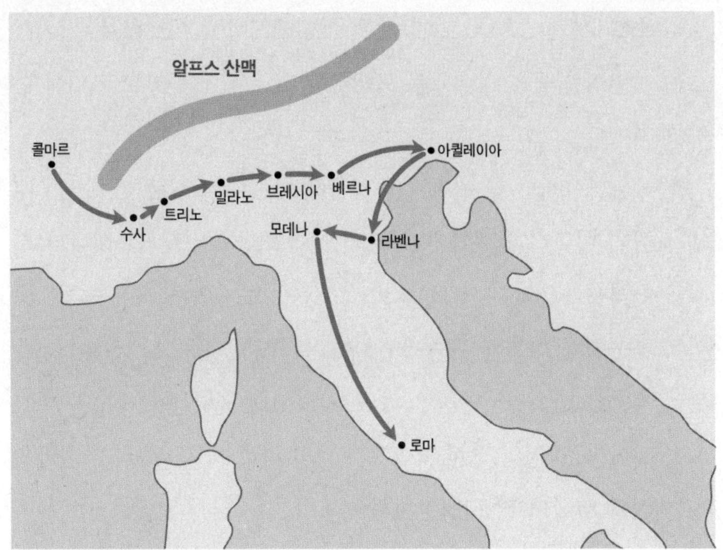

† 콘스탄티누스의 진군 경로.

허용하지 않았다. 그는 병사들에게, 우리는 정복자가 아니라 해방자라고 말했다. 토리노 외곽의 행군은 상당히 힘들었다. 이곳을 지키는 막센티우스의 군대 중에는 클리비나리clibinarii 부대가 많았기 때문이다. 클리비나리란 페르시아군에서 차용한 것으로 보이는 중무장 기마병인데, 약 1천 년 뒤에 출현하는 중세 기병의 원조 격이다. 하지만 그들도 쇳덩이가 매달린 커다란 곤봉을 어깨 높이로 휘두르며 달려드는 콘스탄티누스의 정예병들 앞에서는 무릎을 꿇을 수밖에 없었다. 당황한 병사들이 시의 성벽 쪽으로 퇴각하자 주민들은 성문을 열어 주지 않았다. 이런 식으로 토리노가 함락되었고, 다음에는 밀라노, 또 다음에는 험한 전투가 벌어지기는 했지만 브레시아와 베로나가 뒤를 이었다. 콘스탄티누스는 동쪽으로 계속 진군하여 트리에스테에서 그다지 멀지 않은 아퀼레이아에 이르렀다. 거기서 그는 말머리를 돌려 라벤나와 모데나를 거친 뒤 남쪽으로 로마를 향해 진격했다.

콘스탄티누스가 긴 원정로를 행군해 오는 동안 막센티우스는 내내 로마에 머물러 있었다. 대부분의 그리스도교 역사가들이나 일부 이교도 역사가들의 기록에 따르면, 그동안 그는 혐오스러운 숭배 의식에 몰두했다고 한다. 주문을 외우고, 악마를 부르고, 심지어 태아들을 제물로 바치면서까지 닥쳐 오는 자신의 운명을 피하고자 애썼다는 것이다. 하지만 그런 이야기는 거의 믿을 게 못 된다. 막센티우스는 비록 결함이 많은 인간이었으나 용기는 잃지 않았다. 민정 총독 루리쿠스 폼페이아누스와 몇몇 뛰어난 속주 장군들(안타깝게도 그들 중 콘스탄티누스만큼 뛰어난 인물은 아무도 없었지만)을 신뢰한다면, 로마에 머물기로 한 그의 결정은 전략적으로 완벽하다고 할 수 있다. 그러나 콘스탄티누스의 군대가 다가오고 폼페이아누스가 전사하자 막센티우스는 직접 최후의, 그리고 최고의 정예병을 지휘하여 로마를 나섰다.

양측의 군대는 312년 10월 28일—막센티우스가 권력을 장악한 지 꼭 7년째 되는 날—로마에서 북동쪽으로 약 12킬로미터쯤 떨어진 플라미니우스 가도의 삭사 루브라('붉은 돌밭'이란 뜻으로, 지금은 그로타 로사라고 부른다)에서 맞섰다. 크레메라 강이라는 작은 강이 테베레 강으로 흘러드는 곳이었다. 전설에 따르면 바로 여기서 전투 직전이나 전투가 진행되는 도중에 콘스탄티누스는 유명한 환영을 보았다고 한다. 유세비우스는 이를 이렇게 기록하고 있다.

…… 하늘에서 아주 신기한 신호가 그에게 보였다. 다른 사람에 관한 이야기라면 그 신빙성이 상당히 떨어질지도 모른다. 하지만 승리를 거둔 황제가 훗날 이 이야기의 기록자에게 사실을 밝히자 측근들로부터 경탄을 받았고, 그 자신이 서약으로써 사실임을 확증했으며, 특히 미래의 증언이 그 사실을 입증했는데, 누가 감히 그 이야기의 신빙성을 논하겠는가? 그는 해가 정점을 지난 한낮에 태양의 바로 위쪽 하늘에 빛의 십자가가 걸려 있는 것을 자신의 눈으로 분명하게 보았다고 말했다. 그 십자가에는 Hoc Vince(이것으로 정복하라)라는 글자들이 쓰여 있었다. 그와 그의 병사들은 깜짝 놀라 이 광경을 지켜보았다.

『콘스탄티누스의 생애』, I, 28

이 명백한 신의 가호에 힘입어 콘스탄티누스는 막센티우스의 군대를 남쪽으로 몰아붙여 테베레 강의 흐름이 급히 서쪽으로 꺾이는 곳, 낡은 밀비우스 다리[2]가 있는 지점까지 추격했다. 이 다리 옆에 막센티우스는 부교를 하나 더 만들었는데, 필요할 경우 이 부교로 군대를 퇴각시킨 다음 다리를 파괴하여 적의 추격을 막을 심산이었다. 그러나 패주하는 그의 병사들은 도망치느라 여념이 없었고 콘스탄티누스의 병사들은 그들을 바짝 뒤쫓았다. 부교를 담당한 공병들이 허둥대다가 볼트를 너무 일찍 뽑지만 않았어도 일부 병사들은 목숨을 건졌을지 모른다. 갑자기 전체 구조물이 붕괴하면서 수백 명의 병사들이 급류에 휘말려 버린 것이다. 아직 강을 건너지 못한 병사들은 유일하게 남은 구명줄인 낡은 석조 다리를 향해 필사적으로 몰려들었지만, 막센티우스도 이미 알고 있었듯이 그 다리는 너무 좁았

† 후대의 필사본에 수록된 312년의 밀비우스 다리 전투 장면. 콘스탄티누스 대제가 막센티우스를 창으로 찌르는 모습이다.

다. 깔려 죽는 병사, 넘어져 죽는 병사, 밟혀 죽는 병사들이 부지기수였다. 심지어 동료들에게 떠밀려 강물에 빠져 죽는 병사들마저 속출했다. 막센티우스 자신도 결국 강물에 빠져 나중에 강둑에서 시신이 발견되었다. 그 이튿날 콘스탄티누스는 막센티우스의 잘린 머리와 창에 꿰인 몸을 높이 치켜들고 로마에 입성했다. 그 뒤에 그의 시신은 경고의 의미로 북아프리카에 보내졌다. 한편 막센티우스의 이름은 그 전해 콘스탄티누스의 경우처럼 모든 공공 기념물에서 삭제되었다.

'신의 계시'는 진실인가

밀비우스 다리의 전투로 인해 콘스탄티누스는 대서양에서 아드리아해까지, 하드리아누스 장성에서 아틀라스 산맥까지 전 유럽의 절대적인 지배자가 되었다. 그리고 그 자신은 비록 그리스도교로 개종하지 않았으나, 그것을 계기로 그가 그리스도교도 신민들의 보호자이자 적극적인 후원자 역할을 하게 되었다는 점도 중요하다. 로마에서 두 달 반 동안 머물면서 그는 자신의 돈으로 기존의 성당 스물다섯 곳에 후한 보조금을 주었고, 새로 몇 개를 더 짓게 했다. 또한 휘하의 속주 총독들에게 영토 전역에서 똑같이 행동하라는 지침을 내렸다. 로마를 떠날 무렵 그는 새로 선출된 교황 멜키아데스에게 그때까지 파우스타 황후—그녀는 콘스탄티누스가 로마에 온 직후에 합류했다—가 머물렀던 코엘리아누스 언덕에 있는 라테란 가문의 옛 궁전을 기증했다. 이때부터 라테란 궁전은 천 년 동안이나 교황청의 소재지가 된다. 그는 그 옆에 자비를 들여 건물을 짓도록 했는데, 이것이 바로 로마의 콘스탄티누스 바실리카* 가운데 첫 건물인 성 요한 라테란으로, 오늘날의 로마 대성당이다. 게다가 부속 건물로 지은 넓은 원형 세례당은 이후 크게 증가하는 그리스도교 개종자들의 산실이 되었다.[3]

* 바실리카는 원래 로마의 관청 건물이었는데, 콘스탄티누스 시대에는 바실리카 형식을 본떠서 지은 성당을 가리키는 이름으로 바뀌었다. 기본 형식은 돌벽으로 바깥을 둘러싼 직사각형 모양이다. 이 바실리카는 나중에 중세 성당의 원형이 된다.

그렇다면 어떤 의미에서, 콘스탄티누스가 밀비우스 다리에서 보았다는 십자가의 환영은 성 바울이 다마스쿠스로 가는 도상중에 경험한 것처럼 그의 인생에서 결정적인 전환점이었을 뿐 아니라, 결과적으로 세계사의 커다란 분수령이었다고 해야 하지 않을까? 이것도 답하기 어려운 질문이지만 그전에 먼저 우리는 또 다른 질문을 던져야 한다. 과연 그 환영은 사실이었을까? 이 이야기를 처음 기록한 사람은 그 시대에 관해 둘째로 주요한 정보 제공자인 락탄티우스다. 그는 그리스도교 신학자이자 수사학자이며 박해에서 살아남아 콘스탄티누스의 아들 크리스푸스의 스승을 지내기도 했다. 당시 그가 황제의 측근이었는지 아닌지는 확실치 않지만, 어쨌든 그 사건 이후 락탄티우스는 실제로 어떤 일이 있었느냐는 질문을 황제에게 할 수 있는 기회가 많았을 것이다. 그 사건이 있은 지 한두 해 뒤에 그는 이렇게 기록했다.

> 콘스탄티누스는 꿈속에서 전장에 나가기 전에 병사들의 방패에 '하늘의 신호'를 그리라는 지시를 받았다. 그는 지시받은 대로 병사들의 방패에 X자를 그리게 하고, 그 문자의 한가운데로 수직선을 그은 다음 윗부분을 둥글게 했다. 이렇게 해서 생긴 ☧ 모양은 이후 그리스도를 나타내는 부호가 되었다.
>
> 『죽음의 박해De Mortibus Persecutorum』, 44장

그의 말은 이게 전부다. 여기에는 환영이 아니라 꿈 이야기만 나온다. 심지어 그는 그리스도교를 열렬히 변호하는 사람이었음에도

불구하고 구세주나 십자가가 황제의 눈 앞에 나타났다는 말조차 하지 않는다. '하늘의 신호'란 그리스도의 그리스어 이름에서 첫 두 문자에 해당하는 카이(X)와 로(P)를 결합한 것일 뿐이다. 이것은 오래전부터 그리스도교의 낯익은 상징이었다.

그보다 더 중요한 사실은 유세비우스도 325년경에 쓴 『교회사』라는 책에서 그 전투에 관해 서술할 때는 꿈이나 환영 이야기를 전혀 하지 않았다는 점이다. 앞에서 인용한 환영에 관한 기록은 콘스탄티누스가 죽은 지 한참 뒤에 쓴 『콘스탄티누스의 생애』에만 나올 뿐이다.

이 책에서 그는 락탄티우스의 이야기를 더 자세하게 말하고 있다. 즉 그 환영을 본 날 밤에 그리스도가 황제의 꿈에 나타나 낮에 하늘에서 보여 준 것과 같은 군기軍旗를 만들라고 명하고는, "너의 적들과 전투할 때마다 그것을 사용하면 안전할 것"이라고 말했다는 것이다. 유세비우스는 그 이튿날에 콘스탄티누스가 그렇게 따랐다고 말한다. 그 결과 라바룸labarum이라고 불리는 군기가 생겨났다. 이 군기는 십자가 모양의 금을 입힌 창이 있고, 그 위에 그 성스러운 결합문자를 화환이 에워싸고 있는 도안이었다. 그러나 유세비우스가 몇 년 뒤에 본 군기는 다소 놀랍게도 황제와 그의 자식들을 묘사한 황금 초상화가 가로대에 걸려 있는 도안이었다.

여기서 도출할 수 있는 결론은 뭘까? 우선, 전장의 하늘에 나타난 십자가의 환영—이 환영은 서양의 교회와 화랑의 캔버스와 프레스코화에 무수하게 많이 그려졌다—따위는 애초부터 없었다는 사실이다. 만약 실제로 있었다면 『콘스탄티누스의 생애』 이전의 역사 문헌에서 그 사실이 한 번도 언급되지 않았을 리가 없다. 또한 황제 자신도 당연히 그 이야기를 여러 사람에게 했음직 한데, 유세비우스를 제외하고는 전혀 들은 사람이 없다는 것도 수상쩍다. 콘스탄티누스가 죽고 얼마 지나지 않아 그의 아들 콘스탄티우스 2세는 예루살렘의 주교 키릴루스에게서, 유성들이 하늘에 그린 십자가를 본 것은 그의 할머니 헬레나가 성지에서 참십자가를 발견한 것보다 더 큰 은총이라는 이야기를 듣는다. 그런데 만약 주교가 콘스탄티누스의 환영에 관해 알고 있었더라면 어떻게 그 이야기를 빼놓을 수 있을까? 마지막으로 "전 군대가 …… 그 기적을 목격했다"는 유세비우스의 진술도 문제가 있다. 그게 사실이라면 놀랍게도 9만 8천 명의 병사들이 하나같이 비밀을 지켰다는 이야기가 되기 때문이다.

하지만 그 결정적인 전투 직전의 어느 시점에 황제가 중대한 영적 경험을 했던 것만은 틀림없는 듯하다. 락탄티우스의 대담한 설명은 있는 그대로의 사실일지도 모르지만, 그런 종류의 경험이라고 해서 반드시 꿈처럼 쉽게 설명할 수 있는 사례가 수반되는 것은 아니다. 콘스탄티누스가 2년 전에 장인인 막시미아누스를 처형한 뒤부터 심각한 종교적 불안 상태에 빠졌고 점점 일신교에 경

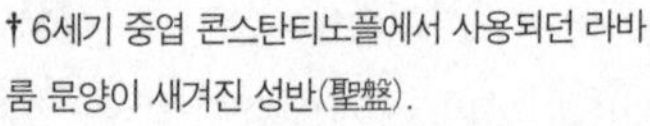

† 6세기 중엽 콘스탄티노플에서 사용되던 라바룸 문양이 새겨진 성반(聖盤).

도되었다는 징후는 몇 가지가 있다. 예컨대 310년 이후에 그가 발행한 주화에는 로마의 신들이 아니라, 그가 몇 년 전에 갈리아에서 싸울 당시에 환영을 보았다는 유일신—헬리오스, 혹은 더 일반적인 이름으로는 '무적의 태양Sol Invictus'—이 등장한다. 하지만 그는 그 무렵 제국 전역에서 가장 인기 있고 널리 알려진 이 신앙에도 충분히 만족하지 않은 듯하다. 유세비우스는 그가 이탈리아로 가던 도중, 자신의 생애에서 가장 중대한 전투, 자신의 미래 전체가 걸려 있는 전투를 눈앞에 두었다는 중압감 속에서 모종의 신적인 계시를 달라고 열렬히 기도했다고 말한다. 요컨대 312년 늦여름 무렵 콘스탄티누스는 누구보다 개종되기 쉬운 상태에 있었다는 이야기다. 그랬으니 그의 기도가 효험을 보았다고 할 수도 있다.

† 321년에 주조된 콘스탄티누스 대제의 금화가 박힌 펜던트.

이런 가설을 받아들인다면 유세비우스의 이야기는 훨씬 더 이해하기 쉬워진다. 즉 그것은 의도적인 거짓말이라기보다는 무의식적인 과장일 것이며, 작가의 책임이라기보다는 황제 자신의 책임일 것이다. 평생을 통해, 특히 밀비우스 다리의 전투 이후 콘스탄티누스는 신이 부여한 사명을 완수해야 한다는 열망을 품고 있었다. 만년에 그 사명감은 더욱 강력해졌을 것이다. 그렇다면 노년에 접어든 그가 자신의 파란만장한 삶을 되새겨 보면서 자신의 기억을 여기저기 손보고 윤색하는 게 더 자연스러운 일이 아니었을까? 그의 시대에는 기적이나 하늘의 징조가 존재한다는 생각이 아주 일반적이었다. 자신이 환영을 보았을지 모른다는 생각, 아니 그런 상황에서는 환영을 보았어야 한다는 생각에서 한걸음만 더 나아가면 그 환영이 실제로 있었다는 생각으로 넘어가게 된다. 게다가 유세비우스로서는 그 문제를 전혀 추궁할 필요가 없었다.

모호한 개종

그러나 여전히 한 가지 의문은 남는다. 콘스탄티누스의 개종은 과연 완전한 것이었을까? 312년 이후로 황제가 자신을 그리스도 교회의 최고 수호자로 여기고 교회의 번영과 복지를 위해 노력했다는 것은 틀림없는 사실이다. 그러나 적어도 324년까지는 무적의 태양과 결부된 그의 모습이 주화에 계속 묘사되었다. 또한 그보다 더 중요한 사실로, 그는 여전히 세례를 받는 것에 대해 망설였다. 이후 그는 사반세기 뒤에 죽음을 앞둔 무렵까지 세례를 미루게 된다. 이런 그의 태도는 어느 정도 정치적인 고려에서 나온 것일 수도 있다. 이를테면 아직 전통적인 신들을 고수하는 신민들에게 불안을 안겨 주고 싶지 않았던 것이다. 그러나 그는 로마에 머물 때는 서슴없이 전통적인 도덕을 위반하기도 했다. 카피톨리누스까지 행진해서 유피테르에게 제물을 바치는 전통적인 의식에 참여하기를 거부한 것이다.

진실은 아마 더 복잡할지 모른다. 콘스탄티누스는 그리스도교에 진정으로 공감했고, 밀비우스 다리로 가던 길에서 겪은 신비한 경험(실제로 그것이 무엇이었든)이 그리스도교의 신과 관계가 있다고 진정으로 믿었지만, 아직 그리스도교를 통째로 끌어안을 준비는 되어 있지 않았다. 이 무렵 그는 숨무스 데우스Summus Deus, 즉 최고신의 개념을 거의 받아들였지만, 동시에 이 신이 몇 가지 다른 형태로 현현할 수도 있다고 믿었다. 이를테면 아폴론이나 무적의 태양, 미트라스(이 신은 특히 군대에서 인기가 높았다)일 수도 있고, 그리스도교도들이 섬기는 신일 수도 있는 것이다. 그는 이 모든 형태 가운데 마지막 것을 더 좋아했겠지만, 제국의 지배자로서 모든 분파와 위계를 초월해야 하므로 자신의 선택을 굳이 공개할 이유는 없었다.

로마 원로원도 콘스탄티누스와 같은 생각이었다. 그가 막센티우스에게 승리한 것과 로마에 그의 법과 명령, 행정이 다시 확립된 것을 축하하기 위해 원로원은 커다란 개선문을 세웠는데, 이것은 지금도 콜로세움 남서쪽에 남아 있다. 그 개선문에 새겨진 부조 장식은 사실 도미티아누스, 트라야누스, 하드리아누스, 마르쿠스 아우렐리우스에게 헌정된 예전 기념물들에 있던 장식들을 재활용한 것이다. 기번은 그 개선문이 "예술의 쇠퇴를 말해 주는 우울한 증거이자 비천한 허영을 보여 주는 명백한 증표"라고 말했다. 하지만 개선문에 새겨진 비문은 분명히 콘스탄티누스 시대의 것이다. 그 내용을 번역하면 다음과 같다.

> 폭군과 그의 무리를 상대로 한 정의로운 전쟁에서 위대한 정신으로 승리를 거둔 신성으로 가득한 황제 플라비우스 콘스탄티누스에게 바치다.

† 로마에 있는 콘스탄티누스의 개선문. 남쪽에서 바라본 모습(위)과 가운데의 원형 돋을새김(아래)은 하드리아누스 황제의 기념물에서 가져온 것이다.

"신성으로 가득하다instinctu divinitatis"라는 말은 묘한 표현으로서, 일부러 모호한 의미로 사용한 것이 틀림없다. 그리스도나 십자가에 관한 언급은 없으며, 신성이 정확히 무엇을 가리키는지에 관한 암시 같은 것도 없다. 하지만 콘스탄티누스는 그 문구가 석공에게 넘겨지기 전에 내용을 승인했을 것이다. 그는 당연히 신중하게 처신해야 했고, 처음에 그 문구를 작성한 원로원 의원들도 마찬가지였다. 그럼에도 불구하고 콘스탄티누스가 그것을 마지못해 승인한 게 아니냐는 의심은 충분히 가능하다. 왜냐하면 그때까지 그 자신도 최종적으로 유일 신앙을 받아들인 것은 아니기 때문이다. 따라서 "신성으로 가득하다"는 표현은 그에게 딱 알맞은 문구였던 것이다.

개선문 이외에도 원로원은 실물 크기의 일곱 배나 되는 황제의 거대한 좌상을 만들어 막센티우스의 바실리카를 황급히 개조·개명한 바실리카에 안치했다(현재는 9톤이나 되는 머리 부분만 카피톨리노 박물관에 남아 있다). 또한 312년 말의 두 달 동안 원로원은 콘스탄티누스에게 특별한 호의를 보여 주었다. 그를 '최고의 황제'라고 선포한 것이다. 그런 자격을 얻은 뒤 그는 313년 1월 초에 로마를 떠나 밀라노로 가서 리키니우스를 만났다.

두 황제가 논의해야 할 주요 현안은 세 가지였다. 첫째는 이탈리아를 처리하는 문제였다. 원칙적으로 제국의 이 지역은 리키니우스의 관할이었으나 그는 콘스탄티누스가 이탈리아를 탈환할 때 아무런 도움도 주지 못했으므로 콘스탄티누스에게서 이탈리아를 무상으로 넘겨받으리라고 기대하기는 어려운 처지였다. 다음 사안은 종교적 관용의 문제, 특히 그리스도교를 어떻게 대할 것이냐였다. 제국 전역에 단일한 정책이 시행되어야 한다는 것은 분명했다. 그러나 연장자인 리키니우스는 콘스탄티누스만큼 그리스도교에 대해 호감을 가지지 않았으므로 두 황제는 모종의 합의를 해야 했다. 마지막 사안은 살아 있는 또 다른 황제, 막시미누스 다이아에 관한 문제였다.

그 밉살스러운 청년—그의 정확한 출생 연도는 모르지만 당시 그는 30대 초반이었던 듯하다—은 부제가 된 지 5년이 지난 310년에 정제의 지위를 요구함으로써 말썽을 일으키기 시작했다. 하지만 그의 삼촌 갈레리우스는 콘스탄티누스, 막시미아누스, 막센티우스가 모두 최근에 정제의 직위를 주장함으로써 정제의 권위가 크게 손상되었다고 여겼다. 그래서 그는 조카의 요구를 딱 잘라 거절하고, 그 대신 필리우스 아우구스티Filius Augusti(아들 황제)라는 직함을 주었다. 하지만 막시미누스 다이아는 그 궁색한 대안에 버럭 화를 내면서 자기 마음대로 정제의 복장과 상징을 패용했다. 갈레리우스가 사망하자 그는 동방 제국을 멀리 헬레스폰트까지 확장하고, 그 유리한 지점을 이용하여 트라키아의 리키니우스를 계속 괴롭혔다. 이윽고 311년 겨울에 보스포루스 해 한가운데 떠 있는 배 위에서 두 사람은 불편한 강화 협정을 체결했다. 게다가 막시미누스 다이아는 그리스도교를 싫어했다. 그는 311년에 삼촌이 내린 종교 자유의 칙령을 노골적으로 무시하고 그리스도교도에 대한 유혈 탄압을 계속 자행했다. 심지어 그의 병사들이 달아나는 그리스도교도들을 추격하다가 제국의 경계를 넘어 아르메니아까지 들어가는 바람에 아르메니아 왕이 선전 포고를 한 일도 있었다.

두 황제의 회담은 상당히 우호적인 분위기에서 진행되었다. 리키니우스는 콘스탄티누스가 이탈리아를 정복한 만큼 그가 이탈리아를 차지해야 한다는 데 선선히 동의했고, 콘스탄티아와 정식으로 결혼했다(결혼식이 어땠는지에 관해서는 안타깝게도 기록이 없다). 이제 처남과 매부가 된 두 사람은 그리스도교에 관한 또 하나의 칙령에 합의했다. 갈레리우스의 예전 칙령을 다시 확인하는 한편 제국 전역에서 그리스도교를 법적으로 완전히 승인한다는 내용이었다. 하지만 그 칙령이 반포되기도 전에 다급한 소식이 밀라노에 전해지면서 회담은 갑작스럽게 끝나 버렸다. 막시미누스 다이아가 지난해 겨울에 맺은 강화 협정을 위반하고, 군대—락탄티우스는 약 7만 명의 규모라고 추산했다—를 거느리고 해협을 건너와서 유럽 쪽 해안의 작은 도시인 비잔티움을 점령한 것이다. 리키니우스는 신속하게 움직였다.

그는 우선 급한 대로 밀라노에서 거느리고 있던 소규모 군대와 함께 동방으로 이동하면서 증강군과는 일리리아와 트라키아에서 합류하기로 하고, 가는 도중에도 되는 대로 병력을 모았다. 4월 하순에 그는 막시미누스가 포위 공격을 하고 있는 마르마라 해안의 작은 식민시인 헤라클레아 프로폰티스에서 몇 킬로미터 떨어진 곳에 이르렀다. 그리고 그달 마지막 날에 양측의 군대는 시에서 30킬로미터가량 떨어진 세레네 들판이라는 곳에서 마주쳤다.

수적인 열세에다 그 자신도 젊은 나이가 지났을뿐더러 병사들도 오랜 거리를 서둘러 행군해 오느라 지쳤음에도 불구하고, 리키니우스는 상대방보다 훨씬 뛰어난 장군임을 입증해 보였다. 막시미누스는 참패를 당하고, 노예로 위장한 채 전장에서 달아났다. 하지만 그는 킬리키아로 가서 이듬해에 죽었다. 락탄티우스는 앞서 갈레리우스의 경우처럼 이 그리스도교 박해자의 죽음을 기쁜 마음으로 전하는데, 듣기에 그다지 유쾌한 이야기는 아니다.

> 그는 독을 삼켰다. …… 독은 그의 몸속 모든 기관을 태우기 시작했다. 그는 참을 수 없는 고통으로 인해 정신 착란에 빠졌다. 그는 나흘 동안이나 심한 발작에 시달렸으며, 손으로 흙을 집어 게걸스럽게 먹기도 했다. 그렇게 온갖 고통을 겪은 뒤에 그는 벽에다 자기 이마를 짓찧었다. 그의 눈구멍에서 눈알이 빠져 나왔다. …… 결국 그는 자신의 죄를 인정하고 그리스도께 자비를 베풀어 달라고 애원했다. 그러자 산 채로 불타 죽어가는 자가 신음을 토하듯이 그는 몹시 끔찍한 죽음의 형태로 자신의 죄 많은 영혼을 토해 냈다.
>
> **락탄티우스** 『죽음의 박해』, 49장

한편 리키니우스는 동방 제국의 수도인 니코메디아로 개선한 뒤 6월 13일에 조금은 뒤늦게 콘스탄티누스와 밀라노에서 합의했던 칙령을 반포했다.

> 나, 콘스탄티누스 황제와 나, 리키니우스 황제는 좋은 조짐을 느끼고 밀라노에 와서 공공의 이익과 복지에 관련된 모든 사안들을 협의했도다. …… 우리는 신에 대한 존경심을 표하기 위한 합의를 보았도다. 이제 그리스도교도들을 포함하여 다른 모든 사람들에게 원하는 대로 믿음을 가질 권리를 부여하노라. 하늘에 어떠한 신이 계시든, 그 분께서는 우리를 비롯하여 우리의 지배하에 있는 모든 생명들에게 호의를 품

고 계시리라는 것을 믿고 있음이로다.

락탄티우스 『죽음의 박해』, 48장

여기서 또다시 문안을 주의 깊게 선택한 흔적이 보인다. 예수 그리스도에 관한 언급은 여전히 없고, 그냥 교파로서의 '그리스도교도'라는 말만 있다. 또한 구체적으로 지명된 집단은 그리스도교도밖에 없지만, '다른 모든 사람들'(예컨대 마니교도)도 종교 자유의 일반적인 칙령에 사실상 포함된다는 것을 분명히 밝히고 있다. '하늘에 어떠한 신이 계시든quo quicquid est divinitatis'이라는 문구는 이교도인 리키니우스가 삽입하자고 주장했지만, 개선문에 새겨진 비문과 비교해 보면 콘스탄티누스의 생각과도 잘 통한다는 것을 알 수 있다. 어떤 측면에서 그 포고령은 그리스도교도만 특별히 배려하고 있다. 박해 기간 동안 몰수된 재산—토지, 교회, 가재도구—을 되찾을 수 있게 된 것도 그들뿐이다. 그러나 다른 교파는 그들만큼 큰 피해를 입지 않았다는 점에 유념할 필요가 있다.

등을 돌린 리키니우스

막시미누스 다이아를 제거한 것은 제국을 양극화하는 효과를 가져왔다. 정제는 다시 서방 황제 콘스탄티누스와 동방 황제 리키니우스, 이렇게 두 명이 되었다. 리키니우스는 즉각 공포 정치를 시행했다. 전임 황제 치하의 주요 대신들은 모조리 처형되었고, 막시미누스의 많은 가족들도 같은 운명을 맞았다. 전임 정제와 부제들 사이에 많은 정략결혼이 이루어졌으므로 막시미누스의 가족들 중에는 디오클레티아누스와 갈레리우스의 친척들도 상당수 포함되었다. 심지어 갈레리우스의 미망인인 발레리아와, 갈레리우스의 장모이자 그가 임종하면서 리키니우스에게 돌봐 달라고 부탁했던 디오클레티아누스의 미망인 프리스카마저 목숨을 부지하지 못했다. 두 여인은 테살로니카의 자택에서 체포되어 칼을 맞고 죽었다.

이런 유혈극이 빚어진 이유는 단지 복수 때문도 아니고 원한 때문도 아니다. 그것은 곧 제국의 지배 가문은 단 하나뿐이라는 리키니우스의 신념을 나타내는 행위다. 그 지배 가문이란 곧 콘스탄티누스의 가문이며, 이제 리키니우스도 콘스탄티아와 결혼함으로써 그 가문의 일원이 된 것이다. 하지만 그런 신념을 가졌음에도 불구하고 그는 공동 정제의 편으로 계속 남으려 하지 않았다. 사실 밀라노에서의 밀월여행은 너무 짧았다. 두 황제가 밀라노에서 헤어진 지 불과 여섯 달 뒤에 리키니우스는 콘스탄티누스에 대한 모반을 꾸미기 시작했는데, 다행히도 그 사건은 피해가 발생하기 전에 탄로가 났다. 하지만 얼마 뒤인 314년 초여름에 그는 이탈리아 속주의 국경에 위치한 아에모나(지금의 류블랴나)에서 동료 황제의 석상과 초상화를 모두 없애 버리라고 명했다.

그것은 사실상 선전포고나 다름없었다. 갈리아로 돌아가 있던 콘스탄티누스는 약 3만 명의 병력을 거느리고 즉각 남동쪽으로 행군하여 판노니아 평원으로 들어가서 사바 계곡의 키발레(지금의 빈코프치) 부근에서 적군과 마주쳤다. 전투는 10월 8일 새벽 동이 트기 전에 시작되었다. 리키니우스는 필사적인 각오와 용기로 싸웠지만 결국 패배했다. 콘스탄티누스는 패주하는 적군을 추격하면서 발칸 반도를 거쳐 비잔티움까지 갔다. 거기서 마침내 두 황제는 화해했다. 리키니우스는 동유럽에 있는 자신의 모든 영토—판노니아와 현재 발칸이라고 부르는 전 지역을 포함하는—를 포기하고 트라키아 한 곳만 차지했다. 그 대신 콘스탄티누스는 아시아, 리비아, 이집트를 수중에 넣게 되었다.

두 황제는 다시 친구가 되었지만 그 관계는 그리 오래 가지 못했다. 불과 몇 년 뒤부터 그들의 관계는 계속 악화되었다. 317년에 콘스탄티누스는 자신의 어린 두 아들—첫 아내 미네르비나에게서 얻은 열네 살짜리 아들 크리스푸스, 파우스타 황후와의 사이에서 낳은, 아버지와 같은 이름을 가진 젖먹이 아들 콘스탄티누스—을 서방 제국의 공동 부제로 임명했다. 그와 같은 시기에 니코메디아의 리키니우스는 자신의 아들인 리키니아누스에게 같은 지위를 부여했다. 이런 조치들은 사전에 준비된 것이었을 뿐 반드시 경쟁이라고 볼 수는 없다. 그러나 그 이듬해에 콘스탄티누스는 궁정을 시르미움에서 세르디카(지금의 소피아)로 옮겼는데, 이것은 지브롤터 해협까지의 서방 제국을 통치하는 황제로서는 이상한 천도였다. 즉 갈리아족이나 프랑크족이나 북아프리카의 도나투스파가 아니라 동방 제국이 그렇게 해야만 논리적으로 맞는 결정이었던 것이다. 분란이 일어날 조짐이 보였다.

사실 분란은 주로 콘스탄티누스가 일으켰다. 그의 측근들은 리키니우스가 표리부동하고 믿을 수 없을 뿐 아니라 그리스도교에 대해서도 점점 증오심을 키워 가고 있다고 비난했다. 아닌 게 아니라 320년경에 리키니우스는 주교들의 종교 회의를 모두 금지하고, 많은 주교와 사제들을 유배 보냈으며(결코 전부는 아니었다), 이교의 신들에게 제사를 지내지 않으려 하는 사람들을 자기 궁정에서 모조리 내쫓았다. 한편 그 무렵 콘스탄티누스는 실패한 디오클레티아누스의 제국 분리 체제를 끝내고 제국을 다시 통합할 결심을 굳히고 있었다. 320년에 그는 최근의 전통을 무시하고, 매년 두 명씩 선출되는 콘술(집정관)에 동방 출신을 배제했다. 그 대신 그는 자신과 자신의 둘째 아들을 콘술에 임명했고, 321년에는 두 명 다 자신의 아들들로 채웠다.[4] 또한 그해에 그는 거대한 함선들을 많이 모으기 시작했고, 그 함대를 수용하기 위해 테살로니카 항구의 바닥을 더욱 깊이 팠다.

리키니우스도 전쟁 준비를 서둘렀다. 한동안 두 황제는 서로 노려보며 때를 기다렸다. 그러나 322년 가을 사르마티아인(도나우 강 하류의 북부 일대에 거주하던 유목민 야만족)의 공격을 격퇴하던 중 콘스탄티누스는 실수였는지 아닌지는 모르지만 군대를 이끌고 트라키아로 들어갔다. 이에 대해 리키니우스는 격렬하게 항의하면서, 이 사건은 정찰을 목적으로 한 의도적인 영토 침범이며, 대규모 침공을 위한 명백한 사전 공작이라고 주장했다. 그러고는 약 17만 명의 병력을 이끌고 아드리아노플(지금의 에디르네)을 향해 진격했다. 콘스탄티누스가 행군해 오자 그는 응전할 차비를 했다.

323년 6월 마지막 주에 서방의 군대는 트라키아 국경을 넘었고, 7월 3일에 아드리아노플 바로 외곽의 넓고 경사진 평원에서 동방의 군대와 마주쳤다. 콘스탄티누스의 군대는 병력이 약간 적었지만, 베테랑 병사들이었으므로 비교적 경험이 적은 적군을 어렵지 않게 꺾었다. 여기서도 리키니우스는 불굴의 용기로 싸웠으나, 약 3만 4천 명의 병사들이 전사하자 퇴각을 명할 수밖에 없었다. 그 뒤 그는 바로 9년 전에 그랬던 것처럼 비잔티움으로 물러났다. 그러나 이번에는 그도 화해하려 하지 않았다. 오히려 그는 콘스탄티누스가 폐위되었다고 선언하면서 휘하의 마르쿠스 마르티아누스라는 대신을 서방 정제로 임명하고는 콘스탄티누스의 공격에 맞서고자 했다.

한편 콘스탄티누스는 가만히 진지에만 머물면서—앞서 말한 비잔티움이라는 작은 도시의 전략적 위치와 탁월한 자연적 방어력을 상기해 보라—함대가 도착하기를 기다렸다. 함대의 지휘는 아들인 크리스푸스에게 맡겼다. 크리스푸스는 이제 20대의 어엿한 장부로서 결혼해서 아이도 낳았으며, 벌써 원정에 참여한 경력이 5년이나 되었다. 그가 거느린 함대는 30개의 노가 장착된 갤리선* 200척과 수송선 2천 척으로 구성되었다. 헬레스폰트를 방어하기 위해 리키니우스는 적보다 더 많은 350척의 함대를 동원했다. 함대의 지휘관은 아반투스였는데, 그가 자리를 잡은 곳은 더 많은 함대를 가진 것이 유리한 헬레스폰트의 에게 해 방면 끝자락이 아니라 마르마라 해

* 고대에서 근대 초기까지 널리 사용된 함선. 속도와 기동력이 뛰어났으므로 주로 군선으로 많이 사용되었으며, 노가 배치된 단의 수에 따라 삼단노선, 오단노선 등으로 나뉘었다. 그러나 노를 기본 동력으로 하는 만큼 노예 인력이 많이 필요했으므로 많은 짐을 싣지 못해 병력이나 화물의 수송선으로는 적합하지 않았다. 그래서 유럽의 함선들이 지중해를 벗어나 대양으로 나아가는 14세기부터는 갤리선보다 돛의 기능을 중시한 범선이 많이 사용되었고, 16세기부터는 갈레온이라는 대형 범선이 생겨났다.

로 이어지는 북쪽 끝자락의 좁은 해역이었다. 서방 제국의 함대는 도착하자마자 곧바로 공격을 개시했다. 이렇게 해서 벌어진 해전은 밤낮 없이 이틀 동안 지속되었다. 그러나 결국 크리스푸스의 가볍고 빠르고 기동력이 뛰어난 함선들이 150척의 적함을 침몰시키고 비잔티움으로 가는 길을 뚫었다.

적 함대가 온다는 소식을 들은 순간 리키니우스는 시를 빠져나와 보스포루스를 건너 아시아로 탈출했다. 하지만 콘스탄티누스는 이미 대비책을 세워 놓고 있었다. 함대가 도착하자 그는 재빨리 수송선에 군대를 태우고 추격에 나섰다. 9월 18일 크리소폴리스(지금의 위스퀴다르, 더 익숙한 이름으로는 스쿠타리)에서 또 한차례 대승을 거두었다. 리키니우스는 서둘러 수도인 니코메디아로 돌아왔다. 여러 차례 참패를 당했지만 아직 그는 기백이 꺾이지 않았고, 끝까지 저항할 각오였다. 그런 그를 단념케 한 사람은 그의 아내였다. 그녀는 지금 항복한다면 목숨은 건질 수 있을 것이라고 주장했다. 이튿날 그녀는 직접 이복 오빠의 진영으로 가서 남편의 목숨을 살려달라고 애원했다.

콘스탄티누스는 누이의 간청을 허락했다. 그는 리키니우스를 불러 진심으로 인사를 나누었고 저녁식사에도 초대했다. 그런 다음 그를 테살로니카로 유배를 보냈는데, 비록 엄중하게 감시했지만 그의 지위에 맞는 안락한 생활을 어느 정도 할 수 있도록 해 주었다. 또한 콘스탄티누스는 서방 정제라고 자처하는 마르티아누스에게도 아량을 베풀어 카파도키아로 유배보냈다. 리키니우스가 동방 제국을 장악했을 때의 행위와 비교할 때 콘스탄티누스의 관대한 조치는 놀랄 만한 것이었다. 하지만 그 관용도 오래 가지는 않았다. 몇 달이 지난 뒤 리키니우스와 마르티아누스는 현장에서 처형되었다.

콘스탄티누스의 심경이 갑자기 바뀐 이유는 알 수 없다. 혹시 그리스도교 역사가인 소크라테스가 주장하는 것처럼—비록 한 세기 뒤 사람이지만—리키니우스가 야만족(아마 사르마티아인일 것이다)과 결탁하여 콘스탄티누스를 죽이고 권좌에 복귀하려는 음모를 꾸몄는지도 모른다. 그럴 수도 있겠지만 가능성은 적다. 더 유력한 설명은 그 무렵 콘스탄티누스가 직접 작성하여 제국 전역에 회칙 형식으로 배부한 기도문에서 찾을 수 있다. 긴 도입부에서 그는 그전까지의 박해를 설명하고 개탄한 뒤 이렇게 말한다. "온 세상과 모든 인류의 전체적인 이익을 위해 제가 바라는 것은 백성들이 평화롭고 조화로운 삶을 누려야 한다는 것입니다."

그것은 사실이었다. 리키니우스와 싸운 뒤, 그리고 나머지 생애 동안 그는 그런 생각을 여러 차례 밝혔으며, 어떻게든 전쟁을 피하고 전쟁으로 나아가지 않도록 하기 위해 노력했다. 그러나 그 무렵 그는 로마 제국이 평화롭게 살기 위해서는 단일한 제국으로 통합되어야 한다고 확신하고 있었다. 아마 그는 애초부터 리키니우스가 그 오지의 생활에 만족하고 거기서 오래도록 살리라고 생각하지 않았을 것이다. 요컨대 제국은 비록 영토가 방대하기는 하지만 두 황제가 공존할 만큼 크지는 않았다. 정제의 직함을 요구하는 두 사람을 제거함으로써 제국의 평화를 기할 수 있다면 그것은 분명히 값싼 대가였던 것이다.

2

교회는 하나가 되어야 한다

323년~326년

나는 신의 교회 안에서 벌어지는 모든 소요를 전쟁이나 전투로 간주할 것입니다. 오히려 소요는 전쟁이나 전투보다도 진정시키기가 더 어렵습니다. 그러므로 나는 무엇보다도 소요를 적대시할 것입니다.

콘스탄티누스 대제 323년 니케아 공의회의 개막 연설

이단아 아리우스

내전 기간에 신성한 라바룸을 높이 치켜들고 전장에 나가 패배할 줄 몰랐던 콘스탄티누스는 점점 그리스도교의 신에 경도되었다. 앞에서 보았듯이 그는 몇 년 동안 그리스도교에 우호적인 입법 조치를 취했다. 몰수된 재산은 반환되었고, 성직자는 행정적 의무에서 면제되었으며, 주교단에게는 민간 사회와 관련된 요구를 제기할 수 있는 권한이 부여되었다. 다른 법령들도 그리스도교적 색채가 가미된 것들이 많았다. 예를 들어 319년에는 노예가 아무리 기분을 상하게 하더라도 함부로 죽이지 못하도록 하는 법이 생겨났고, 320년에는 감옥에 갇힌 죄수들에 대한 학대를 금지하는 법이 제정되었다. 가장 유명한 조치는 321년 3월 7일에 일요일, 즉 '경건한 태양의 날'을 법으로 정하고 휴일로 선포한 것이었다(이것은 '무적의 태양' 숭배에 비해 후퇴한 것이라고 볼 수도 있다. 사실 성 바울의 시대 이래로 토요일보다 일요일을 안식일로 지내는 경우가 점점 많아졌는데, 15년 전 에스파냐의 엘비라에서 열린 어느 공의회에서는 신도들에게 일요일에 쉬라고 명령했다). 그러나 그 모든 입법 조치에는 그리스도의 이름이 언급되지도 않았고, 그리스도교 신앙이 표방되지도 않았다.

이제 제국은 그의 권위 아래 하나로 재통합되었으므로 콘스탄티누스도 점차 공개적인 처신을 할 여유가 생겼다. 앞 장의 끝 부분에 인용된 긴 기도문에서 그는 자신의 신념을 명확히 밝히고 있다.

> 비록 인간은 몹시 타락했고 많은 잘못을 저질렀지만, 당신께서는 (악의 힘이 완전히 지배하지 않도록 하기 위해) 당신의 아드님을 통해 순수한 빛을 보여 주셨고, 그리하여 당신과 연관된 모든 인간에게 증거를 주셨습니다.

하지만 신앙을 강요해서는 안 된다. 이교도들도 스스로 원한다면 옛 신앙을 그대로 가질 수 있도록 허용해야 한다. 그래서 그의 기도는 이렇게 계속된다.

> 그러므로 여전히 잘못에 눈이 어두운 자들도 믿는 자들에 못지않게 평화와 안정을 희구하게 하소서. …… 누구도 이 문제로 다른 사람을 괴롭히지 말게 하시고, 모든 사람들이 자신의 마음에 따라 자유롭게 신앙을 가질 수 있도록 하소서. …… 자발적으로 불멸성을 추구하는 행위와 징벌을 받을 것이 두려워 남들에게 그렇게 강요하는 행위는 전혀 다르기 때문입니다.

그러나 이교는 용납한다고 해도 이단은 그럴 수 없었다. 교회가 단일 제국의 정신적 지주로서 역할하려면 분열된 종교로서는 불가능했다. 그런데 불행하게도 그리스도교는 분열되어 있었다. 콘스탄티누스는 오랫동안 북아프리카의 도나투스파와 이집트의 멜레티아누스파로 분열된 종교 집단들을 통합하기 위해 애썼지만 성공하지 못했다. 이 고집스러운 교도들은 박해 기간 동안 교회에 등을 돌렸다가도 박해가 끝나고 복귀한 주교나 사제의 권위는 전혀 인정하지 않았다. 이는 성직자의 도덕성과 성사聖事의 타당성은 서로 무관하다는 정통 견해를 부인하는 것이었다(성 아우구스티누스는 성직자란 단지 그리스도를 대리할 뿐이라고 말한 바 있다). 게다가 제3의 종파까지 생겨났다. 이들은 교회 안팎에서 닥치는 대로 지지자를 규합하는 행태로 보나 옹호하고 비난하는 태도가 몹시 요란하다는 점으로 보나 다른 두 종파를 합친 것보다도 더 큰 불화의 씨앗이 될 게 분명했다.

이 종파는 알렉산드리아의 장로인 아리우스를 중심으로 뭉쳤다. 아리우스는 학식이 풍부하고 당당한 풍모를 지닌 인물로서, 박해 기간에 순교한 안티오크의 유명한 성인 루키아누스의 제자였다. 그의 주장은 아주 간단했다. 예수 그리스도는 아버지 하느님처럼 영원하고 단일한 실체가 아니라, 하느님이 특정한 시기에 세상을 구원하기 위한 '도구'로서 창조한 존재라는 것이었다. 따라서 아무리 완전한 인간이라 해도 '아들'은 '아버지'에게 언제나 복종해야 하므로 그리스도의 본성은 신이 아니라 인간이라는 것이다. 그러나 아리우스를 감독하는 알렉산데르 대주교는 바로 그 점이 위험한 교리라고 여기고 뿌리를 뽑으려 했다. 그리하여 320년에 아리우스의 전파자들은 이집트, 리비아, 트리폴리타니아에서 온 거의 백 명에 달하는 주교들 앞에서 심문을 받고 이단으로 파문당했다.

그러나 그 피해는 심각했다. 아리우스의 가르침은 들불처럼 번져나갔다. 당시에는 신학적 논쟁이 성직자나 학자들에게만이 아니라 그리스 세계 전체에 대단히 중요한 관심사였다. 수많은 대자보가 나붙었고, 장터에서는 난상토론이 벌어졌으며, 벽마다 분필로 쓴 온갖 구호들이 뒤덮였다. 모두들 나름의 견해를 가지고 있었고, 누구나 아리우스파이거나 아리우스의 반대파였다. 아리우스 자신도 여느 신학자들과는 달리 여론 몰이에 능했다. 심지어 그는 자신의 견해를 더 널리 홍보하기 위해 가요와 동요도 지었다. 선원, 여행자, 목수, 많은 상인들이 거리에서 그 노래들을 부르고 다녔다.[5]

하지만 파문을 당한 뒤 아리우스는 알렉산드리아에 머물 수 없었다. 서둘러 그곳을 떠난 그는 먼저 카이사레아로 갔다. 그곳에는 그의 견해를 열렬히 지지하는 유세비우스가 주교로 있었다. 아리우스의 그 다음 행선지는 니코메디아였다. 여기서 그는 리키니우스와 콘스탄티아의 따뜻한 환영을 받았으며, 니코메디아의 주교—헷갈리지만 그의 이름도 유세비우스였다—는 현지 종교 회의를 소집하여 아리우스를 압도적으로 지지하는 견해를 채택했다. 때마침 카이사레아의 유세비우스가 소집한 시리아 고위 성직자들의 종교 회의도 같은 견해를 표명했다. 입지가 크게 강화된 아리우스는 이집트로 돌아와 복직을 요구했다. 알렉산데르가 거절하자 대규모 폭동이 터졌다.

처음에 미묘한 신학 논쟁으로 시작된 사태는 콘스탄티누스가 제국을 완전히 장악한 323년 가을에 이르러 이집트만이 아니라 레반트 전역에서 위험할 정도로 커졌다. 더 이상 상황이 악화되지 않도록 하려면 뭔가 강력한 조치가 필요했다. 그래서 황제는 코르도바의 주교 호시우스—그는 10년 전부터 그리스도교 문제에 관해 황제에게 조언을 해 왔다—를 이집트로 불러 사태를 완전히 해결할 방침을 강구하라고 했다. 당연한 일이지만 주교는 실패했다. 이듬해에 그는 다시 시도했다. 이번에는 콘스탄티누스가 직접 쓴 서한을 공평하게 두 종파에 전달했다.

> 정복자이자 최고 정제인 콘스탄티누스가 알렉산데르와 아리우스에게 고하는 바이오.
>
> 그대들의 근본적인 차이가 어디서 비롯되었는지 충실하게 조사한 결과, 나는 그 원인이 참으로 사소한 것이며 격렬한 쟁점으로서는 너무도 부족하다는 점을 깨달았소. …… 그러므로 이제 그대들은 인내심을 발휘하여 그대들과 같은 신의 종복이 드리는 충고를 받아들여 주기 바라오. 이 충고란 다름이 아니오. 실은 이런 질문을 제기한 것도 잘못이었고, 제기된 질문에 응답한 것도 잘못이었소. 법의 권위가 아니라 논쟁의 정신에서, 즉 여가를 오용하여 심심풀이처럼 제기한 논점은 우리 자신의 생각으로만 제한해야 하며, 대중 집회에서 서둘러 발표하거나 경솔하게 대중의 귀에 들어가게 해서는 안 될 것이오. 그토록 숭고하고 난해한 문제를 정확히 이해하고 적절히 설명할 수 있는 사람은 매우 드물기 때문이오.
>
> 『콘스탄티누스의 생애』, II, 64~72

참으로 현명한 조언이 아닐 수 없다. 이 조언을 수백 년 동안 숙지했더라면, 커다란 고통과 유혈극을 막을 수 있었으리라. 하지만 그의 조언은 쇠귀에 경 읽기였고, 아리우스와 알렉산데르는 각자 별도로 니코메디아에 와서 자신의 처지를 황제에게 호소했다.

바로 이 324년 말경에 콘스탄티누스는 이 문제에 관해 최종적인 결정을 내렸다. 이제 지역 주교들의 종교 회의는 중단하고, 그 대신 니케아에서 권위 있는 대규모 공의회*를 열어 아리우스와 알렉산데르 양측이 모두 승복할 만한 판결을 내자는 것이었다. 원래는 개최지가 앙키라(지금의 앙카라)였으나 곧 니케아(이즈니크)로 바뀌었다. 이곳은 교통이 더 편리할 뿐 아니라 니코메디아에 더 가까웠다. 황제가 직접 공의회에 개입할 의도를 가지고 있었다는 사실이 곧 명백해진다는 것을 고려하면 수도에 가깝다는 점은 상당히 중요했다.

공의회의 난상토론

황제의 궁전이 있는 곳으로 유명했던 니케아에서 325년 5월 20일부터 6월 19일까지 대규모 공의회가 열렸다. 황제는 서방 교회에서 많은 사람들이 참가해 주기를 바랐지만, 종교 논쟁에 별로 관심이 없

* 공의회도 내용상으로는 종교 회의와 다를 바 없다. 다만 지은이는 지역적인 규모의 synod와 전국적인 규모의 council(혹은 ecumenical council)을 구분해서 쓰고 있기 때문에, 이 책에서는 앞의 것을 종교 회의라고 하고 뒤의 것을 공의회로 표기했다. 즉 공의회란 제국 전체, 즉 동방과 서방을 아우르는 큰 규모의 종교 회의로 이해하면 되겠다.

는 서방에서는 대표들이 거의 참가하지 않았다. 호시우스 주교 이외에 칼라브리아와 카르타고의 몇몇 주교들, 갈리아와 일리리아에서 각각 한 명씩, 교황 실베르테르가 파견한 로마의 사제 두 사람—이들은 주로 참관인 역할이었다—정도가 고작이었다. 그러나 동방에서는 대규모의 대표단이 참가했다. 적게 잡아 주교가 270명이었는데, 실은 300명 이상이었을 것이다. 그들은 대부분 신앙 문제로 박해와 투옥을 당한 경험이 있었다. 진행은 콘스탄티누스가 직접 맡았다.

> 전체 회중이 자리에 앉은 뒤 황제가 도착하기까지 좌중에는 침묵이 흘렀다. 우선 황제의 가까운 가족 세 명이 서열에 따라 입장한 뒤 다른 사람들이 들어와서 황제의 입장을 알렸다. 통상적으로 황제를 안내하는 사람은 병사나 경호관이었으나 이번에는 종교상의 친구들이 대신한 것이었다. 황제의 입장을 알리는 신호에 따라 모두들 자리에서 일어나자 이윽고 황제가 회중 한가운데를 뚫고 걸어왔다. 그는 마치 하늘에서 내려온 신의 천사처럼 금과 보석들로 치장해 온통 빛으로 번쩍이는 자주색 의상을 입고 있었다. 상석으로 올라간 뒤 그는 잠시 그 자리에 섰다. 이윽고 금으로 장식한 의자가 준비되자 그는 주교들의 신호에 따라 자리에 앉았다. 뒤이어 참석자들도 모두 자리에 앉았다.
>
> 『콘스탄티누스의 생애』, III, 10

콘스탄티누스가 두 종파의 대표자에게 보낸 서한으로 미루어 보면 그는 종교적 쟁점에는 전혀 관심이 없었다. 그는 완전한 서방 태생은 아니었어도 서방에서 성장한 것은 분명했다. 비록 종교적인 본성을 가지고는 있지만, 그의 전투적인 심성은 미묘한 신학적 논쟁을 견딜 만한 참을성이 없었다. 하지만 그는 이 참에 확실히 논쟁을 종식시킬 심산이었다. 그래서 그는 회의 분위기를 진작시키거나 격해진 감정을 완화시키는 등 논쟁을 주도하면서 줄곧 통일의 중요성과 타협의 미덕을 강조했다. 때로는 라틴어 대신 짧은 그리스어까지 써 가면서 참가자들을 설득하려 애쓰기도 했다.

† 니케아 신경을 펼쳐 보이고 있는 콘스탄티누스 황제와 성직자들.

합의문 초안에 적어도 임시로나마 아리우스와 그의 교리의 향후 운명을 결정하게 될 핵심어를 집어넣자고 제안한 것도 그였다. 그 핵심어란 바로 호모우시오스homoousios였는데, 이는 '동일 본질', 즉 '동일 본체'라는 뜻으로 '아들'과 '아버지'의 관계를 설명하는 개념이었다. 초안에 이 개념이 포함되었다는 것은 곧 아리우스파에 대한 유죄 판결을 뜻했으나, 그것은 동시에 콘스탄티누스의 설득력—물론 협박도 포함되었을 것이다—을 말해 주는 것이기도 했다. 예상했던 대로 아리우스파의 주교들은 대부분 항의했다. 그러나 황제는 그들을 달래면서, 그 개념은 오직 '신적이고 신비한 의미'로만 해석될 수 있다고 말했다. 바꿔 말하면 누구나 자신이 원하는 대로 해석할 수 있는 셈이었다.

그가 설명을 마치자 아리우스파 주교들—유세비우스 주교도 포함되었다—은, 비록 마지못해서이기는 하지만 거의 모두 최종 합의문에 서명했다. 반대를 고수한 사람은 겨우 열일곱 명이었는데, 유배와 파문까지도 가능하다는 으름장에 최종적인 반대자는 두 명으로 줄었다.[6] 공의회는 판결을 내렸다. 아리우스와 그의 지지자들은 공식적으로 유죄 판결을 받았고 그의 저술도 파문과 아울러 소각 명령을 받았다. 또한 그는 알렉산드리아로 돌아가는 것도 금지되었다. 그래서 그는 일단 일리리쿰으로 망명했으나, 아리우스파 주교들의 끈질긴 탄원으로 오래 지나지 않아 니코메디아로 돌아올 수 있었다. 하지만 그의 파란만장한 경력은 아직 끝나지 않았다.

예정된 대로 아리우스파 문제를 만족스럽게 처리한 뒤 공의회는 다른 사안들을 다루었다. 예컨대 부활절의 정확한 날짜를 정하는 문제도 있었다. 동방 교회들은 대부분 유대력에 의거하여 요일을 무시한 채 부활절 날짜를 계산했다. 하지만 알렉산드리아와 서방 교회에서는 부활절을 언제나 일요일로 고정했다. 즉 춘분이 지난 뒤 첫 보름달 이후에 찾아오는 일요일이 부활절이었다.* 니케아에서 그 문제를 결정하는 데 영향을 미친 것은 아마 유대인에 대한 황제의 증오심이었을 것이다. 회람용 서한에서 그는 공의회 이후 여러 교회와

* 부활절 날짜는 이처럼 태양력(춘분), 태음력(보름달), 자의적인 기준(일요일)이 뒤섞인 탓에 애초부터 정확히 고정시키기가 불가능했으므로 이후에도 많은 종교회의의 주제가 되었다.

대화했다면서 그리스도의 부활을 기념하는 날을 유월절*과 같은 날짜로 잡는 것은 생각만 해도 끔찍하다고 말했다. 어쨌든 공의회는 향후 서방의 제도를 그리스도교권 전역에서 채택한다는 데 최종적으로 합의했다. 알렉산드리아에서 매년 정확한 부활절 날짜를 계산해서 로마에 통지하면 로마에서 모든 교회에 전달하는 방식이었다. 이 결정은 열두 세기 반 동안 준수되었다가 1582년에 교황 그레고리우스 13세가 달력을 개정한 뒤부터 동방 달력과 서방 달력이 다시 달라졌다.

이리하여 그리스도교 교회의 첫 공의회는 한 달 남짓 만에 끝났다. 결과는 콘스탄티누스의 승리였다. 그는 모든 주요한 쟁점들을 자신이 원하는 방향으로, 그것도 거의 만장일치로 결정하는 데 성공했다. 이제 그는 동방 교회와 서방 교회의 통합을 이룬 것은 물론 그 자신이 통합된 교회 위에 군림하는 도덕적 절대자가 되었다. 이렇게 교회와 국가가 결합된 체제는 이후 1천 년 동안이나 유지되었다. 요컨대 콘스탄티누스에게는 충분히 자축할 만한 일이었다. 그는 주교들을 몇 주일 더 비티니아에 머물게 하고 자신의 즉위 20주년을 기념하는 성대한 연회를 베풀어 그들에게 경의를 표했다. 카이사레아의 유세비우스—그는 니코메디아의 동명이인처럼 아리우스 문제 때문에 마음을 상하지 않았다—도 당연히 연회에 참석했는데, 당시의 열광적인 장면을 이렇게 묘사했다.

* 유대인들이 문설주에 어린 양의 피를 발라 멸망을 면했다는 것을 기념하는 유대교의 절기.

> 주교들은 한 사람도 빠짐없이 황궁의 연회에 참석했다. 말로 형용할 수 없을 만큼 화려한 연회였다. 황제의 경호관을 비롯한 여러 병사들이 검을 빼어 들고 황궁 입구를 에워싸고 있었다. 성직자들은 그 한가운데로 아무런 두려움 없이 들어갔다. 황궁의 가장 깊숙한 곳에 이르자 황제의 친구들 몇 사람이 앉아 있었고, 다른 사람들은 양측에 배치된 긴 의자에 비스듬히 누워 있었다. 마치 그리스도의 왕국을 미리 본 것처럼 그 장면은 현실이라기보다 꿈과 같았다.
>
> 『콘스탄티누스의 생애』, III, 15

주교들은 저마다 황제가 하사한 선물 꾸러미를 한 아름씩 안고 떠났다. 유세비우스에 따르면 그들은 자신이 목격한 광경에 깊은 인상을 받았다고 한다. 그것은 바로 콘스탄티누스가 의도하던 바였다.

음모와 암살

326년 1월 초에 콘스탄티누스는 로마로 갔는데, 거기엔 그럴 만한 사정이 있었다. 로마인들은 황제가 니케아에서 즉위 20주년 기념식을 치른 일 때문에 기분이 상해 있었다. 그래서 황제는 로마인들의 감정을 달래고 그들을 결코 무시하지 않는다는 점을 보여 주기 위해 로마에서 다시 기념식을 치르기로 한 것이다. 그의 로마행에는 가족들도 동행했다. 어머니 헬레나를 위시하여 아내인 파우스타 황후, 이복누이 콘스탄티아, 또 그녀의 의붓아들인 리키니아누스, 그리고 콘스탄티누스의 맏아들인 크리스푸스 부제 등이 황제를 수행했다. 하지만 각 개인들 간의 관계가 대단히 나빴기 때문에 분위기는 좋지 않았다.

우선 헬레나는 파우스타가 막시미아누스 황제의 딸이라는 사실을 결코 잊으려 하지 않았다. 막시미아누스는 약 40년 전에 그녀의 남편인 콘스탄티우스 클로루스를 빼앗아간 테오도라의 양아버지였던 것이다. 한편 파우스타는 콘스탄티누스가 바로 지난해 즉위 20주년 기념식에서 그의 어머니를 자신과 같은 황후의 서열로 격상시킨 것에 대해 심한 반감을 품고 있었다. 또한 콘스탄티아는 2년 전에 콘스탄티누스가 남편 리키니우스의 목숨을 살려주겠다고 약속해 놓고서도 죽인 일을 잊지 못하고 있었다. 그녀의 의붓아들 리키니아누스는 출셋길이 가로막힌 데다 자신도 응당 누려야 할 영예가 크리스푸스에게 돌아간 것을 보고만 있을 수밖에 없는 처지여서 반감이 심했다. 게다가 크리스푸스도 아버지 황제가 자신을 시기하고 있다는 것을 알기 때문에 심사가 편치 않았다. 그것은 헬레스폰트에서 그가 보여 준 활약 때문인데(하지만 그는 거의 인정받지 못했다), 이제 그는 군대와 시민들 사이에서 아버지를 훨씬 능가할 정도로 인기가 높았다. 지난해에 그는 갈리아에서 지휘권을 빼앗긴 경험이 있었으며(당시 그 지휘권은 아직 어린아이에 불과한 이복동생 콘스탄티누스 2세에게 주어졌다), 326년의 콘술직도 더 어린 동생인 콘스탄티우스에게 양보해야 했다.

그러나 이런 이유들은 2월 어느 무렵인가 황제 일행이 세르디카 혹은 시르미움에 도착했을 때 터져 나온 일련의 사건들을 우리가 이해할 수 있도록 완전히 설명해 주지는 못한다. 갑자기 아무런 사전 경고도 없이 크리스푸스와 리키니아누스가 체포된 것이다. 그리고 며칠 뒤 폴라(지금의 풀라)에서 그들은 처형되고 말았다. 그러나 사건은 거기서 끝나지 않고 더 지체 높은 희생자까지 생겨났다. 바로 파우스타 황후가 목욕탕의 칼리다리움[calidarium, 고온 욕실]에서 살해된 것이다. 끓는 물에 데었는지, 칼에 찔렸는지, 증기에 질식했는지는 밝혀지지 않았다.

그와 거의 같은 시대 사람인 유트로피우스에 의하면, 얼마 뒤에는 콘스탄티누스의 친구들도 같은 운명을 당했다고 한다. 콘스탄티누스는 대체 무엇 때문에 이런 광란의 살육을 저질렀을까? 남아 있는 증거로는 전혀 알 수 없다. 한 가지 가능성으로, 크리스푸스가 아버지의 증오심이 깊은 것을 느끼고 자신의 미래를 크게 우려한 나머지 리키니아누스와 공모하여—리키니우스라면 굳이 자극을 주지 않아도 그런 음모를 함께 꾸미기에 적합한 인물이다—황제 타도를 꾀했을 수도 있다. 이 계획이 사전에 발각되어 콘스탄티누스가 예의 그 단호함으로 그들을 처단한 것은 아닐까? 그렇다면 이후의 살육극은 황제의 측근들이 그 음모에 관련되어 있다는 사실이 드러나면서 벌어진 것이라고 추측할 수 있다.

그런 설명은 아주 명쾌하다. 하지만 그것은 파우스타의 죽음을 해명하지 못한다. 물론 황후 역시 남편을 배반하는 그 음모에 관련되었다고 상상할 수도 있다. 그녀의 아버지 막시미아누스도 콘스탄티누스에 의해 살해되었으니까. 그러나 그것은 이미 16년 전의 일인 데다 당시 막시미아누스는 사실상 죽음을 자초한 감이 있었다.

더욱이 파우스타는 남편과의 사이에서 다섯 명의 아이까지 낳았다. 그 사실은 파우스타가 적어도 어느 정도는 남편과 화해했음을 시사한다. 그렇다면 우리는 다른 가능성을 모색해 보아야 한다.

불행히도 파우스타가 어떤 식으로든 의붓아들의 죽음과 연관되었으리라는 추측에 관해서는 적어도 네 명의 고대 역사가들이 의견을 같이 하고 있다. 아우렐리우스 빅토리우스는 그녀가 콘스탄티누스를 부추겨 크리스푸스를 제거하려 했다고 주장한다. 필로스토르구스는 그 주장에 동의하고, 그녀가 그 젊은 부제에 관한 비방을 일부러 날조한 뒤 자신은 서커스단 출신의 남자와 부정을 저질렀다고 덧붙인다. 하지만 조시무스는 그 다음 세기에 쓴 글에서 완전히 새로운 요소를 밝힌다. 그에 따르면, "크리스푸스는 계모인 파우스타와 간통했다는 혐의를 받고 처형당했다"(『역사Historia』, II, 29)는 것이다. 사실 이 이야기는 도저히 있을 법하지 않으므로 혹시 역사가가 콘스탄티누스와 그의 가문에 대해 지나친 적대감을 가진 것이 아닐까 하는 생각이 들 정도다. 실제로 또 다른 5세기의 작가인 오베르뉴의 주교 성 아폴리나리스 시도니우스에 의하면, 황제 일행이 로마에 올 때면 다음과 같은 걸쭉한 내용의 2행시가 팔라티노 언덕의 궁전 문에 나붙었다고 한다.

> 지금 누가 사투르누스의 황금시대를 바라는가?
> 우리 시대는 네로가 본보기를 보여 준 다이아몬드 시대라네.[7]

만약 이 이론이 옳다면 가능성은 세 가지다. 첫째, 크리스푸스와 파우스타는 실제로 간통을 저질렀다. 하지만 그렇다면 왜 그들은 한꺼번에 처형되지 않았을까? 둘째, 크리스푸스가 파우스타에게 모종의 제의를 하자 그녀는 화를 내며 황제에게 일러바쳤다. 하지만 그렇다면 그녀는 왜 처형당했을까? 따라서 가능성은 한 가지밖에 없다. 크리스푸스는 파우스타와 아무런 관계도 없었는데 그녀의 중상을 받은 것이다. 그 이유는 아마도 기번이 추측한 것처럼, 그가 파우스타의 유혹을 거절했기 때문인지도 모른다. 콘스탄티누스는 아들이 죽은 뒤에야 비로소 그녀의 거짓을 알아내고 그녀에게도 같은 운명을 내린 것이다. 아우렐리우스 빅토리우스에 의하면 이 경우 콘스탄티누스의 정보원은 어머니인 헬레나였다. 그녀는 며느리의 죽음이 사필귀정이라고 여겼을 테니 아무런 가책도 느끼지 않았을 것이다.

로마 시민들의 적대

콘스탄티누스의 두 번째 로마 방문은 출발부터 좋지 않았지만 갈수록 더 나빠졌다. 황제 가족의 참사 소식은 그가 로마에 도착하기 전에 전해졌으며, 오래전부터 로마 시민들, 특히 귀족들이 품고 있던 그에 대한 불신감을 더욱 증폭시켰다. 여기에는 몇 가지 이유가 있었다. 우선 일반 로마인들은 콘스탄티누스가 실제적인 즉위 20주년 기념식을 다른 곳에서 치렀다는 것을 용서하지 않았다. 게다가 그들은 황제가 보스포루스 부근에 웅장한 신도시를 급속히 건설하고 있다는 소식에 큰 불안을 느끼고 있었다. 또한 공화주의자, 혹은 적어도 공화정의 유산을 물려받았다고 자부하는 로마인들은 콘스탄티누스가 로마의 황제라기보다는 비단과 능직으로 된 옷을 입고 아첨하는 조신들의 시중을 받는 동방의 군주처럼 처신하는 것이 영 못마땅했다.*

또한 전통적 종교를 굳게 신봉하는 그들은 콘스탄티누스가 로마의 신들을 버리고 경멸스러운 그리스도교 신앙을 채택한 것을 개탄했다. 그들은 그리스도교도라면 거리의 폭도나 로마 사회의 하층민들을 연상했던 것이다. 요컨대 로마 시민들은 황제를 종교에 대해서만이 아니라, 그들에게는 종교에 못지않게 중요한 자신이 속한 계층에 대해서도 배반한 자라고 여겼다. 옛 라테란 궁전 옆에 그보다 높고 위풍당당한 새 바실리카가 건설되는 모습을 무기력하게 지켜본 경험이 있는 로마 시민들은 326년 1월 3일 콘스탄티누스가 로마에 도착하기 불과 몇 달 전에 황제가 지명한 아킬리우스 세베루스라는

* 사실 로마 황제를 오리엔트 전제군주처럼 강력한 절대 권력자로 만들려 했던 것은 디오클레티아누스가 먼저다. 오랜 정치적 혼란기를 타개하고 즉위한 그는 황제가 곧 '신의 대리자'였던 오리엔트적 전통을 모방하여 페르시아의 궁정 의식과 예절을 도입했다. 아마 거기에는 그 자신이 제국을 네 개로 분할함으로써 생겨난 권력의 약화를 방지하기 위한 의도도 있었을 것이다. 어쨌든 디오클레티아누스를 본받아 콘스탄티누스도 오리엔트풍의 황제를 염두에 두었던 것은 분명하다. 더욱이 그는 테트라르키아(정제 둘, 부제 둘로 이루어진 사두 정치)를 극복하고 다시 강력한 단독 황제 아래 통일된 로마 제국을 이루려 했기 때문이다. 하지만 디오클레티아누스는 로마의 전통적 다신교를 부활시키고 그리스도교를 탄압한 반면 콘스탄티누스는 유일신앙 그리스도교를 제국의 중심 이데올로기로 삼으려 한 점에서 다르다. 그 덕분에 디오클레티아누스는 제국에 공헌한 바는 콘스탄티누스보다 훨씬 더 크면서도 후대의 그리스도교 역사가들에게서 혹평을 받았고, 콘스탄티누스는 '대제'라는 찬사를 받았다.

자가 로마 최초의 그리스도교 총독으로 공식 취임하는 행사를 부루통한 표정으로 바라보았다.

이제 13년 만에 콘스탄티누스는 다시 로마에 왔다. 로마인들은 온갖 격식을 갖춰 그를 영접했으나 자신들의 솔직한 감정을 굳이 감추려 하지 않았고, 이런 면에서는 콘스탄티누스도 마찬가지였다. 그는 즉위 20주년 기념식을 충실하게 치렀다. 그러나 그는 지난번에 방문했을 때처럼 카피톨리누스의 유피테르 신전까지 행진하는 전통적인 의식에 참여하지 않았다. 당시 그는 행진의 차비가 모두 갖춰지고 황제의 명령만 남은 상황에서 행진을 단호하게 거부했다고 한다. 어느 면으로 봐도 이것은 위험한 처신이었으며, 로마 시민들뿐만 아니라 아직도 이교도들이 대다수인 휘하의 병사들을 불필요하게 자극하는 행동이었다. 병사들의 감정을 그런 식으로 마구 짓밟을 수 있다고 여길 정도라면, 병사들의 충성심과 그 자신의 자신감이 어지간했던 모양이다. 하지만 혹시 최근에 있었던 가족의 비극 때문에 다소 평정심을 잃었던 것은 아닐까? 이것 말고는 당시 그의 거칠고 거만한 태도를 확실히 설명하기 어렵다.

그러나 황제의 태도는 비록 지난번 밀비우스 다리 전투 이후에 로마를 방문했을 때보다 더 투박하고 퉁명스러워졌지만, 로마를 그리스도교 도시로 만들려는 그의 계획은 더욱 용의주도해졌다. 그는 오스티아로 가는 도로변에 있는 성 바울의 무덤터—부근에는 그가 순교한 장소도 있다—에 성 바울에게 헌정하는 또 다른 바실리카를 지었다.[8] 또 비아 아피아(아피아 가도)에는 12사도를 기리는 바실리카를 지었는데, 이때 콘스탄티누스는 현장에서 처음 나온 흙 열두

바구니를 직접 날랐다고 한다.[9] 하지만 그가 세운 가장 중요한 바실리카는 네로의 경기장 부근 바티칸 언덕에 있는 성 베드로의 무덤터에 지은 것이었다. 이 바실리카는 그 한두 해 전부터 짓기 시작한 것으로 보인다. 황제가 로마에 온 지 몇 개월 만인 326년 11월 18일에 봉헌되었기 때문이다.[10]

로마에서 콘스탄티누스가 건축에 열중한 것은 그가 로마를 예루살렘에 버금가는 그리스도교 신앙의 성지로 삼으려 했다는 것을 분명하게 입증한다. 그는 돈이 많이 드는 웅장한 건축물로 그리스도교의 위엄을 나타내기 위해 온갖 노력을 기울였다. 하지만 개인적으로 그는 로마를 좋아하지 않았으며, 다만 어쩔 수 없이 일시적으로 로마에 머물렀을 뿐이다. 그의 마음은 동방에 가 있었고 그의 진짜 노력이 투입될 곳도 동방이었다. 바티칸 바실리카가 봉헌되자 그는 곧 제국의 옛 수도를 마지막으로 떠났다. 거기서부터 동쪽으로 1300킬로미터 가량 떨어진 도시에서는 이미 많은 건축가, 인부, 토목기사들이 모여 황제가 오기만을 학수고대하고 있었다.

그곳은 바로 비잔티움이었다.

3

제국의 중심은 동방으로

326년~337년

콘스탄티노플이 완성되자 다른 도시들은 거의 모두 벌거벗은 상태가 되었다.

성 히에로니무스

로마를 버리다

콘스탄티누스가 비잔티움에 처음 눈을 돌렸을 당시 그 도시는 이미 1천 년에 가까운 역사를 지닌 고도古都였다. 비자스가 창건했다는 전설을 인정하든 않든 기원전 600년경에 이곳에서 조그만 촌락으로 발달하고 있었다는 사실은 틀림없다. 오늘날 소피아 대성당*과 토프카피 궁전이 있는 곳이 바로 그 옛 도시의 아크로폴리스에 해당한다. 기원후 73년에 비잔티움은 로마 황제 베스파시아누스에 의해 로마 제국의 영토가 되었다. 그러나 불행히도 120년 뒤 셉티미우스 세베루스가 제국을 통제하기 위해 노력할 때 비잔티움은 경솔하게도 그의 정적을 편들었다가 3년 동안 포위 공격을 받았다. 결국 도시를 점령한 세베루스는 무자비한 약탈을 저질렀고, 그 웅장한 성벽—너무 아름답게 조각되어 마치 한 덩이의 돌처럼 보였다고 한다—을 완전히 파괴했다. 그러나 오래지 않아 이 도시의 전략적 위치를 깨달은 황제는 자신이 파괴한 성벽을 재건하기로 결심했다. 이

세베루스의 도시를 콘스탄티누스가 물려받은 것이다.

그가 이 도시를 다시 한번 바꾸겠다고 결심한 것은 니케아 공의회가 열리기 여섯 달쯤 전인 324년 말경으로 추측된다. 나중에 그의 신도시 콘스탄티노플이 로마 세계의 후기 중심지, 인류 세계의 가장 웅장한 대도시가 되자 그에 걸맞게 도시의 건설에 얽힌 초자연적인 현상에 관한 이야기가 많이 생겨났다(아마 콘스탄티누스 자신도 그것을 부추겼을 것이다). 이를테면 이런 식이다. 황제는 처음에 새 수도를 트로이 평원에 지으려 했으나 신께서 한밤에 그에게 와서 비잔티움으로 이끌어주셨다(소조메노스, 『교회사』, II, 3). 칼케돈에서 그는 어디를 장소로 택할까 망설였는데, 독수리 떼가 산에서 날아오더니 인부들의 연장과 자재를 발톱으로 낚아채서 보스포루스 어귀에 옮겨다 놓았다.

또 맘즈베리의 윌리엄은 이런 이야기를 전한다. 어느 날 콘스탄티누스의 꿈에서 쪼그랑할멈이 나타나더니 갑자기 젊고 아름다운 여인으로 변했다. 며칠 뒤 다른 꿈에서는 죽은 교황 실베스테르가 나타나서 그 여인이 바로 비잔티움인데, 콘스탄티누스가 젊음을 되찾아 주어야 한다고 말했다. 마지막으로 이런 이야기도 있다. 그가 직접 창을 들고 성벽의 선을 그리자 그의 부하들은 그 엄청난 길이에 놀랐다. 그때 콘스탄티누스는 그들에게 이렇게 말했다. "내 앞에

* 소피아 대성당은 원래 그리스도교 성당으로 건립되었지만 1453년에 비잔티움 제국이 멸망한 뒤부터는 이슬람 사원으로 바뀌어 오늘날에까지 이른다. 그래서 지금은 '하기아 소피아(Hagia Sophia, 신성한 지혜)'라고 부르지만 비잔티움 제국 시대에는 내내 그리스도교 성당이었으므로 이 책에서는 소피아 대성당이라고 부르기로 한다.

걷고 있는 분이 그만하라고 명하실 때까지 계속 선을 그리겠다."[11] 그러나 실제로 그런 초자연적인 명령에 의지하지는 않았을 것이다. 당시 황제는 자신의 위대함과 영광을 영원토록 기리기 위해 아드리아노플이나 카이사레아 같은 도시를 모델로 삼아 자기 이름을 딴 도시를 구상하고 있었을 뿐이었다. 물론 멋진 도시여야 하지만 그 이상의 의미는 없었다.

그가 그 도시를 제국의 수도로 삼기로 결심하게 된 때는 로마를 두 번째 방문했을 무렵이 거의 확실하다. 그때 그는 로마에 환멸을 느꼈다. 로마의 공화정과 이교 전통은 결코 그가 정성들여 만들고자 하는 새로운 그리스도교 제국과 어울릴 수 없었다. 지적으로나 문화적으로나 로마는 점점 화석화되었고, 헬레니즘 세계의 새롭고 진보적인 사고로부터 더욱 멀어지고 있었다. 로마의 학교와 도서관도 알렉산드리아나 안티오크, 페르가몬에 비해 뒤처졌다. 경제 분야에서도 비슷한 추세였다. 게다가 로마를 비롯하여 이탈리아 반도 전역에 말라리아가 창궐하는 바람에 인구도 점점 감소했다. 제국 전체가 재정 문제로 인해 여러 차례 붕괴할 상황에까지 몰렸던 판에 '동방의 부' 라고 알려진 동방의 훨씬 더 큰 경제적 자원은 어떤 정권이라도 무시할 수 없었다.*

전략적인 측면에서도 옛 수도는 매우 불리했다. 예를 들어 디오클레티아누스의 '사두' 중에서 로마에 살고 싶어 한 사람은 없었다. 이미 오래전부터 제국의 안전을 위협하는 요소들은 제국의 동방 경계선에 집중되고 있었다. 도나우 강 하류 언저리에는 사르마티아인들이 버티고 있었고, 흑해 북부에는 동고트족이 모여들었으며, 가장 위협적인 페르시아인은 방대한 사산 제국을 이루어 옛 로마의 속주였던 아르메니아와 메소포타미아에서부터 멀리 힌두쿠시까지 세력을 떨치고 있었다. 약 70년 전인 260년에 로마 황제 발레리아누스는 페르시아의 왕 샤푸르 1세에게 사로잡혀 죽을 때까지 포로 생활을 하면서, 왕이 말에 오를 때 디딤대 노릇을 하는 수모까지 겪었다. 298년에 갈레리우스는 나르세스 왕에게 대승을 거두고 40년 기한의 강화 조약을 체결했지만, 이 조약은 10여 년 동안 지속되다가 결국 소멸하고 다시 전쟁이 재개되었다. 그런 사태가 벌어지면 로마는 어떤 역할을 하게 될까? 분명한 사실은 제국의 중심, 즉 문명 세계의 중심이 완전히 동방으로 이동했다는 것이다. 이탈리아는 이제 오지가 되었다.

그보다 덜 중요하지만 다른 요소들도 있었다. 예를 들면 이제 로마의 시대는 끝났다는 믿음이 광범위하게 퍼져 있던 것이다. 무녀의 신탁에서 나온 예언에 따르면—고대인들이 무척 즐기던 비슷한 발음의 말장난으로—강력한 로마Roma는 언젠가 루메rhumé, 즉 노새나 다니는 길이 되리라고 했으며, 많은 사람들은 로마의 몰락이 곧

* 로마 제국 시절에도 비록 제국의 수도(정치적 중심)는 이탈리아 반도에 있었으나, 경제적 중심은 늘 동부 지중해 세계, 즉 헬레니즘 세계에 있었다(어쩌면 콘스탄티누스가 아시아의 칼케돈이나 트로이 평원 대신 비잔티움을 선택한 것도 강적들이 많은 아시아에 육로로 연결되어 있는 것보다는 바다 하나라도 건너편에 있는 게 방어에 유리하다는 의도였는지 모른다). 무역과 통상의 규모에서 동방은 서방에 비해 크게 앞서 있었다. 이는 사실 당연하다. 당시까지 서방은 문명의 오지였고, 동방은 그리스와 오리엔트라는 초기 문명의 발상지들이 선진 문명권으로 확고히 자리잡았고 인구도 서방과는 비교할 수 없을 만큼 많았기 때문이다. 서방, 즉 서유럽이 문명의 중심권으로 발돋움하는 시기는 5세기에 서로마가 멸망하고 중세 문명, 즉 로마-게르만 문명이 성립하면서부터다.

세상의 몰락을 초래하지 않을까 우려했다. 이러한 생각은 몇 가지 문헌에 제시되었는데, 그중에는 락탄티우스의 『신의 교훈Divinae institutiones』도 포함되어 있다. 락탄티우스는 크리스푸스 부제의 스승으로 있던 시절에 콘스탄티누스와 대화할 기회가 아주 많았을 것이다. 콘스탄티누스는 그 시대의 기준으로 봐도 미신적 성향이 특별히 강했으므로, 구세주 그리스도의 이름으로 '새 로마'를 창건하면 옛 로마의 정신이 살아남아 온 세상이 새 삶을 얻을 수 있으리라고 기대했음직하다.

이런 미신적 성향은 신도시 건설 공사가 시작될 무렵에 더욱 강해졌다. 황제는 기공식 날짜를 잡기 위해 점쟁이, 점성술사들과 오랫동안 의논한 뒤 328년 11월 4일을 길일로 선택했다. 그날은 "276번째 올림피아드(올림픽 대회로부터 다음 올림픽 대회까지의 4년)의 첫 해이며, 태양이 궁수자리에 있고 게자리가 지배하는 시간"이기 때문이었다. 그 뒤 의식이 집행되었는데, 이교의 제사장인 프라이텍스투스와 신플라톤주의 철학자인 소파테르가 중요한 역할을 했으므로 그리스도교적 의식이라고 할 수 없었다. 당대의 문헌을 보면, 콘스탄티누스는 자신의 이름을 딴 도시의 앞날을 장밋빛으로 만들기 위해 손이 닿는 곳이면 어디서나 축복을 얻어 내고자 했다는 인상을 받는다. 앞에서 인용한 "내 앞에 걷고 있는 분이 그만하라고 명하실 때까지 계속 선을 그리겠다"는 유명한 말에서도 그런 자세를 읽을 수 있다. 기번의 표현을 빌리자면 '그 특별한 안내자'가 과연 누구였는지 몹시 궁금해진다. 우리가 아는 한 콘스탄티누스는 '그분'이 누구인지 구체적으로 밝히지 않았는데, 혹시 그 자신도 확실히 몰랐던 것은 아닐까?

새로운 수도, 새로운 역사

부동산에 관심이 많은 시종이 있었다면 황제의 칭찬을 들었을 법하다. 왜냐하면 황제가 그토록 자신 있게 그린 성벽—약 4킬로미터 길이의 볼록한 부채꼴로, 현재 황금곶에 있는 정교회 총대주교 관저와 마르마라 연안의 사마티아 대문 사이에 해당하는 지역—은 이전의 성벽보다 다섯 배나 넓은 면적을 자랑했기 때문이다. 확실히 그 정도 규모의 도시라면 조성하는 데 꽤 시간이 걸렸을 것이다. 옛 로마와 마찬가지로 새 로마도 하루아침에 건설된 것은 아니다. 하지만 콘스탄티누스는 330년 초여름, 즉위 25주년에 맞춰 도시가 완공되어야 한다고 이미 선포했으니 불과 1년 반밖에 남지 않은 셈이다. 따라서 공사는 맹렬한 속도로 진행되었다. 특히 반도의 동쪽 끝부분, 옛 그리스 아크로폴리스 주변에서 집중적으로 건설 작업이 전개되었다.

신도시의 핵심은 첫 이정표인 밀리온Milion, 즉 첫 번째 초석이었다. 이것은 네 개의 아치형 개선문이 정사각형을 이루어 큐폴라〔cupola, 둥근 돔형 천장〕를 떠받치는 형태였는데, 그 위에는 헬레나 황후가 한두 해 전에 예루살렘에서 보낸 가장 고귀한 그리스도교 유물인 참십자가가 놓였다. 이것이 곧 제국 각지까지의 거리를 측정하는 기준이었으니, 말하자면 당시 세계의 중심인 셈이었다. 그보다

† 콘스탄티노플 중심에 있던 밀리온의 상상도. 콘스탄티노플에서 주요 도시까지의 거리가 새겨져 있었다.

약간 동쪽, 예전에 아프로디테 신전이 있던 자리에는 새 수도 최초의 그리스도교 성당을 세웠는데, 이것은 특정한 성인이나 순교자에게 헌정되지 않고 성스러운 평화의 신 에이레네에게 헌정되었다. 몇 년 뒤 이 교회는 더 크고 더 웅장한 '성스러운 지혜', 즉 성 소피아 대성당과 합쳐져서 빛을 잃지만 당시에는 최고의 건물이었다.

그곳으로부터 마르마라 해 쪽으로 400미터쯤 떨어진 곳에는 콘스탄티누스의 거대한 원형 경기장이 들어섰다. 원형 경기장 한가운데에는 도시에서 가장 오래된 고전적 기념물인 이른바 '뱀의 기둥'이 세워졌다. 이 기둥은 원래 기원전 479년에 31개의 그리스 도시들이 플라타이아 전투에서 페르시아에 승리를 거둔 데 대해 감사하는 마음으로 델포이의 아폴론 신전에 세운 것이었는데 콘스탄티누스가 가져와 원형 경기장을 장식하게 된 것이었다.[12] 원형 경기장의 동쪽 면 중간 부분에 위치한 황제의 좌석은 나선형 계단을 통해 영접실, 관공서, 집무실, 목욕탕, 막사, 연병장 등이 있는 방대한 궁전으로 직접 이어졌다.

밀리온의 서쪽에는 일찍이 세베루스가 건설한 '메세Mesē'라는 넓은 도로가 있었다. 콘스탄티누스는 이 도로와 옛 세베루스 성벽이

교차하는 지점에 전체를 대리석으로 포장한 타원형의 웅장한 광장을 조성했다(아라비아의 게라사에 있는 광장과 비슷했을 것이다). 광장 한가운데에는 이집트의 헬리오폴리스(태양의 도시)에서 가져온 30미터짜리 반암 기둥이 7미터 높이의 대리석 대좌 위에 서 있었다. 이 대좌 안에는 수많은 귀중한 유물들이 안치되었는데, 예를 들면 노아가 방주를 만들 때 사용했다는 도끼, 그리스도가 군중을 먹일 때 썼다는 빵 바구니와 남은 빵 덩이들, 막달라 마리아의 향유 단지, 아이네아스가 트로이에서 가져왔다는 아테나의 조상彫像 등이었다.

† 성 에이레네 성당의 실내.

그리고 기둥의 꼭대기에도 한 개의 조상이 있었다. 이 조상의 몸은 페이디아스가 조각한 아폴론이었으나 사방으로 뻗치는 햇빛을 상징하는 금속성 후광으로 둘러싸여 있는 머리는 콘스탄티누스의 것이었다. 조상의 오른손은 왕홀王笏을 들었고 왼손은 참십자가의 한 조각인 둥근 물체를 쥐고 있었다.[13]

여기서 또다시 그리스도교적 요소와 이교적 요소가 뒤섞여 있는 것을 볼 수 있다. 그러나 이번에는 무적의 태양 아폴론이나 예수 그리스도가 모두 새로운 절대자, 즉 콘스탄티누스 황제보다 아래였다. 확실히는 알 수 없지만, 남아 있는 증거로 미루어 보면 치세 만년에 황제는 급속히 종교적 과대망상증으로 빠져든 듯하다. 신이 선택한 도구에서 한걸음만 더 가면 신 자신이 된다. 다른 모든 신들과 다른 종교들을 포괄하는 숨무스 데우스가 되는 것이다.

광장 너머에는 비교적 작은 건물이 있었다. 메세는 북서쪽으로 돌아 1.5킬로미터쯤 뻗은 뒤 들판을 가로질러 두 길로 나뉘었다. 왼쪽 길은 테살로니카로 향하고 오른쪽 길은 아드리아노플로 이어졌다. 궁전과 성당, 원형 경기장의 주변에서는 수만 명의 일꾼과 기술자들이 밤낮으로 열심히 일했다. 유럽과 아시아의 여러 도시에서 아름다운 조상, 기념물, 예술품 등을 대대적으로 약탈해 온 덕분에, 신도시는 비록 규모는 아직 큰 편이 아니었지만 이미 상당히 세련되고 고급스러운 도시로 탈바꿈해 있었다. 콘스탄티누스의 명령에 따라 신도시의 준공식은 그의 즉위 25주년을 맞아 치러진 특별한 행사의 대미를 장식했다.

40일 동안 지속된 축제에는 황제 숭배의 특별한 연례행사가 처음으로 열렸다. 나중에 이 행사는 도시의 창건일을 맞아 정기적으로 열렸다. 축제 기간에는 거의 모든 주민들이 원형 경기장에 모여 화려한 행진을 구경했다. 행렬의 한복판에는 금박을 입힌 나무로 된 콘스탄티누스의 거대한 목상이 있었는데, 이 목상의 왼손은 도시의 수호신인 티케 여신의 작은 신상을 들고 있었다. 이 목상은 정복을 입고 촛불을 든 병사들의 호위를 받으며 개선차에 실려 경기장의 경주로를 장중하게 행진했다. 목상이 지나갈 때는 모든 사람이 절을 했다. 그리고 목상이 맞은편 황제의 좌석에 도착하면 황제가 자리에서 일어나 큰절을 했다.

콘스탄티누스가 이런 식의 행사를 과연 얼마나 좋아했는지는 알 수 없다. 우리에게 전해지는 약간의 사실들은 대체로 18개월 전의 기공식보다 준공식에 그리스도교적 요소가 상당히 많아졌다는 인상을 준다. 이윽고 40일 간의 축제가 절정에 달했을 때 황제는 성 에이레네 성당에서 열린 대미사에 참석했고, 이교도들은 또 그들대로 황제가 허가한 신전에서 황제와 도시의 번영을 기도했다.[14] 이 도시를 공식적으로 성모 마리아에게 봉헌한 이 미사에서 바로 콘스탄티노플의 역사, 그리고 그와 더불어 비잔티움 제국*의 역사가 시작되는 것이다.

그 날짜는 330년 5월 11일이었고, 요일은 월요일이었을 것이 거

* 지은이를 포함하여 현대의 역사가들은 비잔티움이라는 도시 이름에서 따온 'Byzantine Empire' 라는 말을 흔히 사용하지만, 사실 당대의 사람들은 그냥 로마 제국이라 불렀다. 후대의 우리로서는 서로마와 동로마를 구분해야 하기에 서로마를 주로 로마 제국이라 부르고, 동로마 제국에는 비잔티움 제국이라는 이름을 만들어 붙였을 뿐이다.

의 확실하다.

불과 6년 전만 해도 비잔티움은 그리스의 작은 도시에 지나지 않았다. 전략적 위치를 제외하면 유럽 전역에 흩어져 있는 무수한 도시들과 전혀 다를 바 없었다. 그러나 이제 이 도시는 새로 태어났고 새 이름도 받았다. 새로 완공된 법정의 돌기둥에는(이 명칭이 전반적으로 인정되지는 않았지만) '새 로마'라는 자랑스러운 공식 명칭이 새겨졌다. 게다가 콘스탄티누스는 그 명칭이 헛되지 않다는 것을 여러 면에서 보여 주고자 했다. 옛 로마는 결코 만만히 이류 도시로 전락하지 않으려 했다. 주민들은 고대의 특권들을 여전히 보유했고, 갓 구운 빵과 기타 물품들을 자유롭게 향유했다. 무역도 전과 다름없이 번창해서 오스티아 항구[로마의 외항]는 늘 붐볐다. 그러나 옛 로마의 원로원 가문들 중 일부는 벌써부터 보스포루스 연안의 웅장한 궁전들과 트라키아, 비티니아, 폰투스의 광대한 토지에 관한 소문을 듣고 콘스탄티노플로 하나둘씩 이주하기 시작했다. 새 수도에는 로마의 것보다 훨씬 크고 호화롭기 그지없는 원로원 의사당이 그들을 맞이하고 있었다. 이제 콘스탄티노플 원로원은 로마 원로원에 못지않은 기능을 할 수 있을 터였다.

한편 성장하는 도시를 장식하기 위해 제국의 모든 도시들에서는 대대적으로 예술품을 찾는 소동이 벌어졌다. 가장 선호하는 것들은 신전에 있는 고대 신들의 조상이었다. 신들은 유서 깊은 신전에서 쫓겨나 종교적 목적과는 상관없는 장식 용도로 공공장소에 옮겨졌다. 그것으로써 콘스탄티누스는 전통의 이교 신앙에 치명타를 가할 수 있었다. 당시 피해를 입은 고대의 신전들은 도도나의 제우스 신전, 린도스의 아테나 신전—이것은 반세기 뒤 테오도시우스 대제에 의해 철거되었다—, 델포이의 아폴론 신전 등이었다. 하지만 그 밖에 비문도 없고 출처도 불분명하고 질도 떨어지는 수천 개의 조상들도 같은 운명을 겪었다. 신도시가 급속히 변모하는 모습은 원주민이나 이주민이나 할 것 없이 그 주민들에게 거의 기적처럼 보였다.[15]

그러나 콘스탄티누스의 건설 사업은 거기서 그치지 않았다. 수도를 건설하는 것과 병행하여 그는 누미디아의 시르타(그는 이곳을 자신의 이름과 같은 콘스탄티누스라고 부르기로 결정했다)*에서 자축하는 의미의 대규모 공공사업을 일으켰으며, 자기 어머니를 기념하여 마르마라 해의 아시아 쪽 연안에 있는 드레파눔이라는 작은 도시를 재건했는데, 그 이름은 당연히 헬레노폴리스였다.

한편 열렬한 그리스도교 개종자였던 헬레나 황후는 327년에 일흔두 살의 나이로 성지순례를 떠났다. 예루살렘의 주교 마카리우스가 안내를 맡아 주요 신전들을 돌아보았는데, 전하는 바에 따르면 황후는 아프로디테 신전 아래 있는 수조에서 참십자가를 발견했다고 한다. 죽어가는 여인의 몸 위에 놓았더니 그 여인이 기적적으로 살아난 것으로 미루어, 그것이 그리스도와 함께 처형된 두 도둑을 묶었던 십자가가 아니라는 사실이 확인되었다.

그런데 묘하게도 유세비우스는 황후가 여행을 하면서 여러 성당에 자선을 한 것은 장황하게 기록하면서도 그 중대한 사건은 언급하지 않는다. 그 반면에 마카리우스의 두 번째 후계자인 키릴루스 주

* 현재 알제리의 도시로 프랑스어권이므로 '콩스탕틴'이라고 부른다.

† 콘스탄티노플(오늘날의 이스탄불) 전경. 전면에는 오스만투르크 시대에 모스크로 개조되었다가 지금은 박물관으로 쓰이는 하기아 소피아가 있다.

교—참십자가가 발견될 당시 그는 어린 나이였지만 분명히 예루살렘에 있었다—는 사반세기 뒤에 그 사건에 관해 마치 누구나 다 아는 일인 것처럼 이야기하고 있다. 또 다른 증거는 콘스탄티누스 자신의 의미심장한 행동이다. 참십자가가 새 수도로 옮겨진 뒤 그는 십자가 한 조각을 로마에 보내 그의 어머니가 로마를 방문할 때면 늘 묵던 세소리아누스 궁전—콘스탄티누스의 명령으로 그 궁전은 이제 성당이 되어 있었다—에 보관하도록 했다. 현재 예루살렘의 산타크로체로 불리는 이 건물은 이후 성 헬레나와 불가분한 관계를

가지게 되었다.[16]

유세비우스에 의하면, 헬레나 황후는 아들에게서 '황실 금고를 언제나 자신의 뜻에 따라 마음대로 사용할 수 있는 권한'을 부여받았다. 그녀는 이 특권을 최대한 이용하여 베들레헴의 예수탄생 성당, 올리브 산의 예수승천 성당, 마므레(헤브론 부근의 아브라함과 관련된 곳)와 티레, 안티오크 등지의 성당에 기부했다. 그중에서도 가장 중요한 곳은 예루살렘의 성묘 성당인데, 여기서 헬레나는 아들이 325년에 니케아 공의회의 성공을 기념하기 위해 시작한 야심찬 건설 계획에 새로운 힘을 실어 주었다. 이 사업이 진행된 결과, 성묘 주변의 바위가 깎여 나가고 넓은 마당이 조성되었으며, 한 면에는 현관, 다른 세 면에는 주랑이 설치되었다. 마당 한쪽 끝에는 아나스타시스라고 불리는 작은 원형 에디쿨레[aedicule, '작은 집']에 덮인 성묘가 있었고, 그 바로 동쪽에는 양쪽으로 측랑이 하나씩 있고 그 사이에 깊고 넓은 아트리움이 있는 콘스탄티누스의 새 바실리카가 자리 잡았다. 바실리카의 외벽은 표면을 매끄럽게 다듬은 돌로 이루어졌고, 내부는 여러 가지 색의 대리석으로 장식되었으며, 지붕에는 장식 난간을 설치하고 금박을 입혔다.

오늘날에는 이 웅장한 건물의 잔해조차 거의 남아 있지 않다. 여러 차례의 화재와 지진으로 큰 손상을 입었을 뿐 아니라 1650년이라는 세월이 흔적마저 지워 버렸기 때문이다. 어느 건설 현장에서든 일급 건축가와 기술자는 많지 않기 마련이지만, 황제의 그 건설 작업은 지나치게 졸속으로 진행되었다. 그래서 벽은 너무 얇았고 토대는 너무 얕았다. 그러나 거기에는 꿈이 있었으며, 그리스도교 신앙의 위대한 전당을 보존하고 영속화하고 장식하고자 하는 활력과 각오가 있었다. 비록 오늘날의 교회들에서는 콘스탄티누스 시대의 것이라고는 거의 돌 하나조차 찾아볼 수 없지만, 그래도 많은 성당들이 아직까지 존재하는 것은 콘스탄티누스의 덕분이다.

물론 그의 어머니도 공이 크다. 그녀는 노년에 들어서도 오랫동안 제국 전역에서 큰 인기를 누렸다. 또한 그녀가 그리스도교도로 개종한 뒤 보인 종교적 열정은 이후 숱한 개종자들을 낳았다. 그녀의 성지순례 역시 모든 그리스도교권에 큰 영향을 주었다. 그녀가 과연 참십자가를 찾았는지에 관해서는 의문의 여지가 있으나, 그녀가 가는 곳마다 성당, 수도원, 병원, 고아원에 많은 기부와 자선을 했다는 것은 틀림없는 사실이다. 그녀가 레반트에 얼마나 오래 머물렀는지, 또 어떻게 죽었는지에 대해서는 확인할 길이 없다. 그 뒤 콘스탄티노플에 돌아왔는지도 확실치 않다. 수도에서 열린 각종 봉헌식에는 참석하지 않은 것으로 보인다. 그러므로 아마 그녀는 성지에서 죽었을 것으로 추측되는데—그녀가 그것을 원했다는 설도 있다—그렇다면 헬레나는 최초의 그리스도교 순례자이며, 그 시대부터 우리 시대까지 이어지는 순례 전통을 시작한 인물로 기록되어야 할 것이다.

아리우스 대 아타나시우스

콘스탄티누스는 여러 가지 행사를 통해 새 수도를 알리고 로마 제국의 새 시대가 열렸음을 선포했지만, 그러면서도 한 가지 중요한 측면에서는 자신이 실패했다는 것을 알고 있었으므로 심기가 불편했다. 그리스도교의 통합을 위해 온갖 노력을 기울였음에도 교회는 여전히 분열되어 있었던 것이다. 그로서는 인정하고 싶지 않았지만 어느 정도는 그 자신의 책임이기도 했다. 신학적 교리를 더 섬세하게 구분하는 데는 관심이 없고 교회에서나 국가에서나 오로지 통합만을 목표로 삼았으며, 대립하는 진영들 사이에서 계속 망설이면서 한쪽의 주장을 들으면 그쪽으로 기울고 다른 쪽의 주장을 들으면 그쪽으로 기우는 우유부단함을 보였던 것이다.

그러나 더 큰 책임은 그리스도교 지도자들에게 있었다. 그들은 분명히 중요한 쟁점들이 걸려 있다고 생각하고, 그것에 관해서는 유배나 순교조차도 각오할 만큼 결연한 자세를 취했다. 그럼에도 불구하고 그들은 승강이와 말다툼, 증오와 고집, 편협과 악의로만 일관하여 교도들 앞에서 좋지 못한 선례를 보였다. 결국 이것은 그 후로도 오랫동안 후대의 그리스도교도들에게 이어지는 전통이 된다.

알렉산드리아의 대주교 알렉산데르는 328년에 죽고 그 자리는 그의 제자였던 아타나시우스가 이어받았다. 두 사람은 니케아 공의회에도 함께 참석했는데, 그 당시 아타나시우스는 스승보다 훨씬 노련하고 재치 있는 논증을 선보인 바 있었다. 장차 그는 당대의 지도적인 사제로 두각을 나타내게 되며, 그리스도교 전체 역사를 통틀어 두드러진 인물의 한 사람이자 성인의 반열에 오르게 된다(그는 오랫동안 자신의 이름을 딴 『아타나시우스 신경信經』의 저자로 알려져 왔으나 그것은 잘못이다). 이제 아리우스와 그의 추종자들은 막강한 적수를 만나게 되었다.

그러나 아직 아리우스는 욱일승천의 기세였다. 니케아 공의회 이후에도 아리우스는 황제 가문—특히 콘스탄티누스의 어머니와 이복누이인 콘스탄티아—의 지지를 잃지 않았다. 또한 아시아의 주교들은 (유럽과 북아프리카의 주교들과는 달리) 아리우스파에 압도적인 지지를 보냈으며, 수도에 가깝다는 점을 활용하여 자신들의 명분을 더욱 강화했다. 이미 327년에 그들은 콘스탄티누스에게 아리우스를 유배지에서 불러 접견실에서 영접하라고 설득했다. 황제는 그의 명석함과 신실함에 깊은 인상을 받은 데다 그가 니케아에서 공인된 신앙의 모든 측면을 기꺼이 받아들이겠다고 약속함에 따라 알렉산데르 대주교에게 직접 편지를 보내 아리우스가 이집트에 돌아올 수 있도록 허락하라고 촉구했다(하지만 명령한다는 기색은 보이지 않도록 신경을 썼다). 그러나 황제는 대주교가 그 요구에 선뜻 따르지 않는 데 놀랐을 것이다. 게다가 그 이듬해에 알렉산데르의 신도들이 선동가 아타나시우스를 대주교로 선출함으로써 불굴의 고집을 보여 준 것에 황제는 더 크게 놀랐을 것이다.

사실 여느 선동가의 경우와는 달리 아타나시우스는 자기 지역에서조차 폭넓은 인기를 끌지는 못했다. 아리우스 논쟁과는 무관한 내부의 정치적 이유로 인해 현지의 멜레티우스파 교회는 요한네스 아르카프 주교의 지휘 아래 아타나시우스를 배척했으며, 이후 몇 년 동안 그에게 사기와 매수, 심지어 신성모독을 저질렀다는 비난을 쉬지 않고 퍼부었다. 그 세 가지 죄목이 모두 통하지 않자 그들은 살인죄를 추가했다. 즉 멜레티우스파의 한 주교가 그의 선동으로 매 맞아 죽고 사지가 찢겼다는 것이다. 일설에 의하면 당시 아타나시우스는 심문하는 재판관 앞에서 그 사라진 주교가 멀쩡한 상태로 나타나게 했다고 한다.

그게 사실이든 아니든 그는 죽었다는 주교가 살아 있다는 것을 어렵지 않게 증명함으로써 누명을 벗었다. 그러자 아르카프와 그 추종자들은 최후의 수단을 동원했는데, 그것은 바로 강간이었다. 그들은 어느 젊은 여자를 매수 또는 협박해서 아타나시우스 대주교에게 강간을 당했다고 말하게 했다. 더구나 그녀는 평생 처녀로 살겠다고 스스로 서약을 했다는 것이었다. 하지만 그녀가 법정에서 범인을 식별하지 못한 탓에 아타나시우스는 또 다시 누명을 벗었다.

콘스탄티누스가 자신의 말처럼 아타나시우스에 대한 빗발치는 비난 때문에 괴로워했는지—결국 무혐의로 밝혀졌기에 그럴 가능성은 없지만—아니면 주변에서 아리우스파의 영향력이 커짐에 따라 그냥 부화뇌동한 것인지는 알 수 없으나, 그는 점점 아리우스보다는 아타나시우스가 교회 통합의 주된 훼방꾼이라고 여기게 되었다. 당시 그는 335년의 즉위 30주년 기념행사로 예루살렘에 성묘성당을 재건하여 봉헌할 계획이었다. 그는 그곳으로 제국 전역의 주교들을 소집해서 대규모 주교 회의를 개최할 생각이었는데, 그러기 위해서는 먼저 교리의 조화가 필요했다. 그래서 그는 예루살렘으로 오는 주교들에게 그 길목에 있는 티루스에서 황실의 고위 관리가 참석한 가운데 먼저 종교 회의를 열라는 명을 내렸다. 그 자신의 완곡한 표현에 따르면 "교회에서 불경스런 요소를 제거하고 나의 근심을 덜어 달라"는 취지였다.

그 종교 회의는 7월에 열렸다. 그러나 회의에 참석한 주교들은 거의 대부분 아리우스파였으며, 따라서 회의는 저명한 사제들의 점잖은 모임이라기보다는 아타나시우스에 대한 심판장으로 변해 버렸다. 대주교도 그런 사실을 충분히 깨달은 듯하다. 그 전해에도 카이사레아에서 그와 비슷한 행사가 계획되었을 때 그가 한사코 참석을 거부한 탓에 취소된 일이 있었던 것이다. 이번에는 그도 재판소에 정식으로 가서 적들을 대면하기로 결심했다. 그러나 그는 곧 그 결심을 후회해야 했다. 해묵은 죄목들이 부활했고, 거기에 새로운 것들도 더해졌다. 소환된 수많은 증인들은 이구동성으로 대주교가 모든 계율을 위반했고 법령집에 나오는 모든 죄를 저질렀다고 주장했다.

아타나시우스는 특유의 힘으로 맞서 싸웠고, 무기를 지닌 고발자를 만나는 일도 서슴지 않았다. 종교 회의는 거짓말이 오가고, 중상과 비방, 모욕과 욕설을 주고받는 난장판으로 전락했다. 마침내 조사 위원회가 구성되었는데, 여섯 위원이 아타나시우스의 적이었다. 이들은 즉각 사람을 이집트로 보내 증거를 수집하게 했다. 그러자 자신의 생명이 위험하다고 느낀—아마 실제로 위험했을 것이다—아타나시우스는 콘스탄티노플로 도망쳤다. 그는 궐석 상태에서 해임되었으며, 그렇게 회의를 마친 뒤 주교들은 목적지였던 예루살렘으로 갔다.

한편 수도에 도착한 아타나시우스는 곧장 황궁으로 달려갔으나 황제의 접견을 거부당했다. 콘스탄티누스가 직접 전하는 바에 따르면, 어느 날 그가 말을 타고 가는데 대주교가 갑자기 나타나서 그의 말 앞으로 달려왔다고 한다. "그와 그의 일행은 그간의 고통으로 몹시 힘든 기색이었다. 그래서 나는 깊은 연민을 느꼈다. 이 사람이 바로 그 거룩한 모습을 보기만 해도 그리스도교도들이 전능하신 신을 경배하게 된다는 아타나시우스구나." 이 모든 사태는 실상 아타나시우스가 교묘하게 연출한 것이라고 볼 수 있다. 그러나 처음에는 그럴듯했지만 성공하지는 못했다.

두 명의 유세비우스를 포함한 주교 여섯 명은 황제의 명을 받고 황급히 콘스탄티노플로 왔다. 그들은 대주교가 알렉산드리아 항구의 노동자들을 부추겨 파업을 획책하고 있다는 새롭고 위험하리만큼 파괴적인 정보를 가지고 있었다. 대주교가 신속하게 복위하지 않는다면 인부들은 곡물을 선적하지 않을 테고, 그럴 경우 자칫하면 수도 콘스탄티노플의 생존이 위험해질 수 있다는 것이었다. 아타나시우스는 그 혐의를 부인했으나 소용이 없었다. 자신이 사랑하는 도시에 관한 일이라면 콘스탄티누스는 이성을 잃을 정도였다. 분노한 황제는 항의하는 대주교를 아우구스타 트레베로룸(지금의 트리어)으로 유배를 보냈다. 콘스탄티누스는 그간 미루어 두었던, 아리우스를 알렉산드리아에 복귀시키는 작업을 속행했다.

하지만 이번에는 황제가 실패할 차례였다. 아리우스를 복귀시키려 할 때마다 알렉산드리아에서는 폭동이 일어났다. 그 폭동들은 정통성의 명분을 수호하기 위해 사막의 은둔지에서 나온 여든여섯 살의 노인 성 안토니우스가 주도하는 것이었다. 그는 황제에게 몇 차례나 편지를 보내 아타나시우스를 변호했다. 그 편지들은 콥트어*

* 2세기~7세기에 사용된 이집트어로, 그리스 문자와 이집트 민용문자가 섞여 만들어졌다.

로 씌어 있었으나—안토니우스는 그리스어를 몰랐다—콘스탄티누스를 설득하는 데 상당한 힘을 발휘했던 듯하다. 황제는 336년의 어느 무렵에 아리우스를 콘스탄티노플로 불러들여 다시 한번 신앙 검증을 했다. 아타나시우스는 나중에 자신의 이집트 교도들을 위해 쓴 글에서 당시 아리우스의 신앙 검증에 관해 고소하다는 듯이 묘사하고 있다. 아리우스파 주교들은 그 이튿날(일요일) 미사에 아리우스가 참석할 수 있도록 허락해 달라고 콘스탄티노플 총대주교를 설득하는 중이었다.

> 추종자들의 보호에 우쭐해진 아리우스는 한참 동안 경박하고 어리석은 대화에 열중하다가 갑자기 배가 아파 화장실을 찾았다. 그는 "몸이 곤두박질치면서 배가 터져 창자가 다 흘러나왔다(『사도행전』, 1장 18절)"고 한다.

물론 아리우스의 대적수였기에 이런 이야기를 남겼을 것이다. 비록 이 사건에 관해서는 몇 가지 다른 설도 있기는 하지만,[17] 아리우스가 끔찍하게 죽었다는 사실은 당대의 작가들이 분명히 증언하고 있으므로 의문의 여지가 없다. 그를 증오하는 사람들은 필경 그의 죽음을 신의 징벌로 믿었을 것이다. 그러나 그래도 논쟁은 끝나지 않았고 아타나시우스의 망명 생활도 여전히 계속되었다. 그는 337년에 콘스탄티누스가 죽은 이후에도 망명 생활에서 벗어나지 못했다. 그해 11월 23일에야 비로소 아타나시우스는 알렉산드리아로 돌아왔으나, 그 불행한 관구에서는 다시금 종파 투쟁이 시작되었다. 결국 그리스도교권을 조화롭게 통합하겠다는 황제의 꿈은 생전에 실현되지 못했다. 지금 우리 시대에도 마찬가지지만.

죽기 직전에 받은 세례

예루살렘에서 있었던 즉위 30주년 기념식이 어땠는지 궁금한 사람이 있을 것이다. 유세비우스에 의하면 아주 먼 곳에서 온 사람들을 포함하여 엄청나게 많은 주교들이 모였다고 한다. 심지어 "신탁에 대단히 조예가 깊은 페르시아의 성직자들"까지 왔다. 또한 유세비우스는 손님들이 모두 황궁 서기의 영접을 받았고 진수성찬을 대접받았으며, 도시의 빈민들에게도 많은 음식과 옷, 돈을 베풀었다고 전한다. 하지만 그의 기록은 주로 장황한 설교와 논설로 채워져 있고, 특히 콘스탄티노플에 돌아와 황제 앞에서 그 자신이 지루하게 보고하는 내용이 많다. 그래서 성묘 성당의 봉헌 자체에 관해서는 거의 알려주는 것이 없다.

로마에서 치른 30주년 기념식에 관해서는 더 알려져 있지 않다. 전하는 바에 따르면, 그리스도교도들은 그 행사를 통해 성 베드로와 성 바울의 유해라고 여겨지는 것을 성 세바스티아누스의 카타콤에서 꺼내 콘스탄티누스가 두 성인의 순교지 부근에 각각 세운 웅장한 바실리카에 옮겨 놓았다고 한다. 하지만 전통 종교에 충실한 사람들은 황제를 배교자로 여기고 그의 새 수도를 얼치기 도시라고 경멸하면서 로마가 제국과 세계의 영원불변한 수도라고 믿었다. 그러니 그들이 콘스탄티누스의 즉위 기념식을 어떻게 여겼겠는가? 10년 전처럼 콘스탄티누스를 초청했을까? 그가 오지 않은 것에 화를 냈을까, 아니면 안도했을까? 우리는 알 수 없다. 황제 자신에 관해서도, 그가 그 일을 염두에 두고 있었는지조차 확실치 않다.

당시 그가 있었던 곳은 새 수도였다. 수도가 완공되고 봉헌될 때와는 달리 즉위 기념식은 완전히 그리스도교식으로 치러졌다(331년에서 334년까지 콘스탄티누스는 제국 내의 모든 이교 사원들을 폐쇄한다는 포고령을 반포했다). 하지만 축제 기간 중에 황제는 그의 두 조카—이복형제인 델마티우스의 아들들—를 정부의 요직에 임명한다고 발표했다. 형제 중 아버지의 이름을 딴 형 델마티우스는 부제로 임명되었고, 동생인 한니발리아누스는 황제의 딸인 콘스탄티나와 결혼하고 폰투스 왕으로 임명되었다. 뻔뻔스럽게도 페르시아인들에게서 빌려 온 '왕중왕'이라는 보조 직함까지 얻은 그는 신부와 함께 폰투스를 다스리기 위해 떠났다. 폰투스는 흑해 남쪽 연안의 다습하고 황량한 산악 지대였다.

조카들의 승진으로 이제 부제의 수는 사실상 다섯이 되었다. 콘스탄티누스와 파우스타 사이에서 태어난 세 아들도 이미 부제의 서열에 있었던 것이다. 그중 막내인 콘스탄스는 2년 전 겨우 열 살의 나이로 부제가 되었다. 황제가 그렇게 부제의 수를 대폭 늘린 의도는 부제의 권한을 축소하기 위해서였으리라고 추측된다. 나이가 들수록 그는 신의 특별한 섭리를 받은 자신이 다른 사람들은 물론 자신의 가족보다도 훨씬 두드러진 인물이라고 확신하게 되었다. 부제들은 그가 임명하는 대로 제국의 여러 속주에 가서 총독의 권력을 행사했지만, 콘스탄티누스의 그림자처럼 여겨져야 했다. 그는 살아가면서 단 한번도 디오클레티아누스처럼 또 다른 정제를 임명할 생각은 하지 않았다.

그러나 수도 내에서 다른 사람들에게 권한을 위임하려 하지 않은 탓으로 콘스탄티누스는 거의 헤라클레스처럼 많은 일을 처리해야 했다. 그는 337년 초에 병에 걸린 것으로 추측된다. 그는 겨우내 소아시아에서 군대를 이동시켰다. 페르시아의 젊은 왕 샤푸르 2세가 영토적 야심을 숨기지 않았으므로 머지않아 전쟁이 터질 것은 뻔했다. 행군에서 콘스탄티누스가 보여 준 초인적인 힘과 정력, 인내력은 부하들에게 하나의 전설이 되었다. 그 뒤 부활절 직전에 콘스탄티노플로 돌아온 그는 몇 년 전에 수도의 넷째 언덕[18]을 이루는 고지대에서 건설을 시작한 12사도 대성당의 마무리를 지휘했다. 아마 그는 이 무렵부터 자신의 몸이 좋지 않다고 여긴 듯하다. 대성당 안에 자신의 묘역을 조성하라는 명령을 내렸기 때문이다.

과연 부활절이 지나면서 그의 건강은 심각하게 나빠졌다. 수도의 목욕탕은 소용이 없었으므로 그는 자기 어머니를 기념하여 재건한 도시인 헬레노폴리스로 가서 온천욕으로 몸을 치료하려 했다. 유세비우스에 따르면 "그는 성당의 바닥에 무릎을 꿇고 처음으로 안수기도를 받았다"[19]고 한다. 요컨대 그때서야 처음으로 그리스도교에 입문했다는 이야기다. 그 뒤 그는 귀환 길에 올랐으나 니코메디아 외곽에 이르자 더 이상 갈 수 없다는 것을 알았다. 이제 그가 오랫동안 품어 왔던 중대한 결정도 더 이상 미룰 수 없었다. 그는 현지 주교들을 불러 이렇게 말했다.

오랫동안 기다려 왔던 시간이 마침내 왔소. 나는 신의 구원을 얻고자 기도해 왔다오. …… 이제 나도 불멸의 은총을 베푸는 봉인, 구원의 봉인을 받고자 하오. 전부터 나는 그것을 요르단의 강물에서 받고 싶었소. ……하지만 우리에게 최선이 무엇인지 아시는 신께서 좋으시다면 나는 여기서라도 받고 싶소. 그러니 지체하지 말고 행하시오. 내 생명이 연장될지는 삶과 죽음의 주인이신 신의 뜻에 달렸으니 ……이제부터 나는 신의 뜻에 어울리는 방식대로 살 것이오.

마침내 오랫동안 그리스도교 교회의 주교임을 자처해 왔던 콘스탄티누스 대제는 니코메디아의 유세비우스 주교에게서 세례를 받았다. 유세비우스는 세례가 끝난 직후의 광경을 이렇게 기록했다. "그는 찬란하게 빛나는 흰색 예복을 입고 순백색의 소파에 누워 이제 다시는 자주색 황제복을 입지 않겠노라고 말했다."

이후의 역사에서 내내 제기되어온 의문이 있다. 콘스탄티누스는 왜 죽기 직전에야 세례를 받았을까? 이에 대해 가장 그럴듯한 대답을 한 사람은 기번이다.

세례의 의식은 모든 죄를 완전하고 절대적으로 용서받는다는 뜻이다. 세례를 받는 순간 영혼은 원래의 순수성으로 돌아가며, 영원한 구원을 약속 받게 된다. 따라서 그리스도교로 개종한 사람들은 대개 평생 한 번뿐인 이 중요한 의식을 조급하게 치르려 하지 않았다. 그것은 두 번 다시 누리지 못할 엄청난 특권을 팽개쳐 버리는 결과가 되기 때문이다.

그리스도교의 초기에는 마지막 순간까지 세례를 미루는 것이 결코 그다지 특이한 일이 아니었다. 나중의 일이지만 43년 뒤에 독실한 테오도시우스 대제도 그와 똑같이 하는 것을 볼 수 있다. 콘스탄티누스 자신도 마지막 말에서 그 점을 확증하는 듯하다. 하지만 유세비우스가 자신의 영웅이 실제로 한 이야기를 그대로 기록했는지, 아니면 콘스탄티누스가 했어야 한다고 자신이 생각하는 이야기를 기록했는지는 다른 문제다.

더 후대의 역사가[20]는 황제의 이야기 중에 첫 문구가 더 의미심장하다고 주장한다. 만약 그가 그토록 원하는 것을 그토록 오랫동안 기다려야 했다면, 그 이유는 오로지 지금까지의 여건이 허락하지 않았기 때문이다. 물론 이렇게 해석할 수도 있지만 가능성은 적다. 아내와 아들을 살해한 것을 필두로 콘스탄티누스는 많은 죄를 지었으나, 그 죄들은 세례로 씻겨 나갔을 것이다. 또한 그의 외양, 특히 공식 행사에 참석했을 때의 외양은 전통적인 성향을 지닌 그의 신민들을 이따금 몸서리치게 만들었지만,[21] 만년에 그의 사생활에 교회를 멀리 할 만한 것이 있었다는 당대의 증거는 없다(동성애 경향이 커졌다는 이야기는 거의 근거가 없다). 어쨌든 만약 그가 일찌감치 세례를 받고자 했다면 위험을 감수하면서까지 그의 요청을 거부할 성직자는 거의 없었을 것이다.

31년간 제국을 통치한 뒤—아우구스투스 이래 어느 로마 황제보다도 오랜 치세였다—콘스탄티누스는 337년 5월 22일 성령 강림절 정오에 숨을 거두었다. 그의 시신은 황금으로 된 관에 넣어져 자주색 천으로 덮인 채 콘스탄티노플로 이송되었다. 수도에 도착한 그의 관은 황궁 한가운데 있는 넓은 홀의 높은 제단 위에 놓였고, 높은 황금 촛대에 꽂힌 촛불들이 그 주변을 에워쌌다. 유세비우스는 "세상이 시작된 이래 지구상에서 어떤 인간도 보여 주지 못한 웅장한 광경"이었다고 말한다. 더구나 관은 그런 상태로 며칠이 아니라 석 달 반 동안이나 안치되었다. 그 기간 동안 황궁의 여러 행사들은 마치 황제가 죽지 않은 것처럼 전과 똑같이 콘스탄티누스의 이름으로 행해졌다. 다섯 명의 젊은 부제들 중 누가 빈 제위를 차지할지는 아직 아무도 몰랐으나, 공개적으로 인정된 공위 기간을 굳이 줄여 위기를 초래할 필요는 없었다.

후계자 문제에 관해 처음으로 의견을 낸 것은 군대였다. 비록 제도상으로는 정제를 선출하도록 되어 있기는 했으나 병사들은 하나같이 콘스탄티누스의 아들들이 공동으로 통치해야 한다고 주장했다. 크리스푸스는 이미 죽었고 파우스타의 소생은 세 명이었다. 갈리아를 다스리는 부제인 콘스탄티누스 2세, 동방 부제인 콘스탄티우스, 이탈리아를 맡은 부제 콘스탄스가 그들이었다(콘스탄티누스는 자식들 이름을 짓는 데서 딱할 만큼 빈곤한 상상력을 보였다. 그래서 독자들은 물론 역사가들 사이에서도 혼동이 많이 일어난다. 독자들에게는 이런 식의 이름이 겨우 한 세대에만 그쳤다는 사실이 다행스러울 것이다)*

이들 가운데 아버지의 부음을 듣고 가장 먼저 수도로 달려와 아버지의 장례식을 집전한 사람은 이제 갓 스무 살이 된 콘스탄티우스였다. 장례식은 콘스탄티누스가 바라던 대로 성대하게 치러졌다. 장지의 모든 부분은 그가 직접 계획한 대로 꾸며졌는데, 그가 행사와 행진을 좋아한 것으로 미루어볼 때 아마도 그의 지침대로 장례식 예행연습이 행해졌을 것이다. 콘스탄티우스는 특별히 선발한 완전무장한 병사들이 엄호하는 가운데 장례 행렬의 선두에 섰다. 그 뒤로 시신을 담은 황금 관이 창병과 중장 보병들의 호위를 받으며 행진했다. 수많은 군중이 그 뒤를 따랐다. 대궁전을 떠난 행렬은 원형 경기장의 북동쪽 끝을 구불구불 돌아서 밀리온까지 간 다음 거기서부터 메세를 따라 콘스탄티누스 성벽을 400미터 가량 지나서 오른쪽으로 방향을 틀어 새로 완공된 사도 성당으로 향했다. 유세비우스는 그 광경을 이렇게 전하고 있다.

> 황제의 관은 아주 높이 올려진 채로 운송되었는데, 밑단에서 지붕까지 여러 가지 색의 대리석 판으로 화려하게 장식되었다. 안 지붕은 아름답게 세공되었고 전면에 금을 입혔다. 외부 덮개는 …… 타일이 아니라 황동이었다. 이것도 금으로 장식되어 대단히 호화로웠으며, 햇빛에 현

* 사실 지은이 노리치가 콘스탄티누스의 상상력을 비난하는 것은 약간 부당하다. 자기 아버지 또는 자신의 이름을 자식에게 붙여 주는 관습은 고대로부터 내려온 전통이었기 때문이다(19세기까지도 서양에서는 장남에게 자신의 이름을 물려주는 관습이 널리 유행했다. 오늘날 영어 인명에 흔히 부가되는 '주니어'가 그 흔적이다). 성(姓)이 없던 시절에는 아버지의 이름이 일종의 성과 같은 역할을 했다. 따라서 콘스탄티누스는 맏아들에게 자신의 이름을 그대로 물려주었고('2세'라고 붙인 것은 후대 역사가들이 구분하기 위해 붙인 것이다), 둘째를 자신의 아버지 이름인 콘스탄티우스로 지은 것이다. 나중에 등장하는 비잔티움 황제들에게서도 그런 경우를 많이 볼 수 있겠지만, 역사적으로 이 전통의 유명한 사례로는 8세기에 프랑크 왕국을 발전시킨 샤를마뉴의 가계가 있다. 샤를마뉴('마뉴'는 존칭이고 이름은 샤를이다)의 아버지는 피핀이고 할아버지는 샤를(카를) 마르텔이다. 또 샤를마뉴의 아들 루트비히는 네 아들을 두었는데, 그 이름은 각각 로타르, 피핀, 루트비히, 샤를이었으니 루트비히는 할아버지와 아버지, 그리고 자신의 이름을 모두 자식들에게 물려준 셈이다.

란하게 빛나는 모습이 멀리서 봐도 무척 아름다웠다. 돔 지붕은 전체가 섬세한 격자 장식으로 덮였고, 황동과 금이 덧씌워졌다.

그러나 그것은 시작에 불과했다.

황제는 자신의 죽음을 예견하고 미리 이곳을 선택해 두었다. 특별히 열렬한 신앙심을 바탕으로 그는 자신의 시신이 12사도와 같은 지위에 있도록 하려 했던 것이다. 또한 그는 사후에도 생전에서와 마찬가지로 숭배의 대상이 되고 싶었다. 그래서 그는 이 성당에 미리 열두 개의 석관을 준비하도록 했다. 그 관들은 마치 12사도를 기리는 열두 개의 기둥과도 같았다. 그 한가운데 황제의 관이 놓였고, 그 양옆으로 각각 여섯 개의 석관이 배열되었다.

생애의 마지막 몇 년 동안 콘스탄티누스는 '사도들과 동격'이라는 뜻의 이사포스톨로스Isapostolos라는 명칭을 즐겨 사용했는데, 이제 죽은 뒤에 그 명칭에 어울리는 위치에 놓이게 된 것이다. 그의 마음에 그 생각이 처음 떠오른 뒤부터 그의 부하들은 동부 지중해 일대를 샅샅이 헤매고 다니며 12사도의 유물이라고 알려진 것들을 찾아다가 각 사도의 석관에 집어넣었다. 그가 사도들을 양옆으로 세우고 그 한가운데에 있겠다고 선택한 것은 자신을 사도들보다 더 위대한 존재로 여겼다는 것을 말해 준다. 이를테면 그는 인격화된 구세주, 즉 지상에 존재하는 신의 대리인을 자칭한 것이다.

그곳은 분명히 훌륭한 안식처였으나 콘스탄티누스는 거기에 오래 머물지 못했다. 제국의 다른 도시들도 그렇듯이 그는 수도도 너무 크게, 그리고 너무 급히 건설하려 했다. 그래서 늘 숙련된 일꾼들이 부족했으며, 토대를 날림으로 만든 경우도 많았고, 버팀벽이나 들보의 두께에도 문제가 있었다. 사도 성당도 겉으로 보기에는 웅장했지만, 아래는 날림 공사였다. 완공된 지 사반세기 만에 사도 성당에서는 위험 신호가 울리기 시작했다. 거대한 황금 돔 천장이 붕괴할 조짐을 보이자, 인기 없는 총대주교였던 마케도니우스는 안전을 위해 황제의 시신을 인근의 순교자 성 아카키우스 성당으로 옮기라고 명했다. 불행히도 수도에는 그런 조치를 신성모독이라고 여기는 사람들이 많았고, 총대주교를 공격하기 위해 선뜻 무기를 집어들 사람들도 많았다. 곧이어 대규모 폭동이 터졌다. 그 와중에서 몇 사람이 목숨을 잃었는데, 소크라테스는 "성당의 안뜰은 핏구덩이가 되었고, 우물에서 흘러넘친 피는 그 옆의 주랑 현관을 거쳐 거리에까지 흘러갔다"고 전한다.

하지만 사도 성당은 총대주교가 걱정했던 것처럼 붕괴하지 않았고, 다소 불안스럽긴 했지만 그 뒤 200년 동안이나 더 존속하다가 550년 유스티니아누스에 의해 전면적으로 재건되었다. 12사도의 석관과 그 한가운데 있었던 황제의 관은 오늘날 흔적도 남아 있지 않다.

4

떠도는 권력

337년~363년

오, 신들과 인간들의 어머니시여. 위대한 제우스와 왕위를 공유하는 분이시여. …… 오, 생명을 주시는 여신이시여. 지혜이자 섭리이자 우리 영혼의 창조자이시여. …… 모든 인간에게 신들이 누리는 최고의 행복을 주시고, 로마인들이 스스로에게서 불경스러운 부분을 정화할 수 있도록 해 주십시오. ……

율리아누스 대모신 키벨레에게 바치는 찬가

재연된 권력 투쟁

젊은 콘스탄티우스는 황제가 죽은 뒤 몇 주 동안 콘스탄티노플에서 나무랄 데 없이 행동했으며, 장례식에서도 많은 시민 대표자들에게 좋은 인상을 심어 주었다. 그러나 사도 성당에 아버지를 안치한 뒤 9월 9일에 삼형제가 공동으로 정제의 칭호를 받게 되자, 콘스탄티우스는 그때까지 취해 온 부드러운 태도를 갑자기 벗어던졌다. 때마침 의도적으로 조작된 괴상한 소문이 나돌았다. 콘스탄티누스는 죽을 때 양피지 조각을 손 안에 움켜쥐고 있었는데, 거기에는 그의 이복형제들인 율리우스 콘스탄티우스와 델마티우스가 자신에게 독을 먹였으니 세 아들에게 복수를 해 달라고 부탁하는 내용이 적혀 있다는 것이었다.

그 이야기는 완전히 터무니없는 것이었지만, 니코메디아 주교가 보증했고 콘스탄티노플의 군대가 곧이곧대로 믿었다. 그 결과는 끔찍했다. 율리우스 콘스탄티우스는 자기 궁전에서 맏아들과 함께 무참히 살해되었고, 델마티우스와 그의 두 아들인 델마티우스 부제, 폰투스 왕 한니발리아누스도 죽음을 당했다. 곧이어 콘스탄티누스의 두 매제—그의 절친한 친구들인 플라비우스 오프타투스와 포필리우스 네포티아누스는 각각 그의 이복누이들인 아나스타시아, 유트로피아와 결혼했다—도 같은 운명을 겪었다. 둘 다 콘술을 지낸 경력이 있는 원로원 의원이었다. 이윽고 그 불똥은 친위대장인 아블라비우스에게까지 튀었다. 그의 딸 올림피아스는 새 황제의 동생인 콘스탄스와 약혼한 사이였지만 그도 운명을 피하지는 못했다. 이제 황제의 가문에서 살아남은 남자들은 세 명의 어린 소년—율리우스 콘스탄티우스의 두 아들, 네포티아누스와 유트로피아가 남긴 유일한 혈육이 그들인데, 나이가 너무 어려 살아남았을 것으로 추측된다—과 공동 정제로 있는 콘스탄티누스의 세 아들뿐이었다. 삼형제는 338년 초여름에 도나우 강변의 비미나키움에서 만나 물려받은 거대한 재산을 나누기로 했다.

영토 구획은 제국의 평화와 안정을 위해 대단히 중요했다. 삼형제는 약간의 조정을 하는 것 이외에는 대체로 예전에 부제로서 다스렸던 지역을 계속 지배하기로 했다. 콘스탄티우스는 소아시아와 이집트를 포함하여 동방을 맡았다. 그 때문에 그는 항상 그리스도교권의 아르메니아와 미묘한 관계에 있었고, 신흥 강국인 페르시아와 각축을 벌여야 했다. 그의 형인 콘스탄티누스 2세는 갈리아, 브리타니아, 에스파냐를 지배했으며, 막내인 콘스탄스는 열다섯 살의 어린 나이였으나 셋 중에서 가장 큰 영토인 아프리카, 이탈리아, 도나우, 마케도니아, 트라키아를 다스렸다. 이런 분배에 따르면 당연히 수도는 콘스탄스의 관할이 되어야겠지만 그나 콘스탄티우스나 수도를 그다지 중시하지 않았다. 그래서 콘스탄스는 339년에 수도를 선뜻 둘째 형에게 양도하고 그 대신 맏형인 콘스탄티누스 2세에 대한 견제를 지지해 달라고 부탁했다.

성격으로 보나 성장 과정으로 보나, 조만간 세 정제들이 서로 다툼을 벌이게 되리라는 것은 뻔했다. 하지만 그들은 상당한 자제력을 발휘하여 예상보다 오래 평화를 유지했다. 처음 말썽을 빚은 사람은 콘스탄티누스로 보인다. 맏이였던 그는—317년생으로 태어난 지 불과 한 달 만에 부제로 임명되었다—동생들을 동격인 공동 황제로 여기지 않고 이러저러한 방식으로 자신의 권위가 앞선다는 것을 과시하려 했다. 콘스탄스가 자신의 말을 따르지 않자 콘스탄티누스는 마침내 340년에 갈리아에서 이탈리아를 공격하러 나섰다. 그러나 나이는 어려도 형보다 영리했던 콘스탄스는 아퀼레이아 바로 외곽에 군대를 매복시켰다. 이 전투에서 콘스탄티누스는 패배하고 전사했으며, 그의 시신은 알사 강에 수장되었다. 이때부터 정제는 둘만 남게 되었고, 콘스탄스는 겨우 열일곱 살의 나이로 서방 제국의 최고 권력자에 올랐다.[22]

불행히도 콘스탄스의 성격은 둘째 형보다 전혀 나을 게 없었다. 판노니아 속주의 총독인 섹스투스 아우렐리우스 빅토리우스가 쓴 『황제의 역사』는 그 시대에 관한 주요 문헌들 중 하나인데, 여기서 콘스탄스는 "극도로 타락하고 탐욕스러우며 자기 병사들을 경멸하는 인물"로 묘사되어 있다. 실제로 그는 야만족*의 끈질긴 침략으로부터 제국의 동부 국경을 방어하는 데 극히 중요한 라인 강과 도나우 강 상류에 배치된 군단들을 소홀히 한 채 금발의 게르만 포로들과 쾌락을 즐기는 데 열중했다. 350년에 군대는 반란 직전 상태였다. 그해 1월 18일에 콘스탄스가 사냥을 나가 있는 동안 그의 대신들 중 한 사람이 아우구스토두눔(지금의 오툉)에서 주최한 연회장에서 마침내 사건이 터졌다. 잔치가 한창일 때 갑자기 브리타니아 태생의 이교도 장군인 마그넨티우스라는 자가 자주색 황제복을 입고 나타나 그 자리에 모인 손님들로부터 환호를 받은 것이다. 이 소식을 들은 콘스탄스는 당장 그곳으로 달려갔으나 오히려 포로로 잡혀 죽고 말았다.

그러나 찬탈자는 오래가지 못했다. 서방의 반란이 페르시아의 위협보다 더 심각해질 가능성이 있다고 믿은 콘스탄티우스가 응징에 나선 것이다. 그는 먼저 사촌동생 갈루스—337년의 학살에서 살아남은 세 사람 중 하나—를 동방 부제로 임명하고, 자기 누이이자 한니발리아누스의 미망인인 콘스탄티나와 결혼시킨 뒤 대군을 거느리고 반란 진압에 나섰다. 351년 9월 마그넨티우스는 무르사(지금 크로아티아의 시사크)에서 콘스탄티우스에게 참패하고 2년 뒤에 흩어진 군사를 모으는 데 실패하자 자결로 삶을 마감했다. 하지만 황제는 여전히 불안을 느끼고 있었다. 354년 후반에 콘스탄티우스는 갈

* 야만족이란 로마 북부에 살았던 로마인이 아닌 민족(주로 게르만족의 일파)을 가리킨다. 원래 고대 그리스인들은 북쪽에 사는 이민족들을 바르바로이(barbaroi)라고 불렀는데, 당시에는 그냥 이민족 혹은 이어족(異語族, 다른 말을 쓰는 종족)이라는 중립적인 뜻이었으나 후대의 로마인들은 여기에 경멸적인 의미를 추가했다. 중국도 통일 제국을 이루었을 때부터 사방의 이민족들을 '오랑캐'라고 비하하여 불렀는데, 다른 민족을 그렇게 여기는 것은 동서양을 불문하고 '제국 문명'의 한 특성이다.

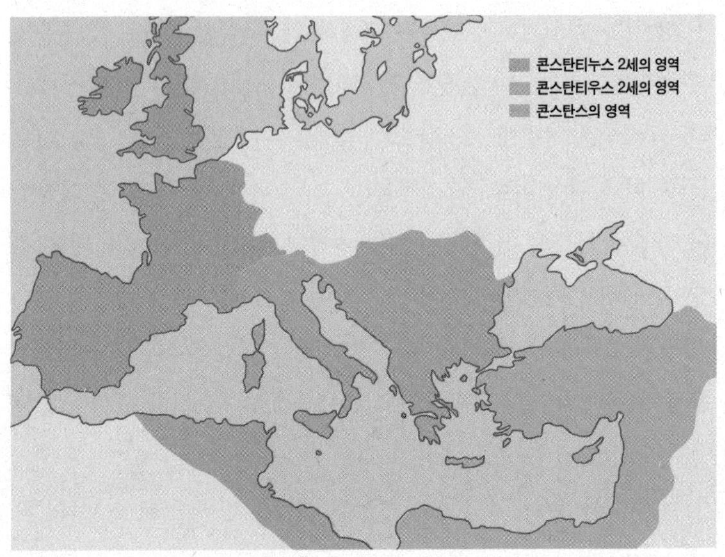

† 콘스탄티누스 대제 사후 세 형제의 지배 영역

루스 부제가 반역 음모를 꾸몄다는 이유로—사실이 아닌 게 거의 확실하다—그를 참수했다. 불행한 콘스탄티나는 두 번째 남편마저 잃었다.

이제 콘스탄티우스는 로마 제국의 확실한 단독 황제가 되었다. 하지만 마그넨티우스를 물리쳤다고 해서 갈리아에서의 문제가 끝난 것은 아니었다. 라인 강 너머의 게르만 동맹 세력은 콘스탄스가 국경을 소홀히 하고 로마 제국에서 반란이 잇따르는 틈을 타서 끊임없이 말썽을 일으켰다. 이미 황제의 군대 내에서도 몇 차례 조그만 역모가 발각된 바 있었다. 그러나 아직 페르시아 전쟁이 끝나지 않았으므로 그는 서방에 마냥 머물러 있을 수도 없는 처지였다. 그는 비록 단독으로 권력을 장악하고 싶었으나 결국 355년 가을에 부제를 임명할 수밖에 없다는 사실을 인정했다.

만약 새 부제를 황제의 직계 가문에서 선택한다면 후보는 단 한 명밖에 없었다. 그는 학문에 밝은 철학자였고 자기 군대도 갖지 않았으며, 심지어 행정 경험도 없었다. 그러나 그는 똑똑하고 진지하며 부지런한 사람이었고 충성심에서도 전혀 문제될 게 없었다. 황제는 급히 사자를 아테네로 보내 그를 데려오게 했다. 당시 스물세 살이었던 그는 바로 황제의 사촌동생인 플라비우스 클라우디우스 율리아누스인데, 후세에는 배교자 율리아누스로 더 잘 알려져 있다.

'배교자' 율리아누스

어린 시절이 한 인물의 사람됨을 말해 준다는 것은 누구나 아는 사실이다. 지난 1600년 동안 역사가들은 율리아누스의 별나고 복잡한 성격을 그의 유년기에 비추어 설명하려 했으므로 여기서 그 형성기에 관해 간단히 살펴보는 것도 좋겠다. 그의 아버지 율리우스 콘스탄티우스는 일찍이 콘스탄티우스 클로루스 황제가 두 번째 아내 테오도라에게서 낳은 두 아들 중 동생이었다. 그의 가문은 비록 황실 혈통의 한 자락을 잡고는 있었으나, 콘스탄티누스가 테오도라 대신 자기 어머니인 헬레나를 황후로 승격시킨 이후에는 보잘것없는 가문으로 전락해 있었다. 그런 탓에 율리우스 콘스탄티우스는 그때까지 40여 년의 생애 대부분을 편안하지만 비생산적인 유배지에서 보내다가 헬레나가 죽은 뒤에야 콘스탄티누스의 부름을 받아 두 번째 아내와 두 아이를 데리고 콘스탄티노플로 올 수 있었다.

셋째 아들인 율리아누스를 낳은 것은 수도에 돌아온 뒤인 332년 5월 또는 6월이었다. 그러나 소아시아 출신의 그리스인인 아이 엄마 바실리나는 셋째를 낳은 뒤 몇 주 만에 죽었다. 그 뒤 소년은 터울이 제법 지는 배다른 형, 누나와 함께 아버지의 다소 멀면서도 자상한 감독을 받으며 유모와 가정교사 밑에서 자랐다. 그러던 중 그가 겨우 다섯 살일 무렵 그의 아버지 율리우스 콘스탄티우스가 살해되었다. 제위에 오른 조카 콘스탄티우스가 주도한 대대적인 숙청 작업의 첫 희생자였다.

율리아누스는 그날을 결코 잊지 못했다. 그가 아버지와 이복형의 죽음을 실제로 목격했는지는 기록에 전하지 않는다. 그 자신도 자칫하면 같은 운명이 될 수 있었으리라는 추측은 충분히 가능하다. 그 끔찍한 경험은 그에게 영원히 치유되지 못할 상처를 남겼다. 워낙 어린 나이였으므로 왜 그런 일이 일어났고 누구의 책임인지는 당시 이해하지 못했지만, 자라면서 그는 진실을 알게 되었다. 그러자 자기 사촌형에게 품었던 존경심은 극도의 증오심으로 바뀌었다.

그러나 콘스탄티우스에게 젊은 율리아누스는 그저 사소한 걱정거리에 지나지 않았다. 진짜 큰 문제는 그를 어떻게 할 것인가였다. 황제는 먼저 그를 니코메디아로 보냈다. 그곳의 주교 유세비우스는 율리아누스의 스승이 되어 다소 편협하기는 하지만 성실한 그리스도교 교육을 받게 했다. 그 뒤 열한 살이 된 율리아누스는 형 갈루스와 함께 카파도키아의 고대 궁전인 마켈룸으로 사실상 유배를 당했다. 거기서 형제는 6년 동안 책만 벗하며 살았다. 349년이 되어서야 그들은 수도로 돌아올 수 있었다. 갈루스는 황궁으로 부름을 받았으나 율리아누스는 이미 고전과 그리스도교 문헌에 관해 만만찮은 지식을 쌓고 있었으므로 본격적인 학문 연구에 전념할 수 있는 허가를 얻어 냈다.

그 다음 6년은 그의 생애에서 가장 행복한 시기였다. 그는 닥치는 대로 그리스 세계의 철학 학파들을 섭렵했고, 당대 최고의 사상가, 학자, 웅변가의 가르침을 받으며 독서와 토론을 즐겼다. 처음에 그는 콘스탄티노플에 있다가 니코메디아로 돌아갔으나 늙은 유세비우스에게 간 것은 아니었다. 이제 그의 관심을 끄는 인물은 리바니우스라는 사람이었는데, 그는 그리스도교를 단호히 거부하고 공공연한 이교도로서 처신하면서 자존심과 자부심을 버리지 않은 인물이었다. 이 무렵 율리아누스의 생각에 관해서는 수상쩍은 구석이 있다. 그의 그리스도교 스승 한 사람이 그에게 리바니우스의 강의를 듣지 않겠다고 엄숙하게 서약하라고 강요하자 율리아누스는 자기 돈을 주고 사람을 고용하여 강의록을 필사하게 했다.

니코메디아에서 잠시 지낸 뒤 그는 페르가몬으로 갔다가, 나중에 에페소스를 거쳐 아테네로 갔다. 그가 그리스도교를 완전히 버리고 고대의 이교 신들을 섬기겠다고 결정한 것은 에페소스에 머물 때였을 것이다. 그러나 그 과정은 점차적으로 진행되었으므로 딱히 어느 시기부터라고 꼬집어 말할 수는 없다. 어쨌든 그는 공인 신분이었으므로 자신의 새로운 신앙을 비밀에 부칠 수밖에 없었다. 그래서 그는 10년 뒤에야 비로소 자신의 신앙을 공개적으로 선언하게 된다.

율리아누스는 355년 초여름에 아테네로 왔다. 거기에 머문 지 얼마 지나지 않아 그는 한 동료 학생의 관심을 끌었다. 그 학생, 즉 성 그레고리우스 나치안추스는 그를 이렇게 기억했다.

> …… 기묘하게 굽은 목, 둥글게 휘고 뒤틀린 어깨, 쏘아보는 듯한 거친 눈빛, 흔들거리는 걸음걸이, 커다란 코에서 뿜어져 나오는 오만한 숨결, 우스꽝스런 표정, 신경질적으로 터져 나오는 웃음, 언제나 까딱거리는 고개와 더듬는 말투, 이 모든 것들은 분명히 건강한 성격이 아님을 말해 주고 있었다.
>
> **성 그레고리우스 나치안추스** 『연설Orations』, V, 23

그레고리우스는 제국의 대표적인 그리스도교 신학자였으니 율리아누스에게 편견을 가진 것은 당연했다. 그가 묘사한 율리아누스의 모습은 결코 매력 있다고는 할 수 없다. 그러나 과장이 있다 하더라도 그의 묘사는 어느 정도 신빙성이 있으며, 우리에게 전해지는 다른 문헌들에서도 부분적으로 확인되고 있다. 율리아누스가 미남이 아니었던 것만은 분명하다. 그는 땅딸막하고 다부진 체구에 고개를 삐딱하게 틀고 다녔다. 멋진 검은 눈과 곧게 뻗은 눈썹을 가지고 있었으나, 입이 너무 큰 데다 아랫입술이 축 처져 보기 좋은 얼굴은 아니었다. 또한 자기 또래의 친구 하나도 없이 자란 사람이면 으레 그렇듯이, 다른 사람을 대하는 방식이 서툴고 불안정하며 수줍음을 심하게 탔다. 요컨대 황제가 될 재목은 결코 아니었다. 실제로 당시 그는 아무런 야망도 없었고 다만 스승들과 책들을 접할 수 있는 아테네에 계속 살 수 있기만을 바랐다. 콘스탄티우스가 그를 밀라노로 불렀을 때 율리아누스는 그렇게 불길한 여행을 떠나느니 차라리 죽음을 달라고 아테나 여신에게 기도했을 정도였다.

그러나 그의 기도는 이뤄지지 않았다. 밀라노로 오라는 황제의 명령을 거부할 수는 없는 노릇이었다. 그가 밀라노에 도착하자 과연 우려하던 상황이 기다리고 있었다. 그는 며칠 동안 번민하며 기다리다가 콘스탄티우스의 정식 영접을 받았고—두 사람은 8년 전에 마켈룸에서 단 한번 만난 적이 있다—자신이 새로 부제로 임명되었다는 사실을 통보받았다. 그는 머리를 단장했고, 수염도 깎았으며, 볼품없는 몸에는 꽉 끼는 군복을 입었다. 11월 6일 그는 군대가 집합한 가운데 공식적으로 취임식을 가졌다. 병사들의 다소 형식적인 환호를 받을 때 그 자신이나 병사들이나 불행한 갈루스를 떠올리지 않을 수 없었으리라. 불과 5년 전에 갈루스도 비슷한 방식으로 병사들의 환호를 받으며 부제로 취임했지만 지금은 무덤에 들어간 지 벌써 열두 달이나 지난 것이다. 신임 부제를 군단에 소개하는 황제의 말에는 애정이 넘쳤으나, 율리아누스는 이복형과 같은 운명을 피하려면 늘 신중하게 처신해야 한다는 것을 알았다. 당시 콘스탄티우스에게 바치는 그의 지루한 찬사는 그런 의도를 분명히 말해 준다.

355년 늦가을에 율리아누스가 부제로서 갈리아에 파견되었을 때 그는 그저 꼭두각시일 뿐이라는 이야기가 떠돌았다(실은 율리아누스 본인이 처음 말한 것이었다). 훗날 리바니우스가 그의 장례 연설에서 말했듯이 "그는 군복을 입는 것 이외에는 아무런 권한도 없었다." 심지어 콘스탄티우스가 그를 죽이기 위해 일부러 갈리아로 보내는 것이라는 추측도 있었다. 물론 그것은 터무니없는 주장이다. 황제는 이미 가족을 살해한 경험이 풍부했으므로 진정으로 율리아누스를 제거할 속셈이었다면—학자로 탈선한 율리아누스는 황제의 안위에 그다지 위협이 되지 않았지만—얼마든지 더 신속하고도 확실한 방법을 택할 수 있었을 것이다(또한 죽일 예정이었다면 그 무렵에 율리아누스를 자기 누이인 헬레나와 결혼시키지도 않았을 것이다).

게다가 황제에게 서방 부제는 반드시 필요했다. 그런데 갈리아에서 무제한적인 군대 지휘권을 가지게 될 것으로 기대했던 율리아누스는 민간의 지도자인 민정 총독과 군대의 지휘관인 마기스테르 에퀴툼magister equitum이 콘스탄티우스와 직접 지휘 책임을 나눠 진다는 사실을 알고 무척 기분이 상했던 듯하다. 이 때문에 그는 황제가 자신의 권한을 축소시키려는 의도를 가지고 있다고 믿었다. 자신이 아직 스물네 살밖에 되지 않았고 야전 경험이 전무하다는 사실은 미처 생각하지 못한 것으로 보인다.

하지만 율리아누스는 재빨리 적응했다. 지휘관들은 오히려 자중했으나 그는 356년 여름에 군대를 비엔에서 오툉, 트루아, 랭스로 이동시킨 다음 거기서 보주, 코블렌츠를 거쳐 메스로 갔다가 최종적으로 쾰른까지 진군하는 대담한 작전을 전개했다. 열 달 전에 프랑크족에게 빼앗긴 쾰른을 탈환하려는 계획이었다. 이듬해 스트라스부르 인근에서 1만 3천 명의 군단 병사들은 3만 명 이상의 프랑크군을 무찔렀다. 적군의 전사자는 6천 명이나 되었으나 로마군은 247명의 전사자밖에 없었다. 이후 2년 동안 승리가 계속되었다. 360년에 이르자 제국은 원래의 변방 영토를 모두 되찾았고 파리에 머문 율리아누스는 완전한 지휘권을 차지했다.

어수선한 동방의 정세

한편 동방에서는—콘스탄티우스는 로마에 잠시 체재한 뒤 오래전에 동방으로 돌아갔다—상황이 그다지 좋지 않았다. 359년에 황제는 페르시아 왕에게서 다음과 같은 편지를 받았다.

> 왕중왕, 해와 달의 형제인 샤푸르가 인사드리오. ……
>
> 스트리몬 강(지금의 스트루마 강)에서 마케도니아에 이르는 영토가 예전에 내 조상들의 소유였음은 귀하의 역사가들도 분명히 알 것이오. 내가 귀하에게 그 땅을 모두 반환하라고 해도 그다지 무리한 요구는 아니오. …… 하지만 나는 기꺼이 중용을 취해 내 할아버지께서 빼앗긴 메소포타미아와 아르메니아를 돌려받는 정도에 만족하겠소이다. ……
>
> 만약 내가 보낸 대사가 빈손으로 돌아올 경우 나는 겨울이 끝나자마자 모든 군대를 동원하여 그 영토를 되찾겠다는 것을 경고하는 바이오.

콘스탄티우스는 물론 문제가 된 그 땅을 샤푸르에게 양도할 생각이 전혀 없었다. 그러나 자신의 통치 기간 중 최대의 시련에 봉착했다는 것을 깨달은 콘스탄티우스는 360년 1월 파리에 부하를 보내 동방으로 대규모 증원군을 보내달라고 부탁했다. 그에 따라 제국에 충성하는 갈리아족과 프랑크족으로 구성된 네 개의 보조 부대가 즉각 메소포타미아로 떠날 차비를 했고, 다른 모든 부대에서도 각각 300명씩 병력이 차출되었다. 사실 율리아누스 부제나 병사들이나 황제의 그 명령은 따르고 싶지 않은 기분이었다. 율리아누스는 졸지에 군대의 절반 이상을 잃을지도 모를 위험에 직면했다. 게다가 그는 이미 갈리아 원정군에게 결코 동방으로 보내지 않겠다고 약속해 둔 터였다. 병사들은 동방으로 갈 경우 다시는 가족을 보지 못하게 될 것임을 알고 있었다. 뒤에 남겨진 그들의 가족은 언제든 방어가 허술해지면 제국의 영토 내로 벌떼처럼 쳐들어올 야만족들에게 희생될 게 뻔했다.

그 운명의 봄날, 파리에 있는 율리아누스 사령부에서 어떤 일이 있었는지는 정확히 알 수 없다. 이듬해 후반에 율리아누스가 아테네 사람들에게 쓴 편지에 나와 있는 변명에 따르면, 그는 개인적으로 아무리 못마땅하다 하더라도 황제의 명령에 복종하지 않을 수 없다고 여겼다. 그래서 그는 전 군대를 파리로 불러들여 그 소식을 전하고 황제의 명령이 불가피하다는 것을 설명한 뒤 승리하면 큰 보상이 따르리라고 말했다. 또한 병사들의 가족은 공공의 비용으로 동방까지 무사히 수송할 것이라고 약속했다.

그러나 그러잖아도 분노한 군단 병사들은 손에서 손으로 전해진 익명의 책자를 읽고 더욱 흥분해 콘스탄티우스에게 황제의 자격이 없다고 거세게 비난했다. 그날 저녁이 되자 병사들은 불만의 수준을 넘어 폭동을 일으킬 태세였다. 하지만 율리아누스는 그때까지도 자신이 아는 신들의 가호만을 빌었을 뿐 병사들의 생각을 읽지 못하고 있었다. 그들은 자신을 정제로 받들어 줄까, 아니면 달려들어 그를 갈기갈기 찢어 죽일까?

해가 질 무렵 율리아누스는 궁전의 위층 침실에서 휴식을 취하고 있었다. 그때 겁에 질린 시종이 들어오더니 병사들이 궁전을 향해 행진하고 있다고 보고했다. 율리아누스가 직접 기록한 내용을 보자.

> 나는 제우스* 신께 기도하면서 창밖을 내다보았다. 궁전에까지 함성이 들리고 소동이 번져왔을 때 나는 신께 계시를 내려달라고 간청했다. 그러자 군대의 뜻에 반대하지 말고 따르라는 계시가 내려왔다. 그래도 나는 갈채와 제관을 받지 않기 위해 최대한 버티었다. 그러나 나 혼자서 그 많은 사람들을 통제할 수는 없었기에, 게다가 신들의 뜻이 그러했기에 나는 내 결심을 철회했다. 세 시가 지났을 무렵 어느 병사가 내게 휘장을 주었고, 나는 그것을 머리에 쓴 채 궁전으로 돌아왔다. 신들께서는 아시겠지만 당시 나는 비통한 심정이었다.

율리아누스의 이 말이 사실일까? 그가 콘스탄티우스에게 역모를 꾸몄다는 증거는 없다. 또 설사 증원군을 보내라는 명령으로 인해 궁극적으로 충성이 불가능해지는 상황이 아니었다 해도 그의 충성심이 변했으리라는 증거도 없다. 하지만 4년 반 동안 갈리아에서 지내면서 그는 용기와 자신감, 그리고 처음으로 정치적 야심까지 키웠을 법하다. 이때쯤이면 아마 자신이 제국에 옛 종교를 복원하라는 신의 명령을 받았다고 믿었을 것이다. 일단 제우스의 계시를 받은—혹은 받았다고 생각한—뒤에는, 그는 제관을 받아들이는 데 전

* 그리스의 최고신인 제우스는 로마 신들의 위계에서는 유피테르(Jupiter)에 해당한다. 율리아누스는 로마의 전통적인 신들을 숭배했으므로 아마 당시 그가 기도를 올린 신은 유피테르일 것이다. 하지만 원래 율리아누스의 기록에 나온 신이 제우스였는지, 아니면 유피테르였던 것을 이후의 역사 편찬자(혹은 이 책의 지은이)가 그리스 식으로 바꾸었는지는 알 수 없다.

혀 주저하지 않았다.

유일한 문제는 제관이 없다는 점이었다. 황제의 경비병으로서 당시 파리에 있었으므로 그 상황을 직접 목격했으리라고 생각되는 암미아누스 마르켈리누스에 따르면, 병사들이 율리아누스에게 제관의 대용물로 그의 아내가 쓰던 목걸이를 제안했으나 그는 여자의 장신구가 그런 용도에 적절하지 않다는 이유로 거절했다고 한다. 또 병사들이 말의 이마 장식물을 제안했을 때도 율리아누스는 반대했다. 마침내 군기를 담당한 어느 병사가 자기 목에 걸린 커다란 황금 사슬—군기병의 표장—을 벗어 율리아누스의 머리에 씌워 주었다.

이제 싫든 좋든 도전은 시작되었다. 주사위는 던져졌고 돌이킬 방법은 없었다.

율리아누스는 성급히 동방으로 진군하려 하지 않았다. 거리가 워낙 멀었고, 동방으로 가는 도중 곳곳에 배치된 수비 병력에게서 확실한 충성을 다짐받은 것도 아니었기 때문이다. 만약 그들이 콘스탄티우스에게 충성을 표명한다면 율리아누스는 진퇴양난에 빠질 수도 있었다. 그래서 그는 때를 기다리기로 하고, 먼저 사촌형에게 사절을 보내 저간의 사정을 알린 다음 모종의 협상을 제안했다.

그의 사절들은 카파도키아의 카이사레아(지금의 카이세리)에 있는 콘스탄티우스에게 갔다. 공교롭게도 황제가 머무는 곳은 6년 전에 그가 어린 율리아누스를 감금했던 마르켈룸의 영지였다. 편지를 받은 그가 불같이 화를 내자 사절들은 자기 목숨을 걱정할 판이었다. 콘스탄티우스는 동방에 묶여 있을 수밖에 없는 처지였으므로 기껏해야 율리아누스에게 강력한 경고를 보내는 것밖에는 도리가 없었다. 그러나 동시에 그는 비밀리에 야만인 부족들에게 라인 강변의 공격을 재개하라고 부추겼다. 그렇게 하면 적어도 율리아누스가 동방으로 진격하지 못하도록 묶어둘 수 있다는 판단이었다. 단기적으로 이 계획은 제법 효과를 보았다. 그해 남은 기간 동안 율리아누스는 주로 변방의 수비에 전력을 기울여야 했던 것이다. 그러다가 10월 하순에 그는 남쪽의 비엔으로 이동해서 11월 6일에 자신의 부제 즉위 5주년 기념식을 치렀다. 암미아누스는 이렇게 말한다. "처음 권좌에 오를 때는 보잘것없는 제관을 쓴 경기장의 우두머리 같은 모습이었으나 이제 그는 많은 보석이 박힌 화려한 제관을 쓴 황제의 차림이었다."

신은 율리아누스의 편이었다

이듬해 봄 라인 강변에서는 분란이 더 잦아졌다. 로마군은 다소 창피한 계략까지 꾸며 가까스로 진압에 성공했다. 현지 로마 사령관이 알레마니족장을 식사에 초대한 다음—율리아누스의 명령에 따른 것이 거의 확실하다—족장이 오자마자 곧바로 체포해 버린 것이었다. 그 무렵 두 황제의 협상은 아무런 진전이 없었고, 콘스탄티우스는 페르시아와의 전투가 잠잠해진 틈을 타서 사촌동생에 대한 전면적인 공세를 준비했다. 이에 대해 율리아누스는 어떻게 대응해야 할지 몰랐다. 그도 행군을 떠나 도나우 강 연안에 주둔하고 있는 동맹 부대들을 최대한 끌어들인 다음 도중에서 콘스탄티우스에게 맞서야 할 것인가, 아니면 자신의 텃밭인 갈리아까지 오기를 기다렸다가 모든 부대들을 동원하여 싸울 것인가? 이 무렵 그는 다시 신에게 기도를 올려 신의 계시를 받았다고 한다. 전쟁의 여신 벨로나에게 황소 한 마리를 제물로 바친 다음 그는 비엔에 군대를 집결시켜 동방으로 출발했다.

그렇다고 라인 강을 무방비 상태로 방치할 수는 없었다. 만약 갈리아 병사들이 고향을 떠나지 않으려 했다는 이야기가 전부 거짓이 아니라면, 황제의 동방 원정에 마지못해 따라간 병력은 그다지 많지 않았음에 틀림없다. 그래서 율리아누스가 거느린 병력은 겨우 2만 3천 명 정도였는데, 콘스탄티우스의 병력에 비하면 형편없이 작은 규모였다. 이런 불균형을 은폐하고 아군의 힘을 실제보다 커 보이도록 하기 위해 율리아누스는 군대를 셋으로 나누었다. 1만 명은 알프스를 넘어 북이탈리아를 거쳐 지금의 크로아티아를 가로지르는 경로를 택했다. 또한 같은 시기에 그와 비슷한 병력이 얼추 지금의 스위스와 티롤에 해당하는 라이티아와 노리쿰을 횡단했다. 마지막으로 율리아누스는 3천 명의 정예병을 직접 거느리고, 슈바르츠발트 남부를 거쳐 울름 부근의 도나우 강 상류로 가서 배를 타고 강을 내려왔다. 이 세 부대는 베오그라드에서 서쪽으로 30킬로미터쯤 떨어진 사바 강변의 시르미움에서 합류하기로 되어 있었다.

당연하지만 가장 먼저 도착한 것은 율리아누스의 부대였다. 마음이 초조한 황제는 다른 병력이 올 때까지 기다리지 않고 남쪽으로 진군하여 나이수스에 이르렀다. 여기서 겨울을 보내며 병력을 규합할 작정이었다. 그런데 그가 그곳에서 서너 주 머물렀을 때 수도에서 전령들이 와 콘스탄티우스가 죽었다는 보고를 전했다. 그러자 이미 황제로 추대된 율리아누스는 다시 동방의 군대에게서도 황제로 추대되었다. 권력 투쟁은 시작하자마자 싱겁게 끝나 버렸다.

전령들의 보고에 의하면 콘스탄티우스는 히에라폴리스(현재 시리아 북부의 맘비지)에 있다가 그다지 내키지 않는 마음으로 적군을 향해 진격하기로 결정했다. 일단 안티오크로 간 다음 콘스탄티노플까지 1천 킬로미터가량 되는 행군을 출발했을 때 그는 길가에 있는 머리 없는 시신을 보고 불길한 징조라고 여겼다. 아니나 다를까, 타르수스에 닿았을 무렵 그는 열병에 걸렸다. 하지만 그는 걸음을 멈추지 않고 2~3킬로미터쯤 더 가서 몹수크레나이라는 작은 마을로 들어갔다. 이윽고 그가 더 이상 갈 수 없다는 것이 명백해졌다. 361년 11월 3일 그는 결국 그곳에서 죽었다. 그 마지막 병에 걸리기까지 그는 늘 건강한 몸을 유지했다. 게다가 그의 나이는 아직 마흔네 살이었다.

율리아누스에게 이 사건은 신들이 자신의 편임을 말해 주는 또 다른 증거였다. 하지만 그는 그 당시뿐 아니라, 그 뒤에도 안도감이나 흥분한 기색을 내보이지 않았다. 그는 콘스탄티우스의 시신보다 먼저 콘스탄티노플에 가 있기 위해 걸음을 서둘렀다. 수도에 도착한 그는 모든 시민에게 상복을 입으라고 명하고 자신도 상복을 입은 채 부둣가로 나가 전임 황제의 관이 내려지는 것을 직접 감독했다. 그 뒤 그는 사도 성당까지 장례 행렬을 이끌었으며, 자기 아버지를 죽인 자이자 평생의 적이 무덤에 안치되는 광경을 뻔뻔스럽게도 울면서 지켜보았다. 장례식이 끝난 뒤에야 그는 황제의 상징물을 받았다.

그 뒤 그는 두 번 다시 그리스도교 성당에 가지 않았다.

율리아누스가 제위에 오른 지 불과 며칠이 지나지 않아 콘스탄티노플의 전 시민들은 새 체제가 옛날과 크게 다르다는 사실을 깨달았다. 보스포루스 건너에 있는 칼케돈에는 군사 법정이 설치되어 콘스탄티우스의 주요 대신들과 조언자들 중 신임 황제가 권력을 남용했다고 의심하는 사람들을 재판했다. 일부는 무죄로 풀려났고, 또 일부는 일정 기간 유배나 가택 연금을 당하는 데 그쳤지만, 몇 명은 사형에 처해졌다. 그중 콘스탄티우스가 혐오하는 첩보망을 관리한 두 사람—'쇠사슬'이라는 불길한 별명을 가진 파울루스와 그의 공범 아포데미우스—은 생매장을 당했다. 갈리아에서 재무 대신으로서 율리아누스를 잘 섬기다가 동방으로 간 뒤에도 전혀 충성심을 잃지 않은 우르술루스에게는 당연히 정상이 참작될 만했다. 그러나 그는 몇 년 전 메소포타미아 상류의 아미다를 공략할 때 제국의 군대가 비효율적이라며 생각 없이 비방한 적이 있었는데, 그 때문에 동방의 장군들은 그를 결코 용서하지 않았다. 율리아누스는 일부러 직접 법정의 판사를 맡지는 않았으나, 황제로서 재판에 개입하여 옛 친구를 구하는 일쯤은 전혀 어렵지 않았을 것이다. 하지만 그는 그렇게 하지 않아 추종자들에게 실망을 안겨주었다.

황궁 내에서는 새로운 기운이 더욱 극적으로 나타났다. 디오클레티아누스의 치세 이래 황제는 점점 신민들로부터 멀어지고, 궁정에서도 격식을 더 중시하고, 주요 대신들만—그것도 황제 앞에 엎드린 채로—만날 수 있는 존재가 되었다. 또한 황제 주변의 하인들은 날이 갈수록 수가 늘어났다. 훗날 리바니우스는 율리아누스의 장례 연설에서 이렇게 말했다.

> 요리사와 이발사가 각각 1천 명이었고 집사의 수는 더 많았습니다. 종복들은 엄청나게 많았고, 환관의 수는 봄날의 파리 떼보다도 많았으며, 온갖 종류의 빈둥거리는 자들이 들끓었습니다. 그 게으른 밥벌레들의 도피처는 오로지 황실에서 직함을 얻는 것이었는데, 황금 한 덩어리면 충분히 가능했습니다.

그러나 율리아누스가 온 뒤부터 신속하고도 철저한 정화 작업이 전개되었다. 말 그대로 수천 명에 달하는 시종, 청지기, 하인, 이발사, 경호원들이 아무런 보상도 없이 간단히 해고되었다. 마침내 황제 곁에는 독신자(그의 아내인 헬레나는 그전에 죽었다) 한 사람의 수발을 거드는 최소한의 인원만이 남았다. 게다가 금욕주의자였던 그는 음식이나 오락거리에 거의 관심이 없었다.

정부와 행정 조직에서도 마찬가지 근본적인 개혁이 시행되었다. 개혁의 방향은 주로 옛 공화정 전통을 지향하고 있었다. 예를 들어 원로원의 권력이 크게 증대했다. 율리아누스는 원로원에 직접 정기적으로 참석했을 뿐 아니라 원로원을 존경하는 표시로 원로원 의사당까지 걸어서 갔다. 조세제도도 더 엄해졌고 합리화되었다. 제국의 교통망도 개선되었는데, 특히 쿠르수르 푸블리쿠스cursus publicus라는 제도가 시행되어 일정한 간격을 둔 역마다 말, 노새, 소를 비치해 두고 공무로 여행하거나 공적인 화물을 운반할 때 이용할 수 있도록 했다. 그 효율성이 널리 알려지자 콘스탄티우스가 그 조직을 부도덕

† 라벤나의 정교회 세례당 큐폴라 안에 있는 5세기 초의 모자이크. 요르단 강의 신이 지켜보는 가운데 그리스도가 세례를 받고 있다. 그리스도교와 이교 성화의 조합이 흥미롭다.

한 업자들에게 맡긴 탓에 짐승들이 과로하고 제대로 먹지 못하는 일이 일어나기도 했다. 리바니우스는 "묶인 줄이 풀리자마자, 심지어는 풀리기도 전에 짐승들이 쓰러져 죽었다"고 말한다.

그러나 이런 조치들은 힘센 지배자라면 누구라도 할 수 있는 것이었다. 비잔티움의 황제들 중에서 율리아누스의 독특한 점은 확신을 가지고 헌신적으로 이교 사상을 지지했다는 데 있다. 부제로 있는 기간에는 그리스도교 신앙을 따르는 흉내라도 내야 했다. 361년 4월 하순에 그는 비엔에서 부활절 미사에 참석한 적이 있었다. 그러나 그가 속으로 그리스도교를 거부한다는 것은 오래전부터 공공연한 비밀이었으며, 나이수스에서 콘스탄티우스가 죽었다는 소식이 전해진 뒤부터는 그런 겉치레도 필요가 없어졌다. 사도 성당에서 치른 전임 황제의 장례식에도 이교도로서 참석한 것이었다. 이렇듯 노골적인 이교도로서 그는 신들과 상의한 뒤에 그리스도교를 궁극적으로 없애고 로마 제국의 고대 신들을 다시 섬기는 법을 제정하기로 했다.

교묘한 종교 탄압

그는 이를 위해 굳이 박해를 할 필요는 없다고 생각했다. 박해는 순교를 낳게 마련인데, 순교는 오히려 그리스도교 교회에 자극제만 될 뿐이었다. 그래서 가장 먼저 한 일은 이교 사원들을 폐쇄한 법령들을 철회하는 것이었다. 그 다음에는 콘스탄티우스의 아리우스파 정권이 유배를 보낸 모든 정교회파 성직자들에게 사면령을 내렸다. 정교회파와 아리우스파는 곧 다시 치열한 다툼을 벌이기 시작했는데, 암미아누스에 따르면 "그는 그리스도교 종파들 간의 싸움이 사나운 야수들의 싸움보다 훨씬 더 적대적이라는 것을 경험으로 터득하고 있었다"고 한다. 그렇게 싸우고 나면 그리스도교도들은 자연스럽게 자신들의 신앙에 문제가 있다는 것을 깨닫고 머잖아 옛 신앙으로 복귀할 터였다.

그런 추론은 지나친 단순화일뿐더러 현대인이 보기에는 지극히 소박하다. 하지만 율리아누스는 로마 황제, 그리스 철학자, 신비주의자가 묘하게 조합된 인물이었다. 황제로서 그는 제국이 병들었다는 것을 알고 있었다. 제국은 이제 2세기 전 안토니네[Antonine, 안토니누스 피우스와 마르쿠스 아우렐리우스의 치세를 가리키는 말]의 황금기처럼 기능하지 못했다. 거의 무적이었던 군대도 힘을 잃어 이제는 국경선만 그럭저럭 지키고 있을 따름이었다. 정부는 비효율적이고, 겸직과 부패가 횡행했다. 이성과 의무, 명예와 성실이라는 옛 로마의 미덕들은 이제 사라지고 없었다. 전임 황제들은 공상과 방종의 비현실적인 세계에서 사치와 방탕을 일삼으며 살았다. 이따금 군대를 이끌고 전장에 나가기도 했지만, 주로 궁전에서 많은 여인들과 환관들에 둘러싸여 노는 것을 더 즐겼다.

이 모든 현상은 분명 도덕적 타락의 결과였다. 하지만 철학자로서 율리아누스는 그대로 넘어가지 않으려 했다. 그는 쇠퇴의 원인을 밝히고 싶었다. 그는 세속적 문제에 대해 본능적으로 정신적인 해답을 추구하던 시대를 살아가는 종교적 심성이 강한 사람이었으므로,

그 모든 중요한 문제들에 대한 단 하나의 답이 있다는 결론을 내렸다. 그것은 바로 그리스도교였다. 그리스도교는 전통의 미덕들을 마구 짓밟았고, 그 대신 부드러움과 상냥함, 뺨을 맞으면 다른 뺨을 대라는 식의 나약하고 여성적인 특질들만을 강조했다. 더 나쁜 점은 자유롭고 쉽게 죄를 사면 받을 수 있다는 파멸적인 교리였다. 362년 12월 사투르날리아를 위해 율리아누스는 『황제들』이라는 제목의 흥미로운 책을 저술했는데, 여기서 자신의 견해를 명확히 밝히고 있다. (부도덕한 자들과 함께 사는) "예수는 모든 사람들에게 이렇게 외친다. '음란한 자, 살인자, 신성 모독을 저지른 자, 불한당들은 모두 두려워하지 말고 내게로 오라. 이 물로써 죄를 씻어 주고 정결하게 만들어 주리라. 비록 같은 죄를 두 번이나 저지른 자라 하더라도 자기 가슴을 때리고 자기 머리를 두드리면 내가 다시 깨끗하게 해 주리라.'"

요컨대 그리스도교는 제국을 거세했으며, 제국으로부터 힘과 남성성을 빼앗고 도덕적 무기력을 낳았다. 그 결과가 모든 곳에서 나타나고 있는 것이다. 다른 장소나 다른 시대와 비교하는 것은 언제나 위험한 일이지만, 4세기에 율리아누스가 그리스도교도들을 바라보는 방식은 마치 1960년대에 보수주의자가 히피족을 바라보는 방식과 비슷하다고 해도 과언이 아닐 것이다.

보수주의자라고 해서 반드시 신비주의자인 것은 아니다. 하지만 율리아누스는 그랬다. 철학과 신학의 논쟁을 대단히 즐겼던 그도 종교에 대해서만큼은 늘 지성보다 감정을 앞세웠다. 그는 짧은 치세 동안 기회만 닿으면 자신의 견해를 홍보했다. 그는 시장에 나가 공개적으로 강연을 하는가 하면, 길고 열정적인 논문을 통해 그 자신이 틀렸다고 여기는 당대의 사상가들을 반박함으로써 그리스도교도만이 아니라 이교도 신민들에게도 큰 충격을 주었다. 일단 펜을 들면 그는 믿을 수 없을 만큼 빠른 속도로 자신의 생각을 써내려갔다. 1만 7천 단어로 된 『키벨레에게 바치는 찬가』를 그는 단 하룻밤 만에 썼다. 불행히도 하룻밤 만에 읽힌다는 게 문제지만. 율리아누스의 문체는 장황하고 미숙하고 묘하게 자유분방했는데, 실은 그런 특성들이야말로 그가 개탄하는 잘못이었고 그의 일상생활에서는 거의 볼 수 없는 것이었다. 그가 존경하는 신플라톤주의자들 중에서는 그의 문체를 좋아하는 사람이 있었겠지만, 소크라테스나 아리스토텔레스를 좋아하는 사람에게는 거의 효과가 없었다. 하지만 상관없었다. 그는 자신이 믿는 대로, 신이 인도하는 대로 글을 썼다. 신들은 언제나 그와 함께 있으면서 그의 혀를 움직이고 그의 펜을 이끌었으며, 늘 격려나 경고의 계시를 통해 그를 정의와 진리의 길로 안내해주었다. 그래서 그는 자신의 생각이 잘못일지도 모른다거나 옛 종교가 세력을 회복하지 못할지도 모른다는 생각 따위는 단 한번도 하지 않았다.

그러나 서두른다고 될 일은 아니었다. 362년 여름 율리아누스는 이듬해로 예정된 페르시아 원정을 준비하기 위해 수도를 안티오크로 옮겼다. 그런데 소아시아의 중심지를 행군하는 동안—6주 동안 1천여 킬로미터를 가는 행군이었다—그가 유심히 살펴본 그리스도교 촌락들은 황제가 새로 박해를 시작할지 모른다는 초기의 두려움을 극복하고 예전처럼 안정을 되찾았으며, 서로 다투는 기미도 전혀 없었다. 또한 이교도들—이들의 신앙은 농민들의 원시적 애니미즘에서 신플라톤주의 지식인들이 발전시킨 난해한 신비주의에 이르기까지 극히 다양했다—도 콘스탄티누스 시대에 비해 특별히 강하다거나 더 응집력이 있는 것으로 보이지는 않았다(그들의 거의 대다수는 아마 종교가 아예 없거나, 정신적인 신념보다는 전통을 더 존중했을 것이다).

율리아누스는 부지런히 사원들을 돌아다니면서 직접 제사를 주관하고 제물을 처리하는 등 온갖 애를 썼으나 그 때문에 백성들에게서 '도살자'라는 별명만 얻었을 뿐 전혀 효과를 보지 못했다. 또한 그는 그리스도교를 본보기로 삼아 사제들을 나름대로 체계화하고 조직화하고자 했고, 이교도들에게 그리스도교와 정면으로 대결하기 위해 병원과 고아원은 물론 수도원과 수녀원까지 설립하라고 촉구했으나 역시 별다른 성과는 얻지 못했다. 종교적 무관심은 이제 돌이킬 수 없을 만큼 널리 퍼져 있었던 것이다. 이를 개탄하면서 율리아누스는 지역 주민들에게 안티오크 교회의 부유한 주거지인 다프네에서 매년 열리는 아폴론 대축제에 자신이 가 본 이야기를 직접 해 주었다.

나는 제우스 카시오스의 신전을 나와 서둘러 그곳으로 갔다. 다프네에서라면 백성들의 행복과 사기를 느낄 수 있으리라 믿었다. 꿈에서 환영을 본 사람처럼 나는 그 행진이 어떨까 머릿속에 그려보았다. 제물로 바치는 짐승, 제주祭酒, 신을 찬미하는 합창, 향, 도시의 젊은이들이 흰 옷을 입고 존경의 마음으로 신성한 경내에 모이는 광경. 그러나 내가 신전에 들어가 보니 향도, 보리떡도, 제물도 없는 것이었다. …… 신의 연례 축제를 기념하기 위해 시에서는 무엇을 제물로 바칠 것이냐고 묻자 사제는 이렇게 대답했다. "제 집에서 거위를 제물로 가져왔습니다. 하지만 시 측에서는 지금까지 아무런 준비도 하지 않았군요."

『수염을 증오하는 자들Misopogon』, 361~362

이교가 예전처럼 소생할 수 없다면 그리스도교에 대한 압력을 배가하는 것 이외에는 다른 대안이 없었다. 362년 6월 17일 율리아누스는, 언뜻 보기에는 별 것 아닌 듯하지만 실은 그리스도교에 치명타를 가하는 칙령을 발표했다. 칙령에 따르면 학교 교사로서 무엇보다도 중요한 자격은 흠잡을 데 없는 도덕성이었다. 그러므로 이제부터 모든 교사는 자신이 사는 시 정부의 승인, 나아가 황제의 승인이 없이는 교직을 유지할 수 없다는 것이었다. 율리아누스는 회람 문서에서, 그리스도교 교사는 고전 사상—당시에는 고전이 사실상 교과 과정의 거의 전부를 차지했다—을 믿지 않으므로 그것을 가르칠 만한 도덕적 자격이 없다고 설명했다. 교사 자신이 믿지 않는 것을 학생들에게 가르칠 수는 없는 노릇이었다.

이 칙령은 연령을 불구하고 모든 그리스도교 학자들에게서, 율리아누스가 교회를 상대로 저지른 범죄들 중 가장 극악무도한 것이라는 비난을 받았다. 이미 당대에 이교도인 암미아누스 마르켈리누스조차 "그 칙령을 영원한 침묵 속에 묻어야 마땅하다"고 말했다. 게다가 그 파장은 단지 학계에만 머물지 않았다. 그리스도교도들은 곳곳에서 항의 시위와 폭동을 일으켰다. 그 무렵 황제는 다프네의 아폴론 신전이 한 그리스도교 순교자의 매장으로 인해 더럽혀진 사실을 알고(공교롭게도 그것은 율리아누스의 형인 갈루스의 명령이었다), 그 시신을 발굴해서 없애 버리라고 명했다. 이 사건으로 시위자들 몇 사람이 체포되었다. 그들은 나중에 방면되었으나 적어도 한 사람이 고문을 당한 일이 밝혀지자 10월 26일에 사람들은 신전 건물 전체에 불을 질러 무너뜨렸다. 이에 대한 보복으로 율리아누스는 안티오크 대성당을 폐쇄하고 그 안에 소장된 황금 접시들을 모두 몰수해 버렸다.

긴장은 점점 고조되었다. 연이어 사건들이 터지면서 상황은 악화 일로를 걸었다. 심지어 혈기왕성한 그리스도교 청년들 몇 명이 순교하는 사태까지 벌어졌다. 그런 식의 철저한 박해는 데키우스[3세기 중반의 로마 황제]나 디오클레티아누스의 치세에도 분명히 없었다. 그러나 율리아누스—그는 앞의 두 황제에 비해서도 정서적 불안정이 특히 심했다—는 자신이 필요하다고 생각하면 얼마든지 그런 박해를 계속할 만한 인물이었다. 그런 상황에서 363년 3월 5일은 그리스도교도들에게 축일이 되었다. 이 날 율리아누스는 9만 명의 병사들을 이끌고 동방 원정에 나섰다가 결국 살아서 돌아오지 못한 것이다.

실패한 황제

페르시아와의 전쟁은 전혀 새로울 게 없었다. 국경을 맞대고 있는 두 거대 제국은 이미 250년 전부터 싸워 오던 참이었다(때로는 한 측이 다른 측의 영토 깊숙이 쳐들어오기도 했지만). 298년에 갈레리우스가 나르세스 왕에게 승리함으로써 형식적으로는 40년 동안 평화가 유지되었다. 그러나 363년에는 나르세스의 둘째 계승자인 샤푸르 2세가 보복을 감행했다. 당시 샤푸르 2세는 쉰네 살이었는데, 왕위에 있던 기간도 나이와 비슷했다. 정확히 말하면 오히려 재위 기간이 약간 더 길다고 할 수 있다. 그는 전 역사를 통틀어 유일하게 태아 상태에서 왕위에 오른 군주이기 때문이다. 기번은 그 사정을 이렇게 설명한다.

호르무즈의 아내는 남편이 죽었을 때 임신 중이었는데, 남편이 죽은 사건은 물론 아기의 성별도 알지 못했으나 사산 왕조의 왕자를 낳는다는 야심을 불태우고 있었다. 마기magi*가 나서서 호르무즈의 미망인이 임신했고 무사히 아들을 낳으리라고 보장함으로써 드디어 내전의 우려가 사라졌다. 미신에 따라 페르시아인들은 지체 없이 태아의 대관식을 준비했다. 왕궁 한가운데 침대가 놓였고 그 위에 왕비가 누웠다. 장차 아르타크세르크세스의 계승자가 될 태아가 있는 곳에는 제관이 놓였다. 태수들은 모두 엎드린 채 아직 볼 수도 없고 느낄 수도 없는 군주의 위엄을 찬미했다.

* 고대의 사제 혹은 현인을 뜻한다. 페르시아뿐만 아니라 유대교에도 있었고, 아기 예수를 참배하러 온 동방박사도 마기였다. 단수형은 마구스(magus)지만 보통 복수형으로 쓴다. 영어의 magic도 이 말에서 나왔다.

350년대에 콘스탄티우스는 갈리아에서 마그넨티우스의 반란을 진압하고 사건을 수습하느라 분주했는데, 그것이 오히려 다행이었다. 당시에는 샤푸르도 다른 곳에 신경을 쓰고 있었다. 그러나 그 시기 전후를 제외하고 내내 페르시아 왕은 로마를 괴롭혔다. 그 절정은 359년이었다. 오랜 포위 공격 끝에 샤푸르는 티그리스 강의 발원지이자 동방에서 소아시아로 향하는 관문에 해당하는 중요한 아미다 요새(지금 터키의 디야르바키르 시)를 함락했으며, 거기서부터 메소포타미아 상류 일대에 강력한 방어 태세를 구축했다. 따라서 로마로서는 전황이 더 악화되기 전에 공세를 펼쳐야 했다. 그 무렵 율리아누스는 자신이 폼페이우스, 트라야누스, 셉티미우스 세베루스의 발자취를 따른다고 여겼으며, 심지어 알렉산드로스 대왕의 환생이라는 착각에 빠져 그들과 같은 위대한 업적을 내고자 조바심을 보이고 있었다.

그는 우선 동쪽으로 향했다. 그리고 베로에아(지금의 알레포)의 아크로폴리스에서 흰 황소 한 마리를 잡아 제우스에게 바쳤다. 히에라폴리스에서 그는 방향을 약간 북쪽으로 틀어 유프라테스 강과 현재의 시리아-터키 국경을 건넜는데, 카레(지금의 하란)에 있는 달의 대신전에서 제사를 지내기 위해서였을 것이다. 여기서부터 그는 강을 따라 행군했다. 알라카까지는 벨리크 강을 따라갔고, 다음에는 유프라테스 강을 따라 바그다드 바로 남쪽, 티그리스 강에서 50킬로미터쯤 떨어진 곳에 도착했다. 거기서 군대는 두 강을 잇는 몇 개의 작은 수로들 가운데 하나를 차지했다. 이후 몇 차례 포위전과 접전이 있었지만 별다른 어려움 없이 율리아누스는 티그리스 강 서쪽 둑에 이르러 멀리 페르시아의 수도인 크테시폰(현재 바그다드 남동쪽 약 30킬로미터 지점에 대단히 웅장한 유적이 남아 있다)의 성벽을 쳐다보았다.

강 맞은편 성벽과 강 사이의 지대에서는 페르시아군이 전투 태세를 갖추고 있었다. 로마의 장군들은 늘 보던 기병대 이외에도 많은 수의 코끼리가 있는 것에 주목했다. 코끼리는 언제나 강력한 무기였다. 로마군은 코끼리를 대한 경험이 거의 없었을뿐더러 코끼리의 냄새를 맡으면 로마군의 말들이 미쳐 날뛰기 때문이었다. 그럼에도 불구하고 율리아누스는 강을 건너라는 명령을 내렸다. 맞은편 강둑에 상륙하려는 첫 번째 시도는 적의 반격을 받아 실패했다. 하지만 두 번째 시도에서는 후방에 있는 전 군의 지원을 받아 상륙에 성공하고 전투가 시작되었다. 양측 모두에게 놀랍게도, 이 전투에서 로마군은 압도적인 승리를 거두었다. 전투에 직접 참가한 암미아누스에 따르면 로마 병사들은 70명밖에 손실이 없었던 데 비해 페르시아군은 2,500명의 전사자를 냈다고 한다.

그날은 5월 29일이었다. 그러나 바로 다음날부터 갑자기 사정이 달라졌다. 회의와 불안이 로마 진영을 휩쓸었다. 며칠 뒤 그들은 크테시폰을 정식으로 공격해 보기도 전에 공략을 포기하고 퇴각할 방법만 찾았다. 무슨 일이 일어난 걸까? 율리아누스를 옹호하는 사람들은 페르시아의 속임수를 많이 이야기했는데, 실제로 그가 강을 타고 내려올 때 사용한 함선들을 불살라 버리라고 명한 것은 모종의 술책 때문일 수도 있다. 나중에 돌아갈 때 상류로 거슬러 올라갈 것을 생각했다면 그렇게 할 리가 없었을 테니까. 하지만 그보다는 당시 사정을 잘 알았던 암미아누스도 말하듯이 황제가 마침내 전황의 현실을 직면하게 되었기 때문이라는 설명이 더 유력하다. 크테시폰의 성벽은 난공불락이었고 어제 물리친 군대보다 훨씬 규모가 큰 샤푸르의 주력군이 급속도로 다가오고 있었던 것이다.

게다가 또 다른 문제도 있었다. 한 차례 승리를 거두었음에도 불구하고 로마군의 사기는 크게 저하되었다. 식량은 부족했고, 페르시아군은 사방 수 킬로미터까지 태워 버리는 초토화 전술을 구사했다. 또한 강물이 만수인 탓에 곳곳에 수렁이 있어 허우적거리며 빠져나가야 했다. 한낮의 열기는 살인적이었고, 암미아누스에 따르면 파리 떼가 햇빛을 가릴 정도였다. 그런데도 율리아누스는 여전히 페르시아 영토 안으로 전진하려 했으나 그의 장군들이 반대했다. 설사 장군들이 찬성했다 하더라도 병사들에게 명령을 따르라고 설득하지는 못했을 것이다. 이윽고 6월 16일에 퇴각이 시작되었다.

페르시아 기병대의 공격에 끊임없이 시달리며 로마군은 티그리스 강의 왼쪽 둑길을 따라 북서쪽으로 행군했다. 6월 26일에 사마라 부근을 지나던 로마군은 갑자기 대규모 기습을 당했다. 또다시 무시무시한 코끼리들이 그들을 덮쳤고, 또다시 날아드는 창과 화살이 하늘을 뒤덮었다. 흉갑의 끈을 맬 겨를도 없이 율리아누스는 전장의 한복판에 뛰어들어 자신도 직접 싸우면서 병사들을 독려했다. 전투의 흐름이 바뀌기 시작하고 페르시아군이 막 철수하려 할 즈음 창 하나가 날아와 그의 옆구리에 박혔다. 창을 뽑아 내려 애쓰다가 그의 오른손 힘줄이 잘려 나갔다. 근처에 있던 병사들은 재빨리 그를 군막으로 옮겼다. 간까지 꿰뚫은 창은 뽑아 냈으나 상처는 치명적이었다. 결국 그는 그날 자정 직전에 숨을 거두었다.

죽을 때 율리아누스는 서른한 살이었고, 제위를 이은 지 겨우 19개월 보름밖에 지나지 않았다. 황제로서 그는 실패했다. 그는 지속적인 법 제도를 구축하지 못했고, 이후 1천 년 동안이나 제국의 구심점으로 기능할 그리스도교를 탄압하고 이미 사멸해 가는 옛 종교를 부활시키기 위해 돈키호테처럼 무모하게 시간과 정력을 낭비했다. 그 결과 그는 자신의 백성들, 그리스도교도와 이교도 양측에게서 모두 버림을 받았다. 백성들은 황제의 엄격함과 끊임없이 이어지는 잔소리를 싫어했다. 게다가 그는 무리한 원정으로 그 자신과 제국의 군대에게 재난에 가까운 파멸을 안겼다. 그 원정은 설사 기본적인 구도가 잘 짜여졌다 하더라도 당면 계획이 명확하지 않고 목적이 적절히 설정되지 못한 탓에 어차피 실패할 수밖에 없었다.

그러나 여든여덟 명에 이르는 비잔티움의 모든 황제들 가운데 어느 누구보다도 후세 사람들—4세기의 그레고리우스 나치안추스로부터 20세기의 고어 비달에 이르기까지—의 상상력을 사로잡은 인물은 바로 율리아누스일 것이다. 중세의 학자들은 그를 악마, 뱀, 심지어 적그리스도*라고 묘사했으며, 르네상스 학자들은 그를 비극적인 영웅으로 보았다. 또한 18세기 사람들은 그를 철학자-군주의 원형, 이성과 계몽의 선구자로 여겼고, 낭만주의자들은 특유의 주변인

* 성경에서 말하는 그리스도의 주요한 적. 유대교의 종말론에서 영향을 받은 종교적 개념이다. 종교적으로 보면 최후의 심판이 가까워질 무렵에 등장하는 기적을 행할 만큼의 강력한 능력을 가진 악마가 바로 적그리스도이지만, 현실의 역사에서는 중세 교황들이 자신의 적을 일컬어 적그리스도라고 몰아붙이는 경우가 많았다. 종교 개혁을 주도한 마르틴 루터는 교황 제도 자체가 적그리스도라고 말했다.

과 반역의 관점에서, 그를 고결하고 용감하지만 궁극적으로는 패배한 자로 간주했다. 이 가운데 아마 마지막 해석이 가장 사실에 근접했다고 여겨진다(하지만 율리아누스의 삶이 역사에서 보기 힘든 낭만적 관점으로 윤색되었다는 문제점은 있다).

그의 진정한 비극은 잘못된 정책이나 너무 일찍 죽었다는 데 있는 것이 아니라, 그가 여러 가지 면에서 이룰 수도 있었던 위대한 업적들을 안타깝게 이루지 못했다는 점에 있다. 지성과 교양, 정력과 근면함, 전장에서 보여 준 용기와 지도력, 공적 생활과 사생활에서의 성실함과 청렴함, 일체의 신체적 유혹으로부터 초연한 태도, 제국과 그가 섬기는 신들을 위해 자기 자신을 바치는 놀라운 능력 등 여러 가지 면에서 이후로도 그를 능가할 만한 군주는 찾아보기 드물다.

하지만 불행하게도 그는 두 가지 단점 때문에 지속적인 업적을 이루지 못했다. 첫째는 지나친 종교적 열정이다. 이것 때문에 그는 판단력이 흐려졌고 성공적인 지배자에게 필수적인 우선 순위에 대한 본능적 감각을 잃었다. 둘째는 자신의 생각을 분명하게 규정하지 못했다는 점이다. 그의 글에서도 잘 볼 수 있는 이 점은 궁극적으로 페르시아 원정에서 실패한 원인이며, 첫째 단점과도 연관된다. 때때로 율리아누스는 이상하리만큼 우유부단했다. 앞에서 보았듯이 그는 자신이 직접 결정해야 할 상황에서도 자주 신들에게서 계시를 구했다. 다른 한편으로, 이 약점은 그가 일단 결심을 하고 나면 상당한 자신감의 원천이 되기도 했다. 그랬기에 치명적인 실수임이 만천하에 드러난 뒤에도 용기를 잃지 않았던 것이다.

아마 좀더 오래 살았더라면 율리아누스는 그런 결점들을 극복하고 위대한 로마 황제가 되었을지도 모른다. 그러나 그는 결국 요절했다. 그는 과연 그답게 아주 독특한 방식으로 죽었지만, 그것은 용감했을지는 몰라도 불필요한 죽음이었다. 자신의 뛰어난 재능과 자질, 가능성을 충분히 발휘하지 못하고 세계를 변화시키려다 실패한 어느 무모한 젊은 몽상가의 기억만을 남겼을 뿐이니까.

5

위기에 처한 제국

363년~395년

생명수를 맛본 사람이 무엇을 더 바라겠는가? 왕국? 권력? 재산? 아무리 자신이 왕이라 해도 이 세상은 비참한 것임을 알게 된다. 황제라는 직위는 덧없고, 삶은 몹시 짧다. 자신의 의지가 아니라 남들의 의지에 따라 살아간다면 아무리 군주라고 해도 결국은 노예일 따름이다.

성 암브로시우스 『서한집Epistles』, xxix, 18

'배교자'의 시대가 끝나다

율리아누스의 죽음으로 로마군은 황제를 잃은 것만이 아니라 당시로서는 황제보다 훨씬 더 중요한 지휘자를 잃었다. 그래서 군대는 바로 다음날 아침에 한데 모여 후계자를 지명하기로 했다. 그들이 첫 번째로 선택한 사람은 동방의 민정 총독인 살루스티우스 세쿤두스였으나 그는 나이와 신병을 이유로 완곡하게 거절했다. 그때 비교적 소수의 병사들이 근위대 사령관인 요비아누스의 이름을 외치기 시작했다. 서른두 살의 그는 무뚝뚝하지만 온화한 성품으로 병사들 사이에서 인기가 높았다. 게다가 그는 비록 포도주와 여자를 좋아하는 것으로 알려져 있었으나 그래도 상당히 독실한 그리스도교도였다. 하지만 그는 제국을 운영할 만한 경륜을 갖춘 뛰어난 인물은 아니었다.

그런 요비아누스를 왜 황제로 추대했는지는 의문이다. 더 놀라운 사실은 그의 이름을 외치는 함성이 로마군 전체에 퍼졌다는 점이다.

이에 깜짝 놀란 암미아누스 마르켈리누스(여기서 그는 다시 충실한 증인이 되어 준다)는 이 사태 전체가 오해였다고 말한다. 그 자리에 있던 대부분의 병사들은 그 함성을 '요비아누스!'가 아니라 '율리아누스!'로 알아들었다는 것이다. 그래서 병사들은 황제가 기적적으로 회복되어 다시 지휘권을 맡은 것으로 생각했다. 키가 크고 벌써 허리가 굽기 시작하는 요비아누스가 행진을 할 때에야 비로소 병사들은 "사태가 어떻게 된 것인지 깨닫고 눈물을 흘리거나 한탄했다."

이 내세울 것 없는 새 지도자의 지휘 아래 로마군은 티그리스 강의 동쪽 둑을 따라 우울한 철군을 시작했다. 페르시아군의 괴롭힘은 여전히 끝나지 않았다. 도망병에게서 율리아누스가 죽었다는 소식을 들은 그들은 로마군의 동요를 최대한 이용하고자 했다. 하지만 그들도 정면대결은 피했다. 7월 초에 온갖 방해 작전에도 불구하고 로마군이 티그리스 강을 건너는 데 성공하자 샤푸르는 강화를 제의했다. 대단히 굴욕적인 조건이었지만 요비아누스는 그 제의를 받아들였다. 이 조약은 이후 30년 동안 평화를 유지하는 기능을 했는데, 그 조건은 디오클레티아누스가 정복한 변방 속주 다섯 군데와 중요한 요새 열여덟 군데—니시비스(누사이빈)와 싱가라(싱야르)의 두 요새도 포함되었다—를 페르시아 측에 넘기는 것이었다. 게다가 로마는 페르시아가 아르메니아의 왕 아르사케스를 공격할 때 간섭하지 말아야 했다. 이는 사실상 아르메니아에 대한 로마의 모든 권리를 포기하는 것이었다.

요비아누스는 즉위 초부터 크게 체면을 구긴 셈이었다. 암미아누스는 "그 요새들을 한 군데라도 내주는 것보다 차라리 열 번이라도 전투를 해야 했다"고 흥분한다. 아마 그의 의견에 열렬히 공감한 병사들도 많았을 것이다. 계속해서 암미아누스는 강화 협상이 로마의 영토에서 불과 150킬로미터가량 떨어진 장소에서 열렸기 때문에 군대는 무조건 항복을 하지 않아도 안전지대까지 쉽게 헤쳐나갈 수 있었으리라고 말한다. 요비아누스는 그저 무사히 귀국해서 자신의 지위를 확고히 다지는 데만 관심이 있었다는 것이다. 이러한 비난이 옳든 그르든—식량이 바닥난 데다 적의 공격을 계속 받으면서 사막지대를 150킬로미터나 행군하는 일이 결코 쉽지 않다는 점은 염두에 두어야 할 것이다—요비아누스는 영토를 양보한 대가로 적어도 병사들이 안전하게 귀국하는 데 필요한 보급품 정도는 페르시아 왕에게서 얻어 냈어야 했다.

그러나 그의 요청은 보기 좋게 거절당했다. 이후 티그리스 강에서 서쪽으로 하트라를 거쳐 니시비스까지 행군하는 동안 로마군은 100킬로미터에 달하는 혹독한 사막을 횡단해야 했는데, 낙타와 노새까지 잡아먹고서도 가까스로 목숨을 부지할 수 있었다. 마침내 니시비스에 닿았으나 황제는 얼마 전에 적에게 넘겨준 도시라면서 들어가기를 거부하고 성벽 바깥에 진을 쳤다. 그 이튿날 샤푸르의 대표가 페르시아 깃발을 들고 도착하자 요비아누스는 정복자를 환영하는 시민이 한 명도 없도록 하기 위해 시민들에게 전원 소개 명령을 내렸다. 시민들은 그대로 도시에 머물면서 자체적으로 방어하도록 해달라고 요청했으나 황제는 허락하지 않았다. 암미아누스는 그 애처로운 장면을 이렇게 묘사하고 있다.

도시 전체가 슬픔과 비탄에 빠졌다. 곳곳에서 통곡 이외에는 아무 소리도 들리지 않았다. 아낙네들은 자신이 태어나고 자란 집에서 쫓겨나면서 머리털을 쥐어뜯으며 울부짖었고, 자식을 잃은 어머니, 남편을 잃은 아내는 자식과 남편의 추억이 깃든 집을 떠날 때 문설주와 문지방을 부둥켜안고 펑펑 눈물을 쏟았다.

길마다 피난민들이 가득했다. 사람들은 저마다 운반할 수 있는 재산을 가지고 나왔으나, 짐을 실을 가축이 없었기 때문에 값비싼 세간은 남겨두고 떠날 수밖에 없었다.

니시비스에서 방부 처리된 율리아누스의 시신—그가 쓰러진 곳에서부터 병사들이 내내 시신을 운반해 왔다—은 그의 옛 친구이자 먼 친척인 프로코피우스—일설에 의하면 율리아누스는 그를 후계자로 삼을 것을 비밀리에 약속했다고 한다—에게 맡겨져 타르수스에 매장되었다. 타르수스는 율리아누스가 승리하고 돌아오면 자기 궁정을 지으려던 곳이었다. 한편 요비아누스는 군대를 이끌고, 콘스탄티누스와 그 아들들의 시대처럼 신성한 라바룸을 앞세운 채 안티오크로 갔다. 안티오크에 도착하자마자 그는 곧바로 전반적인 종교적 관용을 내용으로 하는 칙령을 발표했다. 이로써 제국 전역에서 그리스도교도의 완전한 권리와 특권이 부활했다.

황제가 전에 콘스탄티우스가 지지한 아리우스파보다 정교회의 니케아 교리에 더 공감한다는 사실은 알렉산드리아의 늙은 아타나시우스에게 깊은 존경심을 보인 데서 명백히 드러났다. 율리아누스에 의해 쫓겨났다가 복귀한 아타나시우스는 새 황제의 즉위를 축하하기 위해 즉시 안티오크로 왔다. 요비아누스는 그 위대한 총대주교로부터 진실한 신앙을 다시 허용했으니 그 보답으로 장차 길고 평화로운 치세를 누리리라는 확약을 받고 한껏 고무되었다. 10월 중순에 그는 군대와 함께 안티오크를 출발하여 아나톨리아를 순탄하게 행군하면서 곳곳에서 열광적인 환호를 받았다. 다만 364년 1월 1일 앙키라(지금의 앙카라)에서 젖먹이 아들 바로니아누스와 함께 콘술 취임식을 거행할 때는 아들이 하도 시끄럽게 울어대는 바람에 일부 경박한 참석자들이 아타나시우스의 예언에도 불구하고 불길한 조짐이 있다며 수군대기도 했다.

그들의 우려는 사실로 나타났다. 얼마 뒤인 364년 2월 16일에 앙키라와 니케아의 중간 지점에 위치한 다다스타나라는 작은 도시까지 갔던 요비아누스는 침실에서 죽은 채로 발견되었다. 기번은 이렇게 말하고 있다. "어떤 사람은 그가 저녁식사 때 포도주를 너무 많이 마시고 질 나쁜 버섯을 먹은 탓에 소화 불량에 걸려 죽었다고 한다. 또 어떤 사람은 숯의 유독 가스 때문에 자다가 질식했다고도 한다. 새로 회반죽을 바른 방의 벽에서 유해한 수증기가 새어 나와 죽었다는 것이다." 하지만 놀랍게도 암살의 가능성은 제기되지 않았다.

끊임없는 외침

요비아누스를 황제로 선출한 것은 그리스도교가 로마 제국의 공식 종교로 부활한 것만이 아니라 반세기 이상 제국을 지배해 온 왕조가 끝났다는 것을 의미했다. 콘스탄티우스 클로루스로부터 시작된 가문의 남자 혈통이 끊긴 것이다. 제위는 또 다시 무주공산이 되었다. 이 변화된 상황을 무엇보다 분명하게 보여 주는 사건은 요비아누스가 죽은 지 열흘가량 지나 군대가 환호로써 발렌티니아누스를 후계자로 뽑은 것이었다.

† 4세기 후반에 제작된 발렌티니아누스 1세 혹은 테오도시우스 대제의 청동상으로 바를레타의 성 세폴크로 성당 앞에 있다.

처음에 새 황제는 자주색 황제복에 전혀 어울려 보이지 않았다. 투박한 태도에다 글도 거의 모르고 성미도 급하고 사나운 그는, 판노니아의 밧줄 만드는 집안에서 태어나 혼자 힘으로 일반 병사에서 시작하여 높은 계급에까지 오른 입지전적인 인물이었다. 그의 아버지가 그랬듯이 발렌티니아누스는 자신이 농민 출신임을 감추려 하지 않았다. 오히려 그는 마흔두 살의 나이에도 건장한 체격과 당당한—혹자에 의하면 가까이하기에 무서운—풍채를 자랑했다. 그는 독실한 그리스도교도였으며, 때에 따라 입에 담기 어려울 만큼 잔혹하기는 했어도 탁월한 군인이었다. 황제가 된 뒤 공동 정제를 지명하라는 압력을 받았을 때도 그는 서둘지 않았다. 군대가 콘스탄티노플에 도착한 3월 28일에야 그는 정제를 지명했는데, 그 인물은 실망스럽게도 그의 동생인 발렌스였다.

그것은 기묘한 선택이었다. 발렌스는 아리우스파인 데다가 안짱다리에 올챙이배, 심한 사시로 외모도 괴상망측했다. 형보다 일곱 살 어린 그는 자기 형과 같은 용기와 강인함, 능력은 가지지 못한 채 오로지 잔인한 성품만을 닮았다. 그러나 그는 발렌티니아누스가 바라던 적임자였다. 즉 형의 우위를 전폭적으로 인정하며, 신뢰할 수 있고, 아무런 다툼도 빚지 않을 충직한 부관이었던 것이다. 파격적으로 황제가 된 발렌스는 동방을 맡았고, 발렌티니아누스는 밀라노를 수도로 정하고 서방을 다스렸다.

만약 발렌스가 콘스탄티노플의 제위에 앉은 뒤 1년도 지나지 않아 위기에 직면하리라는 것을 알았더라면 발렌티니아누스는 동생과 역할을 바꾸지 않았을까? 불과 2년 전에 강화 조약이 체결되었는데도 페르시아 국경 지대에서는 다시 분란이 일고 있었다. 그래서 365년 초봄에 발렌스는 시리아로 출발했는데, 며칠 지나지 않아서 율리아누스의 먼 친척으로 그의 장례를 관장했던 프로코피우스가 반란을 일으켰다는 소식을 들었다. 프로코피우스가 콘스탄티누스 가문에 대한 충성심을 주장하자—그는 자신이 그 가문에 속한다고 주장했지만 믿기는 어렵다—수도에 있는 군대는 곧 지지를 표명했다. 트라키아와 비티니아도 곧 뒤를 따랐다. 낭패한 발렌스는 급한 대로 앙키라로 도망쳤다. 마침 그의 형 발렌티니아누스는 갈리아에서 야만족들과 싸우고 있어 지원군을 보낼 처지가 못 된다는 소식을 들었을 때 그의 심정은 더욱 암담해졌다. 발렌티니아누스는 지원 요청을 거절하면서 이렇게 말했다. "프로코피우스는 우리 형제만의 적이지만, 알레마니족은 로마 세계 전체의 적이다."

두 황제에게는 다행히도 반란 세력은 제 풀에 무너졌다. 반란 지도자들 중에서 불화가 생겨 일부가 발렌스를 지지하는 쪽으로 돌아선 것이다. 그것을 계기로 이반은 더욱 심해져 결국 5월 말에 반란은 끝나고 말았다. 프로코피우스는 트라키아의 필리포폴리스(지금의 플로브디프)에서 사로잡혀 참수를 당했고, 그의 잘린 머리는 갈리아의 발렌티니아누스에게 전리품으로 보내졌다. 한편 발렌스는 잠시나마 충성심이 흔들린 사람들에 대한 혹독한 보복을 시작했다. 그의 명령에 따라 관련된 속주들에서 고문과 처형, 화형과 유배가 대대적으로 벌어졌다. 이로 인해 그는 백성들로부터 공포와 증오의 대상이 되었다. 이듬해 그는 세금을 25퍼센트나 줄여 주는 조치를 단행했으나 자신의 잔인한 이미지는 바꾸지 못했다.

그 뒤 10년간 두 명의 황제는 각자 치열한 전투에 휘말리게 된다. 발렌스는 먼저 도나우 강 연안에서 고트족과 싸웠고, 이 일대에 많은 요새와 주둔지를 건설했으며, 371년에는 오랫동안 미뤄 두었던 동방 원정을 시작했다. 샤푸르가 아르사케스 왕을 포로로 잡아들여 자살로 내몬 뒤 아르메니아를 페르시아의 위성 국가로 만든 것을 응징하려는 원정이었다. 한편 발렌티니아누스는 갈리아에서 여러 차례 야만족들의 침략에 맞서 싸웠다. 367년에는 브리타니아에서 픽트족과 스코트족의 침략으로 큰 위기를 맞았는데, 자신은 유럽에 머물러 있어야 했으므로 휘하에 거느린 테오도시우스라는 뛰어난 장군에게 브리타니아 사태의 해결을 맡겼다. 과연 테오도시우스는 사태를 말끔히 진압하고 370년에 돌아왔다. 그로부터 3년 뒤에야 발렌티니아누스는 비로소 마음 놓고 갈리아를 떠날 수 있었다.

그런데 그 직후 새로운 말썽거리가 불거져 나왔다. 이번에는 그의 고향인 판노니아 출신으로 도나우 강 바로 건너편에 살면서 대체로 조용하고 법을 잘 지키던 콰디족이 들고 일어났다. 강 건너편이 자신들의 땅이라고 여겼던 그들은 로마 제국의 요새가 그곳에 세워진 것이 불쾌했고, 더욱이 얼마 전에 자신들의 왕이 살해된 사건에 로마의 책임이 있다고 생각했다. 그래서 그들은 제국의 국경을 넘어 상당한 양의 토지를 유린했다. 그런 다음 발렌티니아누스에게 사절을 보내 자신들의 행위를 해명하고 진짜 공격자는 오히려 로마라고 주장했다.

콰디족의 입장은 나름대로 일리가 있었다. 그러나 발렌티니아누스에게 그것은 로마에 대한 참을 수 없는 모욕이었다. 그런데 사절의 주장을 들으면서 화가 머리끝까지 치밀어 오른 그는 얼굴이 점점 자줏빛으로 변하더니 갑자기 앞으로 쓰러지며 뇌졸중으로 죽고 말았다. 375년 11월 17일의 일이었다. 11년의 치세 동안 그는 여느 황제에 못지않게 제국의 이익을 위해, 특히 변방의 안정을 위해 힘썼다. 정교회 그리스도교도로서 그는 자신이 굳게 믿고 있는 니케아 교리를 믿지 않는 사람들에 대해서도 종교적 관용을 취했다. 여전히 자신들의 교구를 지키고 있는 아리우스파 주교들을 해임하지 않은 것이 그런 사례였다. 또한 통치자로서 그는 학교와 병원을 세웠고 공정하게 법을 집행했다. 이따금 그의 형벌은 가혹하거나 잔인한 적도 있었지만 그것은 죄인으로 밝혀진 사람에게만 국한되었다. 그러나 냉혹한 성격과 금욕적인 태도로 인해 신민들에게서 그다지 사랑을 받지는 못했다. 그런 탓에 그의 죽음을 애도하는 사람도 거의 없었다.

이미 367년에 발렌티니아누스는 왕위 계승에 대한 큰 걱정으로 한차례 홍역을 치른 뒤 군대를 설득하여 일곱 살짜리 아들 그라티아누스를 공동 정제로 발탁한 바 있었다. 하지만 갑작스런 임종을 맞게 된 순간 그라티아누스는 멀리 트리어에 있었고 발렌스는 그보다 더 먼 안티오크에 있었다. 할 수 없이 발렌티니아누스는 둘째 아내에게서 낳은 네 살짜리 아이(그의 이름도 발렌티니아누스였다)를 불러 배다른 형 그라티아누스와 함께 공동 황제로 임명했다. 이리하여 그의 사후에 제국에는 세 명의 황제가 존재하게 되었다. 지혜와 판단력이 부족하고 몰골도 흉한 중년의 사디스트, 열여섯 살의 사랑스런 사춘기 소년, 이제 막 걸음마를 시작한 아이가 바로 그들이었다. 제국의 미래가 이 세 사람의 어깨에 걸린 것이다. 그 무렵 제국의 역사상 가장 중요한 순간들 중 하나가 닥쳐왔다. 발렌티니아누스가 죽은 지 불과 1년 뒤 지금까지 접했던 어느 민족보다도 강력한 침략자를 맞게 된 것이다. 그것은 바로 훈족이었다.

오늘날 우리는 4세기와 5세기에 유럽의 북쪽과 동쪽으로 벌 떼처럼 몰려든 야만족들이 모두 같다고 생각하기 쉽지만 실은 그렇지 않다. 우리가 다루고 있는 시대에 이미 고트족은 상당히 문명화된 민족이었으며, 대부분은 아리우스파 그리스도교도였다. 서쪽으로 간 고트족의 한 갈래인 서고트족은 여전히 족장들이 지배하는 체제를 취했지만, 동고트족은 통일을 이루고 번영하는 왕국으로 발전하는 중이었다.

반면에 훈족은 어느 모로 보나 야만족이었다. 몽골 태생의 훈족은 중앙아시아의 스텝을 유린하면서 도상의 모든 것을 파괴해 버린 거칠고 사나운 이교도들이었다.* 376년에 그들은 고트족을 전에 없이 맹렬하게 공격했다. 에르마나리크 왕은 몇 차례 용감하게 맞서 싸웠으나 결국 패배한 뒤 자살하고 말았다. 얼마 뒤에 그의 후계자도 승산 없는 전투를 벌이다가 전사했다. 이제 동고트족의 저항은 완전히 끝났다. 한편 서고트족의 존경받는 늙은 족장인 아타나리크는 싸우기보다 최대한 부족을 모아 트란실바니아의 산악지대로 철수했다. 그러나 그 수가 점점 늘어나자 서고트족은 발렌스에게 로마 제국 영토 내의 트라키아 평원으로 이주하게 해 달라고 요청했다.

황제는 그들의 탄원을 허가하고, 지역 정부에 명령을 내려 난민들이 새집을 지을 동안 그들에게 음식과 거처를 마련해 주라고 지시했다. 그러나 그의 명령은 보기 좋게 거부당했다. 트라키아 총독 루피키누스는 오히려 그것을 좋은 기회로 여기고, 이주민들의 재산을 빼앗고 그들을 거의 기아 지경에까지 내몰았다. 377년 여름에 난민

* 몽골 태생의 훈족이 유럽에까지 진출한 원인에는 고대의 세계사를 뒤흔든 민족 대이동이 숨어 있다. 기원전 2세기 후반 중국의 통일 제국 한의 황제인 무제는 오래전부터 괴롭혀 오던 북방의 흉노를 정벌한다. 이로 인해 몽골 초원에서 밀려난 흉노는 서진을 계속하여 중앙아시아에 정착하고(그들에게 터전을 빼앗긴 중앙아시아의 대월씨국 부족들은 남하하여 인도에서 쿠샨 왕조를 열었다), 이때부터 유럽인들에게 훈족이라 불리게 되었다(물론 훈이란 흉노에서 나온 이름이다). 이들이 결국 게르만 민족의 대이동을 불러 서로마 제국을 멸망케 한다. 동양사와 서양사가 수백 년의 시차를 두고 결합되는 과정을 보여 주는 사례인데(446쪽의 주에서 보겠지만, 나중에 7세기의 통일 제국 당이 돌궐을 몰아 내면서 다시 한번 그런 사태가 펼쳐진다), 물론 한무제로서는 자신의 흉노 정벌이 그렇게 도미노 게임 같은 세계사적 민족 이동을 부를 줄은 몰랐을 것이다.

들은 살기 위해 필사적인 저항에 나섰다. 그들은 마리아노플—하下모이시아 속주의 수도로, 현재 불가리아 바르나 항구로부터 내륙으로 30킬로미터쯤 들어간 곳에 있었다—로 대거 몰려가 루키피누스와의 면담을 요청했다. 루키피누스는 그 요청을 거절하고, 하루 이틀 뒤에 따끔한 맛을 보여 주겠다며 군대를 거느리고 나왔다. 그러나 그는 오히려 참패를 당하고 간신히 제 목숨만 부지한 채 달아났다. 며칠 뒤에 서고트족까지 포함한 트라키아의 모든 고트족이 무장하고 여기에 훈족까지 가세하여 로마 제국에 대한 대대적인 공격에 나섰다.

이렇게 시작된 전쟁은 동방 황제와 서방 황제가 모두 대규모 증원군을 보냈음에도 불구하고 겨울을 넘기면서까지 지속되었다. 마침내 378년 봄 발렌스는 신속히 달려와서 돕겠다는 그라티아누스의 약속에 힘을 얻어 직접 군대를 거느리고 발칸으로 향했다. 일단 아드리아노플 북서쪽의 마리차 강변에서는 상당한 규모의 고트군을 격퇴했다. 그러나 조카를 만나기 위해 필리포폴리스로 행군하던 중에 그는 적이 수도로부터 그를 고립시키려 한다는 소식을 듣고 철군할 수밖에 없었다. 아드리아노플로 돌아온 그는 증원군이 갈 때까지 대규모 전투를 피하라는 그라티아누스의 전갈을 받았다. 하지만 증원군은 아직 멀리 있었고 믿을 만한 첩보에 의하면 고트군의 규모는 기껏해야 1만 명 정도였다. 휘하 장군인 세바스티아누스가 즉각 공격을 주장하자 발렌스는 그 의견에 동의했다. 그러나 그것은 생애 최대이자 최후의 실수였다. 그렇게 해서 벌어진 378년 8월 9일의 전투는 완패였다. 황제는 화살에 맞아 죽었고, 세바스티아누스와 부사령관 트라야누스도 전사했으며, 로마군의 3분의 2가 운명을 같이 했다.

이제 모든 것은 열아홉 살의 그라티아누스에게 달려 있었다. 그는 2월에 이미 알자스의 아르겐타리아에서 또 다른 야만족인 랑티앙스족에게 대승을 거두었으나, 아직 서방을 떠날 처지는 못 되었다. 그래서 대신 그라티아누스는 테오도시우스라는 청년을 주목했다. 그는 10년 전 브리타니아에서 빛나는 전공을 세운 같은 이름을 가진 테오도시우스의 아들이었다. 376년에 아버지 테오도시우스가 궁정 음모로 인해 발렌스에게 수모를 겪고 처형을 당한 뒤에 아들 테오도시우스는 에스파냐 갈리시아에 있는 가문의 영지에서 칩거하고 있었다. 그러나 다시 황제의 부름을 받고 기꺼이 복귀한 그는 이후 몇 달 동안 지도자로서의 뛰어난 능력을 발휘하여, 379년 1월에 그라티아누스는 그를 공동 정제로 발탁했다. 테오도시우스는 테살로니카에 본부를 설치하고, 이후 2년 동안 트라키아의 질서를 회복하기 위해 애쓰는 한편 고트족에게 믿음을 주어 그들 중 상당수를 로마 군단으로 충원하는 성과를 올렸다.

확실히 아무런 희생 없이 이루어지지는 않았다. 고트족은 완전한 자치권을 얻었고, 세금을 면제받았으며, 특히 군대에 복무할 때—조약으로 묶인 동맹(포이데라티)일 수도 있고 황제의 직속 부하가 될 수도 있다—특별히 많은 보수를 받았다. 그 때문에 제국은 재정적 부담이 커졌고, 면세의 혜택을 누리지 못하는 일반 시민들은 무거운 세금에 시달렸다. 또한 그 때문에 야만족 전체에 대한 지속적인 원한이 생겨났고, 군대 내의 게르만족은 이제 위험스러울 만큼 힘이 강해졌다. 하지만 테오도시우스는 그것이 동방 제국을 유지하는 데 들어가는 비용이라면 기꺼이 감수하고자 했다. 380년 여름 그의 침착하고 끈질긴 외교에 힘입어 고트족은 새로운 보금자리를 얻게 되었고, 트라키아는 마침내 평화를 되찾았다.

11월 24일에 테오도시우스는 드디어 콘스탄티노플에 정식으로 입성할 수 있었다. 이듬해인 381년 1월 24일에 그는 늙은 아타나리크를 수도로 초청하고는 성벽 바깥까지 직접 나가 영접하고 그의 거처로 안내했다. 웅장한 도시에 왔다는 감격과 화려한 환대가 노인에게는 오히려 지나친 부담이었던지 아타나리크는 불과 2주일 뒤에 죽고 말았다. 그러나 황제는 직접 성대한 장례식을 치러 주고 그의 시신을 무덤으로 옮겼다. 자신들의 예전 지도자에 대해 황제가 그렇게 배려하는 것을 본 고트족은 크게 만족했고 장기적인 화해를 도모할 마음을 먹게 되었다. 로마인들도 역시 새로운 융화를 환영했다. 당시 법정 연설가 테미스티우스는 이렇게 선언했다. "이제 전쟁의 상처는 치유되었도다. 로마의 가장 강력한 적은 이제부터 로마의 가장 충직하고 진실한 친구가 될 것이다."

또 한 명의 대제

그라티아누스가 테오도시우스를 최고 권력자로 발탁한 것은 아마도 그가 제국에 남긴 최대의 선물이었을 것이다. 하지만 공교롭게도 고트족과 최종적인 평화 조약을 맺은 바로 그해(383년)에 그라티아누스는 몰락하게 된다. 그는 누구보다 전도양양한 청년이었다. 짧은 생애 동안 그는 늘 독실한 신앙심과 순수한 열정을 잃지 않았다. 열렬한 니케아 그리스도교도로서 그는 최고 신관Pontifex Maximus의 직함과 기장을 거부한 최초의 황제였다.* 그는 로마에서 율리아누스가 원로원 의사당에 복원해 놓은 승리의 여신을 위한 제단과 석상을 철거하고, 베스타 신전의 막대한 재산과 제녀祭女**들을 국고에 귀속시켰다.

그러나 그에게는 종교 이외에 다른 관심들이 있었다. 그의 스승인 아우소니우스는 그가 멘스 아우레아mens aurea, 즉 황금의 정신을 가지고 있다고 자랑스럽게 말했다. 그는 책을 많이 읽었고, 전하는 이야기가 옳다면 시적 재능도 상당했다. 또한 그는 운동도 잘 하고 승마에도 능했으며, 사냥 솜씨는—이것도 역시 아우소니우스의 말이지만—타의 추종을 불허했다고 한다. 화살 한 대로 사자를 잡은 적도 있을 정도였다. 게다가 그는 평생 뛰어난 야전 지도자였다. 그러나 겨우 스물네 살에 그는 게을러지기 시작했다. 그는 점차 사냥이나 원형 경기장의 구경거리에 탐닉하는 시간이 많아졌다. 더 위

* 폰티펙스는 로마 전통 종교의 대신관을 가리킨다. 폰티펙스 막시무스는 그 대신관들 중에서도 가장 지위가 높은 최고 신관이다. 종교적 직함인 최고 신관은 원래 군주에게 조언을 하는 역할이었는데, 율리우스 카이사르가 독점한 것을 계기로 제정 시대에 접어들면서부터는 사실상 로마 황제가 겸임하는 게 전통으로 굳어졌다. 그라티아누스가 로마 전통 종교 직함인 최고 신관을 거부한 것은 그리스도교도라는 사실과 무관하지 않았을 것이다. 참고로 로마 교황을 'Pontiff' 라고도 부르는데, 라틴어 '신관' 과 같은 어원이다.

** 베스타는 화로(부엌)의 여신이었으므로 불씨를 관리하는 일이 중요한 고대에는 비중이 큰 신이었다. 로마의 최고 신관은 여섯 명의 여사제를 뽑아 베스타 신전을 관리하게 했는데, 이를 베스타의 제녀라고 부른다.

험한 것은 그가 이제 더 이상 군대 내부의 야만인 병사들에 대한 편애를 숨기려 하지 않았다는 점이다(특히 그는 키가 크고 금발인 알라니족으로 구성된 근위대를 몹시 아꼈다). 그는 노골적으로 로마 병사들보다 그들을 우대했다.

그러던 차에 갑자기 브리타니아에서 마그누스 클레멘스 막시무스 장군이 부하들에 의해 정제로 선출되는 사태가 일어났다. 며칠 뒤에 그는 갈리아로 진출했고 곧 파리 외곽에까지 이르러 그라티아누스의 군대와 맞닥뜨리게 되었다. 무어인* 기병대가 갑자기 변절하여 막시무스의 편으로 넘어가는 예상치 못했던 사태만 없었더라면 아마 황제의 군대가 어렵지 않게 승리했을 것이다. 패전하고 달아나던 황제는 리옹에서 잡혔다. 그리고 8월 25일에 신변 보장을 약속받고 참석한 연회장에서 살해되고 말았다.

콘스탄티노플의 테오도시우스는 그 소식을 듣고 경악했다. 그러나 당장 대응할 방법은 없었다. 얼마 전에 페르시아의 왕 아르다시르 2세—그는 4년 전에 형 샤푸르의 뒤를 이었다—를 폐위시키고 즉위한 그의 조카 샤푸르 3세는 아직 요주의 인물이었고, 훈족은 여전히 북부 국경에서 분규를 일으키고 있었다. 막시무스를 응징하기 위해 장거리 원정을 떠날 수 있는 처지는 아니었던 것이다. 그래서

* 무어인(Moor)은 아프리카 북서부에 살던 고대인을 가리키는 영어명인데, 라틴어로는 마우리, 에스파냐어로는 모로스라 부른다(오늘날의 모리타니와 모로코는 모두 무어에서 비롯된 나라 이름이다). 7세기에 이슬람 제국이 북아프리카를 정복한 이후 무어인이라 하면 북아프리카의 이슬람교도를 가리키는 대명사로 쓰이지만, 이슬람교가 생겨나기 전까지는 그냥 부족의 이름이었다.

할 수 없이 황제는 찬탈자를 승인했으며, 서방 속주들 대부분도 그에 따랐다.

그러나 이탈리아만은 예외였다. 여기서는 이제 열두 살이 된 그라티아누스의 공동 황제 발렌티니아누스 2세가 궁정을 황급히 시르미움에서 밀라노로 옮긴 채 불안한 권력을 유지하고 있었다. 황제를 좌지우지하는 인물은 시칠리아 태생의 억센 어머니 유스티나[23]와 더 억센 암브로시우스 주교였다. 그는 383년 겨울에 트리어로 가서 막시무스를 만난 적도 있었다. 어린 황제의 삶은 아리우스파 광신도인 어머니의 간계 때문에 더욱 불행했다. 유스티나는 암브로시우스가 점점 아들에게 영향력을 발휘하고 있는 것에 경계심을 품고 끊임없이 그를 제거하려는 음모를 꾸몄던 것이다. 그러나 그때마다 암브로시우스는 노련하게 그녀의 음모를 저지했다(그는 자신의 책에서 유스티나를 노골적으로 이세벨과 헤로디아*에 비유했다). 그의 유일한 실패는 소년 황제를 어머니의 이교 사상으로부터 떼어 내지 못한 것이었다. 유스티나가 죽은 뒤에야 그는 발렌티니아누스를 설득하여 니케아 교리를 받아들이게 할 수 있었으나, 그때는 이미 늦었다. 막시무스는 자신에게 필요한 응징의 구실을 얻은 것이다.

387년에 막시무스는 제국을 이단으로부터 구한다는 명분으로 알프스를 넘어 이탈리아로 향했다. 유스티나와 발렌티니아누스는 테살로니카로 달아났고, 테오도시우스가 그곳으로 가서 그들과 합류

* 이세벨은 『구약 성서』에 나오는 이스라엘 왕 아합의 아내로, 야훼의 숭배를 가로막고 예언자들을 박해한 요부였다. 헤로디아는 예수가 활동하던 시절에 갈릴리를 다스린 헤로데 안티파스의 아내로서, 음모를 꾸며 세례 요한이 처형되도록 만들었다.

했다. 동방 황제에게 지난해는 견디기 어려운 해였다. 1월에 그는 안티오크에서 일어난 대규모 소동을 처리해야 했다. 다가오는 그의 즉위 10주년을 맞아 안티오크에 특별세가 부과되자 그 주민들이 들고 일어나 공중목욕탕을 파괴하고, 테오도시우스와 황실 가족의 석상들을 부수는 등 난동을 피운 것이다. 이에 대해 현지 정부가 과잉 반응을 보인 탓에 여자와 아이들까지 다수가 희생된 학살극이 벌어졌다(이 사건에 관해서는 성 요한네스 크리소스토무스가 상세히 설명한 바 있다).

부활절이 가까워서야 황제가 보낸 사자에 의해 겨우 질서가 회복되었다. 이리하여 아시아 속주의 가장 자랑스러운 도시들 중 한 곳은 제국의 용서를 받고 예전의 권리와 특권을 되찾았다. 그 뒤에는 또 다시 페르시아와의 문제가 터졌다. 페르시아의 새 왕은 대사와 함께 많은 선물—그중에는 코끼리도 있었다—을 보내 정식으로 자신의 즉위를 통지했지만, 후속된 외교 협상에서는 자기 아버지 못지않게 까다롭다는 것을 보여 주었다. 387년에 아르메니아의 분할이 종료된 결과 제국은 아르메니아의 5분의 1밖에 차지하지 못하고 나머지 5분의 4는 샤푸르의 몫이 되었다.

하지만 적어도 평화는 확고해졌다. 이제 오래전부터 계획된 막시무스에 대한 원정에 착수할 수 있게 된 것이다. 테오도시우스는 발렌티니아누스와 유스티나와 함께 테살로니카에서 겨울을 보내면서—그는 얼마 전에 유스티나의 딸 갈라[24]와 재혼해서 그녀의 사위가 되어 있었다—적극적으로 전쟁을 준비했다. 388년 6월에야 테오도시우스와 발렌티니아누스는 준비를 마치고 원정을 출발했다. 하지만 행군이 일단 시작되자 그 속도는 빨랐다. 테오도시우스는 마케도니아와 보스니아의 산악 지대를 넘고(그 와중에 그에 대한 암살 기도도 막았다), 사바 강변의 시스키아(지금의 시사크)에서 막시무스와 만났다.

테오도시우스의 군대는 오랜 행군으로 피곤한 형편이었지만, 완전무장 상태로 강물에 뛰어들어 맞은편 강둑으로 헤엄쳐 가서 반란군을 내몰았다. 한두 차례 전투가 벌어진 뒤 전쟁은 주로 추격전 형태로 전개되다가 마침내 막시무스가 아퀼레이아까지 쫓겨가서 항복하는 것으로 끝났다. 테오도시우스의 앞에 끌려나온 막시무스는 제위에 오를 때 그의 허락을 구하려 했다고 고백했다. 그 말에 테오도시우스는 일순간 그의 목숨을 살려줄 마음을 먹었다. 그러나 명령을 내리기도 전에 병사들은 그를 끌고 나갔다. 그들은 테오도시우스의 너그러운 성품을 알고 있었기에 관용의 기회를 봉쇄하고자 한 것이었다.

테살로니카 학살

테오도시우스는 프랑크족 장군 아르보가스트를 갈리아의 코메스 Comes(사실상의 총독)로 임명한 뒤, 발렌티니아누스와 함께 밀라노에서 겨울을 보내고, 이듬해에 자신의 네 살짜리 아들 호노리우스를 데리고 로마로 행군하여 389년 6월 13일에 당당히 입성했다. 로마에서 테오도시우스가 이교 세력을 약화시키기 위해 애를 썼더라면 옛 체제에 익숙한 사람들에게 별로 환영을 받지 못했을 것이다. 그러나 그의 친화력 있고 점잖은 태도는 그때까지 한 세기 동안 어느 황제도 누리지 못했던 큰 인기를 가져다 주었다. 그 뒤 두 정제는 밀라노로 돌아가서 1년간 머물렀다. 그 기간에 테오도시우스와 암브로시우스는 유명한 대립을 빚게 되는데, 두 사람이 후대에 필요 이상으로 잘 기억되는 이유는 아마 그 때문일 터이다.

두 사람을 충돌로 이끈 사건은 양측 모두 개인적으로는 무관한 일이었다. 테살로니카에서 수비 대장 한 명이 살해당한 것이다. 사실 이곳 시민들은 이미 오래전부터 군대의 숙소를 제공하는 일에 불만을 품고 있었다. 로마 병사들은 과거에도 질이 좋지 않았지만, 야만족 출신이 많아진 지금은 한층 더 나빠졌다는 게 시민들의 생각이었다. 그러던 차에 보테리크라는 고트족 대장이 시민들의 항의를 무시하고 시에서 가장 인기 있는 전차 경주 마부를 품행이 매우 나쁘다는 혐의로 잡아 가두는 사건이 일어났다. 그러자 곧바로 성난 군중은 수비대 본부를 습격하여 건물을 때려부수고 보테리크를 현장에서 처단했다.

밀라노에서 이 사태를 전해 들은 테오도시우스는 격노했다. 암브로시우스는 소수의 범죄 때문에 많은 사람에게 복수하지 말라고 황제에게 탄원했으나 소용없었다. 황제는 그 도시의 군대에게 무자비하게 응징해서 권위를 보여 주라고 명했다. 얼마 지나지 않아 그는 그 명령을 철회했지만 이미 명령을 접수한 군대는 철저히 그대로 따랐다. 경기를 관람하기 위해 사람들이 원형 경기장에 모일 때까지 의도적으로 기다렸다가 신호가 떨어지자 대대적으로 공격을 가한 것이다. 이 사건으로 하룻밤에 7천 명이나 되는 군중이 죽었다.

이 테살로니카 학살 소식은 급속도로 제국 전역에 퍼졌다. 이 사건에 비하면 3년 전 안티오크의 소요 사태는 아무것도 아니었다. 게다가 당시에는 지역 정부의 책임이 컸지만, 이번에는 황제 자신에 대한 비난이 빗발쳤다. 늘 자비롭고 정의롭다는 평판을 받던 황제였기에 충격은 더 컸다. 그런 규모의 범죄라면 결코 그대로 넘어갈 수 없었다. 더구나 밀라노의 암브로시우스는 그 기회를 그대로 넘길 사람이 아니었다.

당시 암브로시우스는 그리스도교권에서 가장 영향력이 큰 성직자로서, 로마의 교황을 능가할 정도였다는 점을 염두에 두어야 한다. 그 이유는 밀라노의 정치적 중요성만이 아니라 그 자신의 배경에도 있었다. 로마의 전통적인 그리스도교 귀족 가문 출신으로 갈리아 민정 총독의 아들이자 그 자신도 리구리아와 아이밀리아의 총독을 지낸 경력에서 보듯이 암브로시우스는 원래 성직자가 될 마음이 없었다. 그러나 374년에 전임 주교인 아리우스파의 아욱센티우스가 사망한 뒤 정교회파와 아리우스파 간의 격렬한 논쟁이 벌어지자 총독인 그가 중재에 나서지 않을 수 없었다. 결국 양측의 노골적인 다툼을 막아 낼 만한 권위를 가진 인물은 그밖에 없다는 것이 분명해지자 암브로시우스는 마지못해 자신의 이름을 내걸게 되었다. 그래서 그는 단 일주일 만에 평신도, 세례 예비자, 사제를 거쳐 주교가 되었다.

주교에 오른 뒤 암브로시우스는 자신의 전 재산을 빈민들에게 나누어주었고 개인적으로는 극단적인 금욕 생활을 했다. 보테리크가 살해된 소식을 처음 전해 들었을 때 그는 자기 권한 내에 있는 온갖 수단을 동원해서 테오도시우스에게 관용을 촉구했다. 그런 노력이 실패로 돌아가자 그는 황제를 만나기보다 도시를 나와서 황제에게 직접 편지를 썼다. 자신은 평소에 황제를 흠모해 왔지만, 황제가 자신의 죄를 공개적으로 참회하기 전까지는 부득불 그에게 성찬식을 집전해 줄 수 없다고 전했다.*

그 서슬에 테오도시우스는 굴복했다. 아마 정치적 제스처라기보다는 진정한 뉘우침의 의미가 컸을 것이다. 하지만 일을 그런 식으로 처리한 것은 그에게 좋지 않았을뿐더러 평소의 그답지도 않은 행동이었다. 당시 그는 군대의 측근 참모에게 설득당한 것이 틀림없다. 그가 맨머리에 베옷을 입고 밀라노 대성당으로 용서를 구하러 간 것은 그의 영혼에는 큰 안식을 주었겠지만, 실은 그 이상의 의미를 지니는 사건이었다. 그것은 그리스도교의 역사에서 커다란 전환점이 되었기 때문이다. 그것은 처음으로 성직자가 현세의 권력보다 영적인 권력이 우위에 있음을 용기 있게 밝힌 순간이었으며, 처음으로 그리스도교 국가의 군주가 자신보다 높다고 여기는 권위의 판단, 선고, 징계에 공개적으로 굴복한 순간이었던 것이다.**

* 성찬식은 예수가 최후의 만찬에서 제자들에게 빵과 포도주를 자신의 살과 피라고 말하면서 나누어 준 의식에서 비롯되었지만, 나중에는 단순히 그 의미를 넘어 교도들 간의 친교까지 아우르는 개념이 되었다. 따라서 성찬식을 집전해 주지 않겠다는 말은 중세로 치면 '파문'에 해당하는 교회의 중벌이다.

** 이는 한편으로 로마 제국의 약화와 더불어 황제의 권위도 그만큼 약해진 것을 뜻하기도 하지만, 그리스도교의 교세가 눈부실 정도로 확장되었음을 뜻하기도 한다. 313년 밀라노 칙령이 공표된 지 불과 80년도 지나지 않아 그리스도교의 고위 성직자가 황제의 굴복을 받아 내는 데까지 이른 것이다. 이렇듯 중세의 조짐은 이미 로마 제국 말기에서부터 드러난다.

391년 초에 두 황제는 밀라노를 떠났다. 테오도시우스는 콘스탄티노플로 돌아갔고, 발렌티니아누스는 갈리아로 가서 그가 없던 시기에 코메스로서 갈리아를 다스렸던 프랑크족의 아르보가스트에게서 권력을 이양받고자 했다. 그러나 비엔에 도착했을 때 발렌티니아누스는 아르보가스트가 자신에게 권력을 넘겨줄 의향이 없음을 분명히 깨달았다. 오히려 아르보가스트는 황제를 완전히 무시하면서 중요 사항에 관해 그와 의논조차 하지 않았다. 발렌티니아누스는 자신의 권위를 확인하기 위해 아르보가스트에게 즉시 물러나라는 내용의 명령장을 써서 보냈다. 하지만 아르보가스트는 그것을 훑어보고는 경멸스런 표정을 지으며 갈기갈기 찢어버렸다. 양측의 전쟁이 시작되는 순간이었다.

그러나 며칠 뒤인 392년 5월 15일 이제 스물한 살이 된 젊은 황제는 자신의 거처에서 숨진 채로 발견되었다. 그의 죽음이 자살이라는 주장에 대해서는 논란이 많지만, 실제로 암살의 증거는 발견되지 않았다. 발렌티니아누스는 만약 스스로 목숨을 끊지 않는다면 누군가가 자신을 살해할 게 뻔하다는 것을 알고 좌절감에 빠져 자살했다고 볼 수도 있다. 암브로시우스가 행한 장례 연설에서도 살인의 흔적은 포착되지 않지만 한 가지 수상한 점은 있다. 주교는 슬퍼하는 발렌티니아누스의 누이에게 그의 영혼이 곧장 하늘로 올라갔다고 말했는데, 교리상으로 보면 자살한 사람의 영혼은 그렇게 될 수 없기 때문이다.[25]

로마인도 아닌 데다 이교도인 아르보가스트는 스스로 제위에 오를 수 없다는 것은 알았지만, 정계의 숨은 실력자 역할에 완전히 만족했다. 그는 자신의 심복이자 제국의 법원장으로 일한 경력이 있는 중년의 그리스도교도 문법학자 유게니우스를 새 정제로 임명했다. 마침 유게니우스는 명예욕이 대단한 자였으니 그것을 마다할 리 없었다. 얼마 뒤 테오도시우스에게 사절단이 파견되어 그의 처남이 불행하게 죽었고 유게니우스가 만장일치로 후계자가 되었다는 소식을 전했다. 그러나 테오도시우스는 그것을 인정하지 않았다. 공동 황제를 임명할 권한은 자신에게만 있다고 생각한 것이다. 9년 전 막시무스에게서 그와 비슷한 사절단이 왔을 때는 임시변통으로 어쩔 수 없이 따랐지만(그때도 막시무스에게 따지기는 했다), 이번에는 북부와 동부의 변방이 안정되어 있었으므로 훨씬 단호한 태도를 취할 수 있었다. 일단 그는 모호한 내용의 답장을 보낸 뒤 전쟁 준비에 착수했다.

전쟁 준비가 한창이던 393년에 아르보가스트는 암브로시우스의 격렬한 반대를 무릅쓰고 자기 심복의 지배권을 이탈리아까지 확장하는 데 성공했다. 그는 로마를 비롯하여 여러 유서 깊은 도시에서 옛 이교도 근위대를 주요 세력 기반으로 활용했다. 병사들은 유게니우스가 그리스도교도라는 것을 알고 있었지만, 종교의 관용을 선포하고 고대의 제단들을 다시 세울 수 있도록 기꺼이 허락해 준 조치를 열렬히 환영했다. 그해 중반 로마에서는 대대적으로 이교 부흥 운동이 전개되었다. 새로 복원된 신전들 위로는 제물이 타는 연기가 가득했고, 늙은 점쟁이들은 김이 모락모락 나는 제물의 내장을 들여다보기에 여념이 없었다.* 거리에서는 화환으로 장식된 행진이 부

* 고대 로마에서는 제물로 바친 짐승의 내장을 보고 점을 쳤다.

활했고, 아낙네들은 플로랄리아, 루페르칼리아, 사투르날리아의 열광적인 신도들 때문에 겁에 질렸다.

그러므로 394년 초여름 벼락 출세한 반역자를 응징하기 위해 두 번째 원정에 나섰을 때, 테오도시우스는 자신이 싸우는 목적이 합법적인 제위 계승을 위해서만이 아니라 자신의 신앙을 위해서이기도 하다는 것을 알고 있었다. 이미 만반의 준비는 갖추었다. 그의 군대에는 로마 군단 외에도 2만 명가량의 고트족이 있었다. 그들 대부분은 각자 자신들의 족장을 따랐는데, 족장들 중에는 알라리크라는 뛰어난 젊은 지도자가 포함되어 있었다. 또한 테오도시우스는 자신의 조카딸인 세레나와 결혼한 반달족의 스틸리코를 부사령관으로 임명했다. 그러나 원정의 성과에 관해서는 충분히 낙관적이라 하더라도 황제의 마음은 무거웠다. 원정을 떠나기 전날 밤에 그가 사랑하는 둘째 아내 갈라가 아이를 낳다가 죽은 것이다. 테오도시우스는 갈라를 무척 사랑했으며, 두 사람은 몇 년 동안 정말 행복하게 살았다. 다행히도 그 부부에게는 딸이 하나 있었는데, 테오도시우스가 몹시 귀여워한 딸 갈라 플라키디아는 나중에 다시 등장한다.

한편 아르보가스트와 유게니우스의 군대도 7월 하순에 롬바르디아를 출발할 때는 얼추 비슷한 규모였다. 유게니우스는 특히 암브로시우스 때문에 난감한 상황에 놓였다. 그가 밀라노에서 가짜 황제로 있던 시절에 의도적으로 자리를 비웠던 암브로시우스는 이제 공개적으로 그를 신앙의 배반자라고 비난하면서 현지 성직자에게 그와 그의 모든 그리스도교 추종자들에게 성찬식을 해 주지 말라고 명령했기 때문이다. 아르보가스트는 도시 바깥으로 나올 때 자신이 승리하고 돌아오면 바실리카를 마구간으로 삼겠다고 다짐했다. 또한 군대가 행군하면서 앞에 그리스도교 황제의 신성한 라바룸 대신 '무적의 헤라클레스'의 조잡한 그림을 내건 것도 상당한 항의의 표시가 될 터였다.

양측의 군대는 9월 5일 트리에스테에서 약간 북쪽에 있는 이손초 강—당시에는 프리기두스 강으로 불렸으나 지금은 비프바흐 강 또는 비파코 강이라고 불린다—의 작은 지류에서 마주쳤다. 첫날에는 고트족의 절반이 전사하고 나머지 병사들은 혼란 속에서 도망치는 등 테오도시우스 측의 참패로 끝났다. 하지만 이튿날 아침부터는 상황이 다소 호전되기 시작했다. 우선 아르보가스트가 황제의 퇴각을

† 테오도시우스 1세가 승리의 월계관을 주는 모습으로 이스탄불 원형 경기장 오벨리스크의 기단에 조각되어 있다.

차단하기 위해 보낸 상당한 규모의 병력이 대가를 받고 충성의 방향을 바꾼 것이 컸다. 그리하여 낙관적인 분위기에서 전투가 재개되었다. 게다가 신의 계시를 분명하게 보여 주기라도 하듯이 동쪽에서 맹렬한 강풍을 동반한 폭풍우가 불어닥쳤다. 테오도시우스의 군대는 바람을 등지고 있었으나 아르보가스트와 유게니우스의 병사들은 흙먼지 때문에 눈을 뜰 수 없었고 그냥 서 있기에도 힘든 지경이었으니 화살을 쏘기는커녕 창조차 제대로 던질 수 없었다. 마치 신들이 그들에게 등을 돌린 듯했다. 지치고 사기를 잃은 병사들은 곧 항복했다. 유게니우스는 황제의 발 아래 엎드린 채 참수되었고, 아르보가스트는 간신히 도망쳤으나 며칠 동안 산지를 헤매고 다니다가 로마의 전통적인 해결 방식에 따라 자신의 검으로 자결했다.

승리한 테오도시우스는 밀라노로 갔다. 거기서 그가 처음으로 취한 행동은 유게니우스의 지지자들을 사면해 주는 일이었다. 그 다음에는 후계의 문제를 고민해야 했다. 발렌티니아누스는 결혼을 하지 못하고 죽었으므로 자식도 없었다. 따라서 테오도시우스는 자신의 두 아들에게 제국을 나누어 줄 수밖에 없었다. 이리하여 형인 아르카디우스는 동방을 맡고 동생인 호노리우스는 서방을 맡았다. 당시 두 아들은 모두 콘스탄티노플에 있었으므로 테오도시우스는 호노리우스에게 밀라노로 오라는 명을 내렸다. 황제의 사절단이 이 전갈을 전달했을 때는 겨울이 시작되고 있었다. 그리고 열 살짜리 황태자가 사촌누나이자 스틸리코의 아내인 세레나의 보호를 받으며 눈밭을 뚫고 밀라노에 도착한 시기는 1월 중순이었다.

아이는 자기 아버지가 중병에 걸려 누워 있는 것을 보고 크게 놀랐다. 아들을 만난 기쁨은 테오도시우스에게 잠시 활력소가 되었다. 심지어 그는 아들이 무사히 도착한 것을 기념하여 원형 경기장에서 열린 경기를 관람할 정도로 기력을 회복한 듯했다. 그러나 그는 도중에 갑자기 쓰러졌고, 이튿날인 395년 1월 17일 밤에 50세를 일기로 눈을 감았다. 그의 시신은 방부 처리된 뒤 자주색 천에 덮인 채 40일 동안 궁전의 아트리움에 안치되었다. 이윽고 2월 25일에 그의 시신은 성당으로 운구되었고, 암브로시우스 주교가 장례 미사를 집전했다(그의 장례 연설은 지금도 남아 있다). 미사를 마친 뒤에야 비로소 장례 행렬은 군인들의 엄중한 호위를 받으며 콘스탄티노플로의 긴 귀환 길에 올랐다.

테오도시우스의 유산

테오도시우스의 치세는 별로 볼 만한 게 없다. 그는 대규모 정복을 이루지도 못했고, 근본적이거나 광범위한 개혁을 실행하지도 못했다. 또한 16년 동안 재위하면서, 율리아누스가 짧은 기간에 이룩한 것과 같은 강렬한 개성을 발휘하지도 못했다. 그 반대로 그는 지나칠 정도로 조용하고 조심스러웠으며, 화려하고 현란한 것과는 거리가 멀었다. 그의 치세에 관한 짧은 기록을 본 독자라면, 그런 황제가 어떻게 '대제'라는 칭호를 얻게 되었는지 의아하게 여길 것이다. 그렇다면 이런 질문을 해 보자. 만약 아드리아노플 전투 이후 역사적으로 중요한 시점에 젊은 그라티아누스가 테오도시우스를 에스파냐

영지에서 불러 동방의 미래를 그에게 맡기지 않았다면 제국의 운명은 어떻게 되었을까?

물론 그런 질문에 완전히 만족스럽게 대답할 수는 없다. 화해가 불가능한 대적이었던 고트족을 불과 2년 사이에 평화롭고 소중한 제국 내의 집단으로 탈바꿈시킬 수 있는 뛰어난 지도력과 외교술을 지닌 지도자가 반드시 테오도시우스 한 사람뿐이었다고 말할 수는 없다. 그러나 그처럼 조화롭고 안정적으로 그 일을 처리하기란 대단히 어렵다. 그와 같은 인물이 등장하지 않았다면 아마도 동방 제국 전체가 멸망하고 고트 왕국이 부활하여 세계사는 예측 불허의 상태로 접어들었을 것이다. 그랬더라면 고트족은 동방으로 물러나고, 알레마니족이 서방을 괴롭히는 상황이 되었을지도 모른다. 그들 때문에 서방 제국은 항구적인 위협을 느꼈을 것이며, 끊임없이 인력을 투입하고 다른 곳에 열중해야 할 황제와 군대가 늘 방어에만 묶여 있게 된 나머지 제국의 진보는 가로막혔을 것이다.

† 4세기 후반 테오도시우스 1세가 이집트 룩소에 있는 아몬 신전에서 가져 왔다고 전해지는 오벨리스크로 현재 이스탄불 원형 경기장에서 볼 수 있다.

바로 여기서 테오도시우스가 제국에 남긴 중요하고 독특한 유산을 볼 수 있다. 그러나 그것만이 아니다. 지금까지 우리는 원정을 벌이고 밀라노나 로마를 방문

† 서기 395년경 로마 제국 영토

하는 그의 모습만을 보았으므로 그가 콘스탄티노플에서 치세의 절반 이상을 보내면서 훌륭한 정부와 종교적 정통성이라는 두 가지 대의를 위해 지칠 줄 모르고 노력했다는 사실을 잊기 쉽다. 입법 조치를 통해 그는 4세기의 군주로서는 보기 드물게 비천한 백성들의 처지를 배려하는 자상한 면모를 보였다. 사형, 투옥, 유배에 처해 마땅한 범죄자에게 먼저 30일의 유예 기간을 주어 사태를 해결할 수 있도록 해 주는 군주가 그 말고 누가 또 있을까? 범죄자의 자식에게까지 죄의 책임을 묻지 않고, 오히려 범죄자의 재산 중에서 특정한 부분을 자식에게 주어야 한다는 법은 어떤가? 또 농민에게 시장에서 받을 수 있는 금액보다 낮은 가격으로 국가에 농산물을 팔도록 강제해서는 안 된다는 법은 어떤가?

종교 문제에 관해서 테오도시우스는 즉위한 지 13개월밖에 지나지 않은 380년 2월, 아직 테살로니카에 근거지를 두고 있을 때부터 관심을 보였다. 당시 그는 중병에 걸려 있었으므로 머잖아 죽으리라는 생각에서 세례를 받았다. 그가 병에서 완전히 회복되기 전인 2월 마지막 날에, 삼위일체론(즉 니케아 교리)을 신봉하는 사람만이 보편적인* 그리스도교도로 간주될 수 있다는 내용의 칙령을 서둘러 발표한 것도 아마 자신이 언제 죽을지 모른다고 생각했기 때문일 것이다. 칙령의 내용은 이렇게 계속된다. "다른 모든 사람들은 광인이나 바보로 간주한다. 그들에게는 이교도라는 수치스러운 이름이 붙을 것이며, 그들의 집회에 교회라는 이름을 붙여서는 안 될 것이다. 그들은 먼저 신의 응징을 당할 것이며, 그 다음에는 하늘의 뜻에 따라 우리에게 부여된 권위의 징벌을 당할 것이다."

이듬해에 열린 제1차 콘스탄티노플 공의회에서는 후속 결정이 내려졌다. 이 공의회에서 트라키아, 이집트, 소아시아의 주교 150명은 성 에이레네 성당에 모여 공식적으로 아리우스파 이단과 그 종파들을 유죄로 단정했으며, 특히 콘스탄티노플 교구는 향후 로마 교구에 버금가는 명예와 위신을 지닌다고 포고했다. 또한 이 무렵에 아리우스파 교도들은 도시 집회를 금지당했고, 모든 성당 건물들도 즉각 정교회 신앙으로 복귀하라는 명령이 내려졌다. 이단만이 아니라 이교에 대해서도 황제의 태도는 한층 가혹해졌다. 385년에 테오도시우스는 제물을 바치는 제사를 법으로 더욱 엄격하게 금지했고,

* '가톨릭 신앙'이라는 말은 원래 이런 뜻에서 비롯되었다.

391년에는 로마와 이집트에서 일체의 비그리스도교 의식을 금지했으며, 392년에는 공적이든 사적이든 모든 형태의 이교 숭배를 제국 전역에서 불법으로 규정했다.

이렇게 종교적 관용의 폭을 좁히는 정책은 장기적으로 테오도시우스의 명성을 손상시켰다. 하지만 우리는 그가 야만족으로부터 침략의 위협을 받는 로마 제국을 강력하게 통일하고자 재위 기간 내내 애썼다는 것을 염두에 두어야 한다. 그 불안정한 시기에 종교는 오늘날의 정치와 마찬가지로 사람들의 삶에 매우 중요했으며, 통합을 이루거나 분열을 빚는 강력한 힘이 될 수 있었다. 게다가 테오도시우스도 백성들의 신앙 자체를 바꾸려 하지는 않았다. 즉 백성들에게 개종을 하라거나 신앙을 버리라고 강요하지 않은 것이다. 또한 그는 종교 박해를 심하게 하지도 않았다. 그의 잘못이라면, 자신의 급한 성질을 억제하려 했지만 제대로 억제하지 못한 탓에 여러 차례 후회할 언행을 저질렀다는 점이다. 그러나 흥분이 가시고 나면 그는 늘 신속하게 사과했고, 성급하게 내린 징벌을 완화하고 경감했으며, 필요한 경우에는 공식적으로 잘못을 뉘우쳤다.

그에게는 '대제'라는 칭호가 어울렸을까? 콘스탄티누스나 유스티니아누스만큼은 아니었을 것이다. 하지만 비록 대제는 아니어도 대제에 아주 가까웠던 것만큼은 분명하다. 그가 그들만큼 오래 재위했더라면 아마도 그들에 필적하는 업적을 남겼을 것이다. 그는 서방 제국을 구할 수 있었을지도 모른다. 한 가지 확실한 사실은 이후 150년이나 지나서야 로마인들은 다시 테오도시우스와 같은 인물을 황제로 맞을 수 있게 된다는 점이다.

6

증병을 앓는 로마

395년~410년

서방에서 무시무시한 소문이 전해졌다. 로마가 함락되었고, 로마 시민들이 몸값을 주고 목숨을 건졌다는 것이다. 하지만 재산을 빼앗기자마자 로마는 다시 포위를 당했고, 이미 재산을 잃은 시민들은 이제 목숨마저 잃을 형편이라고 한다. 지금 이 글을 쓰는 나도 목이 메어 말이 잘 나오지 않는다. 세계를 정복했던 도시가 이제 정복당하는 신세가 되다니 …… 로마는 칼로 죽기 전에 기아로 죽어가고 있다. 살아남아서 적에게 포로로 잡히는 사람이 드물 정도다. 극심한 기아는 참혹한 상황을 낳았다. 사람들은 서로 잡아 죽이고, 어미들은 품속의 아기도 돌보지 않는다.

성 히에로니무스 편지 cxxvii, 12

안으로 곪는 제국

테오도시우스 대제는 서방 제국이 최종적으로 멸망하기 전까지 단일한 로마 제국을 지배한 마지막 황제였다. 그가 죽은 이후 서방 제국은 80년 동안 게르만족을 비롯한 여러 민족들에게 이리저리 약탈당하면서 내리막길을 걷다가, 공교롭게도 로물루스 아우구스툴루스라는 이름의 어린 황제가 야만족 왕에게 항복함으로써 멸망한다.* 그 잿더미에서 솟아나는 국가들, 정복자와 피정복자, 튜튼족과 라틴족이 뒤섞인 국가들은 옛 질서와 무관하다. 그들의 법, 언어, 제도는 북쪽과 동쪽에서 온 새로운 영향력에 의해 형성된다. 그들을 하나로 묶어 주었던 구심력은 이제 없다. 그들은 원심력을 받아 각기 다른 방향으로 뻗어 나간다.

그러나 서방과 달리 동방 제국은 건재하다. 여러 가지 이유—특히 5세기 군주들의 무능함—로 인해 처음에 제국의 발전은 더뎠다. 그러나 제국은 점차 탄력을 받으며, 특유의 동방적인 개성을 체득하기 시작한다. 라틴적 요소는 그리스적 요소로, 지성의 세계는 종교의 세계로 변모하지만 고전적 전통은 보존된다. 비잔티움 제국은 고대 세계를 계승했다기보다는 연장했다고 봐야 한다. 하지만 고대 세계 자체는 사라졌다. 현대의 많은 역사가들은 테오도시우스가 죽은 395년 1월 17일 그 운명의 밤에 중세가 시작되었다고 본다.

테오도시우스가 죽었을 때 맏아들인 아르카디우스는 열일곱 살이었고 호노리우스는 앞에서 본 것처럼 열 살이었다. 그래서 테오도시우스는 두 아들을 그의 가문에서 살아남은 남자이자 충직한 조카사위인 스틸리코에게 의탁했다. 스틸리코의 유년기에 관해서는 반달족장의 아들이라는 사실 이외에는 알려지지 않았는데, 그의 아버지는 발렌스의 치하에서 충직하게 싸웠지만 뚜렷한 전공을 올리지는 못했다. 또한 스틸리코는 외교 사절단의 일원으로 페르시아에 가서 샤푸르 3세와 조약을 협상한 경험이 있었다. 아마 그때 테오도시우스의 관심을 끌었을 것이다. 그로부터 몇 달 뒤에 황제의 조카딸이자 양녀인 세레나와 결혼했기 때문이다. 전하는 바에 따르면 세레나는 황제가 아무도 접근하지 못할 만큼 진노했을 때 그를 달랠 수 있는 유일한 사람이었다고 한다.

스틸리코를 거의 숭배하듯이 존경했던 시인 클라우디아누스에 의하면, 스틸리코는 때이른 반백의 머리털을 가진 키가 크고 잘 생

* 로물루스는 로마의 건국 신화에 나오는 건국자이고(그의 이름에서 로마라는 이름이 비롯되었다), 아우구스투스는 로마 최초의 황제다. 아우구스툴루스는 '어린 아우구스투스', 즉 '어린 황제'라는 뜻이다. 그래서 지은이는 로마의 건국자와 첫 황제의 이름이 모두 마지막 황제의 이름에 합쳐지게 된 것을 공교롭다고 말한 것이다.

† 아르카디우스 황제로 추정되는 두상.

긴 반달족 청년이었으며, 워낙 강력한 인상을 지닌 탓에 그가 거리를 지날 때면 사람들은 본능적으로 그에게 길을 양보했다고 한다. 이런 장점과 더불어 황실과의 연줄까지 갖추었음에도 불구하고 그는 당대 역사가들의 관심을 별로 끌지 못하다가, 프리기두스 전투에서 보여 준 활약과 용기로 이탈리아에서 '마기스테르 밀리툼〔magister militum, 병사들의 대장〕'으로 임명되었다. 비록 형식적으로는 두 어린 황제를 돌봐야 하는 의무가 있었지만 스틸리코가 주로 돌봐야 할 황제는 서방 황제인 호노리우스였다. 그런 탓에 멀리 콘스탄티노플에 있는 아르카디우스는 사정이 좋지 않았는데, 그중에서도 최악은 민정 총독인 루피누스의 간섭이었다.

5년 전 밀라노에서 테오도시우스를 부추겨 테살로니카 학살 명령을 내리게 한 인물도 바로 루피누스였을 것이다. 원래 아키텐의 법률가였던 그는 미남으로 유명했다. 그러나 스틸리코와는 달리 그는 군사와 외교상의 능력보다 높은 학식과 기회를 파고드는 파렴치한 근성을 바탕으로 중년에 접어들어 높은 직위에 오를 수 있었다. 그의 탐욕과 부패는 콘스탄티노플 전역에서 유명했다. 그런 인물이 으레 그렇듯이 그는 막대한 재산을 모았고 날이 갈수록 재산이 늘었다. 게다가 그가 품은 야망은 바로 제위를 향하고 있었다.

설사 젊은 황제가 힘이 넘치고 제멋대로라고 해도 루피누스 같은 자는 위험 인물이었을 텐데, 아르카디우스는 그렇지도 못했다. 그는 키가 작고 가무잡잡한 피부에다 말과 행동이 굼뜨고 눈꺼풀이 두꺼워 늘 졸린 듯한 표정이었다. 더욱이 내면은 외모보다 더 초라해서 성격도 유약하고 지성도 보잘것없었다. 그를 처음 본 사람들은 그가 테오도시우스의 아들이라는 것을 의심하지 않을 수 없었다. 그런 그가 루피누스의 손아귀에서 놀아나는 꼭두각시가 되지 않을 수 있었던 것은 오로지 이른바 신성한 침실 관리인[Praepositus Sacri Cubiculi, 시종장]으로서 위세를 떨치는 유트로피우스라는 늙은 환관 때문이었다.[26] 유트로피우스는 대머리에다 주름진 노란 얼굴로 그의 주인보다 더 추한 몰골이었으나, 어릴 때는 미동[美童, 남색의 상대가 되는 소년]이었다가 나중에는 뚜쟁이로 크게 성공하여 황궁 내의 요직을 천거하는 데 영향력을 행사하는 인물이 되었다. 그러나 그는 자신이 싫어하는 루피누스에 못지않게 영리하고 사악하며 야심이 많은 자였다. 루피누스처럼 그도 황제를 조종하고자 했으므로 그는 모든 면에서 자신의 정적과 대립을 빚었다.

유트로피우스는 루피누스가 자기 딸을 아르카디우스와 결혼시키려 한다는 것도 이미 알고 있었다. 그 결혼이 성사된다면 루피누스는 제위에 좀더 가까이 다가설 것이고, 유트로피우스 자신이 살아남을 확률은 그만큼 적어질 터였다. 그의 유일한 희망은 황제의 애정을 차지할 만한 다른 후보를 찾는 것이었다. 자신의 혈통에는 그런 후보가 없었으므로 그는 빼어난 미모를 지닌 프랑크족 소녀를 골라 콘스탄티노플에서 세련된 교육을 시킨 다음 야만족 냄새가 물씬 풍기는 소녀의 이름을 유독시아라는 그리스 식 이름으로 바꾸었다. 그러고는 루피누스가 유명한 관리의 처형을 감독하기 위해 안티오크에 가 있는 틈을 타서 소녀를 황궁으로 들여보내고 노련한 솜씨로 신속하게 황제의 관심을 끄는 데 성공했다.

루피누스가 수도로 돌아왔을 때는 이미 아르카디우스와 유독시아가 약혼을 한 상태였다. 그러나 유트로피우스는 교활하게도 신부의 정체에 관해 공개적인 발표를 하지 못하게 했다. 조시무스는 흥미롭기는 하지만 좀처럼 믿기는 어려운 이야기를 전하고 있다. 결혼식 날 아침 궁정 관리들은 웅장한 행진으로 거리를 가로질러 신부를 데리러 갔다. 미래의 황후를 잠깐이라도 보고 싶은 군중은 루피누스의 집으로 몰려들었다. 하지만 놀랍게도 관리들의 행렬은 그의 집을 그대로 지나쳐 훨씬 더 멀고 초라한 유독시아의 집 앞에서 멈추었다. 잠시 후에 결혼 예복을 입은 유독시아가 나와 신랑이 기다리는 황궁으로 향했다.

고트족의 반란

395년 4월 27일, 그 결혼식이 열릴 즈음에 제국 내의 고트족이 다시 반란을 일으켰다. 이 무렵 고트족의 지도자로 추대된 스물다섯 살의 알라리크는 테오도시우스를 따라 서방으로 간 동방 병력의 대다수가 아직 밀라노에 머물러 있는 탓에 동방 제국의 방어가 취약하다는 점을 간파했다. 다시 없을 좋은 기회였다. 알라리크는 프리기두스 전투 이후 자신이 아닌 스틸리코를 마기스테르 밀리툼으로 임명한 것에 화를 내는 척하면서, 군대를 이끌고 몇 주 만에 모이시아와 트라키아를 유린하고 콘스탄티노플 성벽에서 멀지 않은 곳까지 접근했다. 그런데 그들은 여기서 말머리를 돌려 서쪽의 마케도니아와 테살리아로 향했다(아마 루피누스의 뇌물 때문이었을 것이다. 그는 고트족으로 변장하고 알라리크의 진영에 몇 차례나 갔다고 한다. 그 덕분에 유독 그의 영지만 피해를 입지 않았다). 그리하여 수도의 시민들은 겨우 숨을 돌릴 수 있게 되었지만 아직도 상황은 대단히 불안했다. 그래서 아르카디우스는 밀라노의 스틸리코에게 급히 연락을 취해 가능한 한 빨리 동방군을 귀환시키라고 명했다.

스틸리코는 동방군에 서방의 몇 개 정예 부대를 섞어 보강한 다음 최대한 서둘러 출발했다. 그는 콘스탄티노플로 직행하지 않고 남쪽으로 내려와 알라리크가 있는 테살리아로 진군했는데, 고트족이 이미 방책 안으로 들어가 있는 것을 보고 안타까움을 감추지 못했다. 어떻게 해서든 적을 밖으로 끌어내 전투를 유도하기 위해 애쓰고 있을 때 그는 다시 황제의 명령을 받았다. 데려온 군대는 즉각 수도로 보내고 그는 원래 있던 서방으로 돌아가라는 것이었다. 그 명령에 따라 스틸리코는 동방군을 가이나스라는 고트족 대장의 지휘에 맡겨 콘스탄티노플로 보내고 서방군은 분리하여 자신이 거느리고 서방으로 출발했다.

제국의 군대가 떠나자 이제 알라리크에게는 거칠 것이 없어졌다. 그는 남쪽으로 계속 행군해서 테살리아를 거쳐 아무런 장애물도 없이 역사적인 테르모필라이 고개*를 넘어 보이오티아와 아티카로 들어갔다. 그들의 행로에 위치한 도시들과 촌락들은 거의 다 파괴되었다. 피라이오스 항구〔아테네의 외항〕는 완전히 파괴되었으며, 아테네도 성벽이 약했더라면 마찬가지 운명이 되었을 것이다. 조시무스에 따르면, 알라리크가 아테네를 약탈할 찰나 아테나 여신이 중무장을 한 모습으로 그의 앞에 나타났고 아킬레우스가 성벽 위를 순찰하면서 그를 무서운 눈초리로 노려보는 바람에 포기했다고 한다. 하지만 사실 알라리크는 수비군 사령관에게서 융숭한 대접을 받고 만족한 기분으로 아테네를 봐준 것이다. 엘레우시스의 데메테르 대신전에 불을 지르는 정도로 파괴 행위를 마친 뒤 알라리크의 군대는 코린트 지협을 건너 펠로폰네소스로 들어가서 아르골리스를 파괴하고 남쪽으로 내려와 스파르타를 비롯한 중부 평원의 부유한 도시들을 짓밟았다.

그 뒤 396년 봄에 그들은 서쪽으로 가서 필로스 부근의 해안에 이른 다음 해안을 따라 북상하여 엘리스로 갔다. 그러나 여기서 놀라운 일이 그들을 기다리고 있었다. 스틸리코가 군대를 이끌고 이탈리아에서 바다를 건너온 것이다. 올림피아에서 멀지 않은 알파이오스 강의 폴로이에서 고트군은 순식간에 포위되었다. 이제 마기스테르 밀리툼은 완전히 대세를 장악한 듯싶었다. 그런데 바로 그때 고대사, 그중에서도 특히 당대의 기록이 별로 없는 분야에서 흔히 발

* 테르모필라이는 기원전 5세기 페르시아 전쟁에서 스파르타의 300명 결사대를 비롯한 그리스 연합군이 페르시아의 대군을 맞아 싸운 장소다. 여기서 비록 그리스군은 장렬하게 전멸했으나 페르시아군의 진격을 늦추고 큰 피해를 입혀 전쟁의 승리에 결정적인 기여를 했다.

견되는 불가해한 현상이 일어난다. 스틸리코는 승리를 바로 앞둔 상황에서, 고트군의 명맥을 끊어 버릴 수 있는 상황에서 의도적으로 그들이 도망치도록 놔둔 것이다.

왜 그랬을까? 조시무스는 그가 "창녀들, 광대들과 노느라 시기를 놓쳤다"고 말하지만 그건 터무니없는 이야기다. 또한 클라우디아누스는 그가 아르카디우스에게서 명령을 받고 알라리크와 비밀 협약을 맺었으리라고 추측했는데, 이것 역시 가능성은 적다. 그런 협약이 있었다면 고트족은 이후 코린트 만을 건너 북쪽으로 에피루스의 산악지대까지 가면서 약탈을 계속하지 않았을 것이기 때문이다. 이듬해에 비로소 그들은 제국과 평화 조약을 체결한다. 그 조약으로 알라리크는 그동안 저지른 파괴 행위에는 영 걸맞지 않은 일리리쿰의 마기스테르 밀리툼이라는 직함을 받았다. 폴로이에서 모종의 협상을 했음에 틀림없다. 하지만 그 상대는 아르카디우스가 아니라 스틸리코였을 것이다. 이 협상에 관한 추측—우리는 추측밖에 할 수 없으니까—은 나중에 상세히 살펴보기로 하고, 우선 이야기를 더 따라가 보자.

아르카디우스가 급히 부른 동방의 대군은 어떻게 되었을까? 사령관인 가이나스는 지시받은 대로 에그나티아 가도[27]를 따라 콘스탄티노플로 가서 금문金門 바로 바깥의 마르티우스 들판—전통적으로 황제가 귀환하는 군대를 환영하는 장소—에서 행군을 멈추었다. 11월 27일 그곳에 아르카디우스가 나온 것은 당연하지만 묘하게도 루피누스가 함께 나와 있었다. 사실 그는 바로 그날 공동 황제가 되기로 예정되어 있었던 것이다. 그래서 그는 어느 때보다 더욱 오만한 표정으로 거드름을 떨었다. 그러나 열병을 마친 뒤 루피누스는 다소 편안한 기색을 보이면서 병사들 틈에 자연스럽게 섞여 교활하게 자신의 즉위에 대한 그들의 지지를 호소했다. 처음에 그는 병사들이 천천히 자기를 에워싸는 것을 모르고 있다가 나중에야 눈치를 챘으나 이미 때는 늦었다. 병사들의 칼날이 번뜩이는가 싶더니 루피누스는 바닥에 쓰러져 죽었다. 그의 시신은 순식간에 난도질당했고 그의 머리는 막대기에 꿰인 채 거리를 행진했다. 특별히 잔인함을 즐기는 병사들 몇 명은 루피누스의 오른손을 잘라 집집마다 들고 다니면서 힘줄을 잡아당겨 손가락을 까딱까딱하게 하고는 "이 욕심쟁이를 보라!"라고 소리쳤다.

클라우디아누스에 따르면 루피누스를 살해한 병사들 중 한 명은 칼로 그를 찌르면서 "스틸리코를 위하여"라고 외쳤다고 한다. 하지만 그것 이외에는 서방의 마기스테르 밀리툼이 그 암살을 계획했다는 증거는 없다. 그 암살은 유트로피우스나 가이우스의 지시일 수도 있고, 세 사람이 모두 연관되었을 수도 있다. 누구의 계획이었든 간에 루피누스의 죽음은 사태의 진행에 거의 영향을 미치지 않았다. 이제 유트로피우스가 황제의 유일한 측근이 되자 부패, 횡령, 매관매직은 전보다 더욱 극성을 부렸다. 클라우디아누스는 이렇게 개탄한다.

> 어떤 이는 시골의 저택을 주고 아시아의 관직을 받으며, 어떤 이는 아내의 보석을 내주고 시리아의 관직을 얻는다. 또 어떤 이는 비티니아의 관직을 사며 자기 조상들의 집을 주니, 너무 비싼 거래다. 유트로피우

스의 공식 대기실에는 여러 지방의 관직 가격을 보여 주는 요금표가 걸려 있다. …… 그 환관은 일반적인 수치 속에서 자신의 개인적인 수치를 지우며, 자기 자신을 팔아넘겼듯이 이제는 다른 모든 것을 팔고자 한다.[28]

유트로피우스와 가이나스

399년에 유트로피우스는 공작을 꾸며 콘술의 지위까지 올랐는데, 결국 이런 고속 승진은 그의 몰락을 재촉하는 역할을 하게 된다. 콘술이라는 직함은 이미 오래전부터 명예직이 되어 있었으나 황제가 하사하는 가장 높은 지위이자 황제도 자신의 치세에 직접 맡고 싶어 하는―그것도 여러 차례―직책인 것만은 변함없었다. 황족이 아닌 사람이 그 직책을 얻으려면 가문이 좋은 로마인이거나 빛나는 업적을 쌓아야만 했다. 그런데 그런 직책을 노예 출신의 거세된 남창이 차지한 것을 콘스탄티노플의 자유로운 로마 시민들은 더 이상 두고 볼 수 없었다. 그러나 얄궂게도 이 문제를 전면적으로 제기한 사람은 원로원도, 로마 귀족도 아닌 고트족이었다.

바로 스틸리코가 동방군을 맡겼고, 4년 전에 그 휘하 병사들이 루피누스를 도륙했던 가이나스였던 것이다. 수도에 온 뒤 그는 곧바로 동방의 마기스테르 밀리툼으로 임명되었다. 그래서 399년 봄 프리지아의 고트족 이주민들이 반란을 일으켰을 때 가이나스는 그 자신도 고트족 혈통이지만 다른 장군 한 사람과 함께 그 반란을 진압하러 떠났다. 그러나 현지에 도착한 뒤 가이나스는 비밀리에 반란 세력과 결탁했다. 이후의 전투에서 그와 반란 세력은 군대 내부의 로마 병사들을 제거하고 현지를 완전히 장악했다. 가이나스는 겉으로는 여전히 황제의 충실한 종복인 것처럼 가장하면서 아르카디우스에게 전령을 보내, 폭도들이 너무 많아 무력으로 진압하기 어려우니 그들과 협상을 해야겠다고 보고했다. 다행히 반란 세력이 제기한 협상 조건은 쉽게 들어 줄 수 있는 합당한 요구였으며, 그중 첫째는 유트로피우스를 자기들에게 넘기라는 것이었다. 이 보고를 들은 아르카디우스는 망설였다. 그에게는 의존할 사람으로 그 늙은 시종이 필요했다. 그러나 그때 또 하나의 강력한 목소리가 들려왔으니, 바로 황후 유독시아의 목소리였다.

유독시아는 사치와 음탕함의 대명사로 통하는 수많은 비잔티움 황후들의 계보에서도 첫째가는 인물이었다. 전하는 바에 따르면 그녀에게는 여러 연인이 있었는데, 그중 요한네스라는 이름만 알려진 어느 귀족은 그녀가 낳은 아들 테오도시우스의 생부였다고 한다. 유독시아는 당시 고급 매춘부의 상징이었던, 앞머리를 술 장식처럼 늘어뜨린 차림으로 자신의 타락을 공공연하게 과시했다. 물론 그녀는 유트로피우스 덕분에 황후가 될 수 있었으나, 그 후 그는 어리석게도 황후에게 지나칠 만큼 그 사실을 강조했다. 또한 그녀는 유트로피우스가 남편을 꼭두각시처럼 가지고 노는 데도 질투심을 느꼈다. 결혼한 지 4년이 지나도록 유독시아와 아르카디우스의 관계는 내내 나빠지기만 해 서로 노골적으로 혐오감을 드러낼 정도였다.

결국 황제는 마지못해 명령을 내렸다. 겁에 질린 유트로피우스는 소피아 대성당으로 피신해서 성 요한네스 크리소스토무스 주교의 발 앞에 무릎을 꿇었다. 그러고는 훌쩍거리면서 주교가 현재의 지위에 오른 데도 자신의 공이 크지 않았느냐고 말했다. 주교는 그 전해에 술수에 넘어가 수도로 오게 되었고, 유독시아에게 그러듯 유트로피우스에게도 동정심 같은 것은 전혀 품지 않았으나 그래도 성당의 보호권을 부인할 수는 없었다. 그래서 병사들이 와서 도피자를 넘겨달라고 요구했을 때 주교는 그들을 준엄하게 꾸짖고 돌려보냈다. 그때 겁에 질린 환관은 주제단 밑에 숨어 벌벌 떨고 있었다.

소피아 성당에서 유트로피우스는 안전했지만 불행히도 그곳은 그의 감옥이기도 했다. 추위와 불안에 떨며 하룻밤을 보내고 난 그 다음날인 일요일에 그는 주교 특유의 신랄한 설교[29]를 들으면서 수치심에 시달려야 했다. 주교는 많은 청중이 모인 데서 "헛되고 헛되도다. 모든 것이 헛되도다"*라고 말했는데, 이는 사실 유트로피우스 한 사람에게 한 이야기나 다름없었다. 아마 이런 훈계 때문에 유트로피우스는 어느 때보다도 위축되어, 결국 목숨을 살려준다는 조건하에 성당 밖으로 나가게 되었을 것이다. 그는 일단 키프로스로 유배를 떠났으나 얼마 뒤에 가이나스의 주장에 따라 소환되어, 목숨을 살려준다는 조건은 콘스탄티노플에서만 통한다는 속 보이는 근거에 따라 칼케돈에서 재판을 받고 처형을 당했다.

가이나스는 승리했으나 그 승리를 오래 즐기지는 못했다. 400년 초에 그는 수도로 돌아와서 루피누스와 유트로피우스가 그랬던 것

* 원래 『전도서』 12장 8절에 나오는 말이다.

† 성 소피아 대성당 북쪽 팀파눔(상인방 위의 삼각형 공간)에 있는 9세기 모자이크 속의 성 요한네스 크리소스토무스.

처럼 자신의 권력 근거지를 구축하고자 했다. 하지만 수도의 적대적인 집단들은 그가 그런 권력을 가지는 것에 끊임없이 반대했다. 게다가 가이나스는 비밀리에 황궁을 장악하려는 음모—아마 황족을 모두 죽이고 자신이 제위에 오르려 했을 것이다—를 꾸몄다가 사전에 탄로가 나고 말았다. 당대의 자료가 없으므로 자세한 사정은 알 길이 없으나, 사회 불안이 6개월 동안 지속된 뒤 여름이 지날 무렵 가이나스는 갑자기 자신의 고트족 군대에게 출발 준비를 하라고 명했다. 반란이 일어날지 모른다는 우려에 군중은 거리를 가득 메웠다. 군중과 야만족 군대 사이에는 전운이 감돌았다. 병력의 대부분은 이미 수도를 떠났고, 남은 병력은 워낙 적었으므로 그동안 점점 커져 온 군중의 반反 고트족 감정의 손쉬운 희생물이 되었다. 그들이 도망치지 못하도록 성문들이 잠겼고 오전에만 7천 명이 죽었다. 대부분은 황궁 부근의 성당으로 피신하려다가 불에 타 죽었다.

가이나스는 남은 병력을 거느리고 절망적인 심정으로 트라키아를 가로질러 헬레스폰트를 통해 아시아로 갔다. 하지만 거기서 기다리고 있던 충성파 군대에 의해 더 큰 타격을 입었다. 그 뒤 가이나스는 간신히 북쪽으로 탈출하여 도나우까지 갔다가 결국 훈족의 왕 울딘에게 사로잡혔다. 울딘은 그의 머리를 베어 아르카디우스에게 선물로 보냈다. 제국의 혼란이 점점 커지는 것을 기회로 이용하고자 했던 모험가 가이나스는 그 만용의 대가를 톡톡히 치른 셈이었다.

스틸리코 대 알라리크

로마 제국에게 4세기는 지극히 중요한 시기였다. 우선 보스포루스에는 새 수도가 탄생했다. 이 수도는 아직 정치적 통합의 유일한 구심점은 되지 못했지만, 서부 지중해 세계가 무정부 상태로 빠져드는 동안 규모와 중요성이 꾸준히 커졌다. 또한 이 무렵에는 그리스도교가 제국의 공식 종교로 채택되었다. 하지만 로마 제국의 4세기는 결국 용두사미가 되고 말았다. 서방에서는 야만족의 위협 앞에 침묵하거나 무기력했고, 동방에서는 무능한 황제의 훌쩍거림만 있었다(콘스탄티노플의 제위에 앉아 있으면서도 권력자들이 갖가지 방식으로 암살당하는 것을 속절없이 지켜보기만 하면서, 사악한 황후가 권력을 틀어쥔 채 공개적으로 그에게 모욕과 수치를 가하고 마음대로 불륜을 저질러 그를 바보로 만들 때 황제가 보인 반응을 한마디로 말하면 '훌쩍거림'이라고 할 수밖에 없겠다). 그러는 동안에도 새 세기는 시작되었다. 401년 초여름에 고트족의 알라리크는 드디어 이탈리아를 침략했다.

역대 고트족 지도자들 중 가장 뛰어난 인물이자 역사에 유일하게 널리 알려진 인물인 알라리크는 5세기 초반을 자신의 무대로 만들었다. 그는 스물다섯 살에 서고트족의 족장이 되었고 5세기가 시작될 무렵에는 삼십대의 한창 나이였다. 그런 만큼 그는 친구도, 적도 많았으며, 콘스탄티노플 성벽에서부터 펠로폰네소스 남단까지를 두려움에 떨게 했다. 그러나 마기스테르 밀리툼이라는 직함을 받고부터는 태도가 달라졌다. 우선 그는 로마 제국을 근본적으로 적대하지 않았다. 오히려 그 반대로, 제국을 타도하려 하지 않고 제국 안에서 자기 백성들이 영구히 살 수 있는 터전을 마련하고자 했다. 그들 민족이 자치를 누리고 그가 족장으로서 황제와 동일한 서열을 유지한다면 그것으로 족했다. 만약 서방 황제나 로마 원로원이 그 단순한 사실을 알았더라면 최종적인 재앙은 면할 수 있었을지도 모른다. 하지만 그러지 못했기에 그들은 파멸을 자초했다.

사려 깊게 사태를 관찰했다면, 놀랍게도 당시 알라리크는 침략을 최대한 늦추려 했다는 사실을 눈치챌 수 있을 것이다. 그가 다시 침략해 온 때는 일리리쿰으로 철수한 지 4년이나 지난 뒤였고, 그동안 그가 일리리쿰에 마냥 머물지 않으리라는 것은 불을 보듯 뻔했다. 그 4년 동안 황제는 또 닥칠 공격을 막기 위한 조치를 취했어야 했다. 하지만 호노리우스는 취미로 닭을 키우는 데만 열중했을 뿐 아무런 대비도 하지 않았다. 그래서 고트족이 다시 침략한다는 소식이 퍼졌을 때 그와 함께 엄청난 공포도 퍼졌다. 클라우디아누스는 각종 징조와 예언, 우박, 월식, 혜성 등을 나열하며, 심지어 기병대를 사열하고 있는 황제의 말 아래에 돌연 늑대 두 마리가 나타났다거나, 황제의 위장 속에 사람의 손이 들어 있었다거나 하는 이상한 현상들을 언급한다.

식솔들까지 주렁주렁 거느린 거대한 고트족 무리는 이손초 계곡으로 천천히, 그러나 강력한 힘으로 밀고 들어왔다. 야만족의 침략이 흔히 그렇듯이 군대만이 아니라 아예 민족 전체가 이동해 오는 셈이었다. 그들은 이탈리아 북동부의 대도시인 아퀼레이아나 라벤나를 공략하지 않고(당시까지 베네치아는 석호의 황폐한 모래톱에 불과했다), 서쪽의 밀라노로 진격했다. 그러자 젊은 황제는 피에몬테의 아스티로 도망쳤다. 아스티 근방에서 고트족은 낯익은 스틸리코가 이끄는 로마군과 처음 맞닥뜨렸다.

전투는 폴렌티아—현재는 폴렌초라는 작은 마을이지만 로마 시대에는 중요한 공업 도시였다—의 바로 외곽에서 402년 부활절 일요일에 벌어졌다. 그 전투의 결과에 관해 당대의 기록자들은 서로 크게 엇갈린 평가를 내린다. 전투는 유혈로 얼룩졌으나 결국은 무승부로 추정된다. 어쨌든 고트족은 더 전진하지 못하고 동쪽으로 방향을 틀었다. 도중에 알라리크는 베로나를 급습했으나, 클라우디아누스에 의하면 스틸리코에게 완패하고 말았다. 하지만 이 반달족 장군은 또다시 알라리크가 일리리쿰으로 넘어가도록 놓아 주었고, 고트군에게 큰 손상을 주지 않았다.

스틸리코는 알라리크를 두 번이나 수중에 넣고서도—395년에 테살리아에서의 묘한 순간을 포함하면 세 번이다—두 번 모두 도망치도록 놔두었다. 이제 그의 의도를 더 자세히 살펴볼 필요가 있겠다. 처음부터 알라리크를 대하는 그의 태도는 이상하리만큼 모호했다. 베리 교수는 『후기 로마 제국의 역사』에서, 스틸리코가 프리기두스 전투 이후 동방군을 거느리고 밀라노에 체재할 때부터 그를 의심한다. 당시 그는 알라리크가 반란을 일으키리라는 것을 미리 알았으면서도 처음에는 일부러 가만히 있다가 나중에 중요한 순간에 가서야 개입했다.

그 다음이 테살리아 방책 사건인데, 그것은 과연 정말일까? 알라리크는 정말로 싸우기를 꺼렸을까? 아니면 스틸리코가 공격을 꺼린 것일까? 가장 알쏭달쏭한 일은 고트족이 폴로이에서 탈출한 것이다. 혹시 스틸리코는 일리리쿰과 발칸 반도를 동방 제국에서 빼앗아 서방 제국의 영토로—공동 황제인 그의 아들 유케리우스의 영토로—삼으려는 의도를 가진 게 아니었을까? 알라리크는 자유를 얻는 대가로 그의 계획에 동의하고 공모자가 된 것은 아닐까? 이후의 사태에 비추어 보면 이 가설은 가능성이 충분해 보인다. 스틸리코는 제위에 야심이 있었다. 실제로 그는 자신의 딸 마리아를 398년에 호노리우스와 결혼시켰으므로 황제의 장인이었다.[30] 진실이야 알 수 없지만 스틸리코가 고트족을 장차 동방 제국과 상대할 때 유용하게 쓰일 동맹군으로 여긴 것은 분명한 듯하다. 그래서 그는 그들을 다치게 하지 않았고, 우호적인 관계를 맺었을 것이다.

하지만 이 무렵에도 스틸리코는 자신의 장기적인 복안을 숨기고 있었으며, 그로부터 5년이 더 지나서야 계획을 공개하게 된다. 한편 동방과 서방의 관계는 악화일로를 걸었다. 주된 이유는 콘스탄티노플의 주교인 성 요한네스 크리소스토무스의 성격과 그가 겪은 고난 때문이었다. 인덕은 높았으나 성미가 까다로웠던 그는 황후를 노골적으로 비난한 탓에 궁정 내에서 위험스러울 만큼 인기를 잃었다. 결국 403년에 그는 알렉산드리아 주교인 테오필루스와 길고 열렬한 논쟁을 벌이다가 유독시아에게 그녀가 기다리던 구실을 주고 말았다. 그는 곧 주교에서 해임되고 비티니아로 유배를 갔다. 그러나 고위층에서는 적이 많아도 시민들에게서는 상당한 지지를 받고 있었으므로 그가 유배되자 즉각 폭동이 터졌고, 콘스탄티노플의 시민들과 자신들의 주교를 지지하러 온 알렉산드리아 사람들 사이에 격렬한 시가전이 벌어졌다. 설상가상으로 그날 밤에는 지진까지 발생했다. 미신을 믿는 황후—그녀는 현장에서 유산을 했다고 한다—는 초자연적인 현상에 겁을 잔뜩 집어먹고 크리소스토무스를 복직시켰다.

이리하여 1차전은 크리소스토무스의 승리로 끝났다. 그가 그 정도에 만족하고 자제했더라면 모든 게 순조로웠을 터이다. 그러나 그는 그럴 인물이 아니었다. 불과 몇 주 뒤 그는 소피아 대성당 바로 바깥 아우구스테움에 유독시아의 은상銀像을 세우려는 계획—황후 자신이 3년 전에 밝힌 계획이다—에 한사코 반대했다. 시끄러운 은상 제막식 때문에 예배를 볼 수 없다는 게 그의 이유였다. 이래저래 불화의 골은 점점 깊어졌다. 유독시아는 심지어 남편이 주교와 만나는 것도 일체 허락하지 않았다.

이듬해 초봄에 종교 회의에서 알렉산드리아와 싸움이 붙자 크리소스토무스는 또다시 해임되었다. 당시 그가 한 설교에는 "헤로디아는 다시 화를 내고 …… 다시 요한의 머리를 접시에 담아 오라고 명했다"는 구절이 있었는데, 아마 그에게 도움이 되지는 않았을 것이다. 이번에는 전년의 사건을 분명히 기억하는 아르카디우스가 직접 나서서 주교가 성당에 들어가는 것을 막았다. 그러나 문제가 터진 것은 부활절에 세례 예비자 2천 명이 콘스탄티누스 목욕탕에 모여 세례를 기다리고 있을 때였다. 처음에는 예배로 시작되었으나 곧 시위로 변했고, 질서 유지를 위해 군대가 투입되었다. 그때 세례용 물은 핏빛으로 변했다고 한다.

6월 24일 완고한 주교는 두 번째로 유배를 떠났고, 콘스탄티노플의 시민들은 또다시 시위를 벌였다. 그날 밤 소피아 대성당은 화재로 파괴되었으며, 그 불은 강력한 북풍을 타고 인근의 원로원 의사당에까지 번졌다. 다음날 아침 두 건물은 잿더미로 변했고, 시의 가장 중요한 고대의 조각상들이 없어졌다. 그로부터 넉 달이 채 안 된 10월 6일에 마지막이자 분명한 신의 노여움이 떨어졌다. 황후가 다시 유산을 한 끝에 죽고 만 것이다.

유배를 떠나기 직전에 크리소스토무스는 로마의 교황 인노켄티우스 1세에게 자신의 억울함을 호소하면서 정식 재판을 열어 고발자들을 상대할 수 있게 해 달라고 요구했다. 교황은 라틴 주교들로 종교 회의를 소집했는데, 여기서는 만장일치로 전년도 종교 회의의 결정이 무효라고 가결되었다. 그에 따라 인노켄티우스와 호노리우스는 아르카디우스에게 주교를 본래의 교구로 복귀시키라고 명했다. 그리고 그리스와 라틴 주교들이 테살로니카에서 총회를 열어 사안을 완전히 매듭지을 것이라고 밝혔다.

한편 호노리우스는 자기 형에게 보낸 준엄한 편지에서, 사태를 잘못 다루어 수도에 큰 혼란이 빚어진 것을 개탄하며, 교황의 승인도 없이 성급히 유배 선고를 내린 것은 옳지 않다고 꾸짖었다. 이 편지에 화가 치민 아르카디우스는 답신을 보내지 않았다. 이후 양측이 대응책을 강구하는 동안 잠시 소강 상태가 되었다. 이윽고 406년에 호노리우스와 인노켄티우스는 공동으로 콘스탄티노플에 대표단을 파견했다. 이 대표단에는 네 명 이상의 원로 주교들이 포함되었으므로 무시할 상대가 아니었다. 그러나 아르카디우스는 자신의 태도를 분명히 했다. 사절단은 시에 들어가지도 못했다. 오히려 그들은 트라키아의 성에 감금되었다가 심문을 받고 서신들도 빼앗긴 다음에

† 유독시아와 아르카디우스가 크리소스토무스를 해임한 것에 반발하여 시민들은 소피아 대성당에 불을 지르는 등 크게 반발했다. 이스탄불에 있는 성 소피아 대성당을 남쪽에서 본 모습.

온갖 수모를 당하고 이탈리아로 송환되었다.

결국 요한네스 크리소스토무스는 407년 가을에 폰투스의 외딴 곳에서 죽었는데, 아마 경비병들이 학대했기 때문일 것이다. 그의 죽음은 제국을 완전히 둘로 갈라놓았다. 이것을 본 스틸리코는 일리리쿰에서 오래전부터 품어 왔던 계획을 실행하기로 마음먹었다. 알라리크도 신호만 보내면 곧바로 와서 그에게 도움을 줄 터였다. 스틸리코가 가장 먼저 취한 조치는 동방 제국을 봉쇄하고 이탈리아의 모든 항구에 아르카디우스의 선박을 들이지 말라는 명령이었다. 그것은 곧 선전포고나 다름없었으나 스틸리코는 전쟁 준비만 하면서 라벤나에 머물러 있었다. 그러던 중 로마에 있던 호노리우스가 보내온 전갈로 인해 그의 계획은 중단되었다. 알라리크가 죽은 것 같다는 소식이었다. 그 무렵 브리타니아 총독인 콘스탄티누스가 정제를 자칭하고 갈리아로 건너와서 반란의 기치를 들었다. 급한 일이 터졌으니 일리리쿰은 잠시 보류해야 했다. 스틸리코는 라벤나에 군대를 남겨 두고 호노리우스와 상의하기 위해 서둘러 로마로 갔다.

그러나 로마에 도착한 그는 자신이 받은 전갈의 절반이 헛소문이었음을 알았다. 알라리크는 멀쩡히 살아 있었다. 오히려 그는 자신과 스틸리코가 함께 계획한 동방 원정이 연기된 것에 커다란 불만을 품었다. 그는 준비를 갖추는 데 상당한 시간과 비용이 들었으므로 그 보상으로 금 4천 파운드를 한꺼번에 지불해 달라고 요구했다. 이 요구를 전해 들은 로마 원로원 의원들은 당연히 경악했다. 하지만 스틸리코는 그 금액이 필요하다고 여기고, 황제의 장인이라는 특별한 지위를 최대한 활용하여 그들을 설득하는 데 성공했다. 이에 항의한 의원은 단 한 사람뿐이었다. "이것은 평화가 아니라 노예제에 얽매이는 것이오." 그는 용기 있게 주장했지만 곧 자기 말을 취소하고 싶었을 것이다. 스틸리코의 분노를 산 그는 회기가 끝난 직후 그리스도교 성당에서 피신처를 구해야 했기 때문이다.

학살과 보복

408년 5월 초에 서른한 살인 아르카디우스 황제는 자신의 할아버지 이름을 딴 일곱 살짜리 아들 테오도시우스 2세에게 제위를 넘기고 죽었다. 스틸리코에게는 그보다 더 반가운 소식이 없었다. 이제 일을 잘 처리한다면 피를 흘리는 일 없이 동방에서 자기 계획을 실현할 수 있겠다고 여겼던 것이다. 게다가 알라리크와 고트군도 필요가 없으니까 그들에게 갈리아의 반역자 콘스탄티누스를 상대하도록 하면 될 터였다. 호노리우스가 콘스탄티노플까지 직접 가겠다고 나섰지만, 스틸리코는 서방 황제가 동방의 수도에 간다면 쉽게 풀릴 문제도 까다로워질 수 있다는 이유로 쉽게 설득할 수 있었다. 그는 6년 전 폴렌티아 전투 이후 자신의 궁정으로 완전히 다진 라벤나에 있는 편이 훨씬 낫다고 판단했다. 마기스테르 밀리툼으로서 그는 사위를 대신하여 모든 문제를 만족스럽게 매듭지을 수 있을 터였다.

그런데 2년 사이에 스틸리코의 계획은 두 번째로 또 물거품이 되고 말았다. 혹시 그의 야망이 너무 노골적이었던 것은 아닐까? 그의 딸 마리아 황후가 바로 전해에 죽었는데도 그는 마리아의 동생인 테르만티아를 다시 호노리우스와 결혼시켰다. 이것은 많은 그리스도교도들이 충격을 느낄 만큼 지나치게 성급한 것이었다. 혹시 알라리크에게 지불하자고 주장한 금액 때문에 그가 생각하던 것 이상으로 큰 반발이 일어났던 것은 아닐까? 아니면 해묵은 시기심이 서서히 발동한 탓일까? 어쨌든 그는 로마인이 아니라 반달족이었고 반달족은 제 처지를 알아야 했다. 게다가 검약을 강조하는 그의 엄격한 태도는 군대 내에서 큰 불만을 샀다. 그런 탓에 그 전해에는 볼로냐와 파비아에서 한 차례씩 소규모 폭동이 일어났다. 요컨대 스틸리코는 위험할 정도로 인기를 잃은 것이다. 라벤나의 궁정에서 그의 주된 적은 올림피우스라는 대신이었다. 그는 호노리우스와 함께 이탈리아를 여행하던 중 스틸리코가 없는 틈을 타서 황제에게 장인이 반란을 꾀하고 있다고 모함했다.

그가 정확히 어떤 말로 스틸리코를 비방했는지, 혹은 그 사건이 과연 사실인지 아닌지는 알 수 없다. 한 가지 분명한 사실은 스틸리코가 재판을 받고 유죄를 선고받아 408년 8월 23일에 라벤나에서 처형되었다는 것이다. 스틸리코의 아들 유케리우스는 로마로 도망쳐서 몇 달 더 목숨을 부지했으며, 그의 누이인 테르만티아는 황궁에서 쫓겨나—언니인 마리아처럼 그녀도 처녀의 몸이었다고 한다—어머니 세레나에게로 보내졌다. 세레나는 일단 처형을 면했으나 몇 달 뒤 불경죄 혐의를 받아 로마 원로원의 명령에 따라 교수형을 당했다(오래전에 그녀는 삼촌인 테오도시우스와 함께 로마를 방문하던 중 신들의 어머니인 레아 신전에 들어가서 여신상의 목걸이를 벗겨 조롱하는 표정으로 자기 목에 두른 적이 있었다. 로마인들은 그 일을 결코 잊지 않았던 것이다).[31]

스틸리코가 처형되자 그동안 억압되어 있던 야만족에 대한 로마인들의 증오심이 갑자기 봇물처럼 터져나왔다. 제국 전역의 부대에서 로마 병사들은 동료였던 고트족, 훈족, 반달족 병사들과 그들의 가족을 마구잡이로 공격했다. 끔찍한 학살극이었고 후유증도 무척 컸다. 살아남은 자들은 무리를 지어 농촌을 헤매고 다니면서 약탈을 일삼았고, 결국에는 알라리크를 찾아갔다. 그 덕분에 그의 병력은 약 3만 명이나 증대했다. 제국에 충성을 바치던 그들은 이제 복수심에 불타는 제국의 적이 되었다. 그들은 무참히 죽어간 형제, 아내, 자식들에 대한 복수를 하지 않으면 두 다리를 뻗고 잘 수 없다고 다짐했다. 그 뒤 2년 동안 로마인들이 겪게 될 시련의 책임은 대부분 로마인들 자신에게 있었다.

이 중대한 역사적 순간에 로마인들은 지휘관이 없다는 사실을 깨달았다. 스틸리코가 동방 제국에 대해 어떤 흑심을 품었는지는 몰라도 서방 제국에서 그만큼 충직한 종복은 없었다. 그렇지 않았더라면 그는 이미 오래전에 바보 같은 호노리우스를 손쉽게 제거했을 터였다. 그랬더라면 그는 황실과 가까운 연고를 활용하여 야만족 출신이라는 단점을 극복하고 제위에 오를 수 있었을지도 몰랐다. 제위까지는 아니더라도 유능하고 믿음직한 후계자를 발탁하는 권한은 행사할 수 있을 것이었다. 올림피우스의 비방을 근거 없는 것으로 여긴다면, 그의 충성심은 확고했다(조시무스는 올림피우스를 "겉으로는 독실한 그리스도교도인 척하면서 실은 형편없는 무뢰한"이라고 말했다). 스틸리코는 제국을 신뢰한 야만족 중 한 사람이었다. 엄격한 성품에 이따금 교활한 면은 있었어도 그는 훌륭한 지도자였다. 그가 죽은 뒤에야 비로소 로마인들은 그를 대신할 사람이 없다는 것을 깨달았다.

알라리크 역시 나름대로 제국을 신뢰했다. 다만 호노리우스를 신뢰하지 않았을 뿐이다. 또한 그가 요구하는 보상을 마지못해 수락하고 나서 일부분만 주고 발을 빼려는 로마 원로원은 더욱 신뢰할 수 없었다. 그런 태도는 곧 침략의 공개적인 초청장이나 다름없었다.

게다가 로마인들은 이제 군대를 동원하거나 방어를 강화하려 하지도 않았다. 스틸리코가 죽은 이후에는 군대 모집조차 제대로 되지 않았던 것이다. 그래서 알라리크는 침공했다. 408년 9월 그는 고트족의 대군을 이끌고 로마 성벽 앞에 이르렀다. 그제서야 로마인들은 자신들이 재앙을 자초했다는 것을 깨달았다. 그때까지 그들은 야만족의 오합지졸들이 문명 세계 최대의 도시에 심각한 위협이 될 수 있으리라고는 믿지 않았다. 심지어 적이 코앞까지 닥쳐 온 상황에서도, 고트족은 끈기와 인내심이 부족해서 오랫동안 포위 공격을 펼 수 없으니 며칠이면 다른 데로 관심을 돌릴 것이라고 말하는 사람들이 있었다.

하지만 알라리크가 로마의 숨통을 조이는 데는 며칠로도 충분했다. 고트족은 모든 도로, 교량, 보도, 성벽의 구석구석까지 끊임없이 감시했다. 테베레 강에는 항상 순찰선이 돌아다니면서 식량과 보급품이 로마로 유입되지 않도록 했다. 시내에서는 엄격한 식량 배급제가 실시되었다. 하지만 곧 하루치 식량은 절반으로 줄었고, 금세 다시 3분의 1로 줄었다. 심지어 인육을 먹었다는 소문까지 나돌았다. 겨울이 다가오면서 날씨가 추워지자 한기와 영양실조가 겹쳐 질병을 불렀다. 그래도 혹시 라벤나에서 구원군이 때맞춰 와 주지 않을까 싶어 북동쪽의 감시탑에는 인력을 배치해 두었다. 그러나 구원군을 기대할 수 없다는 사실이 점차 분명해졌다. 호노리우스는 옛 수도를 구하기 위해 손가락 하나도 까딱하지 않았다.

크리스마스가 가까워지자 방어군은 더는 버틸 수 없다는 것을 알았다. 곧이어 사절들이 알라리크에게 파견되어 배상금 합의를 보았다. 배상금은 금 5천 파운드, 은 3만 파운드, 비단옷 4천 벌, 진홍색으로 물들인 가죽 3천 장, 후추 3천 파운드였다. 금과 은을 마련하기 위해 성당과 이교 신전의 조상과 장식물이 거덜 났고, 무수한 예술품이 용광로에서 녹았다. 하지만 이번에는 취소도 없었고, 임시변통도 없었다. 로마인들은 뼈저리게 교훈을 깨달았고 배상금은 전액 지급되었다.

모두의 적이 된 호노리우스

그러나 아직도 미래는 불확실했다. 알라리크는 자기 백성들이 살아갈 터전을 원하고 있었다. 로마를 떠나 북쪽으로 귀환하는 길에 그는 리미니에서 민정 총독인 요비우스를 만나 몇 가지 새로운 제안을 했다. 그는 호노리우스에게 로마의 속주들인 베네치아, 달마치야, 노리쿰에 대한 로마의 소유권은 그대로 둔 채 고트족의 영구한 터전으로 할당해 주고, 매년 보조금과 곡식을 주어 자신의 군대가 무장을 유지할 수 있도록 해 달라고 요구했다. 그러면 그 대신 로마와 신실한 군사 동맹을 맺고 앞으로 모든 적으로부터 로마를 방어하고 수호하겠다는 것이었다. 로마인들이 보기에 그 정도면 괜찮은 제안이었다. 요비우스도 그 자리에서 거절하지 않고 황제에게 보고했다. 여기에 덧붙여 그는 알라리크에게 예전에 스틸리코가 가졌던 것과 같은 마기스테르 우트리우스쿠에 밀리티아이 magister utriusque militiae — '두 군대(기병과 보병)의 대장' —라는 직함을 주면 요구 조건을 더 완화할 듯하다는 자신의 추측도 보탰다.

그러나 호노리우스는 막무가내였다. 그는 땅을 내준다는 것도 단호하게 반대했으며, 직함도 부여하지 않으려 했다(그는 요비우스에게, "그런 명예를 알라리크나 그 민족의 어느 누가 가진 적이 있었더냐?"라고 반문했다). 사실 그로서는 처음으로 고집을 부려 보는 것이었지만 때를 완전히 잘못 골랐다. 고트족이 공격을 재개한다면—어차피 곧 그렇게 나오겠지만—사기도 땅에 떨어진 데다 지휘관도 없는 로마군은 한시도 버텨 내지 못할 형편이었던 것이다. 도움을 요청한 동방 제국은 일곱 살짜리 황제가 즉위한 이후 혼란의 와중에 빠졌으므로 제 코가 석 자인 상태였으며, 서방의 갈리아, 브리타니아, 에스파냐를 장악하고 있는 반역자들은 로마의 어설픈 진압을 거뜬히 물리친 것은 물론 언제든 이탈리아를 침공할 수 있는 상황이었다. 호노리우스가 제안을 받아들인다면 알라리크와 고트군은 훌륭한 방패막이가 될 수도 있었다.

호노리우스는 방어할 힘도 없으면서 저항을 고집한 반면, 알라리크는 마음만 먹으면 쉽게 로마를 쳐부술 수 있었는데도 평화를 원했다. 게다가 황제의 서한을 고트족 앞에서 크게 낭독한 요비우스의 실수—실수였기를 바랄 따름이지만—는 그들의 감정을 더욱 격앙시켰다. 그래도 합의를 이루고 싶은 마음에서 알라리크는 몇 주 뒤 주교 대표단을 라벤나로 보내 호노리우스를 설득하게 하면서 요구 조건을 대폭 낮추었다. 베네치아와 달마치야는 포기하고 이제 그가 요구하는 것은 도나우 강변의 노리쿰—이곳은 어차피 야만족의 침략으로 쑥밭이 되었기에 거의 가치가 없었다—과 백성들이 먹고 살 수 있는 보조금이었다.

그런 상황에서 그렇게 관대한 요구 조건은 놀라운 것이었다. 게다가 황제는 그 조건을 다시 거절할 경우 어떤 결과가 빚어질지 모를 리 없었다. 그런데도 호노리우스는 고트족과의 모든 협약을 거부했다. 마침내 알라리크의 인내심도 바닥을 쳤다. 열두 달 만에 알라리크는 또다시 로마로 쳐들어가 즉각 봉쇄 체제를 확립했다. 그러나 이번에는 전술이 바뀌었다. 그는 로마인들에게 자신의 의도는 불과 칼로 로마를 파괴하는 게 아니라 이탈리아의 평화를 가로막고 있는 호노리우스를 타도하는 것뿐이라고 말했다. 만약 그에 동의하여 로마인들이 황제를 폐위시키고 더 현명한 후계자를 선출한다면 자신은 즉시 포위를 풀겠다는 말도 덧붙였다.

로마 원로원은 비상 대책 회의를 소집하여 즉각 결론을 내렸다. 또다시 포위된다는 것은 생각할 수도 없는 일이었다. 게다가 호노리우스는 지금도, 지난해에도 백성들에게 늘 무관심했다. 그저 제 한 몸만 라벤나에서 안전하다면 백성들의 처지 따위는 아무래도 좋다는 태도였다. 요컨대 그는 백성들의 신망을 잃은 것이었다. 그들은 더 이상 그를 원하지 않았다. 결국 성문이 열리고 알라리크는 로마에 무혈 입성했다. 호노리우스는 곧바로 폐위되었으며, 로마의 시장이었던 프리스쿠스 아탈루스라는 이오니아 출신의 그리스인이 정제로 추대되었다.

그것은 일단 괜찮은 선택이었다. 아탈루스는 지성과 예술적 취향을 갖춘 그리스도교도였으며, 종교에 대한 관용적 태도와 고전 문학과 문화에 대한 애정을 가지고 있었기 때문에 이교도들에게서도 환영을 받았다. 또한 다행히도 그는 아리우스파의 고트족 주교에게서 세례를 받았으므로 모두 아리우스파로 구성된 고트족의 그리스도교도들에게서도 지지를 받았다. 그는 알라리크를 마기스테르 밀리툼으로 임명한 다음 라벤나로 진군할 차비를 갖추었다. 그러나 먼저 해결해야 할 중요한 문제가 한 가지 있었다. 로마의 주요 식량 공급원으로, 작지만 매우 귀중한 아프리카 속주(얼추 지금의 튀니지 북부에 해당한다)의 총독인 헤라클리아누스가 호노리우스의 충성파였던 것이다(스틸리코를 처형한 인물도 바로 그였다). 알라리크가 보기에 해법은 단 하나였다. 즉각 속주의 수도인 카르타고로 군대를 보내 헤라클리아누스를 폐위시키는 것뿐이었다. 그러나 더 외교적인 방식을 선호한 아탈루스는 콘스탄스라는 청년에게 자신의 이름으로 아프리카 속주를 평화로이 장악할 수 있는 위임장을 주어 그곳으로 보냈다. 이 문제가 해결되자 그는 알라리크와 함께 라벤나로 출발했다.

로마의 사태와 더불어 적들이 쳐들어온다는 소식을 듣자 호노리우스도 더는 태연을 가장할 수 없었다. 공포에 사로잡힌 그는 아탈루스에게 전령을 보내, 자신이 라벤나에서 계속 정제로 있도록 해준다면 아탈루스가 로마를 지배하는 데 동의하겠노라고 말했다. 그렇게 해서 시간을 번 그는 인근의 클라시스 항구에 배를 준비하게 했다. 측근들과 함께 배를 타고 콘스탄티노플로 안전하게 도망칠 속셈이었던 것이다. 그러나 배가 막 출발하려는 순간, 어린 테오도시우스 2세가 삼촌을 돕기 위해 보낸 비잔티움의 여섯 개 군단—조시무스는 약 4만 명이라고 추산한다—이 바로 그 항구에 도착했다. 증원군이 온 것에 용기를 얻은 호노리우스는 적어도 아프리카 쪽 소식을 듣기 전까지는 라벤나에 계속 머물겠노라고 호언했다. 헤라클리아누스만 버텨 준다면 아무것도 잃지 않으리라는 게 그의 생각이었다.

과연 그랬다. 며칠 뒤 아프리카에서 그가 고대하던 소식이 전해졌다. 헤라클리아누스가 불운한 젊은이 콘스탄스를 2년 전 스틸리코와 똑같이 처리한 것이다. 알라리크에게 그것은 큰 타격이었다. 그것은 우선 황제를 라벤나에서 축출하지 못하게 되었다는 뜻이었다. 더 걱정스러운 일은 아탈루스의 정치적 통찰력이 크게 부족하다는 점이었다. 알라리크는 다시 아프리카 총독을 힘으로 제거하자고 촉구했으나 아탈루스의 태도는 완강했다. 그는 정제의 처지에서 로마의 속주를 상대로 고트족 군대를 보낼 수는 없다고 주장했다. 원로원도 그 주장에 동의했다. 하지만 뭔가 신속한 조치가 필요했다. 헤라클리아누스는 이미 곡물 공급을 끊었으므로 다시 기근의 위협이 고개를 쳐들기 시작했다. 어느 날 아탈루스가 경기장에 있을 때 가장 높은 층에서 "인간의 살에 값을 매겨라 Pretium pone carni humanae!"라는 함성이 들려왔다.

알라리크는 결단을 내렸다. 410년 초여름에 그는 아탈루스를 리미니로 불러 성벽 바로 바깥의 넓은 공터에서 그의 제관과 황제복을 빼앗았다. 그 뒤 그는 호노리우스와 다시 한번 협상하려 했다가 실패하자 로마로 돌아가 세 번째 포위에 들어갔다. 안타깝게도 당시의 상세한 정황에 관해서는 알 길이 없다. 그러잖아도 짜증나는 기록자인 조시무스는 이 중대한 순간을 생략했고, 전해지는 다른 문헌들의 설명은 아주 소략하다. 어쨌든 식량이 부족한 로마는 오래 버티지 못했다. 8월이 끝나갈 무렵 고트족은 핀키아누스 언덕 기슭에 있는 북쪽 성벽의 살라리아누스 성문을 통해 쳐들어갔다.

성을 점령한 다음에는 관례대로 사흘 간의 약탈이 있었다. 그러나 이 약탈은 역사 교과서에 기록된 것보다 정도가 훨씬 덜했던 듯하다. 더 후대의 일이지만 1084년의 노르만인들이나 1527년에 카를 5세의 군대가 저지른 약탈에 비하면 별 것이 아니다. 그 자신도 독실한 그리스도교도였던 알라리크는 성당이나 종교와 관련된 건물들은 건드리지 말고 피신처의 권리도 존중하라는 명령을 내렸기 때문이다. 그러나 아무리 점잖다고 해도 약탈은 어디까지나 약탈이었고 고트족은 성자가 아니었다. 기번은 그 과정에서 저질러진 만행에 관해 이따금 과장은 있지만 사실로 추정되는 소상한 기록을 남겼다. 많은 웅장한 건물들이 불길에 휩싸였고, 무고한 시민들이 살육당했으며, 숱한 부인들과 처녀들이 겁탈을 당했다.

광란의 사흘이 지난 뒤에 알라리크는 남쪽으로 기수를 돌렸다. 아프리카로 군대를 보내 헤라클리아누스를 제거하고 이탈리아의 기근을 해결하기 위해서였다. 그러나 코센차에 이르렀을 무렵 그는 갑자기 심한 열병에 걸려 며칠 만에 죽고 말았다. 아직 마흔의 창창한 나이였다. 그의 부하들은 그의 시신을 부센토 강으로 운반했다. 거기서 그들은 댐을 쌓아 임시로 강물의 흐름을 비껴가게 한 다음 말라붙은 강바닥에 그를 묻었다. 그리고 댐을 부수자 강물이 밀려닥치면서 그의 무덤을 덮었다.

7

두 개의 암흑, 이단과 훈족

410년~453년

만약 당신이 누군가에게 변화를 요구한다면 그는 태어나지 않은 자와 태어난 자에 관한 철학 한 토막을 말해 줄 것이다. 빵 한 덩이의 값이 얼마냐고 묻는다면 그는 "성부가 더 위대하고 성자가 더 열등하다"고 대답할 것이다. 또 목욕 준비가 되었느냐고 묻는다면 성자는 무에서 생겨났다는 대답을 들을 것이다.

니사의 그레고리우스

테오도시우스 성벽

콘스탄티노플은 바다에서 볼 때 가장 좋다는 말은 이 도시에 관한 흔한 표현 중 하나다. 그 지리적 위치의 독특함을 올바로 평가하기 위해서도 바다에서 보아야 한다. 또한 아주 오랜 세월 동안 '신비한 동방'을 상징해 온 돔 지붕과 미나레트[minaret, 이슬람 사원에서 기도 시간을 알려주는 탑]의 유명한 스카이라인을 감상하기 위해서도 마찬가지다. 여기에 대해 우리는 쉽게 반대하지 못한다.

그러나 비잔티움으로부터 이슬람교 이상의 더 강렬한 마력을 느끼는 사람들에게는 대단히 만족스러운 구경거리가 아직 남아 있다. 에디르네에서 육로로 콘스탄티노플에 처음 온 사람들은 우뚝 솟은 육로성벽을 보고 누구나 그 장관을 잊지 못한다. 황갈색 줄무늬가 있는 커다란 탑들은 적의 공격을 받아—가장 최근의 공격자는 터키의 교통 수단이다—군데군데 부서지고 무너졌지만, 그 위용은 16세기가 지난 지금도 여전히 당당하다. 마르마라 해에서 황금뿔까지

6킬로미터 이상 뻗어 있는 이 성벽—콘스탄티누스 시대보다 안쪽 면적이 더 넓어졌다—은 도시에 이르는 육로를 완전히 봉쇄하고 있다. 1천여 년 동안 이 성벽이 파괴된 것은 단 한번, 바로 비잔티움 제국이 멸망할 때였다.

그러나 그것은 500여 년 전의 일이고, 성벽은 처음 세워진 테오도시우스 2세 시대 이후 오늘날에 이르기까지 테오도시우스 성벽이라 불리며 우뚝 서 있다. 비록 이 방대한 성벽의 축조는 42년에 달하는 테오도시우스 2세의 치세에서 유일한 업적으로 남아 있지만, 사실 그는 성벽의 이름이 될 자격이 없다. 그가 겨우 열두 살이었던 413년부터 성벽—지금 우리가 보는 삼중 성벽이 아니라 하나의 성벽—의 공사가 시작되었는데, 실상 그 성벽을 구상하고 집행한 사람은 테오도시우스 2세의 치세 초기 6년간 황제의 후견인이자 사실상 동방 제국의 섭정이었던 민정 총독 안테미우스였다.

안테미우스는 테오도시우스 대제의 시대 이후 속인으로서는 처음으로 능력과 원칙을 두루 갖춘 고위층 관료였다. 성벽 이외에 그는 페르시아와 새 강화 조약을 체결하고, 도나우 함대를 크게 강화하여 훈족의 왕 울딘의 침략을 막아 내고, 알렉산드리아로부터 곡물 공급을 원활히 했으며, 아르카디우스 사후에 서방 제국과의 관계를 개선하는 등 많은 업적을 쌓았다. 그러나 그의 섭정은 그리 오래가지 못했다. 414년에 그가 죽자 뒤이어 실권을 틀어쥔 사람은 황제의 누나인 풀케리아였다. 그때부터 황제가 죽을 때까지 36년 동안은 사실상 모든 권력이 여성들의 손에 집중된 기간이었다.

풀케리아는 테오도시우스 2세보다 겨우 두 살 많았으므로 아우

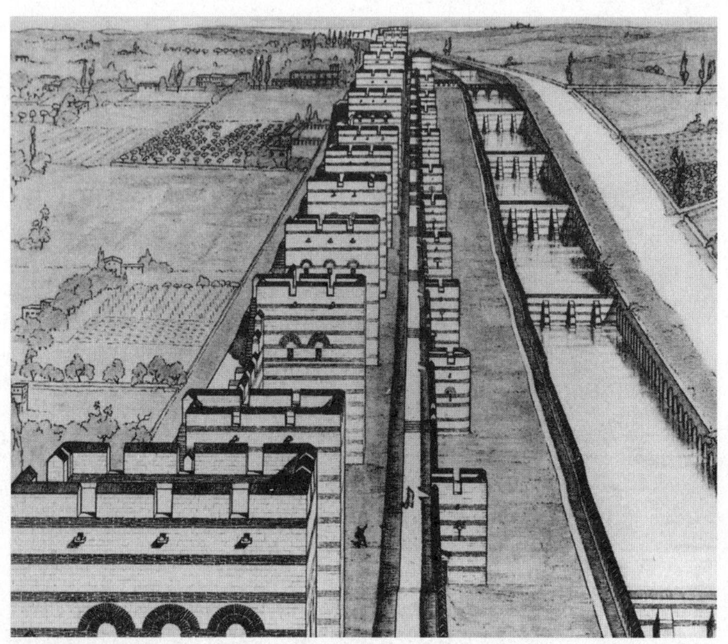

† 안쪽 성벽과 바깥쪽 성벽, 해자로 이루어진 테오도시우스의 육로성벽 복원도(위)와 오늘날 이스탄불에 남아 있는 육로성벽의 잔해(아래).

구스타(Augusta, 여제)가 되어 정부의 권한을 장악했을 때는 불과 열다섯 살이었다.* 아마 그때쯤이면 그녀의 남동생이 아버지인 아르카디우스보다 거의 나을 게 없다는 사실이 분명해졌을 것이다. 테오도시우스 2세는 유약하고, 우유부단하며, 소극적이었다. 그와 달리 풀케리아는 강하고 단호한 성격이었으며, 권력욕도 대단했다. 게다가 그녀는 신앙심이 지나칠 정도로 강했고 소피아 대성당을 재건하는 데서 큰 즐거움을 느꼈다. 그녀를 닮아 아래 두 여동생 아르카디아와 마리나도 비슷한 성향을 지녔다. 그래서 당시 황궁의 분위기는 궁전이라기보다 수도원에 가까웠다고 한다. 황궁에는 아침부터 밤까지 신부들과 수도사들이 득시글거렸다. 황실의 세 자매는 평생 처녀로 살겠다고 서약했으며, 찬송가 소리에 맞춰 제대포〔祭臺布, 제단을 덮는 천〕와 제의를 짜고 기도문을 읊었다. 사람들은 유독시아가 권력을 휘두르던 시절과는 너무도 다르다면서 동경의 시선을 보냈다.

테오도시우스 2세가 누나의 신앙심으로부터 얼마나 영향을 받았는지는 추측해 볼 도리밖에 없다. 포르피로게니투스porphyrogenitus[32]로서 태어날 때부터 공동 정제였던 테오도시우스 2세는 태어난 지 며칠밖에 안 되었을 때 세례를 받고 곧바로 첫 번째 탄원(가자의 주

* 로마 제국에서 제위의 소유자는 물론 황제였으나, 여기서 흥미로운 것은 여성도 똑같은 대우를 받았다는 사실이다. 황제의 아내, 즉 황후도 황제와 똑같이 대관식을 치렀고 제관을 받았다. 테오도시우스의 누나 풀케리아가 아우구스타가 될 수 있었던 것은 그런 전통 덕분이다. 나중에 자주 나오겠지만, 비잔티움 제국에서도 이 전통은 그대로 유지된다. 이는 중국식 황제와 크게 다른 점이기도 하다. 우리말(한자어)의 여왕과 왕비는 엄연히 다르지만, 유럽어의 queen, reine, Königin이 모두 여왕과 왕비를 함께 뜻한다는 것도 그 흔적이다.

교인 포르피리우스가 자기 교구 내의 모든 이교 신전들을 파괴해 달라고 요청한 것)을 승낙했다.[33] 아주 어릴 때부터 그는 지상에 존재하는 신의 대리인에 걸맞도록 또래 아이들과 완전히 격리된 채 살아야 했다. 그러나 그렇게 자랐고 부모에게서 물려받은 성격상의 결함이 있음에도 불구하고 테오도시우스는 상당한 매력을 지닌 인물로 생각된다. 교회사가인 소크라테스에 의하면, "그는 원로원과 백성들에게서 두루 큰 사랑을 받았다."

그는 결코 어리석은 인물이 아니었다. 5세기에 종교는 일상생활의 큰 부분을 차지했기 때문에 어느 정도 관심을 갖지 않을 수 없었지만, 그의 취향은 종교보다 세속적인 학문과 문화, 즉 라틴과 그리스의 고전 사상이나 수학, 자연 과학에 있었다. 무엇보다 그는 그림을 그리고 필사본 만드는 일을 좋아했는데, 그래서 칼리그라포스kalligraphos, 즉 서예가라는 별명을 얻기도 했다. 그러나 그의 관심은 지식과 예술에만 국한되지 않았다. 그는 사냥도 무척 즐겼고, 지금의 폴로에 해당하는 페르시아의 추칸이라는 경기를 콘스탄티노플에 처음 도입한 사람도 그였을 것으로 추측된다. 이렇듯 여러 방면의 취미를 가지고 있었기 때문에 그는 친정親政을 펼 수 있는 나이가 된 뒤에도 나랏일을 누나의 손에 맡기는 데 전혀 반대하지 않았다. 열아홉 살이 되던 420년에야 비로소 그는 다른 방면에 관심을 돌리기 시작했고, 처음으로 누나와 국가 중대사를 의논했는데, 그것은 바로 자신의 신붓감을 찾아달라는 부탁이었다.

황궁의 여인들

때마침—후대의 역사가들이 말한 사실이니 우리가 어떻게 반박하겠는가?—그 무렵 황궁에는 아테나이스라는 빼어난 미모를 자랑하는 그리스 처녀가 있었다. 그녀는 아테네 대학의 교수인 레온티우스라는 사람의 딸이었는데, 아버지가 죽은 뒤 두 오빠가 아버지의 유산을 그녀에게 나눠 주지 않은 탓에 오빠들을 등지고 수도로 와서 황제의 도움을 받았다. 또 다른 이야기에 따르면, 레온티우스는 일부러 딸에게 금 100조각 이외에 아무것도 주지 않았고, 유언장에 "그 아이는 행운을 타고 났으니 어느 여자보다 높은 지위에 오를 것"이라는 말을 남겼다고 한다. 그게 사실이라면 과연 그의 예견은 옳았다. 아테나이스를 처음 본 풀케리아는 그녀의 미모만이 아니라 세련되고 매력적인 그녀의 그리스어에 깊은 인상을 받았다. 그녀는 곧장 테오도시우스 2세와 만나게 되었고, 당연히 그는 그녀에게 첫눈에 반했다. 아테나이스가 이교도라는 문제는 어렵지 않게 해결되었다. 몇 주 동안 아티쿠스 주교에게서 가르침을 받은 뒤 세례를 거쳐 그리스도교 신앙을 얻고 이름도 유도키아로 바꾼 것이다. 말할 것도 없이 그녀의 대모代母는 곧 시누이가 될 풀케리아였다. 421년 6월 7일 그녀는 테오도시우스 2세와 결혼했다.

숨 막힐 듯한 황궁의 분위기 속에서 아테나이스[34]는 마치 신선한 봄바람과도 같았다. 그녀는 신앙심이 두터웠지만—그런 상황에서라면 그러지 않을 수도 없었다—그녀의 그리스도교 신앙은 이교적 배경으로 인해 다소 가벼워 보였다. 아버지의 영향을 받아 어릴 때부터 헬레니즘 전통에 흠뻑 젖었던 그녀는 성서나 교부들의 저작보다 그리스 시인과 철학자에 더 익숙했다. 요컨대 그녀는 우울한 분위기의 세 공주와는 전혀 차원이 다른 품격을 지니고 있었으며, 황궁의 분위기를 밝게 만들었다. 결혼한 이듬해에 남편의 품에 딸을 안겨주자 그녀의 인기는 더욱 높아졌다(테오도시우스 2세는 어머니를 기리려는 의도에서, 그러나 우리에게는 헛갈리게도 딸의 이름을 어머니와 같은 유독시아로 지었다). 423년 테오도시우스 2세는 아내를 아우구스타의 서열로 끌어올렸다.

누가 봐도 지극히 자연스러운 일이었으나 그녀의 시누이만은 그것을 인정하려 하지 않았다. 풀케리아는 늘 아테나이스를 자신의 창조물처럼 여겼다. 그도 그럴 것이 그녀를 발탁하고, 테오도시우스에게 소개하고, 그리스도교로 개종시키고, 세례에서 대모가 되어 주고, 궁정 생활을 가르친 사람이 바로 자신이었기 때문이다. 아테나이스는 자신의 피보호자였고, 그녀가 가진 모든 것, 그녀가 이룬 모든 것은 곧 자신의 것이나 다름없었다. 그런데 졸지에 아테나이스가 자신과 같은 서열로 뛰어오른 것이다. 게다가 아테나이스는 풀케리아보다 미모에서 더 앞섰고, 교양에서 더 뛰어났으며, 인기도 더 높았다. 또한 자기 남편인 황제와도 훨씬 더 가까웠고, 풀케리아가 생각했던 것 이상으로 황제에 대한 영향력도 컸다. 황후에 대한 시기심이 커질수록 풀케리아에게는 황후가 경박해 보였고, 점점 불손해지는 듯이 여겨졌다(아마 실제로도 그랬을 것이다). 이윽고 풀케리아는 어떻게든 황후의 위상을 깎아내리지 않으면 안 되겠다고 마음먹었다.

그해 여름 황제 부부는 제국의 셋째 아우구스타를 영접했다. 테오도시우스 대제의 딸—모계로는 발렌티니아누스의 손녀—인 갈라 플라키디아가 어린 두 아이를 데리고 콘스탄티노플에 온 것이었다. 아직 30대 초반의 나이였지만 플라키디아는 이미 산전수전을 다 겪은 처지였다. 그녀는 이복오빠인 호노리우스의 라벤나 궁정에서 견디지 못하고 로마로 거처를 옮겼다가 세 차례에 걸친 알라리크의 포위를 견뎌냈다. 그러나 세 번째 포위가 끝났을 때 그녀는 고트족에게 인질로 잡혀가 414년까지 4년 동안이나 포로 생활을 하다가 호노리우스가 알라리크의 처남이자 후계자인 아타울푸스와의 결혼에 동의함으로써 포로의 신분에서 벗어났다. 아타울푸스와 플라키디아는 나르본에서 성대한 결혼식을 올리고 바르셀로나에 터전을 잡았다. 그러나 남편이 1년 만에 죽는 바람에 플라키디아는 라벤나로 돌아왔다. 거기서 417년에 그녀는 호노리우스의 강권으로 마지못해 그의 자문관이었던 콘스탄티우스라는 가무잡잡한 피부의 일리리쿰 사람과 재혼을 했다.

콘스탄티우스는 호감을 주는 인상이 아니었고—표정은 언제나 무뚝뚝했고 늘 의심스러운 눈초리를 이리저리 돌렸다고 한다—승마술이 아주 형편없었음에도 불구하고, 군사 부문에서 탁월한 전공을 쌓았다. 그중에서도 특히 411년 아를에서 반역자 콘스탄티누스를 물리친 것은 최고의 수훈이었다.[35] 그는 플라키디아가 첫 결혼을 하기 전부터 그녀를 진심으로 사랑한 듯하다. 곧이어 그들 사이에 두 아이 호노리아와 발렌티니아누스가 태어났고, 421년에 콘스탄티우스는 호노리우스와 공동 정제가 되어 플라키디아도 아우구스타로 임명되었다. 그러나 테오도시우스의 궁정에서는 그 소식에 경악했다. 테오도시우스 2세는 그것을 인정하지 않고 그들이 라벤나에서 돌아왔을 때 전통적인 석상을 세워 주는 것도 거부했다. 그러나 다행히도 그의 불만은 오래가지 않았다. 콘스탄티우스—정제라는 직함을 몹시 싫어했던 그는 즉위하자마자 곧 건강이 나빠졌다—가 겨우 6개월 동안 재위한 뒤 죽었기 때문이다.

그래서 플라키디아는 라벤나의 궁정에서 또 다시 과부가 되었다. 당연히 그녀는 라벤나가 싫을 수밖에 없었다. 더구나 늘 심리가 불안정한 호노리우스는 점점 정도가 심해졌다. 우선 그는 당혹스럽게도 이복누이를 사랑하게 되어 공개 석상에서 플라키디아에게 키스 세례를 퍼붓는가 싶더니, 그것이 짝사랑일 뿐임을 깨달은 뒤부터는 의심과 질투심, 나아가 공공연한 적대감까지 품기에 이르렀다. 이 적대감은 곧 황제 개인만이 아니라 측근들에게까지, 심지어 그의 근위병들에게까지 퍼졌다. 황제의 근위병들이 라벤나의 거리에서 자신의 시종들을 공격하는 사태까지 빚어지자 플라키디아는 더 이상 견딜 수 없다고 여겨 423년 초에 아이들을 데리고 콘스탄티노플의 조카에게로 피신을 온 것이었다.

두 가족은 진심으로 서로를 반겼다. 심지어 겨우 네 살인 플라키디아의 아들 발렌티니아누스와 테오도시우스 2세 부부의 갓난아기 딸 유독시아를 훗날 결혼시키자는 약속까지 할 정도였다. 사실 플라키디아 가족은 보스포루스에 오래 머물기 어려운 처지였다. 그러나 여름이 지날 무렵 그녀에게나 황제 부부에게나 커다란 안도감을 안겨준 소식이 전해졌다. 8월 26일에 호노리우스가 수종에 걸려 마흔

살로 죽었다는 것이다. 불행히도 이 소식에 뒤이은 것은 기쁜 소식이 아니었다. 호노리우스가 남긴 제위를 차지한 사람은 프리미케리우스 노타리오룸primicerius notariorum, 즉 문서 담당관 출신의 요한네스라는 보잘것없는 자였다.

테오도시우스 2세는 신속하게 대처했다(아마 풀케리아는 물론 아테나이스조차도 그를 재촉했을 것이다). 아무리 문제가 많은 자리라 하더라도 서방 황제의 지위가 초라한 하급 관리의 손아귀에 들어가는 것을 두고 볼 수는 없었다. 그래서 그는 당장 플라키디아를 아우구스타로 추인하고 발렌티니아누스를 부제로 임명하는 한편, 군대에게 그들을 이탈리아로 호위해 가서 적법한 제위에 앉히라고 명했다.

이 원정은 이듬해에 출발해서—황제 자신은 테살로니카까지만 동행했다—큰 성공을 거두었다. 당시에 라벤나를 에워싸는 것은 오늘날과는 크게 달랐다. 지난 1,500여 년 동안 바다는 몇 킬로미터나 뒤로 물러났다. 지금 우리가 보는 저지대 초원과 풀밭은 원래 베네치아처럼 섬들이 점점이 박힌 석호를 이루고 있었다. 그래서 라벤나는 거의 난공불락이라는 명성을 누리고 있었다. 바로 그렇기 때문에 겁쟁이 호노리우스는 폴렌티아 전투 이후 사반세기 동안 그곳을 궁정으로 삼은 것이었다. 하지만 라벤나에서도 시로 이어지는 수많은 둑과 둑길의 추가 방어망은 필요했다. 그런데 현명하게도 비잔티움 병사들은 그 방어망을 무시해 버렸다. 그 대신 석호 자체의 얕은 부분을 건너가서—소크라테스는 천사가 양치기로 변장해서 인도했다고 주장한다—방어군을 기습하고 425년 초에 거의 무혈로 라벤나를 점령하는 데 성공했다.

그때까지 18개월 동안 제위에 있었던 요한네스는 쇠사슬에 묶여 플라키디아와 그녀의 자식들이 기다리고 있는 아퀼레이아로 호송되었다. 그곳의 원형 경기장에서 그는 오른손이 잘린 채 당나귀를 타고 시내를 한 바퀴 돌면서 시민들의 조롱을 실컷 받은 뒤에 처형되었다. 한편 승리한 병사들은 라벤나를 사흘 동안 약탈할 권리가 허용되었다. 그 주민들이 반역자를 지지한 데 대한 응징이었다. 이제 여섯 살이 된 발렌티니아누스는 로마로 가서 대관식을 치렀다.

삼위일체설의 맹아

콘스탄티노플에서는 바야흐로 아테나이스의 헬레니즘이 황궁 너머까지 퍼져 가고 있었다. 라틴 요소가 점차 그리스적 요소로 바뀌는 과정은 이미 오래전부터 진행되고 있었지만, 그녀의 영향력 아래 그 속도는 훨씬 빨라졌다. 또한 민정 총독으로 오랫동안 재직한 파노폴리스의 키루스도 아테나이스를 도와 한몫을 담당했다. 그는 시인이자 철학자였고 예술품을 애호했으며, 철두철미한 그리스인으로서 최초로 법령을 그리스어로 반포하기도 했다. 또한 키루스는 콘스탄티노플이 창건된 이래 누구보다도 많은 공공 건물을 세워 수도의 건축적 발달에 크게 기여했다. 게다가 그는 황제 부부와 힘을 합쳐 콘스탄티누스가 설립한 작은 교육 기관을 대규모의 웅장한 대학으로 탈바꿈시켰는데, 이 계획의 배후에 있는 것은 기본적으로 이교 성향이지만, 대학으로서는 그동안 독보적인 지위를 누려 왔던 아테네의 대학에 견줄 만한 그리스도교 대학을 만든다는 구상이었다. 그러나 이렇게 새로운 토대가 구축됨으로써 분명해진 사실은, 이교의 대학이 그리스적이라고 해서 그리스도교의 대학이 반드시 라틴적일 필요는 없다는 점이다. 그리스 학교와 라틴 학교에는 모두 문법학자 열 명이 있었지만 그리스 학교는 수사학자가 다섯 명인 데 비해 라틴 학교는 세 명밖에 안 되었다.

대학의 부산물로 얻은 것이 바로 『테오도시우스 법전』이었다. 429년에 학자 아홉 명으로 구성된 위원회가 편찬하기 시작한 이 법전은 사실상 콘스탄티누스 시대 이래 동방과 서방에서 시행된 모든 법령들을 집대성한 성과였다. 그동안 폐지되었거나 수정된 법령도 무척 많았고, 법령들끼리 상호 모순되는 경우도 적지 않았다. 그런 탓에 1차 위원회가 작업을 끝까지 담당하지 못하고 9년 뒤에 2차 위원회가 구성되어 편찬을 완료할 수 있었다. 마침내 438년 2월 15일 동방과 서방의 두 황제가 공동으로 반포한 이 법전은, 오래전부터 예정되었던 발렌티니아누스와 열다섯 살의 유독시아가 몇 개월 전에 결혼한 것에 이어 제국의 통일을 거듭 강조하려는 의도를 명백히 담고 있었다.

하지만 통일은 알맹이가 없는 껍데기일 뿐이었다. 그때까지 동방과 서방에서 발달해 온 제국의 법은 이제 튼튼한 토대를 지니게 되었다. 그러나 통일을 주장한 것과 거의 동시에 제국의 두 부분은 또다시 갈라지기 시작했다. 한쪽에서 새로 제정한 법령과 법률이 다른 쪽에서 시행되는 경우는 거의 없었다. 콘스탄티노플과 라벤나는 여전히 우호적인 관계이기는 했지만, 사실상 독자적인 길로 가면서 점점 멀어지고 있었다.

게다가 비잔티움 사회의 틀 안에서는 또 다른 균열이 생겨났다. 그 균열의 의미를 제대로 이해하려면, 먼저 종교적 사고가 동방 그리스도교 사회의 각계각층에 얼마나 깊숙이 스며들었는지를 알아야 한다. 이미 전 세기의 말에 니사의 성 그레고리우스는 이 장의 첫머리에 인용된 글을 쓴 바 있다. 그 글에 묘사된 것처럼 신학적 사색을 그리스적인 색채로 바라보는 태도는 성 요한네스 크리소스토무스나 알렉산드리아의 테오필루스 주교와 같은 카리스마적 인물들에 의해 더욱 발달했다. 앞에서 보았듯이 그들의 논쟁은 일반 대중의 감정을 쉽게 격앙시켜 시위, 폭동, 심지어 시가전까지 유발했다. 그 많은 쟁점들 중에서도 가장 심각한 불화를 낳고 분위기를 폭발 상태까지 끌어올린 쟁점은 예수 그리스도와 아버지 하느님의 관계에 관한 문제였다.

이 대단히 까다로운 문제는 수백 년 동안이나 동방과 서방의 그리스도교권에서 근절되지 않은 아리우스파 이단에 뿌리를 두고 있다. 아리우스파는 325년에 니케아에서 이단으로 몰렸으나 4세기 내내 이러저러한 형태로 존속했으며,* 때로는 황제에게까지 영향을 미치기도 했다. 예를 들어 콘스탄티우스는 성자聖子와 성부聖父를 서로 같은homoousion 실체가 아니라 닮은homoioision 실체라고 보는 타협안을 택했다[36] 반면에 발렌스는 철저한 아리우스파였다. 381년의 콘스탄티노플 공의회에서 일관적인 정통파인 테오도시우스 대제는 니케아의 결론을 추인하고, 몇 개의 칙령을 반포하여 자신이 가톨릭 신앙이라고 부르는 것을 백성들에게 따르도록 강요했으나 실패했다. 이 문제는 이미 여러 차례 타결되었음에도 좀처럼 뿌리가 뽑히지 않았다.

그러다가 이제 테오도시우스의 손자인 테오도시우스 2세의 치세에 그 문제는 새로운 형태를 취하게 되었다. 니케아 정통 교리를 중심으로 하여 서로 대립하는 두 개의 종파가 생겨난 것이다. 둘 가운데 먼저 사람들의 관심을 모은 종파는 427년에 콘스탄티노플의 주교로 임명된 뒤 자신의 이론을 강력하게 밀어붙인 네스토리우스의 종파였다. 열혈 광신도였던 네스토리우스는 주교가 된 지 겨우 닷새만에 인근의 어느 성당에서 아리우스파의 은밀한 예배가 행해진다는 소식을 듣고 그 성당을 불태워 버렸다. 그는 그리스도가 니케아 공의회에서 생각한 것처럼 신이자 인간으로서의 단일한 위격位格을 가진 것이 아니라 인간의 위격과 신의 위격이라는 서로 다른 두 개의 위격을 가졌다고 설교했다. 그는 "하느님의 나이가 두세 달이라

* 아리우스파는 비록 이단이었으나 초기의 교세 확장에서는 정통 교리를 훨씬 능가했다. 특히 이 점은 역사적으로 아주 중요하다. 바로 게르만의 여러 민족들에게 그리스도교가 전파되는 데 결정적인 기여를 했기 때문이다. 게르만 민족들은 정통 교리보다 아리우스파 그리스도교를 더 많이 받아들였다. 그 이유는 아마도 예수 그리스도를 '신'으로 인정하는 것보다는 '신의 대리인'으로 인정하는 게 그들의 심성에 더 맞았기 때문인지도 모른다(어떤 의미에서는 정통이라고 공인된 '삼위일체설'보다는 아리우스의 교리가 역사적으로도 훨씬 '정통적'일 수도 있다. 그리스도교를 예수로 인해 '처음 생겨난' 종교로 보지 않는다면 더욱 그렇다). 따라서 아리우스파가 아니었다면 그리스도교를 모태로 한 로마-게르만 문명의 시대, 즉 유럽의 중세는 오지 않았을지도 모른다. 이렇게 그리스도교의 정통과 이단은 함께 유럽을 그리스도교권으로 만드는 데 큰 역할을 했다. 또 한 가지 아리우스파의 역사적 의의는 장차 이슬람교가 성립하는 데도 기여하게 된다는 점이다. 7세기 초반 마호메트는 그리스도교의 교리를 토대로 이슬람교를 창시하는데, 그때 아라비아와 시리아에 퍼져 있었던 그리스도교는 바로 아리우스파의 교리였다.

는 식으로 말할 수는 없다"고 썼다. 바꿔 말하면, 그는 인간의 삶에서 필연적인 연약함의 속성을 삼위일체의 위격에게 부여하지 않으려 한 것이다. 그러므로—이 추론은 곧 대중의 마음속에서 강력한 중요성을 지니게 된다—성모 마리아는 테오토코스Theotokos, 즉 신의 어머니라고 말할 수 없다. 그렇다면 신의 본성이 여자에게서 태어나는 셈이 되기 때문이다. 그래서 네스토리우스는 성모 마리아를 그리스도의 어머니 이외에 다른 존재로 보지 않았다.

주로 뛰어난 웅변술에 힘입어, 네스토리우스의 가르침은 동방 제국의 수도와 주요 도시들에서 급속도로 기반을 넓혀갔다. 하지만 이내 알렉산드리아 주교인 키릴루스가 그의 적수로 나섰다. 테오필루스 주교의 조카로 그의 뒤를 이어 알렉산드리아 교구를 맡은 키릴루스는 삼촌과 성 요한네스 크리소스토무스가 시작했던 논쟁을 속행하고자 했다. 아마 교리적인 이유보다는 개인적인 시기심과 야망 때문이었을 것으로 보인다. 그는 오래전부터 유서 깊은 알렉산드리아 교구를 연륜이 짧은 콘스탄티노플 교구보다 우월하게 만들고 싶어 했다. 양측의 주창자와 추종자들의 논쟁이 점차 격해지자, 언제나 측근의 말만 믿으려는 성향으로 이제 네스토리우스의 지지자가 되어 있던 황제는 430년에 다시 공의회를 소집하여 자신의 주교를 명확하게 거들어 주고자 했다.

그러나 그는 알렉산드리아파의 힘을 너무 얕보고 있었다. 키릴루스는 온갖 수단을 동원하여 싸웠으며 심지어 두 아우구스타 사이의 경쟁심까지도 무기로 사용했다. 그는 아테나이스가 황제와 마찬가지로 네스토리우스파라는 것을 알고 있었으므로 풀케리아를 쉽게 자기편으로 끌어들였던 것이다. 오래 지나지 않아 테오도시우스 2세는 키릴루스의 음모를 눈치 채고 그를 책망했으나, 이미 큰 피해를 입은 뒤였으므로 결과적으로 아무 소용이 없었다.

공의회는 431년 6월 22일에 에페수스의 테오토코스 성당에서 열렸다. 키릴루스는 그동안 자기 교구에서 쥐어짜 낸 돈으로 뇌물을 먹인 관리와 성직자들을 모두 대동하고 참석했다. 그 덕분에 어렵지 않게 공의회의 의장이 된 그는 네스토리우스를 소환하여 이단이라는 비난에 대해 답변하라고 명령했다. 네스토리우스는 당연히 이의를 제기했다. 그는 자신이 피고가 아니라 대표의 신분임을 강조하면서, 공의회에 참석하겠다고 통지한 주교들이 모두 도착한 다음에 성당에 오겠다고 버티었다. 그러나 키릴루스는 기다려 줄 마음이 없었다. 그가 주교들 사이에 회람된 통신문—적절히 손을 보았을 것이다—을 읽자 참석자들 모두 네스토리우스의 파문을 외쳤다.

결국 불운한 네스토리우스는 주교직을 비롯하여 모든 성직에서 해임되었다. 당시 참석한 대표의 수는 198명이었지만, 나중에 네스토리우스가 '키릴루스의 공의회'라고 말한 것은 그다지 틀린 말이 아니었다. 어쨌든 네스토리우스는 민간인 신분이 되었으나 그의 곤경은 거기서 그치지 않았다. 이제 네스토리우스를 완전히 거부하게 된 황제는 435년에 그를 아라비아의 페트라로 유배 보냈다가 다시 리비아나 상이집트의 외딴 오아시스로 쫓아냈고, 결국 네스토리우스는 거기서 죽었다.[37]

아테나이스의 말로

그보다 훨씬 이전, 그러니까 갈라 플라키디아와 그녀의 아이들이 아직 콘스탄티노플에 있을 무렵에 아테나이스는 자신의 딸 유독시아가 실제로 발렌티니아누스와 결혼해서 서방 제국의 황후가 된다면 자신은 감사의 뜻으로 예루살렘 순례를 떠나겠노라고 맹세한 일이 있었다. 437년 여름에 과연 유독시아와 발렌티니아누스가 결혼하자 이듬해에 아테나이스는 성지로 출발했다. 하지만 그녀는 먼저 안티오크로 향했다. 그 도시에서 어릴 때 받은 이교의 교육은 그녀가 최근에 채택한 신앙보다 더 큰 도움을 주었다. 그 무렵 안티오크의 주민들은 거의 다 그리스도교도가 되었지만 아직도 안티오크에는 소아시아의 다른 어느 도시보다도 옛 헬레니즘의 정신이 살아 있었다. 아테나이스에게 익숙한 고전 문학과 문화는 그녀가 지닌 그리스적 요소의 순수하고 완벽한 특징과 결합되어 콘스탄티노플에서보다 훨씬 강렬한 인상을 풍겼다. 그 절정은 현지 원로원 의사당에서 거행된 웅장한 의식이었다. 행사에 참여한 황후는 즉흥적으로 안티오크와 그 도시의 역사를 찬양하는 연설을 하고는 『오디세이아』에 나오는 다음 문구로 끝을 맺었다.

> 나는 당신들의 민족과 혈통에 속함을 자랑스럽게 주장합니다.[38]

로마의 지배는 받았어도 그리스와는 무관한 예루살렘의 경우는 달랐다. 당시 그곳에는 111년 전 헬레나 황후의 방문을 본 사람들의 자식들이 일부 살아 있었을 것이다. 아테나이스는 헬레나의 전례를 그대로 따랐다. 그녀는 예루살렘에 1년 동안 머물면서 평범한 순례자로서 모든 성지를 방문하고, 성당의 봉헌식에 참석하고, 자선 기관, 수도원, 빈민 수용소를 설립했다. 콘스탄티노플로 돌아갈 때 그녀는 많은 유물을 가져갔는데—당시 예루살렘 주교는 이 장사로 톡톡히 재미를 봤다고 한다—그 가운데는 성 스테파노의 유골과 성 베드로가 헤로데 왕에 의해 감금되었을 때 사용된 사슬도 포함되었다.[39] 그녀는 남편의 따뜻한 환영을 받았고, 그 뒤 한동안은 전과 다름없이 평온했다. 그러나 불행히도 이 평온은 오래가지 못했다.

아테나이스가 몰락하게 된 정확한 이유는 알 수 없다. 이에 관해 6세기의 역사가인 요한네스 말랄라스의 이야기를 그대로 믿기는 어렵지만 여기서 검토해 볼 가치는 충분히 있다. 그에 따르면 어느 날 황제가 성당에 가고 있는데, 한 빈민이 그에게 아주 커다란 프리지아 사과 하나를 주었다고 한다. 굉장히 크고 아름다운 사과였으므로 테오도시우스는 그 빈민에게 150노미스마타를 주라고 명한 뒤 사과를 아테나이스에게 보냈다. 그러나 황후는 그 사과를 자기가 먹지 않고, 다리를 다쳐 집에서 쉬고 있는 황궁 집사장 파울리누스에게 가져다 주었다. 황후가 어떻게 그 사과를 가지게 되었는지 알지 못하는 파울리누스는 사과를 궁전으로 가져가서 테오도시우스 2세에게 바쳤다. 사과를 받은 황제는 깜짝 놀랐다. 수상쩍은 생각이 든 그는 사과를 숨겨 놓은 채 아내를 불러 그 사과를 어쨌느냐고 물었다.

딱한 아테나이스, 만약 그녀가 사실대로만 대답했더라면 아무 일도 없었을 것이다. 그러나 그 중대한 순간에 그녀는 그만 당황해서 자기가 먹었다고 대답했다. 화가 머리끝까지 치민 황제는 사과를 앞에 내놓았다. 그리고 거짓말을 했다는 것은 파울리누스와의 관계를 털어놓은 것이나 마찬가지이므로 그를 즉시 처형하겠다고 말했다.

하지만 이번에는 아테나이스도 맞받아쳤다. 파울리누스를 처형하는 것은 자기가 그와 간통을 저질렀음을 의미하므로 처형에 절대 반대한다고 주장한 것이다. 그런 모욕을 당했으니 그녀는 더 이상 남편과 한 지붕 아래 살 수 없었다. 그래서 그녀는 남편의 허락을 얻어 예루살렘으로 가서 여생을 보냈다.

베리 교수는 고대에 사과가 순결의 상징이었다고 말한다. 그러므로 이 이상한 이야기는 아테나이스가 파울리누스에게 정조를 바쳤다는 사실을 의미한다는 것이다. 물론 실제로 그랬을 수도 있다. 하지만 그런 해석은 우리가 아는 그녀의 성격과 부합하지 않는다. 파울리누스는 명예를 아는 사람이었고 황제와는 어릴 때부터 같이 놀던 가장 친한 친구였다. 그는 아테나이스와도 결혼하기 전부터 알고 있었고, 두 사람의 결혼을 적극적으로 밀어 주었으며, 결혼식에 들러리를 서기도 했다. 황후는 20년 뒤 임종할 때 자신은 결백하다고 다시금 맹세했다. 죽음을 앞둔 만큼 설사 의심의 여지가 있어도 틀림없이 용서를 받았겠지만 그녀는 변함없이 결백을 주장한 것이

† 5세기에 예루살렘을 방문했던 아테나이스가 풀케리아에게 보냈다고 전해지는 호데게트리아 성모상.

다. 마지막으로 그녀에게 유리한 정황은 파울리누스가 440년에 처형되었다는 사실이다. 아테나이스는 그로부터 3년쯤 뒤에야 예루살렘으로 떠나게 되는데, 만약 그녀가 부정을 저질렀다고 의심을 받았다면 그렇게 오래 수도에 머물기는 어려웠을 것이다.

그러므로 프리지아 사과 이야기는 전설로 치부하는 게 좋을 듯하다. 그렇다면 파울리누스의 운명—그는 원래 카파도키아의 카이사레아로 유배되었다가 얼마 뒤 황제의 명령에 의해 살해되었다—은 황후가 수도를 영구히 떠날 결심을 한 것과 무관한 일이라고 결론지을 수 있다. 그 이야기보다 훨씬 더 그럴듯한 설명은 풀케리아의 음모설이다. 그녀는 올케가 예루살렘에 갔다 온 뒤 한층 명성이 높아진 것에 무척 언짢았을 테고, 황후를 상대로 전보다 한층 강도 높은 음모를 꾸몄을 가능성이 있다. 그러나 이유야 어쨌든 아테나이스가 남편의 애정을 잃은 것은 분명하다(그렇지 않았다면 그런 식으로 남편의 곁을 떠나지 않았을 테니까).

아내가 예루살렘으로 간 뒤에도 황제는 앙심을 거두지 못했다. 아테나이스가 예루살렘에 도착한 지 몇 달 뒤에 황후를 따라 그곳에 간 사투르니누스라는 황실 경호원은 황후가 콘스탄티노플에서부터 데려온 사제와 보제를 살해했다. 그러자 황후는 사람을 시켜 사투르니누스를 죽이게 했고, (아마도 잠재의식적으로) 단성론單性論*의 이단을 열렬히 받아들였다. 그녀가 만년에 이르렀을 때에야 비로소 대교

* 그리스도의 위격에 신성(神性)과 인성(人性)의 두 가지가 있다는 것을 부인하고 하나의 본성만 있다고 믿는 견해이다. 앞에 나온 알렉산드리아 주교 키릴루스의 견해가 단성론에 속하는데, 상세한 설명은 이 장의 뒷부분에 나온다.

황 레오는 그녀를 설득하여 정교회 신앙으로 복귀시킬 수 있었다.

아테나이스는 460년까지 살다가 죽었다. 한동안 젊은 황제를 마음대로 주물렀고, 15년 뒤에는 안티오크 시민들을 탄복하게 만들었던 똑똑하고 재능 있는 여인의 슬프고 외롭고 쓰디쓴 말로였다. 그녀의 시신은 자신이 세운 성 스테파누스 성당에 묻혔으나, 콘스탄티노플에서는 오래전에 잊혀졌고, 예루살렘에서도 아마 사랑보다는 두려움의 대상이었을 것이다.

훈족의 왕 아틸라

지금까지 우리는 서방 황제 발렌티니아누스 3세의 생애를 라벤나와 콘스탄티노플에서의 어린 시절부터 로마에서 제위에 오르기까지, 그리고 12년 뒤 테오도시우스 2세의 딸 유독시아 공주와 결혼하기까지 추적해 보았다(물론 이 책의 주인공은 비잔티움 제국이므로 황제 개인의 이야기는 개략적일 수밖에 없다). 발렌티니아누스 3세는 무기력하고 무능한 인물이었다. 당연히 모든 권력은 그의 강인한 어머니 플라키디아가 휘둘렀으며, 황제가 성년이 된 이후에도 450년에 플라키디아가 죽을 때까지 그런 상황이 지속되었다.[40] 그에 관해서는 더 자세히 살펴볼 필요가 없겠다. 그의 누이인 호노리아도 원래는 그냥 넘어갈 수 있는 인물이지만, 한 가지 사건 때문에 적어도 각주 하나쯤은 달아 줄 필요가 있다. 역사 전체를 통틀어 어느 시대, 어느 상황에서든 공주가 자신의 의지에 따라 훈족의 왕 아틸라에게 청혼을 한 적은 없었기 때문이다.

자존심을 가진 역사가라면 누구나 자신의 이야기를 최대한 자신의 말로 표현하려고 노력해야 한다. 물론 때로는 자신의 서술에 맛과 색을 더하기 위해 일차 문헌을 직접 인용할 수도 있다. 이차 문헌은 대체로 피해야 하지만, 불가피하게 인용해야 할 경우가 있다. 지금이 바로 그런 경우다. 호노리아는 에드워드 기번에게 강렬한 영감을 주어 독특하고 멋진 대목을 쓰도록 했기 때문에 그 부분을 길게 인용하지 않는다면 독자들이 섭섭할 듯싶다.

> 발렌티니아누스의 누이는 라벤나의 궁전에서 교육을 받았다. 그녀의 결혼은 제국에 상당한 위험을 초래할 수도 있었으므로, 그녀는 지체 높은 아우구스타로서 여느 주제넘은 신하들의 기대 이상으로 성장했다. 하지만 아름다운 호노리아는 열여섯 살이 되자 올바른 사랑의 위안을 허락하지 않는 자신의 높은 지위를 혐오하게 되었다. 쓸데없고 불만스러운 허식 속에서 탄식하던 호노리아는 본능의 충동에 이끌려 시종인 유게니우스의 품에 자신의 몸을 던졌다. 그녀의 죄의식과 수치심(오만한 사람의 어리석은 말이지만)은 얼마 지나지 않아 임신의 형태로 나타났다. 하지만 왕실의 치부는 플라키디아 황후의 경솔함 때문에 백일하에 드러났다. 그녀는 딸을 한동안 감금했다가 멀리 콘스탄티노플로 유배 보냈다. 불행한 공주는 테오도시우스의 누이들과 그들이 발탁한 처녀들의 따분한 궁정 사회에서 12년 혹은 14년을 보냈다.
>
> 호노리아는 이제 콘스탄티노플의 제관을 바라지도 않았고, 걸핏하면 단식과 철야 기도를 하는 수도원 같은 분위기를 마지못해 따랐다. 그러

나 달라질 희망이 없는 금욕 생활에 싫증이 난 그녀는 자포자기의 심정으로 아무도 예상치 못한 결심을 하기에 이르렀다. 아틸라는 콘스탄티노플에서 자주 듣던 무서운 이름이었다. 그는 자주 사절단을 보내 자신의 진영과 제국의 황궁 사이에 항구적인 친교를 맺자고 제안했다. 플라키디아의 딸은 모든 의무와 편견을 버리고 오로지 사랑을 좇아서, 언어도 낯설고 인물도 거의 인간이라 할 수 없을 만큼 추악한 데다 종교와 예절도 혐오스럽기 그지없는 야만인에게 자신을 내맡겼다. 어느 충직한 환관의 중개를 통해 그녀는 아틸라에게 반지와 애정의 서약을 전달하고, 자신을 비밀리에 결혼을 약속한 적법한 배우자로 발표해 달라고 열심히 부탁했다. 그러나 그녀의 품위 없는 청혼은 냉대와 경멸을 받았다. 훈족의 왕은 이미 많은 아내를 거느리고 있었으므로 이제는 사랑이 아닌 야망과 탐욕을 향한 강렬한 열정을 품게 되었던 것이다.

아틸라는 형 블레다와 공동으로 434년에 훈족의 왕위를 이어받았다. 훈족은 원래 야만족들 중에서도 가장 야만적인 민족이지만, 중앙아시아의 스텝에서 나와 유럽에 처음 쳐들어왔던 376년 이래로 로마 제국과 별 문제를 일으키지 않았다. 395년에—아마 루피누스의 자극으로—아르메니아와 카파도키아를 침략했을 때도, 또 13년 뒤 울딘 왕이 불가리아를 잠시 침공했을 때도 별로 지속적인 피해를 입히지는 않았다. 430년경부터 테오도시우스 2세는 더 안전을 기하기 위해 인근 민족들에게 평화를 유지하는 대가로 매년 황금 350파운드를 보조금—어떤 이는 공물이라고 부르기도 한다—으로 지급했다.

† 라벤나의 갈라 플라키디아 영묘에 있는 두 개의 반달 모양의 창문으로, 네 사도(위)와 순교자 성 라우렌티우스(아래)가 그려져 있다.

하지만 '신의 징벌'이라 불리는 아틸라가 등장하면서 비교적 평온했던 공존 관계는 변화하기 시작했다. 반세기 이상 로마와 접촉하면서 그의 백성들은 처음보다 야만성이 어느 정도 줄어들었으나, 여전히 노숙을 하면서 농사를 천시했고 음식을 조리해 먹지 않았으며, 날고기를 깔고 앉거나 말 옆구리에 매달고 다녔다. 그들의 옷은 놀랍게도 들쥐 가죽을 조잡하게 바느질해서 만든 것이었으며, 그들은 이 옷을 닳아 해질 때까지 한 번도 벗지 않고 내내 입었다. 그들은 아예 말 위에서 산다고 해도 과언이 아니었다. 늘 말을 탄 채로 먹고, 장사하고, 회의를 열고, 심지어 잠까지도 안장 위에서 잤다. 아틸라는 훈족의 전형적인 인물이었다. 작은 키, 작은 눈, 가무잡잡한 얼굴에다 들창코였고, 머리는 몸집에 비해 너무 컸으며, 제멋대로 자란 수염이 얼굴을 뒤덮고 있었다. 그는 사실 위대한 지도자도 아니었고, 유능한 장군조차 되지 못했다. 하지만 기번이 말하듯이 자기 자신과 자기 민족에 대한 자부심, 권력욕, 특유의 야망과 욕심을 가진 그는 불과 몇 년 만에 전 유럽을 호령하는 위치에 올랐다. 아마 나폴레옹을 제외하고 한 개인으로서 아틸라만큼 많은 사람들을 두려움에 떨게 만든 이는 역사상 없었을 것이다.

아틸라의 초기 정복 활동에 관해서는 기록이 거의 없다. 하지만 왕위에 오른 지 7년 만에 그는 발칸 반도에서부터 코카서스 너머까지 이르는 방대한 지역을 영토로 거느렸다. 동방 제국을 처음 공격한 것은 441년이었고, 이후 6년 동안 판노니아와 도나우 강 연안에서 산발적인 전투를 벌였다. 그러나 447년까지는 테오도시우스 2세와 그의 대신들도 아틸라에 대해 그다지 큰 경계심을 갖지 않았다.

그 무렵 형인 블레다가 죽자—후대의 역사가들 중에는 아틸라가 형을 암살했다고 주장하는 사람도 있지만 당대의 기록에 그런 증거는 없다—아틸라는 단독 지배자가 되었다. 그의 군대는 두 갈래로 나뉘어 남쪽으로는 테살리아를 거쳐 테르모필라이까지 공략했고, 동쪽으로는 콘스탄티노플을 공격했다. 그러나 때마침 테오도시우스 성벽이 완공되었다. 훈족은 공성 작전을 오래 전개할 끈기도, 기술도, 규율도 없었으므로 곧 방향을 틀어 더 쉽게 약탈할 수 있는 곳을 찾았다. 그들이 갈리폴리에서 비잔티움의 군대를 격파하자 황제는 공물의 양을 세 배로 늘리겠다고 약속했다. 여기에다 아틸라는 과거에 받지 못한 공물까지 합쳐 막대한 금액을 받고 철수했다.

성부와 성자는 어떤 관계?

이때부터 아틸라의 진영과 테오도시우스 2세의 궁정 간에는 끊임없이 사절단이 오갔다. 주로 훈족 측에서 자주 사절들을 보냈는데, 그 이유는 사절들이 콘스탄티노플에 갔다 올 때마다 많은 선물을 가져오는 것을 보고, 아틸라가 이를 자기 돈을 들이지 않으면서 부하들에게 푸짐한 상을 내리는 좋은 수단으로 활용했기 때문이다. 그는 황제가 이제 자신을 두려워하고 있다고 믿었는데, 그의 생각은 옳았다. 한때 약간이나마 테오도시우스 2세가 가졌던 기백은 오래전에 사라지고 없었다. 이제 오로지 유화 정책만 있을 따름이었다.

이를 위해 황제는 자신의 모든 재산을 갖다 바치는 것은 물론 신민들을 쥐어짜는 일도 마다하지 않을 생각이었다. 만약 아테나이스나 풀케리아가 곁에 있었더라면 황제에게 더 강경한 노선을 취하라고 설득할 수 있었을지도 모른다. 하지만 아테나이스는 멀리 예루살렘에 있었고, 풀케리아의 말은 이미 오래전부터 동생에게 먹히지 않았다. 당시 궁정에서 가장 강력한 영향력을 행사하는 사람은 크리사푸스라는 환관이었다. 448년에 아틸라의 사절 중 에데코라는 자에게 많은 돈을 주고 매수하여 훈족의 왕을 암살하려는 음모를 꾸민 사람도 바로 그 환관이었다.

이 음모를 실행하기 위해 그해 후반기에 평상시보다 거창한 비잔티움의 사절단이 출발했다. 사절단의 지도자는 (아틸라가 늘 큰 비중을 부여했던) 귀족 혈통의 원로 관료인 막시미누스와 그의 친구인 프리스쿠스였다. 두 사람 다 일행 중에 아틸라를 암살하라는 크리사푸스의 비밀 지령을 받은 사람들이 있다는 사실은 알지 못했다. 하지만 결과적으로 그것은 중요하지 않았다. 에데코—그는 처음부터 미끼 역할이었을 것이다—가 곧장 아틸라에게 그 음모를 고해바침으로써 기민한 대처가 이루어졌기 때문이다. 한편 사절단은 잠시 곤혹스러워하다가 나중에는 아틸라에게서 진심 어린 후대를 받았다.

우리가 그 사절단의 방문을 중요하게 여기는 이유는 그 음모나 사절단의 사소한 업적 때문이 아니라 프리스쿠스가 남긴 놀랄 만큼 상세한 기록 때문이다. 그의 덕택에 우리는 당시 훈족의 궁정이 어땠는지 알 수 있으며, 연회를 베풀고, 술을 마시고, 법을 시행하고, 로마 사절들에게 여흥을 제공하고, 분노로 격앙되었다가도 다시 평상심을 되찾고, 때로는 나름대로 매력도 풍기는 아틸라의 다양한 측면을 이해할 수 있다. 사절들은 연회에서 접대를 받는 동안 아틸라의 취향이 매우 소박하다는 것에 놀랐다.

> 다른 야만족 사람들과 우리 앞에는 은 그릇에 풍성하게 음식이 차려진데 비해 아틸라 앞에는 나무 그릇에 고기만 있을 뿐이었다. …… 연회에 참석한 사람들에게는 금과 은으로 된 술잔들을 제공했으나 아틸라는 나무로 만든 잔을 사용했다. 그의 옷은 아주 소박했고, 깨끗하다는 점 이외에는 다른 사람들이 입은 옷과 전혀 다를 게 없었다. 다른 스키타이인들처럼 옆구리에 찬 검이나 장화의 걸쇠, 말의 재갈에도 금이나 보석으로 장식을 하지 않았다.

프리스쿠스는 아틸라가 야만적이면서도 실은 영리하고 뛰어난 외교관이라는 것을 생생하게 보여 준다. 만약 450년 7월 28일 테오도시우스 2세가 사냥하던 도중에 낙마 사고로 죽지 않았더라면 아틸라는 얼마나 더 동방 제국의 부를 빼어 갔을지 모른다.

테오도시우스 2세와 아테나이스 사이에는 아들이 없었으나 제위 계승 문제는 풀케리아에 의해 쉽게 해결되었다. 비록 처녀 서약을 한 몸이었지만, 그녀는 트라키아 출신의 원로원 의원이자 전직 군인인 마르키아누스와 형식적인 계약 결혼을 한 다음, 곧바로 남편을 정제로 임명하고 남편과 함께 제위에 올랐다. 그러고는 테오도시우스 2세가 유언을 통해 마르키아누스를 후계자로 지명했다고 발표했다(진실인지 아닌지는 알 수 없다).*

새 황제가 가장 먼저 취한 행동은 훈족 왕에게 바치는 연례 공물을 중단하는 것이었다. 그것은 용기 있는 행동이었으나 실은 용기와 그다지 관련이 없었을지도 모른다. 그는 아틸라가 서방 제국에 대해 대대적인 공격을 준비하고 있다는 사실을 알고 있었으므로 공물이 끊겼다고 해서 동방을 응징하기 위해 군이 서방 원정을 연기하지는 않으리라 짐작했던 것이다. 그의 도박은 맞아 떨어졌다. 훈족의 군대가 이탈리아와 갈리아를 향해 출발했다는 소식이 전해졌을 때 콘스탄티노플에는 아마 커다란 환호성이 울렸을 것이다.

그러나 원래 기쁨이란 오래가지 않게 마련이다. 환희는 잠깐이고 곧 일상의 문제들이 다시 드러나기 때문이다. 과연 훈족의 위협이 물러가자마자 마르키아누스는 또 다른 위협에 직면하게 되었다. 이번에는 내적인 위협이 아니라 외적인 위협이었고, 물질적인 것이라기보다는 정신적인 것이었다. 늘 분열의 몸살을 앓고 있던 비잔티움 사회에 단성론의 이단이 파문을 부른 것이다.

그 뿌리는 해묵은 쟁점에서 비롯되었다. 삼위 중에서 성부와 성자의 정확한 관계가 뭐냐는 것이었다. 그리스도 안에 인성과 신성이

* 이것 역시 같은 제국이라도 중국식 제국(한반도의 왕조도 포함된다)과는 사뭇 다른 점이다. 천자(天子)의 혈통을 중시하는 중국이었다면 이런 식의 제위 계승은 불가능했을 것이기 때문이다. 또한 여기에는 동양 문명과 서양 문명의 근본적인 차이도 내재해 있다. 중국의 황제는 많은 후궁을 거느렸기에 설사 황후가 아들을 낳지 못한다 해도 황실의 대가 끊기는 경우는 거의 없었다. 그러나 비잔티움 제국(나아가 중세 유럽의 왕국들)은 일부일처제를 기본으로 했으므로—로마 제국 초기(특히 양자 상속제로 제위가 이어졌던 2세기)에도 그랬던 것을 보면 반드시 그리스도교 때문인 것만은 아니다—직계 혈통이 항상 유지된다는 보장이 없었던 것이다(콘스탄티노플에서 황제의 암살이나 반란이 그토록 많이 일어난 데는 후사가 자주 끊겨 제위 계승에 항상 문제가 있었던 탓이 크다). 또한 남성 중심의 중국식 제국과 달리 비잔티움 제국에서는 마르키아누스처럼 황녀와 결혼한 경우에도 황족으로 간주되었다.

라는 두 개의 상이한 위격이 존재한다고 주장했던 네스토리우스파가 어떤 운명을 겪었는지는 앞에서 본 바 있다. 그 오류는 431년의 에페수스 공의회에서 거의 강제로 처리되었다. 하지만 그 뒤에는 오히려 반대의 문제가 발생했다. 448년에 원로 수도원장인 유티케스는 성육한 그리스도가 단일한 본성을 가지고 있으며 그 본성은 신성이라는 위험한 교리를 전파한 죄목으로 기소되었다.

유죄 판결을 받고 직위에서 해임되자 유티케스는 대교황 레오, 테오도시우스 황제, 콘스탄티노플의 수도사들에게 동시에 탄원했다. 그 과정에서 갇혔던 봇물이 맹렬하게 터져나왔다. 이후 3년 동안 각종 종교 회의가 소집되고 주교들이 해임되었다가 복위되는 등 커다란 소동이 벌어졌다. 또한 로마와 콘스탄티노플, 에페수스와 알렉산드리아 사이에 온갖 음모와 술수, 폭력과 욕설, 저주와 파문이 난무했다. 마침내 451년 10월 이 혼란을 수습하기 위해 칼케돈의 성 유페미아 성당에서 제4차 세계공의회Ecumenical Council[41]가 열렸다. 모든 그리스도교 종파의 주교들이 오륙 백 명이나 참가했는데도 이 공의회에서 어떤 식으로든 결론이 내려졌다는 것은 놀라운 일이다. 실제로 공의회는 그 이상의 성과를 올렸다.[42] 449년에 복권·복위된 유티케스는 다시 유죄 판결을 받았고, 칼케돈 규정이라는 새 교리가 채택되어 유티케스와 네스토리우스의 교리를 함께 이단으로 못 박았다. 또한 그리스도를 '명약관화하게, 분할할 수 없고, 분리할 수 없게' 결합한 완벽한 신성과 완벽한 인성이라는 두 개의 본성을 지닌 하나의 위격이라고 확정지었다.

그러나 칼케돈 공의회의 성공은 잠시뿐이었고, 곧이어 예상치 못한 많은 분란들이 터졌다. 단성론은 전혀 죽지 않았다. 이집트와 시리아의 주교들은 오히려 공의회의 성과를 거부하고 나섰다(시리아는 한때 네스토리우스파의 근거지였다). 이 속주들이 비잔티움의 지배로부터 독립 투쟁을 시작하면서 '그리스도의 단일한 본성'은 그들의 구호로 자리 잡았다.[43] 서방에도 역시 불화의 씨앗이 뿌려졌다. 그 가운데 유명한 것은 대표단이 주요 업무가 끝난 뒤에 계속해서 반포한 30개 교령敎令 중 하나다. 교회법 28개조라고 알려진 이 교령은 콘스탄티노플 주교에게 총대주교의 직함을 부여하고, 그리스도교의 위계상으로 로마 교황에 버금가는 지위를 인정한다는 381년의 테오도시우스 판결을 강조하는 내용이었다. 공의회에 참석한 교황 대표단은 그 대부분을 받아들였으나, 향후 교황의 우월함이 순전히 명분상으로만 존속하게 된다는 점은 받아들일 수 없었다. 그렇게 되면 그 밖의 모든 면에서 로마 교구와 콘스탄티노플 교구가 완전한 동급이 되기 때문이다. 특히 동방의 속주들—트라키아, 폰투스, 아시아—은 콘스탄티노플 총대주교에게만 복종할 것이고, 주교의 서품도 총대주교가 맡게 될 터였다.* 바로 이 순간부터 옛 로마와 새 로마의 성직자들은 서로 경쟁을 벌이게 되며, 이후 양측의 골은 점점 깊어져서 600년 뒤에는 교회가 분리된다.

* 실제로 이후 비잔티움 제국의 전 역사를 통해 콘스탄티노플 총대주교는 로마 교황에 맞먹는 권한을 가지게 된다. 원래 총대주교란 다섯 개의 총대주교구—로마, 콘스탄티노플, 안티오크, 예루살렘, 알렉산드리아—의 책임자였으나 이 가운데 네 군데가 동방에 있는 데서 알 수 있듯이, 로마 교황은 직함에서는 가장 높았어도 동방 교회를 사실상 총괄하는 콘스탄티노플 총대주교보다 종교적 권한이 크다고 볼 수는 없었다.

아틸라는 왜 공격을 멈추었나

6세기에 활동한 시리아 출신의 비잔티움 역사 기록자인 요한네스 말랄라스가 전하는 일화는 비록 출처가 의심스럽기는 하지만 매우 그럴듯하다. 테오도시우스 2세가 죽기 직전에 훈족의 왕은 동방 황제와 서방 황제에게 사절을 보내 이런 전갈을 전했다. "그대와 나의 주인인 아틸라가 명하노니 그대는 그분을 영접할 궁전을 준비할지어다." 당대의 문헌 증거는 없으나 이것은 충분히 가능한 이야기다. 즉 당시 아틸라는 로마 제국의 양편을 모두 노리고 있었으며, 적의 심장에 최대한 공포를 가하고 싶었다. 지금까지 그는 주로 동방을 공략하는 데 주력했으나 최근에 서방 속주에서 여러 야만족이 이룬 발전은 그가 서방에 개입할 좋은 구실을 주었다.

그에게 더 다행스러운 일은 불운한 공주 호노리아가 예상치 않게 만들어 준 기회였다. 그는 호노리아가 보내 온 반지를 그녀의 형제인 황제에게 돌려보내면서 아울러 특유의 거만한 태도로 요구했다. 발렌티니아누스 황제는 그동안 호노리아에게서 부당하게 빼앗아 간 제국의 일부를 즉각 그녀에게 반환해야 한다는 것이었다.

아틸라의 서방 원정은 여기서 상세하게 다룰 필요가 없을 것이다. 다만 451년 여름과 452년에 향후 서구 문명 전체의 운명이 위기에 처해 있었다는 점은 언급할 필요가 있다. 만약 훈족의 군대가 그 두 차례의 원정을 중도에 멈추지 않고 계속했더라면, 그래서 아틸라가 발렌티니아누스를 제위에서 끌어내리고 라벤나나 로마를 수도로 삼아 제국을 다스렸더라면, 갈리아와 이탈리아는 틀림없이 종교와 문화의 불모지로 전락했을 것이다. 마치 1천 년 뒤에 오스만투르크가 발칸 반도를 바로 그렇게 만들었듯이. 451년에 아틸라는 라인 강을 건너 변방의 대도시인 메스를 비롯하여 중요한 방어용 도시 몇 개를 유린하고, 멀리 오를레앙 성까지 쳐들어갔다.

하지만 그는 그 도시를 점령하기 전에 발길을 되돌려야 했다. 사실상의 갈리아 지도자인 로마의 장군 아이티우스가 이끄는 제국의 군대가 동쪽에서 진군해 오고 있었기 때문이다. 게다가 서고트족, 부르고뉴족, 브르타뉴족, 프랑크족 등도 처음으로 공동의 적을 맞아 한몸을 이루었다. 뒤이은 전투는 카탈루냐 전투라고도 불리고, 마우리아크 평원 또는 마우리티아누스 평원 전투라고도 불리는데,[44] 양측이 엄청난 손실을 입고 어느 측도 전장을 장악하지 못했기 때문에 무승부라고 할 수 있지만, 훈족의 전진을 저지하는 결과를 가져왔다. 이튿날 아침 아틸라는 퇴각 명령을 내리고 헝가리 중심부로 물러갔다. 그곳에서 그는 봄까지 휴식을 취하면서 병사들의 사기를 북돋웠다.

452년 초에 그는 이탈리아를 향해 진군했다. 새 원정의 시작은 그다지 전망이 밝지 않았다. 아퀼레이아는 훈족의 공격에 석 달이나 저항했다. 요르다네스가 전하는 바에 따르면, 아퀼레이아의 공격을 포기하려 할 즈음 아틸라는 황새 떼가 새끼들을 거느리고 그 도시에서 날아가는 것을 보았다. 그는 황새를 요즘 같으면 흔히 쥐로 상징되는 조짐과 같은 것으로 보고, 병사들에게 도시가 곧 망할 징조임이 틀림없다고 말했다. 이 말에 사기를 얻은 훈족은 다시금 힘을 내서 적극적인 공세를 펼쳤다. 얼마 안 가서 로마 제국에서 아홉째로 큰 대도시는 껍데기만 남았다. 계속해서 콩코르디아, 알티노, 파도바도 같은 운명이 되었다. 비첸차와 베로나, 브레시아와 베르가모도 정복자에게 즉각 문을 열어 주지 않았다면 마찬가지 신세가 될 뻔했다. 파비아와 밀라노에서 아틸라는 기세를 높여 황궁을 자신의 궁정으로 삼았다. 이 두 도시는 베네토처럼 잿더미가 되지는 않았으나 무자비한 약탈을 당했고, 지도층 시민들은 대부분 적의 포로가 되었다.

훈족의 왕 앞에는 아무것도 거칠 게 없었다. 이탈리아의 사령관을 맡은 아이티우스는 전년도의 갈리아에서와는 달리 의지할 만한 야만족 군대를 확보하지 못했다. 로마군만으로는 적의 대군을 맞아 승산이 없었고, 따라서 로마로 진군하는 아틸라의 발길을 멈추게 할 수 없었다. 만약 아틸라가 로마를 점령한다면, 그래도 비교적 문명을 지닌 그리스도교도였던 알라리크의 경우보다 훨씬 엄청난 재앙이 초래될 것은 뻔했다. 그런데 이탈리아 반도를 코앞에 둔 바로 그 시점에서 아틸라는 갑자기 발길을 멈추었다. 이후의 역사가들은 당시 그가 왜 그랬는지를 알기 위해 무진 애를 썼다.

전통적인 견해는, 레오 대교황이 제국의 고관 두 사람을 대동하고 로마에서 민초 강둑—가르다 호수에서 민초 강이 발원하는 페스키에라 부근으로 추측된다—까지 와서 아틸라를 만나 더 이상 진군을 하지 말라고 설득했다는 것이다. 하지만 이교도인 훈족이 교황이라는 직위를 존중해서 그의 말을 들었을 리는 만무하다. 그렇다면 문제는 그 대가로 무엇을 제안했느냐일 것이다. 상당한 양의 공물도 유력한 답으로 생각해 볼 수 있다. 호노리아를 그에게 시집보내면서 막대한 지참금 형식으로 줄 수도 있었을 것이다.

그러나 다른 가능성도 있다. 훈족이 그렇듯이 아틸라도 미신을 크게 믿었으므로, 교황은 그에게 일찍이 알라리크가 로마를 약탈한 다음 어떻게 죽었는지를 말해 주고, 만약 신성한 도시를 침략한다면 그에게도 마찬가지 운명이 닥치리라고 경고했을지도 모른다. 또한 훈족 병사들이 지배자에게 원정을 중단하자고 설득했을 수도 있다. 실제로, 당시 그들은 주변의 농촌을 깡그리 황폐화시킨 뒤 심각한 식량 부족에 시달리기 시작했고, 질병도 퍼지고 있었다. 마지막으로 고려할 사항은 콘스탄티노플의 마르키아누스가 보낸 병력이 속속 도착하고 있었다는 점이다. 여러 가지 면에서 볼 때 아틸라에게는 애초에 생각했던 만큼 로마 원정이 쉬워 보이지 않았던 것이다.

어쨌든 모종의 이유로—안타깝게도 당시의 정황을 말해 주는 일차 문헌이 없기 때문에 정확한 이유는 영원히 알 수 없을 것이다—아틸라는 철군을 결심했다. 그리고 1년 뒤에 그는 수많은 아내들 중에 한 명을 더하는 결혼식을 치른 날 밤에 무리를 해 갑자기 뇌출혈로 쓰러졌다. 그에게서 생명의 기운이 빠져나가자 비로소 유럽 전역에서는 숨통이 트였다. 장례식이 진행되는 동안 포로들 중에서 특별히 선발된 자들이 그의 시신을 안장할 무덤을 조성했다. 무덤 안에는 금, 은, 철로 된 세 개의 관이 들어갔다. 관을 안치한 뒤에는 그 위에 값비싼 전리품들을 놓은 다음 지면과 같은 높이까지 흙으로 덮었다. 그의 관이 매장될 때 매장에 관계된 모든 사람이 처형된 탓에 이후 아틸라 대왕의 마지막 안식처는 영원한 비밀로 남게 되었다.

물론 지금도 아는 사람은 없다.

8

서방 제국의 몰락

455년~493년

로마인들의 서방 제국은 …… 어린 황제와 더불어 멸망했고 …… 그 뒤로는 고트족의 왕들이 로마를 지배했다.

마르켈리누스

세 번째 침략자

라벤나를 버리고 로마로 거처를 옮겨 살던 발렌티니아누스 3세는 455년 3월 중순 어느 날 말을 타고 로마를 나와 마르티우스 들판으로 갔다. 사냥 연습도 하고 봄의 햇빛 속에서 연습하는 운동선수들을 보기 위해서였다. 그런데 갑자기 월계수 관목에서 야만인 출신 병사 두 명이 튀어나오더니 뒤에서 그를 덮쳐 검으로 베었다. 워낙 찰나의 일인지라 그의 신하나 근위병은 손도 쓰지 못했다.

실은 발렌티니아누스가 자초한 죽음이라 할 수도 있다. 불과 몇 달 전에 그는 마기스테르 밀리툼인 아이티우스를 똑같은 방식으로 직접 살해한 것이다. 그때까지 아이티우스는 사실상 30년 동안 서방 제국을 다스려왔다. 황제가 그를 죽인 이유는 그가 자기 아들을 황제의 딸과 결혼시키려 했기 때문이었다. 어쨌든 아이티우스의 친구들과 부하들은 언제고 복수를 하리라고 다짐한 바 있었다.

발렌티니아누스는 아들을 남기지 못했으므로 군대는 원로원의 원로 의원인 페트로니우스 막시무스를 후계자로 추대했다. 막시무스는 예전에 테오도시우스 대제에 의해 진압된 반역자 막시무스의 손자라고 알려져 있었다. 젊은 시절 그는 서른여섯 살의 나이에 처음으로 콘술이 되고, 6년 뒤에는 이탈리아의 민정 총독으로 재임하는 등 화려한 경력을 쌓았다. 하지만 이제는 전성기가 지났으므로 만약 떠돌던 소문처럼 그가 뇌물로 권좌에 올랐다면 얼마 안 가서 후회했을 것이다. 급속히 붕괴하는 서방 제국의 온갖 문제들이 거의 동시에 터져 그로서는 도저히 감당할 수 없었기 때문이다.

그는 정치적 판단력이나 감수성이 매우 부족한 인물이었다. 첫째, 그는 전임 황제의 암살범들을 징계하기는커녕 오히려 자신의 측근으로 삼았다.[45] 둘째, 그는 과부가 된 유독시아 황후를 곧장 아내로 취하려 했다. 당시 서른일곱 살이었고 자기 어머니처럼 당대 최고의 미인으로 꼽히던 유독시아는 남편의 죽음으로 비탄에 잠겨 있었고, 남편이 불륜을 많이 저질렀음에도 남편을 진심으로 사랑했다. 게다가 자기 나이의 두 배에 가까운 늙은 남자와 결혼한다는 것은 생각만 해도 몸서리가 쳐지는 일이었다. 콘스탄티노플에 호소해 봤자 대답이 올 확률은 거의 없다는 생각에서, 그녀는 몇 년 전에 시누이인 호노리아가 자포자기의 심정에서 취했던 방편을 쓰기로 결심했다. 바로 야만족 왕에게 도움을 청하는 것이다.

전하는 이야기에 따르자면 그렇다. 하지만 그다지 신빙성 있게 들리지는 않는다. 또한 그 이야기를 전한 기록자는 단 두 사람인데, 그중 한 사람인 안티오크의 요한네스는 그냥 풍문이라고 치부했다. 그보다 덜 낭만적이지만 더 사실적인 이야기는 따로 있다. 유독시아는 자신을 돌볼 능력이 있는 여성이었으며, 새 황제의 구애에 화를 내며 거절했다. 그랬으니 그녀가 가이세리크 왕에게 호소할 이유는 없었다. 실제로 가이세리크가 얼마 뒤에 이탈리아를 침공한 것은 그런 식의 설명을 필요로 하지 않는다. 알라리크와 아틸라는 굳이 침략의 구실을 찾으려 애쓰지 않았다. 로마의 명성이라면 어느 야만족 족장이든 약탈하고 싶은 마음이 들기에 충분했다. 그러나 그 점은 별로 중요하지 않다. 이유야 무엇이든 로마는 다시 위협을 받았다. 이미 5세기에 들어 세 번째로 침략을 당하는 것이었는데, 이번의 침략자는 유럽 전역에서 파괴자로 악명을 떨치는 반달족이었다.

고트족이나 훈족과는 달리 반달족은 그동안 비잔티움 제국에 직접적인 충격을 거의 주지 않았다. 따라서 그들은 이 책에서도 많은 공간을 차지하지 않을 것이다. 여기서는 다만 그들이 게르만족의 일파이고, 아리우스파의 열렬한 신봉자이며, 4세기 말에 훈족에게 쫓겨 서쪽으로 이동해서 갈리아의 넓은 지역을 쑥밭으로 만든 다음 409년부터 에스파냐에 자리 잡은 민족이라는 정도만 언급하는 것으로 충분하다. 에스파냐에서 그들은 428년까지 살다가 새로 왕위에 오른 가이세리크의 영도 아래 전 민족—아녀자들을 합쳐 16만 명가량으로 추정된다—이 바다를 건너 북아프리카로 갔다(야만족으로서는 드물게, 반달족은 함대를 소유했다는 점이 주목할 만하다). 곧이어 반달 왕국을 로마 제국의 일부로 한다는 조약을 발렌티니아누스와 맺었으나 그 조약은 얼마 가지 못했다. 439년에 가이세리크는 조약을 깨고 북아프리카에서 자주 독립을 선언했다. 그때까지 어떤 야만족 지배자도 그렇게 나온 적은 없었다. 이후 가이세리크는 시칠리아를 자기 영토에 추가하고, 카르타고를 수도로 삼았다. 이 무렵부터 그는 서부 지중해 세계의 패자로 떠올랐다.

그러므로 만약 실제로 유독시아에게서 도와달라는 요청을 받았다면, 그는 그 요청에 따를 능력이 있었고 기꺼이 그렇게 하고자 했을 것이다. 발렌티니아누스가 무덤에 잠든 지 석 달도 지나지 않아 반달족 함대가 모습을 드러냈다. 로마는 또 다시 공포에 질렸다. 황제는 궁전에 몸을 웅크리고 포고를 발표했다. 그 내용은 기대했던 것처럼 모든 건장한 남자들을 소집하여 제국의 방어에 나서는 게 아니라 고향을 떠날 사람은 얼마든지 그렇게 해도 좋다는 것이었다. 실은 그런 포고도 필요 없었다. 이미 겁에 질린 로마인들이 다투어 아내와 딸들을 안전한 곳으로 대피시키는 바람에 북쪽과 동쪽으로 향하는 도로는 도시를 떠나는 부잣집들의 피난 마차—여기에는 반달족에게 빼앗길 수 있는 값진 물건들도 가득 실었다—행렬로 북새통을 이루고 있었다.

그런 분위기는 침략자들보다 페트로니우스 막시무스에게 더 직접적인 영향을 주었다. 그도 역시 도피할 작정이었으나, 백성들의 고통에 황제의 책임이 크다고 본 신하들이 제지하는 바람에 도망치지 않기로 마음을 바꾸었다. 하지만 5월 31일, 반달 함대가 이탈리아의 해안에 나타나자 황궁 수비대는 폭동을 일으켜 무기력한 주인을 살해하고 그 도륙된 시신을 테베레 강가에 내다 걸었다. 이로써 막시무스는 불과 70일 동안만 재위한 황제가 되었다. 그가 죽은 지 사흘 뒤에 가이세리크 왕이 오스티아에 상륙했다. 반세기 사이에 야만족 군대가 로마의 성문을 들어온 것이 이번으로 벌써 네 번째였다.

3년 전에 민초 강둑에서 아틸라를 철군하게 만든 레오 교황이 아니었다면, 로마는 다섯 번째 공격을 당했을 것이다. 또 다시 교황은 야만족의 주둔지로 가서 탄원했다. 그러나 이번에는 설득의 근거가 약했다. 가이세리크는 이미 자신의 목적을 거의 달성할 시점이었고, 그의 병사들은 건강하고 식량도 충분했으며, 그의 배후에는 적이 없었기 때문이다. 게다가 그는 이교를 어느 정도 존중하는 편이었고 아리우스파이기는 했지만 적어도 그리스도교도였다. 레오의 노력은 완전한 성공도 아니었고—그건 기대하기 어려웠다—완전한 실패도 아니었다. 반달족은 약탈을 중지하고 싶지 않았다. 하지만 가이세리크는 최소한 살육을 저지르거나, 숨긴 보물을 찾아내라고 고문을 하거나, 공공 건물이든 사유 건물이든 건물을 파괴하는 일은 없을 것이라고 약속했다. 그다지 위안이 되지 않는 약속이었으나 그래도 없는 것보다는 나았다.

성문이 열리자 야만족 무리는 무방비 상태의 도시로 들어왔다. 이후 14일 동안 그들은 조용히, 조직적으로 로마의 재산을 약탈했다. 성당에서는 금과 은으로 된 장식품, 궁전에서는 조각상, 유대 회당에서는 제기祭器를 가져갔으며, 심지어 카피톨리누스의 유피테르 신전에서는 지붕에 입힌 구리까지 떼어갔다. 이 모든 것들은 수레에 실려 오스티아로 운반되었고, 여기에 정박하고 있는 선박에 실려 카르타고로 수송되었다. 약탈을 마치자 가이세리크와 그의 병사들은 껍데기만 남은 도시를 뒤로한 채 유독시아와 그녀의 두 딸을 데리고 질서정연하게 떠났다.[46] 과연 약속한 대로 로마 시민과 건물들은 무사했다. 예전에 그들은 도적 떼처럼 행동했으나 이번에는 반달족답지 않았다.

황제와 장군의 대립

발렌티니아누스가 죽은 지 2년이 채 안 된 457년 1월 혹은 2월 초에 동방 황제인 마르키아누스도 세상을 떠났다. 이제 테오도시우스 혈통의 남자는 대가 끊겼다(마르키아누스는 풀케리아와 결혼함으로써 그 가계의 일원이 될 수 있었다). 로마 제국에서 왕조의 단절은 언제나 위험한 상황이었다. 원칙적으로 황제는 군대가 선출하는 식이었다. 오랜 기간 제위가 거의 세습된 것처럼 보이지만, 그것은 황제가 후계자를 지명하고 자신이 살아 있을 때 공식적인 승인을 받도록 하는 관습이 있기 때문이었다. 하지만 마르키아누스는 아들을 두지 못했고 후계자를 지명하지도 못했다. 풀케리아가 살아 있었더라면 그 상황을 잘 타개했겠지만 그녀는 이미 453년 아틸라가 죽은 지 몇 달 뒤에 죽었다(그녀는 자신의 막대한 재산을 빈민들에게 물려주었으며, 마르키아누스는 영구 칙령을 내려 그녀의 유언을 충실히 이행했다). 또 그녀의 두 여동생은 비록 국사에는 일절 관여하지 않았으나 언니보다 더 먼저 죽었다. 요컨대 제위는, 마치 율리아누스가 죽었을 때처럼 무주공산이 되었다는 이야기다. 콘스탄티노플의 시민들은 빈 제위를 앞에 두고 군대에게, 더 구체적으로 말하면 동방군의 마기스테르 밀리툼인 아스파르에게 시선을 집중했다.

아스파르는 일찍이 424년에 라벤나 원정에 참여하여 요한네스를 폐위하고 어린 발렌티니아누스를 제위에 올렸을 때부터 명성을 쌓은 군인이었다. 또 8년 뒤인 432년에는 테오도시우스 2세가 보낸 군대를 거느리고 북아프리카에 증원군으로 가서 반달족의 침략을 저지하려 했다. 비록 그 작전은 실패했으나 그의 지도력과 용기는 여전히 많은 사람들의 귀감이 되었다. 그 뒤 그는 콘술로 재직했고, 그의 아들들도 나중에 콘술이 되었다. 당시 아스파르는 '최고 귀족'* 이라는 직함을 가지고 있었는데, 사실 두 가지 단점만 없었다면 마르키아누스가 아니라 그가 테오도시우스 2세의 뒤를 이었을 터였다(마르키아누스는 트라키아에서 무일푼으로 콘스탄티노플에 처음 왔을 때 아스파르의 집에서 거의 20년 동안이나 그의 가신으로 살았다). 첫째, 그는 흑해 연안에서 살다가 370년에 훈족에게 쫓겨난 유목민 게르만족의 일파인 알라니족 출신이었다. 둘째, 그리스도교로 개종한 야만족이 거의 그렇듯이 그는 아리우스파였다.

그러므로 아스파르가 제위를 잇는다 해도 사실 문제는 없었다. 하지만 프랑크족 출신의 장군 아르보가스트—당시 아스파르의 처지는 60년 전 서방의 아르보가스트와 상당히 비슷했다—가 그랬듯이, 아스파르는 정계의 숨은 실력자 역할에 완전히 만족했다. 그런데 그가 발탁한 인물은 자신의 부하, 즉 자기 집안의 집사로서 다키아 속주 출신의 정통 그리스도교도인 레오였다.

하지만 군대는 군말 없이 새 황제를 박수로 환영하고 전통에 따

* 여기서 말하는 귀족이란 파트리키우스(patricius)다. aristocrat가 주로 정치적인 의미에서의 귀족이라면, patricius는 평민(plebs)과 대비되는 의미에서의 신분적인 귀족을 가리킨다.

라 방패 위에 그를 올렸다. 그러나 이번에는 그것만으로 끝나지 않고 처음으로 정식 대관식이 열렸다. 457년 2월 7일 소피아 대성당에서 열린 엄숙한 미사에서 레오는 총대주교인 아나톨리우스에게서 공식적으로 제관을 받았다.* 이는 칼케돈 공의회에서 높아진 총대주교의 위상을 반영하는 것이었으며, 동시에 낡은 질서가 변화하고 있는 조짐을 보여 주는 것이었다. 바야흐로 제국은 유서 깊은 군대의 전통에서 벗어나 종교적이고 신비적인 주권의 개념으로 옮아 가고 있었던 것이다. 이런 현상은 이후 수백 년에 걸쳐 꾸준히 발달하게 된다.

레오는 정식 교육을 거의 받지 못했으나 건강하고 건전한 상식과 주체적인 자세를 가진 인물이었다. 따라서 만약 아스파르가 비잔티움의 제위에 자신의 꼭두각시를 올려놓았다고 여겼다면 그것은 큰 오산이었다. 레오가 즉위한 지 얼마 되지 않아 점차 두 사람 간의 불화가 불거지기 시작했다(직접적인 계기는 자기 아들을 봉급이 많은 고위직에 임명해달라는 아스파르의 요구를 레오가 거절했기 때문이다). 이내 레오는 아스파르가 이끄는 위험할 만큼 강력해진 게르만적 요소를

* 이후 동방 제국에서 황제와 콘스탄티노플의 총대주교는 서로가 서로를 임명하는 관계가 된다. 이를테면 황제는 세속의 황제이고 총대주교는 신성의 황제라는 의미다. 당연히 진정한 '신성의 황제'인 로마 교황이 그 역할을 해야 했으나 정치적 수도가 동방에 있었으므로 불가능했다(그런 점에서 앞서 말했듯이 로마 교황은 콘스탄티노플 총대주교에게 '끗발'에서 밀릴 수밖에 없었다. 더구나 황제의 대관식은 소피아 대성당에서 치러야 했는데, 그 성당의 '주인'은 바로 콘스탄티노플 총대주교였다). 그러나 이후 서로마 제국이 멸망하면서 로마 교황은 오히려 서방 황제라는 세속 황제가 없는 시기를 틈타 동방에 비해서는 미약하나마 독자적인 권력을 키우기 시작한다. 그로 인해 비잔티움 제국과 달리 서유럽의 중세에는 교황이라는 신성의 권력이 훨씬 강력한 힘을 발휘하게 된다.

제국 내에서 제거하기로 결심했다. 이를 위해 그는 게르만족 군대를 숙청하고, 그 대신 칼리카드누스 강 연안, 이코니움과 리스트라의 남쪽에 있는 타우루스 황야 출신의 거친 산악 민족인 이사우리아족을 군대의 핵심으로 삼았다. 아스파르는 현상 유지를 원했으므로 그 조치에 반발했다. 황제와 장군의 다툼은 레오의 치세에서 가장 주요한 문제로 떠올랐다.

두 사람의 경쟁이 정부 내에서 두 개의 파벌을 빚을 것은 뻔한 일이었다. 황제의 편에는, 이사우리아족장으로 원래 이름이 타라시코디사 루숨블라데오테스였다가 황제의 딸 아리아드네와 결혼한 뒤 현명하게도 이름을 제논이라고 바꾼 인물이 버티고 있었다. 황궁 내에서 아스파르의 주요 지지자로는 황후 베리나의 오빠인 바실리스쿠스가 있었다. 사실 아스파르와 바실리스쿠스는 달라도 한참이나 달랐다. 아스파르는 문화를 거의 모르는 야만족인 데다, 프리스쿠스에 따르면 여가 시간에는 "배우와 곡예사 같은 광대들과 놀았고", 독실한 아리우스파로서 그리스도의 신격을 거의 부인했으며, 당대 최고의 군대 지휘관이었다. 그 반면에 바실리스쿠스는 헬레니즘에 익숙한 교양인인 데다 교육을 많이 받은 로마인이었고, 열렬한 단성론자로서 그리스도를 인간이 아닌 신으로 보았으며, 노골적으로 제위에 대한 열망을 드러낸 탓에 콘스탄티노플에서 그의 야심은 농담으로 회자될 정도였으나 곧 증명되듯이 어떤 유형이든 지도자 자리에는 적합하지 않은 인물이었다.

이렇게 이질적인 두 사람이 한데 뭉친 이유는 순전히 이사우리아족에 대한 공통의 증오심 때문이었다. 그래서 468년에 황제가 가이세리크와 반달족을 치기 위해 대규모 해군을 편성했을 때 황후와 아스파르는 바실리스쿠스를 지휘관으로 삼으라고 설득했다.

많은 로마인들에게 이번 원정은 오래전부터 고대하던 것이었다. 가이세리크가 로마를 유린한 지도 벌써 13년이나 지난 시점이었으니 더 이상 응징하지 않고 놔둔다는 것은 옳지 않았다. 서방이야 쇠퇴의 조짐이 명백했으므로 그때의 수모를 갚을 능력이 없었다지만, 동방의 무관심한 태도는 변명하기 어려웠다.

마르키아누스를 옹호하는 사람들은 그가 재위하던 시절에 가만히 있었던 이유를 나름대로 설명했다. 젊은 시절인 432년에 그는 아스파르의 실패한 원정에 참여하여 반달족을 상대로 싸우다가 사로잡혀 동료들과 함께 카르타고 왕궁으로 끌려가 몇 시간 동안 뜨거운 태양 아래 고통을 견디며 묶여 있던 적이 있었다. 그는 이내 쓰러져 잠이 들었는데, 창문으로 이 광경을 내려다보던 가이세리크는 커다란 독수리 한 마리가 날개를 펼쳐 햇볕을 가려 주는 것을 보고 깜짝 놀랐다. 그는 이 젊은이가 장차 큰 인물이 되리라는 것을 말해 주는 하늘의 조짐이라고 여겼다. 그래서 가이세리크는 마르키아누스를 현장에서 풀어 주고, 무슨 일이 있더라도 나중에 반달 왕국을 침공하지 말아 달라는 약속을 받아 냈다. 마르키아누스는 그 약속을 평생토록 지켰다는 것이다.

좋은 이야기지만 사실 그대로 믿기는 어렵다. 마르키아누스는 솔직하고 분명한 성격으로, 기적 같은 것은 전혀 바라지 않는 사람이었다. 오히려 그는 평화와 번영, 좋은 정부의 시대를 열었는데—그가 죽은 뒤 레오도 그대로 물려받았다—18년 동안이나 그런 세월을 누렸으니 반달족을 응징하지 않은 것이 더 이상 정당화될 수 없었다. 게다가 개입을 위한 좋은 명분도 있었다. 아리우스파인 가이세리크가 정통 그리스도교를 대대적으로 박해하기 시작했던 것이다. 많은 성당과 수도원이 불에 타 잿더미로 변했고, 존경받는 많은 성직자들이 처형되지는 않았더라도 집에서 쫓겨나고 심지어 고문까지 당했다.

그러므로 레오가 발표한 원정 계획은 즉각 열렬한 환호를 받았으며, 전쟁 준비도 착실하게 진행되었다. 그 규모는 엄청났다. 전하는 바로는 동부 지중해 전역에서 1천 척이 넘는 함선이 동원되었고, 병력은 10만 명에 이르렀다고 한다. 그 정도의 해군과 육군이라면 지휘관이 누구라 해도 반달족을 아프리카에서 몰아내기에 충분했다.

반달족과의 대회전

그러나 바실리스쿠스가 지휘관일 때는 그렇지 못했다. 프로코피우스에 의하면—그 원정에 관한 유일한 기록이다[47]—원정 초반은 순조로웠다. 우선 두 차례의 보조 원정이 큰 성공을 거두었다. 달마치야의 지배자인 마르켈리누스는 반달족을 사르데냐에서 몰아냈으며, 헤라클리우스라는 이름의 비잔티움 장군은 소부대로 트리폴리타니아에 상륙해서 카르타고의 남동쪽을 공략했다. 한편 바실리스쿠스는 본 곳 부근의 메르쿠리온이라는 곳에 상륙했으나, 반달 왕국의 수도를 향해 곧바로 진격하여 적을 기습하지 않고 그곳에 진지를 차린 채 진군하려 하지 않았다. 이런 늑장은 가이세리크에게 필요한 기회를 주었다. 그는 우선 메르쿠리온에 사절을 보내, 황제의 명령을 모두 따르고 필요한 조치를 하겠으니 닷새의 말미를 달라고 대답했다. 이미 무혈 승리를 자축하고 있던 바실리스쿠스는 기꺼이 그러겠노라고 했다.

그것은 그의 일생일대의 실수였다. 가이세리크는 그 닷새 동안 전함을 정비하고 많은 폐선들을 재활용할 방침을 세웠다. 이윽고 그가 예상했던 대로 바람의 방향이 바뀌었다. 닷새째 되는 날 그의 함대는 뒤에 폐선들을 숨긴 채 바람을 등지고 메르쿠리온에 모습을 드러냈다. 항구로 들어온 순간 선원들은 폐선에 불을 붙여 빽빽하게 모여 있던 비잔티움의 함대에 부딪치게 했다. 바실리스쿠스의 병사들은 어떻게든 불길을 막으려 애썼지만 불길은 삽시간에 배에서 배로 옮겨 붙었다. 프로코피우스는 그 정황을 이렇게 전한다.

> 불길이 다가오자 로마 함대는 혼란에 빠졌다. 바람 소리와 나무가 불에 타는 소리가 병사들의 비명, 함성과 섞였다. 병사들은 장대로 불 붙은 배를 밀고 배들을 서로 떼어 놓으려 했다. …… 곧이어 반달족이 배를 들이받아 침몰시키고, 도망치려는 병사들을 사로잡아 무기를 빼앗았다.

불과 몇 시간 만에 모든 게 끝나 버렸다. 딱한 바실리스쿠스는 전투 초반에 일찌감치 달아나서 콘스탄티노플로 돌아갔다. 하지만 황제의 분노, 실망, 질책을 견디다 못해 그는 소피아 대성당으로 피신해야 했다. 누이인 황후가 애걸복걸한 끝에 겨우 레오는 그의 목숨만은 살려주었다.

북아프리카 참패의 책임이 지휘관에게만 부과된 것은 레오에게 다행스러운 일이었다. 만약 달리 책임질 사람이 또 있다면 그것은 아스파르였다. 사실 그는 비밀리에 같은 아리우스파인 가이세리크의 편이 되어 바실리스쿠스에게 뇌물을 먹여서 신뢰를 저버리도록 했다는 소문이 나돌았다. 하지만 그 소문은 거의 근거가 없었고, 아스파르의 인기가 그만큼 좋지 않다는 것을 말해 주는 데 불과했다. 그런데다 2년 뒤에 그가 황제를 설득하여—혹은 윽박질러—레온티아 공주를 자신의 둘째 아들 파트리키우스와 약혼시키고 아들을 부제로 선포했을 때 그러잖아도 하한가인 그의 인기는 바닥에 떨어졌다. 당시 그가 레오에게 어떤 압력을 가했는지는 추측만 할 수 있을 따름이지만, 황제가 엄격한 정교회 신도였고 아리우스파 후계자에 대해서 큰 반감을 가진 것을 고려한다면 모르긴 몰라도 상당한 협박이 있었을 것이다.

다른 분야에서도 아스파르와 그의 아들들은 분란을 일으켰다. 이미 469년에 그들 부자는 제논을 암살하려 했다가 거의 성공할 뻔했으며, 471년 말경에는 맏아들인 아르다부르가 이사우리아족의 한 분파와 공모하여 이사우리아족을 자기 아버지의 편으로 만들려는 공작을 꾸몄다. 레오에게 이것은 마지막으로 움켜쥔 지푸라기였다. 어느 날 아침 황궁에서 황제의 근위병들은 갑자기 칼을 뽑아 들고 아스파르와 아르다부르를 베었다. 파트리키우스는 큰 부상을 입었지만 살아남았을 것으로 추측된다.

당대의 역사가인 말쿠스가 레오에게 마켈레스Makelles, 즉 도살자라는 별명을 붙인 것은 아마 그 살인극 때문일 것이다. 그는 레오가 '모든 악의 근원'이고 몹시 탐욕스러운 사람이라고 비난했다. 하지만 그런 말쿠스라 해도 레오가 전임 황제들 중 어느 누구보다도 전반적으로 운이 좋았고 성공적인—유투케스테로스eutuchesteros—황제였다는 점은 인정해야 한다. 또한 레오는 비록 많은 백성들의 사랑은 받지 못했을지 몰라도 최소한 그들의 존경은 받았다. 그는 정치가로서 뛰어난 업적을 보여 주었다기보다 종교적으로 정통의 입장을 취했기에 '대제'라는 칭호를 받았지만 실상 그 칭호에 어울리는 황제는 아니었다. 그래도 그는 대체로 공정하고 자비로운 군주였다. 474년 2월 3일에 죽을 때까지 그는 당시 기준으로 보면 손에 거의 피를 묻히지 않은 셈이었다.

레오는 죽기 다섯 달 전에 후계자를 지명했는데, 그 후보는 모두가 예상했던 그의 사위 제논이 아니라 제논의 일곱 살짜리 아들로 외할아버지의 이름을 그대로 물려받은 레오 2세였다. 그가 개인적으로 제논을 싫어했기 때문인지, 아니면 이사우리아족에게 제국을 맡길 수 없다고 여겼기 때문인지, 그것도 아니면 제위를 반드시 자신의 혈육에게 물려주고 싶었기 때문인지 정확한 이유는 알 수 없다. 그러나 결국 그 문제는 형식적인 것에 불과했다. 제논이 자기 아들에게 공식적인 경의를 표하러 원형 경기장에 왔을 때 그의 아들은 어머니 아리아드네에게서 미리 지시받은 대로 즉석에서 제논을 공동 황제로 임명했던 것이다. 이는 결과적으로 현명한 판단이었다. 아홉 달 뒤에 어린 레오는 죽었으니까.

제위에 오른 제논은 일단 반달 전쟁을 끝내고자 했다. 그는 평화 협상자로 저명한 원로원 의원인 세베루스를 임명하고, 그에게 주어진 사명의 중요성을 고려하여 그를 귀족의 서열로 올려 주었다. 제논의 인선은 탁월했다. 세베루스는 일체의 선물을 거절하고, 그 대신 로마 포로들의 석방을 부탁함으로써 가이세리크에게 깊은 인상을 주었다. 반달족의 왕은 즉각 자신과 자기 가족에게 속박된 모든 자들을 풀어 주고 세베루스에게 마음대로 되찾을 권리를 주었다.[48] 이윽고 그해 말에 평화 조약이 체결되었고, 이후 반달족은 두 번 다시 제국의 관심을 끌지 않았다.

바실리스쿠스의 몰락

출발은 좋았으나 진작부터 몰아닥치는 폭풍은 피할 수 없었다. 이제 이사우리아족은 완전히 인기를 잃었다. 게르만족과는 달리 그들은 제국의 신민이었고 야만족으로 불리지는 않았지만, 실제로는 게르만족보다도 더 백안시되었다. 게다가 그들은 전에 레오에게서 받았던 특별 우대로 인해 자만심에 젖어 있었다. 그들은 건방지고 시끄러웠으며, 폭력적인 성향을 지니고 있었다. 그들이 야기하는 적대감은 이사우리아족의 가장 유명한 대표자인 황제에게로 향할 수밖에 없었다. 마침 황제 자신도 자기 가족의 강력한 두 적수, 즉 황태후인 베리나와 그녀의 오빠인 바실리스쿠스에게서 심한 증오를 사게 되었다.

그 두 사람의 목적은 서로 달랐다. 8년 전 카르타고 원정에서 참패한 이후 겸손한 자세를 유지했던 바실리스쿠스는 레오가 죽자 정계에 복귀하여 다시금 제위에 오를 꿈을 불태우기 시작했고, 그 반면에 황태후는 얼마 전에 사귄 애인인 황궁 집사장 파트리키우스에게 제관을 씌워 주고 싶어 했다(말할 필요도 없지만 아스파르의 아들과는 동명이인이다). 하지만 두 사람 다 제논을 제거한다는 목표는 같았다. 그래서 그들은 이사우리아족의 장군 일루스—그가 갑자기 자신의 은인인 황제를 저버린 이유는 알 수 없다—의 도움을 얻어 자신들의 대의에 따르는 지지자들을 많이 그러모았다.

이윽고 475년 11월 원형 경기장에서 경기를 관람하던 황제는 장모인 베리나에게서 군대, 원로원, 시민들이 황제를 반대하여 궐기했으니 어서 도시 바깥으로 도피하라는 급전을 받았다. 저항한다는 생각, 혹은 베리나의 말이 과장일지 모른다는 생각은 전혀 하지 못했다. 그날 밤 제논은 아내와 어머니를 데리고 야반도주하여 고향인 이사우리아의 산악 지대로 도망쳤다.

제논이 사라지자 파트리키우스를 지지하는 사람은 베리나밖에 없었으므로 바실리스쿠스가 쉽게 제위에 올랐다. 내내 권력을 꿈꾸었던 의지의 승리라고나 할까? 우선 그는 수도에서 이사우리아족을 대대적으로 학살하라는 명령—혹은 적어도 허락—을 내렸다. 하지만 그렇게 적을 제거함으로써 자신의 입지를 강화하려 했다면 그것은 오산이었다. 바실리스쿠스는 제위에서 오래 버티지 못했다. 그는 누이의 애인을 암살함으로써 황태후의 지지를 잃었고, 중과세 정책으로 백성들의 등을 돌리게 했다. 게다가 그는 공개적으로 단성론을 지지하고 선불리 그것을 제국 전역에 강요함으로써 교회의 지속적인 적의를 불러일으켰다.

그 과정에서 그를 부추긴 사람은 단성론자인 알렉산드리아 전임 주교, 별명도 걸맞게 '교활한 티모티우스'라 불리는 자였는데, 그는 칼케돈 공의회 이후 자기 교구에서 쫓겨나 이제 바실리스쿠스의 도움을 받아 복귀하고자 했다. 이 음험한 성직자의 주장에 따라 바실리스쿠스는 칼케돈의 결정을 취소하고, 나아가 콘스탄티노플의 총대주교직마저도 폐지하려 했다. 그러자 아카키우스 총대주교는 소피아 대성당의 제단을 검은 천으로 둘러 모든 사제들을 슬픔에 잠기게 했다. 당대의 유명한 주상고행자〔stylite, 기둥 꼭대기에서 고행하는 수도자〕였던 다니엘[49] 마저 15년 만에 처음으로 기둥에서 내려와 사람들에게 열변을 토하자 이에 경악한 바실리스쿠스는 자신의 칙령을 거두어들일 수밖에 없었다. 말하자면 하늘도 제위 찬탈자에게 등을 돌린 것이다.

그러니 476년에 청동 대장간들이 있는 시장에서 큰 불이 나서 바실리케Basilike—율리아누스가 세운 공공 도서관으로 여기에는 모두 12만 권의 장서가 있는데, 길이 40미터짜리 뱀의 내장에 『일리아스』와 『오디세이아』의 전문이 황금 글자로 새겨져 있는 책도 있었다고 한다—까지 번진 것은 하늘의 뜻이라고밖에 설명할 수 없었다. 안타깝게도 화재로 잃은 또 다른 유물로는 라우수스 궁전과 그 안에 있던 사모스의 헤라, 린도스의 아테나, 크니도스의 아프로디테 등 고대의 유명한 조각상들이 있다. 이런 상황이었으니, 바실리스쿠스를 제위에 올리는 데 결정적인 기여를 한 일루스가 그를 배신하고 산악 지대에 도피해 있던 제논에게 붙어 그의 복위를 꾀한 것도 그리 놀랄 일이 아니었다.

그러나 바실리스쿠스의 몰락에 직접적으로 기여한 인물은 제논도, 일루스도 아닌 바로 그 자신의 조카인 하르마티우스였다. 콘스탄티노플에서 멋쟁이로 익히 알려진 이 엉뚱한 젊은이는 바실리스쿠스의 아내이자 자기 숙모인 제노니스와 반인륜적인 행각을 벌이고 있었음에도 불구하고 삼촌 하나 잘 둔 덕분에 마기스테르 밀리툼에 임명되었다. 너무 기쁜 나머지 그는 아킬레우스의 복장을 하고 원형 경기장을 한 바퀴 돌기도 했다.

그러나 군대를 거느리고 제논과 일루스를 치러 간 그는 그들이 그에게 민정총독 자리를 주고 그의 아들은 부제로 삼겠다고 약속하자 그 꾐에 쉽게 넘어가 거꾸로 그들의 편에 가담하겠다고 나섰다. 그리하여 477년 7월 제논은 아무런 제지도 받지 않고 수도에 입성했다. 자칭 황제는 두 번째로 소피아 대성당의 피신처를 찾았고 목숨을 살려준다는 조건으로 항복했다. 진짜 황제는 그 약속을 지켜 바실리스쿠스를 가족과 함께 카파도키아의 황야로 유배를 보냈는데, 결국 그해 겨울 혹독한 추위와 굶주림이 그들의 운명을 결정해 주었다.

자리를 비운 지 20개월 만에 제논은 다시 국정을 돌보게 되었다. 그가 없는 동안 몇 가지 주목할 만한 변화가 있었는데, 그중 하나는 바로 서로마 제국의 완전한 멸망이었다.

서로마의 멸망인가, 제국의 통일인가

아이티우스와 발렌티니아누스가 죽은 뒤 17년 동안 서방을 다스린 사람은 수에비족[50]의 귀족인 리키메르였다. 그도 역시 당대의 유행이라 할 야만족 실력자로서 모두 다섯 명이나 되는 꼭두각시 황제를 옹립했다. 그중 한 명인 아비투스는 리키메르에 의해 폐위되었고(그 대신 피아첸차의 주교가 되었다), 마요리아누스와 안테미우스는 살해당했으며, 나머지 두 황제, 즉 리비우스 세베루스와 올리브리우스만 제위를 유지했다. 올리브리우스는 472년 10월, 리키메르가 죽고 두 달 뒤에 수종水腫으로 죽었다. 그 뒤 4개월 동안은 공위 기간이었고 그 다음에 리키메르의 조카이자 후계자로 자처하는 군도바트가 또 다른 허수아비 황제인 글리케리우스를 옹립했다. 그러나 콘스탄티노플의 레오 1세는 그를 황제로 승인하지 않고 그 대신 자신의 처조카사위인 율리우스 네포스를 서방 황제로 임명했다. 474년에 이탈리아로 간 네포스는 거의 전투 한번 없이 글리케리우스를 타도하고 로마에서 제위에 올랐다.

사람들은 아마 그것으로 혼돈의 시대가 끝났다고 여겼을 것이다. 리키메르는 죽었고, 군도바트와 글리케리우스는 불신을 당했으며, 율리우스 네포스는 콘스탄티노플 황제의 축복까지 받았기 때문이다(이 무렵 제논이 레오를 승계했지만 대서방 정책은 그대로 유지되었다). 이제 동방의 지원을 받는다면 서방에서도 야만족 모험가들을 물리치고 로마인의 지배권을 다시 확립할 수 있을 터였다.

그러나 그 희망은 너무도 빨리 무너지고 말았다. 475년 8월 군대

총사령관인 오레스테스가 새 황제에 반대하여 반란을 일으켰다. 그는 묘한 경력을 지닌 인물이었다. 판노니아에서 태어난 그는 젊은 시절에 아틸라의 궁정으로 들어가 그의 개인 정무관으로 일했으며, 프리스쿠스의 사절단과 연관된 암살 음모를 저지하는 데 중요한 역할을 했다. 아틸라가 죽은 뒤 그는 로마 제국의 편으로 들어가 잠시 재위했던 안테미우스 황제의 치세에 근위대장을 지냈다. 그 뒤 네스포스가 황제로 즉위하고 그 자신은 총사령관으로 승진하자 오레스테스는 갈리아로 파견되어 원로원의 결정에 따라 서고트족의 왕 유리크에게 오베르뉴를 양도하는 일을 맡게 되었다. 그러나 거기서 그는 반기를 들었으며, 군대를 거느리고 로마로 진군했다.

이런 상황에서 율리우스 네포스에게는 도망치는 것 이외에 대안이 없었다. 그는 먼저 라벤나로 갔다가 오레스테스의 추격을 받자 아드리아 해를 건너 살로나로 갔다(거기서 그는 아마 전임 황제인 글리케리우스와 어색한 만남을 가졌을 것이다). 그해가 다 가기 전에 그는 공동 황제인 제논이 자기처럼 적들을 피해 달아났다는 절망적인 소식을 들었다. 그것은 곧 동방에서 아무런 도움도 기대할 수 없다는 뜻이었다. 네포스는 어쩔 수 없이 모든 것을 포기하고 운명을 기다렸다.

한편 오레스테스는 로마로 돌아가서 10월 31일에 자신의 아들인 로물루스를 황제로 선포했다(나중에 그에게는 작다는 뜻의 경멸적인 의미로 아우구스툴루스라는 별명이 붙었다). 로물루스의 출생 시기는 알 수 없지만 기껏해야 소년이었던 것은 분명하다. 오레스테스는 아들을 허수아비 황제로 내세워 실권을 장악하고자 했던 것이다. 실제로 거의 1년 동안 그는 그렇게 했다. 그러나 그가 율리우스 네스포스에게 했던 것처럼 결국 군대가 그에게 반기를 들었다. 벌써 한 세기 이상이나 군대는 야만족 용병이 다수를 점하고 있었다. 특히 아틸라가 죽은 뒤 그 용병들의 동족들은 아무런 제지도 받지 않고 대거 제국의 국경선을 넘어왔다. 점차 수가 많아지면서 그들은 제국 내의 야만족이 늘 요구해서 대부분 얻은 것, 즉 자신들이 살아갈 수 있는 땅을 요구했다. 그들은 오레스테스에게 무려 이탈리아 땅의 3분의 1을 요구했는데, 그 요구를 들어 주려면 로마의 모든 지주들은 자기 영지의 상당 부분을 게르만족 이주민들에게 내주어야 할 터였다.

하지만 아마 그렇게 터무니없는 제안은 아니었을 것이다. 418년 콘스탄티우스 3세는 갈리아 남서부의 3분의 2를 서고트족에게 선뜻 내주었다. 하지만 그것은 제국의 나머지 영토를 보호하기 위해 외딴 지역을 떼어 준다는 의미가 컸다. 그와 달리 지금은 칼을 들이대고 영토의 심장부를 요구하는 것이었다. 오레스테스는 협상이 가능하다고 믿었음에 틀림없다. 그랬기에 화를 내며 그 요구를 거절했을 것이다.

그러나 그는 부하들의 성질을 잘못 판단했다. 그들의 대응은 폭동이었고 그 지도자는 오레스테스의 기수旗手였던 스키리족 출신의 오도아케르였다.[51] 476년 8월 23일 그는 병사들의 방패 위에 올랐고, 곧이어 싸움이 벌어졌다. 오레스테스는 일단 티키눔(지금의 파비아)으로 달아나서 덕망이 높은 에피파니우스 주교에게 피신처를 구했다. 며칠 뒤 오도아케르가 티키눔을 덮치자 오레스테스는 플라켄티아(피아첸차)로 도망쳤다. 그러나 도망은 그것이 마지막이었다. 반

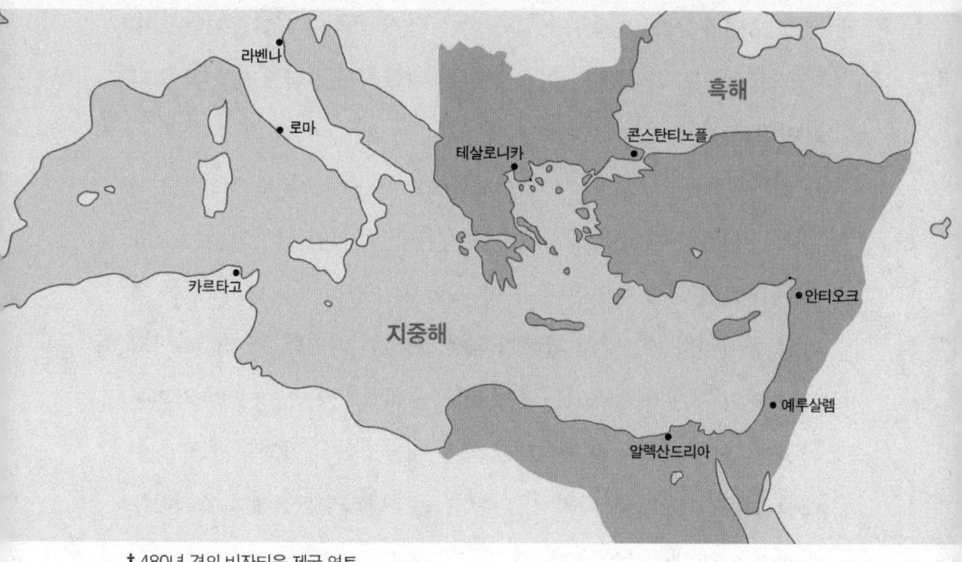

† 480년 경의 비잔티움 제국 영토.

란군은 거기서 그를 잡아 죽였다.

그 긴박한 순간에 라벤나의 궁전에서 고독과 공포에 사로잡혀 있던 딱한 로물루스 아우구스툴루스를 주목한 사람은 거의 없었을 것이다. 오도아케르는 라벤나로 가서 그 불쌍한 소년을 본 순간 마음이 누그러졌다. 로물루스는 아주 어리고 연약했으며, 기록에 의하면 상당히 잘 생겼다고 한다. 그래서 오도아케르는 소년을 처형하는 대신 그냥 폐위만 시킨 뒤 넉넉한 연금을 주고 캄파니아의 친척에게 보내 평화로이 살아갈 수 있도록 해 주었다. 그 뒤 제논이 제위에 복귀했다는 소식을 들은 그는 즉각 콘스탄티노플로 대사를 파견해서 (그는 바실리스쿠스를 인정하지 않았다) 서방의 변화된 사정을 보고하고, 자신이 직접 제위에 오를 의사가 없다는 표시로 서방 황제의 휘장을 보냈다. 오도아케르가 원한 것은 단지 귀족의 직함뿐이었으며, 이 직함으로 그는 황제의 이름을 빌려 이탈리아를 다스리고 싶을 따름이었다.

일반적으로, 476년 9월 4일 로물루스 아우구스툴루스가 폐위된 것으로 서로마 제국이 멸망했다고 말한다. 하지만 역사가들은 그렇지 않다고 강하게 부인한다. 로마 제국은 분명히 분리될 수 없는 하나의 몸이었다. 한 명의 황제가 다스리느냐, 아니면 두 명, 나아가 서너 명의 황제가 다스리느냐는 것은 순전히 국가 운영상의 편의를 위한 것일 뿐이었다. 오도아케르 역시 이탈리아가 황제의 통치권 아래에 있다는 것을 늘 애써 강조했다. 콘스탄티우스 2세나 율리아누스의 치세와 같이 그저 단일한 통치자가 제국을 다스리던 시절로 되돌아갔을 뿐이다.

이것은 모두 완벽하게 사실이다. 또한 당시 이탈리아 백성들은 전임 황제였던 소년이 캄파니아의 장원에서 평안하게 사는 것을 보고, 바야흐로 유럽 역사의 커다란 분수령이 지나갔다고 생각했을 것이다. 한 세기 가까이 그들은 야만족 장군이 권좌에 앉는 모습을 숱하게 보았다. 프랑크족의 아르보가스트, 다음에는 반달족의 스틸리코, 그 다음에는 아이티우스—그는 로마인이지만 부계 혈통은 게르만족이다—또 그 다음에는 수에비족의 리키메르 등이 그들이다. 그렇다면 스키리족의 오도아케르는 그들과 다르지 않느냐는 물음도 나올 법하다.

그 물음에 대해서는 그렇다고 답할 수 있으나 그 이유는 한 가지뿐이다. 즉 서방 황제의 직위를 거부했다는 것밖에는 다를 게 없다.

과거의 황제들은 아무리 꼭두각시라 할지라도 정제의 직함을 가지고 있었고 제국의 권위를 상징하는 존재로 군림했다. 그러나 이제 황제가 없어졌으므로 그 권위도 곧 잊혀졌다. 오도아케르는 귀족의 서열을 요구했지만, 실상 그가 더 바란 직함은 왕Rex이었다. 그 뒤 60년 동안 이탈리아는 완전히 버려져 있다가 유스티니아누스에 이르러서야 재정복이 이루어지게 된다. 그리고 서방에 또 한 명의 황제가 등장하는 것은 200여 년이 더 지난 뒤의 일이다. 게다가 그 새 황제*는 이탈리아가 아니라 독일에 수도를 정하고, 동료가 아니라 경쟁자이며, 로마인이 아니라 프랑크족이다.

오도아케르의 결정은 또 다른 중요한 결과를 낳았다. 이탈리아에 제국의 대표가 없다는 것은 곧 옛 수도가 정치적 진공 상태로 변했다는 이야기다. 사람들은 거의 본능적으로 새로운 지도자를 찾게 되었다. 야만족 모험가들의 낙관적인 꿈을 뛰어넘어 상당한 위신을 갖추고 연속성의 전망을 줄 수 있는 인물을 찾기 시작한 것이다. 그래서 사람들은 이미 그리스도교권의 수장이 되어 있던 로마 주교를 옹립하여 그에게 영적인 권위만이 아니라 세속의 권력마저 부여하고, 예전의 황제처럼 화려하고 신비로운 의식으로 그를 둘러쌌다. 바야흐로 중세 교황의 시대가 시작된 것이다.**

* 제18장에 나오지만 800년에 서방 황제가 된 샤를마뉴를 가리킨다.

** 물론 교황은 그전에도 있었으나(그리스도교에서는 예수의 제자인 베드로를 초대 교황으로 본다) 세속의 권력자로 등장한 것은 서방 황제가 사라진 5세기부터다. 그런 점에서, 5세기 초에 훈족을 물러나게 한 공로를 세운 레오 대교황을 사실상의 초대 교황으로 꼽기도 한다.

연이은 폭동과 반란

제논 황제는 그의 백성들 대다수와 마찬가지로 최근 서방에서 일어난 변화를 제대로 파악하지 못했던 게 틀림없다. 다른 무엇보다도 그는 자신이 직접 지명한 공동 정제인 율리우스 네포스가 폐위된 것을 인정할 수 없었다. 콘스탄티노플로 돌아온 직후 그는 달마치야의 네포스에게서, 유배 생활을 마치고 복위된 것을 축하하며 자신도 복위할 수 있도록 도와달라는 내용의 서한을 받았다. 오도아케르의 사절단이 왔을 때 제논의 심경에는 그런 네포스의 호소가 큰 영향을 미쳤을 것이다. 그래서 그는 사절단에게 네포스가 서방 황제라는 사실을 강조했다. 오도아케르가 귀족이 되고 싶다면 네포스가 복위되어야 한다는 압력이었다. 물론 그 상황에 적절한 대응인 것은 분명하지만, 그 효력은 엉뚱하게도 제논이 오도아케르에게 전달하라고 사절단에 건네준 문서 때문에 사라져 버렸다. 거기에는 이미 오도아케르가 귀족이라고 표현되어 있었던 것이다. 서기의 실수였을까, 아니면 미묘한 외교술이었을까? 그 정확한 의도가 무엇인지는 알 수 없다.

어쨌든 당시로서는 국내 문제가 훨씬 더 큰 부담이었다. 바실리스쿠스가 제거되었어도 여전히 균형과 안정이 회복되지 않았던 것이다. 제논은 우선 하르마티우스를 수상쩍게 바라보았다. 그의 오만함과 자기 도취는 극도에 달해 정신 상태마저 우려될 정도였다. 그는 민정 총독 자리를 얻고 자기 아들을 부제로 만들기 위해 자신의 삼촌과 정부情婦를 배반한 자였다. 그런 그가 과연 황제에게 계속 충성을 보일까? 더욱이 어린 부제가 성장한 뒤에도 충성할 수 있을까? 역사가들은 이구동성으로 당시 제논이 양심의 갈등에 시달렸다고 강조하지만 사실 결론은 뻔했다. 즉 하르마티우스를 제거해야 했다. 그의 적은 얼마든지 있었으므로 암살 지원자를 찾기란 아주 쉬웠고 작업도 금세 끝났다. 하르마티우스의 아들—증조부처럼 그의 이름도 바실리스쿠스였다—에 대해서는 관대한 조치를 취해 그의 지위만 박탈하고 성당에서 살도록 했다. 몇 년 뒤 그는 블라케르나이 황궁 예배당의 낭독자[lector, 교회에서 예배를 볼 때 성구를 읽는 사람]가 되었으며, 나중에는 키지쿠스의 주교가 되어 삶을 마쳤다. 아마 그는 제위의 책무에서 벗어난 것을 다행으로 여겼을지도 모른다. 그렇다면 그를 비난할 이유는 없을 것이다.

세월이 지나면서 제논도 이 자리에서 벗어나고 싶다는 생각을 적잖이 했을 것이다. 그가 권좌에 복귀한 지 2년밖에 안 된 479년에 또 다시 폭동이 일어났다. 이번 주동자인 마르키아누스는 자신과 이름이 같은 동방 황제의 손자이자, 서방 황제 안테미우스와 레오 대제의 딸 레온티아의 아들이었다(레온티아와 파트리키우스의 약혼은 아스파르가 몰락한 뒤 자연히 깨졌다). 그가 반란을 일으킨 데는 얼마 전에 일루스를 암살하려 했다는 혐의로 투옥된 그의 장모 베리나의 처우에도 어느 정도 원인이 있는 것으로 보인다. 하지만 마르키아누스는 자신의 반란이 정당하다고 믿었다. 그의 아내는 황실에서 태어났으므로 그전의 치세에 태어난 처형이자 제논의 아내인 아리아드네보다 서열이 높다는 게 그 근거였다.

반란 세력은 황궁으로 쳐들어갔다. 만약 여기서 일루스가 개입하지 않았더라면 제논은 두 번째로 제위에서 물러나는 불운을 겪었을 것이다. 일루스는 한밤중에 이사우리아 부대를 거느리고 보스포루스를 건너 반란군을 기습했다. 패배한 마르키아누스는 카파도키아의 카이사레아로 유배를 갔다. 나중에 그는 유배지에서 탈출하여 다시 한번 쿠데타를 일으켰으나 또 실패했다. 그러나 제논은 이번에도—황족의 혈통 때문이었을까?—자비를 베풀었다. 마르키아누스는 사제 서품을 받았고 그의 아내 레온티아는 아코이메타이 수녀원에 들어갔다.[52] 이후 그 부부의 소식은 전하지 않는다.

불만이 팽배한 위험한 분위기를 나타내는 마르키아누스의 두 차례 봉기는 신속하게 진압되었다. 그러나 그보다 더 심각하고 오래 지속된 사건은 483년에 일루스가 터뜨렸다. 사실 그에게는 그럴 만한 계기가 있었다. 6년 전 제논이 권좌에 복귀한 직후 황제의 노예 하나가 그를 암살하려다 발각된 사건이 있었다. 당시에는 아무도 황제를 직접 비난하지 않았고 황제는 즉각 그 노예를 일루스에게 넘겨주어 징벌하게 했지만, 의심이 싹트는 것은 어쩔 수 없었다. 그 뒤 478년에는 황궁 근위대가 암살자로 자처하는 알라니족 한 명을 잡았는데, 나중에 그는 에피니쿠스 총독과 베리나 황태후의 지시를 받았노라고 실토했다.

콘스탄티노플에 더 있다가는 목숨이 위태로워지리라는 것을 깨달은 일루스는 한동안 이사우리아의 고향에 은거했다. 그러나 479년 9월에 지진이 일어나 시의 성벽이 크게 약해지자 그 기회를 틈타 고트족이 침략할까 우려한 제논은 일루스를 수도로 불러들였다. 황제는 멀리 칼케돈까지 마중을 나가는 성의를 보였지만, 일루스는 베리나를 자기 손에 넘겨주지 않으면 수도로 들어가지 않겠노라고 버티었다. 평소에도 장모를 좋아하지 않았던 제논은 물론 대환영이었다. 황태후는 타르수스로 보내졌다가 강제로 수녀가 되어 이사우리아의 한 요새에 감금되었다.

그 뒤 잠시 분위기가 좋아졌고 일루스는 황궁 집사장으로 영전했다. 그러나 482년 어느 날 원형 경기장의 자기 좌석으로 올라가던 그에게 황궁의 어느 경비병이 아무런 예고도 없이 공격을 가했다. 마침 그의 갑옷을 운반하던 시종이 칼날을 비껴 가게 한 덕분에 치명상은 면했지만 오른쪽 귀가 잘려 나가는 바람에 그는 나머지 평생 동안 모자를 쓰고 다녀야 했다. 이 사건을 교사한 인물은 더욱 다루기 어려웠다. 바로 다름 아닌 아리아드네 황후였기 때문이다. 그녀는 자기 어머니와 동생의 일로 앙심을 품고 일루스에게 복수를 하려 했던 것이다.

그 다음의 일은 확실치 않다. 사실 일루스의 반란에 관한 이야기는 단편적이고 때로는 모순도 있으므로 상당 부분 추측에 의존할 수밖에 없다. 이 사태로 집사장은 다시 몸을 사리고 아나톨리아로 돌아가버린 듯하다. 그러나 그가 떠나는 것과 거의 때를 같이 하여 시리아에서 반란이 터졌다. 레온티우스라는 자가 옛 이교를 복원시키기 위해 일으킨 반란이었다. 그러자 재빨리 전령이 일루스를 따라가서 황제의 명령을 전했다. 동부군의 지휘관이 되어 제국의 질서를 회복하라는 명령이었다. 이 기회에 다시 황제의 눈에 들려는 생각에 사로잡힌 나머지 그는 서둘러 시리아로 향했다. 그러나 현지 지휘관은 무능력하고 방탕한 황제의 동생 롱기누스였다. 게다가 롱기누스는 자신의 권위가 침해된 데 대해 심히 불쾌해 하고 있었다. 두 사람은 격렬한 말다툼을 벌였고, 결국 일루스가 롱기누스를 체포하여 감금하는 사태로 이어졌다.

물론 황제의 동생을 그렇게 다룬 것도 오만한 짓이었지만, 수도에서 그 소식을 전해들은 황제의 반응은 더욱 무분별하기 그지없는 짓이었다. 그는 동생을 즉각 석방하라고 명하는 한편, 일루스를 공적公敵으로 비난하고 그의 재산을 몰수했다. 그것은 사실상 일루스를 적의 편으로 내쫓은 것이나 다름없었다. 이제 일루스는 오히려 현지의 반란 세력과 한편이 되어 늙은 베리나 황태후를 풀어 주었다. 황태후는 타르수스에서 레온티우스에게 제관을 씌워 주었고, 그를 따라 안티오크로 가서 484년 6월 27일에 또 다른 황궁을 차렸다.

레온티우스와 일루스는 당분간 그 정도에 만족하고, 굳이 콘스탄티노플로 진격하지 않았다. 그러나 그 기회를 틈타 제논은 다른 동맹군을 끌어들였다. 그중에는 테오도리쿠스라는 동고트족의 젊은 왕자가 있었는데, 그는 지난 10년 동안 비잔티움에게는 눈엣가시였으나 이제는 자기 백성들을 이끌고 반란 세력에 맞섰다. 반란군은 곧 안티오크에서 내몰려 이사우리아의 심장부로 쫓겨났다. 그들의 지도부는 파피리우스라는 성으로 최종 도피했다.

여기서 베리나는 아무도 슬퍼하지 않는 죽음을 맞았으며, 4년 간의 포위 공격—이 기간 동안에도 언제나 학구적이었고 지적이었던 일루스는 친구인 이집트의 소피스트이자 신플라톤주의자인 팜프레피우스와 함께 철학을 연구했다고 한다—을 당한 끝에 일루스와 레온티우스는 처제의 배신으로 무너졌다. 488년에 일루스의 처제는 계략(아마 용서해 준다는 거짓 약속일 것이다)을 써서 성에 들어간 다음 성문을 열어 진압군이 들어오도록 했다. 그렇게 오래 저항을 했으니 방어군이 자비를 기대할 수는 없는 형편이었다. 진압군은 그들의 머리를 잘라 콘스탄티노플로 보냈다. 반란은 이렇게 끝났다.

피로써 꿈을 이룬 야만족 지도자

동고트족의 테오도리쿠스는 일루스의 세력을 물리쳐 이사우리아의 성채로 내모는 데 주역을 담당했으나 포위 공격에는 가담하지 않았다. 다른 곳에 더 중요한 일이 있었던 것이다. 454년경에 동고트의 족장 테오데미르의 아들로 태어난 그는 유년기에 10년 동안 콘스탄티노플에서 볼모로 생활했다. 그 경험에서 그는 지적으로 별로 배운 것은 없었지만—글을 몰랐던 그는 평생 동안 미리 글자 모양을 따라 구멍을 뚫어 놓은 금속 판을 대고 서명했다고 한다—비잔티움 사회와 문화에 관해서는 많이 배웠는데, 이는 471년 그가 아버지의 뒤를 이어 동고트족의 지도자가 되었을 때 큰 도움이 되었다. 그가 동고트족의 유일한 지도자인 것은 아니었다. 트리아리우스의 아들로서 그와 이름은 똑같고 스트라보(사팔뜨기)라는 별명을 가진 또 다른 테오도리쿠스가 있었는데, 두 사람은 패권을 놓고 대립했다. 그러나 두 사람의 변화무쌍한 관계, 또 그들과 콘스탄티노플 황제의 관계에 대한 이야기는 너무 길고 복잡하므로 여기서는 생략하기로 하자. 어쨌든 트리아리우스의 아들은 481년에 죽었고 우리의 테오도리쿠스가 단독 패권을 차지했다.

어릴 때부터 그의 꿈은 야만족 지도자들이 거의 다 그렇듯이 자기 백성들에게 영구한 터전을 마련해 주는 것이었다. 이를 위해 그는 20년이 넘도록 싸웠으며, 때로는 제논의 편이 되기도 하고 때로는 그 반대편이 되기도 하면서 다투고, 달래고, 협상하고, 협박했다. 그는 제논의 치세에 일어난 두 차례의 대규모 반란—바실리스쿠스의 반란과 일루스의 반란—에서 제논을 도왔다. 그 공로로 테오도리쿠스는 파트리키우스Patricius*와 마기스테르 밀리툼이 되었고, 484년에는 콘술의 직위에까지 올랐다. 다른 한편으로 그는 479년에 마케도니아를 사납게 짓밟았고, 482년에는 테살리아를 황무지로 만들었으며, 487년에는 콘스탄티노플로 진격했다.

이렇듯 우호와 적대 사이에서 왔다갔다한 것은 장기적으로 양측에 모두 도움이 되지 않았다. 그래서 제논과 테오도리쿠스는 동방과 서방을 아우르는 유럽 전체의 미래에 영향을 주는 중대한 결정을 하고 나서 깊은 안도의 한숨을 내쉬었을 것이다. 비록 당시에는 두 사람 다 그 결정에 회의적이기는 했지만. 그 구상이 두 사람 중 누구의 것이었는지는 알 수 없다. 요르다네스는 테오도리쿠스의 총리대신인 카시오도루스의 말을 인용하여 그것이 동고트족의 생각이었다고 말한다. 반면 프로코피우스는 원래 황제의 생각이었다고 주장한다. 우리가 확실하게 말할 수 있는 것은 487년이나 488년 초에 두 사람

* 원래는 평민과 대비되는 의미에서의 귀족을 뜻했으나 나중에는 황제와 콘술 다음의 서열을 가리키는 일종의 직함으로 사용되었다.

은 합의를 보았고, 그에 따라 테오도리쿠스는 온 백성을 이끌고 이탈리아로 가서 오도아케르를 타도한 뒤 제국의 주권을 인정하는 선에서 동고트 왕국을 세우기로 했다는 사실이다.

이 계획이 양측에게 어떤 이득을 주는지는 명백했다. 테오도리쿠스는 자기 백성들에게 풍요한 토지를 준다는 평생의 꿈을 실현할 수 있었고, 제논은 고트족과 영원히 이별할 수 있었다. 두 사람은 아주 후련한 기분으로 헤어졌을 것이다. 이리하여 488년 초에 민족 대이동이 벌어졌다. 동고트족은 남녀노소 할 것 없이 저마다 말과 노새, 가축들을 이끌고 중부 유럽의 평원을 천천히 가로질러 푸르고 평화로운 목초지를 찾아갔다.

하지만 격렬한 싸움 없이 공짜로 얻을 수는 없었다. 5년 동안 저항하던 오도아케르는 490년 파비아에서 테오도리쿠스의 군대를 포위하여 거의 전멸할 지경까지 몰아넣었다. 마침 서고트족의 증원군이 도착하는 바람에 테오도리쿠스는 간신히 살 수 있었다. 몇 달 뒤 테오도리쿠스는 형세를 역전시켜 오도아케르를 라벤나 성에 몰아넣고 봉쇄했다. 이윽고 493년 2월 현지 주교가 휴전을 주선했다. 그러나 테오도리쿠스는—오도아케르처럼 그도 아리우스파였지만—자신을 전폭적으로 지지해 준 교회의 도움에 힘입어 이탈리아 정복을 사실상 완료할 수 있었다. 그 정복자가 대단히 관대한 조건에 합의해 준 것에 아마 많은 사람들이 놀랐을 것이다. 테오도리쿠스는 이탈리아를 자신과 오도아케르가 공동으로 통치하고 라벤나의 궁전도 함께 공유한다는 조건으로 협정을 체결했기 때문이다.

그가 관대할 수 있었던 이유는 금세 밝혀졌다. 테오도리쿠스는 애초부터 그 약속을 지킬 의사가 전혀 없었던 것이다. 3월 15일, 라벤나에 공식 입성한 지 겨우 열흘째 되던 날에 그는 궁전의 자기 측 건물에서 오도아케르와 그의 동생, 아들, 부하들을 초대하여 연회를 열었다. 오도아케르가 주빈석에 앉자 테오도리쿠스는 성큼 그에게 다가가더니 한 칼에 그의 목에서 넓적다리까지를 베었다. 어찌나 세게 휘둘렀던지 그는 자신의 힘에 깜짝 놀라 "그 불쌍한 놈은 마치 뼈가 없는 것 같았다"라고 농담하며 웃음을 터뜨렸다.

오도아케르의 병사들은 근위대가 순식간에 해치웠고, 그의 동생은 궁전의 정원을 통해 달아나려다가 화살을 맞았다. 그의 아내인 수니길다는 감옥에 갇혀 나중에 굶어 죽었으며, 테오도리쿠스에게 볼모로 와 있던 그의 아들 텔라네는 일단 갈리아로 보내졌다가 왕의 명령에 따라 처형되었다. 간단히 말해 스키리족 혈통은 씨가 말랐다. 동고트족 테오도리쿠스의 야망은 마침내 이루어졌다. 그는 자기 민족의 전통 의상인 가죽과 모피를 치우고 오도아케르도 입지 않았던 자주색 황제복을 입고서 이탈리아를 통치하기 시작했다.

하지만 그는 그 허세와 격식에도 불구하고 제논과의 합의 사항을 저버리지는 않았다. 이탈리아에서는 동고트족의 왕으로 군림하면서도 제국과의 관계에서는 파트리키우스이자 마기스테르 밀리툼으로 처신했으며, 가장 비천한 신민처럼 황제에게 충성하는 가신으로 행세한 것이다. 그가 통과시킨 법은 황제만 사용하는 레게스leges가 아니라 에딕타edicta였으며, 그가 만든 주화에도 그의 이름은 새겨져 있었지만 초상은 제논의 것이었다. 말할 필요도 없지만 테오도리쿠스는 그런 형식에 전혀 반대하지 않았다. 이탈리아의 로마 시민들

† 라벤나에 있는 테오도리쿠스의 영묘. 6세기.

역시 고트족보다 훨씬 수가 많았음에도 불구하고 외국인 억압자의 지배를 받기보다는 제국의 총독이 통치하는 데 훨씬 만족했다. 테오도리쿠스는 결코 로마인들과 적대시하고 싶지 않았다. 그래서 그는 로마인들에게 전과 다름없이 자신의 영지를 지니고 살도록 해 주었고, 군대에 복무하는 것만 금지했다. 반대로 사무 행정은 그들만의 고유한 영역이었다.

배신과 피바람으로 출발한 테오도리쿠스의 치세는 끝날 때도 그랬다. 그 자신도 나중에 죽을 때까지 몹시 후회한 사건이지만, 524년에 철학자 보이티우스가 투옥되었다가 잔인하게 처형(천천히 죽이는 교수형)을 당한 것이다.[53] 이것을 제외하면 33년에 이르는 그의 치세는 대체로 번영과 평화의 시기였다. 그가 축조했고 지금도 라벤나의 북동부 교외에 남아 있는 장엄한 묘는 고전과 야만의 전통이 절반씩 섞인 건축적 장점을 완벽하게 나타내며, 두 문명에 다리를 걸치면서 자기 백성과 로마인의 조화를 크게 증진하고 증대시킨 거인의 모습을 보여 주고 있다. 서방 제국의 잔해를 딛고 제위에 오른 다른 어떤 게르만족의 지배자도 테오도리쿠스와 같은 정치적 능력을 가진 사람은 없었다. 526년 8월 30일 그의 죽음으로 이탈리아는 이후 샤를마뉴의 시대가 오기까지 초기 중세 지도자의 가장 위대한 인물을 잃었다.

9

거듭나는 제국

493년~532년

우리는 신께서 맡긴 우리의 제국을 신의 성스러운 권위로써 다스리면서 전쟁의 승리를 알고, 평화의 아름다움을 배우고, 제국의 기틀을 유지한다. 또한 전능하신 신께서 우리를 지지해 주시는 것을 깨닫고 우리의 사기는 크게 올라간다.

우리는 우리의 무기도 믿지 않고, 우리 병사들의 무기도 믿지 않으며, 우리의 지휘관들도 믿지 않고, 우리가 지닌 재주도 믿지 않는다. 우리의 희망은 가장 숭고한 삼위일체의 섭리에 있다. 바로 거기서 전 우주의 요소들이 생겨나 세계 전체에 배열된다.

유스티니아누스 『학설휘찬』의 서문에서

종교와 정치의 정통을 향해

491년 봄, 그러니까 동고트족의 테오도리쿠스가 라벤나에서 스키리족의 오도아케르를 봉쇄하느라 분주하던 무렵에 콘스탄티노플에서는 제논 황제가 죽었다. 그의 치세 마지막 3년은 적어도 국가 안보라는 측면에서는 최상이었다. 일루스 일당의 반란은 끝났고 그 주모자들은 제거되었다. 그보다 더 중요한 사실은 테오도리쿠스가 떠남으로써 제국—혹은 최소한 수도에서 아직 통제할 수 있는 영역—이 마침내 고트족으로부터 자유로워졌다는 점이다.

제논이 해결하지 못한 유일한 큰 사안은 종교 문제였다. 칼케돈 공의회의 결정에도 불구하고 단성론 이단은 여전히 뿌리가 깊었다. 특히 동부 속주들은 그 때문에 눈에 띄게 제국으로부터 이반되고 있었다. 482년에 황제는 아카키우스 총대주교와 함께 「헤노티콘 Henoticon」이라는 회람 문서를 이용하여 그 불화를 치유하려 했으나 그 시도는 보기 좋게 실패했다. 문서에서는 '본성'이라는 미묘한 말은 일체 쓰지 않고 그리스도가 신이자 인간이라고 규정함으로써 차이점을 얼버무리고자 했지만, 그런 절충은 오히려 양측 모두에게 심한 적대감만 증폭시키는 결과를 빚었다. 그중에서도 가장 격노한 사람은 로마의 교황 심플리키우스와 그의 후임자인 펠릭스 3세였다. 그런 판에 말더듬이라는 별명을 가진 파울루스라는 자가 제논과 아카키우스의 축복을 받으며 알렉산드리아 총대주교에 임명된 것은 불난 집에 부채질을 하는 격이었다. 그도 그럴 것이 파울루스의 더듬는 말을 잘 새겨들으면 그가 철저한 단성론자임을 알 수 있었기 때문이다.

484년 로마에서 열린 종교 회의에서 펠릭스 교황은 콘스탄티노플 총대주교를 파문하기에 이르렀다.[54] 하지만 파문이라는 말을 입밖에 낼 만큼 종교적 용기를 가진 사람은 없었으므로 파문장은 양피지에 베껴 써서 소피아 대성당에서 예배를 드리고 있는 아카키우스의 외투 뒤에 몰래 붙여야 했다. 몇 달 뒤 그것을 발견한 아카키우스는 거꾸로 교황을 파문했다. 이로써 콘스탄티노플 교구는 로마 교구와 동급이 되었으며, 이렇게 해서 노골화된 교회 분열은 이후 35년 동안 지속되었다.

만년에 이를 무렵 황제의 심신은 눈에 띄게 쇠약해졌다. 그와 이름이 같은 아들 제논은 어릴 때부터 나쁜 친구들과 어울리다가 아버지보다 먼저 죽었는데, 과도한 동성애와 성병이 원인이라고 전한다. 따라서 황제의 후계자는 그의 난봉꾼 동생인 롱기누스로 예상되었다. 롱기누스는 적수인 일루스가 몰락하면서 꾸준히 인기가 상승했으며, 두 번째로 콘술에 임명된 490년부터는 제국의 실질적인 권력을 장악하고 있었다. 그러나 제논은 장차 제위를 물려받을 사람은 롱기누스가 아니라 '침묵단으로 일했던 사람'이라는 유명한 점쟁이의 예언을 철석같이 믿고 있었다.

'침묵단'이란 당시 황제의 측근 인물들로 구성된 특별히 선발된 관료 집단이었다. 그들은 황제의 숙소 주변을 감시한다거나 황제가 휴식을 취할 수 있도록 지켜 주는 특수한 임무를 맡았지만, 그 임무 이상의 능력을 지니고 있었다. 고급 문화와 교양을 갖춘 그들은 원로원 의원급의 서열이었고, 궁정의 역사를 기록하는 것과 같은 국가적으로 중요한 여러 가지 작업을 수행했다. 단원의 수는 30명으로 고정되었으나 늙은 제논의 마음에는 그 예언이 단 한 사람, 즉 펠라기우스를 가리키는 것으로 여겨졌다. 침묵단 출신인 그는 당시 저명한 정치가이자 귀족이었다. 불행히도 그에게는 자기 방어를 할 기회가 주어지지 않았다. 그의 재산은 정식 절차도 밟지 않고 즉각 몰수되었으며, 체포된 지 얼마 지나지 않아 교수형을 당했다.

펠라기우스는 인기가 높았고 각계각층으로부터 존경을 받았으나 제논은 그 반대였다. 젊은 시절에 제논은 운동 선수로 제법 알려졌지만—『익명의 문서Anonymous Valesii』*에는 놀랍게도 그가 태어날 때부터 슬개골이 없었던 탓에 걸음이 빨랐다고 기록되어 있다—이외의 분야에서는 전혀 두각을 보이지 못했다. 그의 치세에 수시로 발생한 반란을 전부 그의 책임이라고는 할 수 없어도 그의 무능함이 반영된 것은 분명한 사실이다. 더구나 서방 제국을 잃은 것은 그의

* 작자 미상의 단편으로 전해지는 6세기의 문헌.

평판에 또 하나의 큰 오점이었다. 그런데다 어리석게도 펠라기우스를 살해함으로써 제논은 그나마 거의 남아 있지 않은 백성들의 사랑을 완전히 잃어버렸다. 그랬으니 491년 4월 9일 그가 간질로 죽었을 때 애통해 하는 사람은 거의 없었다. 오히려 군중은 남편을 잃은 아리아드네가 나타나자 그녀를 환영하면서 이렇게 외쳤다. "제국을 정통 황제에게 맡겨라! 제국을 로마 황제에게 맡겨라!" 군중의 뜻은 명백했다. 이제 이단도 싫고 이사우리아족도 싫다는 것이다.

롱기누스는 무시되었고 점쟁이의 예언은 신통하게 들어맞았다. 또 다른 침묵단 출신인 플라비우스 아나스타시우스가 황제로 추대된 것이다. 그것은 아리아드네가 힘을 써 준 덕분이었는데, 두 사람은 여섯 주 뒤에 결혼했다. 아나스타시우스는 디라키온[55] 태생으로 이미 60대 초반의 나이였는데, 그의 눈은 독특하게도 한쪽은 파란색, 다른 한쪽은 검은색이었다. 하지만 그는 빼어난 미남이었을 뿐 아니라 공정하고 성실한 인품으로 명성이 자자했다. 4월 11일 그가 자주색 황제복을 입고 백성들 앞에 처음 모습을 드러냈을 때 사람들은 소리 높여 "아나스타시우스 만세!"를 외치며 그가 살아온 대로만 통치해 달라고 당부했다.

아나스타시우스는 그 요청에 부응했다. 비록 백성들은 새 황제의 치세 초기가 기대했던 것보다 지루하다는 점을 깨닫기는 했지만, 그것은 그의 책임이라기보다 그들이 자초한 결과였다. 황제는 지적이고 세련된 사람이었으며, 잔인하고 급한 성질을 마음대로 터뜨렸던 전임 황제들과는 달랐다. 그의 결점이라면 거의 병적으로 검소하다는 데 있었다. 이 점은 강렬한 금욕적 성향과 결합되어 콘스탄티노

† 아나스타시우스 황제가 세겨진 딥티크.

플을 어느 시대보다도 살기에 따분한 곳으로 만들었다. 맹수와의 대결은 제국 전역에서 금지되었고, 공중도덕을 전반적으로 고양시키기 위해 시민들의 야간 축제도 허용하지 않았다. 분방하고 음란한 분위기를 조장한다는 이유에서였는데, 그런 적이 많았던 것은 사실이었다. 그와 동시에 황제는 불필요한 공적 지출을 억제하는 정책을 전개했다. 그 결과 27년의 재위 기간이 끝난 후 제국의 국고는 그가 처음 즉위했을 때보다 무려 금 32만 파운드나 늘어났다.[56] 이는 놀라운 성과였다. 더욱이 사람들의 불만을 가장 많이 샀고, 특히 빈민들의 어깨를 짓눌렀던 이른바 크리사르기론chrysargyron이라는 소득세를 폐지한 것을 고려하면 더욱 대단한 업적이었다.

하지만 종교 정책에서는 그다지 성공을 거두지 못했다. 당대의 기준으로 보아도 신앙심이 깊었던 아나스타시우스는 제논의 치세에 이미 소피아 대성당에서 정기적으로 신학 세미나를 열었으며, 속인이라서 원칙적으로는 설교를 할 수 없음에도 불구하고 콘스탄티노플의 여러 성당에서 설교를 했다. 심지어 그는 공석이었던 안티오크 주교직에 지원하기도 했다. 그러나 그 뒤 그는 점차 단성론으로 기울었다. 급기야 유페미우스 총대주교는 그가 정통 교리를 받들겠다고 문서로 서명하지 않으면 그의 대관식을 집전하지 않겠다고 버티는 상황까지 벌어졌다.

그러자 아타나시우스는 주저없이 서명했다. 그는 결코 냉소적인 태도를 지닌 사람이 아니었을 뿐 아니라 그때까지는 나름대로 칼케돈 공의회의 결정을 굳게 따른다고 믿고 있었던 것이다. 그러나 그렇게 생각하지 않는 사람들도 있었다. 이들은 그가 정치적 편의주의 때문에 원칙을 저버렸다고 비난하고 나섰다. 그들은 그가 조금이라도 단성론적 경향을 보이면 그것을 침소봉대하여 그를 공격하는 좋은 무기로 삼고자 했다. 그들은 기본적으로 이사우리아족의 일파였고, 그들의 지도자는, 당연히 자기 것이 되어야 할 제위를 아나스타시우스에게 빼앗겼다고 여기며 복수를 꿈꾸는 제논의 말썽쟁이 동생 롱기누스였다. 그는 주로 이사우리아족으로 구성된 깡패와 난봉꾼들을 주변에 끌어모으는가 싶더니 과연 얼마 지나지 않아 거리 폭동을 일으켰다. 그 와중에 원형 경기장을 포함하여 수도의 아름답고 유서 깊은 건물들이 파괴되고 손상을 입었다.

황제는 대응에 나섰다. 롱기누스는 492년에 체포되어 알렉산드리아로 유배를 간 뒤 강제로 성직자가 되었다. 그러나 수도의 갈등은 누그러지지 않고 전면적인 내전으로 번졌다. 그 이듬해에는 훨씬 큰 혼란이 발생하여 황제의 조각상이 쓰러져 거리에 질질 끌려다니는 사태까지 일어났다. 가까스로 사태가 수습되고 난 뒤 모든 이사우리아족은 수도에 들어오는 것을 금지한다는 칙령이 내려졌다. 제논의 늙은 어머니인 랄리스를 비롯하여 제논의 일가붙이들도 거기에 포함되었고, 그들의 모든 재산—제논이 생전에 입었던 옷까지—이 몰수되었다. 이윽고 콘스탄티노플은 안정을 되찾았다. 하지만 아나톨리아에서는 3년 더 전쟁이 지속되다가 496년에야 비로소 질서가 회복되었다.

폭동을 낳은 종교 갈등

아무리 이사우리아족이 밉더라도 장기적인 사회 불안의 책임을 몽땅 그들에게 뒤집어씌울 수는 없는 노릇이다. 또 하나의 불안 요소는 콘스탄티노플의 시민들이 청색당과 녹색당이라는 대립하는 두 파벌로 나뉜 것이었다.[57] 그 이름은 원래 전차 경기의 두 팀이 입은 옷 색깔에서 비롯되었지만, 양측의 다툼은 이미 오래전에 원형 경기장의 좁은 무대를 떠났다. 정부는 양 팀의 지도자를 임명하고, 치안을 유지하거나 성벽을 보수하는 등의 중요한 공공사업을 그들에게 위탁했다. 그러다 보니 수도에서만이 아니라 제국의 모든 주요 도시들에서 그들은 거의 정치 정당처럼 군림했고 심지어 자체 군대를 조직하는 경우도 있었다.

당시 청색당은 주로 대지주와 옛 그리스-로마 귀족의 당이었고, 녹색당은 상인, 기술자, 관리 등을 대변하는 이단의 전통이 강한 동부 속주들 출신이었다. 그래서 청색당은 정통 교리 쪽으로 점차 기우는 데 반해 녹색당은 단성론으로 기울었다. 하지만 종교적 차이는 양측의 일부 구성원들에게만 국한되었고, 일반 사람들은 종교와 무관하게 어느 한 당파에 대해 열렬한 지지를 보냈다. 처음에 아나스타시우스는 중립을 유지하려 노력했다. 그러나 493년에 그는 싸우다가 체포된 자파의 당원들을 석방하지 않는다는 이유로 녹색당원들에게서 돌멩이 세례를 받았다. 하지만 곧 제조업을 선호하는 경제정책과 더불어 무의식적인 단성론적 성향으로 인해 그는 점차 녹색당으로 기울어졌고 이내 공공연한 지지자가 되었다.

두 데모스demos*의 적대감은 점점 고조되었다. 493년의 폭동은 수도에서 새로이 벌어지는 살상전의 서곡에 불과했다. 501년 브리타이 축제 기간에는 원형 경기장에서 녹색당이 청색당을 공격하는

* 원래는 폴리스 주변의 지방 구역을 뜻하는 그리스어인데, 여기서는 그냥 구역이라는 의미이다.

더 큰 불상사가 일어났다. 죽은 사람들 중에는 황제의 서자도 있었다. (그 때문에 이듬해에는 그 축제가 금지되었다.) 최악의 사태는 511년에 일어났다. 황제의 자리마저 위태로운 지경에까지 간 사건인데, 여기에는 아나스타시우스 자신도 큰 책임이 있었다. 이미 팔순에 접어든 황제의 단성론적 경향은 점점 강화되었고 누구나 잘 알 정도가 되었다. 유페미우스 총대주교는 더 이상 항의할 수 있는 신분이 아니었다. 그는 비밀리에 이사우리아족을 지지했다가 고발되어 아나톨리아의 외딴 지역으로 유배되었기 때문이다. 그의 후임자인 마케도니우스는 매우 부드럽고 온건한 기질을 가진 사람이었으나 그도 역시 황제와의 협상이 불가능하다는 것을 깨달았다.

그 무렵 단성론자들은 투쟁의 구호를 찾아냈다. 그들은 이른바 트리사기온trisagion(삼성三聖 기도)—비잔티움 식 예배에서 계속 반복되는 "거룩하신 하느님, 거룩하신 전능자, 거룩하신 불멸자"라는 후렴구—을 한 뒤 "우리를 위해 십자가를 짊어지신"이라는 어구를 덧붙였으며,* 이것이 바로 십자가에서 죽은 그리스도는 인간 예수가 아니라 전능하신 하느님이라는 자신들의 믿음을 가장 강조하는 것이라고 여겼다. 아나스타시우스가 지배하는 콘스탄티노플의 분위기에서 그것은 곧 선전 포고나 다름없었다. 황궁의 경내에 위치한 대천사 예배당에서 그 어구가 들렸다는 소문이 시내 전역에 나돌자 사람들은 술렁거렸다. 그러나 더 나쁜 상황은 그 다음이었다. 일요

* 우리말에서라면 이 어구가 트리사기온의 앞에 붙어야겠지만, 서구어에서는 영어의 관계 대명사절처럼 체언을 수식하는 절이 뒤에 붙는다.

일에 소피아 대성당의 아침 미사에서도 그 어구가 들리자 항의와 고함이 빗발쳤다. 이에 대해 정교회 신도들은 더 시끄럽게 맞받아쳤다. 결국 싸움이 일어났고 예배는 소동 속에서 끝났다.

이후에 실시된 조사에서 심사관—아마 황제의 지시에 따랐을 것이다—은 먼저 시비를 건 단성론자들은 놔둔 채 죄 없는 마케도니우스 총대주교에게 책임을 물었다. 대부분 칼케돈의 결정을 강력하게 지지하는 콘스탄티노플 시민들이 보기에 총대주교에 대한 명백히 부당한 처사는 뇌관을 건드린 격이 되었다. 시민들은 황궁까지 시위 행진을 했다. 이에 경악한 아나스타시우스의 호소에 마케도니우스가 황급히 달려가서 응하지 않았더라면 무슨 일이 일어났을지 모를 상황이었다. 결국 임시변통으로 모종의 화해가 이루어지고 군중은 해산되었다.

아슬아슬하게 위기를 모면했으므로 좋은 교훈으로 삼았어야 했다. 그러나 황제는 자기 방식을 바꾸기에는 이미 너무 늙었다. 황제는 은혜를 갚아야 할 마케도니우스를 오히려 그의 전임자처럼 소리 없이 유배보냈고, 512년 11월 4일에는 "우리를 위해 십자가를 짊어

† 바르베리니 상아 조각판. 아나스타시우스 황제가 496년에 인도의 사절을 맞는 모습으로 추정된다.

지신"이라는 그 숙명적인 어구가 다시 커다란 바실리카에 울려퍼졌다. 그러자 이번에는 더욱 격렬한 폭동이 일어났다. 질서를 되찾았을 때 바닥에는 죽은 사람들과 부상한 사람들의 피가 흥건했다. 그 이튿날에도 성 테오도루스 성당에서 비슷한 사태가 터져 더 많은 사상자를 냈다. 6일에도 정교회 신도들은 싸울 태세를 갖추었다. 원형경기장에 운집한 그들은 모든 이단들을 죽이겠다고 부르짖고는 이를 실천하기 위해 시내로 몰려갔다. 또 다시 황제의 조각상이 쓰러지고 부서졌다. 불에 타 무너진 집들 가운데는 민정 총독이자 황제의 조카인 폼페이우스의 집도 있었다. 폭동은 이틀 뒤까지 계속되었다.

마침내 아나스타시우스는 행동을 취했다. 그는 약 2만 명의 분노한 군중이 운집한 경기장에 나가 천천히 제관과 자주색 황제복을 벗었다. 그리고 자신은 언제든 제국의 짐을 내려놓을 준비가 되어 있으니 어서 후계자를 지명하라고 외쳤다. 만약 후계자가 없어 자신이 계속 제위에 있게 된다면 이제 두 번 다시 불만의 요인을 제공하지 않을 것이라고 말했다. 비록 백발이 성성한 노인이었지만 그는 여전히 훤칠한 키의 미남이었고, 그의 목소리는 단호하면서도 설득력이 있었다. 군중의 아우성이 점점 잦아들었다. 또 한 차례의 위기 모면이었다.

그 밖에 아나스타시우스의 오랜 치세 동안에는 다른 위기도 많았다. 페르시아와 3년 동안 전쟁을 벌인 결과 동부 변방의 중요한 요새 몇 군데를 잃었는가 하면, 불가르족이 트라키아를 자주 침략한 탓에 마르마라 해의 셀림브리아(지금의 실리브리)에서 흑해에 이르기까지 50킬로미터 가량의 방어용 성벽을 세워야 했다. 가장 큰 위기는 고트족 혈통의 비탈리아누스라는 자가 일으킨 봉기였다. 그는 황제의 단성론에 반대하여 정교를 옹호한다고 주장함으로써 큰 인기를 얻었으며, 군대를 거느리고 세 차례나 콘스탄티노플 성벽까지 진출했다. 하지만 그 어떤 위기도 중요하고 장기적인 영향을 미치지는 못했다.

여러 가지 위기 중에서 이렇게 종교적 소요 사태를 상세히 서술하는 이유는, 현대에 사는 우리로서는 비잔티움 제국의 일상을 이해하기가 대단히 어렵다는 사실을 다시금 강조하기 위해서다. 지금 우리가 보기에는 지극히 심오하고 미묘한 신학적 교리로 여겨지는 것에 당시에는 사회의 각계각층이 열렬한 관심을 보였던 것이다. 아나스타시우스 같은 신앙심이 독실한 지식인이 그런 쟁점을 중요하게 여겼을 것은 지극히 당연한 일이다. 또한 일반 시민들도 정치적 구호가 아니라 성부와 성자의 관계나 성령의 발현 같은 문제들로 인해 크게 흥분했다는 것은 우리로서는 이해하기 어렵지만 엄연한 사실이다.

새 시대의 준비

치세 말년이 가까웠을 무렵 아나스타시우스는 자신의 세 조카 중 누가 제위를 이을 것인지 몹시 궁금했다. 다분히 미신적이지만 그는 세 조카를 모두 궁전의 저녁식사에 초대하여, 미리 준비해 놓은 세 개의 소파에 앉게 했다. 그중 한 소파의 쿠션 속에는 'REGNUM(왕국)' 이라고 쓴 양피지 조각이 들어 있었다. 그는 어느 조카가 그 의자에 앉느냐에 의해 제위가 결정된다고 믿었던 것이다. 그러나 안타깝게도 결과는 실패였다. 세 젊은이들 중 두 명이 가족의 정 이상으로 서로에게 애정을 가지고 있었던 탓에 한 의자에 함께 앉은 것이다. 그래서 정작 쪽지를 숨겨 놓은 의자에는 아무도 앉지 않았다. 그때부터 아나스타시우스는 자기 혈통 바깥에서 다음 황제가 나타나리라고 확신했다. 하지만 그는 여전히 누구일지가 궁금했다. 다시 열심히 기도한 끝에 그는 이튿날 그의 침실에 가장 먼저 들어오는 사람이 후계자가 되리라는 계시를 얻었다. 그는 바로 황제의 명령 집행에 관해 보고하러 온 황실 경비대장 유스티누스였다. 그것이 바로 신의 뜻이라고 믿은 아나스타시우스는 그에게 절을 했다.

이상은 전하는 이야기다. 전능하신 신의 신비한 섭리를 곰곰이 생각하고 있는 한 노인의 모습이 떠오르는 듯하다. 당시 예순여섯 살가량이었던 유스티누스는 원래 트라키아의 농민 출신으로 교육을 받지 못한 문맹자였다. 테오도리쿠스처럼 그도 'LEGI(내가 읽었음)'라는 문구를 글자 모양대로 뚫어 놓은 판—금판이 아니라 목판이지만—을 가지고 다니며 문서를 결재했다고 한다. 자주색 잉크를 쓸 수 있는 사람은 황제밖에 없기 때문에 서명은 필요가 없었다. 프로코피우스에 의하면[58] 그래도 옆에서 다른 사람이 황제의 손을 잡고 결재가 필요한 곳으로 인도해야 했다고 한다. 또한 프로코피우스는 유스티누스와 그의 두 동생이 베데리아나—나이수스(현재 유고슬라비아의 니시)에서 남쪽으로 100킬로미터가량 떨어진 마을—의 집에서 콘스탄티노플까지 걸어서 왔다고 말한다. "외투를 어깨에 걸치고

…… 수도에 도착했을 때 그들에게는 집에서 가져온 비스킷 이외에 아무것도 없었다." 그의 아내 루피키나 역시 비천한 신분이었다. 노예였던 그녀는 한 남자의 첩으로 살았는데, 유스티누스가 사들여 아내로 삼았다.

이사우리아에서 뛰어난 전공을 세웠고 군사적인 역량은 뛰어났으나 새 지도자는 애초부터 황제의 자질과는 거리가 멀었다. 프로코피우스는 심지어 그를 당나귀에 비유했을 정도다. "늘 귀를 쫑긋거리면서 고삐를 잡아끄는 사람을 따라가는 경향이 있다." 그러나 이 말은 과장이다. 유스티누스는 일반 병사에서 코메스 엑스쿠비토룸Comes Excubitorum, 즉 황궁 정예 경비대의 사령관에까지 오른 자수성가형 인물이었다. 그는 자신감과 포부가 컸고 농부 특유의 잔꾀를 가진 사람이었다.

이 점을 말해 주는 이야기가 있다. 아나스타시우스가 518년 7월 9일 밤에 여든일곱 살을 일기로 숨을 거두었을 때 환관장인 아만티우스는 자신이 미는 후보를 황제로 추대하기 위해 유스티누스에게 자기 계획을 말하고 병사들을 매수하기에 충분한 많은 금을 주었다. 그러나 유스티누스는 금을 혼자 차지하고 부하들에게는 무장을 갖추라고 명했다. 이튿날 아침 백성들이 원형 경기장으로 들어오고 원로원이 폐쇄된 방 안에서 후계자를 논의하고 있을 때 싸움이 일어났다. 그러자 황궁 경비대가 재빨리 질서를 잡은 다음 자신들이 섬기는 코메스가 차기 황제라고 외쳤다. 유스티누스는 처음에 짐짓 사양했으나, 원로원이 마지못해 병사들과 목소리를 같이하자 자연스럽게 수락했다.

당시 경비대는 황제의 기장을 패용한 자신들의 사령관 유스티누스를 에워싸고 보호했다고 전하는데, 이것을 보면 유스티누스는 제위에 대해 나름대로 준비를 하고 있었던 듯하다. 그렇다고 해도 그렇게 무식하고 세련되지 못한 사람이 어떻게 주변의 지지를 얻을 수 있었는지는 의아한 일이다. 첫째, 그는 단성론적 성향의 아나스타시우스와는 달리 종교적으로 확고한 정교파였으며, 당시 크게 인기가 떨어진 녹색당에 반대하여 공공연하게 청색당을 옹호했다. 둘째, 그는 군대에서의 인기와 신망이 높았고, 트라키아에서 활개를 쳤던 비탈리아누스의 반란이 다시 일어난다 해도 충분히 처리할 수 있다는 두터운 믿음을 주었다.

그러나 뭐니뭐니해도 그의 가장 큰 무기는 배후의 실력자라 할 수 있는 그의 조카였다. 우선 그는 목판 위에서 흔들리는 삼촌 유스티누스의 펜을 다른 어떤 비서보다도 확실하게 인도했다. 또한 유스티누스를 제위에 오르게 하는 데도 아마 그 조카의 역할이 컸을 것이다. 비탈리아누스를 비잔티움의 전형적인 방식—그를 콘스탄티노플로 초대하여 콘술과 마기스테르 밀리툼의 직위를 주어 의심을 잠재운 다음 조용히 암살해 버리는 것—으로 처리한 사람도 바로 그 조카였다. 또한 그는 35년 간의 교회 분열을 종식시키고 교황과의 화해를 일궈 냈으며, 521년 원형 경기장에서 콘스탄티노플 역사상 가장 화려한 경기와 볼 만한 구경거리로 자신의 콘술 취임을 자축했다. 사자 스무 마리, 표범 서른 마리, 그 밖에 온갖 신기한 짐승들이 넓은 경기장에서 서로 싸우고 죽었으니 아나스타시우스의 개혁과는 전혀 달랐다. 장식과 무대 장치, 그리고 사람들에게 나눠 주는 용도로 무려 금 3700파운드가 사용되었으며, 전차 경주는 사회 불안의 우려 때문에 결승전이 취소될 정도로 엄청난 흥분을 불러일으켰다. 이전 치세의 검소하고 인색한 시절과 극적인 대조를 보인 의도는 분명했다. 이제 제국은 새로운 번영의 시대를 맞은 것이다. 다시 한번 자비로운 신의 영도 아래 도도하고 화려한 황제를 맞아 제국은 바야흐로 잃었던 영토를 수복하고 과거의 영광을 되찾을 준비를 하고 있었다.

그러나 그 시대의 상징으로서 그 시대를 이끈 황제는 유스티누스가 아니라 바로 그의 조카인 유스티니아누스였다.

준비된 황제

유스티니아누스는 482년에 삼촌의 출생지에서 별로 멀지 않은 타우레시나라는 작은 마을에서 태어났다. 그가 처음 배운 말도 유스티누스처럼 트라키아어였을 게 거의 확실하다(이 언어는 수백 년 뒤에 소멸하게 된다). 그러나 발칸 반도 일대는 오래전부터 완전히 로마화되었으므로 소년 시절에 유스티니아누스는 일찍부터 라틴어도 함께 익혔을 것이다. 그가 언제 어떻게 콘스탄티노플에 왔는지 정확히는 알 수 없지만, 어릴 때 삼촌의 부탁을 받고 온 듯하다. 그는 나중에 폭넓은 교양과 문화를 갖춘 사람으로 알려졌는데, 수도에서 살 기회를 얻지 못했다면 그런 사람이 될 수 없었을 것이다. 그가 학업을 마쳤을 때 그의 삼촌은 그에게 군대의 직책을 마련해 주었다. 그래서 아나스타시우스가 죽을 무렵에 그는 황궁 경비대의 하나인 스콜라이Scholae의 장교로 있었다. 또한 그 즈음에 유스티누스는 조카를 자신의 정식 양자로 삼은 것으로 보인다. 그에 대한 감사의 표시로 조카는 페트루스 사바티우스라는 원래 이름을 버리고 역사에 전해지는 유스티니아누스라는 이름을 택했다.

물론 이상은 대부분 추측에 입각한 이야기다. 유스티니아누스의 독특한 경력에 관해 확고한 역사적 증거를 가지고 파악할 수 있게 되는 시기는 518년부터다. 그의 삼촌 유스티누스가 제위에 오른 뒤 처음 취한 행동은 조카 유스티니아누스를 파트리키우스의 서열로 끌어올리고 권력의 핵심에 훨씬 가까운 내무대신으로 임명한 것이었다. 바로 이때부터 제국은 사실상 유스티니아누스가 지배하게 된다. 비록 유스티누스가 제위에 오른 것은 조카 덕분이 아니지만, 그는 모든 사안에서 유스티니아누스의 충고에 따랐으며, 이후 평생—유스티니아누스가 중병에 걸려 있었던 524년부터 525년의 몇 달만 빼고—똑똑한 조카의 꼭두각시가 되는 데 스스로도 만족했다.

그러므로 유스티누스의 치세에 있었던 중요한 업적들은 거의 모두 조카 유스티니아누스의 작품이라고 봐도 좋을 것이다. 484년 아카키우스 총대주교의 옷에 파문장을 붙이면서 시작된 로마와의 불화를 해결한 것도 그중 하나다. 그가 보기에 그 불화는 그의 정치철학의 핵심에 놓여 있는 중대한 통일에 대한 모욕이었다. 신이 하나이듯이 제국도 하나여야 하고 교회도 하나여야 했다.* 유스티누스는 제위에 오른 지 한 달쯤 되었을 무렵 교황 호르미스다스에게 (조카가 구술한) 서한을 보냈다. 자신의 즉위를 통보하는 내용이었는데,

자신은 마지못해 제위에 오르게 되었노라고 속에 없는 말을 했다. 교황도 역시 충심어린 답신을 보내 왔고, 이후 몇 차례 더 편지를 주고받았다. 이윽고 519년 3월 25일에는 교황의 사절단이 콘스탄티노플에 와서 열째 초석에서 유스티니아누스의 영접을 받았다.

이틀 뒤 소피아 대성당에서 요한네스 총대주교는 옛 로마와 새 로마의 교회가 나눌 수 없는 하나라고 선언하고, 교활한 티모티우스, 말더듬이 파울루스, 나아가 전임 총대주교인 아카키우스를 포함한 모든 이단 종파에 대한 파문장을 엄숙하게 낭독했다. "콘스탄티노플의 전임 주교는 그 이단자들과 교제하고 친교를 맺은 모든 자들과 더불어 그들과 공모하고 그들을 추종했습니다." 마지막으로 제논과 아나스타시우스는 물론 정교회 신앙에서 한번도 이탈하지 않았고 그 때문에 유배형까지 당했던 총대주교 유페미우스, 마케도니우스의 이름도 딥티크[두 면으로 된 글판]에서 공식적으로 삭제되었다.[59] 분열은 이제 끝났다. 비잔티움의 관점에서 보면 거의 무조건 항복을 한 셈이지만, 유스티니아누스에게 그것은 교회의 재통일을 위한 작은 희생에 불과했다.

그로부터 불과 한두 해 뒤—정확한 시기는 알 수 없으나 520년 직후인 것은 분명하다—유스티니아누스의 일생에서 둘째로 중대한

* 아직 서방 제국이 역사에서 사라진 지 겨우 40년밖에 지나지 않은 시점이었으니, 유스티니아누스가 제국이 하나라고 생각한 것은 지극히 당연한 일이다. 그러나 교회도 하나여야 한다고 생각한 것은 당시 그가 품은 야망을 보여 준다. 200년 전 콘스탄티누스 대제의 천도 이후 시작된 동서 교회의 분열은 유스티니아누스의 시대에는 이미 돌이킬 수 없을 정도로 진행되었지만, 유스티니아누스는 아마 교회의 통일 없이는 제국의 통일도 불가능하다고 여겼을 것이다.

전환점이 다가왔다. 장차 황후가 될 테오도라를 만난 것이다. 사실 그녀는 온건하게 말해서 이상적인 배우자감은 아니었다. 그녀의 아버지는 원형 경기장에서 녹색당 소속으로 곰을 다루는 일을 했고 어머니는 곡예사였다. 이것만 하더라도 그녀는 도저히 귀족 사회로 진입할 수 없는 이력의 소유자였다. 게다가 그뿐만이 아니었다. 어렸을 때 테오도라는 언니와 함께 무대에 올라 광대극이나 익살극을 공연했다. 그녀는 이미 그때부터 매력적이고 쾌활했으며, 익살도 잘 부렸다. 그리하여 그녀는 곧 열렬한 팬들을 거느리게 되었고 오래지 않아 콘스탄티노플에서 가장 이름 높은 매춘부가 되었다. 그녀의 삶에서 가장 타락한 시기에 관해 프로코피우스가 어떻게 상세히 알 수 있었는지는 의심스럽지만, 어쨌든 그는 전 역사를 통틀어 황후나 왕비에게 가해진 가장 노골적인 욕설을 쓴 바 있다.

> 나이가 너무 어려 여자로서 남자와 동침하거나 교접할 수 없었을 때 테오도라는 마치 남창처럼 행동하면서 그 인간 쓰레기들을 만족시켜 주었다. 그들은 노예였으나 자기 주인을 따라 극장에 와서 그런 짐승 같은 행동에 탐닉했다. 테오도라는 그들에게 신체의 부자연스러운 통로[항문]를 내주면서 오랫동안 매음굴에서 지냈다. …… 나이가 들자 그녀는 무대에 올랐으며, 우리 조상들이 '보병步兵' 이라고 부르던 유형의 매춘부가 되었다. …… 그녀는 정숙한 구석이라고는 도저히 찾아볼 수 없었고, 어떤 남자도 그녀가 당황스러워하는 꼴을 본 적이 없었다. 오히려 그녀는 수치스럽기 그지없는 요구를 전혀 거리낌 없이 했다. …… 그녀는 옷을 벗어던지고 남들의 눈에 보여서는 안 될 곳을 손님들에게

앞뒤로 몸을 돌리며 모두 보여 주었다.

그렇듯 철저하게 쾌락에 자기 몸을 내맡긴 여인도 없을 것이다. 그녀는 성적 욕망에 가득 차 있고 혈기도 왕성한 십수 명의 젊은 남자들과 함께 여러 차례 연회에 참석해서 밤새도록 뒹굴며 즐겼다. 그들이 모두 지쳐 나가떨어졌을 때는 그들의 시종들—어떤 때는 30명이나 되는 경우도 있었다—을 불러 차례로 교접을 했으며, 심지어 그것으로도 자신의 욕구를 채우지 못할 정도였다.

그녀는 자신의 몸에 나 있는 세 개의 구멍을 다 이용하면서도, 젖꼭지에 커다란 구멍이 두 개 더 있었다면 그곳으로도 교접을 할 수 있을 것이라면서 불평을 늘어놓았다. 어쩔 수 없이 임신하는 경우가 많았으나 그녀는 다양한 도구를 사용하여 언제나 곧바로 유산을 할 수 있었다.

때로는 많은 사람들이 쳐다보는 극장 같은 곳에서도 …… 그녀는 바닥에 벌렁 드러눕곤 했다. 그러면 그런 일을 전문적으로 하는 노예들이 그녀의 은밀한 곳에 보리알들을 뿌렸고, 특수한 훈련을 받은 거위들이 부리로 그 보리알들을 하나씩 쪼아먹었다. 일을 마치고 일어났을 때 그녀는 얼굴을 붉히기는커녕 그런 행위에 한껏 자부심을 느끼는 표정이었다.[60]

짐짓 신앙심이 깊은 체하는 그 늙은 위선자는 이렇게 자신이 아는 모든 어휘를 써서 테오도라를 매도했다. 물론 그의 이야기는 거의 귀담아들을 가치가 없다. 프로코피우스는 테오도라와 그녀의 남편을 몹시 싫어했을뿐더러 그의 상스러운 책 『비밀스러운 역사』에는 그 밖에도 남을 헐뜯는 구절이 자주 나온다. 그가 테오도라의 행동을 직접 목격한 것은 아니다. 따라서 그의 전거는 단지 시정잡배의 잡담이므로 진실과는 전혀 관계가 없다. 하지만 아니 땐 굴뚝에 연기가 날 리도 없다고 보면, 우리 조상들이 자주 말하듯이 테오도라의 행동거지가 올발랐던 것은 아닐 것이다. 그녀가 비교 대상인 다른 사람들보다 더 타락했는지는 알 수 없다.

어쨌든 테오도라는 곧 더 나은 일을 찾아 나섰고, 제법 이름 높은 관리의 정부가 되어 그를 따라 북아프리카까지 갔다. 그런데 거기서 두 사람은 크게 다투었다. 다시 프로코피우스의 말에 따르면, 남자와 헤어진 그녀는 자신이 알고 있는 유일한 방법으로 귀향 비용을 벌었다고 한다. 귀환하던 길에 그녀는 알렉산드리아에 머물게 되었는데, 여기서 고매한 성직자를 만나, 이후 평생토록 견지한 단성론적 성향을 확고히 지니게 된 것으로 보인다. 또한 그녀는 모종의 종교적 체험도 한 듯하다. 콘스탄티노플에 돌아왔을 때 그녀는 전과 사뭇 다른 사람이 되어 있었기 때문이다.

한 가지 변하지 않은 것은 청색당을 열렬히 지지하고 녹색당을 혐오하는 태도였다. 여기에는 사연이 있다. 테오도라가 여섯 살 때 아버지가 죽자 그녀의 어머니는 즉시 재혼했는데, 새 남편이 전 남편의 뒤를 이어 녹색당에서 곰 조련 일을 하도록 하기 위해서였다. 그러나 그 일이 다른 사람에게 넘어가자 테오도라의 어머니는 크게 실망했다. 생계의 위협을 느낀 그녀는 어느 날 어린 세 딸을 데리고 경기장에 나타났다. 소녀들의 머리는 화환으로 장식되어 있어 금세 사람들의 눈길을 모았다. 녹색당은 모든 직원의 미망인에게 어느 정도 도덕적 의무를 느꼈을 텐데도 그녀를 무시해 버렸다. 그러나 청색당은 아마 진정한 동정심이라기보다 상대방을 나쁘게 보이도록 하려는 의도에서였겠지만, 그녀를 불쌍히 여기고 일자리를 찾아주었다. 그때부터 테오도라는 청색당 편으로 돌아섰고, 이후 한번도 태도를 바꾸지 않았다.

유스티니아누스도 청색당 지지자였다. 황제가 되기 전에 그는 청색당의 지지를 얻기 위해 많은 시간과 노력을 기울였다. 아마 테오도라를 처음 만난 것도 그 과정을 통해서였을 것이다. 당시 테오도라는 30대 중반의 나이였으나 여전히 아름답고 지적이었으며, 오히려 젊은 시절에는 부족했던 지혜와 성숙미까지 보였다. 그녀를 본 순간 유스티니아누스는 그녀에게 완전히 사로잡혔고 곧 그녀의 정부가 되었다. 그들은 아이를 하나 낳았으나 얼마 살지 못하고 죽었다. 유스티니아누스는 그녀의 배경이 보잘것없음에도 불구하고 그녀를 아내로 삼겠다는 결심을 굳혔다. 물론 거기에는 큰 장애물이 있었다.

우선 원로원 의원 등의 고위직 인사는 여배우와 결혼하지 못한다는 법이 있었다. 그보다 더 큰 문제는 숙모이자 양어머니인 황후의 완강한 반대였다. 그녀는 남편이 황제가 되자 루피키나라는 이름을 버리고 유페미아라는 독창성은 덜하지만 더 고상한 이름으로 바꾸었다. 그러나 황후는 여전히 농부 출신의 기질을 버리지 못해 무슨 수를 쓰더라도 자신보다 더 비천한 혈통의 여자를 며느리로 맞지는 않겠다는 자세였다. 유페미아가 살아 있는 한 유스티니아누스의 결혼은 불가능했다. 그러나 그에게는 다행히도, 그녀는 524년에 죽었다. 늙은 황제는 아무런 걸림돌도 되지 않았을뿐더러 원래 조카의 뜻에 반대하지도 않았다. 얼마 뒤에 그는 은퇴한 여배우의 경우에는 고위직 인사와 얼마든지 결혼할 수 있다는 법을 통과시켰다. 이제 앞길은 분명해졌다. 525년에 총대주교는 소피아 대성당에서 유스티니아누스와 테오도라를 부부로 선언했다. 그로부터 불과 2년 뒤인 527년 4월 4일 유스티니아누스는 공동 황제가 되었고, 8월 1일에 유스티누스가 오래전부터 앓아 온 암으로 사망하자 유스티니아누스 부부는 비잔티움 제국의 최고 지배자들이 되었다.

여기서 '지배자들'이라는 복수형 표현은 중요하다. 테오도라는 단순히 황제의 배우자로서, 즉 시녀들과 내실에서 조용히 지내다가 이따금씩 남편과 엄숙한 행사에 참여하면서 살고 싶어 하지는 않았기 때문이다. 유스티니아누스의 주장에 따라 그녀는 남편과 함께 통치하면서 남편의 이름으로 중요한 결정을 내렸고, 황제에게 국가 대소사에 관한 중대한 자문을 해 주는 역할을 맡았다. 5년 동안 테오도라의 운명은 크게 바뀌었다. 앞으로 공적 무대에 설 그녀의 모습은 과거와는 천양지차일 터였다.

제국의 소프트웨어, 유스티니아누스 법전

콘스탄티노플 시민들이 유스티니아누스의 결혼을 어떻게 여겼는지는 기록에 전하지 않는다. 그녀의 생애에 관한 프로코피우스의 이야기가 조금이라도 옳다면 그 결혼을 제국의 수치로 생각한 사람들도 많았을 것이다. 그럼에도 불구하고 비교적 관대한 시선도 있었다.

유스티니아누스는 서민적인 면모를 가져 본 적이 없었다. 그래서 늘 백성들과는 거리감이 있었으며, 차갑고 쌀쌀맞게 보였다. 그러므로 사람들은 그 결혼을 계기로 그도 역시 보통 사람처럼 인간적인 면모가 있구나 하는 생각을 가지게 된 것이다.

그러나 인간적인 면모가 있다고 해서 반드시 인기가 있는 것은 아니다. 경기장에서 멋진 경기가 벌어져도, 이듬해에 두 번째 콘술 취임을 축하하는 의미로 군중에게 많은 돈을 퍼부어도, 지진의 피해를 입은 도시에 아낌없이 재정을 지원해도—528년에 안티오크에서는 5천 명의 사상자가 발생했고, 529년에 라오디케아에서는 그 절반 정도의 사상자가 생겼다—유스티니아누스는 결코 백성들의 사랑을 받지 못했다. 그의 사치스러운 행동은 멋있었지만 결국 누군가 돈을 대야 했던 것이다. 그가 제위에 오른 지 몇 달밖에 안 되었을 때 시작되어 531년에 카바드 왕이 죽을 때까지 간헐적으로 벌어진 페르시아와의 전쟁도 마찬가지였다. 532년 9월에 카바드의 후계자인 호스로우와 '영구 평화' 협정을 맺은 이후로는 매년 공물—비록 공물이라는 말은 쓰지 않았지만—로 금 11,000파운드를 보내야 했다.

대대적인 건축 사업도 그랬다. 유스티니아누스는 삼촌의 치세에 테오도시우스 성벽이 황금뿔과 만나는 블라케르나이에 성모 마리아에게 바치는 대성당을 건축하기 시작했고, 그 밖에도 비잔티움 부근에서 죽음을 맞은 초기 그리스도교 순교자들을 기념하는 일곱 개의 성당—그 대부분은 콘스탄티누스 때 처음 세워졌다—을 재건하고자 했다. 이것만으로도 역사에 길이 남을 업적이지만 그것은 시작에 지나지 않았다. 제위를 계승한 직후 그는 성 세르기우스와 성 바쿠

† 성 세르기우스와 성 바쿠스 성당의 실내(위)와 서남쪽 전경(아래).

스 두 순교자를 기념하는 성당을 세웠는데, 이것은 그 독창적인 건축과 화려한 장식 조각으로 오늘날 콘스탄티노플에서 소피아 대성당에 버금가는 건축물로 꼽힌다.[61]

이러저러한 일에 소요되는 경비를 충당하려면 조세 제도를 전반적으로 정비할 필요가 있었다. 그러나 백성들은 그 조치 자체도 환영하지 않았을 뿐 아니라, 황제가 그 조치를 집행하기 위해 임명한 사람 때문에 더욱 불만의 목소리를 높였다. 그는 바로 카파도키아의 요한네스라는 자였다. 그의 배경에 관해서는 소아시아의 카이사레아 출신이고 정식 교육을 거의 받지 못했다는 것 이외에 전하는 게 없다. 그는 거칠고 사나운 데다 교양이라고는 전혀 없었지만, 유스티니아누스는 그를 보자마자 뛰어난 행정가라는 것을 알아차리고 531년에 그를 민정 총독으로 승진시켰다. 민정 총독이 된 요한네스는 군량을 크게 절감하고, 부패 추방 운동을 강력히 전개하는 한편, 사상 처음으로 돈 있고 힘 있는 지주에게나 가난한 농민에게나 똑같이 적용되는 새 조세 제도—리디아의 요한네스는 당시에 관한 가장 귀중한 문헌에서 스물여섯 가지 세금을 언급하고 있다—를 도입하고, 고참 속주 관리들의 권한을 크게 위축시켜 중앙 정부의 권한을 강화했다.

이런 개혁은 대부분 지극히 온당한 것이었고, 요한네스는 확실히 제국의 재정 기구를 크게 변모시키는 데 성공했다. 하지만 불행히도 그는 근면하고 유능한 측면과 더불어 많은 사람들의 경멸을 부르는 도덕적 문제도 지니고 있었다. 그는 재산을 감춰 놓고 있다고 생각되는 부자들을 무조건 감금하고 매질하고 고문까지 했다. 또한 그는 대식가에다 술과 여자를 무척 밝히는 자였다. 리디아의 요한네스에 따르면, 그는 리디아 속주의 모든 재산을 고갈시켰을 뿐 아니라 "주민들에게서 식기 하나까지 모조리 빼앗아갔고 남의 아내, 처녀, 젊은이들을 함부로 건드렸다."[62] 그런 악행이 리디아 속주에만 국한되지 않았을 것은 뻔하다. 그래서 532년 초에 요한네스에게는 제국에서 가장 증오스러운 자라는 낙인이 찍혀 있었다.

하지만 그에 못지않은 인물이 또 있었다. 그는 529년에 정부 최고 법무관으로 임명된 트리보니아누스였다. 카파도키아의 요한네스는 여러 가지 면에서 끔찍했지만 그래도 그리스도교도였고 개인적으로는 부패하지 않은 인물이었다. 그러나 시데 출신의 팜필리아 사람인 트리보니아누스는 후안무치하고 타락한 이교도였다. 프로코피우스에 따르면, "그는 법을 팔아 자신의 이익을 챙겼고, 돈을 준 사람의 요구에 따라 법을 마음대로 적용하는 인물이었다."[63] 다른 한편으로 요한네스와는 달리 그는 상당히 매력적인 사람이기도 했다. 그와 만난 사람들은 그의 풍부한 학식과 폭넓은 지식에 크게 놀라곤 했다. 바로 이런 점이 유스티니아누스의 관심을 끌었을 것이다.

그 자신도 학문적 소양이 깊었던 유스티니아누스는 이미 오래전부터 거의 초인적인 능력을 필요로 하는 일을 준비하고 있었는데, 트리보니아누스야말로 그의 꿈을 실현할 역량을 갖춘 인물이라고 본 것이다. 그 꿈이란 곧 로마법을 집대성하는 것이었다. 이 작업은 일찍이 438년에 테오도시우스 2세가 시도했지만, 그때부터 한 세기가 지난 데다 유스티니아누스의 계획은 그것보다 훨씬 규모가 컸다. 테오도시우스는 단지 황제의 칙령들을 모으는 데 만족한 반면,

유스티니아누스는 완전히 새로운 법전을 만들고자 했다. 이를 위해서는 반복이나 모순을 빼고, 그리스도교의 가르침에 완전히 부합되도록 하며, 혼돈과 혼란을 피하고 간결명료하게 정리하는 작업이 필요했다.

황제가 임명한 특별 위원회는 백과사전적 지식을 갖춘 트리보니아누스의 지휘 아래 놀랄 만큼 빠른 속도로 작업했다. 편찬 작업이 시작된 지 14개월 만인 529년 4월 8일에 새 『칙법휘찬』이 완성되었고, 이것은 일주일 뒤부터 시행에 들어가 제국 내의 모든 법정에서 최고의 권위를 지니게 되었다. 유스티니아누스 자신의 법을 포함하는 완전한 법전은 5년 뒤에 완성되었다. 하지만 이미 530년에 다시 트리보니아누스가 지휘하는 두 번째 위원회가 구성되어 또 다른 편찬 작업에 착수했다. 이번에는 모든 고대 로마 법률가들의 주요 저작들을 집대성하는 일이었다. 이 성과물은 『학설휘찬』이라 불리는데, 기존의 법 학설들을 체계적인 틀 내에서 종합한 최초의 시도였다. 마지막으로 533년에는 앞의 두 법전에서 주요 내용을 발췌하여 제국의 법학교에서 사용할 교과서로 『법학제요』를 편찬했다. 이 법전들은 모두 라틴어로 편찬되었으나 이미 당시에도 라틴어는 법 이외의 분야에서는 거의 사용되지 않았다. 콘스탄티누스 시대 이래로 제국은 많이 변했고 콘스탄티노플은 완전히 그리스화되었다.

니카의 반란

제국의 법령을 정비한 커다란 업적에 비하면 공직에 있을 당시 저지른 트리보니아누스의 좋지 못한 행실은 그다지 중요하지 않은 것으로 치부할 수도 있다. 특히 무엇이든 과장하는 프로코피우스의 고질적인 문제를 감안한다면 더욱 그렇다. 그러나 유스티니아누스의 치세 초기 5년 동안에 사회적 불만이 팽배해진 데는 트리보니아누스와 카파도키아의 요한네스 두 사람에게 큰 책임이 있음을 부인할 수는 없다. 이겨야 했던 소송을 진 것처럼 가슴에 사무치는 기억도 드물다. 좌절한 소송 당사자는 불만을 품게 되며, 자신의 직위(한직이든 뭐든)를 빼앗긴 사람들, 세금 제도가 개혁된 결과로 여러 가지 짭짤한 소득 활동이 노출되거나 중단된 사람들도 불만스럽기는 마찬가지다. 음성적인 소득을 얻는 사람들의 목소리는 자연히 낮을 수밖에 없었다. 하지만 그렇게 침묵을 지키는 사람들도 다른 불만층, 즉 청색당과 녹색당이 큰 목소리를 냄으로써 더불어 이득을 보게 되었다.

유스티니아누스는 자신의 권력이 공고해지자 더는 청색당의 지지가 필요 없다는 것을 깨닫고, 두 당파를 똑같이 탄압하는 정책을 전개했다. 그들의 권력과 특권을 제한하고, 그들의 과도함을 호된, 때로는 야만적인 징벌로 제어한 것이다. 그래서 532년 1월 10일 원형 경기장에서 경주가 벌어진 뒤 두 당파가 싸움을 벌였을 때 그는 즉시 군대를 보내 질서를 회복했다. 주동자들이 일곱 명이나 사형에 처해졌는데, 그중에서 다섯 명은 쉽게 처형되었으나 나머지 두 명은 칼을 맞았는데도 숨이 붙어 있었다. 수도사들은 이들을 구해 황급히 보스포루스 건너편에 있는 성 라우렌티우스 수도원의 성소로 옮겼다. 그 도시의 총독인 유다이몬은 그들을 굶겨 굴복시키기 위해 무장 경비병들을 문 앞에 배치했다. 그러나 그들의 추종자들은 요란한 시위를 벌이면서 두 사람에게 자유를 줘야 한다고 외쳤다.

공교롭게도 그 두 사람은 각각 청색당과 녹색당이었다. 이리하여 처음으로 두 당파가 공통의 대의를 내세우게 되었다. 사흘 뒤 유스티니아누스는 다시 원형 경기장에 앉아서 경주를 시작하라는 신호를 보냈다. 그런데 그가 모습을 드러내자 관중은 큰 소란으로 응답했다. 처음에는 이상해 보이지 않았으나 얼마쯤 지나자 갑자기 그는 이 시위가 전과 다르다는 것을 깨달았다. 녹색당과 청색당이 단결을 한 채 서로를 향해서가 아니라 황제를 향해 함성을 지르고 있었던 것이다. 관중은 여느 전차 경주에서처럼 선수들을 격려하기 위해 "니카! 니카!(이겨라! 이겨라!)"하고 외치고 있었다. 그러나 전에는 그 뒤에 자신들이 지지하는 팀의 이름을 외치면서 상대방 관중보다 더 큰 소리를 내기 위해 애썼는데, 지금은 합창하듯이 같은 말을 반복해서 외치는 것이었다. 당파 간의 차이는 사라졌다. 군중은 한목소리를 내고 있었다. 물론 황제에게 듣기 좋은 소리는 아니었다.

전차 경주가 시작되었으나 긴장이 점점 고조되자 곧 취소되었다. 성난 군중은 경기장에서 나와 닥치는 대로 파괴 행위를 시작했다. 첫 대상은 시의 치안대 건물이었다. 사람들은 정문을 지키던 경비병들을 살해하고 강제로 문을 연 뒤 갇힌 죄수들을 모조리 풀어 주고 건물에 불을 질렀다. 거기서부터 군중은 민정 총독의 저택으로 향했고, 다시 원로원 의사당을 거쳐 에이레네 성당과 소피아 성당에까지 마구잡이로 불을 질렀다. 날이 저물 무렵에는 메세 대로변의 모든 건물들이 잿더미로 변해 있었다.

그래도 계속 도시 곳곳에서 새로운 불길이 타올랐다. 닷새 동안이나 도시 전역에는 매캐한 연기가 짙게 깔렸다. 둘째 날에 군중은 원형 경기장으로 돌아가서 카파도키아의 요한네스, 트리보니아누스, 그리고 민정 총독인 유다이몬을 당장 해임하라고 요구했다. 이미 사태의 심각성을 충분히 깨달은 유스티니아누스는 즉각 그 요구를 수락했다. 사흘째 되는 날에도 군중의 분노는 여전히 가라앉지 않았다. 그들은 아나스타시우스의 조카인 프로부스를 새 황제라고 외치기 시작했다. 그가 수도를 떠난 것이 알려지자 군중은 그의 집에 불을 지르고 날뛰었다. 이윽고 1월 18일에 유스티니아누스는 어느 정도 용기를 되찾고 원형 경기장에서 군중을 만났다. 그리고 모두들 조용히 귀가한다면 소동에 대한 책임을 전혀 묻지 않고 전원 사면해 주겠노라고 말했다. 이것은 20년 전 전임 황제인 아나스타시우스가 구사해서 완벽하게 성공한 전술이었다. 그러나 현재의 상황은 그때보다 훨씬 심각했다. 잠시 작은 갈채 소리가 들렸으나 곧 야유 소리에 묻혔다. 황제는 서둘러 황궁으로 후퇴했다.

이제 폭도들은 자신들의 대표자까지 뽑았다. 전 황제의 또 다른 조카였던 히파티우스는 화려한 군대 경력을 지닌 사람으로, 비잔티움의 군대를 거느리고 페르시아와 싸웠고 트라키아에서 비탈리아누스의 반란군을 진압하기도 했다. 이제 노인이 된 그는 황제가 되겠다는 야심이 없었으므로 군중이 그의 이름을 외치자 어떻게든 숨으려 애썼다. 그러나 사람들은 그를 찾아내서 목말을 태우고 경기장까지 데려왔다. 제관이 없었으므로 사람들은 한 구경꾼에게서 빌린 금 목걸이를 그의 머리에 씌워 주고 그를 경기장의 황제 좌석에 앉혔다. 한편 경기장 뒤쪽의 황궁에서는 궁지에 몰린 유스티니아누스가 신하들과 회의를 하고 있었다. 그는 이미 며칠 전부터 언제라도 자신과 신하들이 수도에서 대피할 수 있도록 만반의 채비를 갖추라고 명해 놓은 터였다. 회의에서 그는 이제 더는 대피를 늦출 수 없다고 주장했다.

그때 갑자기 테오도라가 끼어들었다. 그녀는 여자가 겁에 질린 남자들에게 용감한 조언을 하는 게 과연 적절한지의 여부는 신경쓰지 않았다. 그렇게 극도로 위험한 순간에는 누구나 양심의 안내만을 받을 수밖에 없었다. 그녀는 설사 도망쳐서 안전을 얻을 수 있다 하더라도 그렇게 해서는 안 된다고 말했다. 그녀의 말은 다음과 같이 계속되었다.

> 무릇 태어난 자는 누구나 언젠가 죽게 마련입니다. 그런데 어찌 황제가 두려움에 몸을 피할 수 있단 말입니까? 저는 결코 제 손으로 이 황후의 의상을 벗지 않을 것이며, 죽는 순간까지 황후라는 명칭을 버리지 않을 것입니다. 그러니 황제 폐하께서는 떠나고 싶으시면 얼마든지 가십시오. 우리는 부자이고 바다에는 우리의 배들이 있습니다. 하지만 폐하께서 안전해지셨을 때 차라리 죽음을 선택하지 않은 것을 후회하지 않을까를 먼저 생각해 보십시오. 저는 "자주색 옷은 가장 고귀한 수의"라는 옛말에 따를 것이옵니다.[64]

그런 말이 나온 뒤 더 이상 도피는 생각지 않기로 했다. 이 위기는 군대의 힘으로 해결해야 한다는 게 좌중의 결론이었다. 다행히 황궁에는 최고의 장군 두 명이 남아 있었다. 한 사람은 아직 20대의 젊은이인 벨리사리우스였다. 그는 유스티니아누스처럼 로마화된 트라키아인이었으며, 최근에 페르시아 전선에 있다가 불려와서 총사령관으로 승진했다. 또 한 사람은 마침 우연히 콘스탄티노플에 있게 된 문두스라는 일리리아인이었다. 그러나 그는 상당한 규모의 스칸디나비아 용병 부대를 거느리고 있었다. 두 사람은 신속하게 행동 방침을 정했다.

그들은 비밀리에 황궁을 빠져나가 자신의 병사들을 규합한 다음 각자 다른 우회로를 통해 원형 경기장으로 갔다. 거기서 신호가 떨어지자 그들은 동시에 군중을 기습했다. 군중은 크게 놀라 소리치고 비명을 질렀으나 피할 곳은 아무 데도 없었다. 녹색당과 청색당을 가리지 않고 무차별 학살이 자행되었다. 한편 황궁 경비대 사령관으로, 나이가 지긋한데다 언뜻 보기에는 연약한 인상을 지닌 아르메니아 출신의 환관 나르세스는 주요 출구마다 병력을 배치해 놓고 달아나려 하는 자는 모두 처단하라고 명령을 내렸다. 불과 몇 분 만에 거대한 원형 경기장을 가득 메웠던 분노의 함성은 다치고 죽어가는 자의 신음 소리로 바뀌었으며, 이내 그 소리마저 점차 잦아들어 경기장 전체가 침묵에 휩싸였다. 경기장의 모래바닥은 사람들이 흘린 피로 흠뻑 적셔졌다.

학살에 지친 용병들이 3만 명의 시신들 사이를 누비며 숨이 붙은 사람들을 죽이고 각종 귀중품들을 노획하고 있을 때, 겁에 질린 히

파티우스가 황제 앞에 끌려왔다. 유스티니아누스는 그 노인이 자신의 의사와 상관없이 어떻게 그 사태에 휩쓸리게 되었는지 알고 있었으므로 자비를 베풀고자 했으나 테오도라가 만류했다. 아무리 노인의 몸이라 해도 군중이 제관을 씌워 준 사람이니 언제라도 반란의 핵심이 될 수 있다는 게 그녀의 주장이었다. 언제나 그렇듯이 그녀의 남편은 아내의 말을 따랐다. 바로 이튿날 히파티우스와 그의 동생 폼페이우스는 즉결 처형되었고 그들의 시신은 바다에 던져졌다.

복구와 복원

니카의 반란은 유스티니아누스에게 유익한 교훈을 주었다. 사태가 진압된 지 몇 주 만에 그는 트리보니아누스와 카파도키아의 요한네스를 자신 있게 원래의 직책에 복귀시켰으나 그 다음부터는 훨씬 신중한 태도를 취했다. 이를테면 세금은 여전히 무거웠지만 합리적인 한도를 넘지는 않도록 했다. 백성들도 한층 누그러졌다. 무려 3만 명이나 죽었지만, 그 무시무시한 오후에 자신이 원형 경기장에 있지 않은 것을 신의 섭리 덕택이라고 여기는 사람들이 훨씬 더 많았다. 그들은 이제 황제를 옹립하고 폐위하는 게 생각만큼 쉽지 않다는 것을 깨달았다. 아타나시우스는 어느 정도 그들이 쥐락펴락할 수 있었으나 유스티니아누스는 결코 만만한 인물이 아니었다.

한편 황제나 백성들이나 똑같이 할 일이 많았다. 우선 수도 전체가 잿더미로 변해 있었다. 비용이 얼마가 들든 재건해야 했고, 가능하다면 전보다 더 크고 웅장하게 만들어야 했다. 원래 이것은 시의 총독이 해야 할 일이었지만 수도의 중심 건물 같이 중요한 것을 아랫사람들에게만 맡길 수는 없었다. 특히 가장 시급히 손봐야 할 것은 소피아 대성당이었다. 유스티니아누스는 이것을 자신의 업적으로 삼고 싶었고, 그러려면 시간이 얼마 없었다. 532년 2월 23일 '신성한 지혜의 성당'은 파괴된 지 꼭 39일 만에 세 번째이자 마지막 건축에 들어갔다.

비록 소피아 대성당을 맨 처음 구상한 사람은 콘스탄티누스였지만 실제로 완공된 것은 그의 아들 콘스탄티우스의 치세인 360년경이었다. 그러므로 첫 번째 성당은 404년 성 요한네스 크리소스토무스가 유배를 가면서 일어난 폭동으로 불타 없어질 때까지 불과 50년도 견디지 못했다.[65] 두 번째는 테오도시우스 2세가 11년 뒤에 첫 번째 건물과 거의 비슷하게, 전통적인 바실리카식 설계로 완성한 것이다. 그러나 유스티니아누스의 성당은 앞의 두 건물과 전혀 달라야 했다. 우선 전체 그리스도교 세계에서 가장 커다란 종교 건물이 되어야 했다.[66] 또한 직사각형이 아니라 정사각형 모양으로 설계되었다. 따라서 건물의 중심도 동쪽 끝의 성소가 아니라 중앙의 높은 지붕이었다. 이는 가히 혁명적인 구상이었다. 그런 점에서, 황제는 니카의 반란이 일어나기 이미 오래전에 트랄레스의 안테미우스와 밀레투스의 이시도루스라는 두 건축가를 점찍어 놓은 것으로 보인다. 아무리 그들이 천재라 하더라도 불과 한 달 안에 설계를 마칠 수는 없을 것이기 때문이다.

두 건축가에 관해서는 거의 알려진 것이 없다. 안테미우스는 소

† 이스탄불에 있는 성 소피아 대성당의 북쪽 뒷면.

아시아 트랄레스—현재 멘데레스 강 유역의 작은 도시인 아이딘—출신의 그리스인으로 수학자이자 토목 기사였으며, 알렉산드리아에서 공부한 뒤 콘스탄티노플로 왔다. 수도로 와서 그는 성 세르기우스와 성 바쿠스 성당을 지었는데, 여기에 깊은 인상을 받은 유스티니아누스는 이후 그에게 수도의 새 건축 공사 전반에 관한 기술적 권한을 일임했다. 그의 동료인 이시도루스도 안테미우스와 같은 고장 출신으로 역시 이집트에서 공부했다. 그는 1세기의 수학자인 알렉산드리아의 헤론이 아치형 천장을 주제로 쓴 유명한 논문에 관해 훌륭한 논평을 남겼다고 알려져 있다. 황제의 호출을 받았을 무렵 그는 이미 당대의 최고 교사로 이름을 날리고 있었다.

유스티니아누스는 처음부터 두 건축가에게 건물의 설계와 비용에 관해 백지 위임장을 부여했다. 그가 제시한 조건은 단지 성당이 어느 건물보다 웅장해야 하며 가능한 한 이른 기간 내에 완성되어야 한다는 것뿐이었다. 그는 이미 쉰 살이었으므로 죽기 전에 성당이 완공되는 것을 보고 싶었던 것이다. 프로코피우스는 황제가 '전 세계'의 장인과 기술자를 불러모았다고 한다.[67] 또 다른 기록에 의하면, 그는 십장 100명을 고용하고 각 십장의 밑에 인부 100명씩을 두어 북쪽에 5천 명, 남쪽에 5천 명의 인력을 배치한 다음 양 팀이 서로 속도 경쟁을 벌이도록 했다고 한다. 한편 황제는 모든 속주의 총독들에게 새 성당을 장식하는 데 어울리는 고대 유물들을 즉각 수도로 보내라는 명령을 내렸다. 그에 따라 로마에서는 태양의 신전을 지탱했던 반암 기둥 여덟 개를 보내왔고, 에페수스에서는 여덟 개의 녹색 대리석을 보내왔다. 또한 여러 채석장에서는 성당의 벽과 바닥에 깔기 위해 다양한 색채와 종류의 대리석을 캤다.

> …… 카리스투스에서는 선명한 녹색의 대리석을 캐고, 프리지아 산맥에서는 분홍색과 흰색이 뒤섞여 붉은색과 은색의 꽃무늬로 빛나는 여러 가지 색깔의 대리석이 나온다. 밝은 별무늬가 점점이 뿌려진 반암은 배에 실려 나일 강을 통해 대량으로 수송된다. 스파르타에서는 에메랄드색 대리석, 이아시 구릉 지대의 깊숙한 곳에서는 핏빛의 붉은색과 연백색의 빗살무늬, 물결무늬가 빛나는 대리석이 생산된다. …… 리비아

> 의 태양은 햇볕으로 달궈진 석재를 만든다. 무어인의 언덕 그 어두운 틈바구니에서는 금빛이 감도는 보라색 석재가, 켈트족의 바위산에서는 윤기가 도는 흑색 표면에 우유를 뿌려 놓은 듯한 수정이 나온다. 금을 바른 것처럼 보이는 귀중한 얼룩 마노도 있다. 아트락스에서 나온 대리석은 …… 바다나 에메랄드를 닮은 선명한 녹색을 띠면서도 풀밭 속에 핀 파란 수레국화 같기도 하고 여기저기 눈송이가 앉은 것 같기도 하다.

침묵단원 파울루스라는 사람이 쓴 새 성당을 찬미하는 이 긴 시는 563년 크리스마스 이브에 열린 성당 창건 기념식—두 차례 계속된 지진으로 파괴된 뒤 다시 복구되었다—에서 낭독되었다. 호메로스를 연상케 하는 화려한 수식어를 많이 쓰고 있음에도 불구하고 그는 놀랄 만큼 정확하고 정교하게 성당을 묘사한다. 워낙 묘사가 치밀해서 성당 안에서 그 시를 쓴 게 틀림없다고 믿어질 정도다. "둥근 천장은 수많은 작은 사각형 모양의 금판들을 붙여 만들었다. 그 금빛으로 빛나는 물결이 사람의 눈으로 떨어지면 그것을 정면으로 쳐다보기가 어렵다. 마치 봄날 한낮의 태양이 주변의 모든 산봉우리를 금빛으로 물들인 광경을 보는 듯한 느낌이다."

묘하게도 그 침묵단원을 포함하여 그 시대 어느 누구도 웅장한 모자이크에 관해서는 언급하지 않았다. 사실 유스티니아누스 시대에 제작된 모자이크가 후대에 그대로 남으리라고 기대하기는 어렵다. 8세기의 성상 파괴자들에 의해 파괴되었을 것이기 때문이다.*

* 제17장 참조.

또 만약 그때 있었다면, 다른 작가들은 말할 필요도 없고 파울루스나 프로코피우스가 그것에 관해 아무 말도 하지 않았을 리가 없다. 그러나 프로코피우스는 파울루스와 마찬가지로 소피아 대성당의 실내가 마치 내부 광원이 있는 것처럼 대단히 밝다고 말하는데, 아마 대리석이 덮인 부분—면적으로 치면 약 1만 6천 평방미터—위쪽의 실내 표면은 거의 다 황금으로 통일된 모자이크 또는 적색, 청색, 녹색의 테세라[tessera, 모자이크용 각석]로 만들어진 장식 무늬의 모자이크로 덮여 있었을 것이다. 이 원래 작품의 대부분은 지금도 남아 있지만, 안타깝게도 돔 지붕의 별 하늘을 배경으로 하는, 보석으로 장식된 대형 십자가는 없어졌다.[68]

그러나 성당의 위용은 외관의 장식에만 국한되지 않는다. 건축적인 측면에서도 이 성당은 당시 방문객들에게 기적이나 다름없이 보였을 것이다. 역사가인 에바그리우스는 "도저히 말로 형용할 수 없고 어느 것과도 비교할 수 없는 위대한 건물"이라고 썼다. 또한 프로코피우스는 주변의 다른 건물들보다 훨씬 높이 하늘을 찌를 듯이 치솟은 모습을 "마치 건물들 속에 닻을 내린 거대한 배 같다"고 표현했다. 그러나 보통 사람들이 보기에 가장 놀라운 부분은 너비 32미터, 높이 48미터에 이르는 거대한 돔 천장인데, 이는 이전의 어느 성당보다도 몇 배나 더 넓고 높다. 돔의 테두리에는 얇은 접시 모양의 받침이 있고, 거기에 40개의 창문이 나 있어 마치 "황금 사슬로 하늘에 매달린" 듯한 모양이었다.

성당 안의 시설도 볼 만했다. 순은으로 된 15미터짜리 성상 칸막이에는 천사와 사도들, 성모의 성화가 중앙에 그려져 있었고, 금과

† 성 소피아 대성당의 내부

보석이 박힌 제단에는 네 개의 장식 기둥이 떠받치는 은제 닫집이 부착되어 있었으며, 거대한 원형 설교단은 여러 색깔의 대리석과 모자이크로 밝게 빛났고, 그밖에 황금 등잔들이 무수히 많이 있었다. 유물 역시 어느 성당도 따라오지 못할 정도였는데, 그중 압권은 일찍이 헬레나 황후가 예루살렘에서 가져온 참십자가를 비롯하여 그리스도 수난의 도구들이었다. 아기 예수를 쌌던 포대기가 있었는가 하면, 그리스도와 사도들이 최후의 만찬 때 사용한 식탁도 있었다. 또한 성 베드로를 묶었던 사슬, 성 니콜라우스의 융단, 성 판탈레이몬의 머리와 성 게르마누스의 팔 등의 보물들이 후임 총대주교가 취임할 때마다 하나씩 늘어났다. 이 정도였으니, 537년 12월 27일 건물이 완공된 후—첫 번째 초석을 놓은 이후 꼭 5년 10개월 4일 만이었다—처음으로 성당에 들어가 본 유스티니아누스가 오랫동안 아무 말도 하지 못하고 서 있다가 간신히 들릴락 말락 한 소리로 "솔로몬, 난 당신을 이겼도다" 하고 중얼거렸던 것도 무리가 아니다.

10

제국의 역사상 가장 위대한 장군

532년~540년

그의 훤칠한 키와 당당한 용모는 가히 영웅의 풍모라 하지 않을 수 없었다. …… 관대하고 정의로운 성품으로 그는 백성들의 애정도 잃지 않으면서 병사들의 사랑도 받았다. 병들고 다친 병사는 약과 돈으로 구할 수도 있지만, 사령관의 병문안과 미소로써 더 효율적으로 치유될 수 있다. …… 군대에서 그가 술에 취한 모습은 아무도 보지 못했다. 고트족이나 반달족의 포로들 가운데 가장 아름다운 자를 그에게 바쳤으나 그는 그들의 매력을 멀리 했고, 안토니나의 남편으로서 부부의 의무를 위반하지 않았다. 그의 무훈을 목격한 사람과 기록한 역사가는 전쟁의 위험 속에서 그가 용감하되 경솔하지 않고, 신중하되 겁먹지 않으며, 상황의 급함에 따라 완급을 조절하는 것을 익히 보았다. 그는 곤란한 역경 속에서도 희망과 활력을 잃지 않고, 순조로운 흐름 속에서도 겸손하고 신중을 기하는 사람이었다.

에드워드 기번 『로마 제국 쇠망사』, 제41장

반달족을 응징하라

니카의 반란이 끝나고 8개월 뒤 페르시아와 평화 조약을 맺은 이후 한동안 평온한 시기가 이어지자 유스티니아누스는 비로소 자신의 치세에서 늘 가장 중요한 목적으로 삼았던 것에 눈을 돌릴 수 있었다. 그것은 바로 서방 제국을 수복하는 일이었다. 대다수 백성들과 마찬가지로 그도 로마 제국은 나눌 수 없는 하나이며 그리스도교권의 정치적 발현이라고 믿었다. 그 절반을 외국인 이교도가 장악하고 있다는 것은 신의 의지를 거스르는 죄이므로 잃어버린 유산을 되찾는 것은 그의 그리스도교적 의무였다.

지난 세기에는 그런 계획이 불가능했다. 끊임없이 변방을 침략하는 게르만과 슬라브 민족들로부터 제국을 보호하는 데만도 급급했을뿐더러 야만족이 군대에 편입됨으로써 군대의 충성심도 불확실했기 때문이다. 그러나 유스티니아누스의 시대에 이르러 그런 문제들은 거의 해결되었고, 더욱이 그에게는 이 신성한 임무를 믿고 맡길 수 있는, 비잔티움 역사상 가장 뛰어난 장군인 벨리사리우스가 있었다.

그래서 유스티니아누스는 531년 가을 메소포타미아에 있던 벨리사리우스를 불러들였다. 이미 2년 전에 그 젊은 사령관은 동방의 마기스테르 밀리툼으로 승진한 뒤 니시비스의 북서쪽 30킬로미터 지점에 있는 다라에서 수적으로 크게 우세한 페르시아군에게 압도적인 승리를 거두었다. 그는 군사적 재능과 용맹함에서 타의 추종을 불허하는 타고난 지도자였다. 그에게 한 가지 약점이 있다면 동부 전선에서 돌아온 뒤 곧바로 결혼한 아내 안토니나였다.

그녀의 배경은 테오도라 황후와 다르지 않았다. 그녀 역시 극단과 서커스단 출신이었으며, 그녀의 과거는 비록 테오도라만큼은 아니었지만 깨끗함과는 거리가 멀었다. 적어도 남편보다 열두 살 이상 나이가 많았던 그녀는 이미 적출과 서출을 합쳐 몇 명의 자식들을 두고 있었다. 테오도라와는 달리 그녀는 버젓이 결혼을 한 뒤에도 자신의 성격을 바꾸려 하지 않았는데, 이 때문에 훗날 남편을 커다란 곤경과 고뇌에 빠뜨리게 된다. 그러나 벨리사리우스는 아내를 사랑했고 전쟁터에도 늘 데리고 다녔다(무엇보다 아내를 늘 감시하기 위해서였을 것이다).

영토 수복의 첫 대상으로 떠오른 곳은 북아프리카의 반달 왕국이었다. 65년 전 바실리스쿠스가 이끄는 원정군이 가이세리크 왕에게 참패한 이래로 많은 것이 달라졌다. 477년에 죽은 가이세리크는 맏아들이 왕위를 계승한다는 장자 상속법을 확립했으므로—이 점에서는 다른 어떤 게르만족 국가, 심지어 로마 제국보다도 앞섰다—

그에 따라 카르타고의 왕위는 나이가 지긋하고 점잖은 동성애자이자 독신자였던 가이세리크의 손자 힐데리크에게 계승되었다. 그의 어머니 유도키아는 발렌티니아누스 3세의 딸로서, 반달족이 로마를 유린했을 때 어머니, 언니와 함께 아프리카로 잡혀와서 가이세리크의 아들과 결혼한 여자였다.[69] 그러므로 모계가 로마인이었던 힐데리크는 로마 식을 따라 조상들의 아리우스 이단 신앙을 버리고 정교 신앙을 받아들였다. 그는 어찌나 전쟁을 혐오했던지, 프로코피우스의 말을 빌리면 신하들이 자기 앞에서 전쟁 이야기를 꺼내지도 못하도록 할 정도였다.

이런 점들은 유스티니아누스에게 반가운 정보가 아닐 수 없었다. 그는 굳이 전쟁을 하지 않아도 외교만 잘하면 반달 왕국을 손쉽게 제국의 영토로 귀속시킬 수 있겠다고 생각했다. 하지만 불행히도 일은 그의 생각대로 풀리지 않았다. 531년에 힐데리크의 먼 친척인 겔리메르가 선수를 친 것이다. 그는 반달 귀족 다수의 열렬한 지지를 등에 업고 왕위를 빼앗았다. 유스티니아누스가 즉각 항의하자 겔리메르는 "군주라면 누구나 자기 일에 신경을 쓰는 게 가장 바람직하다"는 내용의 답신을 보냈다.

사실 겔리메르의 말은 옳았지만 유스티니아누스에게 그것은 곧 선전포고나 다름없었다. 예전의 참패를 기억하는 그의 측근들은 전쟁을 피하라고 강력히 권유했다. 그중에서도 특히 카파도키아의 요한네스가 가장 강경했다.

폐하, 카르타고 정벌을 말씀하셨는데, 육로로 간다면 열흘이나 걸립니다. 만약 뱃길로 군대를 수송한다면 바다의 거센 풍랑을 이겨내야 합니다. 우리 군대가 재난을 만났다 해도 그 소식이 우리에게 전해지는 데만 1년이 꼬박 걸릴 것입니다. 또 설사 우리가 승리했다 해도 이탈리아와 시칠리아가 남의 손에 있는 한 아프리카를 점령할 수는 없습니다. 더구나 패배한다면 우리가 조약을 위반한 것 때문에 제국 전체가 위험해질 것입니다. 요컨대 성공한다 해도 지속적인 이득을 얻지 못하고, 실패한다면 이 번영하는 제국이 파멸을 맞을지도 모릅니다.[70]

하지만 유스티니아누스는 겔리메르의 모욕을 참을 수 없었다. 더구나 동방의 어느 주교가 그에게 꿈 이야기를 해주자 그는 더욱 고무되었다. 아리우스파 반달족과의 성전에서 신께서 돕겠다고 약속하셨으니 아무 걱정 말라는 것이었다. 황제는 벨리사리우스가 그의 명령을 받고 533년 한여름에 원정을 떠나는 모습을 궁전에서 창밖으로 지켜보았다. 원정군은 기병 5천 명에 보병은 그 배쯤 되었는데, 그중 절반 이상은 야만족 용병이었고 특히 훈족 병사들이 많았다. 하지만 훈족 이외에 스칸디나비아 출신의 강인한 헤룰리족 병사들도 있었다. 그들은 500척의 수송선에 나누어 타고 드로몬[71] 92척의 호위를 받으며 출발했다. 기함에는 사령관과 함께 그의 군대 비서인 프로코피우스와 여느 때처럼 그의 아내가 동승했다.

원정의 출발은 불길했다. 술에 취한 훈족—프로코피우스에 의하면 훈족은 세상에서 가장 폭음을 즐기는 민족이라고 한다—병사 둘이 동료 한 명을 죽이는 사건이 일어난 것이다. 벨리사리우스는 그들을 즉결 재판하여 아비도스 위의 언덕에서 교수했다. 그 뒤 함대는 펠로폰네소스 남서쪽 모퉁이에 있는 메토니까지 순조롭게 항해했다. 그러나 그 무렵 카파도키아의 요한네스가 준비한 비스킷 주머니에 곰팡이가 피어 병사 500명이 식중독에 걸리는 사건이 일어났다. (프로코피우스에 의하면 늘 검약을 실천했던 요한네스는 밀가루를 빵집에서 굽지 않고 콘스탄티노플의 아킬레우스 목욕탕을 덥히는 용광로에 구운 탓에 비스킷이 절반만 익었다고 한다.) 현지의 생산물로 식량을 공급하느라 상당한 시간이 걸린 뒤에야 함대는 자킨토스(장트)를 거쳐 카타니아로 갈 수 있었다.

시칠리아는 잠시 반달족의 지배를 받은 뒤 오도아케르가 매년 보조금을 주기로 하고 되찾았다. 이탈리아의 동고트 왕국이 테오도리쿠스의 시대처럼 비잔티움에 우호적이었기 때문에 벨리사리우스는 카타니아를 근거지로 삼아 최종 공격을 준비하면서 적진에 관한 첩보를 수집했다. 이를 위해 프로코피우스는 시칠리아로 파견되었다. 마침 운 좋게도 거기서 그는 어린 시절의 친구를 만났는데, 그 친구의 말에 따르면 자기 노예가 불과 사흘 전에 카르타고에 다녀왔다는 것이었다. 그를 통해 얻은 정보는 대단히 만족스러웠다. 반달족은 적의 함대가 와 있는 줄을 전혀 모르고 있으며, 얼마 전에 사르데냐의 봉기를 진압하기 위해 주력 함대를 파견했다는 것이었다. 그들은 알지 못했으나 사실 그 봉기는 유스티니아누스가 꾸민 일이었다.

그 소식을 들은 벨리사리우스는 즉각 출발 명령을 내렸다. 잠시 몰타에 들른 뒤 함대는 북아프리카에 무사히 도착하여, 수사와 스팍스 사이로 튀어나온 튀니지 해안에서 동쪽 끝에 위치한 항구인 현재의 라스카부디아에 육군을 상륙시켰다. 여기서부터 기병과 보병은 카르타고를 향해 북쪽으로 출발했고, 함대는 해안을 따라가며 육군과 보조를 맞추었다. 약 220킬로미터쯤 되는 거리는 프로코피우스의 낙관적인 전망에 따르면 "짐이 없는 여행자가 닷새에 갈 수 있는 거리"였다. 그러나 비잔티움 병사들은 짐과 장비가 많았으므로 그 시간의 두 배가 걸렸다. 카르타고에서 열째 초석에 이른 9월 13일에 반달족이 기습해 왔다.

바다에 로마 함대가 보이자 겔리메르는 재빠르게 대처했다. 함대와 육군의 일부는 실제로 사르데냐에 있었으나 아직 본국에 남은 병력은 많았다. 적군이 상륙할 무렵 그의 계획은 이미 시작되고 있었다. 그가 대결의 장소로 선택한 곳은 열째 초석 부근, 남쪽에서 오는 도로가 좁은 계곡으로 들어가는 부분이었다. 겔리메르는 삼중 공격을 계획하고 있었다. 즉 그의 동생 암마타스는 전방을 맡고, 조카 길바문드는 중앙의 서부 구릉지대에서 공격하며, 자신은 후방을 담당하는 것이었다. 야심찬 계획이었으나 그 성공 여부는 시기를 어떻게 잘 맞추느냐에 달려 있었다. 그런데 겔리메르에게는 불행히도 연락 체계상의 문제가 발생했다. 암마타스가 너무 빨리 이동한 것이다. 눈치를 챈 비잔티움군은 이미 전투 태세를 갖춘 채 기다리고 있었다. 이어진 전투에서 암마타스는 로마 병사 십수 명을 해치웠으나 이내 전사하고 말았다. 지도자가 쓰러지는 것을 본 병사들은 순식간에 지리멸렬했다. 그의 주변에 있던 병사들은 도륙되었고 나머지는 도망쳤다.

측면 공격도 역시 무위였을 뿐 아니라 오히려 더 큰 피해를 입었다. 이미 기습의 효과는 기대할 수 없었지만, 그래도 길바문드가 신속하게 움직여 암마타스를 도왔더라면 두 부대는 어느 정도 버틸 수 있었을 것이다. 그러나 그는 망설이다가 행군을 중단시키고 병력을 정렬했다. 그때 벨리사리우스의 기병대가 그들을 덮쳤다. 기병들은 사납고 야만적이며 무시무시한 훈족 병사들이었다. 반달군은 기병대의 모습만 보고도 도망치기에 바빴다. 이제 남은 것은 겔리메르뿐이었다. 출발은 괜찮아서 그는 벨리사리우스와 지휘관들을 적의 주력 부대와 차단시키는 데 성공했다. 그런데 그 순간 그는 동생의 시신을 보고 갑자기 전의를 잃었다. 한동안 그는 꼼짝도 하지 않은 채 동생의 시신이 수습되고 매장될 때까지 그 자리를 떠나지 않으려 했다. 벨리사리우스는 다시 기회를 잡았다. 신속하게 병력을 재결집한 그는 반달족을 공격해 좌우로 분산시켰다. 그것으로 전투는 싱겁게 끝나버렸다. 자신들이 온 북쪽의 길은 이미 비잔티움군이 장악하고 있었으므로 반달군은 서쪽 누미디아의 사막으로 도망쳤다. 이제 카르타고는 무방비 상태였다.

이틀 뒤인 9월 15일 일요일에 벨리사리우스는 아내 안토니나와 함께 카르타고에 정식으로 입성했다. 아프리카에 상륙한 이래 그의 병사들은 엄격한 질서를 유지하며 현지 주민들의 생명과 재산을 존중해 주었다. 비록 한 세기 동안 야만족의 지배를 받았지만 그들도 역시 로마 시민들이기 때문이었다. 그래서 점령군은 오만도, 허풍도, 거드름도 부리지 않았다. 상점에서 파는 모든 물건은 제값을 충분히 치러 주고 샀다. 벨리사리우스는 왕궁으로 곧장 가서 반달족의 왕위에 앉은 다음 도시의 원로들을 접견했고 부하들과 함께 정식으로 식사를 했다. 프로코피우스가 전하는 바에 따르면 원래는 겔리메르 자신이 먹기 위해 준비한 요리였다고 한다.

하지만 겔리메르는 저항을 포기하지 않았다. 카르타고에서 서쪽으로 수백 킬로미터 떨어진 누미디아의 불라 레기아의 임시 대피처에서 그는 사르데냐 원정군의 사령관으로 있는 또 다른 동생 차조에게 긴급 전갈을 보내 병력과 함께 아프리카로 돌아오라고 했다. 그동안 그는 자신의 군대를 다시 규합한 다음 현지의 카르타고족과 베르베르족에게 지지를 호소하면서 로마인의 머리를 한 개 가져올 때마다 후한 대가를 주겠다고 약속했다. 이리하여 그는 조금씩 재기의 발판을 굳혀나갔다. 이윽고 12월 초에 차조의 부대가 도착하자 겔리메르는 다시금 공격을 재개할 힘을 갖추었다고 여겼다. 프로코피우스에 따르면, 새 반달군은 겔리메르가 부하들에게 자랑스럽게 말한 것처럼 로마군의 열 배까지는 되지 않았으나 상당한 규모인 것은 분명했다. 형제는 군대를 이끌고 불라에서 나와 카르타고로 향했다. 도중에 그들은 카르타고에 물을 공급하는 대형 수도를 파괴했다.

벨리사리우스는 열째 초석의 전투 이후 몇 주일 동안 카르타고의 방어 태세를 강화했지만, 포위 공격을 당하고 싶지는 않았다. 특히 훈족을 비롯하여 휘하의 야만족 병사들의 충성심이 의심되기 시작하는 무렵이라 더욱 그런 마음이었다. 그가 알기로 그들은 겔리메르의 부하들과 비밀리에 접촉하면서 동료 아시아인들에게도 불충을 퍼뜨리고 있었다. 어차피 그들이 배반한다면, 포위된 도시에서 은밀하게 배반하는 것보다는 탁 트인 들판이 더 나았다. 그래서 그도 행군 명령을 내렸다. 양측은 카르타고에서 서쪽으로 45킬로미터 떨어진 트리카마룸에서 마주쳤다.

전투는 12월 15일에 벌어졌다. 훨씬 우수한 훈련을 받은 데다 뛰어난 지휘부가 이끄는 로마군은 금세 주도권을 장악하고 반달군의 대열을 세 차례나 공격했다. 세 번째 공격에 뒤이은 백병전에서 차조는 형이 보는 앞에서 전사했다. 또 다시 겔리메르는 망설였다. 우유부단한 그를 보고 병사들은 물러서기 시작했다. 그제서야 비로소 훈족—벨리사리우스가 의심했듯이 그들은 전투의 향방이 어떻게 결정되는지를 유심히 지켜보고 있었다—은 노선을 결정했다. 그들이 말을 몰고 공격에 나서자 반달군은 금세 패주하기 시작했다. 겔리메르는 누미디아의 요새로 달아났고 그의 군대는 허둥지둥 왕의 뒤를 쫓았다. 이것으로 전투는 완전히 끝났다. 벨리사리우스는 히포시로 가서 즉각 열어 주는 성문으로 들어가 반달족 왕의 보물을 노획했다. 그런 다음 전리품을 가득 실은 마차들과 반달군 죄수들의 행렬을 거느리고 카르타고로 돌아왔다.

겔리메르는 자신의 왕국이 완전히 멸망한 것을 잘 알고서도 선뜻 항복하지 않았다. 몇 달 동안 그는 베르베르족의 보호를 받으며 산악지대를 헤매고 다녔다. 그러다가 534년 초에 그는 로마군에게 포위되었다. 로마군의 지휘관인 헤룰리족 파라스는 그에게 항복을 권유했다. 유스티니아누스는 그에게 아무런 원한이 없으며, 그를 왕으로서 예우해 주고 품위 있고 안락하게 은거할 수 있도록 조치해 줄 것이라고 말했다. 하지만 그래도 겔리메르는 항복을 거절하고 해면海綿, 빵, 리라를 요구했다. 이 요구를 접한 로마군은 잠시 어리둥절했으나 전령의 설명을 듣고서 납득했다. 해면은 오염된 한쪽 눈을 씻어 내기 위해 필요했고, 빵을 달라고 한 이유는 몇 달 동안 발효시키지 않은 농민의 밀가루 반죽만 먹었으니 진짜 빵을 맛보고 싶다는 욕구 때문이었다. 그리고 겔리메르가 리라를 요구한 이유는 숨어 지내면서 최근에 자신이 겪은 고난을 애도하는 노래를 지었는데, 그것을 연주해 보고 싶다는 것이었다.

그의 부탁이 이루어졌는지는 기록에 전하지 않는다. 그러나 혹독하고 오랜 겨울을 보낸 뒤 3월에 반달족의 왕은 마침내 항복했다. 벨리사리우스의 앞에 온 그가 미친 듯이 웃음을 터뜨리자 좌중의 사람들은 크게 놀랐다. 프로코피우스는 그의 웃음이 인간의 허황한 야망을 냉소하는 의미였다고 말한다. 그랬을지도 모른다. 하지만 다른 사람들은 실패한 왕위 찬탈자가 온갖 고통을 겪은 뒤 제정신이 남아 있을 리가 없다고 보았는데, 아마 이것이 더 사실에 가까울 듯싶다.

벨리사리우스의 눈부신 활약

벨리사리우스가 콘스탄티노플로 소환된 것은 한여름이었다. 아프리카는 아직 완전히 안정되지 않았지만—베르베르족은 몇 년 뒤에 결국 제국의 지배를 받아들였다—나머지 일은 옛 반달 왕국의 영토에 설치된 일곱 개의 새 속주—코르시카, 사르데냐, 발레아레스 제도 등이 포함되었다—를 관장하는 민정 총독이 할 몫이었다. 유스티니아누스는 개선한 장군을 위해 더 야심만만한 계획을 가지고 있었다.

하지만 먼저 논공행상이 필요했다. 유스티니아누스가 존중하는 고대의 관습과 전통에 따르면 벨리사리우스에게는 개선식을 치러 주어야 했다. 제국 초기부터 원래 개선식은 황제, 혹은 아주 드물기는 하지만 황제의 직계 가족의 특권이었는데, 당시에는 그런 관습이 거의 사라졌다. 황제가 베풀어 주는 개선식을 마지막으로 누린 사람은 기원전 19년의 루키우스 코르넬리우스 발부스였다. 그로부터 무려 553년이나 지난 지금 로마인들의 갈채를 받으며 벨리사리우스가 자신의 병사들을 거느리고 원형 경기장 안으로 들어섰다.[72] 그 뒤에는 겔리메르와 그의 가족, 그리고 반달 포로들 중에서 키가 크고 잘생긴 자들이 따랐다. 또한 행렬의 후미에는 전리품을 가득 싣고 삐걱거리며 움직이는 마차들이 끝도 없이 이어졌다. 전리품 중에는 메노라menorah라는 일곱 개의 가지가 달린 신성한 장식 촛대가 있었는데, 그것은 기원 71년 티투스 황제가 예루살렘 성전에서 로마로 가져왔다가 455년에 가이세리크가 카르타고로 빼앗아 간 것이었다.

미신을 중시했던 유스티니아누스는 훗날 유대 공동체의 요구에 따라 메노라와 성전에서 나온 그릇들을 예루살렘으로 돌려보냈다(유대인들은 메노라가 콘스탄티노플에 있으면 수도에 불운이 닥칠 것이라고 주장했다). 하지만 그전까지는 그렇게 유명하면서도 귀중한 물건들이 벨리사리우스의 공적을 더욱 빛나게 해 줄 터였다. 개선식의 절정은 황제석에서 성장을 하고 앉아 있는 유스티니아누스와 테오도라 앞에서 벨리사리우스와 겔리메르—그의 자주색 외투는 어깨가 찢어져 있었다—가 엎드린 장면이었다. 반달족의 마지막 왕은 정복자 앞의 땅바닥에 엎드려 이렇게 중얼거렸다고 한다. "헛되고 헛되도다, 모든 것이 헛되도다." 그리고 그는 황제와 사적인 대화를 주고받은 다음 갈라티아에 좋은 영지를 주어 가족과 함께 원하는 신앙을 지닌 채 조용히 은거하도록 해 주겠다는 황제의 조치를 고맙게 받아들였다. 하지만 다른 포로들은 그렇게 운이 좋지 못했다. 그들은 '유스티니아누스의 반달군' 이라는 다섯 연대로 편성되어 페르시아 전선으로 보내졌다. 거기서 그들은 강제로 황제를 위해 싸우고 알아서 제 목숨을 부지해야 했다.

그러나 유스티니아누스뿐 아니라 벨리사리우스도 그들에게 그다지 관심을 기울이지 않았다. 두 사람의 마음은 이제 황제가 품은 원대한 계획의 다음 단계로 향하고 있었다. 그것은 바로 이탈리아를 재정복해서 제국의 옛 영광을 되찾는 일이었다.

삼촌의 치세에 처음 권력을 장악한 이래로 유스티니아누스는 이탈리아 반도 전체를 제국의 영토로 복귀시키는 꿈을 소중히 간직했다. 로마가 없는 로마 제국이란 말도 되지 않았고, 동고트족의 아리우스파 왕국은 아무리 호의적이라 하더라도 증오스럽기 짝이 없었다. 게다가 이제부터는 동고트 왕국이 정치적으로도 위협이 될 수 있었다. 테오도리쿠스가 죽었으니 콘스탄티노플과의 우호적인 관계가 과연 언제까지나 지속될지 확신할 수 없기 때문이다. 후계자가 누구냐에 따라 자칫하면 발칸에서 비잔티움의 권위도 위험해질 것이다.

결국 사태를 완전히 해결하려면 동고트 왕국을 반드시 쳐부숴야 한다는 게 결론이었다. 이탈리아의 사정은 반달족이 지배하던 북아프리카와 크게 달랐다. 가이세리크와 그의 후계자들은 오만하게도 자주독립을 내세웠지만, 동고트 왕은 형식적이든 아니든 제국의 이름으로, 제국의 태수라는 자격으로 통치했다. 이전의 왕들은 정교회를 잔인하게 탄압했으나, 그는 철저한 아리우스파였으면서도 교황이나 지도적인 위치의 로마인들에게서 우호와 지지를 얻어 내기 위해 무진 애를 썼다. 그 결과 그는 자신이 통치하는 제국의 시민들로부터 큰 인기를 누렸다.* 이탈리아를 제국에 재통합하여 통제를 강화하고 조세를 증대시킨다면 현재의 상태에 만족하는 그 시민들이 분노하리라는 것을 유스티니아누스는 잘 알고 있었다.

526년 사망하기 직전에 테오도리쿠스는 여덟 살짜리 외손자인 아탈라리크를 후계자로 정했다. 그는 왕의 외동딸인 아말라순타의 아들이었다. 4년 전에 남편을 잃었으나 당대에 가장 유명한 여성들 중 한 사람이었던 아말라순타는 테오도라에 못지않을 만큼 권력에 대한 야심을 지녔으며, 지적이었고 라틴어와 그리스어에 능했을 뿐 아니라 6세기에, 그것도 고트족으로서는 보기 드물게 폭넓은 교양을 지닌 여성이었다. 하지만 불행히도 그녀에게는 유스티니아누스와 같이 의지할 만한 힘과 지지를 보내 주는 사람이 없었고, 고트 사회는 그리스 사회보다 훨씬 남성 중심적이었다. 아버지가 죽은 뒤 그녀는 아들을 대신하는 섭정이 되었으나, 주변의 시선이 곱지 않다는 것을 잘 알고 있었다. 더구나 그녀가 아들 아탈라리크에게 자신

* 로마인들이 이단에다 야만족인 동고트 지배자들에게 저항하지 않았다는 것은 어떤 의미에서 비잔티움과의 이질감이 이미 확고히 자리잡았음을 뜻한다. 동방 제국과의 연대감이 살아 있었더라면 당연히 동고트족과 끝까지 투쟁하려는 세력이 일부라도 남아 있어야 했을 것이기 때문이다. 이렇게 보면 제국이 하나여야 한다는 유스티니아누스의 생각은 실상—이탈리아인들의 소망과는 다른—그 혼자만의 꿈이었고 야심이었다. 비록 유스티니아누스 시대에 비잔티움 제국은 이탈리아를 수복하지만, 결국 오래가지 못하고 만 것도 그 때문이라고 봐야 할 것이다.

이 받은 것과 같은 철저한 고전 교육을 시켜야 한다고 주장하자 주변의 시선은 아예 적대적으로 변했다. 1년도 못 가서 영향력 있는 고트 귀족들—대부분은 문맹이었다—은 극단적인 수단을 택했다. 아탈라리크는 수염이나 기른 문법학자와 철학자에게서 학문을 배울 것이 아니라 전쟁 기술을 배워야 한다고 주장하면서 그 어린 왕을 어머니에게서 떼어 낸 것이다.

아말라순타는 굴복할 수밖에 없었다. 그러나 그때부터 그녀가 아탈라리크에 대한 일체의 책임을 포기하자 왕은 곧 좋지 못한 사교에 빠져들었고 아직 어린 나이임에도 불구하고 술과 방탕한 생활에 젖어 열일곱 살이 되기도 전에 죽고 말았다. 한편 아들이 죽기 전부터 자신의 위치가 점점 위험해지고 있다는 것을 깨달은 아말라순타는 유스티니아누스와 비밀리에 서신을 주고받기 시작했다. 이후 몇 년 동안 두 사람은 만나지는 못했으나 관계가 점차 가까워졌고, 마침내 한 가지 계획을 꾸미기에 이르렀다. 아말라순타가 아드리아 해를 건너 제국의 항구인 디라키온으로 가서 정식 은신처를 구한 다음 황제에게 자신의 정당한 권력을 되찾아 달라고 부탁한 것이다.

유스티니아누스는 테오도리쿠스의 딸을 등에 업으면 고트족의 큰 지지를 얻어 낼 수 있다고 믿었다. 여기에 약간의 행운만 따라 준다면 피 한 방울 흘리지 않고 이탈리아를 차지할 수 있을지도 모른다. 그러나 3년 전의 아프리카에서처럼 사태의 진행 속도가 너무 빨랐다. 534년 10월 2일에 아탈라리크가 라벤나에서 죽은 것이다. 왕위를 계승한 사람은 테오도리쿠스의 조카로, 그 혈통의 마지막 남자인 테오다하드였다. 그런데 새 왕은 그저 넓은 땅만 보면 양심의 가책도 없이 탐욕을 부리는 한심한 인물이었으며, 그 덕분에 이미 왕국 최대의 지주로 군림했다. 또한 그는 권력에는 관심이 없고 자신이 소유한 많은 별장에서 플라톤 같은 학자처럼 살고 싶어 했다. 아말라순타는 테오다하드도 유스티니아누스와 비밀리에 접촉하고 있다는 것을 알지 못했다. 그의 즉위를 좋은 기회로 여긴 아말라순타는 그에게 공동 왕위를 제안했다. 즉 테오다하드는 왕으로서 모든 쾌락과 특권을 누리고, 자기는 국가 운영을 맡겠다는 것이었다. 그녀는 결혼을 하자는 게 아니라—무엇보다도 테오다하드에게는 이미 아내가 있었다—공동 왕위를 제안하는 것임을 분명히 강조했다. 왕과 여왕이 같은 발판을 딛고 조화롭게 군림하자는 제안이었다.

테오다하드가 동의하자 새 제도가 선포되었다. 그러나 그는 곧바로 자신의 결정을 후회하고 단독 집권을 꾀하기 시작했다. 아말라순타에게는 아직 고위직 인물들 중에 적이 많았으므로 그녀를 제거하는 음모라면 발을 벗고 뛰어들겠다는 자들이 얼마든지 있었다. 535년 4월 그녀는 체포되어 볼세나 호수에 있는 섬의 요새에 감금되었다가 얼마 뒤 목욕을 하다가 교살되고 말았다. 테오다하드는 범죄의 가능성을 열렬히 부인했으나, 그가 살인범들에게 후한 보상을 했다는 것을 보면 어떻게 된 일인지 누구나 알 수 있었다.

프로코피우스는 묘한 이야기를 전한다. 아말라순타가 감금되었다는 소식을 듣는 순간 유스티니아누스는 테오다하드에게 파트리키우스 페트루스를 대사로 보내 여왕을 즉각 복위시키지 않으면 자신이 개입하겠노라고 일렀다. 그런데 그와 동시에 테오도라 황후도 테오다하드에게 다른 전령을 보냈다. 내용인즉 자기 남편은 그렇게 하지 않을 테니 아말라순타를 마음대로 처리해도 괜찮다는 전갈이었다. 프로코피우스가 말하는 것처럼 황후의 그 행동이 질투심에서 비롯된 것인지, 아니면 유스티니아누스의 묵인 아래 의도적으로 공작을 벌인 것인지 우리로서는 알 수 없다. 어쨌든 테오다하드가 아말라순타를 살해한 일은 바로 유스티니아누스가 원하던 구실을 주었다. 그 소식이 콘스탄티노플에 전해지자마자 유스티니아누스는 출동 명령을 내렸다. 일리리아의 마기스테르 밀리툼인 문두스는 동고트 왕국에 속하는 달마치야를 점령하기 위해 떠났고, 벨리사리우스는 개선의 기쁨을 누리자마자 곧바로 7500명의 병력을 거느리고 시칠리아로 향했다.

원정은 순조롭게 출발했으나 곧 어려움에 맞닥뜨렸다. 달마치야에서 고트족의 저항은 예상보다 훨씬 완강해서 문두스가 전사하는 사태까지 빚어졌다. 벨리사리우스는 전투다운 전투 한번 없이 시칠리아를 손에 넣었지만[73] 그 직후 아프리카로 가서 대규모 반란을 진압해야 했다. 이 때문에 상당한 시간을 지체한 데다 돌아오는 길에 병사들의 불만도 커졌다. 병사들의 사기가 회복되었을 무렵 겨울이 다가와서 작전이 중단되었다. 결국 536년 늦봄에야 그의 군대는 이탈리아 땅을 밟을 수 있었다. 한편 비잔티움 원정군이 온다는 소식을 듣고 겁에 질린 테오다하드는 유스티니아누스와 비밀 조약을 맺었다. 그에 따르면 그는 이탈리아의 통치권을 내주는 대신 매년 금 1200파운드와 콘스탄티노플의 고위직을 맡기로 되어 있었다. 그런데 그 뒤 테오다하드는 그 약속을 어기고, 그답지 않게 용기를 내어 제국의 휘장에 자기만의 초상이 새겨진 새 주화를 주조하라고 명했다.

그러나 그의 호기는 오래가지 못했다. 4월 혹은 5월 초 어느 날 밤 벨리사리우스는 메시나 해협을 건너 레지오에 군대를 상륙시킨 다음 이탈리아 반도를 따라 북상하기 시작했다. 아무런 저항을 받지 않고 행군하던 그는 나폴리에서 3주 동안 시민들의 완강한 저항을 받았다. 이사우리아족 병사 한 명이 우연히 넘어졌다가 고대의 수도를 발견하지 않았더라면 그들의 저항은 더 길어졌을 터였다. 그 수도를 통해 400명의 정예군은 요새 밑으로 기어가 도시 안으로 들어갈 수 있었다. 그들이 신호를 보내 오자 나머지 병력은 사다리를 성벽에 걸치고 동시에 공격을 시도했다. 방어 병력은 성의 안팎에서 가하는 공격을 감당하지 못하고 항복했다. 이로써 나폴리는 제국의 영토로 수복되었다.

하지만 그것으로 끝난 게 아니었다. 벨리사리우스는 이미 포위 공격을 시작할 때 나폴리 시민들에게 자기 병사들의 태반이 야만족이라고 말하면서 만약 저항을 계속한다면 시를 점령하고 나서 병사들이 그 보상으로 여기고 저지르는 살인, 약탈, 노략질을 막을 수 없으리라고 경고한 바 있었다. 그때 그의 경고를 무시한 시민들은 이제 영웅적인 저항의 대가를 톡톡히 지불해야 했다. 알라니족, 이사우리아족, 헤룰리족, 훈족 등 잡다한 구성의 병사들이 상당한 시간 동안 약탈을 저지른 뒤에야 벨리사리우스는 간신히 그들이 칼과 창을 거두고 진영으로 돌아오도록 설득할 수 있었다(특히 훈족은 이교도였기 때문에 성당의 공식 피신소조차 인정하지 않고 거리낌 없이 파괴를 자행했다). 그는 병사들에게 다시 행군해야 한다고 설명했다. 다음 목표는 바로 로마였다.

이탈리아를 제국의 품으로

비잔티움군이 나폴리를 장악하자 고트족은 크게 사기가 꺾였다. 그들은 즉각 테오다하드에게 비난의 화살을 돌렸다. 그러잖아도 그는 오래전부터 탐욕과 강탈 때문에 신민들의 미움을 받고 있었다. 게다가 최근에는 그가 적과 비밀 통신을 했다는 소문이 나돌아 그의 입지를 더욱 위태롭게 만들었다. 그가 나폴리에 구원군을 전혀 보내지 않은 것이 곧 그 소문을 입증하는 증거라고 여겨졌다. 즉 사람들은 그가 유스티니아누스에게서 뇌물을 받고 자기 백성들을 배반했기 때문에 그랬다고 믿은 것이다. 그래서 테라치나 근처에서 대규모 집회가 열리고, 고트족 지도자들은 테오다하드의 폐위를 엄숙히 선언했다. 이제 테오도리쿠스 혈통의 남자는 전혀 없기 때문에 그의 후계자로는 비티게스라는 평범한 원로 장군이 임명되었다. 고트족의 새 왕이 처음으로 내린 명령은 전왕의 처형이었다. 테오다하드는 북쪽으로 도망쳤으나 라벤나 부근에서 잡혀 현장에서 처형되었다.

그때 벨리사리우스는 로마로 진군하는 중이었다. 비티게스가 로마를 방어하지 않겠노라고 선언했을 때 고트족 족장들은 자신들의 후계자 선택을 크게 후회했을 것이다. 이제 로마 시민들은 스스로의 힘으로 방어해야 하는 처지가 되었다. 비티게스는 라벤나로 가서 자기 세력을 규합하고, 장기적인 전략을 수립하는 한편, 다소 물의를 일으키는 일이지만 오랜 조강지처를 버리고 아탈라리크의 누이인 마타순타와 결혼했다. 물론 그것은 순전히 정략결혼이었다. 출신이 변변치 않았던 비티게스는 자신의 사회적 지위를 끌어올려야 했다.

또한 젊은 공주에게 다른 남편이 생긴다면 자신에게 위험한 경쟁자가 되리라는 사실도 잘 알고 있었다. 마지막으로, 그가 테오도리쿠스의 손녀와 함께 왕좌에 있다면 유스티니아누스가 이탈리아 사태에 개입할 명분이 약해진다는 점도 정략결혼의 이득이었다. 그러나 정략결혼이 그렇듯이 그 결혼은 처음부터 불행했고 그 노인의 명성을 끌어올려 주기는커녕 오히려 떨어뜨렸다.

비티게스가 라벤나로 물러갔으니 다른 사람 같으면 전속력으로 로마로 행군했을 것이다. 그러나 벨리사리우스는 특별히 서두는 기색이 없었고, 오히려 여름과 가을 동안 남부 이탈리아를 확고히 장악하는 데 총력을 기울였다. 12월이 되어서야 비로소 그는 북상하기 시작했는데, 그것도 명분상으로는 교황 실베리우스[74]가 로마를 정복해 달라고 요청해 왔기 때문이었다. 그렇다면 그때까지 몇 달을 보낸 것은 실상 그런 요청을 받기 위한 의도였는지도 모른다. 그 요청으로 벨리사리우스의 외교적 위상은 한껏 높아졌기 때문이다.

실베리우스가 동료 로마인들보다 침략자들에게 더 우호감을 느꼈다고 믿을 만한 근거는 없다. 고트족은 비록 아리우스파였지만 늘 관대하고 사려 깊은 지배자들이었던 반면에, 비잔티움인들은 신뢰할 수 없었고 그들의 야만족 병사들은 무시무시한 존재였던 것이다. 그러나 얼마 전에 나폴리가 겪은 운명, 그리고 벨리사리우스의 하늘을 찌를 듯한 명성을 감안할 때 교황으로서는 어쩔 수 없는 선택이었을 것이다. 진실이 무엇이든 536년 12월 9일 벨리사리우스는 군대를 거느리고 나폴리를 나와 북상한 끝에[75] 콘스탄티누스 바실리카 근처의 아시나리아 성문을 통해 로마에 입성했다. 그때 고트족 수비대는 플라미니우스 성문을 통해 밖으로 빠져나왔다.

그러나 만약 실베리우스와 그의 신도들이 제국군에게 문을 열어 주는 것으로 포위의 재앙을 회피할 수 있다고 믿었다면 그것은 큰 오산이었다. 벨리사리우스는 그런 착각 따위는 하지 않았다. 그는 고트족이 곧 돌아오리라는 것을 알고 있었다. 움브리아, 토스카나, 마르케 등의 전략적 요충지를 빼앗기 위해 파견한 선발대가 겪어 본 적의 힘을 보면 상당히 힘든 전투가 될 게 분명했다. 그래서 그는 즉각 부하들을 시켜 아우렐리아누스 성벽을 보수하고 강화하게 하는 한편, 인근의 농촌에서 막대한 양의 곡물을 징발하고 시칠리아에서 추가로 곡물을 더 가져오게 했다. 그래서 로마의 공용 곳간은 군량으로 넘쳤다. 고트족이 와서 로마를 포위하자 벨리사리우스는 오스티아 항구까지의 보급선을 확보할지 장담할 수 없다고 여겼다. 다가

† 막센티우스 황제 때 짓기 시작하여 콘스탄티누스 황제 때 완성된 콘스탄티누스 바실리카.

올 포위 공격은 상당히 오래갈 듯했다.

과연 그랬다. 밀비우스 다리 부근에서 벌어진 격렬한 전투에서 비잔티움군은 뛰어난 용맹을 발휘했으나 고트족의 전진을 가로막지 못했다. 곧이어 비티게스의 군대는 537년 3월에 로마를 포위했다. 그들은 그 상태로 1년 하고도 9일을 더 버티었는데, 포위한 측에게나 포위당한 측에게나 똑같이 고통스러운 기간이었다. 포위 공격 초기에 고트족은 모든 수도를 끊었는데, 이는 이후 1천 년 동안이나 로마에 회복되지 못할 상처를 남겼다. 수도의 기원은 아주 옛날로 거슬러 올라간다. 이미 기원전 312년에 로마인들은 더러워진 테베레 강을 더는 이용할 수 없게 되자 이 웅장한 수도를 처음 지었다. 그 뒤 800년 동안 수도는 열 차례 이상 건설되었으며, 점차 가정의 수요만이 아니라 로마 시의 많은 분수와 공중 목욕탕에도 물을 공급하기에 이르렀다. 또한 수도는 다른 기능도 수행하게 되었는데, 수력을 이용하여 곡식을 빻는 방앗간이 좋은 예다. 포위 기간 중에 벨리사리우스도 수력을 이용한 좋은 아이디어를 생각해 냈다고 한다. 맷돌을 작은 보트에 실은 다음 거기에 수차를 매달고 다리의 아치 아래에 밧줄로 묶은 장치로써 밀가루가 일정하게 공급되도록 한 것이다.

한편 벨리사리우스는 유스티니아누스에게 증원군을 요청했는데, 그 첫 병력이 4월 말에 도착했다. 슬라브족과 훈족으로 구성된 약 1600명의 병사들은 적의 봉쇄망을 뚫고 벨리사리우스의 군대에 합류했다. 그 덕분에 그들은 이따금 성 바깥으로 기습 공격을 가할 여유도 생겼다. 그러나 교착 상태는 여전했으며, 여름이 다가오면서 양측의 피해는 더욱 커졌다. 성 안의 로마인들은 기근에 시달렸고, 성 밖의 고트족은 역병에 시달렸다. 11월에야 비로소 승부의 저울추가 비잔티움 측으로 움직이기 시작했다. 동방에서 5천여 명의 기병과 보병이 온 것이 계기가 되었다. 그 사령관은 20년 전 아나스타시우스를 깨나 괴롭혔던 반역자 비탈리아누스의 조카인 요한네스였다.

그러자 고트족은 석 달 간의 휴전을 요구하면서 강화를 제의했는데, 벨리사리우스 혼자 결정할 수 있다면 즉각 거절했겠지만 일단은 그 제안을 콘스탄티노플에 보고해야 했다. 하명을 기다리는 동안 그는 요한네스에게 2천 명의 기병을 주어 아펜니노 산맥의 동쪽 사면에서 토벌 작전을 전개했다. 요한네스는 가는 곳마다 초토화시키면서 빠른 속도로 반도를 북상했다. 그는 방어 태세가 단단한 구릉 도시인 우르비노와 오시모를 그냥 지나치고, 지대가 낮은 리미니(당시에는 아리미눔이었다) 항구를 점령한 뒤 그곳에 사령부를 차렸다.

적이 후방 350킬로미터 지점, 그러니까 라벤나에서 불과 50킬로미터의 거리에 포진했다는 소식을 접한 비티게스는 마침내 로마의 포위를 풀었다. 아직 콘스탄티노플에서 답신이 오지 않았지만, 그는 자신의 강화 제의가 사실상 거부되었다는 것을 알았다. 또한 그는 벨리사리우스가 휴전을 맺은 직후 새로 식량을 보급받는 데 성공했으므로 로마에서 거의 무한정 버틸 수 있게 되었다는 것도 알았다. 사기가 꺾인 그의 군대는 538년 3월 어느 날 이른 아침에 로마 주변의 일곱 개 주둔지를 불사르고 플라미니우스 가도를 따라 북쪽으로 향했다. 그러나 그들의 수난은 거기서 끝나지 않았다. 벨리사리우스는 군대를 거느리고 성문을 나와 추격에 나섰다. 다시 밀비우스 다리에서 교전이 벌어져 수백 명의 고트족이 강둑에서 죽었고, 상당수는 봄을 맞아 불어난 테베레 강물에 빠져 무거운 갑옷 때문에 익사했다.

장군 대 환관

이 전투에서 살아남은 고트족은 무사히 퇴각할 수 있도록 해 주었다. 하지만 며칠 뒤 벨리사리우스는 로마에 소규모의 수비대만 남겨 놓은 채 직접 군대를 거느리고 북쪽으로 원정에 나서서 여기저기 산재한 저항의 거점들을 소탕했다. 스폴레토, 페루자, 나르니는 로마가 포위되기도 전에 점령한 도시들이고, 여기에 앙코나를 비롯하여 로마와 아드리아 해 사이에 사슬처럼 이어진 도시들을 추가로 획득했다. 그의 걱정은 한 가지, 요한네스의 대규모 기병대가 아직도 리미니에 위험한 상태로 남아 있다는 것이었다. 그래서 그는 믿을 만한 부하 장교 두 명을 요한네스에게 보내서, 즉각 리미니에서 나와 앙코나에서 합류하자는 전갈을 전했다.

그러나 요한네스는 삼촌의 반항적 기질을 물려받은 탓인지 그 제안을 단호히 거절했다. 실은 그에게도 계획이 있었다. 게다가 그는 마타순타 여왕과 비밀리에 통신하고 있었다. 어머니와 같은 야심가였던 마타순타는 혐오스러운 남편을 어떻게든 제거하려 애쓰는 중이었다. 벨리사리우스가 보낸 두 장교는 그대로 돌아와서 그 불손한 반항을 보고할 수밖에 없었으나, 리미니 성 바로 아래에 고트군이 나타나는 바람에 그마저도 불가능해졌다. 며칠 뒤에 포위가 시작되자 성 안 병사들의 운명은 상당히 암울해 보였다.

고트족이 오기 전부터 벨리사리우스가 노력한 덕분에 방어 시설이 튼튼하고 보급 사정도 좋은 로마와는 달리 리미니는 평원에 세워진 조그만 시에 불과하므로 방어와 보급 상태가 좋지 않았다. 이 소식을 들은 벨리사리우스의 심정이 어땠을지는 충분히 짐작할 수 있다. 요한네스를 잃는 것은 아깝지 않았으나 2천 명의 기병은 쉽게 포기할 수 없었다. 하지만 그렇다고 해서 지원군을 보내는 것은 아주 까다롭고 위험한 일이었다. 특히 아욱시뭄(오시모)을 고트족이 장악하고 있었기에 더 어려웠다. 기병 연대 하나를 구하기 위해 전 군대를 위험에 빠뜨릴 수는 없었던 것이다. 어쨌든 요한네스의 불복종으로 인해 그런 재앙이 빚어졌으니 모든 게 자업자득이었다.

벨리사리우스가 대책을 강구하고 있던 차에 콘스탄티노플에서 다시 증원군이 도착했다. 지휘관은 현재 황궁에서 가장 힘 있는 인물인 나르세스 환관이었는데, 그는 앞에서 잠깐 나왔듯이 벨리사리우스, 문두스와 함께 황궁 경비대 사령관으로서 니카의 반란을 진압하는 데 결정적으로 기여한 인물이다. 387년의 분할 당시 페르시아에게 넘어간 아르메니아 동부에서 60년 전에 태어난 그는 꾸준히 황궁의 위계를 거슬러 올라 시종장이 되었다. 시종장은 일루스트리스illustris의 서열이었고, 민정 총독이나 마기스테르 밀리툼과 동급이었으나 늘 황제의 곁에 있기 때문에 누구보다도 황제에게 큰 영향력을 행사할 수 있는 위치였다.

그러나 그는 군인이 아니었다. 그는 육십 평생을 황궁에서만 살았고 황궁 경비대 사령관이란 자리도 군사적인 직책보다는 황궁 내의 직책이라는 의미가 강했다. 그렇다면 유스티니아누스가 왜 그를 새 원정군의 지휘관으로 임명했는지 궁금해지지 않을 수 없다. 그 이유는 단 하나로 볼 수밖에 없다. 벨리사리우스를 의심하기 시작한 것이다. 벨리사리우스는 너무도 똑똑했고 너무도 큰 성공을 거두었을뿐더러 아직 30대 초반의 너무도 젊은 나이였다. 장차 그는 황제를 결정하는 위치에 오를 것은 물론 스스로 황제가 될 만한 인물이었다.

요컨대 그에게는 감시의 눈초리가 필요했다. 그렇다면 그를 감시할 적임자는 황제의 가장 믿을 만한 심복이자 연령으로 보나 신체 조건으로 보나 스스로 황제가 될 야망을 품을 수 없는 인물, 바로 나르세스 이외에 또 누가 있을까? 그가 황제에게서 받은 지시에도 그 이유가 드러난다. 즉 그는 공공의 안녕과 부합된다고 여겨지는 한에서만 벨리사리우스의 명령을 듣도록 되어 있었다. 바꿔 말하면 나르세스는 군사적인 사안에서는 벨리사리우스의 명령을 따라야 하지만 국가 정책의 모든 중요한 결정에서는 그의 의견을 거부할 수 있는 것이다.

나르세스는 도착한 지 며칠 뒤에 벨리사리우스가 피르미움(현재의 페르모)에서 소집한 군사 회의에 참석했다. 리미니에 구원군을 보낼 것인지 말 것인지를 의논하는 자리였다. 회의 참석자들—그중에는 프로코피우스도 있었다—은 대부분 요한네스에게 적대적이었다. 그 이유는 요한네스가 큰 경제적 이득—이것이 무엇인지는 언급되지 않았다—을 얻기 위해 무모하게 처신한 탓에 지금과 같은 위험한 지경에 이르게 되었으며, 총사령관의 작전에 따르지 않고 제 마음대로 행동했기 때문이라는 것이었다.

참석자들이 제각기 한마디씩 한 뒤 나르세스가 자리에서 일어섰다. 그는 스스로 군대 경험이 없다는 점을 선뜻 인정한 뒤, 고트족은 지난 2년 동안 전세가 역전되는 바람에 크게 사기가 꺾였다고 지적했다. 하지만 그들이 리미니를 장악하고 그 안의 중요한 비잔티움 군대를 사로잡는다면 그들은 그 승리에 크게 고무될 것이며, 전체 전쟁의 전환점으로 여길지도 모른다. 따라서 그는 벨리사리우스를 바라보며 이런 결론을 내렸다. "만약 요한네스가 총사령관의 명령을 무시했다면 리미니를 구원한 다음 그를 총사령관 마음대로 처리해도 좋습니다. 하지만 그가 무지로 인해 저지른 실수 때문에 그를 징계한다면 그것은 황제 폐하와 우리 신민들의 이름으로 징계하는 것이 아님을 명심해야 합니다."[76]

요한네스가 "무지로 인해" 잘못 처신했다는 말은 아마 "나르세스는 누구보다도 그를 사랑했다"는 프로코피우스의 진술로 가장 잘 설명될 수 있지 않을까 싶다. 어쨌든 환관의 조언은 효과가 있었다. 벨리사리우스는 자신의 의견이 거부된 것처럼 보이지 않도록 하기 위해 한동안 침묵했다가 계획을 짜기 시작했다. 한두 주 뒤 멋진 이중 작전이 전개되었다. 즉 벨리사리우스는 리미니를 포위한 고트족에게 오히려 그들이 포위되어 있다는 느낌을 심어 주었고, 포위한 아군의 병력이 실제보다 많은 것처럼 보이게 했다. 그런 다음 벨리사리우스의 군대는 적군을 내몰고 도시에 입성하여 굶어 죽을 지경에 처해 있던 방어군을 때맞춰 구해 냈다. 그러나 요한네스가 자신

† 유스티니아누스의 군대에 구걸하고 있는 바실리우스. 유스티니아누스 황제가 그의 눈을 멀게 하고 거지로 구걸하며 살게 했다는 이야기는 믿을 수 없는 소문이다.

의 잘못을 사과하기는커녕 나르세스에게만 고마움을 표하자 당연히 그에 대한 벨리사리우스의 감정은 좋지 않을 수밖에 없었다. 이렇게 해서 벨리사리우스와 나르세스의 사이에는 불화의 씨앗이 뿌려졌다. 그러나 장차 그 씨앗이 맺을 열매가 얼마나 쓴지는 누구도 알지 못했다.

벨리사리우스는 우수한 전략가였을 뿐 아니라 탁월한 용기를 지닌 뛰어난 야전 지휘관이기도 했다. 하지만 장군으로서 그는 한 가지 결점을 가지고 있었는데, 그것은 부하들의 전폭적인 충성심을 이끌어 내지 못한다는 점이었다. 그의 부관은 이미 그의 명령을 거부한 적이 있었다. 리미니를 구원한 뒤 군대의 상당수는 만약 지휘부의 분열이 일어날 경우 벨리사리우스보다 나르세스를 따르겠다는 뜻을 분명히 했다. 벨리사리우스는 자신에게는 사태를 변화시킬 힘이 없다고 생각했다. 그 뒤 그가 군대를 둘로 나누어 소탕 작전을 전개한 것은 다른 이유보다도 자신의 체면을 세우기 위해서였을 것이다. 처음에는 그 방식이 제대로 먹혔다. 비잔티움군은 우르비노, 이몰라, 오르비에토를 점령하고 에밀리아 속주를 수복했다. 하지만 그때 갑자기 예상치 못한 재앙이 터졌다. 그 원인은 벨리사리우스와 나르세스 사이에 적대감이 커진 것이었고, 무대는 메디올라눔, 즉 밀라노라는 이름으로 더 잘 알려진 곳이었다.

지난 봄에 로마에서 석 달 동안 휴전이 성립되었을 때 밀라노 대주교 다티우스가 로마에 와서는 벨리사리우스에게 군대를 보내 아리우스파의 고트족에게 빼앗긴 자신의 교구를 찾아달라고 부탁한 적이 있었다. 그때 벨리사리우스는 그렇게 해 주마고 약속했다. 왜 그랬는지는 명확치 않으나—아마 요한네스에게 리미니를 점령하도록 한 것과 같은 실수일 것이다. 그때도 통신선과 보급선이 지나치게 길어져 위험했다—그는 1천 명의 병력을 대주교에게 붙여 주고 북쪽으로 가게 했다. 그들은 해로로 제노바까지 가서 배에 있는 보트를 타고 포 강을 건넌 뒤 파비아의 성 아래에 주둔한 고트족을 격파했다. 실망스럽게도 도시를 점령하지는 못했지만 그들이 밀라노에 도착하자 시민들은 즉각 성문을 활짝 열었다. 베르가모, 코모, 노바라 등의 다른 도시들도 그들을 환영했다. 하지만 도시마다 제국의 군대가 주둔해 주기를 원했으므로 결과적으로 밀라노의 주둔군은 300명밖에 안 되었다.

당시 밀라노는 이탈리아에서 가장 크고 번영하는 도시였으며, 주민의 수는 로마보다도 훨씬 많았다. 그런 밀라노가 자발적으로 제국에 넘어간다면 고트족에게는 큰 타격이 아닐 수 없었다. 그래서 비티게스는 그 소식을 듣자마자 즉각 조카 우라이아스에게 군대를 주어 밀라노를 탈환하게 했다. 게다가 비잔티움 수비대에게 더 경악스러운 일은 프랑크의 왕 테우디베르트가 부르고뉴 병력 약 1만 명을 보냈다는 사실이다. 이리하여 538년 여름에 밀라노는 리미니를 포위한 적군보다 훨씬 많은 대군에 의해 포위되었는데, 방어하는 병력의 수가 워낙 적어 모든 건강한 시민 남성들이 방어에 동원되었다. 이런 상황을 맞아 벨리사리우스는—일이 이렇게 된 데는 그의 책임도 있다—즉각 최고의 부하 지휘관 두 사람에게 우라이아스의 군대와 비슷하다고 생각되는 규모의 병력을 주어 밀라노를 구원하게 했다. 하지만 포 강에 도착한 두 사람은 중과부적임을 깨닫고, 요한네스 장군—그는 나르세스의 영향력 덕분에 명령 불복종에 대한 징계를 면했다—과 문두스의 후임으로 일리리아의 마기스테르 밀리툼을 맡은 유스티누스의 지원이 없이는 포 강을 넘어 전진하지 않겠노라고 버티었다.

벨리사리우스는 즉시 필요한 지시를 내렸으나 요한네스와 유스티누스는 나르세스의 명령 이외에는 누구의 명령도 듣지 않겠다며 노골적으로 반항했다. 환관이 그 명령을 추인했을 때는 이미 늦어버렸다. 개와 쥐까지 잡아먹을 정도로 곤경에 빠진 수비군은 더는 버티지 못했다. 지휘관인 문딜라스는 열성을 다해 병사들을 독려했지만 병사들은 무사히 밀라노에서 나가도록 해 주겠다고 약속한 우라이아스의 제의를 고맙게 받아들였다.

과연 고트족은 약속을 지켰으나 그 약속은 밀라노 시민들에게는 해당하지 않았다. 고트족이 보기에 시민들은 시를 배반했다. 모든 시민 남성들은 살해되었고—프로코피우스는 약 30만 명으로 추산했으나 믿기 어렵다—여성들은 부르고뉴족에게 동맹의 대가로 노예로 넘겨졌다. 그리고 밀라노의 건물은 집 한 채도 남지 않았다.

장군을 시기하는 황제

이렇게 해서 밀라노는 539년 초에 함락되었다. 그것은 재앙이었으나 한 가지 괜찮은 결과도 있었다. 소식을 들은 유스티니아누스가 나르세스를 콘스탄티노플로 소환한 것이다. 나르세스와 함께 사나운 헤룰리족 병사 2천 명도 귀국했는데, 이들은 이탈리아에서 나르세스 이외에는 어느 누구의 명령도 듣지 않았다. 이 정도의 대가로 단일한 명령 체계를 확립할 수 있다면 더 바랄 게 없었다. 군대 내에서 불화의 요인이 사라지자 벨리사리우스는 라벤나 남쪽의 마지막 남은 저항의 거점인 아욱시뭄과 피에솔레를 점령하는 데 총력을 기울일 수 있게 되었다. 사실 초여름에 테우디베르트가 직접 프랑크족의 대군을 이끌고 오지 않았다면 두 도시는 벌써 점령되었을 터였다.

원래 고트족은 프랑크족도 지난해에 온 부르고뉴족처럼 조약을 맺은 동맹자로서 온 것으로 여기고 파비아의 성문을 열어 주고 그들이 포 강을 건널 수 있도록 도와주었다. 그러나 강을 건넌 뒤 프랑크족은 본색을 드러내더니 도리어 그때까지 아무런 의심도 하지 않은 고트족을 학살해 버렸다. 살아남은 고트족이 라벤나로 도망쳐 오자 이번에는 비잔티움군이 속아 넘어가 프랑크족을 새로운 동맹자로 여겼다. 그러나 그런 그들에게 프랑크족은 주무기인 도끼 세례를 퍼부었다. 그 순간에는 벨리사리우스의 용의주도한 작업이 송두리째 망한 것처럼 보였다. 하지만 다행히도 프랑크족의 진영에 이질이 퍼져 병사의 3분의 1이 감염되는 사태가 일어났다. 할 수 없이 테우디베르트는 철수 명령을 내렸고 며칠 뒤 야만족 병사들은 비틀거리는 다리를 끌면서 알프스 너머로 돌아갔다. 비록 타격을 입었지만 심각한 상태는 아니었던 비잔티움군은 다시 본래의 임무에 들어가 그해 말까지 완강히 버티던 그 두 도시를 점령했다.

제국의 군대가 이탈리아 땅을 밟은 지도 벌써 4년 가까이 지났다. 그 4년 동안 이탈리아 반도 전역에서 전란이 끊이지 않았다. 그 결과 많은 농토와 농작물이 불에 타 사라졌다. 땅이 황폐해진 탓에 이탈리아인이나 고트족 할 것 없이 극심한 기근에 시달렸다. 한편 벨리사리우스는 다시 힘을 모아 라벤나에 대한 최종 공세를 준비하고 있었다. 이 작전이 성공한다면 동고트 왕국은 완전히 멸망할 터였다. 비티게스에게는 커다란 위기였다.

그에게는 단 한 가지 희망만이 남았다. 몇 개월 전에 유스티니아누스가 동부 전선에서 어려움을 겪고 있다는 보고를 접한 바 있었는데, 페르시아의 왕 호스로우 1세가 침략을 준비하고 있다는 것이다. 만약 이 위협 때문에 황제가 페르시아를 막기 위해 전 병력을 동원해야 한다면, 고트족의 이탈리아는 무사할 수 있었다. 그래서 비티게스는 밀사 두 명을 시켜 호스로우에게 서신을 전했다. 밀사들은 교회 일로 동방에 가는 주교와 목사인 것처럼 위장했다. 서신에서 비티게스는 호스로우에게, 만약 로마 제국이 이탈리아의 모든 인력과 자원까지 끌어모은다면 상대할 수 없을 만큼 막강해질 것이라고 말했다. 하지만 지금 호스로우가 공격을 개시하면 제국은 동시에 두 개의 전선에서 싸워야 하므로 성공할 확률이 크게 높아질 것이었다.

두 밀사는 서방으로 돌아오지 않았다. 그러나 통역을 맡았던 시리아인이 몰래 국경을 넘으려다가 사로잡혀 콘스탄티노플로 압송되었는데, 그를 심문한 결과 진실이 밝혀졌다. 실제로 유스티니아누스는 오래전부터 페르시아의 사정이 악화되는 것을 우려하고 있었다. 그런 상황에서 이런 음모가 진행되는 것을 알고 그는 크게 놀랐다. 승리를 눈앞에 둔 시점에서 이탈리아 정복을 중단하는 것은 그리스도교권 전역을 자신의 영도 아래 통합한다는 평생의 꿈을 포기하는 것을 의미했으므로 너무도 가슴아픈 일이었다. 하지만 호스로우를 경계하지 않을 수도 없었다. 그가 진정 전쟁을 획책하고 있다면 제국군도 마땅히 준비를 해야 했다. 괴로운 선택이었으나 결국 그는 결정을 내렸다. 고트족과 강화를 이루고, 유능한 장군들을 동방으로 귀환하도록 해야 했다.

황제의 명령이 이탈리아에 전해졌을 때 벨리사리우스는 이미 라벤나를 공략하는 중이었다. 육로에는 육군이, 해로에는 함대가 철통 같은 포위망을 구축하고 있었다. 이제 끈기 있게 기다리기만 하면 항복하는 것은 시간문제였다. 그런데 539년 말의 어느 날 콘스탄티노플에서 온 대사들은 고트족에게 조건부 항복을 제의하면서 평화 협상을 체결하려 했다. 그 조건은 고트족 왕실의 재산 가운데 절반과 포 강 이북의 이탈리아를 넘겨준다는 것이었다. 벨리사우리스는 기가 막혀 말이 나오지 않을 정도였다. 그것은 진짜 배신이었다. 그러나 그로서는 협상을 막을 방법이 없었다. 그가 자포자기하고 있을 때 예상치 않게 고트족이 그에게 결정적인 도움을 주었다. 대사들이 제안한 그 좋은 강화 조건은 벨리사우리스만이 아니라 고트족에게도 대단히 놀라운 일이었다. 그래서 그들은 이런 행운에 혹시 무슨 술수가 있지 않을까 두려워한 나머지, 조약 문서에 제국의 전권 대사만이 아니라 벨리사리우스까지 서명해야만 받아들이겠다고 했다.

벨리사리우스에게는 좋은 기회였다. 그는 대사들의 제안은 자기 병사들에 대한 모욕일 뿐 아니라 필요도 없다고 길길이 날뛰었다. 전면적인 승리가 눈앞에 있었다. 불과 몇 주 뒤면 고트족은 무조건 항복을 할 터였다. 그는 그런 상황에서 조약에 결코 찬동할 수 없다고 버티었다. 그리고 황제의 명령을 직접 받아야만 서명하겠다고 말했다. 잠시 모든 게 교착 상태가 되었다. 그러던 중 어느 날 밤에 고트족의 왕실에서 새롭고 독특한 제안을 담은 비밀 연락을 보내왔다. 벨리사리우스가 스스로 서방 황제를 선포하고 나선다면 비티게스가 자신의 왕위를 포기하겠다는 내용이었다.

여느 장군이라면 아마도 좋은 기회라 여기고 응했을 것이다. 병사들도 대부분 그를 지지할 테고, 고트족과 힘을 합치면 콘스탄티노플의 응징쯤은 거뜬히 막아 낼 수 있을 터였다. 그러나 벨리사리우스의 장기적인 야심이 무엇인지는 알 수 없지만 그의 충성심은 흔들리지 않았다. 프로코피우스에 의하면 "그는 찬탈자라는 말을 대단히 증오했다"고 한다. 그런 그가 고트족의 제안을 잠시라도 진지하게 고려했을 가능성은 희박하다. 오히려 그것을 역이용하면 전쟁을 신속한 승리로 이끌 수도 있었다. 그가 그 제의를 수락하기만 하면 라벤나의 성문은 활짝 열릴 테니까.

우선 그는 전에 나르세스와 결탁했던 지휘관들에게 식량 징발 임무를 맡겨 내보냈다. 그들 때문에 일을 망치고 싶지도 않았고 그들이 나중에 자신들도 기여했다고 나서는 꼴도 보기 싫었다. 그리고 벨리사리우스는 믿을 만한 충성스런 부하들을 불러모은 뒤 최후의 목적에 대한 그들의 승인을 부탁했다. 그 목적이란 이탈리아 전역을 황제에게 바치고, 고트족의 귀족들, 왕실의 보물, 포로들을 모조리 콘스탄티노플로 송환하는 것이었다. 부하들이 즉각 동의하자 더 이상의 준비는 필요가 없었다. 전령이 고트족 궁정으로 달려가, 벨리사리우스 장군이 그들의 제안을 호의적으로 생각하고 있으니 장군을 수도에 들어오게 해서 공식적으로 그에게 서방 황제의 제관을 씌워 달라는 전갈을 전했다. 과연 곧이어 성문이 활짝 열렸고 제국군은 라벤나에 당당히 입성했다.

당시 고트족이 속았다는 것을 알아차렸는지 우리는 알 수 없다. 벨리사리우스는 유스티니아누스의 경쟁자가 될 의도가 전혀 없었으므로 아마 그 계획에 관해 그다지 상세히 말하지 않았을 것이다. 사건의 전모는 나중에야 조금씩 드러났으리라. 어쨌든 로마 병사들이 왕실의 온갖 보물들을 배에 싣고 비티게스, 마타순타, 그 밖에 고트족의 귀족들을 포로로 사로잡았을 때, 그들은 필경 자신들을 배신한 벨리사리우스에게 엄청난 비난을 퍼부었을 것이다. 그러나 벨리사리우스가 양심의 가책을 느꼈다는 이야기는 없다. 고트족은 황제의 정당한 권위를 침해한 반란 세력이었으므로 그들의 제안 자체가 이미 배신이었던 것이다. 전쟁은 어디까지나 전쟁이었다. 오히려 라벤나를 그렇게 점령함으로써 벨리사리우스는 전쟁에서 희생될 양측의 많은 인명을 구했다. 그러나 그는 한 가지 약속만은 철저히 지켰다. 민간인의 집을 약탈하거나 사람들을 죽이는 일은 하지 않을 것이다. 540년 5월 보스포루스로 향하는 배에 오른 그에게는 아무런 수치심도 없고 뿌듯함과 자긍심만이 가득했다. 라벤나와 로마를 포함하여 이탈리아 반도 전역을 제국의 영토로 수복했으니 이보다 더 큰 공로가 어디 있겠는가?

하지만 안타깝게도 그는 좌절했다. 어쩌면 그는 애초부터 좌절할 운명이었는지도 모른다. 그가 승리를 거둘 때마다 황제의 시기심은 커지기만 했기 때문이다. 게다가 유스티니아누스는 언젠가 이 젊고 똑똑한 장군이 자신의 제위마저 찬탈할지 모른다는 두려움까지 품었다. 그래서인지 벨리사리우스가 콘스탄티노플에 돌아왔을 때 개선의 느낌은 없었고 유스티니아누스와 신하들도 역시 축하하는 분위기가 아니었다. 그러던 중 540년 6월, 라벤나가 함락된 지 불과 몇 주 뒤에 호스로우의 페르시아군이 안티오크를 점령하고, 파괴하고, 살육에서 살아남은 주민들을 노예로 만들었다. 결국 벨리사리우스가 있어야 할 곳은 원형 경기장의 개선식 무대가 아니라 동부 전선이었다.

11

고트족의 왕 토틸라의 도전

540년~549년

이 불길한 시절에 여러분에게는 분명히 여러분이 얼마 전까지만 해도, 즉 테오도리쿠스와 아말라순타가 지배하던 때에 누렸던 혜택이 이따금씩 기억날 것입니다. …… 나의 로마 친구들이여, 그 지배자들에 대한 기억과 지금 우리가 아는 그리스인들이 자기 백성들에게 하는 행위를 비교해 보십시오. 내가 젊은이 특유의 억지나 야만족의 오만함으로 말한다고 생각하지 마십시오. 여러분에게 말하노니, 우리는 이 모든 것을 바꾸고 이탈리아를 독재자의 손아귀에서 구할 것입니다. 그 일을 가능케 해 주는 것은 우리의 용기만이 아니라, 이 억압자들에 항거함으로써 우리가 신의 정의를 받들고 있다는 확신입니다.

토틸라가 로마 원로원에 보낸 편지에서, 545년

벨리사리우스의 이름값

페르시아 대왕 호스로우 1세—백성들은 아누시르반Anushirvan, 즉 '불멸의 영혼'이라고 불렀다—는 531년에 왕위에 올랐다. 그는 사산 왕조 페르시아의 역대 왕들, 나아가 페르시아 역사상 모든 지배자들 중에서 가장 빛나는 업적을 남겨 오늘날까지도 최고의 왕으로 기억되고 있다. 정치가로서 그는 정부의 각 부문들을 개혁·재편하고 재정 제도를 완전히 개정했다. 장군으로서 그는 처음으로 왕에게만 충성하는 상비군을 창설했으며, 국경을 흑해에서 예멘까지, 옥수스 강에서 지중해 연안까지로 넓혔다. 또한 지식인으로서 그는 즉위하기 전에도 학문을 사랑했고, 529년에 유스티니아누스가 아테네 학교를 폐쇄한 이후 페르시아로 넘어온 그리스의 과학자, 철학자들을 열렬히 환영했다.

그 밖에 그는 곤데샤푸르에 페르시아 최대의 의학 학교를 세웠고, 『아베스타』—조로아스터교의 경전—를 편찬했으며, 페르시아의 신화와 전설을 최초로 집대성했고, 인도에서 체스 게임도 수입했다. 요컨대 그는 30여 년 동안 유스티니아누스에 맞설 만한 호적수이자 경쟁자였다.

그러나 여러 면에서 진보적이었던 호스로우 역시 시대의 한계에서 벗어나지는 못했다. 예컨대 비잔티움 제국과의 전쟁도 정복을 위한 게 아니라 파렴치한 약탈을 위한 것이었다. 그래서 그는 '항구적인 평화'라는 조약의 의무를 준엄하게 상기시키는 유스티니아누스의 편지를 애써 무시하고, 나중에는 개입하지 않을 경우 후하게 보상하겠다고 약속하는 테오도라의 편지("내 남편은 먼저 내 조언을 듣지 않으면 아무 일도 안 한다오")—명목상으로는 어느 대신에게 보낸 것이었으나 내용상 분명히 호스로우에게 보내는 편지였다—도 묵살해 버리고 540년 3월에 제국의 국경을 넘어와 유프라테스 강 상류의 도시 수라를 점령했다. 도시를 수비하던 소수의 병력은 대군이 다가오는 것을 보고는 싸우려 하지도 않고 도망쳤다. 그 다음에 호스로우는 베로이아(현재의 알레포)로 가서 그 주민들이 배상금으로 할당된 은 4천 파운드를 마련하지 못하자 도시를 불태워 버렸다.

6월 초에 그는 안티오크의 성벽 앞에 이르렀다. 새로 보강된 비잔티움 수비대 6천여 명이 페르시아군을 보고 겁에 질려 도망치려 하자 호스로우는 자기 군대를 한편으로 비키게 해서 그들이 달아날 수 있도록 길을 터 주는 여유까지 보였다. 그러나 군대와는 달리 안티오크 시민들은 쉽게 항복하지 않았다. 그들은 녹색당과 청색당이 힘을 합쳐 결사적으로 항전했으며, 많은 사람이 죽어 나가는 와중에도 용감하게 싸웠다. 그러나 압도적인 병력의 우세를 바탕으로 호스로우는 완승을 거두었으며, 시민들은 저항의 대가를 톡톡히 치러야 했다. 대성당의 모든 금과 은, 심지어 벽을 장식한 다색채의 대리석까지 뜯겨져 나갔고, 다른 성당들도 모두 철저히 약탈당했다. 성 율리아누스 성당만 외국의 대사들이 특별히 아낀 덕분에 피해를 면했다. 한편 다양한 욕망을 전통적인 방식으로 채우려는 페르시아 병사들을 피해 적어도 두 명의 저명한 귀부인이 오론테스 강에 몸을 던졌다고 전한다.

안티오크의 온갖 보물로 짐마차를 가득 채우고 난 뒤 호스로우에게도 아량을 베풀 여유가 생겼다(그 뒤 그는 시리아 북부로 개선 행진을 벌이면서 도중에 방문하는 도시들마다 많은 공물을 바치라고 요구했다). 그래서 그는 유스티니아누스에게 당장 금 5천 파운드를 내놓고 앞으로 매년 500파운드씩 금을 바친다면 군대를 돌려 돌아가겠다고 말했다. 황제는 그 제의를 수락하는 것밖에 다른 도리가 없었다. 그러자 호스로우는 원정 성과에 크게 만족하여 페르시아로 돌아갔다. 하지만 그는 그 이듬해에 다시 침략의 기회가 생기자 조약을 위반하고 또 다시 쳐들어왔다.

흑해의 남동부 끝자락에는 라지카—콜키스라고도 부른다—라는 독립적인 소왕국이 있었다. 그 지배자인 고바제스 왕은 비잔티움 황제의 가신이라는 신분에 만족하고 그동안 제국에 거의 말썽을 일으키지 않았다. 그러나 얼마 전에 유스티니아누스가 사절을 보내 여러 가지 제국의 독점권을 주장하자 콜키스 백성들은 반감을 품었고 고바제스는 페르시아 왕에게 호소했다. 라지카는 가난한 나라였으므로 여느 때라면 호스로우의 관심을 끌지 못했을 것이다. 하지만 고바제스는 영리하게도 전략적 요충지라는 점을 내세웠다. 라지카는 비잔티움으로 직접 항해해 갈 수도 있고, 훈족과 같은 유력한 동맹자와 접촉할 수도 있는 흑해의 전진기지였다. 그래서 541년 봄에 호스로우는 군대를 이끌고 다시 제국을 침략하여 라지카까지 진격했다. 거기서 치열한 전투가 벌어져 양측이 상당한 피해를 입었으나 호스로우는 결국 중요한 항구이자 요새 도시인 페트라[77]를 손에 넣었다.

만약 벨리사리우스가 원정을 출발하지 않았더라면 그해 여름 비잔티움에는 더 큰 재앙이 닥쳤을지도 모른다. 실은 그 원정도 묘하게 빛바랜 것이었지만. 벨리사리우스는 라지카를 완전히 무시하고 메소포타미아로 곧장 가서 페르시아 영토로 쳐들어가 니시비스 부근에 이르렀다. 하지만 니시비스는 공략하기에 너무 튼튼하다는 것을 깨닫고 그는 그 도시를 우회하여 비교적 중요하지 않은 작은 도시인 시사우라니를 점령했다. 그러나 계절이 여름으로 바뀌면서 병사들에게 이질이 창궐하는 바람에 그는 퇴각할 수밖에 없었다.

당시의 그에게는 예전의 벨리사리우스다운 면모가 거의 없었다. 서른 살이 되기도 전에 그에게 세계 최고의 장군이라는 명성을 가져다준 그 넘치는 힘, 그 풍부한 지략과 책략을 거의 찾아볼 수 없었다. 540년 이탈리아에서 돌아온 뒤에 그는 원래 명령을 받고 곧장 동방으로 갈 예정이었다. 하지만 그는 콘스탄티노플의 자기 궁전에 머물면서 공적인 자리에 모습을 드러내지 않았고 가까운 친구들 몇 명 이외에는 아무도 만나지 않았다. 이윽고 원정을 출발했을 무렵 그는 동료들의 충고와 동의를 구하지 않으면 사소한 결정도 내리지 못하는 상태였다. 동료들이 보기에 그는 뭔가에 홀린 듯했다. 사실이었다. 당시 그는 아내인 안토니나의 바람기 때문에 괴로워하고 있었다. 더욱이 그녀의 바람기는 바로 황후가 부추기고 보호해 주고 있었다.

테오도라와 안토니나는 원래부터 오랜 친구 사이였지만, 541년에 황후가 가장 증오하는 적인 민정 총독 카파도키아의 요한네스를 제거하기 위해 둘이 공모하는 과정에서 더욱 찰떡궁합이 되었다. 요한네스는 제위에 야심을 보이고 있었다. 안토니나는 그와 비밀리에 만나 목적을 이루기 위한 그의 계획에 관해 털어놓도록 유도했고, 테오도라의 첩자는 숨어서 이 모든 이야기를 들었다. 결국 요한네스는 체포되어 유죄 판결을 받고 그 많은 재산을 빼앗겼으나 신체를 잘리거나 처형당하는 것은 모면했다. 이후 강제로 성직자가 되어 마르마라 부근의 편안한 키지쿠스 교구로 유배된 그는 반역을 꾀한 혐의에 비해서는 대체로 관대한 처분을 받았다.

이 음모를 공모한 대가로 안토니나는 그 무렵 위기에 이른 자신의 가정사에서 황후의 도움을 청할 수 있었다. 몇 년 전부터 그녀는 테오도시우스라는 젊은이와 열렬한 애정 행각을 벌이고 있었다. 그것만 해도 무분별한 행동이지만, 그 청년은 바로 남편과 자신의 대자代子이자 양자였으므로 더욱 비난받아 마땅한 짓이었다.

벨리사리우스가 이 사실을 얼마나 알았고 눈감아 주었는지는 알 수 없다. 전해지는 유일한 문헌인 프로코피우스의 설명[78]은 온갖 억측과 과장의 지뢰밭이다. 하지만 벨리사리우스는 자부심이 워낙 강한 인물인지라 아내의 간통을 공개적으로 드러내려고 하지 않았다.

그래서 그는 결혼한 뒤 처음으로 안토니나가 남편의 원정에 따라가지 않겠다고 했을 때도 반대하지 않았다. 그때까지는 아내가 황후와 뭔가 할 일이 있는 것으로만 알고 있었다. 그러나 원정을 떠난 지 한두 달 뒤에 믿을 만한 정보원으로부터 테오도시우스—당시 그는 그 추문을 피해 에페수스의 어느 수도원에 임시로 피신해 있었다—가 수도로 돌아와서 다시 안토니나와 한 지붕 아래 살고 있다는 소식을 전해들었을 때 그는 억장이 무너지는 기분이었다.

벨리사리우스의 정보원은 페르시아 전선까지 따라온 의붓아들 포티우스—안토니나가 전 남편과의 사이에서 낳은 아들—였다. 포티우스는 자기 어머니를 무척 싫어했고, 어머니가 자신을 죽이려는 음모를 꾸몄다고 의심했다(여기에는 근거가 있었다). 그는 최근에 콘스탄티노플에서 온 친구에게서 안토니나에 관한 소식을 듣고 곧바로 벨리사리우스에게 알렸다. 두 사람은 함께 행동 계획을 짰다. 그 무렵에는 카파도키아의 요한네스를 타도하려는 음모가 만족스러운 성과를 거두었으므로 안토니나는 동방으로 가겠다는 의사를 밝혔다. 그녀가 동방으로 간다면 테오도시우스는 에페수스로 돌아갈 게 뻔했다. 그 순간 포티우스는 어머니가 없는 틈을 이용하여 테오도시우스를 뒤따라가서 납치한 다음 외딴 비밀 감옥에 가두어 더 이상 말썽을 일으키지 못하도록 했다.

동부 전선에 도착한 안토니나는 현장에서 체포되자 깜짝 놀랐다. 한편 포티우스는 어머니가 거느린 환관들 중 한 명을 데리고 에페수스로 떠났다. 그는 어머니의 사생활을 파헤친다는 병적인 욕구로 가득 차 있었다. 에페수스에 도착한 그는 테오도시우스가 이미 정보를 듣고 성 요한네스 성당으로 피신했다는 사실을 알았다. 하지만 성당의 수석 사제는 약간의 뇌물을 받고 군말 없이 그를 내주었다. 포티우스는 그를 킬리키아의 외딴 성으로 보낸 다음 수도로 돌아왔다.

그런데 그 과정에서 그는 중대한 실수를 저질렀다. 그가 콘스탄티노플에 도착하기 전에 안토니나가 용케 황후에게 도움을 요청한 것이다. 포티우스는 곧 계부의 친구들과 함께 체포되었다. 프로코피우스에 의하면 그 친구들 중 몇 사람은 우정을 위해 감금이나 처형을 감수했다고 한다. 포티우스는 극심한 고문을 당했으나 테오도시우스가 어디에 있는지 끝내 말하지 않았다. 이후 그는 3년 동안 궁전의 지하 감옥에 갇혀 있다가 예언자 스가랴가 꿈에 나타나 도와준 덕분에 예루살렘으로 탈출하는 데 성공했다. 프로코피우스는 벨리사리우스가 콘스탄티노플에 잡혀 있는 의붓아들을 구하려는 노력을 전혀 하지 않았다고 맹렬하게 비난한다. 그의 비난이 옳을지도 모른다. 확실히 그것은 벨리사리우스에게 오점으로 남았다. 하지만 안토니나와 테오도라가 힘을 합쳐 그를 공격하는 상황에서 그가 할 수 있는 일은 별로 없었을 것이다(더구나 벨리사리우스는 황후의 명에 따라 공식적으로 안토니나와 화해해야 했다).

나중에 테오도라는 다른 수단을 동원하여 테오도시우스를 찾아서 안토니나의 품에 데려다 주었다. 하지만 그 직후 테오도시우스는 이질로 죽어(우리가 아는 한 암살 혐의는 없다) 벨리사리우스의 마음을 한결 가볍게 해 주었다. 542년에 그는 본래의 모습을 되찾아 동부 전선에 복귀했다. 프로코피우스는 그가 호스로우의 대사를 맞이하는 광경을 흥미롭게 묘사한다.

…… 그는 두꺼운 천으로 만들어진 파빌리온이라는 천막 안에 앉았다. …… 그는 부하 병사들을 다음과 같이 배치했다. 천막의 양측에는 트라키아인과 일리리아인이 자리를 잡고, 그들의 뒤에는 고트족, 그 옆에는 헤룰리족, 마지막으로 반달족과 무어인이 있었다. 그들의 줄은 평원을 가로질러 멀리까지 길게 이어졌다. 그들은 항상 같은 장소에 서 있지 않고 뿔뿔이 흩어져 다니면서 호스로우의 사절단에는 아무런 관심도 보이지 않았다. 외투나 겉옷을 입은 사람은 없었고 모두 리넨으로 된 저고리와 바지에 허리띠를 느슨하게 묶은 옷차림으로 어슬렁거렸다. 각자 말채찍을 들었고, 무기로는 칼, 도끼, 활 등을 지녔다. 모두 어서 사냥이나 나갔으면 하는 것 외에 다른 생각은 전혀 없는 듯 보였다. ……

아바다네스〔대사〕는 호스로우에게 돌아가서 최대한 빨리 떠나라고 충고했다. 자기가 만난 장군은 사나이답고, 어느 누구보다 지혜로우며, 그가 거느린 병사들도 한번도 본 적이 없는 자들이라는 것이었다.[79]

그래서 호스로우 대왕은 돌아갔다. 프로코피우스는 이런 이야기로 매듭을 짓는다. "로마인들은 소리 높여 벨리사리우스를 찬양했다. 그는 일찍이 겔리메르나 비티게스를 사로잡아 비잔티움으로 데려왔을 때보다도 이번 일에 더욱 큰 자부심을 느낀 듯했다." 여느 때처럼 여기서도 프로코피우스는 과장하고 있지만, 그래도 벨리사리우스 특유의 느낌을 비교적 생생하게 전달해 준다.

황제와 장군의 화해

공교롭게도 542년의 전쟁은 승패가 명확히 판가름나지 않았다. 양측 진영에 전염병이 돌았기 때문인데, 이번에는 흔한 질병인 이질이나 장티푸스가 아니라 선腺 페스트였다. 이집트에서 시작된 이 질병은 순식간에 동부 지중해 일대를 거쳐 콘스탄티노플까지 퍼졌다. 수도에서 전염병이 창궐한 넉 달 동안 희생자의 수는 많으면 하루에 약 1만 명에 달했고, 어떤 날은 이탈리아에 주둔한 전체 병력과 맞먹는 1만 6천 명이 죽었다. 죽은 사람의 시신을 매장하는 것도 곧 불가능해졌으므로 사람들은 시신들을 오랫동안 버려진 커다란 요새로 가져가서 지붕 높이까지 쌓아 놓았다. 수도의 일상생활은 중단되고, 주변의 밭은 경작되지 않고, 시장은 폐쇄되고, 방앗간과 빵집은 할 일이 없었다. 그 결과 역병은 기근으로 이어졌다. 병마로 인한 희생자는 전체 인구의 5분의 2에 해당하는 약 30만 명이었다.

심지어 유스티니아누스마저도 전염병에 걸렸다. 그 악몽 같은 여름 몇 주일 동안 그는 삶과 죽음의 문턱에서 왔다갔다했다. 그동안 국가의 최고 권력은 그의 아내에게 맡겨졌으나 그와 동시에 긴급한 현안이 대두되었는데, 그것은 바로 후계자 문제였다. 테오도라는 자신의 앞날이 위기에 봉착했음을 느꼈다. 그들 부부에게는 아이가 없었다. 그러므로 만약 황제가 죽는다면 그녀가 권력을 유지할 수 있는 길은 오로지 자신이 후계자를 발탁하는 것뿐이었다. 믿을 만한 대신이나 충직한 노장군 같은 인물을 골라서 그와 결혼하면 될 터였다. 반세기 전에 아리아드네 황후가 아나스타시우스를 황제이자 남편으로 발탁했듯이.

하지만 전통적으로 후임 황제는 군대에서 선택하는 게 보통이었는데, 마침 고참 지휘관들 대부분이 멀리 동부 전선에 가 있었다. 유스티니아누스가 병에 걸렸다는 소식을 전선에 있는 그들이 들었을 때는 마치 황제가 벌써 죽은 것 같은 뒤숭숭한 분위기였다. 그들은 메소포타미아에서 회의를 열어 자신들의 동의 없이 콘스탄티노플에서 일방적으로 통치자가 결정될 경우 승인을 거부하기로 합의를 보았다. 하지만 이 회의 결과가 수도에 전해졌을 즈음에는 이미 유스티니아누스가 위기에서 벗어나 있었다. 테오도라는 안도의 한숨을 내쉬는 한편 장군들에게서 모욕을 당했다는 생각에 격노했다. 그 회의를 주동한 인물은 두 사람이었다. 그중 하나인 부제스는 콘술과 동방의 마기스테르 밀리툼을 역임한 장군이었으나 악명높은 황궁의 지하 감옥에 갇혀 칠흑같은 어둠 속에서 28개월 동안이나 살아야 했다. 밖에 나왔을 때 그는 사람이 아닌 유령의 모습이었다고 한다.

또 한 명의 주동자는 바로 벨리사리우스였다. 그러나 그는 부제스처럼 처리하기에는 너무 인기가 높았고 영향력이 컸다. 프로코피우스는 부제스에게 씌워진 죄목이 벨리사리우스에게는 전혀 통하지 않았다고 단언한다. 왜 그런지는 명확하지 않다. 아마 그는 그 문제의 회의에 직접 참석하지 않은 듯하다. 물론 그 회의의 결정에는 동의했겠지만. 어쨌든 그를 문책할 다른 구실을 찾은 결과 그는 황제에게 바쳐야 할 반달족과 고트족의 보물을 부당하게 착복했다는 혐의로 기소되었다. 여기에는 테오도라가 한몫을 했다고 알려져 있다. 벨리사리우스는 자신의 많은 재산을 전혀 숨기지 않았다. 평소에 승리를 거두고 개선할 때 화려하게 장식된 말을 타고 야만족으로 구성된 개인 경호대를 거느린 채 콘스탄티노플 거리를 행진하는 그의 당당한 모습은 시민이라기보다는 황제의 면모를 풍겼다.

그러나 542년의 원정을 중단하고 돌아왔을 때 그는 황후의 공격을 받았다. 우선 그는 동방의 지휘권을 빼앗겼다. 다음으로, 그가 거느린 방대한 식솔들이 해산되었다. 그가 뽑은 창병과 근위병은 동료 지휘관들과 궁정의 환관들에게 분배되었다. 마지막으로, 그가 모은 재산은 테오도라의 명령에 따라 몰수되었다. 테오도라는 간단히 시종 한 명을 보내 벨리사리우스의 재산 가운데 귀중품들을 황궁으로 가져오게 했다.

유스티니아누스는 이듬해인 543년에야 간신히 병에서 회복되어 황제의 권력을 되찾았다. 얼마 뒤에는 벨리사리우스도 사면을 받아 부분적으로 복권되었고 재산도 돌려받았다(다만 약 3천 파운드의 금은 테오도라가 남편에게 선물로 주는 바람에 돌려받지 못했다). 그와 안토니나의 유일한 혈육인 딸 요안니나와 황후의 손자인 아나스타시우스가 약혼하는 것으로 양측은 완전히 화해했다. 이 무렵에 쓴 편지에서 테오도라는 안토니나와의 우정 때문에 벨리사리우스를 용서했다고 밝혔으나 실은 그를 복귀시킨 데는 또 다른 이유가 있었다. 외곽 속주들의 상황이 급속히 악화되었던 것이다. 지중해 건너편 아프리카에서는 무어인이 세력을 확장하고 있었고, 이탈리아에서는 고트족이 뛰어난 젊은 지도자 토틸라의 영도 아래 다시 세력을 규합하여 나폴리까지 점령한 상태였다. 그나마 동방에서는 연초에 희망의 징후를 보였다. 페르시아에서 전염병이 다시 나돌고 왕자 한 명이 반란을 일으킨 탓에 제국을 호시탐탐 노리던 호스로우의 야욕은 한풀 꺾였다. 그러나 동방에서도 그해 여름에는 재앙이 터졌다. 약 3만 명의 비잔티움 군대—유스티니아누스가 모집한 최대 규모—가 페르시아 치하의 아르메니아에 들어갔다가 그보다 훨씬 적은 수의 적군에 의해 전멸당하는 참사가 일어난 것이다.

요컨대 당시 제국은 뛰어난 장군을 콘스탄티노플에서 모욕이나 주면서 한가롭게 놀리고 있을 처지가 못 되었다. 전장이 그를 애타게 부르고 있었다. 벨리사리우스로서는 더 바랄 게 없는 형편이었다. 그는 먼저 페르시아 전선으로 가고 싶었으나 안토니나가 강력하게 반대하고 나섰다. 그녀는 자신이 그토록 심하게 모욕을 당한 그 지역으로는 두 번 다시 가지 않겠다고 말했다. 테오도라는 당연히 안토니나를 지지했다. 그래서 벨리사리우스는 동방이 아니라 서방 군대의 총지휘권을 받았다. 그러나 그는 다시 한번 실망해야 했다. 신분은 복권되었어도 과거에 거둔 공적은 아직 복권되지 않았던 것이다. 마흔 살이 되던 해인 544년 5월 이탈리아로 돌아가는 그에게 주어진 공식 직함은 마기스테르 밀리툼이 아니라 코메스 스타불리 comes stabuli, 즉 진압 사령관일 뿐이었다.

해방자를 자처한 토틸라

벨리사리우스가 얼마나 뛰어난 인물이었는지는 540년 그가 이탈리아를 떠난 이후 이탈리아에서 비잔티움 세력권이 완전히 몰락한 데서도 충분히 알 수 있다. 그해 봄에 그가 라벤나에 개선했을 때 그리스인, 고트족, 이탈리아인은 모두 반도 전역을 사실상 제국의 세력권으로 보았다. 하지만 아직 저항의 거점이 한두 곳 남아 있었다. 베로나와 파비아가 대표적이었는데, 여기서 고트족은 힐데바드라는 젊은 족장을 새 왕으로 뽑았다. 그러나 그의 병력은 기껏해야 1천 명 안팎이어서 몇 주일이나 버틸지도 의심스러운 상황이었다.

물론 벨리사리우스가 이탈리아에 그대로 남았거나, 유스티니아누스가 유능한 후임자를 임명했더라면 그들은 더 버티지 못했을 터였다. 그러나 황제는 그렇게 하지 않았다. 오히려 그는 이탈리아에 남은 예하 장군 다섯 명이 공동으로 비잔티움 세력권을 지키게 하면서 어느 누구에게도 최고의 지휘권을 일임하지 않았다. 더구나 비탈리아누스의 조카로 말썽은 많이 일으키지만 야전에서는 우수한 사령관인 요한네스를 제외하면 그들은 모두 이류 장군이었다. 이름이 같은 또 한 명의 요한네스는 욕심쟁이 파가스라고 불렸고, 베사스는 고트족의 배반자였으며, 다른 두 사람인 비탈리우스와 콘스탄티아누스는 달마치아에서 온 지 얼마 안 된 장군들이었다. 벨리사리우스가 떠나자 그들은 영토를 자기들끼리 나눠 가진 다음 제각기 단 하나의 목적, 즉 약탈에만 전념했다. 몇 주 만에 군대의 사기는 극도로 저하되었다. 그해 말에 힐데바드는 제국의 군대에서 탈영한 많은 병사들까지 받아들여 대군을 편성하고 포 강 이북의 이탈리아 전역을 장악했다.

유스티니아누스가 왜 그런 터무니없는 조치를 취했는지는 알기 어렵지 않다. 그는 고트족이 벨리사리우스에게 제위를 제안했다는 것을 알고, 어느 후임자라도 그런 유혹에 빠질 수 있다는 사실에 두려워했던 것이다(당시 벨리사리우스를 수도로 소환한 이유도 그가 마음을 바꿔 그 제안을 수락할까 봐 겁났기 때문이다). 이 두려움이 지나친 나머지 그는 그 뒤에도 이탈리아의 상황이 악화되는 것을 빤히 두고 보다가 2년 이상이 지나서야 민정 총독을 임명했다. 그나마도 반란을 일으킬 능력이 없는 변변치 않은 인물을 발탁한 탓에 새 민정 총독은 무능하기 짝이 없는 자였다. 그러다가 또 다시 2년 뒤에 가장 유능하고 부하들의 두터운 신임을 받는 벨리사리우스를 마지못해 사령관에 복귀시켰으니 유스티니아누스의 심정이 어땠을지는 충분히 짐작할 수 있다.

한편 힐데바드는 왕위에 오래 버티지 못했다. 그는 541년 5월 식사를 하던 중에 왕이 자신의 신부감을 다른 사람에게 주었다는 이유로 앙심을 품은 벨라스라는 경비병의 손에 살해당했다.[80] 그의 후계자인 에라리크는 유스티니아누스와 타협하려 했다가 불과 다섯 달 만에 역시 살해당하고 말았다. 그랬으니 그 뒤를 이은 고트족 역사상 가장 위대하고 매력적인 젊은 왕 토틸라가 취할 노선은 명백했다. 그의 주화로 미루어 보면 그의 이름은 원래 바두일라였다. 그러나 평생토록 백성들에게 토틸라라는 이름으로 널리 알려졌기에 이 이름이 역사에 기록된 것이다.

토틸라는 힐데바드의 조카였다. 정확한 나이는 알려지지 않았지만 당시 그는 20대 중반을 넘지 않았다. 그도 제국의 장군들과 비밀리에 협상을 벌이고 있었는데, 그들은 아마 토틸라의 즉위에 그리 놀라지 않았을 것이다. 하지만 권좌에 오른 뒤 그는 대대적인 전쟁을 선포했으며, 그전의 어느 왕보다도 더 큰 활력을 왕국에 불어넣었다. 또한 그의 관심은 고트족 백성들에게만 있지 않았다. 그는 백성들의 대다수가 고트족이 아니라 이탈리아인이라는 것을 잊지 않은 것이다. 따라서 비잔티움 세력을 이탈리아 땅에서 몰아내려면 이탈리아인들의 지지가 반드시 필요했다. 테오도리쿠스의 시대에는 이탈리아인과 고트족의 관계가 좋았다. 특히 고트족의 지배자들은 왕국을 원활히 다스리기 위해 로마인들의 행정과 재정 능력을 필요로 했기 때문에 이탈리아 지배층과의 관계가 무척 돈독했다. 그러나 벨리사리우스가 승리한 이후 이탈리아 귀족들은 제국 측으로 붙었다. 그래서 젊은 왕 토틸라는 이탈리아 사회의 비교적 하층—중산층, 도시 자유민, 농민—에게 지지를 호소했다.

과연 예상했던 대로 그들은 반응을 보였다. 그들은 이름만 로마일 뿐 사실상 거의 그리스화된 제국에 더는 충성심이 없었다. 게다가 그들은 비잔티움의 가렴주구에 몹시 시달리고 있었다. 여러 장군들의 착취도 견디기 힘들었는데, 얼마 전부터는 유스티니아누스가 파견한 로고테테스Logothetes라는 징세관들 때문에 더욱 심한 고통을 겪고 있었다. 이들의 우두머리인 알렉산데르라는 자의 별명이 프살리돈Pslaidon, 즉 '가위'라는 사실에서도 로고테테스가 어떤 집단인지 짐작할 수 있다(그는 금화를 가위로 자르면서까지 세금을 거두는 것으로 악명이 높았다). 로고테테스는 보수를 성과급으로 받았다. 제국 정부는 그들이 징수하는 세금의 12분의 1을 그들에게 보수로 주었으므로 그들은 이탈리아 전역에서 최대한 세금을 쥐어짜려고 애썼다.

† 고트족의 왕 토틸라가 피렌체를 함락하는 장면을 그린 지오반니 빌라니의 그림.

토틸라는 그런 억압을 끝장내겠다고 약속했다. 노예를 해방하고, 대지주를 쳐부수고, 토지를 농민들에게 재분배하겠다. 더 이상 이탈리아의 세금이, 1500킬로미터나 떨어진 곳에서 따분하고 부패한 궁정을 유지하며 정작 세금을 내는 사람은 구경조차 할 수 없는 커다란 궁궐을 짓고, 멀고 먼 제국의 동쪽 변방 너머의 야만족들을 방어하는 데 사용되도록 놔두지 않겠다. 이런 약속에 사람들이 귀를 기울이고 기꺼이 토틸라를 따른 것은 당연한 일이었다.

심지어 제국의 많은 병사들도 마찬가지 심정이었다. 그들 역시 '가위'에 시달리고 있었기 때문이다. 즉위한 지 몇 달 만에 세력을 크게 키운 토틸라는 베로나의 성문에서 1만 2천 명의 제국군을 물리쳤고 파벤티아(파엔차) 외곽에서 벌어진 격전에서는 제국군을 전멸시키는 전과를 올렸다. 그리고 542년 봄 피렌체 북방 20여 킬로미터 지점의 무겔로 계곡에서 그는 이탈리아에 남아 있는 유스티니아누스의 장군들 가운데 가장 유능한 비탈리아누스의 조카 요한네스가 지휘하는 군대를 궤멸시켰다. 이제 이탈리아의 중부와 남부 전역이 그의 시야에 들어왔다. 그는 파죽지세로 진군하면서 그해 늦여름까지 라벤나, 로마, 피렌체, 그리고 해안의 요새 도시 몇 곳을 제외한 이탈리아 전역을 복속시켰다. 아직 손에 넣지 못한 곳 중 하나가 나폴리였는데, 1천 명의 이사우리아 수비대가 방어하는 이 도시는 당시 토틸라의 군대에 의해 포위되어 있었다.

이탈리아에 있던 제국의 장군들 중 누구도 나폴리를 지원하려 하지 않았다는 것은 놀랄 것까지는 없어도 심각한 일이었다. 그제서야 비로소 유스티니아누스는 커다란 권력을 지닌 민정 총독을 이탈리아에 임명하기로 마음을 굳혔다. 하지만 새 민정 총독인 막시미누스는 에피루스 해안에서 연말까지 지체하다가 이윽고 시라쿠사에 건너간 뒤 그곳을 떠나지 않겠다고 버티었다. 그 무렵 벨리사리우스의 어느 옛 동료가 해상을 통해 나폴리 구조에 나섰다가 토틸라에게 참패했다. 또한 543년 1월에는 막시미누스 자신은 참여하지 않고 파견한 구원군이 갑작스러운 폭풍에 휘말려 좌초했다.

그동안 고트족은 나폴리를 완전히 봉쇄하고 있었다. 굶어 죽을 지경이 된 나폴리 시민들은 결국 5월에 항복했다. 토틸라의 조치는 아주 관대했다. 그는 비잔티움 수비대가 자기 짐을 다 챙겨 평화롭게 떠날 수 있도록 허용했으며, 심지어 어디로든 마음대로 갈 수 있도록 선박까지 제공했다. 병사들은 로마를 택했는데, 역풍으로 해로 여행이 불가능해지자 토틸라는 그들에게 말과 짐 신는 가축을 주고 호위군까지 붙여 주었다. 토틸라는 나폴리 시민들도 마찬가지로 너그럽게 대우했다. 굶은 사람들이 많은 음식을 너무 빨리 먹으면 위험하다는 생각에서 그는 일단 도시의 봉쇄를 풀지 않고 소량의 음식을 각 가정에 배분했다. 그리고 다음날부터 조금씩 그 양을 늘려가다가 사람들이 기력을 되찾은 뒤에 정상적인 식사를 할 수 있도록 했다.

7년 사이에 두 번이나 나폴리가 함락되자 비잔티움군의 사기는 크게 꺾였다. 그 틈을 타서 토틸라는 저항의 거점들을 하나씩 점령하고 이탈리아 반도의 자기 세력권을 공고히 다졌다. 이윽고 544년 1월에 각 요새를 지키던 그리스 장군*들은 더 이상 버틸 수 없다고 판단했다. 라벤나의 콘스탄티아누스가 작성하고 동료 지휘관들이 서명하여—막시미누스는 설사 그곳에 있었다고 해도 무시당했을 것이다—유스티니아누스에게 보낸 서한에는 더 이상 제국의 이탈리아 거점들을 방어할 수 없다고 보고되었다. 황제가 벨리사리우스를 이탈리아에 복귀시키기로 결심한 것은 이 서한이 도착한 것과 거의 같은 시기였다. 한편 토틸라는 로마마저 무혈로 점령하겠다는 의도에서 로마 원로원에 열렬히 호소했다. 그 호소문의 일부는 이 장

* '그리스 장군들'이란 물론 비잔티움 제국의 장군들을 가리킨다. 앞으로 '그리스'라는 표현이 나오면 비잔티움 제국을 뜻하는 것으로 이해하면 된다(물론 서로마가 멸망한 뒤부터는 '로마 제국'도 비잔티움 제국을 가리킨다). 앞서 말했듯이 비잔티움 제국은, 이름은 로마 제국이었으나 문명적으로는 그리스 문명을 계승했고 7세기부터는 언어도 그리스어를 썼으므로 지은이는 그리스라는 말을 자주 사용하고 있다.

의 첫 부분에 소개되어 있다.

하지만 응답은 없었다. 로마를 지휘하고 있던 요한네스는 원로원에게 답신을 보내지 못하게 했다(물론 원로원도 같은 생각이었을 것이다). 그러자 토틸라는 로마 시민들에게 직접 호소하고자 했다. 그래서 그는 자신이 보낸 호소문의 내용을 줄여 많은 문건을 만든 다음 야음을 틈타 로마 시내로 들여갔다. 어느 날 아침 시민들은 도시 전역의 잘 알려진 장소에 이 문건들이 있는 것을 발견했다. 고트족의 왕은 그들에게 자유를 줄 것이며, 자신을 지지하는 로마인들의 생명과 재산을 존중하리라는 내용이었다. 깜짝 놀란 요한네스는 아리우스파 성직자들이 문건을 배포했다고 확신하고, 그들을 대거 유배 보냈다. 하지만 범인은 끝내 확인되지 않았다.

그러나 로마에서는 토틸라가 바라는 것처럼 자발적인 봉기가 터져나오지 않았다. 이제 로마를 점령하려면 무력을 동원할 수밖에 없었다. 그 무렵 토틸라는 멀리 남쪽 아풀리아의 작은 항구인 히드룬툼(오트란토)을 포위하고 있었다. 그곳이 장차 비잔티움 구원군의 교두보가 될지 모른다는 우려에서 미리 단속하려는 것이었다. 하지만 도시의 저항은 그가 예상한 것보다 거셌다. 그래서 그는 소규모 군대를 성벽 아래에 남겨 두어 포위를 계속하게 하고, 544년 초여름에 로마를 향해 북상하기 시작했다.

그 무렵 벨리사리우스가 이탈리아로 오는 중이었다는 사실을 알았더라면 아마 토틸라의 자신감은 적잖이 위축되었으리라. 바야흐로 그리스인과 고트족은 다시 한번 대회전을 벌이게 되었다.

고트족에게 빼앗긴 로마

콘스탄티노플을 떠날 때부터 벨리사리우스는 이번 2차 이탈리아 원정에서는 한 팔을 등 뒤에 묶은 채 나머지 한 팔로만 싸울 수밖에 없으리라는 것을 알고 있었다. 반도의 재탈환을 맡겼으면서도 유스티니아누스가 그에게 내준 군대는 소규모 오합지졸인 데다 그에게는 권한도 돈도 없었기 때문이다. 심지어 황제가 제국의 국고에서 원정에 필요한 기금을 내주지 않고 벨리사리우스에게 사비로 인력과 장비를 충당하게 했다는 소문까지 나돌았다. 예전의 벨리사리우스라면 그런 부담이라도 기꺼이 받아들였을 것이다. 황실을 제외하면 제국의 어느 시민보다도 부자였을 뿐 아니라 몇 차례 전공을 올리면 금세 금고에 돈을 채워 넣을 수 있었기 때문이다.* 그러나 지금은 재산의 상당 부분을 황후에게 빼앗긴 데다 현재 상황을 볼 때 승리의 가능성은 거의 없었으므로 그는 무기력한 처지였다. 이탈리아로 가는 도중에 약간의 병력을 충원할 수는 있었지만 미래에 대한 믿음을 주기에는 턱없이 모자랐다.

* 벨리사리우스가 전쟁에서의 승리를 통해 부자가 된 데서 알 수 있듯이, 용병의 전통이 오래된 로마 군대의 특징은 병사들에게 급료를 준다는 점과 전쟁에서 승리했을 경우 전리품을 가질 수 있다는 점이다(앞에서 자주 나온 관례화된 '사흘 간의 약탈' 도 병사들의 몫을 챙겨 주기 위한 것이다). 그와 달리 중국과 페르시아 등 동양 제국들은 오로지 왕(황제)의 명령에 따라 병사들이 싸웠고, 전리품도 일단 명목상으로는 모두 왕의 것이었다. 나중에 십자군 전쟁에서도 보겠지만, 유럽의 군주들이 직접 군대를 거느리고 원정에 나선 것과 달리 비슷한 시기 몽골 제국에서는 대한(大汗)이 휘하 장수에게 군대를 맡겨 원정을 보내는 것에도 그런 문화적 차이가 관련된다.

그래도 그는 최선을 다했다. 이탈리아에 도착한 지 1년 만인 544년 여름 그는 오트란토와 오시모를 수복했고, 페사로에 방어진을 재건했으며, 곧이어 전개된 고트군의 맹공을 막아냈다. 하지만 이 무렵에 그는 제국군의 몇 가지 문제점을 알게 되었다. 우선 병사들 대부분이 1년 넘도록 급료를 받지 못하고 있었으며, 그가 없는 4년 동안 상황이 크게 달라졌다는 것을 피부로 실감하게 되었다. 이제 제국에 노골적으로 적대감을 드러내는 것은 고트족만이 아니라 이탈리아인 전체였다. 수중의 병력으로는 그저 이탈리아에 제국의 존재를 유지하는 정도만 가능했을 뿐 이탈리아를 수복하는 것은 불가능했다.

그런 점을 염두에 두고 545년 5월에 그는 유스티니아누스에게 편지를 보내 병력, 병마, 무기, 재정의 절대 부족을 호소했다.

> 제가 생각하기에 이런 것들이 충분히 공급되지 않으면 전쟁을 수행할 수 없습니다. 트라키아와 일리리아에서 애써 찾아보았지만 병력만 조금 모을 수 있었습니다. 하지만 수도 적고, 자질도 좋지 않은 데다 무기라고 할 만한 것도 없고, 전투 경험도 전무한 자들입니다. 또한 여기 병사들은 잦은 패배로 불만이 많고 사기가 저하되어 있습니다. 그래서 적의 기미만 보아도 재빨리 말에서 내려 무기를 땅바닥에 내던지고 도망칠 궁리만 합니다. 이탈리아는 대부분 적이 점령하고 있기 때문에 여기서 전쟁 비용을 조달하기란 불가능합니다. 그러므로 우리는 병사들에게 밀린 급료를 주지 못하며, 이 때문에 병사들에게 마음대로 명령을 내리기가 어려운 처지입니다.

폐하, 솔직히 말씀드려서 우리 군대의 대다수는 현재 적의 기치 아래 복무하고 있습니다. 그저 벨리사리우스를 이탈리아에 보내는 것에만 만족하신다면 전쟁 준비는 이대로도 완벽합니다. 하지만 적을 이기려면 그 이상의 조치를 취해야 합니다. 장수는 부하 없이 아무것도 할 수 없습니다. 우선 제 경호병들을 기병과 보병 모두 보내 주십시오. 둘째로, 훈족을 비롯한 야만족 부대를 많이 보내 주십시오. 셋째로, 병사들에게 급료를 줄 돈을 보내 주십시오.

벨리사리우스는 이 편지를 요한네스에게 전하라고 명했다. 그는 요한네스가 당연히 이 편지를 본 황제가 내주는 군사와 지원금을 가지고 최대한 신속하게 돌아올 것으로 기대했다. 그러나 요한네스는 콘스탄티노플에서 7개월이나 지체하다가 늦가을이 되어서야 디라키온에서 눈이 빠지도록 기다리고 있는 벨리사리우스에게 돌아왔다. 사실 요한네스가 늦은 데는 이유가 있었다. 수도에 머무는 시기를 이용하여 황제의 사촌인 게르마누스의 딸에게 구혼하여 결혼한 것이었다. 이제 황실과 연고를 맺었으니 요한네스는 앞으로 더욱 다루기 힘들어질 터였다. 그래도 그는 이사키우스라는 아르메니아 장군과 공동 지휘하에 상당한 규모의 로마인과 야만족의 혼성 부대를 데려왔다. 그들은 즉각 이탈리아로 건너갔다. 그와 거의 동시에 토틸라의 군대가 로마에 도착하여 포위를 시작했다.

전망은 상당히 어두웠다. 토틸라는 로마와 바다 사이의 모든 영토를 장악했고, 그의 함대는 이미 테베레 강 하구에까지 와 있었다. 게다가 제국 수비대 사령관인 베사스는 충성심이 불투명한 고트족 출신으로 아직 비상식량조차 확보하지 못한 상태였다. 그래서 포위가 시작되자 곧바로 식량 부족 현상이 나타났다. 사태가 심각하게 돌아가는데도 베사스는 시를 방어하는 일보다 남은 물건들을 고가에 팔아 제 호주머니를 불리는 일에 더 열심이었다. 기근이 덮치자 덕망 높은 펠라기우스 보제—당시 비길리우스 교황은 시칠리아에 감금되어 있었는데, 그 이유는 조금 뒤에 알아보기로 하자—는 토틸라와 협상을 벌였으나 성공하지 못했다.

벨리사리우스는 테베레 강 하구로 신속히 가서 고트 함대를 격파한 다음 병사들을 상륙시켜 로마를 포위한 고트족을 뒤에서 덮치는 길밖에 다른 방법이 없다고 판단했다. 그러나 요한네스는 벨리사리우스의 부하임에도 불구하고 또다시 명령에 복종하지 않았다. 그의 주장에 의하면 먼저 남부를 탈환한 다음 로마로 북상해야 한다는 것이었다. 두 사람의 논쟁으로 가뜩이나 좋지 않은 상황이 더욱 악화되었을 것이다. 수도 얼마 되지 않는 병력을 두 지휘관이 나누어 서로 독자적으로 행동했기 때문이다.

하지만 벨리사리우스는 낙담하지 않았다. 테베레 강이 바다와 이어지는 부근인 포르투스에 도착했을 때 그는 이미 계획을 짜 놓고 있었다. 베사스가 돌격대를 이끌고 고트군을 묶어 놓고 있는 동안 벨리사리우스는 수륙 양면 작전으로 적의 후방을 공격하기로 했다. 즉 병력을 둘로 나누어 일부는 강의 남쪽 둑을 따라 행군시키고 나머지 병력은 200척의 선박에 태워 적의 함대를 쳐부순 다음 강을 거슬러 와서 합류하는 것이다. 또한 이 작전이 전개되는 동안 아르메니아의 장군 이사키우스는 강 하구의 포르투스에 머물면서 예비 병력과 보급품, 선박, 그리고 얼마 전에 남편과 합류하기 위해 도착한 안토니나를 보호하기로 했다. 벨리사리우스는 이사키우스에게 어떤 상황에서도, 심지어 자신이 사로잡히거나 전사했다는 소식을 듣는다 해도 결코 포르투스를 떠나지 말라고 신신당부했다.

하지만 결국 베사스는 적을 공격하지 않았고 벨리사리우스에게 전혀 도움이 되지 못했다. 그래도 벨리사리우스는 개의치 않고 계획대로 작전을 진행시켰다. 함선의 갑판에서 화살을 소나기처럼 퍼부어 고트족 수비대를 묶어 두는 동안 함대는 서서히 강 상류로 거슬러 올라갔다. 6킬로미터쯤 지나자 토틸라가 방어용으로 쳐 놓은 커다란 쇠사슬과 목재 기둥이 나왔다. 이것을 손쉽게 부수고 로마로 들어가는 마지막 장애물인 중무장한 다리를 공격하려 할 때 이사키우스가 적의 포로로 잡혔다는 소식이 전해졌다.

벨리사리우스는 즉각 사태를 판단했다. 고트족은 포르투스를 기습하고 점령함으로써 벨리사리우스를 바다로부터 차단한 것이었다. 게다가 무엇보다도 생각하기 싫은 게 있었다. 이사키우스가 잡혔다면 안토니나도 잡혔을 것이다. 여기까지 생각이 미치자 그는 공격을 취소하고 서둘러 바다로 빠져나왔는데, 실제 상황은 그가 들은 소식과 달랐다. 이사키우스가 명령에 따르지 않고 멋대로 오스티아의 고트족 수비대를 공격했다가 오히려 패하고 사로잡힌 것이었다. 그래서 사로잡힌 것은 이사키우스와 그를 수행했던 소수 병력뿐이었고 나머지 선박과 병력, 안토니나까지도 모두 무사했다.

하지만 마지막 기회는 무산되었고 그것으로 로마의 운명은 결정되었다. 로마인들은 질병과 기아에 시달렸으나 도시를 함락시킨 것은 질병도 기아도 아니었다. 로마는 결코 항복하지 않았다. 그러나 546년 12월 17일 밤 불만을 품은 이사우리아 수비병 네 명이 아시나리아 성문을 열자 고트족이 밀어닥쳤다. 그 반역자들이 3년 전에 토틸라가 나폴리를 점령했을 때 관대하게 대해 준 이사우리아족인지는 확인할 길이 없다. 어쨌든 토틸라는 예전에 자신이 관대한 조치를 베풀었던 효과를 뿌듯하게 느꼈을 것이다.

베사스는 수비병들과 함께 단숨에 도망쳤다. 그가 부당하게 취득한 재산은 모두 고트족의 금고로 들어갔다. 또한 아직 말까지 잡아먹을 정도로 굶주리지는 않은 로마 귀족들 일부도 말을 타고 도망쳤다. 나머지 시민들은 각 성당으로 피신했으나 토틸라의 병사들이 도시 전역을 장악하자 하나둘씩 밖으로 나오더니 필사적으로 먹을 것을 찾았다. 식량이 공급되면서 도시는 정상을 되찾았다. 프로코피우스[81]에 따르면 당시 살아남은 시민의 수는 겨우 500명이었다고 한다. 기번처럼 그 수치에 동의할 수 없다는 사람도 있겠지만, 정확한 수치는 그다지 중요하지 않다. 분명한 것은, 전략적으로 볼 때 로마의 함락은 중요하다고 할 수 없었으나 그 상징적인 의미는 매우 컸다. 토틸라는 로마 점령을 계기로 삼아 유스티니아누스에게 대사를 보내 강화를 요구했다. 과거의 더 행복했던 시절로 돌아가는 조건으로 평화를 제의하면서 그는 편지에 이렇게 썼다.

> 로마인들의 도시가 어떻게 되었는지 들으셨을 줄로 압니다. 이 일은 그냥 조용히 넘기자고 제안하는 바입니다. 제가 이 사절단을 폐하에게 보내는 이유를 설명하겠습니다. 바라건대 폐하께서는 스스로 평화의 축

복을 받아들이고 저희에게도 그 축복을 주십시오. 저희는 그 축복의 좋은 사례를 알고 있습니다. 그리 오래되지도 않은 아나스타시우스와 테오도리쿠스의 치세에 누렸던 평화와 번영을 생각해 보십시오. 폐하께서도 그것을 바라신다면 저는 폐하를 아버지처럼 여길 것이며, 이후 폐하께서는 저희를 제국의 모든 적에 맞서는 동맹자로 여기셔도 좋습니다.

그러나 유스티니아누스는 단호한 태도였다. 그가 토틸라의 제의를 받아들인다면 10년 간의 원정이 사실상 무효가 되어 버리고, 자신의 군대만이 아니라 자신의 야망까지도 패배했음을 인정해야 하기 때문이다. 그는 벨리사리우스가 이탈리아에서 전권을 지닌 사령관이라고 말했다. 고트족의 왕이 말하고 싶은 게 있다면 벨리사리우스에게 전하라는 것이었다.

토틸라는 유스티니아누스가 말한 대로 벨리사리우스에게 대화를 시도하지는 않았을 것이다. 또한 설사 대화를 했다 하더라도 별로 신통한 대답을 듣지 못했을 것이다. 로마의 함락은 곧 잊혀졌다(비잔티움은 547년 4월에 잠시 로마를 탈환했으나 3년도 못 되어 도로 잃었다). 이후 몇 달 동안 이탈리아 반도 곳곳에서 국지적인 전투가 벌어진 뒤 양측이 어느 쪽도 상대방을 이기지 못하는 교착 상태에 빠졌다는 게 명백해졌다. 벨리사리우스는 황제에게 마지막으로 호소하기로 결심했다. 제국의 주변 상황은 지난번에 호소했을 때보다 호전되었다. 비록 상당한 대가가 따랐으나 호스로우 왕과 최종적인 강화를 맺었고, 5년 동안 극성을 부리며 많은 돈과 인력을 잡아먹었던 아프리카의 반란도 마침내 완전히 진압되었다. 지금과 같은 차분한 분위기라면 벨리사리우스는 원하는 지원을 받을 수 있을 터였다.

이번 연락책은 아내인 안토니나였다. 이번에 그녀는 남편이 처한 어려움을 직접 보았으므로 생생하게 자신의 경험을 말해 줄 수 있었다. 게다가 직접 황후를 통해 황제에게 전해지게 하면, 아랫사람의 농간에 놀아나지 않으리라는 계산도 있었다. 그러나 548년 한여름 콘스탄티노플로 떠난 안토니나는 수도 전체가 깊은 슬픔에 젖어 있는 것을 보았다. 그녀가 도착하기 불과 며칠 전인 6월 28일에 테오도라가 암으로 죽은 것이다. 그 즉시 안토니나는 자신의 임무가 실패하리라는 것을 예감했다. 과연 비탄에 잠긴 황제는 아무도 만나려 하지 않았고 어떤 결정도 내릴 수 있는 상황이 아니었다. 안토니나가 할 수 있는 일이라고는 남편을 부르는 것뿐이었다. 설사 이탈리아 원정이 실패로 돌아간다 해도 남편이 책임질 일은 아니라고 그녀는 생각했다.

549년 초에 벨리사리우스는 수도로 돌아왔다. 1차 이탈리아 원정에서 멋지게 성공한 뒤, 5년 간에 걸친 2차 원정은 그에게 좌절과 실망만 안겨주었다. 하지만 그래도 그는 일시적으로나마 이탈리아를 수복하는 성과를 올렸다. 그의 힘과 결의가 아니었더라면, 544년에 닥친 상상할 수 있는 최악의 상황에서 아마 비잔티움 세력은 이탈리아로부터 쫓겨났을 것이다. 벨리사리우스의 덕분에 또 한 차례 영토 수복의 토대를 놓을 수 있었던 것이다. 결국 그것을 바탕으로 얼마 뒤에, 그의 오랜 경쟁자인 나르세스는 벨리사리우스가 그토록 호소했음에도 얻지 못한 병력과 자원을 가지고 마땅히 벨리사리우스의 몫이 되었어야 할 전공을 손쉽게 자기 것으로 만들게 된다.

12

만년의 유스티니아누스

549년~565년

고결한 영혼을 지닌 황제는 자연스럽게 제국을 확대하고 발전시키는 방향으로 나아가기 마련이다.

프로코피우스

콘스탄티노플에 온 로마 교황

유스티니아누스는 벨리사리우스를 오랜 친구처럼 환영했다. 실제로 어떤 의미에서는 오랜 친구인 것도 사실이었다. 다만 그동안 두 사람은 테오도라가 끊임없이 벨리사리우스의 충성심, 이중성, 제위에 대한 야망 등에 관한 날조된 이야기를 남편에게 전한 탓에 소원한 사이로 지낸 것뿐이었다. 황제는 결코 테오도라의 말을 믿지는 않았으나, 황후가 그에게 심어 준 의혹의 씨앗만으로도 그녀가 살아 있는 한 막연한 불신의 감정을 떨쳐 버릴 수는 없었다. 하지만 이제 황후가 죽자 그런 감정은 씻은 듯이 사라졌다. 벨리사리우스가 콘스탄티노플에 돌아왔을 때 유스티니아누스는 아내를 잃은 충격에서 어느 정도 벗어나—비록 그는 죽을 때까지 슬픔에 잠겨 살지만—따뜻하게 그를 맞아 주고, 가장 친한 친구로서 대해 주었을 뿐 아니라, 아우구스테움에 있는 자기 삼촌 유스티누스의 조각상 옆에 금을 입힌 벨리사리우스의 조각상을 세워 주기도 했다.

그러나 벨리사리우스는 토틸라에게 최종적인 전면 공격을 가할 수 있도록 병력과 돈을 지원해 달라고 황제를 설득하지는 못했다. 유스티니아누스가 이탈리아를 수복하고자 하는 의지를 잃은 것은 아니었다. 어쨌거나 이탈리아 수복은 그가 즉위한 이래 늘 주요한 목표였던 것이다. 토틸라가 로마를 점령한 뒤 그의 사절단을 단호하게 거부한 것도 그 결심이 전혀 약해지지 않았음을 말해 준다. 하지만 지난 6년 동안 그는 주로 신학적 문제를 고민했다. 테오도라의 죽음으로 인해 한층 더 예민해진 이 문제는 이탈리아 수복이 중단되어 있던 시기—벨리사리우스가 소환된 때부터 황제가 죽기까지—에 제국의 사정을 알려 주는 좋은 기회를 제공한다.

논란의 근저에는 예전에도 숱한 논쟁의 대상이 되었던 그리스도의 정체성이라는 문제가 있었다. 정통 견해는 한 세기 전 칼케돈 공의회의 결정에서와 같이, 구세주는 하나의 인격 안에 불가분하게 통일된 두 개의 본성, 즉 인성과 신성을 소유한다는 것이었다. 그러나 단성론자들은 그 견해를 결코 인정하지 않았다. 그들은 신성만이 존재하므로 그리스도는 인간이라기보다 신으로 봐야 한다는 생각이었다. 비록 이단으로 규정되기는 했으나 단성론자는 대단히 많고 널리 퍼져 있어 근절하기가 불가능했다. 예를 들어 이집트는 철저한 단성론이었다. 시리아와 팔레스타인에서도 잠재적으로 위험하다 할 만큼 단성론이 확고하게 자리잡고 있었다.

반면에 서방의 경우 이단은 단성론보다 대다수 야만족들에게 퍼져 있는 아리우스 신앙이 문제였다. 로마 교회는 확고한 정통론이었고 칼케돈 규정에서 조금이라도 이탈하는 것에 반대했다. 그러므로 유스티니아누스는 까다롭고 섬세하게 헤쳐 나가야 했다. 단성론자들을 너무 거칠게 다루면 반란의 위험과 제국의 귀중한 속주들을 잃을 가능성이 있었다(이집트는 제국의 주요 곡물 생산지였다). 그렇다고 해서 단성론자들을 너무 관대하게 처리하면 정통론의 분노를 사서 백성들을 분열시킬 터였다. 다행히 테오도라는 황궁 안에 별도로 수도원을 갖춰 놓을 만큼 열렬한 단성론자였다. 그래서 유스티니아누스는 이따금 겉으로는 엄격한 노선을 취했으나 황후가 은근히 그 엄격함을 누그러뜨려 주리라는 것을 알고 있었다.

그 이중적인 정책 덕분에 황제는 꽤 많은 단성론자들을 억제하는 데 성공했다(이집트만은 그대로 방치했다). 그러나 갑자기 카리스마를 갖춘 새 지도자가 등장했다. 야코브 바라다이우스('누더기 옷을 입은 사람')는 메소포타미아 출신으로 시리아어를 하는 수도사였다. 그는 일찍이 콘스탄티노플에서 15년을 살았으나—아마 테오도라의 휘하에 있었을 것이다—그동안은 당국과 거의 마찰을 일으키지 않았다.

그러나 543년에 단성론자로서 유배된 알렉산드리아 총대주교는 그를 에데사의 주교로 임명했다. 에데사는 이미 칼케돈파가 확고히 장악하고 있기 때문에 그는 자신의 교구에 발을 들여놓기도 어려운 상황이었으나 그것은 그에게 전혀 중요하지 않았다. 중요한 것은 그가 주교로 임명되었다는 사실이었다. 그것이 그에게 미친 효과는 대단히 컸다. 그는 가난한 거지로 변장하고—그래서 '누더기 옷'이라는 이름이 붙었다—동방 전역에 단성론을 부활시키려는 사명을 실행에 옮기기 시작했다. 그는 놀라운 속도로 시리아와 팔레스타인, 메소포타미아와 소아시아 곳곳을 누비고 다니면서 서른 명 가량의 주교를 임명하고 수천 명의 사제를 서품했다.

바라다이우스가 가는 곳마다 피어오르는 광적인 신앙의 불길을 끄지 못하자 유스티니아누스는 곤경에 처했다. 이런 분위기에서는 단성론에 대해 전보다 더 세심하게 대처할 필요성이 있었다. 서방에서는 이미 그가 새로운 위협 앞에서 너무 약하고 무기력하게 대응한다며 비판하고 있었다. 뭔가 적극적인 조치가 있어야 했다. 그러나 좋은 해결책이 없었으므로 그는 공개적으로 비난하기로 결심했다. 그 대상은 단성론자가 아니라 반대쪽 극단의 신학적 입장, 즉 그리스도의 신성보다 인성을 내세우는 네스토리우스파였다. 일찍이 431년 에페수스 공의회에서 네스토리우스파는 파문을 당하고 대다수가 동쪽의 페르시아와 그 너머로 이동했기 때문에 제국의 영토 내에서는 거의 볼 수 없었다.* 따라서 그들을 비난하고 말고는 사실 별로 중요한 문제가 아니었다. 그러나 그들은 이미 단성론과 정통론 양측에게서 모두 미움을 받았으므로 그들을 공개 비난한다면 양측의 적대감이 다소나마 완화되지 않을까 하는 게 바로 유스티니아누스의 속셈이었다.

* 에페수스 공의회에서 이단이라는 판결을 받은 뒤 네스토리우스의 교리는 동쪽으로 이동하여 7세기부터는 당나라에 퍼졌다. 이것을 경교(景敎)라고 부르는데, 교회를 경문(景門), 메시아를 경전(景傳), 신도를 경중(景衆)이라 부른 데 기인한다. 때마침 당나라는 위·진 남북조 시대라는 오랜 분열기를 끝내고 대륙을 통일한 신흥 제국이었으므로, 어느 정도 전통에 얽매이지 않아 서양에서 온 새로운 종교를 용인할 여유가 있었다. 경교는 당 태종의 승인을 받고 선교의 자유를 얻었다. 경교는 한반도의 신라에까지 전래되었는데, 오늘날 신라의 유물 중에 십자가와 마리아 관음상이 발굴된 게 그 증거다. 이후 경교는 9세기부터 당나라 정부의 탄압을 받아 동양에서도 자취를 감추게 된다.

† 431년에 열린 제3차 에페수스 공의회를 그린 성 소조멘 성당의 프레스코화.

544년 초에 그는 칙령을 내려 네스토리우스파 자체가 아니라 그것을 대표하는 '삼장三章'이라 불리는 세 가지 특수한 경우를 비난했다. 삼장이란 네스토리우스의 스승인 모프수에스티아의 테오도루스, 그리고 그보다 덜 알려진 신학자들인 키루스의 테오도레투스, 에데사의 이바스 등 세 사람의 저작을 가리키는 용어였다.

그러나 그것은 어리석은 생각이었고 곧 응분의 대가를 받았다.

오직 동방의 정교회 성직자들만이 황제의 노선에 충실히 따랐다(일부는 마지못해 따랐지만). 진정한 양보를 원했던 단성론자들은 분노했고, 서방의 로마 주교들은 또 그들대로 분통을 터뜨렸다. 그들은 네스토리우스파를 비난하면 할수록 단성론자들에게만 유리해질 뿐이라고 목청을 높였다. 게다가 칼케돈 공의회에서 이미 테오도레투스와 이바스의 저작을 검토하고 결백하다는 판정을 내리지 않았던가? 그들은 삼장에 대한 비난을 한사코 거부했다. 콘스탄티노플에 온 교황의 특사인 스테파누스는 콘스탄티노플 총대주교 멘나스를 파문함으로써 교황의 불쾌함을 전달했다.

이런 반응에 유스티니아누스는 깜짝 놀라고 크게 우려했다. 이탈리아에서는 벨리사리우스의 1차 수복 이후 4년이 지나는 동안 제국의 지위가 내내 하락했다. 어느 때보다도 이탈리아의 지지가 필요한 순간에 오히려 비길리우스 교황과 로마 교회 전체를 적으로 만든 셈이다. 이런 사태는 가급적 빨리 잊혀질수록 좋았다. 그래서 그는 교황이 삼장을 비난하지 않겠다고 버티었을 때도 침묵으로 일관했고 어떻게든 관계를 개선하기 위해 애썼다.

1년 반 동안 그는 이 정책을 추구했다. 여건이 허락한다면 아마 계속 그런 식으로 밀고 나갔을 것이다. 그러나 545년 가을 토틸라의 군대가 로마의 성문 앞에 들이닥쳤다. 만약 그가 로마를 점령하고 교황을 인질로 삼는다면 그것은 불난 집에 부채질을 하는 격이었다. 유스티니아누스는 신속하게 대응했다. 11월 22일 한 장교의 지휘 아래 제국 경비대가 로마로 갔다. 그들은 성 체칠리아 성당에서 미사를 마치고 나오던 비길리우스의 신병을 확보해 테베레 강에 대기하고 있던 배에 태우고 강을 내려갔다.

교황은 어차피 불쾌하고 긴 포위 기간 동안 로마에 있고 싶지는 않았으므로 콘스탄티노플로 데려간다는 말을 듣고도 전혀 불평하지 않았다. 하지만 그도 테오도라와 다시 만난다고 생각하면 즐겁지 않았을 것이다. 몇 년 전에 그는 교황의 특사로 콘스탄티노플의 황궁에 머물던 무렵 테오도라와 비밀 협정을 맺은 적이 있었다. 벨리사리우스가 실베리우스 교황을 폐위하고 비길리우스 자신을 교황으로 만들어 준다면, 그 대가로 칼케돈의 결정을 취소하고 단성론 신앙을 공식적으로 허용하겠다는 것이었다. 황후는 약속을 지켰으나 교황은 지키지 않았다. 콘스탄티노플에 가면 그는 그 일을 해명해야 할 터였다.[82] 하지만 다행히도 그는 가자마자 곧바로 황제 부부와 만나지는 않았다. 그는 먼저 시칠리아의 카타니아에서 손님으로 1년이나 머물다가—그동안 그는 로마를 돕기 위해 곡식을 실은 배를 몇 척 로마로 보냈다—547년 1월에야 콘스탄티노플에 도착했다.

이때까지도 비길리우스는 여전히 삼장의 비난을 거부했다. 황제는 그를 따뜻하게 영접했고 플라키디아의 옛 궁전을 숙소로 사용하도록 해 주었지만, 교황은 자신의 권위를 내세우며 황제의 칙령에 동의한 멘나스 총대주교와 주교들을 4개월 동안 파문하겠다고 주장했다.[83] 그러나 황제와 황후가 계속 압력을 가한 결과 그는 얼마 안 가서 약해지기 시작했다(황후는 예전의 불만을 잊은 것처럼 보였지만 실은 그 문제 때문에 남편에 못지않게 열심이었고 단호했다). 결국 6월 29일에 교황은 공식적으로 총대주교와 화해하고 유스티니아누스에게 자신이 서명한 삼장의 유죄 선고장을 건네 주었다. 단, 일부 서방 주교들의 공식 조사가 끝날 때까지는 그 사실을 비밀에 부쳐달라는 조건을 달았지만, 그들이 조사할 때는 이미 결론이 난 뒤일 것이라고 그는 넌지시 말했다. 그리고 548년 4월 11일에 「판단 Judicatum」이라는 교서를 발표하여 삼장을 엄숙하게 파문했으나, 칼케돈의 교리에 대한 지지는 변함 없다고 못박았다.

그로부터 열한 주일 뒤에 황후는 죽었지만, 황제 부부는 마침내 교회의 통합을 이뤄 냈다고 여겼을 것이다. 하지만 분열의 골이 오히려 그 어느 때보다 깊다는 사실이 곧 드러났다. 사람들은 늘 황제보다 테오도라를 두려워했다. 그녀가 살아 있을 때는 많은 저명한 성직자들—예전에 그녀의 휘하에 있었던 사람들을 포함하여—이 그녀의 심기를 건드리기보다는 차라리 저자세를 취했다. 그러나 황후가 죽자 그들은 공개적으로 황제의 칙령에 반대했으며, 점차 유럽 전역의 많은 사람들도 그들의 선례를 좇았다. 아무리 나중에는 비길리우스가 찬성을 했다 해도 그의 파문이 칼케돈의 권위를 심각하게 저해했다는 것은 분명했다. 이제 교황은 서방의 그리스도교권 전체로부터 배신자이자 배교자라는 욕을 먹었다. 심지어 아프리카의 주교들은 그를 파문하기까지 했다.

오직 이탈리아에서만 비길리우스에게 크게 반대하지 않았다. 오랜 약탈로 인해 빈곤해지고 피폐해지고 기근에 시달리는 이탈리아인들은 골치 아픈 신학 논쟁에 관심을 가질 여유가 거의 없었다. 이탈리아 반도를 놓고 벌인 로마인과 고트족의 오랜 투쟁은 이제 최종 국면으로 접어들고 있었다.

환관이 이끈 원정

삼장에 대한 걱정은 주로 그 자신이 초래한 것이지만, 어쨌든 그 때문에 유스티니아누스는 잠시 이탈리아 문제에서 마음을 돌릴 수 있었다. 그는 늘 고트족을 과소평가하는 경향이 있었다. 그래서 토틸라가 로마를 점령한 지 불과 넉 달 뒤인 547년 4월에 비잔티움군이 로마를 탈환했을 때, 그는 이제 조금만 더 있으면 고트족의 저항도 제풀에 주저앉으리라고 확신했다.

하지만 불행히도 일은 그렇게 풀리지 않았다. 550년 1월 16일에 역사는 다시 반복되었다. 로마 수비대의 일원이던 이사우리아족 한 무리가 불만을 품고 토틸라의 병사들에게 또 성문—이번에는 산파올로 푸오리 레 무라 근처에 있는 오스티엔시스 성문—을 열어 준 것이다. 546년에 고트족은 침략자로서 로마에 들어왔으나 이번에는 아예 그곳에 눌러앉으려 했다. 그들은 빈집을 찾아 가족들과 함께 정착했고, 원로원도 다시 열었다. 피난을 떠난 로마 시민들에게는 돌아오라고 권유했다. 부서진 건물도 보수되고 복구되었다. 그해 여름 토틸라는 로마에 대한 자신의 의도를 더 확실하게 보여 주었다. 막시무스 원형 경기장에서 경주를 완전히 부활시키고, 자신도 직접 황제석에 앉아 경기를 주재한 것이다.

한편 고트족 함대는 이탈리아와 시칠리아를 약탈하고, 551년에 전리품을 가득 싣고 돌아왔다. 이 두 가지 모욕에 유스티니아누스는 마침내 대응에 나섰다. 원형 경기장에서의 일은 그의 권위에 대한 의도적인 도전이었고, 시칠리아 약탈은 더 분통이 터지는 일이었다.

벨리사리우스가 탈환한 이래 시칠리아는 황제의 사유재산이 되었으므로 거기서 나오는 세수는 제국의 국고가 아니라 바로 그의 호주머니로 들어갔던 것이다. 그는 즉각 이탈리아 원정을 맡을 사령관을 찾았는데, 처음에 그가 낙점한 인물은 사촌인 게르마누스였다.

테오도라가 있을 때라면 그의 발탁은 생각할 수도 없었다. 그녀는 게르마누스를 벨리사리우스보다도 더 싫어했으므로 어떻게 해서든 그를 끌어내리려 했을 것이다. 하지만 이제 테오도라는 없고, 게르마누스는 유능하고 노련한 군인이었다. 벨리사리우스만큼 영리하지는 않지만, 믿을 수 있고 실력도 있으며 무엇보다 대단히 충성스러웠다. 더욱이 그는 일단 이탈리아에 도착하면 자신의 영향력을 더욱 확장할 수 있는 소지가 있었다. 8년 전에 콘스탄티노플에서 포로로 잡혀와 죽은 불운한 왕 비티게스의 미망인인 마타순타와 결혼했기 때문이다. 테오도리쿠스 대왕의 손녀인 마타순타는 상당수 고트족 귀족들의 충성을 받을 수 있을 테고, 게르마누스는 운이 좀 따른다면 이탈리아 지주들의 지지를 얻을 수 있을 터였다.

유스티니아누스는 서방 제국을 수복한 뒤 이탈리아인과 고트족이 서로 통합을 이루고 게르마누스가 라벤나에서 그의 부제이자 궁극적인 후계자로서 다스리는 형태를 의도했던 것일까? 벨리사리우스에게 내주었던 어느 군대보다도 규모가 큰 대군을 거느리고 아름답고 젊은 아내—그녀는 아직 서른 살 정도였고 처음으로 임신한 상태였다—를 동반한 게르마누스와 작별 인사를 나누는 유스티니아누스의 마음에는 아마 그런 구상이 있었을 것이다. 그러나 그 목적이 과연 실현될 수 있었을지 우리는 알 수 없다. 550년 가을 게르마누스는 열병에 걸려 세르디카(소피아) 진영에서 죽었기 때문이다. 그는 결국 이탈리아 땅을 밟아 보지도 못했고, 자신의 아들을 안아 보지도 못했다.

사촌이 죽었다는 소식은 유스티니아누스에게 또 한번의 큰 충격이었다. 이제 그는 예순여덟 살의 노인이고 자식도 없었다. 그의 마음에서는 후계자를 선정한다는 생각이 늘 떠나지 않았으나, 이탈리아 원정의 성과가 어떻든 간에 게르마누스는 유력한 후보자였다. 하지만 이탈리아의 상황은 점점 급박해졌다. 엄청난 대군이 지휘관도 없는 상태였기 때문이다. 이 단계에서 철수한다면 이탈리아 반도에 대한 토틸라의 주권을 공개적으로 승인하는 결과가 되기 때문에 차라리 패배하는 것보다도 더 안 좋았다. 따라서 새 사령관을 찾아서 신속하게 보내는 게 급선무였다. 과연 유스티니아누스는 지난 두 차례의 원정에서처럼 벨리사리우스를 발탁했을까? 설사 그랬다 해도 벨리사리우스는 노골적으로 거절했을 것이다. 이탈리아를 제국의 영토로 탈환할 수 있는 이 마지막 기회에 발탁된 인물은 이미 칠순이 훨씬 넘은 환관 나르세스였다.

그 선택은 전혀 뜻밖이었다. 하지만 보기만큼 그렇게 터무니없는 것은 아니었다. 나르세스는 분명히 노인이었으나 패기와 결단력은 잃지 않았다. 또 그는 야전 경험이 적었지만 이탈리아에는 이미 뛰어난 전술가들—특히 그의 옛 친구 요한네스—이 있었다. 무엇보다 필요한 것은 강한 의지를 지닌 탁월한 조직자였다. 그래야 늘 다툼이 잦은 지휘관들을 통제하고, 그들에게 새로운 목적과 기백을 불어넣어 줄 수 있었다. 나르세스는 바로 그런 임무에 적임자였다.

그는 자신이 맡은 임무의 중요성에 압도당하지 않았다. 그 무렵 제국의 통제를 받고 있는 이탈리아의 도시는 라벤나, 앙코나, 오트란토, 크로토네의 단 네 곳뿐이었다. 나르세스는 평생을 황궁에서 보내면서 그냥 놀고먹은 게 아니었다. 그는 유스티니아누스를 어느 누구보다 잘 알았으므로 황제를 설득하여 게르마누스의 군대보다도 더 큰 군대를 얻어 낼 수 있었다. 병력은 최소한 3만 5천 명이었는데, 그 대부분은 롬바르드족, 게피다이족, 헤룰리족, 훈족 등의 야만족이었고 지난 전쟁에서 포로로 잡은 상당수의 페르시아 병사들도 있었다. 나르세스는 551년 봄에 콘스탄티노플을 출발했으나 그해 말까지 트라키아와 일리리아에서 보내면서 군대 조직을 점검하고 병력을 더 충원했다. 이번 원정은 그에게도 경력의 최고봉이 될 터였으므로 그는 실패하고 싶지 않았다.

552년 초여름에야 나르세스는 군대를 거느리고 이탈리아로 출발했다. 그들은 육로로 가서 아드리아 해를 돌아 라벤나로 행군했다. 거기서 나르세스는 현지 병사들에게 오랫동안 밀린 급료를 줄 수 있었다. 그렇게 아흐레 동안 힘을 비축한 다음 그들은 아펜니노 산맥을 넘고 플라미니우스 가도를 따라 남쪽으로 향했다. 한편 토틸라는 같은 길로 북상하여 그들의 진로를 막았다. 6월 말의 어느 날 타지나에(소도시인 스케자와 괄도타디노 사이의 어느 지점)에서 로마군과 고트군은 전체 전쟁의 향방을 좌우할 운명적인 만남을 가졌다.

프로코피우스는 이 전투를 목격하지 못했지만—그는 상관인 벨리사리우스와 함께 콘스탄티노플로 돌아갔다—여전히 우리에게 대단히 상세한 설명을 전해 준다. 예를 들면 이렇다. 토틸라는 나르세스를 속이려고 했다. 전투를 한 주 연기하자고 말해 놓고 그 이튿날 기습적으로 공격하려 한 것이다. 그러나 그의 술수를 의심한 나르세스는 만반의 준비를 갖추고 있었다. 나중에 토틸라는 아군 병력 2천 명이 오고 있다는 것을 알고 시간을 끌었다. 심지어 양측 군대는 승마술을 과시하기까지 했으며, 토틸라는 시간을 더 벌기 위해 고트족의 장기인 고등 마술馬術을 선보였다. 주름투성이의 늙은 환관이 무표정한 얼굴로 이 광경을 지켜보고 있다고 상상해 보라. 아주 묘한 장면이었을 것이다. 이윽고 전투가 시작되자 고트군은 금세 포위되어 무너졌고, 해가 질 무렵에는 공포와 혼동 속에 흩어져 달아났다. 비잔티움군은 열심히 추격에 나섰다. 토틸라는 치명상을 입은 몸으로 도피했다가 몇 시간 뒤 카프라에(현재의 카프라라)라는 작은 촌락에서 죽었다.

고트족은 모든 희망이 사라졌어도 항복하지 않았다. 그들은 토틸라의 휘하 장군들 가운데 가장 용감한 인물인 테이아를 만장일치로 지도자로 선출하고 저항을 계속했다. 포 강 이북의 이탈리아를 장악한 프랑크족과 동맹을 맺고자 하는 시도는 실패로 돌아갔다. 프랑크족의 왕 테우디발드는 전쟁의 양 당사자들이 싸우는 것을 옆에서 지켜보고 있었다. 그는 테이아의 선물을 받고도 그를 도우려 손가락 하나 까딱하지 않았다. 한편 나르세스는 계속 남하했다. 도중의 도시들은 잇달아 성문을 열어 정복자를 환영했다. 잠깐의 포위 공격으로 쉽게 로마를 함락한 다음에—이로써 유스티니아누스의 치세 동안 로마는 다섯 번이나 임자가 바뀌었다—늙은 환관은 전진을 계속했다. 그는 토틸라가 나폴리 만의 북쪽 끝에 위치한 쿠마이에 많은 재산과 금괴를 비축해 두었다는 것을 알고, 누가 채 가기 전에 자신이 먼저 손에 넣고자 했다.

테이아도 마찬가지 의도에서 나폴리 수비대를 구원하기 위해 신속하게 움직였다. 하지만 어떤 이유에선지 그의 군대는 노체라 부근의 나폴리 만 남쪽 끝자락의 산에서 모습을 드러냈다. 베수비오 산의 남동쪽에 있는 사르노 강(당시의 이름은 드라코 강) 유역—오래전에 잊혀진 도시 폼페이에서 2~3킬로미터 떨어진 지점—에서 552년 10월 로마군과 고트군은 최후의 일전을 치렀다. 테이아는 용감하게 싸우다가 창을 맞고 죽었다. 그러나 그의 머리를 창대에 꿰어 높이 치켜들어 보였음에도 고트족 병사들은 전투를 멈추지 않았다. 이튿날 저녁 무렵에야 비로소 살아남은 소수의 고트족이 협상에 동의했다. 뒤이은 조약에 따라 고트족은 이탈리아를 떠나기로 하고 다시는 제국과 전쟁을 하지 않기로 약속했다. 그 대가로 그들은 가져갈 수 있는 모든 재산을 가져가도 좋다는 허락을 받았고, 향후 강제로 제국의 군대에 징집되지 않는다는 보장을 받았다.

일부 저항의 거점들은 남아 있었다. 쿠마이의 수비대는 뒤늦게 도착한 프랑크족 지원군의 도움을 받아 몇 달 동안 더 항전했고, 포강 이북의 한두 개 도시는 더 오랫동안 고트족의 수중에 있었으며, 베로나는 9년 동안이나 저항하다가 항복했다. 그러나 베수비오 산 아래에서의 필사적인 전투는 고트족이 이탈리아에서 사실상 최종적으로 패배했음을 알리는 신호였다. 유스티니아누스의 원대한 야망이 마침내 실현된 것이다.

나르세스와 같은 칠순의 노장군이, 그것도 거세당한 환관의 몸으로 그토록 신속하고 과감하게 원정을 성공한 사례는 역사적으로 보기 드문 경우다. 하지만 552년 봄에 그가 군대를 거느리고 이탈리아로 진군할 바로 그 무렵에 또 하나의 비잔티움 원정군이 에스파냐에 상륙했다. 이 군대는 나르세스의 군대보다 규모가 작았고 지휘관은 나르세스보다 더 나이가 많은 리베리우스라는 장군이었다. 그는 60년 전 테오도리쿠스 시절에 이탈리아의 민정 총독을 지냈으므로 이 무렵에는 여든다섯 살이 넘었을 것으로 추정된다.

이탈리아 수복에 비하면 에스파냐 원정은 부록에 불과했고 그 과정도 간단히 요약할 수 있다. 그 시기에 에스파냐는 서고트족이 확고히 장악하고 있었다. 그들은 5세기 초에 에스파냐로 들어왔고 418년에는 로마와 조약을 맺어 제국의 종주권을 인정했다. 그 관계는 테오도리쿠스 치하의 이탈리아와 비슷하다. 에스파냐의 로마 지주 귀족들은 자신의 영지에서 안락하게 살 수 있고 콘스탄티노플과의 거리가 워낙 멀어 제국의 간섭을 거의 받지 않으므로 현재 상태에 완전히 만족했다. 하지만 이윽고 그들과 서고트족 지배층에게도 폭풍의 전조가 느껴졌다. 533년 벨리사리우스가 북아프리카의 반달 왕국을 정복하고 그 이듬해 셉템(현재의 세우타) 항구에서 서고트 수비대를 몰아내자 그들은 바짝 긴장했다. 서고트 왕 테오디스는 547년에 셉템을 되찾으려 했으나 대실패로 끝났다. 그는 자신이 교회에 있던 일요일에 로마인들이 공격한 것은 부당하다고 항변했지만 그의 군대가 전멸했다는 사실을 바꿀 수는 없었다. 결국 그도 얼마 뒤에 암살되고 말았다.

그 뒤 551년에 테오디스의 두 번째 후계자인 아길라 왕은 동시에 일어난 두 가지 반란에 시달렸다. 하나는 코르도바의 로마인들이 일으킨 것이었고, 그보다 더 크고 더 심각한 또 하나의 반란은 왕의 친척인 아타나길드가 주동한 사건이었다. 아길라가 용감하고 과감하게 반란에 대처하자 아타나길드는 곧 황제에게 도움을 호소하기에 이르렀다.[84] 그것은 바로 유스티니아누스가 고대하던 바였다. 이탈리아 원정이 시급한 데다 만성적인 병력 부족에도 불구하고 그는 나르세스의 군대에서 소규모 병력—아마 많아야 1~2천 명이었을 것이다—을 차출하고, 리베리우스에게 그 병력을 거느리고 에스파냐로 가서 아타나길드를 돕고 로마 반란 세력을 보호하라고 명했다. 남동부 해안에 상륙한 원정군은 별다른 저항을 받지 않았다. 서고트군은 이미 아길라에게 충성하는 파와 반란에 운명을 건 파로 완전히 나뉘어 힘을 쓰지 못했다. 얼마 안 가서 리베리우스는 발렌시아와 카디스의 남쪽, 코르도바를 포함하는 일대를 거의 장악했다. 555년에 아길라는 부하들의 손에 피살되었고 아타나길드는 순조롭게 왕위에 올랐다.

새 왕이 제국의 가신으로서 나라를 다스렸다면 모든 게 잘 되었을 것이다. 그러나 그럴 마음이 없었던 아타나길드는 리베리우스에게 가급적 조속하게 군대와 함께 떠나라고 촉구했다. 리베리우스—그는 군대의 지휘만이 아니라 외교에도 능했던 모양이다—는 원칙적으로 동의하면서도 아타나길드에게 협상을 하자고 설득했다. 결국 두 사람은 황제가 정복한 지역을 제국의 영토로 한다는 데 합의했다. 하지만 병력이 너무 적었고 통신망은 위험할 만큼 길었다. 유스티니아누스는 이베리아 반도의 8할 가까이 되는 지역이 제국의 영향력 바깥이라는 사실을 인정할 수밖에 없었다. 그러나 그는 발레아레스 제도를 차지함으로써 코르시카와 사르데냐(각각 벨리사리우스와 나르세스가 정복했다)에 이어 서부 지중해 세계의 튼튼한 기지를 또 하나 얻었다. 이제 그는 로마 제국의 영토가 다시 흑해에서 대서양까지 이른다고 자랑할 수 있게 되었다. 그 원정은 완벽한 성공은 거두지 못했어도 결코 실패는 아니었던 것이다.

무릎 꿇은 교황

나르세스의 군대가 로마에서 고트족을 마지막으로 몰아냈을 때 교황 비길리우스는 감사의 예배를 주재하지 않았다. 그는 여전히 콘스탄티노플에 있었고, 삼장 논쟁에 점점 더 깊숙이 얽혀들고 있었다. 자신이 발표한 「판단」으로 적대감이 빚어지자 550년 그는 그 문제의 교서를 철회해야 했다. 그해 8월에 그는 황제를 위해 자신의 모든 힘을 사용할 것이라고 유스티니아누스에게 비밀리에 서신으로 서약했으나, 서방 교회를 장악하기 위해, 나아가 존경을 받기 위해 노력하는 과정에서 불가피하게 황제의 견해로부터 점점 더 멀어질 수밖에 없었다.

이듬해에 유스티니아누스가 두 번째 칙령을 긴 논문의 형태로 발표하자 두 사람의 관계는 더욱 악화되었다. 그 칙령에서 황제는 마치 자기 개인이 공의회라도 되는 것처럼 그리스도교의 기본 교리에 대한 자신의 해석을 개진했고 끝 부분에서는 다시 삼장에 대한 격렬한 비난을 퍼부었던 것이다. 비길리우스는 수도에 있는 서방 성직자들의 재촉을 받고, 황제의 칙령이 칼케돈의 원칙에 위배된다고 항의하면서 칙령을 철회하라고 요구했다. 유스티니아누스는 당연히 그 요구를 거절했다. 그러자 교황은 콘스탄티노플에 체재하는 동방과 서방의 모든 주교들을 자기 궁전으로 불러 모아 회의를 열었다. 회중은 만장일치로 칙령에 반대했으며, 모든 성직자들에게 칙령을 따르는 성당에서는 일체의 미사를 집전하지 말라고 엄숙히 명령했다. 며칠 뒤 두 고위 성직자가 이 명령을 위반하자 그들은 콘스탄티노플 총대주교와 함께 즉각 파문당했다(총대주교로서는 세 번째로 당하는 파문이었다).

이 소식을 들은 유스티니아누스는 불같이 화를 냈다. 교황은 자신이 체포당할지 모른다고 여겨 황제가 최근에 호르미스다스 궁전[85] 옆에 건립한 성 베드로와 성 바울 성당으로 피신했다. 그러나 그가 성당에 도착하자마자 수도의 치안을 담당한 치안관이 근위대를 거느리고 들이닥쳤다. 당시 현장을 목격한 이탈리아 성직자들은 나중에 프랑크 왕국의 대사들에게 그 장면을 상세하게 전달했는데,[86] 병사들이 성당 안으로 진입하여 칼과 활로 교황을 직접 겨누었다고 한다. 병사들을 본 비길리우스는 주제단으로 달려갔다. 주변에 있던 사제들과 보제들은 치안관에게 항의했으며, 곧이어 몸싸움이 벌어지면서 몇 명이 가벼운 상처까지 입었다. 병사들은 제단의 기둥을 부둥켜안고 버티는 교황을 다리와 머리털, 수염까지 잡아당기며 떼어내려 애썼다. 그러나 잡아당길수록 교황은 더욱 기둥에 단단히 달라붙었다. 이윽고 기둥이 약해지면서 제단이 무너져 내려 교황의 머리를 살짝 비껴갔다.*

이 무렵 많은 군중까지 성당으로 몰려와서 그리스도의 대리인을 그렇게 함부로 다루는 것에 격렬히 항의했다. 그 기세에 병사들도 주저하는 기색이 역력해지자 치안관은 철수하기로 결정했다. 비록 몰골은 말이 아니었으나 그래도 승리한 비길리우스는 피해를 조사했다. 이튿날에는 벨리사리우스가 직접 고위층 대표단을 이끌고 성당에 찾아와 황제의 유감을 표시하고, 교황이 안전하게 거주지로 돌아가도록 허용하겠다고 공식적으로 밝혔다.

교황은 곧장 숙소로 돌아왔으나 사실상 가택 연금 상태에서 엄중한 감시를 받게 되었다. 그는 현재의 진퇴유곡 상태를 타파하고 그가 그토록 추구하던 서방 교회에서의 권위를 회복하기 위해서는 다시 한번 중대한 조치를 취하지 않을 수 없다고 판단했다. 크리스마스를 이틀 앞둔 551년 12월 23일 밤에 비길리우스는 궁전의 조그만 창문으로 간신히 빠져나와 배를 타고 보스포루스 맞은편의 칼케돈으로 가서 성 유페미아 성당을 찾았다. 그것은 영리하면서도 상징적인 행동이었다. 451년의 칼케돈 공의회와 자신을 의도적으로 결부시키는 한편, 공의회의 권위를 무시하는 황제를 멀리 하고, 꼭 한 세기 전에 공의회가 열렸던 바로 그 장소에 피신한 것이었기 때문이

* 한편으로 우스꽝스러운 이 장면은 당시 그리스도교권에서 신성과 세속의 권력이 얼마나 절묘하게 어울려 있었는지를 말해 준다. 비잔티움의 황제는 세속의 최고 권력자였지만(더욱이 당시에는 서방 황제가 없었다) '신의 영역'인 성당에서는 그 권력이 통하지 않았다. 이 전통은 중세에까지 이어져, 아무리 중죄를 지은 범인이라 할지라도 성당의 성소(sanctuary)에 피신하면 세속의 권력은 손을 쓸 수 없었다. 세속의 황제가 '하늘의 아들(천자)'이라는 이름으로 하늘과 '혈연관계'를 맺고 절대권력을 소유했던 중국식 제국과는 사뭇 다른 분위기다.

다. 또다시 벨리사리우스는 대표단을 이끌고 가서 탄원했지만, 이번에는 교황도 굳게 버티었다. 며칠 뒤에 병사들이 성당으로 왔으나 사제들 몇 명을 체포하는 데 그쳤을 뿐 교황의 몸에는 감히 손을 대려 하지 않았다. 그러는 동안 비길리우스는 유스티니아누스에게 「회칙Encyclica」이라고 알려진 긴 서한을 써서 보냈는데, 거기서 그는 황제가 가한 비난에 답하고, 그 논쟁에 대한 자신의 견해를 설명한 다음 다시 협상을 제안했다. 또한 교황은 좀더 강경한 분위기로 지난 8월에 자신의 분노를 부른 총대주교와 두 주교에게 파문을 내렸다.

협상은 봄에 재개되었고, 6월에 유스티니아누스는 중요한 전술적 양보를 결정했다. 즉 파문을 당한 총대주교와 두 주교를 성 유페미아 성당으로 보내 비길리우스에게 사과하도록 한 뒤 교황이 수도로 돌아오게 하는 것이었다. 또한 양측은 황제의 칙령을 포함하여 최근까지 삼장에 관해 양측에서 발표한 모든 선언을 무효화한다는 데 합의했다. 교황의 지지 세력에게 이것은 승리처럼 보였다. 모든 선언이 취소된다면 더 이상 선언이 나올 가능성도 적어질 테고, 운이 따른다면 그들이 원하는 대로 쟁점 전체가 희석화될 수 있기 때문이었다. 그러나 유스티니아누스는 아직 패배한 게 아니었다. 그는 다시 세계 공의회를 소집해서 이 문제를 완전히 매듭짓겠다고 천명하고 비길리우스에게 사회를 맡겼다.

원칙적으로 세계 공의회에는 그리스도교권의 모든 주교들이 참석해야 했다. 당시에는 모든 주교가 모여야만 공의회장에 성령이 강림해서 결정의 오류를 빚지 않도록 해준다는 믿음이 있었다. 그들의 판단은 최고의 권위를 지녔고 그들의 결정은 최종적이었다. 그러나 현실적으로 모든 주교가 참석한다는 것은 불가능했다. 그러므로 특정한 쟁점에 관해 의견이 통일되지 않을 경우, 공의회의 결정은 신의 개입이 아니라 참석한 주교들 중에서 해당 의견에 동의하는 주교들의 수에 의해서 내려졌다. 황제와 교황은 서방보다 동방의 주교들이 훨씬 많으므로—특히 콘스탄티노플에서 공의회가 개최될 경우—동방 주교들의 입김이 더 강하다는 것을 잘 알고 있었다. 그래서 비길리우스는 동방과 서방에서 같은 수의 대표들이 위원회를 구성하여 그 사안을 처리하자고 제안했다. 물론 유스티니아누스는 거절했다.

여러 가지 다른 방법이 제기되었다가 거절되자 교황은 공의회 참석 자체를 거부하는 수밖에 없다고 판단했다. 그 결과 553년 5월 5일 소피아 대성당에서 멘나스의 후임 총대주교인 유티키우스의 사회로 열린 제5차 세계 공의회에 참석한 주교 168명 가운데 서방측에서는 열한 명밖에 오지 않았고, 그중에서도 아홉 명은 아프리카의 주교였다. 유스티니아누스는 회의에 영향을 주고 싶지 않다면서 참석하지 않기로 했다. 하지만 그가 회의 대표단에게 보낸 서한은 첫 회의 석상에서 낭독되어 참석자들에게 삼장이 이미 파문되었다는 사실을 일깨워 주었다. 황제의 의도에 대해서는 어느 누구도 명백히 알 수 있었다.

회의가 일주일 이상 계속되었을 무렵 5월 14일에 교황은 자신과 서방 성직자 열아홉 명이 서명한 이른바 「결의Constitutum」라는 교서를 발표했다. 그 내용은 일종의 타협안으로서, 모프수에스티아의 테오도루스의 저작 중에 중대한 오류가 있다는 점을 인정했으나 그와 함께 삼장에 포함된 다른 두 학자는 칼케돈에서 '정통 교부'로 인정되었다고 주장했다. 어쨌든 죽은 사람을 파문하는 것은 옳지 않았다. 그러므로 삼장을 두고 벌어진 현재의 소동은 근거도 없고 필요도 없으며, 그 자체로 비난받아 마땅할 일이었다. 비길리우스의 결론은 모든 성직자들에게 "신의 은총에 의해 우리가 관장하는 교황 교구의 권위로써 명하건대" 더는 견해를 달지 말라는 것이었다.

5월 25일에야 교황은 그 교서를 황궁으로 보냈다. 물론 이탈리아의 달라진 사정을 감안한다면 그 자신도 교서가 통하리라고 기대하지는 못했을 것이다. 토틸라가 죽었고 고트족이 물러갔으니 이제 황제가 이탈리아의 로마 시민들에게 애타게 지지를 호소할 필요가 없어졌기 때문이다. 비길리우스에게 신물이 난 유스티니아누스는 마침내 그를 자신의 뜻대로 처리할 여유를 얻었다. 그는 「결의」에 응답하지 않고, 비서를 통해 공의회에 세 가지 문서를 보냈다. 첫째는 교황이 547년 6월에 작성한 삼장을 파문하는 비밀 문서였고, 둘째는 550년 8월에 삼장을 전체적으로 비난하는 데 힘쓰겠다는 교황의 서약서였으며, 셋째는 향후 교황의 이름을 딥티크에서 빼라는 명령장이었다. 이것은 사실상 교황의 파문장인 셈이었다. 하지만 유스티니아누스는 비길리우스 개인을 거부할 뿐 로마와의 단절을 원하는 것은 아니라고 강조했다.[87]

5월 26일에 열린 제7차 회의에서 공의회는 황제의 명령을 공식적으로 추인하고 "교황이 자신의 잘못을 회개할 때까지" 교황을 파문한다고 선언했다. 6월 2일의 제8차이자 마지막 회의에서는 황제의 두 번째 칙령을 거의 자구 그대로 되풀이하고, 테오도루스와 테오도레투스를 포함한 모든 이단들을 파문했다. (삼장 중 나머지 한 사람인 이바스는 그가 썼다고 알려진 문제의 서한을 사실 다른 사람이 썼다는 이유로 파문을 면했다.)

비길리우스는 막다른 골목에 몰렸다. 그는 마르마라 해의 어느 섬으로 유배되었고, 공의회의 결정을 받아들이기 전에는 로마로 돌아가지 못한다는 처분을 받았다. 그곳에서 신장 결석까지 겹쳐 6개월을 고생한 뒤 그는 조건부로 항복했다가 마침내는 무조건 항복했다. 12월 8일 총대주교에게 보낸 서한에서 그는 과거 자신의 모든 잘못을 인정했으며, 두 달 뒤에는, 필경 유스티니아누스의 재촉이 있었겠지만 서방 교회에 삼장과 그들을 지지한 모든 사람들을 공식적으로 파문한다는 내용의 또 다른 「결의」를 보냈다. 그는 "향후 내 이름으로 그들을 옹호하는 문서가 제출된다면 그것은 무조건 무효"라고 선언했다. 그 이상은 말할 수 없었다. 신병으로 여행할 힘마저 없어진 그는 콘스탄티노플에 1년간 더 머물다가 잠시 통증이 사라진 틈을 이용하여 이탈리아로 출발했다. 그러나 무척 힘든 여행이었다. 가는 도중에도 그의 상태는 계속 악화되었다. 결국 그는 시라쿠사에서 여정을 멈출 수밖에 없었고, 그곳에서 피곤한 심신을 마지막으로 뉘었다.

대장군과 대제의 죽음

무릇 독재자란 자신의 백성들, 자신의 평판에는 개의치 않고 권력에 집착하는 것을 특징으로 한다. 만약 유스티니아누스가 교황 비길리우스와 같은 시기에 죽었다면, 그는 진정으로 애도를 받았을 것이다. 그는 이탈리아를 수복함으로써 제국의 영토를 원래대로 복구했고, 지중해를 다시 로마의 호수로 만들었다.* 또한 콘스탄티노플 공의회를 통해 적어도 외관상으로는 그리스도교 교회를 통일하는 데도 성공했다. 그는 임무를 완수했고 모든 영토는 평화로웠다. 이제 그의 나이 일흔셋이었다. 사랑하는 테오도라는 벌써 죽었고 그도 아내의 뒤를 따라야 할 때였다. 그러나 그의 죽음은 10년 뒤에나 찾아왔고 제국은 고통에 시달렸다.

이 최후의 불행한 10년 동안 유스티니아누스는 자신의 권한을 제대로 사용할 능력도, 의욕도 없으면서 그것을 어느 누구에게도 위임하지 않으려 했다. 당대의 어떤 사람은 이렇게 썼다. "그 노인은 더 이상 아무것에도 신경쓰지 않았다. 그의 영혼은 이미 하늘에 가 있었다." 늘 시달리던 자금 부족은 어느 때보다도 심했다. 그러나 예전 같으면 황제가 직접 나서서 필요한 돈의 일부분이라도 만들었으나 이제는 대신들만 다그치면서 방치하고 있었다.

변방의 방어는 언제나 그의 주요한 관심 사항이었으므로 그는 일찍이 유프라테스 강에서 과달키비르 강까지 말 그대로 수백 개의 성벽과 보루, 성채와 요새를 세운 바 있었다. 그러나 한때 64만 5천 명에 이르렀던 병력은 555년에 15만 명으로 급감했으며, 대규모의 국

* 이집트를 정복하고 지중해를 반지 모양으로 한 바퀴 도는 영토를 이룬 기원전 1세기 이래로 로마인들은 지중해를 마레 노스트룸(mare nostrum), 즉 '우리 바다'라고 불렀다.

경 요새들은 황량한 상태로 버려졌다. 그는 전쟁, 돈, 방어, 심지어 정복에도 싫증을 느꼈다. 이제 그는 교회 문제와 끝없는 신학 논쟁에만 관심을 집중했고, 거기서 자신이 진정한 비잔티움 사람임을 느끼며 자극과 평안을 얻고 있었다.

제국의 국고가 바닥난 상태에서도, 적대적인 주변 민족들과 싸우기보다는 그들을 돈으로 회유하고자 했다. 예컨대 556년에는 페르시아와 50년 기한의 평화 조약을 맺기 위해 페르시아 대왕에게 금 3천 솔리디를 지불했다. 그러나 유스티니아누스는 그 조약 덕분에 페르시아가 라지카에 대한 모든 요구를 포기하고 제국으로서는 드넓은 동쪽 변방을 따라 병력을 배치하지 않아도 되기 때문에 그만한 가치가 있다고 보았다. 문제는 돈으로 미래를 완전히 보장받을 수는 없다는 점이다. 이런 식으로 한번 돈을 쓰게 되자 다음에도 그러지 않을 수가 없었다. 게다가 그 방법이 불가능한 경우도 생겨났다. 그로부터 불과 3년 뒤인 559년에 훈족의 일파인 코트리구르족은 도나우 방어망을 손쉽게 뚫은 다음 유스티니아누스가 그 뒤에 사슬처럼 이어서 세운 요새들을 돌파하고 제국의 영토로 쳐들어와서 남쪽의 테살리아를 공략하고, 동쪽의 트라키아를 거쳐 수도에서 35킬로미터 지점까지 다다랐다.

사실 이번 이외에도 제국은 근년에 외부의 침략을 겪은 적이 있었다. 예컨대 548년과 550년에 슬라브족은 발칸 반도를 유린하고 코린트 만, 아드리아 해, 에게 해 연안까지 진출했다. 그러나 콘스탄티노플의 시민들에게는 이번이 훨씬 더 끔찍한 사태였다. 그래서 시민들 대부분은 가족과 함께 가져갈 수 있는 재산을 짊어지고 보스포루스를 건너 피난했다. 유스티니아누스는 그다지 놀라지 않았다. 침략자들이 그렇게 가까이까지 올 수 있었던 이유는 마르마라 연안의 셀림브리아에서 흑해까지 수도의 서쪽으로 45킬로미터 지점에 세워진 아나스타시우스 성벽이 최근에 지진으로 큰 피해를 입었기 때문이었다. 그 반면에 더 내부의 방어선인 테오도시우스 성벽은 멀쩡했고 병력도 배치되어 있었다. 그 성벽은 어떤 군대도 막아 낼 수 있는데, 하물며 원시적이고 장비도 형편없는 코트리구르족쯤은 어렵지 않게 물리칠 수 있으리라는 것이 유스티니아누스의 생각이었다.

그가 느낀 것은 굴욕감이었다. 이탈리아와 아프리카에서 동고트 왕국과 반달 왕국을 격파하고 에스파냐까지 제국의 세력권으로 만든 자신이 이름도 생소한 그 야만족 오합지졸들에게 여러 지역을 약탈당하고 문턱까지 들어오도록 허용했다는 것은 견디기 힘든 모욕이었다. 이번에는 싸우지 않고는 다른 대안이 없었다. 과거에 있었던 숱한 위기 때마다 그랬듯이 그는 벨리사리우스를 불렀다.

벨리사리우스는 아직 50대 중반이었다. 비록 전장에 나가서 활약한 지가 10년이 지났다 해도 그는 여전히 힘이 넘쳤고 전술적 능력에서도 퇴색하지 않았다. 불과 수백 명의 병력으로 그는 뛰어난 게릴라전을 전개했다. 그 과정에서 그는 세심하게 준비한 매복 작전을 펼쳐 코트리구르족 400명을 죽이고, 나머지 적군을 아르카디오폴리스(륄레부르가즈) 근처에 위치한 그들의 주둔지로 내몰았다. 유스티니아누스가 허락했다면 그는 필경 적을 더 몰아붙였을 것이다. 또한 병력이 조금만 더 있었다면 적을 완전히 패퇴시킬 수 있었을 것이다. 하지만 그것은 황제의 방식이 아니었다. 황제는 페르시아를 상대로도 그렇게 했듯이 코트리구르족도 돈으로 해결했다. 그들이 고향으로 돌아가서 다시는 제국의 영토를 침략하지 않는다는 조건으로 그들에게 매년 많은 보조금을 지급하는 것이었다.

시작은 사뭇 고무적이었으나 그다지 칭찬할 만한 결과는 아니었다. 그런데도 유스티니아누스는 8월에 셀림브리아—아나스타시우스 성벽의 개축을 지휘하기 위해 이따금 방문하는 곳이었다—에서부터 거창하게 개선 행진을 거행했다. 벨리사리우스가 참석하지 않은 채 진행된 이 개선식의 목적은 누가 보아도 뻔했다. 즉 코트리구르족을 전멸한 위대하고 빛나는 승리는 황제 혼자의 공로임을 백성들에게 과시하려는 것이었다. 평생토록 그의 마음속에서 끓고 있다가 느닷없이 폭발하곤 하던 뛰어난 부하 장군에 대한 해묵은 시기심이 테오도라가 죽은 뒤 처음으로 다시금 발동한 것이다.

벨리사리우스는 이런 분위기를 충분히 느끼고 다시 은거하여 사람들의 시야에서 사라졌다. 그랬음에도 562년 가을에 일부 명망 있는 시민들이 반역 혐의로 체포되었을 때 그중 한 명은 벨리사리우스가 음모에 연루되었다고 말했다. 물론 증거는 전혀 없었으나 그는 모든 지위를 박탈당하고 여덟 달 동안이나 불명예 속에서 살아야 했다. 마침내 그의 무고함을 믿게 된 유스티니아누스는 그를 다시 복권시켰다. 아마 이 사건 때문에 훗날 황제가 그의 눈을 멀게 하고 거리에 내다버려 거지로 구걸하면서 살게 했다는 소문이 생겨났을 터이다. 그러나 이 이야기가 처음 생긴 시기는 그로부터 500년 뒤이므로 전혀 믿을 수 없다.[88] 복권된 후 벨리사리우스는 만년을 조용하고 차분하게 보내다가 565년 3월에 예순 살을 일기로 죽었다. 그 무렵

팔순에 이르렀을 안토니나는 남편보다 더 오래 살았다.

벨리사리우스가 죽은 그 달에 유스티니아누스의 마지막 법령이 공포되었다. 늙어 가던 그가 더 많은 시간을 할애했던 교회 문제에 관한 긴 법령들의 마지막이었는데, 여기에는 크리스마스와 예수공현축일*의 공식 날짜를 확정하는 법도 포함되었다. 그는 여름과 초가을까지도 계속 국정을 돌보고, 사람들을 만나고, 신학 토론을 주최했다. 그러다가 11월 14일 밤에 아무런 예고도 없이 숨을 거두었다. 당시 임종을 지킨 유일한 관리는 시종장인 귀족 칼리니쿠스였다. 그는 황제가 유언으로 그의 조카, 즉 누이 비길란티아의 아들인 유스티누스를 후계자로 정했다고 밝혔다.

이 이야기를 의심할 수도 있겠으나 반박할 증거는 없다. 그 다음의 일에 관한 설명도 다소 의심스럽다. 아프리카의 삼류 시인인 코리푸스의 시인데, 새 황제에게 아부하려는 의도가 다분하다. 하지만 이 작품은 당시 목격자들에게 읽히기 위해 씌어진 것이기 때문에 아마 기본 줄기에서는 대체로 진실일 것이다. 코리푸스는 시종장이 신속하게 많은 원로원 의원들을 불러모아 함께 유스티누스의 저택으로 황급히 갔다고 노래한다. 거기서 그들은 바다가 내려다보이는 아름다운 방에 있는 황태자와 그의 아내 소피아—테오도라의 조카딸이었다—를 찾아 새 황제에게 환호를 보냈다. 그 뒤 모두가 함께 황궁으로 갔다. 소피아는 황금 관가棺架에 안치된 유스티니아누스의 시신 위에 그의 생애의 장면들을 수놓은 황금 옷을 정중하게 덮었다.

* 동방박사 세 사람이 아기 예수를 경배하고 메시아의 탄생을 알린 것을 기념하는 날.

이튿날 아침 새 황제 부부는 격식을 갖추어 소피아 대성당에 갔다. 거기서 유스티누스는 로마의 전통에 따라 방패 위에 올라서는 행사를 치른 뒤 제관을 머리에 쓰고 황제 취임 연설을 했다. 그는 정교 신앙을 지키겠다고 맹세하고, 신앙심과 정의로써 나라를 다스리겠다고 서약한 뒤, 다소 불경하다고 생각될 수도 있지만 전임 황제가 만년에 국가의 중대사를 소홀히 하거나 잘못 처리한 데 대한 유감의 뜻을 표시했다. 그런 다음에 그와 소피아는 원형 경기장으로 자리를 옮겨 백성들의 환호를 받고, 유스티니아누스가 죽을 때까지 해결하지 못한 채무를 현장에서 모두 갚았다. 이런 공식 행사가 모두 끝난 뒤에야 비로소 그들은 장례식을 거행했다. 금과 보석으로 반짝이는 영구대 위에 올려진 황제의 시신은 천천히 황궁을 빠져나와 무수한 시민들이 말없이 도열해 있는 거리를 지나갔다. 그 뒤를 유스티누스와 소피아, 원로원 의원들, 고위직 관리들, 총대주교, 주교와 사제들, 병사들과 황궁 근위대가 도보로 따랐다. 사도 성당에 도착한 시신은 본당에 있는 테오도라의 묘까지 운송되어 미리 대기하고 있던 반암으로 된 커다란 석관에 안치되었다. 관이 부드럽게 내려지는 순간 노황제의 영혼이 안식을 찾기를 바라는 미사가 집전되었다.

최후의 로마 황제

한 시대가 끝났다. 제위는 삼촌에서 조카에게로, 아무 문제 없이 순탄하게 계승되었다. 그러나 한 가지 분명한 사실은, 비록 유스티니아누스는 자신이 꿈꾸었던 영광스러운 새 시대를 열지는 못했어도 비잔티움의 역대 황제들 중 진정한 의미에서의 마지막 로마 황제였다는 점이다. 그 이유는 그가 라틴인으로 태어났기 때문도 아니고, 프로코피우스가 말한 것처럼 평생토록 상스러운 그리스어를 말했기 때문도 아니다. 그것은 그가 라틴적인 사고방식을 가지고 옛 로마 제국의 전통에 따라 판단하고 행동했기 때문이다.

그가 이해하지 못한 것은 제국 체제가 이제 시대착오적인 것이 되었다는 사실이다. 황제 한 명이 무소불위의 권력을 독점하던 시대는 영원히 역사의 뒤안길로 사라졌다. 그는 반달족과 동고트족에게 치명타를 가했다. 그러나 제국의 북쪽 변방을 위협하던 야만족은 어느 때보다도 많아졌고, 그들은 점점 더 따뜻하고 풍요로운 지중해 세계를 그리워하게 되었다. 이제 그들은 선조들처럼 야만족의 역할에만 그치려 하지 않는다. 이미 슬라브족은 느리지만 꾸준하게 발칸 반도로 침투하고 있었다. 이탈리아만 해도 유스티니아누스가 거의 평생을 바쳐 막대한 인명을 희생하고 정복했으나, 그의 사후 불과 3년 동안만 제국의 영토로 남아 있었다.

비잔티움의 역대 황제들 중에서 그는 우리가 가장 쉽게 모습을 상상할 수 있는 황제다. 라벤나에 있는 성 비탈레 성당의 성가대석에 546년 성당이 완공되었을 때 제작된 그 시대의 대형 모자이크가 지금도 남아 있기 때문이다. 유스티니아누스의 얼굴은 예순네 살보다는 훨씬 젊어 보이지만 머리에 쓴 제관이나 머리 주변의 금빛 후광과는 달리 평범하고 밋밋하다. 그의 초상은 그 옆에 서 있는 라벤

† 성 비탈레 성당의 유스티니아누스 황제와 조신들 모자이크(위)와 테오도라 황후와 시종들의 모자이크(아래).

나 대주교 막시미아누스의 초상처럼 실물을 모델로 했을 게 분명하다. 마케도니아 농민의 면모가 보일 정도로 그다지 세련되거나 당당한 용모는 아니다. 특히 맞은편 벽의 테오도라에 비하면 상당히 뒤처진다. 찌푸린 테오도라의 얼굴 양옆에는 진주를 꼰 줄이 늘어뜨려져 있으며, 한 손을 뻗어 보석이 박힌 커다란 성배를 잡고 있는데, 그녀의 자주색 옷 아랫부분에 수놓여 있는 세 왕과 조화를 이룬 자세다. 이 그림에서처럼 테오도라가 주도적이었다면 유스티니아누스는 상당히 유순한 사람이었을 것으로 생각하기 쉽다.

하지만 의지가 약하고 우유부단해 보이는 유스티니아누스는 실제로 자기 아내만 제외하고는 누구에게나 철저히 전제적인 군주로 군림했다. 그는 흔히 절대권력과 연관되는 단점은 모조리 가지고 있었다. 이를테면 허영, 급한 성질, 이따금씩 튀어나오는 편집증적 의심증, 자신의 명성을 위협한다고 생각되는 모든 사람—주로 벨리사리우스가 그 대상이었다—에 대한 유아적인 질투심 등이다. 그 반면 그의 활력은 그를 아는 모든 사람들을 놀라게 하기에 족했으며, 힘든 일을 처리하는 그의 역량에는 끝이 없는 듯했다. 궁정 안에서 아코이메토스(akoimētos, '잠 없는 사람')라는 별명으로 불릴 정도로 그는 밤낮없이 국정을 심사숙고했으며, 세세한 부분까지 일일이 신경을 썼다. 그래서 비서들과 필경사들은 날이 저물 때면 녹초가 되곤 했다. 그러나 황제는 다시 불을 켜고 창문 밖이 캄캄해질 때까지 일했다. 그는 그것이 신에게서 부여받은 황제의 의무라고 믿었으며, 그 의무를 성실하고 헌신적이고 능률적으로 수행했다.

그러나 유스티니아누스의 생애에는 다른 측면도 있었다. 그는 황궁 안에만 머물지 않았다. 그는 황궁 밖으로 나가 백성들과 어울리고 싶어 했고, 황제의 당당하고 웅장한 위엄으로써 백성들을 압도하고자 했다. 공적인 기회가 있을 때마다 화려한 행진과 성대한 행사를 자주 연 것은 그 때문이었다. 또한 건축에 열을 올렸던 것도 그 때문이었다. 그는 황제의 위용이 수도에서 잘 드러나야 한다고 생각하고 콘스탄티노플을 변모시켰다. 그가 세운 특별한 기념물들 중에는 이미 오래전에 무너져 흙먼지로 되돌아간 것들—예를 들면 그가 자신과 후계자들을 위해 완전히 재건한 대황궁, 다색의 대리석과 모자이크로 장식된 대황궁의 유명한 '청동대문' 칼케Chalkē, 아우구스테움의 기둥 위에 있는 황제 자신의 기마상—도 많지만, 소피아 대성당이나 이레네 대성당, 세르기우스와 바쿠스의 작은 성당은 지금도 여전히 남아 있어 보는 이들의 시선을 끈다. 그보다 더 놀라운 것은 대규모 공공 토목공사다. 현재 예레바탄사라이와 빈비르디레크라고 불리는 거대한 원통 모양의 수조를 비롯하여 대형 구조물들이 수도 곳곳에 남아 있다.

유스티니아누스는 그 자신의 의도와는 다르지만 대규모 건설을 수도에만 국한하지는 않았다. 제국 각지에 도로가 깔리고, 하수도가 놓이고, 교량과 수도가 건설되었다. 유스티니아누스의 이름을 딴 새 도시도 몇 군데 생겨났다. 안티오크는 540년 호스로우에게 유린당한 이후 전보다 더 큰 규모로 재건되었으며, 551년과 554년에 이 지역을 연속 강타했던 지진으로 파괴된 시리아의 작은 도시들도 복구되었다.

유스티니아누스가 건축 사업을 강행한 이유는 적어도 이 분야에서는 새로운 계획의 성과가 확연하게 드러나기 때문이다. 하지만 다른 분야의 노력도 모두 건축만큼 성공을 거두지는 못했다. 이는 그가 원하는 현실이 아니라 있는 그대로의 현실과 좀처럼 타협하지 못했던 데 기인한다. 앞에서 보았듯이 그는 종교적 통일을 위해 애썼지만 오히려 동방과 서방, 정통론과 단성론의 균열을 더욱 깊이 만들고 말았다. 그는 일단 한 가지 결정을 내리면 그것이 잘못일지 모른다는 생각은 하지 않았던 것이다. 또 행정을 개혁하고 부패를 막기 위해 무진 애썼지만 그것도 그 자신의 사치스런 씀씀이 때문에 거듭 중단되고 말았다. 심지어 돈이 너무나 필요한 나머지 돈을 어떻게 확보했는지에 관해서는 세세히 따질 여유도 없을 지경이었다.

실은 군사적 정복에서도 결과는 실망스러웠다. 그는 정복한 영토를 제국에 통합하면 평화와 번영과 훌륭한 정치가 실현될 것으로 여겼다. 하지만 현실은 군대가 약탈하고 로고테테스가 세금을 착취함으로써 정복지의 주민들은 비참한 곤궁에 빠지게 되었다. 아프리카에 많은 돈을 들여—특히 카르타고의 재건—결국 건강한 경제의 기반을 구축했지만, 이탈리아에서는 같은 방법이 실패했고, 자포자기한 주민들은 오히려 롬바르드족 침략자들을 환영하기에 이르렀다.

그러나 산업과 상업의 분야와 같이 성공적인 측면도 있었다. 유스티니아누스 시대에 콘스탄티노플은 유럽과 아시아를 잇는 무역의 주요 거점으로 자리잡았고, 지중해 세계와 오리엔트 양측과 활발하게 교역했다. 당시 서방은 극도로 빈곤했으므로 비잔티움은 중국, 인도와 거래하면서 번영을 누렸고, 비단과 향료, 각종 보석을 풍부하게 비축했다. 하지만 통상을 저해하는 항구적인 문제가 하나 있었는데, 그것은 바로 페르시아의 존재였다. 대상隊商들은 동방에서 육로를 이용하여 사마르칸트와 보카라, 옥수스 강의 오아시스까지 아무런 장애도 없이 갈 수 있었다. 그러나 여기서부터는 페르시아의 영토였다. 페르시아의 대왕은 모든 무역을 엄격히 통제했으며, 전시에는 무역 자체를 완전히 금지했다. 해로 역시 모든 화물을 페르시아 만까지 운송해야 했기 때문에 마찬가지의 어려움이 있었다. 그래서 페르시아에 막대한 통행세를 물어야 했는데, 특히 당시 최고의 인기 품목이었던 비단의 경우가 심했다. 또한 직접 무역은 금지되었고 모든 거래는 페르시아의 중간 상인을 거쳐야 했기 때문에 그들에게도 엄청난 수수료를 뜯겼다.

유스티니아누스가 해결하려 했던 것도 바로 비단 무역 문제였다. 우선 그는 페르시아를 완전히 우회하는 새로운 무역로를 개척했다.

† 532년 니카의 반란 이후 유스티니아누스가 건설한 바실리카 수조(예레바탄사라이).

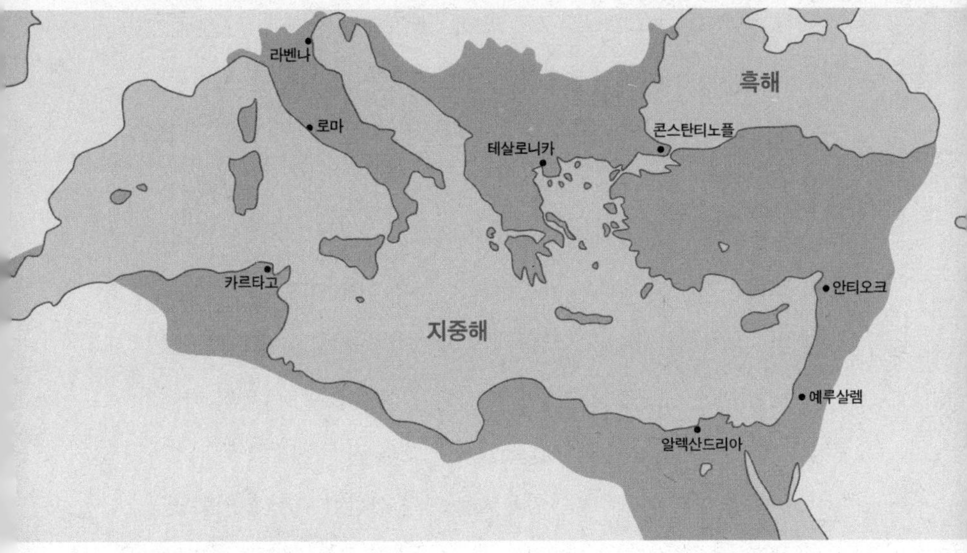

† 550년경의 비잔티움 제국 영역

북방로는 크리미아, 가지카, 코카서스를 경유하는 노선이었고—제국의 백성들은 이미 이 길을 통해 옷감, 보석, 포도주를 수출하고 가죽, 모피, 노예를 수입하고 있었다—남방로는 페르시아 만 대신 홍해를 이용하는 노선인데, 일찍이 530년대에 에티오피아의 악숨 왕국과 협상할 때 이용했던 길이었다. 그런데 북방 무역로는 부분적으로 성공을 거두었으나, 남방 무역로는 페르시아가 인도와 실론의 항구들을 튼튼히 장악하고 있었던 탓에 실패했다. 552년에야 비로소 좋은 돌파구를 찾을 수 있었다. 그 무렵 한 무리의 정교회 수도사들이 황제를 알현하게 해달라고 요구했다. 그들은 소그디아나—옥수스 강 너머 먼 곳—에서 양잠 기술을 배우고 많은 누에알을 가져온 것이다. 유스티니아누스는 그 기회를 낚아챘다. 얼마 안 가서 콘스탄티노플은 물론이고 안티오크, 티레, 베이루트 등지에 (나중에는 보이오티아의 테베에도) 일제히 비단 공장이 세워졌다. 이후 비단 산업은 항상 국가 독점으로 운영되면서 제국의 가장 수익성 높은 산업으로 성장했다.

무려 38년이나 제위에 있었으니 아무리 유스티니아누스처럼 강한 성격을 지닌 황제라도 백성들의 존경을 어느 정도 받지 않을 수는 없다. 그러나 사람들은 그의 죽음을 그리 크게 슬퍼하지는 않았다. 재위 초기에도 그는 백성들의 사랑을 받지 못했다. 또한 나이가 든 뒤에는 징세관들의 전횡으로 인해 원성이 자자했다. 그리고 만년의 10년 중에 적어도 6년 동안은 수도에서 심각한 반란이 일어났다.

그 모든 노력에도 불구하고 그의 치세에 제국은 경제적으로 쇠퇴했다. 그 한 가지 이유만으로도 그는 진정한 대제의 자격이 없다 하겠다. 다른 한편으로 그는 오락 시설과 편의 시설을 확충했고 공공사업을 크게 일으켜 제국을 아름답게 꾸미는 데 기여했다. 또한 그는 영토를 확장했으며, 제국의 법을 정리하고 집대성했다. 그는 역사상 유례가 드물 만큼 지칠 줄 모르고 열심히 일한 지배자였다. 그것이 백성들을 위하는 길이라고 믿었기 때문이다. 그가 실패한 이유는 너무 많은 일을 벌였고 너무 높은 목표를 정했기 때문이다. 비잔티움의 역사상 어느 군주보다도 그는 제국에 자신만의 개성을 부여했다. 이후 수백 년간 제국은 그의 그늘 아래에서 성장했다고 해도 과언이 아닐 것이다.

13

내리막길을 걷는 제국

565년~610년

저 아바르족과 사나운 프랑크족, 게피다이족과 게타이족,* 그 밖에 많은 민족들. 그들은 기치를 나부끼며 사방에서 우리를 공격해 온다. 이 사나운 적들을 물리치려면 어떤 힘을 찾아야 하겠는가? 오, 로마의 힘은 사라졌는가?

유스티누스 2세 코리푸스의 인용 『유스티누스의 찬가』, I, 254~257

제국의 손아귀에서 벗어나는 이탈리아

비잔티움은 적들에게 포위되었다. 코리푸스가 읊은 것처럼 새 황제 유스티누스 2세가 전임 황제의 관 옆에 서서 실제로 옛 로마의 힘이 사라진 것을 한탄했는지는 모르겠으나, 어쨌든 로마의 영광을 부활시키기 위해 최선을 다한 것은 분명하다. 자부심과 오만함에다 자신감이 넘쳤던 그는 지혜와 의지로써, 신중함과 인내로써, 무엇보다도 용기로써 적을 분쇄할 수 있으리라고 막연하게 생각했으며, 바로 자신이 그런 사람이라고 믿었다. 그러나 그는 곧 고통스럽고 안쓰럽게 환상에서 깨어나게 된다.

유스티누스는 즉위한 지 며칠도 안 되어 자신의 새로운 철학을 증명할 기회를 맞았다. 불과 몇 년 전에 서방에 처음으로 출현한 타타르** 계통으로 추정되는 아바르족이 사절을 보내 온 것이다. 예상할 수 있듯이 그의 삼촌은 제국의 변방을 위협하는 적대적인 부족들에게 늘 그랬던 것처럼 그들에게도 매년 보조금을 지불하기로 약속한 바 있었다. 그러나 562년에 그들은 트라키아를 침략한 뒤, 황제가 그들에게 제의한 판노니아를 터전으로 삼지 않겠다고 단호히 거절했다. 분명히 그들은 믿을 수 없는 종족이었다. 그래서 그들이 새 황제에게 공식 축하 사절단을 보내 예전에 약속했던 돈을 달라고 요구하자 이번에는 유스티누스가 상대의 요구를 거절했다. 이듬해에 그는 일찍이 유스티니아누스가 돈으로 주물러 놓은 다른 부족들에 대해서도 마찬가지 조치를 취했다. 물론 호스로우 왕의 페르시아도 거기에 포함되었다. 그런 단호한 자세로 그는 큰 인기를 얻었다. 특히 백성들은 세금이 줄어들기를 기대했다. 그러나 유스티니아누스가 쓸데없이 돈을 지불한 것은 아니었다는 사실이 곧 드러났다.

공교롭게도 유스티누스의 치세에 제국에게 가장 큰 타격을 준 민족은 예전에 분란을 일으키지 않았고, 따라서 제국의 돈을 전혀 받지 않았던 롬바르드족이었다. 게르만족 일파인 그들은 엘베 강 하류에 살다가 4~5세기에 서서히 남하하여 오늘날의 오스트리아 일대에까지 이르렀다. 567년에는 아바르족과 동맹을 맺고 이웃 민족인 게피다이족을 공격하여 전멸시켰으며, 그 이듬해 봄에는 알프스를 넘어 이탈리아로 들어왔다. 당시 이탈리아는 15년 전까지 벨리사리

* 당시에는 소멸한 야만족. 여기서 말하는 게타이족은 아마 그들의 후예인 슬라브족일 것이다.

** 타타르(tatar 혹은 tartar)는 13세기에 몽골족이 중앙아시아를 정복하면서 당시 현지 주민들(투르크계)과 혼혈을 이루어 생겨난 민족을 가리키지만, 서유럽인들은 중앙아시아 여러 민족을 구분하지 못하고 타타르라는 이름으로 총칭했다. 심지어 그들은 몽골인도 타타르라고 불러 15세기까지 몽골 침략의 유제(遺制)에서 벗어나지 못한 러시아 귀족들에게 '타타르의 멍에'라는 경멸어린 표현을 쓰기도 했는데, 당시 동양의 역사와 민족들에 유럽인들이 얼마나 무지했는지를 말해 준다.

우스와 나르세스가 벌인 정복 전쟁의 여파로 여전히 쑥밭이 되어 있었고 사람들도 의욕을 잃은 상태였다. 그 덕분에 롬바르드족은 파비아에서만 3년 정도 포위전을 펼쳤을 뿐 별다른 저항을 받지 않았지만 라벤나로 쳐들어오지는 않았다. 라벤나에서는 제국의 사령관 롱기누스가 도시와 그 주변 지역을 방어하는 데 만족하고 있었다. 한편 롬바르드족은 계속해서 반도를 남하했다. 그들의 왕 알보인은 토스카나에서 멈추었으나 귀족들은 더 남쪽으로 가서 스폴레토와 베네벤토에 독립 공국들을 세웠다(이 공국들은 이후 500년 동안이나 더 존속한다).[89]

이렇게 롬바르드족은 이탈리아를 침공한 게 아니라 아예 이탈리아에 정착했다. 그들은 이탈리아인들과 통혼하고, 언어와 문화도 배웠으며, 반도 전체를 자기들 것으로 하겠다는 의도를 가지고 있었다. 비잔티움령의 라벤나와 베네치아 석호의 도시들*을 그냥 지나친 이유는 아마 수적 열세 때문이었을 것이다. 나폴리, 칼라브리아, 시칠리아도 역시 제국의 영토였으므로 같은 이유에서 건드릴 처지가 못 되었다. 그러므로 롬바르드족이 유스티니아누스, 벨리사리우스, 나르세스가 이뤄 놓은 모든 것을 파괴했다고 보는 것은 잘못이다. 그들은 이탈리아에서 제국의 세력권을 명확히 한정하고, 정치

* 이 도시들은 나중에 베네치아를 중심으로 공화국을 이룬다. 이탈리아 반도의 도시들은 대부분 옛 그리스 시대나 로마 시대에 형성된 것으로 오랜 역사를 자랑하고 있지만, 베네치아는 로마 말기 게르만의 민족 이동 시에 처음 생겨난 도시였다. 잘 알다시피 베네치아는 '석호의 도시'이므로 지은이는 나중에 베네치아가 비잔티움 제국의 역사에서 중요한 역할을 하기 시작할 13세기 무렵부터는 베네치아를 그냥 '석호(lagoon)'라는 말로도 표현하고 있다.

무대에 강력한 새 요소를 도입했다. 이후 그들은 200년 이상 독립 왕국으로 번영하다가 새로 생겨난 서방 제국에 의해 멸망하고 샤를마뉴가 그들의 왕관을 차지하게 된다.

로마의 전통을 그토록 강력하게 지지한 유스티누스였으니 마땅히 즉각 군대를 보내 롬바르드족을 자신의 영토에서 내몰려고 했어야 할 것이다. 그러나 당시 그는 아바르족 문제로 부심하고 있었다. 그들 역시 롬바르드족이 자신들의 도움을 받아 게피다이족을 물리친 것으로부터 큰 이득을 보았다. 롬바르드족은 이탈리아로 옮겨 갔고 게피다이족은 거의 전멸했으니 롬바르드족의 옛 영토는 무주공산이 되었기 때문이다. 이 지역을 새 터전으로 삼은 아바르족은 이윽고 유스티누스가 보조금을 지급하지 않은 것에 대해 응징을 고려할 여유가 생겼다. 그래서 568년 롬바르드족이 이탈리아를 침공한 지 불과 몇 달 뒤에 아바르족은 달마치야로 쳐들어와 마구잡이로 파괴했다. 이번에는 황제도 신속하게 대응했다. 그는 최대한 군사를 모아 자신의 경비 대장인 티베리우스에게 지휘를 맡겼다. 그러나 3년간 싸운 끝에 장군은 더 이상 전쟁을 지속할 수 없을 정도로 지쳐 강화를 요구할 처지가 되었다. 뒤이은 조약에 따라 유스티누스는 원래의 보조금보다 훨씬 많은 액수인 은괴 8만 개를 아바르족에게 지불해야 했다. 하지만 그에게는 체면을 구긴 타격이 더욱 컸다.

같은 해인 571년에는 동방에서도 위험한 사태가 벌어졌다. 이웃과 잘 지내지 못하는 지배자는 유스티누스 혼자만이 아니었다. 페르시아 왕 호스로우는 늘 아르메니아 때문에 골치를 썩였다. 문제는 아르메니아인들이 독립도 잃고 정치적 통일도 이루지 못한 채 비잔티움 제국과 페르시아 제국 사이에 분열되어 있다는 데 있는 것이 아니라 그들이 그리스도교를 채택했다는 데 있었다. 그리스도교도들은 호스로우의 지배에서 벗어나려 했고, 자신들의 독립적인 왕국을 이룰 수 없다면 차라리 그리스도교 황제의 백성이 되고자 했다. 더욱이 지금은 그 고질적인 불만이 갑자기 반란으로 터져나오더니 반란 세력이 유스티누스에게 도움을 호소하는 실정이었다. 무릇 그리스도교 군주라면 그 요청을 무시할 수 없을 터였다. 하지만 유스티누스는, 그러잖아도 삼촌이 약속한 공물을 자신이 거부한 탓에 잔뜩 화가 난 호스로우가 계속 자제해 주기만을 바랄 수는 없었다. 결국 572년 초에 페르시아 전쟁이 재개되었다. 이후 이 전쟁은 잠시 중단된 기간을 포함하여 20년을 끌게 된다.

전황은 처음부터 비잔티움 측에 불리하게 돌아갔다. 573년 11월 페르시아는 동방에서 그리스도교의 중요한 교구인 티그리스 강변의 다라를 점령했다. 또한 거의 때를 같이하여 그들은 시리아를 침공해서 쑥밭으로 만들었다. 역사가들에 의하면 페르시아군은 무려 포로를 29만 2천 명이나 잡아갔다고 한다. 호스로우는 투르크의 칸과 동맹을 맺을 때 그에게 선물로 주기 위해 포로들 가운데서 2천 명의 아름다운 그리스도교 처녀들을 직접 골랐다. 그러나 이 처녀들은 칸의 진영에서 200여 킬로미터 떨어진 큰 강에 이르자 목욕을 하고 싶다면서 호위 병사들을 멀리 가게 하고는, 신앙과 정조를 모두 잃느니 차라리 물에 빠져 죽기를 택했다.[90]

그 무렵 황제는 단성론에 대한 초기의 관용 정책을 버리고 단성론자들을 노골적으로 탄압하기 시작했다. 그와 소피아가 젊은 시절에 단성론자였다가 나중에 순수하게 정치적인 이유에서 정통 신앙을 채택했다는 사실을 감안한다면, 그것은 더욱 비난받아 마땅한 일이었다. 우리가 아는 한 처형이나 고문은 없었으나, 수도사들과 수녀들은 수도원과 수녀원에서 쫓겨났고 단성론을 지지하는 성직자는 사제 승인을 받지 못했다. 이렇게 사태가 급박해진 것은 571년부터인데, 일부 역사가들은 그 이유를 유스티누스의 정신 질환이 시작되었기 때문이라고 말한다.

† 유스티누스 2세 때 콘스탄티노플에서 제작된 성반. 열두 사도들에게 성찬을 베푸는 그리스도의 모습이 새겨져 있다.

이후 3년 동안 그 증세는 더욱 심해져서 그는 광기를 드러내기에 이르렀다. 에페수스의 요한네스에 의하면 광기가 가라앉았을 때 유스티누스는 작은 수레에 앉아서 시종에게 수레를 밀고 숙소를 몇 바퀴 돌게 하면서 즐거워했다고 한다. 하지만 그는 걸핏하면 폭력을 휘두르기 일쑤였고, 가까이 있는 사람을 멋대로 때렸다.[91] 심지어 창문에서 아래로 뛰어내리려고도 했기 때문에 창문에는 황제를 보호하기 위해 가로로 막대를 설치할 정도였다. 그를 진정시키는 유일한 방법은 가산족이라고 부르는 아라비아 소부족의 지도자인 하리트의 이름을 부르는 것이었다. 이유는 알 수 없었지만 묘하게도 이 별로 중요하지 않은 족장의 이름은 황제에게 무서운 공포를 안겨 주어 즉시 조용하게 만들었다.

남편의 정신병으로 제국의 정부를 떠맡게 된 소피아 황후는 574년에 호스로우에게 4만 5천 노미스마타의 돈을 주고 1년간의 휴전을 샀다. 그러나 국정을 혼자 감당하기에 큰 부담을 느낀 그녀는 그해 말에 잠시 제정신이 돌아온 남편을 설득해서 티베리우스를 부제로 승격시키게 했다(아바르족에게 패배한 것은 티베리우스의 평판에 별로 타격을 주지 않았던 모양이다). 그때부터 소피아와 티베리우스는 공동 섭정이 되었다. 그리고 578년 10월 4일에 유스티누스가 죽자 티베리우스는 논쟁의 여지없는 후계자가 되었다.

섭정으로 있던 기간은 티베리우스에게 결코 편한 시기가 아니었다. 투르크족*은 자기들과 상의하지 않고 페르시아와 강화를 맺은 것에 크게 화를 내고 제국을 배신자라고 부르면서 동맹을 깨고 크리

* 앞서 흉노가 중국 북방에서 쫓겨나 중앙아시아로 오면서 훈족이 되는 과정을 살펴본 적이 있는데, 이 투르크 역시 흉노의 경우와 대단히 비슷한 과정을 보였다. 7세기 초반 수나라의 뒤를 이어 중국 대륙의 통일 제국이 된 당의 태종은 가장 시급한 문제로 북방 정리를 시작했다(원래 중국의 역대 한족 제국들이 대륙을 통일하면 가장 먼저 하는 게 북방 정리다). 당시 북방 민족들 중 가장 강성했던 것은 돌궐이었는데, 당나라의 압박을 받은 이들은 700년 전의 흉노처럼 중앙아시아 방면으로 이동하기 시작했다(일부는 만주로 이동해서 동돌궐로 구분된다). 중앙아시아에서 이들은 현지 민족들과 혼혈을 이루면서 돌궐에서 비롯된 '투르크'라는 이름으로 불리게 되며, 당시 이 지역의 지배 종교였던 이슬람교를 받아들이게 된다. 그리고 흉노의 경우처럼 이들 역시 이후에 투르크 제국(11세기의 셀주크 제국과 13세기의 오스만 제국)을 이루어 서쪽의 유럽을 괴롭히게 되는데, 그것을 온몸으로 막아 낸 것이 바로 비잔티움 제국이다(이 과정은 『비잔티움 연대기: 쇠퇴와 멸망』에 상세히 나오지만, 만약 비잔티움 제국의 '빗장 수비'가 없었다면 서유럽 문명도 없었을 것이다). 하지만 제국은 결국 15세기에 오스만투르크 제국에 의해 멸망하고, 투르크라는 이름은 20세기에 터키라는 이름으로 바뀌어 오늘날에까지 이른다. 한 무제가 흉노를, 당 태종이 돌궐을 몰아낸 것은 이처럼 세계사에 큰 영향을 남겼다. 물론 당대에는 아무도 몰랐겠지만.

미아의 비잔티움 요새를 점령했다. 뒤이어 577년에는 줄여 잡아도 10만 명에 달하는 엄청난 무리의 슬라브족이 트라키아와 일리리쿰으로 밀려들어와 그곳에 정착했다. 병력과 장비에서 상대가 안 되는 제국의 현지 수비대로는 그들을 저지할 수 없었다. 하지만 그것들보다 당장 더 시급한 문제는 소피아 황후 때문에 생겨났다. 그녀는 역시 테오도라의 조카딸다운 인물이었다.

티베리우스가 공동 섭정이 된 뒤 그녀는 억지로 그와 권한을 나눠 가졌다는 기색을 점점 노골적으로 드러냈다. 특히 재정 문제에서 그녀는 티베리우스가 불필요하게 사치스럽다고 잔소리를 퍼부었다. 남편이 살아 있는 동안 소피아는 국고 열쇠를 움켜쥔 채 부제에게는 겨우 가족이 먹고살 만큼만 내주었다. 또한 그녀는 질투심에서 티베리우스의 아내인 이노와 그의 두 딸이 황궁에 발을 들여놓지 못하도록 했다. 유스티누스가 죽고 나서야 비로소 티베리우스는 권리 주장을 할 수 있게 되었다. 소피아는 그를 폐위시키기 위해 몇 차례 공작을 폈다가 실패하고는 어느 순간부터 자기 궁정을 빼앗기고 오히려 엄중한 감시 속에서 살게 되었다. 그런 불행한 상태에서 그녀는 나머지 평생을 살았지만, 이노는 아나스타시아로 이름을 바꾸고 마침내 오랫동안 꿈꾸던 황후의 특권을 차지하게 되었다.

페르시아와의 강화

즉위하면서 새로 콘스탄티누스라는 이름까지 추가한—그 점에서 그전의 두 황제와는 뚜렷이 구별되었다—새 황제는 백성들에게서 아주 인기가 좋았다. 또한 실용주의자였던 그는 짧은 치세 동안 서서히 쇠퇴하는 제국의 운명을 막기 위해 최대한 노력했다. 단성론에 대한 탄압은 즉각 중지되었다. 그는 트라키아인이었으므로 본능적으로 느끼는 바가 있었다. 그리스의 영향이 점차 증대하고 있으므로 특히 충성스럽고 불만이 없도록 만들어야 할 곳은 다른 곳들보다도 그리스어를 사용하는 아시아 속주들이며, 그로 인해 서방과의 사이가 나빠진다 해도 어쩔 수 없는 일이었다.[92]

또한 그는 유스티니아누스와 유스티누스가 귀족적인 분위기를 좋아한 것에 의도적으로 반발하고자 했다. 그래서 정부의 토대를 넓혀 이미 오래전에 유명무실해진 원로원과, 니카의 반란 이후 유스티니아누스의 탄압을 받았던 데모스—녹색당과 청색당—의 권한을 증대시켰다. 국고를 통제할 수 있게 되면서 그는 자신의 권력 내에서 모든 수단을 동원하여 국고를 늘리려 노력했다. 581년에 그는 야만족 포이데라티(168쪽 참조) 1만 5천 명으로 새 정예 부대를 편성했는데, 수백 년 뒤 이것은 유명한 바랑인Varangian 근위대*로 발전하게 된다.

좋은 의도를 지녔고 끊임없는 노력을 기울였으니 티베리우스 콘

* 바랑은 바이킹족을 가리키는 이름 중 하나인데, 바이킹이라는 말이 여기서 비롯되었다는 설도 있다. 스칸디나비아가 고향인 이들은 8세기 노르만의 민족 이동 때부터 본격적으로 남하하기 시작한다. 6세기 비잔티움 제국의 용병이 된 사람들은 그 선구자에 해당한다. 특히 11세기 중반 잉글랜드에 노르만 왕조가 들어서면서 이에 반발한 앵글로색슨족(이들 역시 스칸디나비아 문명권 출신이다) 병사들이 비잔티움 제국으로 와서 근위대의 용병으로 활약하게 되는데, 이 부분은 『비잔티움: 번영과 절정』에 나온다.

스탄티누스는 대제가 될 수도 있었을 것이다. 그가 대제의 반열에 오르지 못한 이유는 소피아가 그토록 강력하게 반대했던 그의 약점, 즉 지나치게 인심을 쓴 탓이 크다. 즉위한 직후 제국 전역에 부과된 모든 세금을 4분의 1이나 탕감해 준 조치에도 만족하지 못한 그는 자신의 치세에 여러 차례에 걸쳐 모든 방면에서 아낌없이 돈을 퍼주었다. 즉위 첫 해에만 벌써 금을 7200파운드나 썼고—그중 800파운드는 아시아의 군대에 충당되었다—그 밖에 은, 비단, 기타 사치품들을 거의 미친 사람처럼 펑펑 썼다. 이런 시혜는 이후 3년 동안이나 지속되었다. 제국의 국고를 위해서는 다행히도 그는 재위 4년 만에 죽었다. 소문에 의하면 설익고 특별히 즙이 많은 오디 요리로 독살을 당했다고 한다.

티베리우스 콘스탄티누스는 582년 8월 13일에 헵도몬[93]의 궁전에서 죽었다. 죽기 일주일 전에 그는 후계자로 마우리키우스라는 카파도키아의 청년을 지명하고, 자신의 둘째 딸인 콘스탄티나와 결혼하게 했다. 마우리키우스는 이미 상당한 군사적 업적을 자랑하고 있었다. 당시 그는 4년 동안 페르시아 전선에 있으면서 군대를 대폭 재편하고 사기를 잃은 병사들에게 새 원기를 북돋워 준 뒤 막 돌아온 상태였다.

"훌륭한 통치로 나의 선택을 빛나게 하라." 죽을 때 남긴 황제의 이런 유언처럼 마우리키우스는 이후 20년 동안 견실하고 유능하게 제국을 다스렸다.[94] 페르시아와의 지루한 전쟁 중 이따금씩 얻은 짧은 휴식기에 즉위한 그는 서방의 사정에 관심이 많았고 이탈리아와 아프리카에서 유스티니아누스의 정복이 남긴 게 뭔지 진지하게 고려했다. 그 성과는 바로 라벤나와 카르타고를 총독령으로 만든 것이었다. 두 도시는 군대와 민간 행정의 양 측면에 전권을 가진 총독의 지휘 아래 엄격한 군대적 규율에 따라 편성되어 향후 제국의 굳건한 서방 전진기지로 활용될 예정이었다.

그런데 너무 일찍 페르시아와의 분쟁이 다시 일어났다. 늙은 호스로우는 579년 유스티누스가 죽은 지 몇 달 뒤에 죽었고, 그의 아들 호르미즈드가 아버지의 왕위와 더불어 호전성까지 물려받았다. 하지만 580년에 마우리키우스와 싸운 결과는 참패였다. 그로서는 손상된 군대를 재건할 시간이 필요했으나 그해 말에 그는 다시 공격을 재개했다. 이후의 전쟁 과정에 관한 상세한 설명은 책을 쓰는 이에게나 읽는 이에게나 지루하고 불필요하므로 생략하기로 하자.

간단히 요약하면, 588년에 군대에서 큰 폭동이 일어났음에도 불구하고 로마군은 2년 이상 버티었다. 그러던 중 페르시아에서 쿠데타가 일어나 내전으로 번졌다. 그 과정에서 호르미즈드는 살해되었고 그의 아들 호스로우 2세는 비잔티움 영토로 도망쳐 마우리키우스에게 도움을 요청했다. 대신들이 이구동성으로 만류했지만 이 기회를 놓칠 황제가 아니었다. 마우리키우스는 기꺼이 도와주겠다고 하면서 그 조건으로 양국 간의 평화 조약과 더불어 페르시아령 아르메니아와 메소포타미아 동부—티그리스 강변의 다라와 마르티로폴리스를 포함하는 지역—의 반환을 요구했다. 591년 황제의 지원을 얻은 호스로우는 반대파를 타도하고 그 약속을 지켰다. 이로써 페르시아 전쟁은 그 어느 때보다도 빨리 끝났고, 제국에 유리한 조건으로 결말지어졌다.

이윽고 마우리키우스는 지난 2년 동안 페르시아에 못지않게 제국에 위험을 초래했던 적을 상대로 전체 군사력을 동원할 수 있게 되었다. 일찍이 571년에 아바르족은 당시 제국의 부제이자 공동 섭정이었던 티베리우스에게 대승을 거둔 적이 있었다. 그 뒤 581년에 그들은 술수를 써서 사바 강변의 중요 도시 시르미움을 점령하고, 이곳을 기지로 삼아 방어가 취약한 도나우 강변의 제국 요새들을 공략했다. 다른 한편으로 그들은 집요하게 공물을 요구했다. 마우리키우스는 화해의 선물로 코끼리 한 마리와 황금 침대를 제안했으나 아바르족의 카간*은 코웃음을 쳤다. 결국 584년에 마우리키우스는 10만 조각으로 액수를 올릴 수밖에 없었다. 이 무렵 황제는 전직 사령관 출신으로 자신의 경호원인 코멘티올루스를 서방 군대의 장군으로 임명했지만, 군대의 규모는 겨우 1만 명이었고 그중에서도 쓸 수 있는 병력은 절반을 조금 넘는 정도였다. 그는 아드리아노플에서 승리를 거둔 것을 제외하고는 야만족의 침략을 거의 저지하지 못했다.

페르시아와 강화를 맺음으로써 마우리키우스는 갑자기 서방에 투입할 수 있는 대군을 보유하게 되었다.[95] 한껏 기분이 고조된 그는

* 카간(Khagan)은 당시 중앙아시아 민족들의 왕을 가리키는데, '하간'으로 읽을 수도 있다. 하간과 카간은 우리말의 표기는 달라도 실상 거의 같은 발음이다. 당시 khagan의 발음은 아마 한(칸)을 길게 끄는 발음이었을 것이다(제14장에 나오는 코카서스의 하자르Khazar 역시 마찬가지다). 몽골계의 족장이나 왕은 대개 한자로는 한(汗), 영문으로는 칸(khan)이라 표기한다(카간의 한자식 표기도 可汗이다). 예컨대 훨씬 후대의 인물이지만 칭기즈 칸도 한자로는 成吉思汗, 영문으로는 Chingiz Khan이라 표기한다. 음운학상으로도 k와 h 음은 서로 통하며 우리말에서의 ㄱ, ㅋ, ㅎ도 마찬가지다(코사크와 카자흐가 모두 같은 카프카스 민족을 가리키는 말이라든가 '큰' 아버지에서 '할' 아버지라는 말이 나온 게 그 예다).

직접 군대의 지휘를 맡겠다고 나섰다. 그러자 그의 가족은 물론이고 총대주교와 원로원도 그런 일에 목숨을 걸지 말라고 말렸으나 그는 주위의 권고를 듣지 않았다. 결과적으로는 그를 굳이 말릴 필요도 없었다. 앙키알루스(현재 불가리아의 부르가스 만 근처)에 이르렀을 때 콘스탄티노플에 예기치 않게 페르시아 대사가 찾아오는 바람에 황제는 황급히 수도로 돌아가야 했던 것이다. 그리고 대사가 돌아갈 무렵 그는 이미 군대를 지휘하는 일에 흥미를 잃었다. 아마 잘 된 일일 것이다. 비록 힘을 충전했다지만 아바르족과 슬라브 이주민들과의 전쟁은 그의 치세 내내 지속될 뿐 아니라 간접적으로는 그의 죽음을 부른 원인이 되기도 하기 때문이다.

마우리키우스가 서방을 상대하는 데서 겪는 어려움은 교황과의 관계가 급속히 악화되고 있다는 사실 때문에 한층 더 복잡해졌다. 늘 사소한 쟁점들이 없었던 것은 아니지만 진짜 심각한 문제는 588년에 터졌다. 그 계기는 콘스탄티노플 총대주교인 금식가 요한네스*가 '세계 교회'라는 용어를 채택함으로써 교황을 포함한 모든 고위 성직자들보다 보편적으로 우위에 있다는 의미를 시사한 것이었다. 요한네스가 처음으로 그런 주장을 한 총대주교인 것은 아니었다. 그 용어는 6세기 내내 여러 차례 사용되었어도 지금까지는 별다른 문제가 없었다. 그러나 이번에는 교황 펠라기우스가 그냥 넘기지 않고 분노가 가득 담긴 설교를 했다. 2년 뒤에는 더 강력한 항의가 제기되었는데, 이번에 항의를 한 사람은 펠라기우스의 뒤를 이은 그레고

* 음식을 적게 먹은 탓에 '금식가'라는 별명이 붙었다.

리우스 대교황, 즉 역대 교황들 가운데 가장 강인한 인물에 속하는 사람이었다. 그는 두 통의 서한을 한꺼번에 보냈다. 하나는 마우리키우스에게 제국의 평화를 위해 그 고집 센 총대주교에게 주의를 주라는 내용이었고, 다른 하나는 콘스탄티나 황후에게 남편의 일에 개입해 달라고 부탁하는 내용이었다. 그는 요한네스가 오만하게도 보편적이라는 용어를 내세운 것은 적그리스도의 시대가 왔음을 명백히 보여 주는 증거라고 주장했다.

콘스탄티나가 답신을 했는지는 알 수 없다. 그러나 황제는 자신의 총대주교를 전폭적으로 지지한다는 내용의 답신을 보냈다. 그레고리우스는 머리끝까지 화가 치밀었다. 그래서 마우리키우스가 병사들을 사막에 복무하도록 하면 수도원으로 들어가고 싶어 한다는 이유에서 사막 복무를 금지한다는 타당한 법령을 제정해도 교황은 그것 역시 교회에 타격을 주려는 의도라며 비난을 퍼부었다. 계속해서 교황은 보편적이라는 말이 아예 총대주교의 일부분이 되었다고 항의했는데, 이 말을 듣고는 비잔티움 측도 분노했다. 그레고리우스의 후임자들은 그것을 일부러 무시하며 현명하게 처신했다. 그러나 돌이켜보면 아무리 사소한 문제라 해도 양측이 모두 그 사건을 잘 알고 있다는 것 때문에 동방 교회와 서방 교회의 경쟁심은 점점 커졌다. 이 경쟁심은 장차 450년 뒤에 교회 분열을 낳게 된다.

학살당한 황족

비잔티움의 제위에 오른 순간부터 마우리키우스가 당면한 큰 문제는 돈이 없다는 것이었다. 전임 황제의 사치로 그는 사실상 파산 상태의 제국을 물려받았으며, 동방 및 서방과의 끊임없는 전쟁, 잠재적인 적들에게 지불하는 막대한 보조금으로 인해 제국의 국고를 원하는 만큼 채우기란 불가능했다. 따라서 그는 근검절약을 부르짖을 수밖에 없었고, 치세 말기에는 절약에 병적으로 집착할 정도였다. 그 결과 그는 신민들에게서 인기를 잃었을 뿐 아니라 그들이 무엇을 참고 무엇을 참지 못하는지에 대해서도 둔감해졌다. 이미 588년에 그가 모든 군량의 4분의 1을 감축하자 동방의 군대에서는 폭동이 일어난 바 있었다. 599년에는 아바르족이 잡아간 포로 1만 2천 명의 몸값을 지불하지 않겠다고 버티는 바람에 포로들이 모조리 처형되는 비극을 겪었다. 3년 뒤인 602년에 그는 최악의 명령을 내렸다. 군대에게 진지로 돌아오지 말고 도나우 강 너머의 황량한 야만족의 땅에서 그대로 겨울을 보내라고 한 것이다.

그 반응은 즉각적이고 극적이었다. 여덟 달 간의 작전 끝에 병사들은 몸과 마음이 모두 지친 상태였다. 당시 병사들은 상당량의 전리품을 가지고 있었으나 수도의 시장에 내다 팔기 전까지는 아무런 소용도 없었다. 전통적으로 겨울이면 병사들은 집으로 돌아와 가족과 함께 보내는 게 관례였다. 그런데 이제 판노니아의 평원에서 한 겨울의 혹한을 모포 한 장으로 버텨야 하는 것이다. 더욱이 그들은 현지 주민과도 차단되었을 뿐 아니라 야만족의 끊임없는 위협 속에서 시달려야 했다. 이 모든 게 구두쇠 황제가 그들의 귀환 비용을 마련하지 못했기 때문이었다. 도나우 강의 건널목인 세쿠리스카 요새(현재 불가리아의 니코폴 시)에 이르렀을 때 병사들은 더 이상 전진하기를 거부했다. 그들의 장군인 페트루스—그는 황제의 동생이었으므로 가재는 게 편이라는 조소만 받았다—는 설득도 해 보고 애원도 해 보았지만 허사였다. 병사들은 그에게 냉정하게 등을 돌린 뒤 포카스라는 백부장百夫長*을 방패 위에 올리고 지도자로 선출했다.

페트루스는 그저 목숨을 구한 것에 감지덕지하고 황급히 콘스탄티노플로 돌아와 반란 소식을 알렸다(그는 황제에게 전하는 반란군 측의 전갈을 가지고 있었다). 그 무렵 반란군은 수도까지 진격할 준비를 갖추고 있었다. 그러나 반란군 병사들은 포카스를 황제로 뽑은 것은 아니라고 말했다. 마우리키우스를 거부할 뿐 황실에 대한 충성 자체를 포기한 것은 아니라는 것이었다. 그래서 그들은 황제의 열일곱 살짜리 아들인 테오도시우스(그는 테오도시우스 2세 이래로 최초의 포르피로게니투스였다)나 그의 장인인 게르마누스를 새 황제로 받들겠다고 주장했다.

두 황제 후보자는 마침 함께 사냥을 하고 있었는데, 마우리키우스는 그들을 반역자로 규정하고 소환했다. 테오도시우스는 매질을 당했고 게르마누스는 (당연하지만) 자신의 목숨이 위태롭다는 것을 알고, 소피아 성당으로 피신한 뒤 자신을 무력으로 끌어내려는 황궁 근위대의 몇 차례 시도를 지지자들의 도움을 받아 막아냈다. 한편

* 로마 시대의 직책으로 병사 100명을 지휘한 데서 비롯되었다.

황제는 데모스에 지지를 호소했다. 원형 경기장의 그 두 파벌은 티베리우스에 의해 힘을 얻어 다시 수도에서 영향력을 떨치고 있었다. 황제는 청색당과 녹색당의 충성을 확인한 다음 두 당이 힘을 합쳐 반란군으로부터 테오도시우스 성벽을 지키면 위기를 넘길 수 있으리라고 여겼다. 그러나 적극적인 청색당원 900명의 충성은 확인했으나 1500명의 녹색당원은 불확실했다. 이제 수도 전역은 폭동으로 뒤덮였고 성난 군중은 황궁 앞의 광장으로 모여들어 황제를 욕하며 그의 피를 요구하고 있었다.

그날—11월 22일—밤 마우리키우스는 아내와 여덟 명의 자식, 그리고 군중의 손에 집이 불탄 동방의 민정 총독 콘스탄티누스 라르디스와 함께 변장을 하고 황궁을 빠져나간 다음 마르마라 해를 건너 아시아로 향했다. 폭풍이 심한 탓에 그들이 탄 배는 항로를 멀리 이탈했으나 마침내 순교자 성 아우토노무스 성당 부근의 니코메디아 만에 도착했다. 이때 황제는 통풍으로 몸을 꼼짝할 수 없게 되어 아내, 자식들과 함께 그곳에 머물 수밖에 없었다. 하지만 테오도시우스와 민정 총독은 동쪽으로 계속 가서 페르시아 왕의 궁정을 찾았다. 호스로우는 왕위에 오를 때 마우리키우스에게 신세를 진 바 있으므로 이제 그 빚을 갚을 차례였다.

한편 콘스탄티노플에서는 게르마누스가 소피아 성당에서 나온 뒤 대중적 지지에 힘입어 제위에 오르고자 했다. 그는 모든 게 데모스의 태도에 달려 있다고 보았다. 개인적으로 그는 늘 청색당을 좋아했으나 수도 훨씬 많고 영향력도 큰 녹색당의 지지가 없으면 그에게는 희망이 없었다. 그래서 그는 녹색당의 지도자인 세르기우스에게 지지를 부탁하고 황제가 될 경우 충분한 대가를 주겠다고 제안했다. 그러나 녹색당은 신중히 검토한 뒤 거절했다. 그들의 마음에는 게르마누스가 아무리 항변해도 경쟁 상대인 청색당을 버리지 못하리라는 확신이 있었다. 그래서 녹색당은 수도의 교외까지 진출한 포카스에게 운명을 걸었다.

포카스 역시 결심을 굳히고 있었다. 처음에 그가 제위에 욕심이 없다고 말할 때는 진심이었지만, 이제는 사정이 달라졌다. 그도 그럴 것이, 두 후보 중에서 테오도시우스는 도망쳤고 게르마누스는 지지를 얻지 못하고 있었던 것이다. 그는 헵도몬의 본부에서 콘스탄티노플로 서한을 보냈다. 소피아 성당의 주 설교단에서 낭독된 그 서한은 총대주교, 원로원, 백성들이 모두 세례자 요한 성당으로 와달라는 내용이었다. 몇 시간 뒤 그곳에서 "그 뻔뻔스러운 켄타우로스"(테오필락투스[96]의 표현이다)는 로마 황제가 되었다. 이튿날 아침 그는 백마가 끄는 전차를 타고 노변에 운집한 군중에게 금가루를 뿌리면서 수도에 당당하게 입성했다. 이튿날에는 병사들에게 전통적으로 하는 기부를 했고, 더 화려한 행사를 열어 자신의 아내인 레온티아에게 아우구스타의 직함을 수여했다.

이 마지막 행사에서는 청색당과 녹색당 사이에 난투극이 벌어졌고, 그 과정에서 청색당원 몇 명은 이렇게 소리쳤다. "조심해라, 조심해! 마우리키우스는 죽지 않았다는 걸 명심해라!" 포카스가 그것을 잊었을 리는 없다. 그로서는 반드시 해결해야 할 문제였던 것이다. 곧이어 그는 병사들을 아시아로 보내 도망자들을 추적하기 시작했다. 황제는 그때까지 달아나지 못하고 있었고 싸울 기력도 없었다. 오히려 그는 자신을 잡으러 온 병사들을 반기는 눈치였다. 그래서 그는 사람을 보내 테오도시우스와 콘스탄티누스 라르디스를 불러오게 했으며, 유모가 그의 아들 중 한 명을 다른 아이로 바꾸려는 것조차 하지 못하게 말렸다.

전하는 바에 따르면 마우리키우스는 자신의 눈앞에서 어린 네 아들이 무참히 살해되는 것을 무감각한 표정으로 지켜보면서 연신 다음과 같이 중얼거렸다고 한다. "신이시여, 당신은 공정하십니다. 당신의 판단은 공정하십니다." 그 다음에는 결국 그 자신도 한 칼에 죽었다. 시신들의 몸은 바다에 던져졌다. 테오필락투스는 많은 군중이 해변에 모여 시신 조각들이 파도에 떠밀려다니는 것을 보았다고 말한다. 병사들의 지휘관인 릴리우스는 시신들의 수급 다섯 개를 콘스탄티노플로 가져왔으며, 나중에 그것들은 헵도몬에 내걸렸다.

마우리키우스는 결함이 많은 지배자였다. 그는 족벌주의에 지나치게 의지한 탓에 동생 페트루스처럼 무능한 사람에게 능력 이상의 요직을 맡겼고, 친척이나 자신이 총애하는 사람들에게 방대한 토지를 하사했다. 백성들 역시 그토록 인색한 황제가 자신의 고향인 카파도키아의 아라비수스라는 보잘것없는 소도시를 부유하고 화려한 대도시로 만들기 위해 막대한 돈을 퍼붓는 것을 보고 깜짝 놀랐다.[97] 마지막으로 그는 묘하게도 백성들의 감정에 둔감했고, 인기 없는 정책을 어디까지 추진해야 무사한지를 판단하지 못했다.

그러나 다른 면으로 보면 마우리키우스는 현명하고 선견지명이 있는 정치가였다. 카르타고와 라벤나를 새 총독령으로 만든 것 이외에도 그는 동방과 서방에 여기저기 흩어진 제국의 영토를 과거보다 더 간단하고 논리적인 속주 체제로 통합함으로써 제국의 행정 지도를 다시 그렸다. 또한 그는 각 속주에 대한 최종적인 책임을 언제나 민간 행정보다는 군대 당국에 부여하고자 했다. 총독이라는 직함은 사실상 예전의 마기스테르 밀리툼과 비슷한 것으로서, 황제의 대리인이었고 오로지 황제에게만 책임을 졌다. 그런 강력한 조직이 유스티니아누스 시대에 존재했다면, 이탈리아를 훨씬 더 신속하게 정복할 수 있었을 테고 롬바르드족의 공세를 막아 낼 수 있었을지도 모른다.

따라서 마우리키우스가 몰락한 비극은 물론 그 자신이 자초한 측면도 있지만 반드시 그의 탓이라고만 할 수는 없었다. 단호한 결단력과 현명하고 성실하게 일을 처리하는 태도를 두루 갖추었던 마우리키우스는 제국을 그 이전보다 한층 강고하게 만들었다. 그전까지 세 황제의 치세보다 훨씬 튼튼하게 만들었다고 말해도 좋을 것이다. 병사들에게 빵을 조금 더 주었더라면, 백성들에게 전차 경주를 조금 더 보여 주었더라면 그는 그런 비극적인 종말을 맞지 않았을 것이다. 과연 백성들은 불과 몇 주 만에 그의 죽음을 애도하게 되었으며, 어떻게 자신들이 그를 죽음으로 몰아넣고 그 자리에 타락하고 잔인한 괴물을 앉힐 생각을 했는지 자책하기 시작했다.

"그대가 바로 제국을 이 꼴로 만든 자인가?"

역사가인 게오르기우스 케드레누스는 포카스 황제의 신체적 특징을 우리에게 말해 준다. 그것을 보면 그에 대해 영 호감을 가지기 어렵다. 붉은 곱슬머리에 툭 튀어나온 짙은 눈썹은 코에 닿을 만큼 길었고, 추한 얼굴에 화를 낼 때마다 붉은색으로 변하는 커다란 상처 자국까지 있어 보기에도 끔찍한 인상이었다. 게다가 그는 외모처럼 쾌활한 성격도 아니었다. 주색을 좋아하는 데다 피 보는 것을 무엇보다 즐길 만큼 병적으로 잔인했다. 이전 시대까지 제국에는 고문이 드물었으나, 그의 시대부터 몸을 잡아 늘리고, 눈을 멀게 하고, 사지를 불구로 만드는 고문이 생겨나서 이후 수백 년 동안 제국에 사악한 그림자를 드리웠다.

그가 통치하던 8년 동안 제국의 형편은 바닥을 헤맸다. 역사상 어느 때보다도 굴욕과 좌절이 심한 시기였다. 민중 혁명이 공포 정치를 부른 경우는 이번이 처음도 마지막도 아니었다. 마우리키우스와 그 아들들의 죽음은 시작일 뿐이었다. 그 뒤로도 처형과 사법적 살해는 끊임없이 이어졌다. 그 희생자들 중에는 민정 총독 콘스탄티누스 라르디스, 코멘티올루스, 황제의 동생인 페트루스, 황태자인 테오도시우스 등이 포함되었다.

하지만 포카스는 민간에 나돌던 소문, 즉 테오도시우스가 페르시아로 도망쳤다는 이야기를 믿었던 듯하다. 그래서 그는 뇌물을 먹고 황태자를 도피하게 해주었다는 혐의를 씌워 자기 부하 한 명을 처형하기도 했다. 이 살육극의 주요 등장인물들 가운데 유일하게 살아남은 사람은 게르마누스였는데, 그는 포카스에게 충성을 맹세하고 사제가 된다는 조건으로 목숨을 건졌다. 콘스탄티나 황후는 세 딸과 함께 수녀원에 감금되었다. 그 밖에 마우리키우스에게 충성한다고 의심받은 사람들은 모두 죽음을 당했다. 도끼나 화살로 죽은 사람은 운이 좋은 편이었고 대개는 고문으로 서서히 죽어갔다.

한편 호스로우 2세는 친구이자 은인이 비참한 죽음을 당한 것을 좋은 구실로 삼아 603년에 대군을 동원하여 비잔티움을 공격했다. 당시 제국의 동방에는 나르세스라는 뛰어난 장군—더 유명한 동명이인과는 아무런 관계도 없다—이 있었는데, 워낙 뛰어난 전공을 세워 그의 이름을 들으면 울던 페르시아 아기도 울음을 뚝 그칠 정도였다고 한다. 마우리키우스의 명령이라면 나르세스도 기꺼이 따라 침략자를 몰아냈겠지만 포카스라면 달랐다. 그는 설사 자신이 페르시아를 물리치더라도 그 얼치기 황제는 자신을 쫓아내리라는 것을 알고 있었다. 그래서 그는 자신을 지지하는 병사들을 규합하여 반란을 일으키고 에데사(현재의 우르파)를 점령한 뒤 호스로우에게 도움을 요청했다. 그러자 포카스에게 충성하는 군대는 동시에 두 무리의 적을 상대하게 되자 그대로 달아나 버렸다. 나르세스와 호스로우는 에데사에서 만나—어떤 아르메니아의 역사가는 당시 테오도시우스를 자칭하는 젊은이도 자리를 함께 했다고 한다—찬탈자 포카스를 공동으로 공격할 계획을 세우기 시작했다.

이제 위험을 모면하려면 포카스는 수중에 있는 모든 병력을 동부 전선에 집결시켜야 했다. 그는 재빨리 아바르족과 강화를 맺고—물론 그들에게 매년 막대한 공물을 주겠다고 약속했다—전 병력을 동원하여 페르시아에 맞섰지만 결과는 실패였다. 그래서 그는 나르세스에게 신변을 보장하겠다고 약속하면서 콘스탄티노플에서 평화 협상을 하자고 제의했다. 이때 황제가 신의 있게 처신했더라면 합의도

보고 나르세스도 자기 편으로 끌어들일 수 있었을지 모른다. 그러나 포카스는 나르세스가 수도에 도착하자마자 그를 사로잡아 산 채로 불태워 죽여버렸다. 이것으로 황제는 가장 우수한 장군을 스스로 내팽개친 셈이었다. 그밖에 쓸 만한 장군은 두 사람이 더 있었으나, 한 사람은 전투에서 상처를 입고 죽었고, 다른 한 사람은 반역죄로 소환되어 콘스탄티노플의 감옥에 갇혔다.

그래서 군대의 최고 지휘관은 황제의 조카인 도멘치올루스에게 돌아갔는데, 그는 경험도 없는 풋내기 군인으로 산전수전 다 겪은 적에 비하면 상대도 되지 않았다. 이후 4년 동안 페르시아군은 메소포타미아 서부와 시리아, 아르메니아와 카파도키아, 파플라고니아와 갈라티아 등지를 마음대로 휩쓸고 다녔다. 그리고 마침내 608년에 그들은 수도가 빤히 바라다보이는 칼케돈에 진지를 쳤다. 한편 슬라브족과 아바르족도 발칸 반도로 물밀듯 내려왔다(아바르족은 평화의 대가로 받은 돈을 이미 잊고 있었다).

절체절명의 위기가 닥치자 비로소 국민적 연대 의식이 싹텄다. 위험을 인식한 국민들은 정치적·사회적 차이, 나아가 신앙의 차이까지 잊고 공동의 적을 맞아 통일 전선을 형성했다. 포카스가 재앙을 면할 수 있는 마지막 기회는 백성들의 그런 자발적인 태도를 고취하는 것이었다. 그러나 그는 그 중요한 순간에 오히려 유대교도들을 박해하고 강제로 개종시키는 데 온 힘을 기울였다. 유대인들은 대부분 페르시아의 공격 노선 바로 앞에 위치한 동부 속주들에 살고 있었다. 위기를 맞은 터에 그들을 소외시킨다는 것은 터무니없이 어리석은 행위였다. 결과는 예상대로였다. 안티오크의 유대인들은 반란을 일으켜 현지의 그리스도교도들을 학살했으며, 특히 대주교 아나스타시우스는 매우 끔찍한 죽음을 당했다. 공포에 질린 수많은 시민들은 그리스도교도든 유대교도든 할 것 없이 학살을 피해 페르시아가 점령하고 있는 영토로 달아났다. 제국 전체가 무정부 상태로 급속히 빠져들고 있었다.

한편 설상가상으로 온갖 음모가 꼬리에 꼬리를 물었다. 그런 음모들 중 포카스를 원형 경기장에서 살해하고 동방의 민정 총독인 테

† 608년에 포카스가 로마를 방문한 기념으로 포룸 로마눔에 세운 기둥으로, 원래는 꼭대기에 포카스의 조각상이 있었으나 지금은 소실되었다.

오도루스에게 제위를 잇게 한 다음 다시 그를 밀어 내고 게르마누스를 제위에 앉힌다는 것이 있었다. 강제로 사제가 된 게르마누스였으나 야심은 여전했다. 이 음모는 사전에 발각되어 실패로 돌아갔다. 황제는 관련자들을 모조리 처형했는데, 그 와중에서 전 황후인 콘스탄티나와 세 딸도 결국 죽음을 맞았다. 제국 전체가 비틀거리는 것을 보고 포카스는 더욱 편집증적인 불안 상태로 빠져들었으며, 그에 따라 숙청의 물결은 더욱 거세졌다. 수도에서는 녹색당이 봉기를 일으켜 공공건물을 불지르고 다녔고, 동부 속주들은 혼돈 상태에 빠졌다. 그리스도교도와 유대교도는 도처에서 서로 물어뜯었으며, 유대인들은 공공연하게 페르시아 측과 연합했다. 멀리 팔레스타인에서는 예루살렘의 청색당과 녹색당이 파벌 싸움으로 시작했던 것이 내전의 규모로 발전했다.

마지막 구원의 손길을 보내 온 곳은 아프리카였다. 당시 카르타고 총독은 약 20년 전 페르시아와의 전쟁에서 마우리키우스의 주요 장군으로 활약했던 헤라클리우스였으며, 부사령관은 그의 동생인 그레고리우스였다. 그 무렵 형제는 둘 다 중년이 넘은 늙은 나이였으므로 콘스탄티노플과의 통신을 끊거나 곡물 공급을 차단하는 것과 같은 적극적인 행동에 나서지는 못했다. 그러나 608년에 그들은 상당한 병력을 모으고 함대를 준비하여 각자 자신의 아들들에게 지휘권을 맡겼다. 육군은 그레고리우스의 아들 니케타스가, 해군은 아버지와 같은 이름의 헤라클리우스가 맡았다. 그해 말에 니케타스는 육로로 이집트에 가서 알렉산드리아를 점령한 뒤 콘스탄티노플을 향해 계속 진군했다.[98] 그리고 젊은 헤라클리우스는 609년에 들르는 항구마다 열광적인 환영을 받으며 테살로니카로 갔다. 거기서 그는 거의 1년을 보내면서 유럽의 모든 불만분자들을 병사로 받아들이고 원정에 필요한 선박도 더 모았다. 이윽고 이듬해인 610년 여름 그는 콘스탄티노플로 출발했다.

그때까지도 헤라클리우스는 특별히 서둘지 않았다. 그는 콘스탄티노플로 항해하는 도중에 여러 곳에 들렀고, 가는 곳마다 새로운 지지자들을 얻어 병력은 상당히 늘어났다. 이윽고 10월 3일 토요일에 이 대군은 마르마라 해를 거쳐 황금곶 어귀에서 닻을 내렸다. 헤라클리우스는 반대 세력이 있을 것으로 예상하지 않았다. 얼마 전부터 그는 프리스쿠스와 비밀리에 서신을 주고받아왔다. 프리스쿠스는 황제의 사위이자 마우리키우스의 옛 장군으로서 한두 해 전에 간신히 처형을 면한 인물인데,[99] 헤라클리우스가 수도에 오면 틀림없이 시민들의 환영을 받으리라고 확언했다. 또한 헤라클리우스는 만약에 문제가 발생할 경우 녹색당이 자기 대신 나서서 해결해 줄 것이라고 믿었다. 실제로는 아무 일도 없었으므로 그런 걱정은 기우에 불과했다. 이틀 뒤 황제는 이미 황제복을 벗은 채 포로로 잡혀 그의 배까지 끌려왔다.

"그대가 바로 제국을 이 꼴로 만든 자인가?"

헤라클리우스가 묻자 포카스는 예상외로 기세 좋게 대꾸했다.

"그대가 다스린다면 더 낫겠는가?"

좋은 질문이었으나 그것은 관용으로 기울던 헤라클리우스의 마음을 전혀 고려하지 못한 태도였다. 우리의 주요 소식통인 안티오크의 요한네스에 따르면 포카스는 몸이 여러 조각으로 잘려 "사냥개들의 먹이로" 던져졌다고 한다. 다른 소식통에 의하면 그는 청색당과 녹색당의 공동 처분에 맡겨진 뒤 그들의 손에 처형당했다고도 한다. 그의 부하와 측근 인물들도 같은 처분을 받았다. 그날 오후 황궁의 성 스테파누스 예배당에서 헤라클리우스는 거의 동시에 두 가지 별도의 종교 의식을 거행했다. 먼저 그는 오래전에 약혼한 여자와 결혼식을 치렀다. 파비아이던 그녀의 이름은 유도키아라는 새 이름으로 바뀌었다. 곧이어 그는 제위에 오르는 대관식을 치렀다.

14

최초의 십자군

610년~641년

가장 고귀한 신이며, 이 세상의 왕과 주인이며, 위대한 호르미즈드와 호스로우의 아들이 천하고 무지한 노예 헤라클리우스에게 고하노라.
너는 우리의 지배를 거부하고 스스로를 군주라고 칭하고 있다. 너는 우리의 보물을 빼앗고 우리의 하인들을 속이고 있다. 도적 떼 같은 군대로 우리를 끊임없이 괴롭히고 있다. 내 어찌 너희 그리스인들을 멸하지 않으리? 너는 신을 믿는다고 말한다. 그렇다면 그 신은 어이하여 내 손에서 카이사레아, 예루살렘, 알렉산드리아를 빼앗아 가지 않느냐? …… 내가 콘스탄티노플까지 파괴하지 못할 줄로 아는가?

호스로우 2세 622년경에 헤라클리우스에게 보낸 편지

무너지는 변방

넓은 가슴의 금발 청년, 인생의 절정기인 서른여섯 살에 이미 세 차례의 빛나는 정복을 완수하고, 같은 날에 결혼식과 대관식을 한꺼번에 치른 헤라클리우스가 610년 10월 5일 월요일에 사랑하는 젊은 아내를 한 팔에 안고 황궁 밖으로 나섰을 때 사람들은 마치 신의 모습을 보는 듯 감탄했을 것이다. 그러나 환호하는 백성들 중에는 비잔티움의 21대 황제인 그가 혹시 마지막 황제가 되지나 않을까 하고 우려한 사람들이 여럿 있었다.

전임 황제들 중 어느 누구도 그런 최악의 상황에서 제위에 오른 적은 없었다. 서쪽에서는 아바르족과 슬라브족이 발칸을 유린하고 있었고, 동쪽에서는 황궁의 창문에서 빤히 보이는 보스포루스 맞은편의 칼케돈에서 페르시아가 횃불을 피우고 있었다. 그래도 당분간은 안전했다. 테오도시우스 성벽은 잘 보수되어 있었고, 페르시아는 제국의 함대가 늘 순찰을 도는 해협을 건널 만한 선박을 보유하고 있지 않았기 때문이다. 과연 콘스탄티누스 대제가 이곳을 난공불락으로 본 것은 옳았다.

그러나 비록 중앙의 수도가 안전하다 해도 변방의 속주들은 속절없이 무너지고 있었다. 발칸 반도 전체는 사실상 슬라브족의 땅이 되어 버렸다. 페르시아는 유럽의 경계에서 진군을 멈췄지만 아시아에서는 마음껏 활보하고 있으며, 유대 공동체의 열렬한 지지에 힘입어 새로운 추진력을 얻었다. 헤라클리우스가 즉위한 바로 이듬해 페르시아의 샤흐르바라즈—'멧돼지 왕'—장군은 안티오크를 점령했고, 곧이어 613년에는 다마스쿠스를, 614년에는 예루살렘까지 손에 넣었다.

이 불운한 도시들이 오랜 역사를 통해 겪은 재난들 가운데서도 가장 끔찍한 재난은 페르시아가 점령한 예루살렘에서 일어났다. 시작은 평이했다. 시민들은 페르시아 군대의 주둔을 포함하여 상당히 합리적인 조건을 받아들였고, 한 달 동안은 모든 게 잘 돌아갔다. 그러다가 갑자기 예고도 없이 그리스도교도들이 들고일어나 페르시아인과 유대인을 닥치는 대로 살해했다. 요행히 목숨을 건진 사람들은 군대와 함께 전진하고 있던 샤흐르바라즈에게로 즉시 달려갔다. 그는 황급히 말머리를 돌렸으나 예루살렘은 이미 성문을 다시 닫은 뒤였다. 그리스도교도들은 한 달가량 버텼지만 페르시아군이 성벽 밑으로 굴을 뚫고 입성하는 것까지 막지는 못했다.

그 다음은 유례를 찾기 힘들 정도로 끔찍한 대학살이었다. 사흘 동안 계속된 학살극이 끝나자 살아남은 그리스도교도는 거의 없었다. 성묘 성당을 비롯하여 주요 그리스도교 성당들은 모두 불에 타

잿더미로 변했고, 자카리아스 총대주교는 포로로 잡혔다. 참십자가, 신성한 창과 해면 조각 등 예수 수난과 관련된 유물들은 모조리 강탈되어 크테시폰으로 옮겨졌다. 게다가 페르시아군만이 유일한 침략자는 아니었다. 그리스도교도의 봉기에서 많은 유대인들이 살아남았고, 페르시아군에 가담한 유대인들은 더 많았다. 또한 예루살렘 사태를 전해 듣고 주변의 소도시나 촌락에서 황급히 달려와 구원을 푼 사람들은 더 많았다. 당대에 관한 주요 문헌을 남긴 테오파네스에 의하면—그는 200년 뒤에 책을 썼고 그리스도교적 관점이 강하지만—그 악몽 같은 며칠 동안 유대인의 손에 죽은 그리스도교도의 수는 무려 9만 명이 넘었다고 한다. 아무도 살려두지 않았을뿐더러 수도사나 수녀는 특별히 잔인한 죽음을 당했다.

예루살렘이 파괴되었다는 소식, 특히 참십자가를 빼앗겼다는 소식을 접한 콘스탄티노플 시민들은 경악했다. 이보다 더 신의 노여움을 살 만한 일은 없었다. 그러나 아직 제국의 시련은 끝나지 않았다. 3년 뒤 페르시아 왕은 이집트로 시선을 돌렸다. 그로부터 얼마 뒤에 제국의 주요 보급창이었던 이집트가 페르시아의 속주로 변했다. 그리스 반도 전역을 슬라브족에게, 트라키아의 비옥한 밀밭을 아바르족에게 빼앗긴 것과 더불어 이집트마저 빼앗긴 결과는 기근과 그로 인한 역병이었다. 이제 로마인들은 전쟁으로 죽는 것보다 굶주림으로 죽는 것을 더 걱정해야 할 판이었다.

이미 618년에 헤라클리우스는 과감하고 유례없는 조치를 거의 결심한 상태였다. 그것은 바로 수도를 완전히 버리고 자신의 고향인 카르타고를 거점으로 삼아 마치 포카스를 제거할 때 했던 것처럼 적

† 628년 페르시아가 약탈한 참십자가를 찾아오는 헤라클리우스의 개선 행렬을 새긴 메달.

들에 대한 대규모 공세를 준비하는 것이었다. 제국 전체로 볼 때는 사실 그런 조치도 괜찮았다. 그렇게 하면 포위된 콘스탄티노플에서는 불가능한 여러 가지 제도를 시행하는 게 가능했다. 우선 유스티니아누스가 죽은 이래로 위험할 만큼 커진 비잔티움 귀족과 원로원의 좋지 않은 영향력을 단절할 수 있었다. 또한 황궁을 유지하고 궁정 의식을 치르는 비용을 절약하여 그 돈으로 병력과 군사 장비, 보급품을 확충할 수 있었다.

하지만 콘스탄티노플 시민들은 공포에 사로잡힐 게 뻔했다. 세르기우스 총대주교의 지휘 아래 시민들은 황제에게 집단으로 몰려와 자신들과 함께 있어 달라고 애원했다. 결국 헤라클리우스는 시민들의 탄원에 굴복했다. 더 버티다가는 혁명이 일어날까 두려웠기 때문이다. 사실 그는 몇 주 전 비밀리에 황궁의 재산을 카르타고로 보냈는데, 그것을 싣고 가던 배가 심한 폭풍으로 난파되고 말았다. 아마 그는 그것을 하늘의 조짐으로 해석했는지도 모른다. 어쨌든 그는 시민들의 호소를 기회로 삼아 백성들과의 약속을 갱신하고자 했다. 즉 자신이 콘스탄티노플에 머물기로 한다면, 그 대신 시민들은 그가 요구하는 어떠한 희생이라도, 어떠한 역경이라도 감수해야 한다는 것이다. 시민들은 선뜻 동의했다. 하루나 이틀 뒤에 소피아 성당에서 총대주교가 참석한 가운데 황제는 콘스탄티노플을 떠나지 않겠다고 엄숙히 서약했다.

동방 제국의 십자군

이 무렵 헤라클리우스는 벌써 재위 8년째를 맞고 있었다. 그 시기에 관한 주요 문헌에는 8년이라는 사실이 특별히 언급되어 있지 않지만, 현대의 역사가들은 제국이 역사상 가장 커다란 위기를 맞고 있는 상황에서 그렇게 오랫동안 젊고 활기찬 황제가 별다른 활동을 하지 않았다는 사실에 놀라움을 나타낸다. 그는 정말로 즉위하고 나서 군대를 이끌고 전장에 나서기까지 12년이나 기다려야 했을까? 분명히 그랬어야 했을 것이다. 당시 제국은 혼돈의 와중에 있었다. 국고는 텅 비었고, 군대는 사기가 저하되었고, 민간 행정은 무능한 데다가 절망적으로 부패했다. 더욱이 강력한 적들을 둘씩이나 맞이하고 있는 상황에서 승리할 가능성이란 거의 없었다. 나라 전체를 완전히 재편하고, 효율적인 전쟁 기구로 편성해야만 전쟁에 임할 수 있었다.

하지만 그는 서둘지 않았다. 콘스탄티노플 성벽과 보스포루스의 바다는, 아주 오랫동안은 아니더라도 필요한 기간만큼은 적의 발을 묶어 줄 터였다. 물론 호스로우는 페르시아 동부 속주들을 희생하고 서라도 제국과 대결할 수 있지만, 그렇게 하고도 진다면 그는 한꺼번에 모든 영토를 잃게 될 것이다. 그러나 적절한 준비 없이 페르시아와 싸운다면 로마군의 패배만이 아니라—황제 자신이 군대를 통솔할 것이므로—헤라클리우스 자신의 패배를 초래할 수도 있다. 그렇게 된다면 제국은 완전히 끝장이다.

그래서 대관식을 치른 바로 그날부터 헤라클리우스는 집무를 시작했다. 첫째 작업은 아직 자신이 통제하고 있는 영토를 전쟁에 대비하여 편제하는 일이었다. 30년 전 마우리키우스가 설치한 두 총독령 가운데 하나인 카르타고에서 지낸 경험은 그에게 변방의 속주들을 엄격한 군사적 노선에 따라 운영할 수 있는 지혜를 주었다. 이것을 바탕으로 그는 페르시아 측에 빼앗기지 않은 소아시아 전 지역을 재편하기 시작했다. 개략적으로 말하면 이 지역은 지중해 연안의 셀레우키아(현재의 셀리프케)에서 북동쪽으로 흑해의 리주스(리제)까지 이어지는 선의 서부에 해당했다.[100] 헤라클리우스는 이 지역을 네 곳의 테마thema—북서부의 옵시키온, 북동부의 아르메니아콘, 중앙의 아나톨리콘, 남부 해안과 그 후배지를 포괄하는 카라비시아니—로 나누었다. 이 편제는 그 자체로 의미가 있었다. 테마라는 그리스어는 원래 군대의 배치와 관련된 용어였으므로 애초부터 전쟁에 대비한 편제임을 분명히 한 것이다. 테마의 최고 지휘자는 스트라테고스strategos라는 군사 총독이었으며, 각 테마에는 병력으로 전환할 수 있는 상당한 규모의 인구를 정착시키고 그들에게 군사적 용도로만 사용한다는 조건으로 세습 토지를 부여했다.*

이 새로운 편제는 과연 이후 제국을 방어하는 데 큰 역할을 했다. 무엇보다 잘 훈련되고 대체로 믿음직한 국민군의 기반이 형성되었으므로 예전의 마구잡이식 용병제도에서 벗어날 수 있었다. 병력이 부족한 탓에 어쩔 수 없이 야만족이나 외국의 용병을 고용했으나 그들은 워낙 배반을 자주 하는 탓에 도무지 믿을 수 없었던 것이다. 그리하여 7세기 중반에는 아나톨리아 서부 전역에 자신의 토지를 가지고 생계를 꾸리면서 국가가 부를 때면 무기와 말을 가지고 통상의 급료로 군대에 복무할 수 있는 새로운 병사-농민 층이 생겨났다. 이로써 디오클레티아누스와 콘스탄티누스의 시절부터 시행된 민정 총독 중심의 속주 행정은 점차 사라졌다.

그 다음에는 제국의 재정이 복구되어야 했는데, 이는 하룻밤에 할 수 있는 일이 아니었다. 헤라클리우스는 조세, 강제 대부, 포카스 시절의 악명 높았던 부패 관리들에게 벌금을 물리는 것 등 다양한 방식을 시행했다. 또한 아프리카의 가족과 친지들에게서도 많은 보조금을 얻어 냈다. 그러나 단일한 세입원 중 가장 규모가 큰 곳은 교회사상 처음으로 정통 교회가 낸 기부금이었다. 세르기우스 총대주교에게 다가오는 전쟁은 종교 전쟁이었으며, 여기서 그리스도교 세

* 이런 제도는 사실 변방을 지키는 '기본 정석'에 해당한다. 일찍부터 중앙 집권식 제국 체제가 발달했던 중국에서는 이미 기원전 2세기에 한 무제가 둔전(屯田)을 설치했다. 이것도 역시 헤라클리우스의 테마처럼 변방의 병사들이 스스로 군량을 충당하면서 변방을 수비하는 토지 제도이며, 이 토지는 병사들에게 대대로 세습되었다. 중국의 역대 왕조들은 명칭은 달랐어도 모두 변방을 수비하는 기본 방침으로 둔전제를 실시했다. 중국과 한반도 국가들의 보편적인 군사제도였던 부병제(府兵制)의 기본 발상은 모두 테마와 같은 병농일치의 개념이다.

력은 불을 숭배하는 이교도*를 완전히 누르고 승리해야만 했다. 그래서 그는 황제를 적극적으로 지원하기로 결심했다.

사실 그와 헤라클리우스의 관계는 최근 들어 긴장 상태였다. 612년 유도키아 황후가 둘째 아이를 낳고 간질 발작으로 죽은 뒤 황제는 자기 조카딸인 마르티나와 결혼식을 올려 종교계의 비난을 샀던 것이다.** 당시 세르기우스는 격렬하게 항의했다. 그러나 이제 국가적 이익을 위해 그는 황제의 사생활에서 나타난 문제점을 묵인하기로 했다. 오히려 그는 모든 교구에서 자신이 직접 모은 교회와 수도원의 재산을 국가에 헌납했다. 헤라클리우스는 그것을 기꺼이 받았다. 적어도 당분간은 재정 걱정을 하지 않아도 될 터였다.

하지만 페르시아로 진격하기 전에 먼저 아바르족 문제를 해결해야 했다. 619년에 아바르족의 카간이 마르마라 연안의 헤르클레아

* 배화교(拜火教)라는 별칭에서도 알 수 있듯이 이슬람 이전 시대의 페르시아와 중동의 전통 종교인 조로아스터교는 불을 숭배했다.

** 왕실 내의 근친혼은 역사적으로 동양이나 서양에서 아주 흔했으니, 헤라클리우스가 조카와 결혼한 건 특이한 일이 아니었다. 우리나라의 예를 보더라도 비슷한 시기에 한반도의 신라에서는 김유신과 김춘추가 처남-매부이자 사위-장인 관계였으며(김춘추는 김유신의 누이와 결혼했고, 나중에는 딸을 김유신에게 시집보냈다), 고려가 건국되는 10세기에는 왕건이 신라의 마지막 왕 경순왕의 사촌누이를 아내로 맞고 딸을 경순왕에게 시집보내 다시 매부-처남이자 장인-사위 관계가 성립되었다. 그래도 우리나라에서는 유학이 국가 경영의 원칙으로 자리잡게 되는 14세기 이후에는 근친혼이 사라지지만, 지금도 사촌 간의 결혼이 용인될 정도로 가족 개념이 다른 서양의 경우에는 이후에도 지속되었다. 16세기 중반 에스파냐의 왕 펠리페 2세는 아버지(카를 5세)의 사촌누이(영국의 메리 여왕), 아버지의 외손녀(안나)와 결혼했으니 항렬의 위아래를 가리지 않았던 셈이다. 물론 모두 정략결혼의 사례들이니까 그에 비하면 헤라클리우스가 조카와 결혼한 것은 비교적 건전한(?) 경우지만 엄격한 동방 교회법에는 역시 저촉되는 행위였다.

에서 황제와의 회담을 제안했는데, 거기서 모종의 협상이 타결된 것으로 보인다. 헤라클리우스는 그 초청에 적극적으로 응하고, 화려한 행사와 볼거리로 야만족들의 눈을 휘둥그레지게 만들었다. 물론 제국의 위용을 한껏 과시하려는 속셈이었다. 그러나 셀림브리아에서 이런 시위를 하고 있을 때 아바르족의 한 부대가 아나스타시우스 성벽에서 목책을 세워 놓은 지점[101]을 장악했다는 소식이 전해졌다. 결국 이 모든 게 음모였음이 드러났다. 곧이어 콘스탄티노플로의 퇴각로가 차단되면 적에게 사로잡히는 것은 식은 죽 먹기였다. 그것을 깨달은 순간 그는 재빨리 황제복을 벗고 가난한 농민으로 위장한 뒤 말에 올라 전속력으로 수도를 향해 내달렸다. 몇 분 뒤 아바르족이 열심히 추격해 왔다. 테오도시우스 성벽이 닫혀 수도에 들어가지 못한 그들은 교외의 성당 몇 곳을 파괴한 뒤 돌아갔다.

그 유감스러운 사건 이후에 비잔티움과 아바르의 관계가 어떻게 봉합되었는지에 관해서는 알 수 없다. 다만 확실하게 말할 수 있는 것은 622년 봄에 헤라클리우스가 페르시아의 위협을 영구히 종식시키기 위한 전쟁을 준비했다는 사실이다. 부활절 다음 월요일인 4월 5일에 그는 기함을 타고—그는 테오도시우스 대제 이후로는 처음으로 직접 전투에 참가한 황제였다[102]—함대를 인솔하여 남서쪽으로 항해를 시작했다. 그는 페르시아군의 예상을 뒤엎고 그들을 기습할 작정이었다. 페르시아는 그가 보스포루스를 통해 흑해로 들어와서 결국은 아르메니아를 통해 공격해 올 것으로 예상하고 있었던 것이다. 그러나 그는 정반대의 방향을 취했다. 즉 마르마라 해와 헬레스폰트를 거쳐 이오니아 해안을 따라 로도스까지 간 다음 다시 동쪽으로 소아시아의 남해안을 돌아 이수스 만까지 갔다. 일찍이 1천 년 전에 알렉산드로스 대왕이 페르시아를 무찔렀던 현장으로부터 불과 몇 킬로미터 떨어진 곳에 헤라클리우스는 군대를 상륙시켰다.

이곳에서 그는 여름을 보내며 강도 높은 전술 훈련을 실시하고, 자신의 지휘 방침을 점검하는 한편, 병사들에게 힘을 비축하도록 했다. 마침내 페르시아 왕이 어떻게 공격해와도 충분히 상대할 수 있다는 자신감이 생겼다. 그는 병사들의 사기를 진작시키기 위해 꾸준히 노력했다. 그는 병사들에게, 그대들은 적그리스도의 세력을 쳐부수기 위해 신께서 선택하신 영광스러운 도구라고 말했다. 그들은 제국만이 아니라 자신의 신앙을 위해서 싸우는 것이므로 그에 어울리는 위엄을 갖춰야 했다. 황제의 궁정 시인으로 원정에 참여한 피시디아의 게오르기우스는 양측 진영의 차이를 자못 경건하게 묘사한다. 페르시아 진영의 분위기는 심벌즈 소리와 온갖 음악소리로 시끄러웠으며 벌거벗은 미녀들이 장군들에게 즐거움을 주었다. 그 반면에 로마 진영에서는 "반주에 맞춰 부르는 찬송가에서 황제는 환희를 찾았고 자신의 마음속에서 일어나는 신성한 공명을 느꼈다."

가을이 다가올 무렵이 되어서야 헤라클리우스는 폰투스와 흑해 방면으로 북진을 시작했다. 카파도키아 고원 지대의 어느 곳에서 드디어 양측은 마주쳤다. 페르시아군의 사령관은 경험이 풍부한 뛰어난 장군 샤흐르바라즈였다. 그와 대조적으로 헤라클리우스는 야전을 지휘한 경험이 없었다. 그러나 양측의 대결은 페르시아군의 일방적인 패배로 끝났다. 제국의 병사들은 바위산과 협곡까지 그들을 쫓았다. 게오르기우스의 표현에 따르면 마치 사방에서 야생 염소를 사냥하는 것 같은 분위기였다. 승리에 한껏 고무된 헤라클리우스는 군대를 폰투스에서 그대로 겨울을 나도록 놔두고, 아바르족이 수도에서 다시 말썽을 일으키고 있었으므로 해로를 통해 트레비존드에서 콘스탄티노플로 돌아왔다. 병사들은 가족과 함께 겨울을 보내지 못하게 되었지만 이번에는 아무도 항의하지 않았다. 그들은 이제 십자가의 병사들이었고 게다가 승리까지 한 것이다.

페르시아의 숨통을 조여라

원정 2년째는 첫해보다 더 큰 성공을 거두었다. 아바르족과의 문제를 해결하고 부활절을 가족과 함께 니코메디아에서 보낸 뒤 황제는 아내 마르티나까지 대동한 채 배를 타고 트레비존드로 돌아왔다. 제국의 군대는 거기서 행군 명령이 내려지기만을 기다리는 중이었다. 군대는 아르메니아를 거쳐 페르시아의 변방으로 들어갔는데, 이곳은 오늘날 아제르바이잔에 해당하는 지역으로 조로아스터교 불 숭배의 중심지인 '불의 땅'이었다. 이윽고 호스로우가 부근의 웅장한 간자크 왕궁에 있다는 소식이 전해졌다. 또한 그전에 입수한 첩보에 따르면 참십자가를 비롯하여 예루살렘에서 가져간 신성한 유물들도 그 왕궁에 있었다. 헤라클리우스는 곧장 간자크로 진군했다.

페르시아 대왕은 약 4만 명의 수비 병력이면 적의 공격을 충분히 막아 낼 수 있으리라 생각했다. 하지만 얼마 안 가서 그는 왕궁과 그 옆에 있는 불의 신전을 침략자들의 손에 맡기고 니네베로 도망치는

† 페르시아의 고대 종교였던 조로아스터교는 영원히 꺼지지 않는 불을 숭배했다. 이란의 낙쉐로스탐에 남아 있는 불의 사원 유적.

신세가 되었다. 헤라클리우스는 자비를 베풀고 싶은 기분이 아니었다. 신전 안 한가운데 호스로우의 조각상이 있고 그 주변에 해와 달과 별을 상징하는 날개 달린 형상들이 있는 모습에 그는 분노하지 않을 수 없었다. 신전은 즉각 불태워졌고 왕궁도 마찬가지 운명을 맞았다. 그 다음에 군대는 조로아스터의 출생지인 인근의 테바르메스 시를 잿더미로 만들었다. 아쉽게도 종교적 유물은 전혀 없었으나 이로써 페르시아가 예루살렘을 짓밟은 행위에 대한 어느 정도 앙갚음은 한 셈이었다.

황폐화된 들판과 불타는 도시를 뒤로 하고 군대는 페르시아의 수도인 크테시폰을 향해 거의 정남향으로 행군했다. 만약 헤라클리우스가 병사들을 독려하여 조금 더 열심히 행군했더라면, 그들은 샤흐르바라즈가 병력을 새로 충원하여 서쪽에서 다가오는 것보다 먼저 목적지에 도착했을 테고, 그랬다면 전쟁은 실제보다 4년 일찍 끝났을 것이다. 그러나 겨울이 다가오고 있었을 뿐 아니라 헤라클리우스에게는 행군을 멈출 만한 개인적인 이유가 있었다. 그는 병사들에게 복음의 뜻을 따르기로 결심했다고 말했다. 즉 모두 나흘 동안 단식을 한 뒤 그가 복음서를 아무 곳이나 펼쳐 첫눈에 들어오는 구절의 안내를 받는다는 것이었다. 당시 어떤 구절이 나왔는지는 전하지 않지만, 틀림없이 황제 자신의 취향에 맞는 구절이었을 것이다. 호전적인 부관들조차 신의 봉인이라 할 수 있는 명령에 반대하지는 못했다. 하지만 한두 달 뒤에 마르티나 황후가 아기를 낳으리라는 사실을 아는 사람은 적지 않았을 것이다.

헤라클리우스와 그의 군대가 철수한 지역은 카스피 해의 서안, 페르시아 제국의 국경 바로 바깥의 알바니아라는 곳이었다(유럽의 알바니아와는 다르다). 당시 그곳에는 주로 훈족 혈통의 여러 야만족이 거주했는데, 그들은 페르시아를 싫어했으므로 당연히 제국에는 호의적이었다. 실제로 그들 중 상당수가 제국의 군대로 들어옴으로써 624년 원정을 시작할 때 병력의 규모는 전에 비해 상당히 늘어났다. 이 원정은 거의 그 일대, 즉 키루스 강과 아락세스 강[103] 사이 알바니아와 아르메니아의 일부만 대상으로 했다. 그 원정에서 로마군은 샤흐르바라즈와 그의 동료인 사라블라가스가 거느린 연합군을 맞아 2년 전보다 더 결정적인 승리를 거두었다(사라블라가스는 그 전투에서 전사했다). 전투가 끝나자마자 페르시아의 또 다른 장군인 샤힌[104]이 전세를 역전시키기 위해 군대를 거느리고 공격해 왔다. 그러나 그의 도착은 너무 늦었다. 또한 그가 그 사실을 깨달은 순간에는 퇴각하기에도 너무 늦었다. 오랜 행군에 지친 그의 군대는 예상치 못한 처참한 광경에 겁을 먹고 달아나다가 삽시간에 도륙되었다.

황제는 반 호수에서 겨울을 나고 이듬해 봄에 아르메니아의 고원을 떠나기로 결정했다. 현지 부족들은 점점 황제의 힘이 증대하는 것을 경계하기 시작했고 더 이상 그에게 의존하려 하지 않았다. 그러나 페르시아군은 작년에 패배한 뒤 다시는 그곳에서 싸우려 들지 않았다. 샤흐르바라즈는 아마 소아시아로 돌아가서 예전처럼 칼케돈을 압박할 심산인 듯했다. 특히 아바르족이 서쪽에서 대규모 공세를 준비하고 있다는 사실이 알려졌으므로 그로서는 유력한 작전이었다. 그래서 625년 3월 1일에 헤라클리우스는 지금까지 어느 때보다도 멀고 험한 행군을 시작했다. 반 호수의 동안을 따라 북상하자 아라라트 산기슭의 아르사니아스 강(현재의 무라트 강)이 나왔다. 거기서 그들은 350킬로미터쯤 서쪽으로 행군한 뒤 다시 남쪽으로 방향을 틀어 인근의 도시인 마르티로폴리스와 아미다(디야르바키르)를 정복했다. 아미다에서 유프라테스 강까지 100~120킬로미터를 가는 동안에는 적의 모습도 보이지 않았고 소리도 들리지 않았다.

그러나 실은 가까이에 샤흐르바라즈가 있었다. 그는 그전부터 적군의 모든 움직임을 추적하면서 유프라테스 강에 먼저 도착하여 밧줄 다리로 강을 건넌 다음 그 다리를 끊어 버렸다(양쪽 방향으로 몇 킬로미터 안에 다른 다리는 없었다). 헤라클리우스는 남쪽으로 방향을 돌릴 수밖에 없었는데, 마침 사모사타(삼사트) 부근에서 얕은 여울을 발견했다. 거기서부터 군대는 비교적 쉬운 행군으로 아다나 바로 북쪽 물살이 빠른 사루스 강(현재의 세이한 강)까지 갔다. 마침내 헤라클리우스는 맞은편 강둑에 진을 치고 전투 태세를 갖춘 페르시아군을 발견했다. 우연히도 근처에는 작은 다리가 하나 있었다. 로마군은 오랜 행군에 따른 피로도 잊은 채 즉각 적을 향해 돌격했다. 그러나 샤흐르바라즈는 퇴각하는 체하면서 그들을 매복 장소로 유인했다. 그때까지 무적을 자랑하던 제국군의 전위가 순식간에 무너졌다.

페르시아군은 계획이 성공한 데 몹시 기뻐하면서 살아남은 적을 추격하는 데 열을 올리느라 얼마 동안 다리 쪽에 신경을 쓰지 못했다. 헤라클리우스에게는 좋은 기회였다. 그가 말에 박차를 가하면서 돌격하자 후위의 병사들이 그를 따랐다. 페르시아의 어느 거한이 앞을 가로막았으나 황제는 단칼에 그를 베어 강물에 던져 버렸다. 사태의 위급함을 깨달은 샤흐르바라즈는 궁수들에게 강둑을 방어하라고 명했다. 그러나 헤라클리우스는 빗발치듯 쏟아지는 페르시아군의 화살들을 뚫고, 화살에 더러 상처를 입기도 했으나 선봉에 서서 돌진했다. 페르시아 병사들은 깜짝 놀라 그 광경을 지켜보았다. 적장인 샤흐르바라즈조차 감탄을 감추지 못했다. 당시 그는 옆에 있던 그리스 배신자에게 이렇게 말했다고 한다. "너희 황제를 봐라! 마치 쇠로 된 모루처럼 이 화살과 창을 전혀 두려워하지 않는구나!" [105]

그날 헤라클리우스는 자신의 용기만으로 전투에서 승리했다. 이튿날 아침 일찍 페르시아군은 진지를 거두고 어깨를 늘어뜨린 채 길고 지난한 귀향길에 올랐다. 험한 전투였다는 생각은 헤라클리우스에게도 마찬가지였다. 그는 크게 줄어든 병력을 모아 카파도키아를 거쳐 트레비존드 외곽의 겨울 주둔지로 돌아왔다. 손실은 컸으나 사기는 높았고 자만심도 위험할 정도로 컸다. 게다가 영웅적인 활약으로 황제의 위세는 하늘을 찌를 듯했다. 하지만 그해에 처음으로 그는 면전에서 패배를 맛보았다. 정말 보고 싶지 않은 광경이었다. 전쟁은 아직 끝나지 않았다. 모든 조짐으로 보건대 동쪽과 서쪽의 적들은 봄에 다시 공세를 취할 게 뻔했다. 이번에는 콘스탄티노플이 그들의 목표일 터였다.

트레비존드는 동쪽과 서쪽에서 두루 정보를 입수하기에 좋은 곳이었다. 하지만 양쪽에서 올라온 보고는 모두 좋지 않은 내용이었다. 호스로우는 전쟁을 빨리 끝내겠다는 심산으로 외국인들까지 포함하여 자기 영토 내의 모든 건강한 장정들을 군대에 징집하고, 샤힌에게 5만 명의 정예 부대를 내주고 헤라클리우스의 군대를 추격하여 궤멸시키라고 명했다. 만약 실패할 경우에는 샤힌의 목을 베겠다고 을러댔다. 또 샤흐르바라즈는 미숙련자와 무경험자로 신병들을 충원한 다음 소아시아를 거쳐 칼케돈으로 가서 아바르족이 콘스탄티노플을 공격할 때 최대한 지원할 예정이었다. 한편 아바르족의 카간은 비스툴라에서 우랄 지역에 이르는 거의 모든 야만족들을 거느리고 거대한 공성기까지 질질 끌면서 콘스탄티노플 성벽으로 오는 중이었다. 그가 어느 정도까지 페르시아군과 긴밀한 공조 체제를 이루었는지는 알 수 없으나 상당한 정도의 공모는 분명히 있었던 듯하다. 샤흐르바라즈가 작전이 개시되기 전까지 오랫동안 칼케돈에 체류한 이유는 거기에 있었을 것이다.

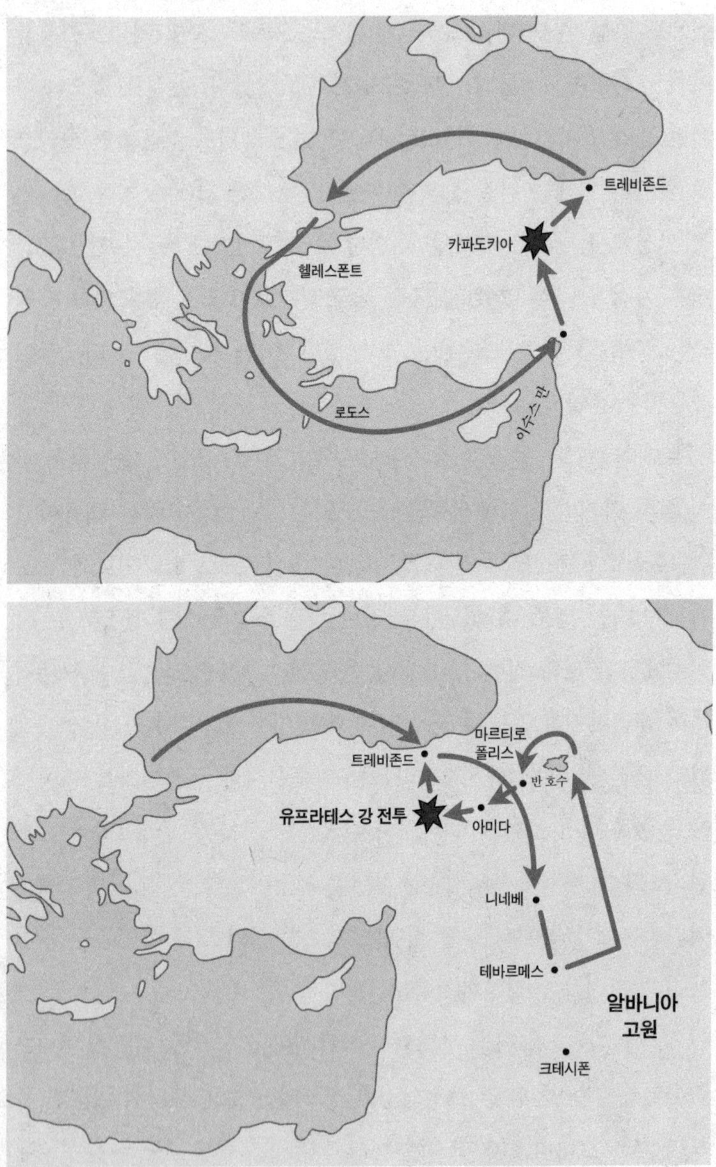

† 헤라클리우스의 페르시아 1차 원정(위)과 2차 원정(아래) 경로.

헤라클리우스는 어려운 결정을 내려야 했다. 군대가 아나톨리아에 머문다면 수도를 방어할 병력이 모자라고, 반대로 수도를 방어하러 달려간다면 페르시아의 위협을 근절할 수 있는 좋은 위치를 포기하는 셈이 될뿐더러 참십자가도 되찾을 희망이 없다. 네 차례의 힘든 원정으로 간신히 얻은 모든 성과를 일거에 잃게 될 것이다. 그래서 헤라클리우스는 현 위치를 고수하되 군대를 셋으로 나누기로 결정했다. 1군은 당장 해로를 통해 콘스탄티노플로 출발하고, 2군은 동생인 테오도루스에게 지휘를 맡겨 메소포타미아에서 샤힌과 맞붙는다. 그리고 가장 규모가 작은 3군은 자신의 지휘 하에 아르메니아와 카프카스를 지키면서 가능하다면 상대적으로 방어가 취약해진 페르시아 본토를 노린다.

하지만 이렇게 결정했다고 해서 황제가 콘스탄티노플의 방어에 관심을 끊은 것은 결코 아니었다. 그 반대로 그는 세르기우스 총대주교와 파트리키우스 보누스에게 수도 방위를 맡기고 나서도 각종 명령, 지침, 조언, 격려의 서신 등을 수도 없이 보냈다. 특히 격려의 서신은 거리에 공개적으로 나붙어 즉각적인 효과를 발휘했으며, 주민들에게 곧 벌어질 투쟁에 임하는 결의와 열정을 심어 주었다. 한편 헤라클리우스는 훈족의 일파로 카프카스의 강성한 부족인 하자르족에게 관심을 돌렸다. 우선 그는 아제르바이잔에서 기습 원정을 마치고 돌아오는 그들을 가로막고, 그들의 카간인 지에빌에게 원정 때도 지니고 다니던 궁정에서 가져온 화려한 물건들과 값비싼 선물을 주어 눈을 휘둥그레지게 만들었다. 또 몇 차례 대화를 나누면서 헤라클리우스는 카간에게 자기 딸 에피파니아의 초상화를 보여 주고 딸과 결혼시키겠다고 약속했다. 지에빌은 공주의 초상화에 매료된 데다 황실 가문의 일원이 될 경우 받을 수 있는 특급 대우에 한껏 기분이 좋아져서 헤라클리우스에게 4만 명의 정예병을 내주었다. (다행히도 그해 말에 지에빌이 죽는 바람에 에피파니아는 아버지가 강제로 추진하는 암울한 정략결혼의 제물이 되지 않을 수 있었다.)

하자르족의 지원군까지 얻은 헤라클리우스가 아제르바이잔을 초토화시키는 동안 테오도루스는 메소포타미아에서 샤힌에게 압승을 거두었다. 그 전투에 관해서는 우박을 동반한 폭풍우 속에서 벌어졌다는 것 이외에는 알려진 게 없다. 특히 우박은 페르시아군에게 많은 피해를 주었고 신기하게도 로마군은 피해를 입지 않았다고 한다. 패배의 충격을 견디지 못한 샤힌은 얼마 뒤 심각한 우울증에 걸려 죽고 말았다. 호스로우에게 처단되기 전에 스스로 목숨을 끊은 것인지, 아니면 그냥 좌절감 때문인지는 기록에 전하지 않는다. 샤힌이 죽었다는 보고를 들은 호스로우는 그의 시신을 소금으로 싸서 자기 앞에 가져오라고 명했다. 시신이 도착한 뒤 그는 부하들에게 형체를 알아볼 수 없을 때까지 시신에 매질을 가하도록 하고 그 광경을 잔혹한 표정으로 지켜보았다. 그 이전부터 페르시아의 조신들은 대왕의 정신 상태를 의심하고 있었다. 그런데 이 사건 뒤로 그 의심은 확신으로 바뀌었다.

626년 6월 29일이었다. 페르시아군과 아바르족은 보스포루스 맞은편에서 정해진 위치에 도착하여 합동 공격을 개시할 준비가 되었다고 서로에게 신호로 알렸다. 얼마 안 가서 성당들에 붙은 불길로 인해 밤하늘이 벌겋게 달아올랐다. 성벽 바깥 교외의 주민들은 서둘려 수레에 가재도구를 싣고 성문 안으로 피신했다. 그들이 들어오자 곧 성문이 닫히고 자물쇠가 채워졌다. 길고 험한 포위전이 시작된 것이다. 야만족 무리가 성벽 주변의 흙을 파 내고 있을 때 아바르족의 카간은 충분한 배상금을 물면 도시를 파괴하지 않겠다는 마지막 제의를 했다. 하지만 콘스탄티노플 성내의 사기는 어느 때보다도 높았으므로 그의 제안은 일언지하에 거절당했다.

8만 명이나 되는 야만족 무리—아바르족, 훈족, 게피다이족, 불가르족, 스키타이족, 슬라브족—는 마르마라에서 황금뿔에 이르는 약 10킬로미터 길이의 테도오시우스 성벽을 완전히 봉쇄했다. 그 위쪽 지구, 도시 북쪽으로 2~3킬로미터 떨어진 곳에서는 작은 카누들에 슬라브족의 남녀들이 배치되어 필요할 경우 공격군을 해상으로 수송할 준비를 갖추고 있었다. 성벽을 방어하는 비잔티움의 병력은 기병 1만 2천 명뿐이었으나 그들에게는 콘스탄티노플의 전 시민들이 아낌없는 지원을 보내고 있었다. 여기에는 시민들에게 종교적 열정을 고취한 세르기우스 총대주교의 역할이 컸다. 밤낮없이 긴장 상태가 지속되었다. 바퀴가 장착된 투석기가 위치를 잡고 성벽을 향해 교대로 바윗돌을 날려보냈다. 때로는 성벽 너머로 커다란 돌멩이가 날아들기도 했다. 하지만 성벽은 무사했고 수비병들도 굳게 버티었다. 그런데 예상외로 페르시아군은 아직 보스포루스를 건너오려 하지 않았다. 그들은 공성기를 가지고 있지 않았으므로 이 시점에서는 공성에 별로 도움이 되지 않는다고 판단했을 가능성이 있었다. 그러나 콘스탄티노플 시민들은 페르시아군이 이상할 만큼 수동적이라고 여겼다.

7월의 무더위 속에서 한 달 내내 공성이 전개되는 동안 세르기우스는 매일 성직자들과 함께 성모 마리아의 성상을 높이 치켜들고 성벽의 끝에서 끝까지 돌아다녔다. 성모의 성상이 저 아래 야만족들의 마음에 공포를 심어 준다는 것이었다. 그러던 중 8월 2일 토요일 저녁에 카간은 파트리키우스 보누스에게 대표단을 자기 진영에 보내 달라고 요청했다. 공격을 중지하는 대가로 전보다 더 양보한 조건을 제시하겠다는 것이었다. 대표단은 시간에 맞춰 그의 군막으로 갔으나, 샤흐르바라즈가 보낸 비단옷을 입은 사절 세 명이 와 있는 것을 보고 화를 냈다. 더욱이 그 페르시아인들이 자신들은 선 채로 있으면서 대표단에게 의자에 앉으라고 하자 더욱 모욕을 느꼈다.

격렬한 언쟁이 오간 뒤 비잔티움의 대표단은 항복할 의사가 없다는 것을 다시 알리고 분이 풀리지 않은 채로 콘스탄티노플로 돌아갔다. 그러나 그날 밤 페르시아 사절들은 처절한 보복을 당했다. 그들은 배를 타고 칼케돈으로 돌아가던 중 나포되었다. 그중 한 명은 담요 더미 밑에 숨으려 했다가 현장에서 참수되었다. 또 한 명은 손목이 잘린 채 카간에게로 보내졌다. 마지막 한 명은 칼케돈 부근까지 데려간 뒤 페르시아 진영이 잘 보이는 곳에서 처형되었다. 그의 잘린 머리는 다음과 같은 내용의 서신이 부착된 채 페르시아 진영이 있는 해변으로 밀려왔다. "우리와 카간은 지금 화해했다. 그는 너희가 보낸 사절들 중 두 명을 해치웠다. 이것이 세 번째 사절이다!"

아마 그 불행한 사절들은 살려달라고 애걸하면서 비잔티움 측에 페르시아군의 향후 계획을 상세하게 털어놓은 듯하다. 왜냐하면 그 이튿날인 8월 7일 목요일 아시아 쪽 해안의 페르시아 병력을 수송해 오기 위해 뗏목과 카누의 함대가 보스포루스를 가로질러 조용히 항해하고 있을 때 느닷없이 그리스 함대가 나타나 그들을 포위했기 때문이다. 수적으로 열세인 페르시아의 선원들은 그 자리에서 죽거나 바다에 떨어져 죽었으며, 그 조잡한 선박들은 밧줄에 묶여 콘스탄티노플로 끌려왔다. 그와 거의 때를 같이 하여 황금뿔의 북쪽 끝에서 모여 있던 슬라브족의 선박들도 같은 운명에 처했다. 원래 그들의 계획은 정해진 신호인 성벽 발치의 봉화가 켜질 때 블라케르나이 부근의 바다로 내려간 다음 한꺼번에 황금뿔을 빠져 나오면서 공해상으로 나가는 길을 트려던 것이었다. 보누스는 적의 계획을 미리 알고 있었다. 그래서 그는 재빨리 가동할 수 있는 이단노선과 삼단노선을 모두 블라케르나이로 불러들인 다음 자신이 직접 봉화를 붙인 것이었다. 슬라브족은 예정보다 몇 시간 일찍 불이 켜진 것에 놀랐으나 정해진 대로 행동했고, 결국 제국 함대의 매복에 보기 좋게 걸려들었다. 한 시간도 못 되어 적의 함대 전체가 파괴되고 말았다.

두 차례의 참극으로 포위군은 크게 동요하기 시작했다. 사실 애초에 그들이 그토록 믿던 공성기들이 효력을 발휘하지 못하면서 그들의 전략에는 큰 차질이 생겼다. 설상가상으로 테오도루스가 샤힌을 물리쳤고 헤라클리우스가 하자르족과 동맹을 맺었다는 소식이 전해졌다. 이제 이 사태를 설명해 줄 수 있는 것은 한 가지밖에 없었다. 즉 제국은 신의 가호를 받고 있다는 것이다. 그 화려한 옷을 입은 여인—많은 사람들이 성모라고 부르던 여인—이 성벽의 이쪽 끝에서 저쪽 끝으로 움직이면서 모습을 보이지 않았던가?

이튿날 아침 야만족들은 자신들의 진지를 부쉈고 그 이튿날에는 모두 가버렸다. 그래도 최대한 체면은 살리려고 애썼다. 퇴각하는 도중에 그들은 성당 한두 군데를 불질렀고, 늘 하던 대로 자기들은 복수를 할 것이며 곧 다시 와서 공성을 재개할 것이라고 협박했다. 그러나 비잔티움 시민들에게 그 말은 공허한 메아리일 뿐이었다. 그들이 완전히 자취를 감추었을 때 시민들은 일제히 블라케르나이로 달려가서 성모에게 봉헌된 그 대성당 앞에 모였다. 다행히도 성당은 무사했다. 그들은 성모의 기적에 다시 한번 감탄했으며, 그 덕분에 자신들이 살아난 것이라고 믿었다.

승리, 그리고 개선

626년은 콘스탄티노플 주민들에게는 기억할 만한 해였으나 황제 헤라클리우스에게는 극도로 따분한 해였다. 그가 그토록 정성을 들였던 하자르족과의 동맹은 실망스러운 결과를 낳았다. 지에빌이 죽은 뒤 하자르족은 원래 고향인 중앙아시아의 스텝으로 뿔뿔이 흩어졌다. 또한 테오도루스가 샤힌에게 승리한 뒤에는 페르시아와의 대규모 전투가 벌어지지 않았다. 그래서 627년 초에 그는 다시 남쪽으로 긴 원정을 떠나 크테시폰 북쪽 30킬로미터 지점 다스타기르드에 있는 페르시아 왕궁을 공격하기로 마음먹었다. 이 원정은 그해의 대부분을 잡아먹었다. 헤라클리우스는 특별히 서두르지 않았을 뿐 아니라 원정 도중의 시골을 모조리 유린했기 때문이다. 그는 조심스럽게 행동해야 한다는 것을 잘 알고 있었다. 멀지 않은 곳에 페르시아의 대군이 있어 언제든 공격을 받을 수 있었으므로 그는 늘 경비병과 떨어지지 않았다.

그러나 페르시아군은 때를 기다리고 있었다. 새 사령관 라자테스는 전 사령관처럼 호스로우에게서 적을 이기지 못하면 죽음뿐이라는 경고를 받았으므로 완전한 준비가 갖춰지기 전까지는 헤라클리우스와 마주치지 않을 결심이었다. 결국 그해 말이 되어서야 그는 니네베의 유적 부근에서 로마군을 따라잡아 양측은 처음으로 마주쳤다. 하지만 그때도 기습 공격은 없었다. 양측의 사령관은 충분한 시간을 가지고 신중하게 위치를 선정했으며, 가장 잘 싸울 수 있도록 병력을 배치했다. 또한 둘 다 자기 군대의 선봉에 섰다. 드디어 12월 12일 이른 아침에 전투가 시작되어 휴식 없이 11시간 동안 전개되었다. 교전에 임하는 병사들 개개인까지도 모두 이 전투가 전쟁 전체의 승패를 가름하는 중요한 일전이 되리라는 것을 잘 알고 있었다.

전투가 절정에 달했을 때 라자테스는 갑자기 헤라클리우스에게 단독 결투를 벌이자고 제안했다. 황제는 이를 수락하고 자신의 말인 도르콘에게 박차를 가했다. 피시디아의 게오르기우스에 의하면 그는 적장의 목을 한칼에 날려버렸다고 한다. 다른 페르시아 장군 두 명도 같은 운명을 당했다. 헤라클리우스도 몇 군데 상처를 입었으나 그는 한번 뽑은 칼을 거두지 않았다. 그와 병사들은 해질녘까지 열심히 싸웠다. 그 무렵에야 그들은 비로소 상대할 적이 거의 남지 않았다는 것을 깨달았다. 페르시아군은 전멸했고 지휘관들도 모두 현장에서 전사했다.

이튿날 아침이 되어서야 그들은 전리품을 챙길 수 있었다. 황제는 120개의 금판으로 만들어진 라자테스의 방패와 손가리개, 좋은 안장을 차지했다. 라자테스의 머리는 장대에 꿰어 로마군 진영의 한복판에 전시되었고, 그 주위에는 탈취한 페르시아 군기 스물여덟 개가 도열했다. 승리한 병사들도 투구와 칼, 방패, 흉갑 등을 노획했다. 그날의 전투를 기념하는 전리품을 가지지 못한 병사는 거의 없었다.

하지만 아직 고삐를 늦출 시간이 아니었다. 호스로우를 찾아 왕위에서 끌어내려야 했다. 며칠 동안 휴식을 취한 뒤 군대는 남쪽으로 행군하여 티그리스 강의 왼쪽 둑을 따라 다스타기르드로 갔다. 강의 커다란 두 지류인 대大 자브 강과 소小 자브 강을 무사히 건넌 헤라클리우스는 예즈뎀의 오아시스에서 조로아스터교 사제들이 속수무책으로 바라보는 가운데 크리스마스를 기념했다. 그 무렵 그에게 큰 행운이 찾아왔다. 호스로우가 칼케돈의 샤흐르바라즈에게 즉각 돌아오라고 명하는 내용의 서한을 지닌 전령을 사로잡은 것이다. 이것은 놓칠 수 없는 좋은 기회였다. 황제는 재빨리 다른 내용을 구술했고, 이것을 번역해서 먼저 서한과 바꿔쳤다. 그 내용은 페르시아가 로마군을 크게 무찌르고 승리했으니 샤흐르바라즈는 그곳에 계속 머물러 있으라는 것이었다. 이것으로 적어도 한 가지 잠재적 위험은 제거되었다.

그동안 호스로우는 달아났다. 그는 대신들과 호위병들에게도 알리지 않은 채 아내와 자식들을 데리고 다스타기르드의 왕궁 벽에 뚫린 구멍을 통해 몰래 빠져나갔다. 그는 우선 24년 동안이나 살았던 고대 수도 크테시폰으로 갔으나, 그곳에 가 보니 이 도시로 돌아오는 자는 반드시 몰락하게 되리라는 마기의 예언만 생각날 뿐이었다. 결국 그는 동쪽의 수지아나(현재의 후제스탄)로 계속 도망치는 것밖에 달리 도리가 없었다. 헤라클리우스가 다스타기르드에 도착하니 넓은 왕궁은 이미 버려진 상태였다. 궁전은 여전히 아름다웠고 비할 데 없이 화려했다. 사산 왕조의 군주들 중 가장 훌륭한 왕이 25년 동안 거처하던 곳이었으니 아름답고 화려한 것은 사실 당연했다. 그러나 황제와 그의 병사들은 그 궁전에 자비를 베풀지 않았다. 628년 1월 그들은 궁전과 그 안의 모든 것을 불질러버렸다. 마치 1천 년 전 알렉산드로스가 페르세폴리스를 불지른 것처럼.

호스로우는 안전한 수지아나에서 버티면서 로마 측의 강화 제의를 거부하고, 남녀노소, 환관들까지 불러모아 크테시폰을 방어하려 했다. 그러나 페르시아 백성들은 더 이상 자신들의 왕을 용서할 수 없었다. 그들은 왕의 터무니없는 행동, 어리석음, 악명 높은 잔인함을 가만 놔두려 하지 않았다. 백성들이 곧 폭발하리라는 것은 불을 보듯 뻔했다. 따라서 헤라클리우스는 굳이 크테시폰을 포위할 필요도 없었고, 호스로우를 제거하려 애쓸 필요도 없었다. 군주를 버린 백성들이 그 일을 효과적으로 대신해 줄 것이기 때문이었다. 아마 그때 그는 자신의 먼 조상, 율리아누스 황제를 떠올렸을지도 모른다. 거의 300년 전에 율리아누스도 동방 원정을 떠났다가 크테시폰 부근의 사막에서 페르시아군에 의해 죽지 않았던가? 헤라클리우스는 물론 그와 같은 운명을 겪고 싶지 않았다. 그래서 그는 다스타기르드에서 부하들에게 행군 차비를 갖추라고 명했다. 그리고 한두 주 뒤에 그는 귀향길에 올랐다.

그 뒤 호스로우가 몰락하는 과정은 우리 이야기의 본류가 아니다. 다만 628년에 왕의 아들인 카바드 셰로에, 크테시폰의 지휘관인 군다르나스프, 칼케돈에서 오랜 기간을 쓸데없이 보낸 샤흐르바라즈가 반역을 일으켰다는 정도만 알아두자. 특히 샤흐르바라즈는 명령대로 일찍 오지 않았다는 이유로 자신에게 처형 명령을 내린 호스로우에게 분노를 품고 있었다.[106] 호스로우는 결국 사로잡혀 어둠의 탑이라는 곳에 갇혔다. 그곳에서 그는 빵과 물만으로 연명하면서 고통을 겪었다. 그의 아름다운 둘째 아내 시린이 낳은 자식들은 모두 그가 보는 앞에서 그의 이복동생에 의해 처형되었다. 결국 유폐된 지 닷새째 되는 날 그는 많은 화살을 맞으며 천천히 죽는 처형을 당했다.

이 소식은 타우리스(현재의 타브리즈)에 있는 헤라클리우스에게 전해졌다. 페르시아 대사들은 이 소식을 전하러 오다가 도중에 눈 덮인 산악에서 황제의 원정으로 인해 죽은 3천 명 동포들의 시신을 발견했다. 군다르나스프가 동행하겠다고 나선 뒤에야 그들은 임무를 완수하겠다는 용기를 내고 4월 3일에 로마군 진영에 도착했다. 헤라클리우스가 소인배였다면, '신의 은총으로 어려움 없이' 왕위를 계승했다는 셰로에의 서한에 속이 뒤집혔을 것이다. 그러나 그는 냉정을 잃지 않고 '왕의 아들에게' 답신을 보냈다. 서한에서 그는 호스로우를 타도하는 것은 생각하지도 않았다고 항의하면서 만약 자신이 그를 사로잡았다면 즉각 권좌에 복귀시켰을 것이라고 말했다. 어쨌든 그 결과는 강화 조약이었다. 강화의 조건은 페르시아가 그동안 정복한 모든 영토와 사로잡은 모든 포로들, 참십자가를 비롯한 예수 수난의 유물들을 반환하는 것이었다.

성령 강림절인 5월 15일 세르기우스 총대주교는 소피아 성당의 높은 설교단에 올라 황제의 메시지를 백성들에게 낭독했다.[107] "하느님의 품 안에서 즐거워하라"는 환호로 시작하는 그 메시지는 예상할 수 있듯이 승전보라기보다는 감사의 송가이자 종교적 훈계였다. 또한 죽은 호스로우에 대한 비방은 상당히 포함되어 있는 반면("그는 일찍이 주님께서 아예 태어나지 않았더라면 좋았을 것이라고 말씀하셨던 가리옷 유다와 똑같은 길을 걸었습니다"), 세로에와 반란 세력에 대한 비난은 전혀 없다는 점에 주목할 필요가 있다. 그러나 콘스탄티노플 시민들은 개의치 않았다. 원로원은 헤라클리우스에게 스키피오 Scipio라는 명예로운 직함을 수여하기로 결의했으며, 정복자를 환영하기 위한 대대적인 준비가 진행되었다.

강화 조약의 체결은 테오도루스에게 맡기고 헤라클리우스는 군대와 함께 긴 귀환 길에 올랐다. 이윽고 그가 보스포루스를 사이에 두고 콘스탄티노플 바로 맞은편에 있는 히에라의 궁전에 도착했을 때 수도의 거의 전 시민들이 손에 올리브 가지와 촛불을 들고 그를 환영하기 위해 기다리고 있었다. 히에라 궁전에는 그의 가족이 와 있었다. 이미 포위전에서 용기를 선보여 유명해진 열여섯 살짜리 아들 콘스탄티누스, 딸 에피파니아—다행히도 그녀는 자신이 끔찍한 운명을 간신히 피했다는 것을 몰랐다—그리고 마르티나가 낳은 열세 살짜리 아들 헤라클로나스가 있었다. 동방에 함께 있던 마르티나는 갓난아기와 함께 몇 달 전에 미리 돌아왔다.

† 콘스탄티노플 금문의 현재 모습. 비잔티움 제국 후기에 입구를 벽돌로 막았다.

테오파네스에 의하면 황제 가족의 상봉은 행복한 눈물바다였다고 한다. 그 뒤 그들은 곧장 콘스탄티노플로 건너갈 예정이었다. 그러나 헤라클리우스는 참십자가 없이는 수도에 입성하지 않겠다고 결심한 터였다. 참십자가는 테오도루스가 최대한 서둘러 가져오고 있는 중이었다. 실은 한동안 참십자가를 찾지 못한 탓에 출발부터 늦어졌다. 샤흐르바라즈가 황제의 약속을 확인한 뒤에야 은닉처에서 참십자가를 내주었던 것이다. 가장 귀중한 유물을 손에 넣자 테오도루스는 황급히 귀환 길에 올랐지만, 9월도 한참이나 지나서야 칼케돈에 도착했다. 곧이어 황제의 귀환 준비가 이루어졌다.

콘스탄티노플의 금문은 테오도시우스 대제가 390년경에 세운 거대한 기념 아치로서 30년 뒤에 새로 세워진 육로성벽의 일부가 되었는데, 오늘날의 모습은 상당히 칙칙하다. 금문이라는 이름의 유래가 되었던, 문을 덮은 순금의 판들은 오래전에 떨어져나갔고, 파사드[façade, 건물의 정면]를 장식하던 대리석과 청동으로 된 조각상들도 사라졌다. 더 나쁜 것은 세 개의 입구가 벽돌로 막혀 버린 탓에 이제는 '문'이라고 부를 수조차 없게 되었다는 점이다. 현재 금문은 예디퀼레yediküle—마르마라 연안에서 성벽을 따라 수백 미터 떨어진 곳에 위치한 탑이 일곱 개 있는 성—주변의 길게 자란 풀밭에 반쯤 묻힌 채 잊혀지고 버려져 있다.

하지만 헤라클리우스가 수도로 개선하던 628년 9월 14일 아침의 금문은 전혀 다른 모습이었을 것이다. 그의 앞에는 참십자가가 행렬을 이끌었고, 그의 뒤로는 페르시아에서부터 데려온 코끼리 네 마리가 따랐다. 콘스탄티노플에 처음으로 코끼리가 입성한 것이다. 환호하는 군중 속에서 많은 사람들은 오랜 원정으로 황제가 어느덧 늙어 보인다고 생각했다. 18년 전 카르타고에서 수도에 도착했을 때 마치 신처럼 보였던 그 건장한 모습은 이제 찾아볼 수 없었다. 근심과 역경의 세월이 그렇게 만든 것이었다. 황제는 아직 오십대 중반의 나이였으나 늙고 지쳐 보였으며, 허리도 때 이르게 굽었다. 예전의 멋졌던 금발에도 드문드문 회색의 머리털이 보였다. 그러나 그것은 모두 제국을 위해 노력한 흔적이었다. 그의 활약 덕분에 사산 왕조 페르시아는, 비록 몇 년 더 명맥이 존속하지만 두 번 다시 비잔티움을 위협하지 못하게 된 것이다.

개선 행렬은 느릿느릿 소피아 대성당으로 향했다. 성당에서는 세르기우스가 기다리고 있었다. 곧이어 신에 대한 감사의 의식이 치러졌고 그리스도를 묶었던 참십자가가 주제단 앞에서 천천히 수직으로 세워졌다. 아마도 소피아 대성당의 역사상 가장 감동적인 순간이었으리라. 사람들은 그것을 신의 적들이 모두 사라지고 새로운 황금시대의 서막을 알리는 신호로 여겼다.

그러나 불행히도 사정은 전혀 그렇지 않았다. 불과 6년 전, 헤라클리우스가 페르시아 원정을 출발하던 무렵인 622년 9월에 예언자 마호메트는 추종자 몇 명을 데리고 자신에게 적대적인 메카를 떠나 우호적인 메디나로 갔다. 이것을 기점으로 이슬람 시대가 열렸다.* 그리고 633년에 이슬람군은 대규모 정복 활동을 시작하여 불과 한 세기도 채 못 되는 기간에 서쪽으로는 파리에서 250킬로미터 떨어진 지점까지, 동쪽으로는 콘스탄티노플의 성문 앞까지 진출했다. 그리스도교권의 가장 강력한 적이자 향후 1천 년 동안이나 불구대천의 원수가 될 경쟁자가 태어나 활동을 시작한 것이다.

새로 등장한 적: 이슬람 세력

7세기 초반까지 아라비아는 서양에 거의 알려지지 않은 지역이었다. 멀고 황량한 불모의 땅인지라 서양의 세련된 상인들은 아라비아에 매력을 느끼지 않았으며, 따라서 아라비아도 문명에 거의 기여한 바가 없고 앞으로도 그럴 것 같았다. 아랍인들도 약간이나마 알려진 바에 의하면 야만족이나 다름없었다. 그들은 자주 치열한 부족 전쟁을 벌여 서로를 학살했고, 감히 그 지역을 찾는 무모한 여행자를 무자비하게 공격했으며, 통일을 이루거나 안정된 정부를 구성한다는 것은 생각하지도 않는 사람들이었다. 해변과 메디나에 드문드문 산재한 유대인 정착촌과 예멘의 소규모 그리스도교 공동체를 제외하

* 마호메트의 이주를 헤지라라고 부르는데, 헤지라가 있었던 서기 622년은 이슬람력 원년이다.

면 주민들의 압도적인 대다수는 원시적인 다신교를 믿었다. 상업 중심지 메카의 주요한 신전인 카바의 한복판에 모셔진 커다란 검은 돌은 그 신앙의 중심이었다. 그들은 외부 세계에 전혀 관심이 없었으므로 외부에 아무런 영향도 주지 않았고 외부로부터 아무런 위협도 느끼지 않았다.

그러다가 눈 깜짝할 사이에 모든 게 변해 버렸다. 633년에 그들은 그전까지 전혀 찾아볼 수 없었던 엄격한 규율과 단일한 목적으로 무장하고 주변에서 아무런 기색도 느끼지 못한 상황에서 아라비아를 박차고 나왔다. 그 뒤 3년 만에 그들은 다마스쿠스를 점령했고, 5년 뒤에는 예루살렘, 6년 뒤에는 시리아 전역을 손에 넣었다. 10년이 채 못 되어 이집트와 아르메니아도 아랍의 칼날 아래 스러졌다. 뒤이어 그들은 20년 만에 페르시아 제국을, 30년 만에 아프가니스탄과 펀자브 대부분을 차지했다. 이 무렵 힘을 비축하기 위해 잠시 휴지기를 가진 다음 그들은 서쪽으로 방향을 돌렸다. 711년 북아프리카 전 해안을 정복한 다음 그들은 에스파냐를 침공했다. 그리고 732년에는 사막의 고향에서 처음 일어선 지 아직 한 세기도 안 되었을 때 피레네 산맥을 넘어 루아르 북부로 쳐들어왔다가 일주일 동안의 전투 끝에 마침내 제지당했다.

역사상 그토록 극적인 정복 활동은 매우 드물다. 그 현상은 한 가지로 설명할 수 있다. 아랍인들은 종교적 열정에 휩쓸렸고, 마호메트라는 가장 위대한 최초의 지도자에게서 가르침을 받았다. 그것은 분명하지만 한 가지 기억해야 할 것은 그 종교적 열정이 전도를 하고자 하는 열의는 아니었다는 점이다. 그 한 세기에 걸친 정복에서 그들은 패배한 적들을—개인이든 집단이든—개종시키려 하지 않았다. 게다가 그들은 유대교와 그리스도교에 대해 때로는 보는 사람이 당혹스러울 만큼 존경심을 보였으며, 유대인과 그리스도교도 같은 '성서의 백성'*들은 관용과 호의를 지니고 있다고 여겼다. 그들의 신앙은 그들에게 무엇보다 형제애, 유대감, 무한한 자신감을 주었다. 그들은 늘 알라가 자신들과 함께 한다고 여겼고, 알라의 뜻이라면 싸우다 죽더라도 천국에서 곧바로 보상을 받는다고 믿었다. 그들이 생각하는 천국은 그리스도교에서 말하는 천국보다는 세속적인 의미가 강했고 상당히 관능적이었다. 그 반면 현세에서 그들은 엄격한 내핍 생활과 철저한 복종을 감수했다. 그 외적인 표현이 바로 술을 마시지 않는다거나 가끔 단식을 한다거나 하루에 다섯 차례 기도를 올리는 관습으로 나타났다.

이슬람교의 창시자는 결코 정복 전쟁을 이끌지 않았다. 마호메트는 570년경에 보잘것없는 집안에서 태어나 어릴 때 고아로 자랐으며, 나중에 자신보다 상당히 연상인 부잣집 과부와 결혼했다. 그는 환상적인 신비주의자와 기민하고 선견지명을 지닌 정치가가 결합된 독특한 인물이었다. 종교적인 면에서 그는 우선 유일신을 설교했고, 신의 뜻에 모든 인간이 완전히 복종해야 한다고 가르쳤다(이슬람이

* 성서의 백성이란 아랍어로 '알 알키타브(Ahl al-Kitāb)'라고 부르는데, 이슬람 사상에서 나름의 경전을 가지고 있는 종교들을 총칭하는 용어다. 즉 유대교, 그리스도교, 조로아스터교 등이 이에 해당한다. 이슬람교의 창시자 마호메트는 이 종교들과 신의 계시에 근거를 두지 않은 다른 종교들을 구분하라고 가르쳤으며, 성서의 백성들에게는 개종을 강요하지 말고 신앙의 자유를 주라고 명했다.

† 비잔티움 황제와 칼리프의 서신 교환을 그린 그림. 요한네스 스킬리체스의 기록에 그려진 삽화.

란 원래 신에게 복종한다는 뜻이다). 사실 이것은 특별히 독창적이라 할 만한 신앙은 아니었다. 아라비아의 안팎, 즉 유대교와 그리스도교에서도 오래전부터 가르쳐온 것이기 때문이다. 그러나 그런 말을 처음으로 듣는 사람들에게는 독특하게 여겨졌다. 게다가 마호메트는 그런 신앙의 원리를 새롭고 서민적인 방식으로, 격언이나 사막의 민담으로 치장하여 거의 음악적으로 전달하는 능력이 뛰어났다. 이 모든 것이 결합하여 그의 사후에 우리에게 『코란』이라고 알려진 종합적인 계시가 되었다. 또한 마호메트는 스스로 혁명가라기보다는 개혁가로 여겼지만, 자신의 이름과 인격을 자신이 설교하는 교리와 일치시키는 명민함을 보였다. 즉 자신에게 예수 그리스도 같은 신격을 부여하지 않고, 자신을 마지막이자 가장 위대한 예언자로 제시함으로써 예수를 포함하여 전대의 모든 선구자들을 함께 아우른 것이다.

정치가로서 그는 무엇보다도 대단히 실용주의적이었다. 종교적 열정을 가졌음에도 불구하고 그는 결코 광신도가 아니었다. 그는 자신과 함께 살아가는 사람들을 완벽하게 이해했고, 그들의 의도보다 지나치게 앞서가지 않기 위해 늘 주의를 기울였다. 예를 들어 그는 사람들이 일부다처제를 결코 버리지 않으리라는 것을 알았다. 그래서 그는 그 제도를 수용하고, 그 자신도 첫 아내가 죽은 뒤 몇 명의 아내를 취했다. 노예제 역시 아라비아 생활의 통합적인 일부분이었으므로 그는 이것도 용납했다. 심지어 마호메트는 옛 애니미즘 신앙과도 타협했다. 이미 624년에 그는 신도들에게 기도할 때 예전처럼 예루살렘을 향하지 말고 메카의 카바 쪽을 향하라고 가르쳤다. 그 반면에 그는 이슬람교의 두드러지게 불쾌한 측면, 즉 사후에 신의 심판이 반드시 따른다는 것을 늘 강조했다. 그가 천국의 즐거움보다 지옥의 고통을 훨씬 더 생생하게 묘사한 것도 그 때문이다. 추종자들을 정치적 주체로 만들기 위해서는 그런 천벌에 대한 두려움이 주효했을 것이다.

마호메트는 632년 6월 8일에 메카—그는 메카에 당당히 돌아왔다—에서 열병에 걸려 죽었다. 그의 옛 친구이자 가장 충실한 부하로서 종교적·정치적 권력을 승계한 아부 바크르는 칼리프, 즉 예언자의 '대리인'이라는 호칭을 사용하기 시작했다. 그 이듬해 이슬람군은 다시 정복 활동에 나섰다. 그러나 이미 노인의 몸이었던 아부 바크르는 곧 죽었다(전하는 바에 의하면 634년 8월 다마스쿠스를 처음 점령한 바로 그날에 죽었다고 한다). 그래서 2대 칼리프인 우마르의 치세에 역사적인 첫 승리를 거두었다. 특히 한 가지 측면에서 아랍인들에게는 행운이 따랐다. 비잔티움과 페르시아의 두 제국은 최근의 전쟁으로 지쳐 있었던 것이다. 더욱이 비잔티움 제국의 경우에는 사정이 더 나빴다. 시리아와 팔레스타인 사람들은 낯선 그리스-로마 문화를 대표하고 자신들의 단성론적 전통에 대해서는 탄압과 박해로 일관한 콘스탄티노플의 황제에게 진정한 충성심을 가지고 있지 않았던 것이다. 그 반면에 무슬림들은 자신들과 같은 셈족이고 유일신 신앙을 가졌으며, 더욱이 이단 같은 것을 따지지 않고 모든 종류의 그리스도교 신앙에 대해서 관용적이었으므로 그들로서는 당연히 환영할 수밖에 없었다.

아랍이 시리아를 침공한 633년에 헤라클리우스는 이미 동방에 있었다. 콘스탄티노플에 머문 기간은 개선식 이후 6개월뿐이었고, 그는 늘 동방에서 해야 할 일이 많다는 것을 의식하고 있었다. 예를 들어 페르시아에게서 수복한 속주들도 대대적으로 재편해서 튼튼한 군사적·경제적 기지로 구축해야만 향후의 안전을 도모할 수 있었다. 동방 교회들과의 교리적인 문제는 철저히 연구하고 토론해서 최대한 해소해야 했다. 가장 중요한 문제는 참십자가를 원래 있었던 예루살렘에 가져다 놓는 일이었다. 그래서 629년 봄에 헤라클리우스는 아내 마르티나, 맏아들 콘스탄티누스와 함께 아나톨리아를 가로질러 시리아와 팔레스타인으로 갔다. 성도聖都에 도착하자 그는 돌로로사 가도를 따라 재건된 성묘 성당까지 직접 참십자가를 운반했다. 성당에서는 자카리아스 총대주교가 대기하고 있다가 십자가를 받아서 원래 장소에 놓았다.

좋은 정부를 만들고 자기 자신의 안위도 도모하기 위해 헤라클리우스는 이후 7년 동안 다마스쿠스, 안티오크, 에데사(우르파), 에메사(홈스), 히에라폴리스(맘비즈) 등 동방 속주들의 도시를 순방하면서 무능력과 비효율성을 근절하고, 부유한 지주들의 권력을 제어하고, 행정 조직을 개선하고 재편하는 데 힘썼다. 한편 신학의 측면에서도 그는 최근에 콘스탄티노플 총대주교 세르기우스가 발표한 새로운 교리를 옹호했다. 정통파와 단성론자 양측이 모두 받아들일 수 있는 그 교리를 통해 점점 더 위험해지는 불화를 치유하기 위해서였다.

세르기우스의 제안은, 기본적으로 그리스도는 인간과 신이라는 두 개의 본성을 지니고 있지만 그 본성들은 단일한 활동력 혹은 에너지를 가진다는 것이었다. 따라서 이제 단성론자들은 구세주를 하나로 인식하되 그것을 본성이 아니라 에너지의 관점으로 바꾸기만 하면 되었다. 처음부터 그 해결책을 열광적으로 지지했던 헤라클리우스는 이미 622년에 아르메니아 주교에게 그 방식을 제안했으며, 그 뒤에도 줄기차게 그 견해를 반복해서 매우 고무적인 성과를 올렸다. 629년에 히에라폴리스에서 단성론 주교인 아타나시우스는 그 견해를 채택한 대가로 안티오크 총대주교로 임명되었고, 그 이듬해 알렉산드리아의 신임 총대주교는 더 두드러진 성공을 거두었다. 한편 로마의 교황 호노리우스도, 비록 사안 자체에 별로 관심을 가지지는 않았지만 그 입장에 반대하지 않겠다는 뜻을 넌지시 비추었다.

그러나 그에 대한 반대도 만만치 않았다. 특히 열렬한 정통파 수도사인 소프로니우스는 강경한 반대파를 이끌었다. 그가 수도원 밖으로 나오지만 않았더라도 모든 게 잘 풀렸을 것이다. 하지만 운명의 장난인지 634년에 그는 예루살렘의 총대주교로 선출되었다. 그는 새 직함이 지닌 막강한 권한을 바탕으로 즉각 공격의 포문을 열었다. 그는 그 새 교리란 단성론이 얄팍하게 변장하고 새끼를 친 것에 불과하다고 일갈하면서, 옛 이단들과 마찬가지로 칼케돈 공의회에서 내려진 결정을 뒤엎는 것이라고 비난했다. 그러자 갑자기 단일 에너지 이론에 대한 지지 기반이 무너지기 시작했다. 예전에 열광적으로 환영했던 사람들은 새삼스레 오류와 내적인 모순을 발견했으며, 황제는 그동안 인내심을 가지고 어렵게 쌓은 것이 일거에 허물어지는 것을 꼼짝 못 하고 지켜볼 수밖에 없었다.

더구나 타격은 그것에 그치지 않았다. 같은해인 634년에 예언자의 군대가 처음으로 시리아로 밀고 들어온 것이다. 곧이어 그들을 대적하던 소규모의 비잔티움군이 전멸당했다는 소식이 안티오크의 헤라클리우스에게 전해졌다. 몇 달 뒤 무슬림은 다마스쿠스와 에메사를 정복했고 예루살렘의 포위에 들어갔다. 길고 지난한 외교의 성과, 나아가 6년 동안 힘든 원정을 통해 쌓은 공든 탑이 하룻밤 사이에 무너진 것이었다. 연이은 비보에 크게 낙담해 있던 헤라클리우스는 곧 정신을 추스리고 대규모 군대를 편성하기 시작했다. 1년 뒤 약 8만 명의 대군이 안티오크 외곽에 모였다. 여기에는 아르메니아군 수천 명과 상당수의 그리스도교 아랍 기병대가 포함되어 있었다.

이 서슬에 놀란 이슬람군은 에메사와 다마스쿠스에서 야르무크 강—요르단 강의 지류로서 갈릴리 호의 바로 남쪽에서 요르단 강과 합류한다—으로 물러났다. 636년 5월에 제국군은 남쪽으로 진격해서 그들과 마주쳤다. 그러나 즉각 공격하지 않고 석 달 동안이나 어정쩡한 상태에서 대기했는데, 그것이 결국 치명적인 결과를 가져왔다. 시리아의 여름, 그 지독한 열기 속에서 병사들은 사기가 크게 꺾였다. 한편 유능하고 젊은 무슬림 장군 할리드는 아라비아에서 증원군이 올 때까지 대기하는 기간에도 끊임없이 제국군을 공격하며 괴롭혔다. 증원군이 도착한 직후인 8월 20일에 맹렬한 모래 폭풍이 남쪽에서 불어 왔다. 할리드는 때를 놓치지 않고 공격해왔다. 비잔티움군은 기습을 당한 데다 모래 바람으로 눈을 뜰 수 없어 고스란히 궤멸당하고 말았다.

싸움은 그것으로 끝났다. 에메사와 다마스쿠스는 도로 빼앗겼고 그 뒤로 내내 무슬림 치하에 놓이게 되었다. 예루살렘은 소프로니우스 총대주교의 지휘 아래 최대한 저항했다. 그러나 식량이 떨어져가는 데다 주변의 농촌은 카이사레아의 소규모 주둔군을 빼고는 전부 아랍의 수중에 들어갔다. 가장 가까운 그리스도교 군대는 이집트에 있었다. 637년 가을 총대주교는 항복하기로 하고 한 가지 조건을 내걸었다. 우마르 칼리프가 직접 와서 자신의 항복을 받아 주어야 한다는 조건이었다. 그리하여 이듬해 2월 우마르가 성지에 입성했다.* 그는 눈처럼 흰 낙타를 탔으나 그의 옷은 예언자가 명한 금욕적인 생활을 반영하듯 거의 누더기나 다름없었다. 소프로니우스는 올리브 산에서 그를 매우 정중하게 영접하고, 직접 그를 데리고 다니며 그리스도교의 주요 성역들을 보여 주었다.[108] 솔로몬 신전의 유적—

그의 친구 마호메트는 그곳에서 하늘로 승천했다고 한다—에 이르렀을 때 총대주교는 누더기를 걸쳤지만 위엄을 지닌 우마르가 말 없이 서 있는 모습을 보고 잠시 자제심을 잃고 이렇게 중얼거렸다. "보라, 선지자 다니엘이 말한 것처럼 멸망의 가증한 것이 거룩한 곳에 서 있도다."**

그리스 제국의 건설자

이렇게 무시무시한 일이 잇달아 터지는 동안 헤라클리우스는 어떻게 된 걸까? 그는 그 불운한 군대에게 이동 명령을 내렸지만 그전에도, 그 뒤에도 그 자신은 전투에 참가하지 못했다. 페르시아를 두려움에 떨게 만들었던 이 용감한 전사가, 200년 만에 처음으로 병사들을 이끌고 직접 참전했던 황제가, 새로이 등장한 강력한 적을 맞아 어떻게 꼼짝도 하지 않고 있었을까? 그리스도교의 강력한 보호자이

* 예루살렘은 그리스도교만이 아니라 이슬람교에서도 성지였다. 이 점은 앞에서도 말했듯이 이슬람교의 발생에 그리스도교(특히 아리우스파)가 큰 영향을 주었다는 사실을 다시금 확인시켜 준다. 오늘날에도 예루살렘에는 유대 교회(synagogue)와 이슬람 사원(mosque)이 모두 있으며, 통곡의 벽(유대교), 성묘 성당(그리스도교), 우마르 모스크(이슬람교) 등 세 종교의 유적도 공존한다. 고대에 예루살렘은 우르살림이라고도 불렸는데, 이 말은 '신이 내린 평안'이라는 뜻의 아랍어다.

** 『마태복음』 24장 15절에 나오는 구절로, 세상의 마지막 대환란이 닥쳤을 때를 가리킨다. 그리스도교의 성지가 우마르의 수중에 들어간 것을 안타까워하는 소프로니우스의 마음을 나타내는데, 『마태복음』의 그 다음에 이어지는 내용은 세상이 열린 뒤 가장 큰 환란을 만났으니 모두 도망가라고 말하고 있다.

자 참십자가를 되찾은 주인공인 그가 왜 예루살렘이 이교도의 손아귀에 들어가는 것을 손가락 하나 까딱하지 않고 무기력하게 보고만 있었을까?

그 질문에 대한 답은 헤라클리우스의 비극적인 만년을 따라가 보면 알 수 있다. 당시 그는 불치의 병에 걸려 마음과 몸이 모두 죽음을 준비하고 있었다. 야르무크 전투 이전부터 그는 자신이 그토록 애써 되찾은 영토가 예언자의 군대에 의해 유린되는 것을 보면서 신이 자신을 버렸다는, 하느님께서 이제 새로운 정복자들을 도우신다는 두려움에 떨었다. 그 전투가 패배로 끝난 뒤 그는 모든 희망을 잃었다. 평생의 작업, 페르시아와의 오랜 싸움, 신학적 쟁점들을 해소하려는 줄기찬 노력, 이 모든 것이 물거품으로 변했다. 황제는 포위된 예루살렘으로 잠깐 들어가서 그토록 애써 그곳에 가져다 놓았던 참십자가를 찾아들고 시리아로 물러갔다가 이내 콘스탄티노플로의 길고 피곤한 귀환 길에 오를 수밖에 없었다.

보스포루스에 이르렀을 무렵 그의 마음은 심각하게 병들어 있었다. 게다가 뜬금없이 바다에 대한 공포심이 생겨난 탓에 히에라 궁전에 도착하자 2킬로미터도 안 되는 해협조차 건널 마음이 나지 않았다. 그는 수도에서 걱정 끝에 보낸 대표단이 더 이상 지체하면 안 된다고 탄원하는 것에도 개의치 않고 한동안 숙소에서 떨고 있었다. 이따금씩 사냥이나 성당의 중요한 축제가 열리면 자기 대신 아들들을 보내는 게 고작이었다. 또한 그는 자신에게 전혀 어울리지 않는 폭력적인 행동을 보이기 시작했다. 수도에서 조카인 테오도루스와 그의 서자인 아탈라리크가 역모를 꾀했다는 소문이 나돌자 황제는 그 두 사람의 코와 손을 자르게 하고 유배를 보냈다. 게다가 테오도루스가 유배지인 몰타 연안의 고조 섬에 도착했을 때 현지 총독은 그의 발 하나마저 자르라고 명했다.

몇 주가 지나서야 그의 아내와 측근들은 황제를 수도에 귀환시킬 묘책을 생각해 냈다. 테오파네스의 말을 믿는다면—하지만 그는 그로부터 두 세기나 지난 뒤에 그 사건에 관한 역사를 썼다는 점을 명심해야 한다—보스포루스에 많은 배로 가교를 놓고 양 옆으로 바다가 보이지 않도록 녹색 나뭇가지로 울타리를 엮었다고 한다. 그리고 헤라클리우스는 "마치 땅 위에서처럼" 말을 타고 해협을 건넜다는 것이다. 하지만 해협의 너비와 물살의 속도를 감안할 때 그 이야기는 곧이듣기 어렵다. 아마 훨씬 후대의 역사가들이 추측한 것처럼 헤라클리우스는 양쪽에 울타리를 설치한 배로 해협을 건넜을 것이다. 어쨌든 결국 황제의 수도 입성은 9년 전과는 달리 슬프고 애처로웠다.

이 무렵이면 그가 곧 죽으리라는 것은 누가 봐도 뻔했다. 미신을 믿는 백성들은 그가 그렇게 된 원인을 흥미롭게 설명했다. 즉 조카딸과 결혼하는 근친상간을 저지른 것 때문에 신의 분노를 초래했다는 것이다. 마르티나와의 사이에서 낳은 아홉 명의 자식 가운데 넷은 어려서 죽었고, 하나는 목이 꼬인 장애자이며, 다른 하나인 테오도시우스는 귀머거리에다 벙어리였다. 신의 분노를 이보다 더 분명하게 보여 주는 증거가 또 있을까? 황제의 심신이 갈수록 악화되는 것은 추가적인 증거에 불과했다. 평소에도 인기가 없었던 황후는 이제 공개적으로 비난을 받고 욕을 먹는 처지가 되었다.

하지만 그녀가 그런 낌새를 눈치챈 것 같지는 않다. 그 무렵 그녀의 관심은 오로지 자신의 맏아들인 헤라클로나스[109]가 첫째 황후 유도키아의 소생인 콘스탄티누스와 공동으로 제위를 잇는 것이었다. 그 일은 거의 어려울 게 없었다. 콘스탄티누스는 626년 수도가 포위되었을 때 보여 준 영웅적인 활약은 다 어디 갔나 싶게 폐병에 시달리는 병약한 젊은이였기 때문이다. 그의 정신이 손상되었다고 볼 이유는 없지만 항상 관심이 필요했던 듯하다. 헤라클리우스는 더 이상 아내의 요청에 저항할 기력이 없었다. 결국 638년 6월 4일 보스포루스의 궁전에서 그는 마르티나와 콘스탄티누스가 지켜보는 가운데 떨리는 손으로 헤라클로나스의 머리에 제관을 씌워 주었다. 당시 각각 스물세 살과 스물여섯 살인 두 젊은이는 그때부터 아버지와 공동 지배자가 되어 국가 공식 행사 같은 데에 동행했다. 그러다가 점차 아버지가 불참하는 횟수가 많아졌다.

아들의 대관식 이후 헤라클리우스가 치른 가장 중요한 공식 행사는 「진술Ekthesis」이라고 알려진 그의 신앙을 반포하는 것이었다. 그것을 통해 그는 아직도 가라앉지 않은 단성론의 문제를 마지막으로 해결하고자 했다. 앞에서 본 것처럼 그리스도가 단일한 에너지라는 교리는 4년 전에 예루살렘의 소프로니우스의 논박을 받았다. 그러나 콘스탄티노플의 세르기우스 총대주교는 포기하지 않고 교리를 다시 약간 수정했다. 이제 에너지의 문제는 중요하지 않았다. 중요한 것은 칼케돈에서 확인된 것처럼 그리스도는 두 개의 본성을 지니지만—단일한 에너지가 아니라—단일한 의지를 가진다는 것이었다. 이 명제가 보편적인 승인을 얻는다면 혼란스러운 교회에 마침내 평화가 깃들 수 있을 터였다.

「진술」에서 제기된 단의론單意論, 즉 단일한 의지의 교리는 그리스도교권의 모든 주교들에게 회람되었다. 그 사본 한 부는 소피아 대성당의 현관에도 붙었다. 638년 세르기우스 주교가 죽을 때까지 그 교리는 동방의 대주교 네 명* 모두의 동의를 얻어 전망이 아주 밝아 보였다. 그러나 겨우 2년 뒤에 전혀 예측하지 못한 곳에서 그 교리에 대한 공격이 가해졌다. 641년 초에 새로 선출된 로마 교황 요한네스 4세는 모든 것을 통째로 비난하고 나섰다. 그 문제는 사실상 동방 교회에만 국한되는 쟁점이었고 그동안 로마 교황은 거의 관심을 보이지 않았는데, 느닷없이 동방과 서방의 큰 분열을 가져오는 사안이 되었다.

결국 그것이 헤라클리우스에게 마지막 좌절감을 안겨주었다. 당시 그는 수종으로 몸이 잔뜩 부어올라 거의 마비 상태에 이르렀고, 말하기 부끄러운 다른 증상에도 시달렸다.[110] 그는 들것처럼 생긴 침상 위에서 며칠 동안 신음하면서 자신의 실패한 노력, 살아날 가망이 없는 몸 상태, 죽은 뒤에 틀림없이 당하게 될 고통에 관해 곰곰이 생각했다. 640년 12월에 그는 사라센**군이 알렉산드리아 성문 앞에 이르렀다는 보고를 들었고, 곧이어 두 달 뒤에는 이제 로마 교황

* 콘스탄티노플, 안티오크, 예루살렘, 알렉산드리아의 총대주교들을 가리킨다.

** 사라센(Saracen)이란 원래 로마 제국 후기에 고전 작가들이 시나이 반도에 사는 사람들을 가리키는 말로 사용했다. 그리스도교가 자리를 잡은 뒤에는 아라비아에 사는 민족을 총칭하는 의미로 사용했고, 이슬람교가 성립한 뒤부터는 사실상 이슬람교도와 동의어가 되었다. 특히 중세 초기에는 비잔티움 제국에서 사용하다가 나중에 십자군을 통해 서유럽에까지 전해졌다.

† 헤라클리우스와 그의 아들이 새겨진 금화.

이 단의론을 반대했다는 소식마저 접했다. 시차가 좀더 있었더라면 그런 대로 견딜 수도 있었겠지만 엎친 데 덮친 격으로 좌절감이 중첩되자 더 이상 버티기 어려웠다. 다시 용기를 내기에는 너무 지친 상태였다. 마지막 숨을 내쉬면서 그는 「진술」의 내용을 모두 부인했다. 모든 게 세르기우스의 잘못이라고 그는 중얼거렸다. 총대주교의 요청에 따라 그는 내키지 않았지만 단의론을 승인하게 된 것이었다. 그리하여 641년 2월 11일 비잔티움 제국의 역사상 가장 위대한 황제 가운데 한 명인 헤라클리우스는 뻔한 거짓말을 남기고 비참하게 숨을 거두었다.

그는 너무 오래 살았는지도 모른다. 차라리 629년 페르시아 제국을 격파하고 참십자가를 예루살렘에 가져다 놓았을 때 죽었더라면 그의 치세는 제국의 역사상 가장 번영한 시기가 되었을 것이다. 그 뒤의 12년은 그에게 단지 실망과 환멸, 궁극적으로는 치욕을 안겨주었다. 게다가 그 품위 없고 역겨운 질병에까지 시달리지 않았는가. 하지만 그 비극에도 불구하고 그의 업적은 대단한 것이었다. 그의 힘, 결단력, 영도력이 없었다면 콘스탄티노플은 이미 페르시아에게 무너졌을 테고, 얼마 뒤에는 무슬림의 물결에 완전히 휩쓸렸을 것이다. 그랬다면 서유럽에도 상상할 수 없는 끔찍한 결과가 빚어졌을 것이다. 그가 수백 년 동안 비잔티움을 어느 때보다도 강하게 만들 수 있었던 것은 그가 구상하고 창안한 군사·행정조직 덕분이었는데, 이는 이후에 중세 제국의 중추가 되었다. 비잔티움 제국이 이후 800년이나 더 존속하면서 최고의 전성기에 오를 수 있었던 것은 바로 헤라클리우스 덕이 크다.

문화적으로 볼 때도 그의 치세는 새로운 시대의 개막이었다. 유스티니아누스가 최후의 진정한 로마 황제였다면, 헤라클리우스는 옛 로마의 전통을 종식시킨 황제였다. 그의 시대까지 행정 분야뿐 아니라 군대에서도 공용어로 널리 사용되던 언어는 라틴어였지만, 사실 백성들의 거의 대다수는 라틴어를 알지 못했다. 통신의 효율성이 무엇보다 중요해진 시기에 그것은 분명히 불합리한 현상이었다. 그래서 헤라클리우스는 오랫동안 백성들과 교회의 언어였던 그리스어를 이제부터 제국의 공용어로 삼겠다고 포고했다. 그로부터 불과 한 세대 뒤에는 지식인 계층조차 라틴어를 거의 사용하지 않게 되었다. 마지막으로, 그는 옛 제국의 문을 닫고 새 제국의 문을 열기 위해 황궁의 위계에서도 고대 로마의 직함들을 폐지했다. 그때까지 그의 공식 직함은 전임 황제들과 마찬가지로 임페라토르 카이사르, 아우구스투스였다.* 그러나 이때부터 황제의 직함은 왕을 뜻하는 옛

* 임페라토르는 임페리움(최고 행정권)의 소유자라는 뜻으로, 원래는 개선 장군을 뜻하는 용어였으나 로마 제국의 초대 황제인 아우구스투스 때부터 황제의 공식 명칭에 속하게 되었다. 당시 황제의 공식 명칭은 Imperator Caesar divi filius Augustus(divi filius는 '신의 아들'이라는 뜻)였는데, 여기에 포함된 모든 단어들이 후대에는 황제를 가리키는 의미로 사용된다. 이 책에서는 아우구스투스를 정제(正帝), 카이사르를 부제(副帝)라고 옮겼다.

그리스어인 바실레오스basileus로 바뀌었으며, 이 직함은 제국이 존속할 때까지 공식 명칭으로 사용되었다.

그가 죽고 사흘 뒤에 황궁의 환관들은 볼썽사납게도 뚜껑이 없는 관가로 그의 시신을 운구했다. 위대했던 그의 전성기를 기억하는 백성들은 말없는 경의를 보내며 과거를 회상했다. 그의 시신은 흰 마노로 된 석관에 안치되어 사도 성당 내 콘스탄티누스 대제의 묘 가까이에 묻혔다. 그의 고통은 마침내 끝났으나 그의 치욕은 아직 한 가지가 더 남아 있었다. 그가 매장된 지 석 달 뒤에 맏아들의 명령에 따라 그의 석관이 다시 열렸고, 함께 매장된 보석 박힌 제관이 죽은 그의 머리에서 벗겨진 것이다.[111] 그런 행위는 제관에 대한 욕심보다는 원한 때문인 것으로 보인다. 콘스탄티누스는 마땅히 자신이 단독으로 차지해야 할 제위를 공동으로 소유하게 된 것에 대해 아버지를 결코 용서하지 않았을 것이다. 하지만 그렇다 해도 그토록 비극적인 만년을 보낸 헤라클리우스를 생각한다면, 그는 비잔티움 제국의 어느 황제보다도 더 편안히 영면했어야 한다는 느낌을 지울 수 없다.

15

고조되는 이슬람권의 위협

641년~685년

그러나 그리스적인 동방에게 7세기는 고대 세계의 종말이 아니었다. 그러므로 그 거대한 진화 과정을 완성하려 했던 사람들의 정신, 불균형, 불안을 몇 가지 사례를 들어 보여주는 것도 충분히 가치있을 것이다.

샤를 딜 『비잔티움의 사건들과 사람들』

뻗어 나가는 이슬람 제국

이미 오래전부터 예견되어 온 것이지만 헤라클리우스의 죽음은 비잔티움을 혼돈으로 몰아넣었다. 모든 말썽의 근원은 바로 마르티나였다. 그녀는 남편을 설득해서 아들 헤라클로나스를 공동 황제로 삼은 데 만족하지 않고, 남편을 강요해서 제국을 남편의 맏아들이자 진정한 상속자인 콘스탄티누스 3세, 헤라클로나스와 더불어 자신이 공동으로 통치하도록 하는 내용의 유언장을 작성하게 했다. 남편이 죽은 뒤 그녀는 곧바로 원형 경기장에서 공식 집회를 조직했다. 거기서 그녀는 유언장의 내용을 발표하고, 자신이 실질적인 권력을 행사하겠다는 뜻을 분명히 밝혔다.

그러나 비잔티움인들은 그것을 인정하지 않았다. 그들은 오래전부터 마르티나에게 흑심이 있다고 믿어 왔으며, 남편이 쇠약해지고 죽은 데도 그녀의 책임이 있다고 여겼다. 최대의 의구심은 거의 분명했다. 제국을 통치하는 일은 고사하고 외국 대사를 영접하고 보내는 일을 어떻게 여자가 할 수 있겠느냐고 백성들은 물었다. 그것은 너무나 터무니없는 생각이었다. 백성들은 그녀를 태후로서만 예우할 뿐이었고, 황제로서 섬길 사람은 그녀의 아들과 의붓아들이라고 여겼다. 마르티나는 당황하고 분노했지만 황궁에 처박혀 있을 수밖에 없었다. 그러나 그녀는 뜻을 꺾은 게 아니었다. 얼마 뒤에 선임 황제인 콘스탄티누스가 병에 걸렸다. 기분 전환의 의미도 있겠지만 그보다는 계모로부터 가급적 멀어지고 싶은 마음에서 보스포루스를 건너 칼케돈 궁전으로 갔다. 하지만 그래도 소용이 없었다. 그는 결국 즉위한 지 겨우 석 달 만인 641년 5월 25일에 죽었다.

혹시 마르티나가 살해한 것은 아닐까? 정확한 사실은 알 수 없다. 당대의 기록이 없으므로 우리는 9세기 작가들인 니케포루스와 테오파네스에게서 어느 정도의 정보라도 얻어 내야 한다. 두 사람 중 설명이 더 상세한 니케포루스는 아무런 추측도 보태지 않았다. 콘스탄티누스는 오랫동안 건강이 좋지 않았으니 자연적인 원인으로 죽었으리라는 것이다. 그러나 그 정황으로 볼 때, 무엇보다도 죽은 시기로 볼 때 최소한 의혹은 품을 수 있다. 게다가 곧 나오게 되지만 그의 아들이자 후계자도 주저없이 황후를 가장 강력한 살인 용의자라고 비난했다.

콘스탄티누스 자신은 분명히 위협을 느꼈을 것이다. 그렇지 않다면 굳이 아시아 쪽 해안까지 가서 죽음을 맞으며 군대에게 어린 상속자인 아들 헤라클리우스를 비롯하여 자기 자식들을 보호해 주고 계승권을 지켜 달라고 부탁할 필요는 없지 않았을까? 하지만 결과적으로 보면 그의 걱정은 기우였다. 콘스탄티노플 시민들은 이미 그의 혈통을 지지하고 있었으며, 의붓아들의 시신이 채 식기도 전에 그의 대신들을 모조리 유배 보내 버리고 자기 친아들마저 무시한 채 전권을 장악한 마르티나의 처신에 분노를 느끼고 있었던 것이다. 나아가 그들은 마르티나가 단의론을 열렬히 지지하는 것에도 격앙했다. 단의론은 이미 인기를 완전히 잃었고 콘스탄티누스도 최선을 다해 제거하려 했던 교리였다.

641년 여름 연일 계속되는 시위에 힘입어 어린 헤라클리우스가 제위에 올랐다. 그의 이름은 할아버지와의 혼동을 피하기 위해 콘스탄스로 바뀌었다. 그리고 그해 9월 원로원의 명령에 의해 마르티나와 헤라클로나스가 갑자기 체포되었다. 마르티나는 혀가 잘렸고 헤라클로나스는 코를 잘리는 형벌[112]을 당한 다음 두 사람은 로도스 섬으로 유배되어 다시는 수도에 돌아오지 못했다. 황후의 유일한 죄목이 오만한 야심이었다면, 그녀는 무거운 형벌을 받은 것이라고 볼 수 있다. 그러나 만약 그녀와 그녀의 아들이 콘스탄티누스를 살해했다면 그 정도도 가벼운 형벌이었을 것이다. 열한 살짜리 황제 콘스탄스 2세는 642년 초에 원로원에서 다음과 같이 말했다.

> 나의 아버지 콘스탄티누스는 자신의 아버지이자 나의 할아버지인 헤라클리우스와 함께 오랫동안 나라를 다스렸으나 할아버지가 죽은 뒤에는 아주 짧은 기간만 제위에 있었습니다. 계모인 마르티나의 질투심이 그의 숭고한 꿈을 망쳤고 끝내는 그의 목숨까지 앗아간 것이었습니다. 그 이유는 오로지 그녀가 헤라클리우스와 근친상간을 통해 낳은 아들 헤라클로나스를 위해서였습니다. 여러분의 표결은 무엇보다도 마르티나

와 그녀의 아들을 정당하게 제위에서 물러나게 하는 데 기여했습니다. 로마 제국이 법에 모욕이 가해지는 것을 묵인해서는 안 된다는 것을 보여 준 것입니다. 이로써 여러분의 고결한 명성이 널리 알려졌습니다. 그러므로 앞으로도 여러분은 현명한 충고와 판단으로써 내가 백성들을 안전하게 이끌 수 있도록 도와주시기 바랍니다.[113]

비잔티움의 단독 군주가 된 콘스탄스 2세는 이렇게 자신이 성장할 때까지 원로원에게 제국의 통치를 위임했다. 일찍이 유스티니아누스의 사후에 원로원의 권력은 크게 강화된 바 있었지만, 이제 원로원은 군주에게 자문을 해 주고 최고의 사법적 권한을 지닌 막강한 기구가 되었다. 게다가 제위 계승자가 미성년일 경우에는 섭정까지 맡을 수 있었다. 그러나 콘스탄스는 나중에 단호하고 완고한 전제 군주로 자라게 된다. 오랫동안 원로원의 보호를 받을 생각은 없었던 것이다.

콘스탄스 2세의 치세 27년은 처음부터 끝까지 막강한 사라센과의 끊임없는 투쟁으로 얼룩진 시기였다. 이미 그가 즉위할 무렵에 사라센은 이집트를 점령했다. 이집트는 마르티나가 잠시 권좌에 있었을 때 거의 그들에게 넘겨준 상태였지만, 642년에 비잔티움 수비대가 배를 타고 알렉산드리아를 빠져나오면서 이슬람 장군 아므르의 수중에 들어갔다. 우마르 칼리프가 죽고 2년 뒤 그의 후계자인 우스만이 아므르를 메디나로 불렀을 때, 비잔티움은 반격의 기회로 보고 함대를 보내 알렉산드리아를 수복했다. 그러나 그 소식을 접하자마자 아므르는 즉각 이집트로 돌아와서 646년 여름에 알렉산드리아를 되찾았다. 그는 알렉산드리아의 성벽을 완전히 허물어 버리고, 적이 공략하기 어렵도록 나일 강 삼각주의 남단에 위치한 푸스타트라는 마을에 새 수도를 건설했는데, 이곳이 나중에 카이로가 된다.

일각에서는 당시 무슬림군이 후기 고대 세계의 최대 도서관인 유명한 알렉산드리아 도서관으로 불태웠다고 하지만 그것은 잘못된 이야기다. 그 도서관은 이미 391년 아리우스파에 반대하는 폭동이 일어났을 때 그리스도교도들에 의해 파괴되었다. 또한 무슬림군이 현지 주민들에게 보복했다는 이야기도 사실이 아니다. 당시 대다수 주민들은 이웃의 시리아와 팔레스타인 주민들처럼 정복자가 비잔티움에서 무슬림으로 바뀐 것을 오히려 환영했던 것으로 보인다. 이렇게 제국으로부터 가장 부유하고 귀중한 속주인 이집트를 빼앗은 뒤 이슬람군은 북아프리카의 해안을 따라 서쪽으로 진출했다. 그리고 647년에는 카르타고 총독 그레고리우스가 이끄는 12만 명의 대군을 격파했다.

새 칼리프인 우스만은 엄격하고 위풍당당했던 우마르에 비해 유약하고 무능력한 인물이었다. 그러나 그에게는 혜안이 있었다. 우마르는 사막 민족의 뿌리깊은 바다 불신증으로 인해 함대를 한사코 거부했지만, 우스만은 시리아의 아랍 총독 무아위야의 거듭된 건의를 받아들여 함대를 만들라고 지시했다. 함대를 구성하는 데는 상당한 기일이 걸릴 수밖에 없었다. 그 기간 동안 무아위야는 아르메니아를 대대적으로 공략했고, 647년에는 서쪽으로 카파도키아까지 진출해서 카이사레아(현재의 카이세리)를 점령했다. 그로부터 2년 뒤에 함대가 완성되고 선원들이 훈련을 받았다. 무아위야는 그 함대를 직접 지휘하여 키프로스를 공격했다. 그의 목표 선택은 탁월했다. 키프로스는 비잔티움 제국의 주요 해군 기지였던 것이다. 하지만 키프로스를 지속적으로 점령할 수 있는 인력이 부족했던 무아위야는 수도인 콘스탄티아[114]를 기습으로 장악한 뒤 도시를 약탈하고, 항구와 항만 시설을 파괴하고, 인근 농촌의 넓은 토지를 유린했다.

650년에는 시리아 연안의 섬에 위치한 활발한 상업 도시 아라두스(현재의 루아드)가 잿더미로 변했고 그 주민들은 살길을 찾아 뿔뿔이 흩어졌다. 그 뒤 콘스탄스는 2년 간의 강화 조약을 체결하는 데 성공했지만, 그 기간에 오히려 무아위야는 함대 건조에 주력함으로써 654년에는 더 강력해진 함대로 로도스 섬을 점령했다. 당시의 피해 규모는 기록에 없는데, 아마 상당했을 것이다. 현재로서 최선의 정보원인 테오파네스는 피해 상황보다 유명한 로도스의 거상巨像에 관한 이야기를 중점적으로 전하고 있다. 고대 세계의 7대 불가사의의 하나로, 높이가 30미터나 되는 태양신 헬리오스의 이 청동상은 기원전 304년에 현지 조각가인 린도스의 카리오스가 제작하여 항구 입구 옆에 세웠다.[115] 하지만 안타깝게도 불과 한 세기 뒤에 지진이 일어나 청동상은 무너져 버렸다. 이에 상심한 로도스 사람들은 다시 그것을 세우려 하지 않았으므로 이후 거상은 900여년 동안이나 무너진 채로 그곳에 있었다. 아랍 세력이 잠깐 그 섬을 점령한 동안 무아위야는 그 거상의 잔해를 완전히 조각 내서 팔아넘겼다. 그 대부분은 에데사 출신의 유대인 상인이 구입했는데, 그는 낙타 900마리로 그것을 운반했다고 한다.

콘스탄스는 로도스를 빼앗기자—인근의 코스 섬도 곧 빼앗겼다

—기선을 제압해야 한다고 결심했다. 무아위야를 계속 놔둔다면 섬을 하나씩 연쇄적으로 빼앗겨 결국에는 콘스탄티노플마저 위협을 당하게 되리라는 판단이었다. 그래서 655년에 마르마라 해를 출발한 제국의 함대는 해안을 따라 남쪽으로 항해했다. 양측의 함대는 페니쿠스(현재의 피니케) 연안에서 만나 곧바로 교전에 들어갔다. 이 전투는 이후 천 년에 걸쳐 그리스도교권과 이슬람교권이 벌이게 되는 해전의 역사에서 첫 장을 이룬다. 그러나 결과는 제국 측의 재앙으로 판명났다. 비잔티움의 해군은 완패했고 콘스탄스는 자신을 위해 전사한 병사의 옷을 갈아입고 변장하여 겨우 목숨을 건질 수 있었다.

상황은 이제 대단히 심각해졌다. 그러나 이듬해에 중대한 사건이 일어난 탓에 무아위야는 한 번 잡은 승세를 놓치고 만다. 656년 6월 17일 칼리프 우스만이 메디나의 자기 집에서 코란을 읽던 중에 암살당한 것이다. 후임 칼리프로는 마호메트의 사위인 알리가 선출되어 메소포타미아 부족들의 지지를 받았다. 하지만 시리아에서 칼리프 후보로 추대되었던 무아위야는 알리가 우스만의 살해 사건에 연루되었다고 비난하면서, 다마스쿠스에 있는 대모스크의 밈바르[116]에 우스만의 피 묻은 옷을 걸고 복수를 다짐했다. 이 분쟁은 661년까지 지속되다가 마침내 알리가 암살되면서 무아위야가 최고 권력자에 올랐다.* 그 뒤 5년 동안 무슬림 세계가 격동에 휘말린 덕분에 비잔티움은 겨우 숨을 돌릴 수 있었다.

서방으로 기수를 돌려라

콘스탄스 황제—그 무렵 수염을 길게 길러 포고나투스Pogonatus, 즉 '털보'라는 별명으로 불렸다[117]—는 틀림없이 그 휴식을 환영했을 것이다. 게다가 659년에는 적대를 중지하는 대가로 무아위야에게서 1천 노미스마타의 돈에다 평화를 유지하는 기간 동안 날마다 말 한 마리와 노예 한 명씩을 보너스로 받기로 했으니 이보다 행복할 수는 없었다. 그런데 먼저 한 가지 의문을 짚고 넘어가야 할 듯 싶다. 콘스탄스는 왜 즉위한 뒤 14년이나 기다렸다가 655년에 이르러서야 비로소 대응에 나선 것일까? 앞서 우리는 그의 할아버지인 헤라클리우스에게도 같은 질문을 한 바 있는데, 두 경우 모두 답은 같다. 즉 힘을 정비할 시간이 필요했던 것이다. 그러나 콘스탄스에게는 또 다른 문제가 있었다. 그동안 콘스탄티노플에서는 단의론 논쟁과 마르티나의 음모로 인해 분열과 혼란의 분위기가 팽배해 있었다. 따라서 대외 전쟁을 꾀하려면 먼저 종교와 정치의 통일이 급선무였던 것이다.

* 이슬람교에서는 모계 사회였던 아라비아의 전통에 따라 사위가 재산과 권한을 상속하는 게 보통이었다. 따라서 마호메트의 사위인 알리의 계승은 정당한 것이었으며, 무아위야의 권리 주장은 전통과 율법에 어긋나는 것이었다(그래서 아부 바크르로부터 알리까지 네 명의 칼리프가 지배하던 시대를 역사적으로 정통 칼리프 시대라고 부른다). 어쨌든 권력이 무아위야로 넘어감으로써 이슬람 제국은 우마이야 왕조 시대로 접어든다. 그러나 정통성의 문제는 오히려 더욱 증폭되어 후일 시아파와 수니파의 대립을 낳게 되며, 이 대립은 오늘날까지도 해소되지 않고 있다(시아파는 알리를 정당한 계승자로 추종하는 종교적 급진파로 발달했고, 수니파는 그에 맞서는 다수파로서 현실의 이슬람 권력을 인정했다).

사실 황제 자신은 신학적 문제에 몰두할 여유가 별로 없었다. 단일 의지의 교리에 대해서도 아마 그는 거의 이해하지 못했고 관심도 없었을 것이다. 원래는 건설적인 절충을 위해 제기된 이론이었지만 오히려 분란과 혼동을 확산시키는 결과를 빚었다. 그렇다면 마치 애초부터 그런 이론이 제기되지 않은 것처럼 모조리 잊는 게 현명한 대응일 수도 있다. 하지만 불행히도 단의론은 수도에서 여전히 영향력을 지니고 있었다. 총대주교 파울루스도 단의론을 고수했는데, 참회자 막시무스라는 논리정연한 수도사는 아프리카에서 그에 대해 거세게 반대했다. 646년 초에 막시무스는 그 이단을 비난하는 선언문을 작성하여 아프리카 주교들의 종교 회의에서 승인을 얻고 교황 테오도루스에게 제출했다. 그러자 교황은 불과 6년 전에 전임 교황이 취한 조치가 별로 효과를 거두지 못했다는 데 짜증을 내면서 콘스탄티노플의 총대주교에게 그의 신앙을 상세히 설명하라고 요구했다. 파울루스가 매우 강한 어조로 단의론을 옹호하자 교황은 즉각 그를 파문해 버렸다.

콘스탄스는 당시 겨우 열일곱 살이었지만 그의 대응은 워낙 독특해서 그 자신이 직접 주도한 게 틀림없다고 여겨진다. 그의 할아버지였다면 장황하고 상세한 논리를 편 문서로써 총대주교를 옹호했겠지만—파울루스도 황제에게 그렇게 하라고 촉구했을 것이다—콘스탄스는 한쪽에 치우치지 않으면서도 동시에 단호하고 확고한 방식을 구사했다. 648년 초에 그는 「전범(Typos 혹은 Type)」이라고 알려진 칙령을 발표했다. 그런데 그 내용은 단의론에 찬성하거나 반대한다는 것도 아니었고, 그 타당성에 관한 판단을 내리는 것도 아니었다. 단지 일체의 논쟁을 중지하고, 그 이전까지 있었던 모든 사건들은 '마치 아무 일도 없었던 것처럼' 지속되어야 한다는 단순한 내용이었다. 아울러 황제는 앞으로 그 문제를 거론하는 자는 누구든 징벌을 받으리라고 경고했다. 주교나 사제라면 즉각 해임할 것이고, 수도사라면 파문할 것이며, 군인이나 관리라면 지위나 직함을 박탈할 것이고, 원로원 의원이라면 재산을 몰수할 것이고, 민간인이라면 매질을 하고 유배를 보낼 것이라고 했다.

그의 심정에 공감이 가지 않는 바는 아니지만, 아무리 어린 나이라고 해도 시계바늘을 뒤로 돌릴 수 없다는 것쯤은 알아야 했다. 문제는 사라지지 않았고 「전범」은 아무도 만족시키지 못했다. 649년 10월에 교황 테오도루스의 후계자인 마르티누스 1세는 라테란 궁전에서 105명의 주교가 참석한 가운데 공의회를 열어 「전범」을 비난했다. 그 뒤 교황은 공의회의 논의 사항에 관한 상세한 보고를 황제가 읽기 쉽도록 그리스어로 번역해서 보냈으며, 동봉한 서한에서는 짐짓 정중한 어조로 황제가 단의론에 대해 거부를 표명해야 한다고 말했다.

말할 필요도 없이 콘스탄스는 그렇게 할 의도가 전혀 없었다. 마르티누스 교황은 모르고 있었지만, 그가 그 서한을 미처 다 쓰기도 전에 이미 비잔티움의 라벤나 총독인 올림피우스는 교황을 체포하라는 명령을 받고 소규모 군대와 함께 이탈리아로 오는 중이었다. 그 사유도 그가 교황으로 선출된 뒤 콘스탄티노플의 승인을 받지 않았다는 아리송한 죄목이었다. 마르티누스 교황의 전기를 쓴 아나스타시우스에 의하면 올림피우스는 애초에 교황을 체포하기보다 죽일 생각이었는데, 여러 차례의 시도가 실패한 뒤 교황이 신의 보호를 받고 있다는 결론을 내리고 교황에게 참회했다고 한다. 사실 여부는 알 수 없지만 분명한 점은 당시 올림피우스가 이탈리아에 널리 퍼진 비잔티움에 적대적인 감정을 이용하여 이탈리아를 제국으로부터 분리하고 자신이 권력을 장악하려 했다는 점이다. 하지만 그는 결국 실패하고 자기 군대와 함께 시칠리아로 물러가서 3년 뒤에 죽었다.

올림피우스가 죽고 1년 뒤인 653년 6월에 그의 후임 총독인 테오도루스 칼리오파스가 이탈리아에 도착했다. 그는 올림피우스와 비슷한 명령을 받았고 그대로 수행할 결심을 했다. 당시 병에 걸려 있었던 마르티누스 교황은 총독이 온 지 며칠 뒤에 체포되어 콘스탄티노플에서 재판을 받기 위해 배에 올랐다. 하지만 알 수 없는 이유로 그는 곧바로 가지 않고 낙소스 섬에서 1년 동안 억류되었다가 654년 9월에야 비로소 보스포루스에 도착했다. 이 순간부터 그의 시련이 시작되었다. 이른 새벽에 도착한 그는 해질녘까지 배에서 내리지 못한 채 하루 종일 군중의 조소와 야유를 받았다. 밤이 되자 그는 프란데아리아 감옥에 감금되어 93일을 보냈다. 굶어죽을 지경에다 지독한 추위(때는 한겨울이었다)로 걸음조차 걸을 수 없게 된 상태로 그는 법정에 출두했다.

법정에서는 황제의 승인을 얻지 않았다는 죄목에다 더 크고 무거운 죄목이 추가되었다. 즉 올림피우스와 함께 황제에게 반역 음모를 꾀했다는 것이다. 물론 마르티누스는 혐의를 부인했으나 판결은 이미 나 있었다. 그는 결국 유죄 판결을 받고 처형이 결정되었다. 그가 법정에서 공터로 나오자 빽빽하게 모여든 군중은 그의 교황복을 갈

가리 찢었다. 속옷마저도 찢겨 "군데군데 속살이 드러나 보였다." 그 뒤 그는 목에 쇠사슬을 감은 채 칼을 든 망나니와 함께 거리를 행진하여 프라이토리움Praetorium(제국의 감옥)에 갇혔다. 감옥에서도 그는 살인자들이 섞인 일반 죄수들과 같은 방을 썼는데, 그들의 폭력으로 다리에 심한 상처를 입었고 감옥 바닥에는 그의 피가 흥건했다.

한편 파울루스 총대주교는 죽음을 눈앞에 두었다. 병문안을 간 콘스탄스는 그의 원기를 회복하게 하기 위해 그에게 마르티누스의 재판 결과와 후속 처리를 알려주었다. 그런데 놀랍게도 총대주교는 크게 괴로워하며 이렇게 중얼거리는 것이었다. "아, 내게 너무 큰 짐이로다." 그리고 그는 황제에게 마지막 유언이라며 교황의 목숨을 살려주라고 간청했다. 황제는 그 요청을 수락했다. 이미 그 무렵 마르티누스는 85일 동안을 감옥에서 보낸 뒤였으나 어쨌든 사형을 면제받고 유배로 형벌이 감축되었다. 이후 그는 크리미아의 케르손으로 보내졌다가 6개월쯤 뒤인 655년 9월 16일에 죽었다. 단의론 때문에 순교한 사람은 교황만이 아니었다. 그 다음은 참회자 막시무스의 차례였다. 그도 역시 이탈리아에서 콘스탄티노플로 소환되어 재판을 받았으며, 혀와 오른손이 잘리는 고문을 포함하여 이루 말할 수 없는 고초를 겪으면서 신앙을 바꾸라는 강요를 당했다. 그러나 마르티누스처럼 막시무스도 굳건히 버티었다. 다행히 신학자로서의 높은 명성[118] 덕분에 처형을 면했으나 662년에 유배지에서 여든의 나이로 죽었다.

제국의 동방 속주들이 아랍 침략자들의 손에 넘어가자 콘스탄스는 점차 서방 속주들로 시선을 돌리기 시작했다. 과거 반세기 동안 서방 속주들은 전임 황제들에게나 그에게나 거의 말썽을 일으키지 않았다. 그의 할아버지 헤라클리우스도 서방 속주에 대해서는 신경을 쓰지 않았다. 하지만 콘스탄스는 그 행복한 상태가 영구히 지속되리라고 생각하지는 않았다. 발칸에서는 슬라브족 이주민들을 통제하기가 점점 힘들어지고 연례 공물도 제대로 보내지 않는 사태가 늘어났다. 이탈리아에서는 특히 마르티누스 교황이 체포되고 재판을 받은 뒤부터 어느 때보다도 비잔티움 제국의 인기가 떨어졌다. 한편 시칠리아는 사라센으로부터 심각한 위협을 받고 있었다. 그들은 이미 652년에 시칠리아를 처음 침공한 적이 있었으니 북아프리카 해안을 정복한 지금 그곳을 기지로 삼고 머지않아 다시 침략해 올 것은 명백했다. 요컨대 뭔가 특단의 조치가 없다면 서방 속주들조차 동방 속주들처럼 떨어져 나갈 가능성이 컸다.

무아위야가 칼리프 자리에 전념하는 동안에 얻은 휴전 기간은 황제에게 좋은 기회를 주었다. 이미 658년에 그는 발칸의 슬라브족을 상대로 응징 원정을 벌여 그들 중 상당수를 소아시아로 이주시킨 바 있었다. 하지만 그가 로마 제국의 미래 역사를 좌우할 만한 중대한 결단을 내린 것은 662년의 일이었다. 그것은 바로 콘스탄티노플을 버리고 서방에 새 수도를 건설하려는 계획이었다. 앞에서 보았듯이 반세기 전에 그의 할아버지 헤라클리우스도 같은 구상을 품었다가 총대주교와 시민들의 간청으로 취소한 적이 있었다. 다만 헤라클리우스는 큰 인기를 누린 지배자였으나 그의 손자는 그렇지 않다는 게 문제였다. 콘스탄스는 단성론자들과 단의론자들이 원하는 지지를 거부함으로써 그들의 원성을 샀을 뿐 아니라 마르티누스와 막시무스를 탄압함으로써 정교회의 분노도 불렀다. 더 나쁜 것은 660년에 동생 테오도시우스를 살해하라는 명령을 내린 일이었다(그전에 그는 동생을 강제로 사제로 만들었다). 그는 테오도시우스가 역모를 꾸몄다고 주장했지만, 동생과 공동 황제가 되어 권력을 나누고 싶지 않았기 때문이라는 것은 누구나 다 아는 사실이었다.

후대의 역사가들 중에는 황제가 수도를 옮기겠다고 결심한 이유가 한밤중에 무시무시한 동생의 유령이 자주 나타났기 때문이라고 말하는 사람들이 있지만 그 말을 곧이곧대로 들을 필요는 없을 것이다. 또한 콘스탄티노플에서 그의 인기가 바닥으로 떨어져 천도를 계획한 것도 아니다. 물론 시민들이 반대를 제기하지 않은 데는 그 이유도 있었지만 말이다.[119] 그는 인기를 얻으려고 노력한 적이 없었다. 그저 자신의 위치만 확고하다면 백성들이 황제를 사랑하고 말고는 그에게 별 관심 사항이 아니었다. 어쨌든 그가 생각한 천도의 주요 목적은 훨씬 숭고한 데 있었다. 즉 이탈리아와 시칠리아, 그리고 아직 남아 있는 아프리카 속주들을 사라센의 정복으로부터 보호하겠다는 것이었다. 한 가지 더 추가하여 이탈리아에서 롬바르드족을 몰아낼 수 있다면, 혹은 적어도 반도의 남부라도 차지할 수 있다면 더욱 좋을 터였다.

662년 초에 황제는 아내와 세 아들을 콘스탄티노플에 남겨둔 채 배를 타고 그리스를 향해 출발했다. 거기서 그는 기대했던 것보다 많은 것을 발견한 듯하다. 그는 테살로니카와 아테네에서 꼬박 1년 동안이나 머물렀다. 그리고 663년 봄에야 비로소 아드리아 해를 건너 군대와 함께 타렌툼(지금의 타란토)에 상륙했다. 롬바르드족이 최대한 저항했으나 현지 민병대의 규모는 작았다. 콘스탄스는 별다른 어려움 없이 베네벤토까지 진출하여 그곳을 포위했다. 하지만 베네벤토에서는 이미 파비아에 있는 롬바르드족의 왕 그리무알드에게 연락을 취해 긴급 지원을 호소한 상태였다. 그리무알드는 즉각 상당한 규모의 지원군을 파견했다. 만약 그들이 올 때까지 베네벤토가 버티었다면 오히려 비잔티움군이 중과부적이었을 것이다.

그리무알드는 베네벤토에게 지원군을 보낸다는 소식을 알리기 위해 미리 전령을 보냈는데, 롬바르드군이 한창 빠른 속도로 남하하고 있을 때 그 전령이 그만 콘스탄스에게 사로잡히고 말았다. 영악하게도 콘스탄스는 그 전령에게 다른 전갈을 전한다면 목숨을 살려주겠노라고 말했다. 물론 그 전갈의 내용이란 지원군이 전혀 없다는 것이었다. 세수알드라는 이름을 가진 전령은 그러마고 동의했다. 그러나 베네벤토 성벽 아래까지 갔을 때 그는 비잔티움 병사들이 미처 제지할 틈도 없이 지원군이 이미 상그로 강까지 와 있다고 소리를 질렀다. 그런 다음 그는 자기 아내와 자식들을 보호해 달라는 탄원도 하지 못한 채 목이 잘렸다. 곧이어 투석기가 성벽을 향해 돌덩이를 발사했다.

하지만 세수알드는 베네벤토를 구했다. 제국군은 자신들에게 우호적인 그리스계의 도시 나폴리로 발길을 돌릴 수밖에 없었다. 콘스탄스는 나폴리를 거쳐 로마로 향했다. 마르티누스를 탄압했음에도 불구하고 그는 교황 비탈리아누스의 공식적인 환영을 받았고 장중한 호위 속에서 로마에 입성했다. 이로써 그는 서방 제국이 멸망한 지 거의 200년 만에 처음으로 로마에 발을 들여놓은 황제가 되었다.

『교황실록』*의 설명에 의하면, 그는 12일 동안 머물면서 주요 성당들을 모두 방문했다. 그러나 로마인들은 그가 로마에 남아 있는 귀중품들은 물론 판테온 신전 지붕의 구리까지 뜯어내서 배에 실어 콘스탄티노플로 보내는 것을 보고 기분이 별로 좋지 않았다. 7월 12일에 황제가 나폴리로 돌아갔을 때 아마 그들은 안도의 한숨을 내쉬었을 것이다.

가을이 되어 기수를 남쪽으로 돌리고 천천히 칼라브리아를 통과한 뒤 콘스탄스는 시칠리아의 메시나 해협을 건넜다. 그 뒤 5년 동안 그는 시라쿠사에 궁정을 차렸다. 시칠리아인들에게 그 5년은 악몽 같은 기간이었다. 그 기간에 시칠리아는 로마 제국의 수도라는 영광을 누렸지만, 시칠리아인들은 제국 징세관들의 가혹한 착취에 몹시 시달렸다. 그 징세관들을 만족시키기 위해 남편은 노예로 팔리고, 아내는 창부가 되고, 자식들은 뿔뿔이 흩어져야만 했던 것이다. 황제가 예기치 않게 갑자기, 격렬하고 다소 굴욕적인 죽음을 맞는 일이 없었더라면 그들은 얼마나 더 그런 고통을 겪었을지 모른다. 우리가 아는 한 암살 계획은 없었고 신중하게 모의된 거사 같은 것도 없었다. 어쨌든 668년 9월 15일 콘스탄스가 목욕을 하던 도중에, 억제할 수 없는 향수병으로 정신이 나간 그리스인 시종 한 명이 그를 비누 접시로 내리쳐 죽였다.

* 1886년 프랑스의 교회사가인 루이 뒤셴이 펴낸 책.

사라센의 집요한 공세

황제가 오랫동안 콘스탄티노플을 비워 둔 사이 남아 있는 동방의 속주들은 그의 세 아들 중 맏이가 관리했는데, 그는 아버지의 죽음으로 제위에 올라 콘스탄티누스 4세가 되었다. 실망스럽게도 당대의 역사 기록이 없기 때문에 그의 외모나 성격에 관해서는 거의 알 수 없다. 하지만 즉위한 직후에 일어난 한 사건은 그에게 호감을 가지기 어렵게 만든다. 669년에 소아시아의 한 부대가 수도를 향해 진격하면서 콘스탄티누스에게 두 동생을 공동 지배자로 옹립하라고 요구했다. 그들은 하늘이 삼위일체에 의해 통치되므로 지상도 그래야 한다는 엉뚱한 근거를 제시했다.

그때 황제의 단호하고 즉각적인 태도는 향후 그가 제국을 어떻게 다스릴지를 분명하게 보여 주었다. 그는 그 부대의 지휘관들에게 논의를 해 보자며 궁전으로 초대하고는 그들이 오자마자 곧장 체포하여 현장에서 처형해 버렸다. 기번은 이렇게 전한다. "그들의 시신이 갈라타 교외의 교수대에 걸려 있는 광경은 사람들에게 콘스탄티누스의 통치에 순응하도록 만들었다." 그의 두 동생이 반란을 획책했는지는 확실치 않다. 하지만 그들의 형은 동생들에게 의심의 자비조차 베풀 기분이 아니었다. 비잔티움의 정계에서 유행처럼 자리잡은 혐오스러운 관습에 따라 그들은 코를 잘렸다. 그것은 형벌이나 미래에 대한 경고만이 아니라 군대나 백성들에게 동생들이 황제가 되기에 적합지 않다는 것을 똑똑히 보여 주는 묵언의 시위였다.

간헐적으로 폭력성을 드러내기는 했어도 콘스탄티누스가 비난받을 짓만 한 것은 아니다. 오히려 그 반대로 그는 현명한 정치가였고 타고난 지도자였다. 그는 헤라클리우스의 탁월한 국가 조직력을 그대로 물려받았다. 적어도 아나톨리아의 중심부에 관한 한 그 점은 분명하다. 나아가 그는 운도 좋은 편이라고 할 수 있다. 그의 치세 첫 10년은 비잔티움 제국만이 아니라 그리스도교권 전체로 볼 때도 역사적으로 중대한 분기점이었다. 처음으로 십자가의 군대가 초승달의 군대*를 격퇴한 것도 그 시기의 일이었다.

짧은 휴식 기간이 끝났다. 661년에 칼리프 알리가 쿠파에 있는 자신의 근거지 모스크 바깥에서 암살당한 뒤 무아위야는 최고 권력자가 되었다. 그는 수도를 다마스쿠스로 정하고, 이후 80년 간 지속될 우마이야 칼리프 왕조를 열었다. 다마스쿠스는 유서깊은 도시이기도 했지만, 무아위야의 주요 목적—로마 제국의 정복—을 실현하는 데 아라비아 헤자즈**에 산재한 도시들보다 훨씬 유리했다. 크게 증대한 자원을 바탕으로 그는 지난 10년 동안 큰 성과를 올렸던 전술을 다시 전개할 수 있었다. 그는 매년 군대를 아나톨리아로, 함대를 이오니아 해안으로 파견하여 제국의 도시들과 섬들을 하나씩 빼앗았다. 코스 다음에는 키오스, 키오스 다음에는 스미르나를 차례로 손에 넣더니 마침내 672년에 사라센 함대는 헬레스폰트를 지나 마르마라 해로 들어와서 콘스탄티노플에서 해로로 불과 80킬로미터 거리에 있는 키지쿠스 반도를 장악하고 전진 기지로 꾸몄다. 그

* 초승달 모양은 이슬람의 상징이다.

** 현재 사우디아라비아의 서부.

리고 2년 뒤 그들은 콘스탄티노플 공략에 나섰다.

그전까지 콘스탄티노플에 대한 공격은 대부분 육로 방면에서 전개되었으나 이번에는 해로 방면에서 닥쳐왔다. 사라센 함대는 육중한 공성기와 거대한 투석기를 싣고 와서 성벽과 방어 병력을 한꺼번에 포격하려 했다. 그러나 마르마라에서 황금뿔까지 늘어서 있는 요새들은 적의 공세를 훌륭하게 방어해 냈다. 한편 비잔티움군은 적에게 상당한 타격을 줄 수 있는 비밀 무기를 준비하고 있었다. 몇 년 전에 시리아 헬리오폴리스(지금은 바알베크라는 이름으로 우리에게 더 익숙하다) 태생의 칼리니쿠스라는 건축가이자 화학자가 발명한 것이었다. 중세에 '그리스 화약'이라는 이름으로 널리 알려진 이 무기는 워낙 비밀이 잘 유지된 탓에 오늘날까지도 그 정확한 성분을 알지 못할 정도다.[120] 사용 방법은 펌프나 관을 이용하여 적함에 뿌릴 수도 있고, 길고 좁은 통으로 목표물을 향해 발사할 수도 있다. 그 성능은 놀라웠다. 특히 기름 같은 액체가 불에 타는 것이므로 바다의 표면에 그대로 떠 있어서 나무로 된 선체에 불이 쉽게 옮겨 붙었다. 그러면 배에 탄 병사들은 살기 위해 앞다투어 바다로 뛰어들어야 했다.

그러나 그동안 강력한 저항에 익숙하지 않았던 무슬림들은 패배를 인정하려 하지 않았다. 겨울이 다가오자 그들은 키지쿠스로 물러가서 시리아에서 증원군을 부르고 몇 달 동안 함선을 수리했다. 그리고 이듬해 봄에 공격을 재개했다. 하지만 두 번째 포위 공격도 첫 번째처럼 무위로 돌아갔다. 3차, 4차 공격도 마찬가지였다. 5차 공격까지 실패한 678년에야 그들은 마침내 포위를 풀었고 함대는 뱃

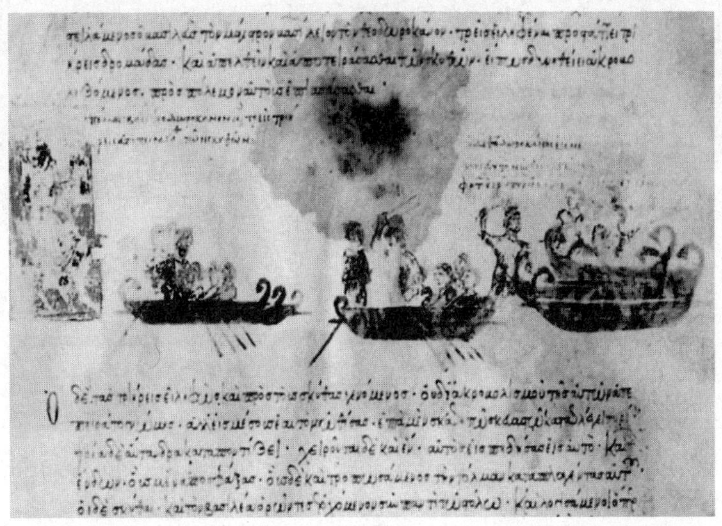

† '그리스 화약' 은 펌프나 관으로 발사하고 물 위에서도 불이 붙어 적 함대에 치명적인 무기였다. 그리스 화약으로 루스족 함대를 공격하는 비잔티움의 함대.

머리를 돌렸다. 하지만 그들의 시련은 아직 끝나지 않았다. 팜필리아 해안을 지날 무렵 뜻하지 않은 가을 폭풍을 만나 함대가 또 다시 큰 손실을 입은 것이다.

무아위야의 해군이 아무런 성과도 없이 콘스탄티노플의 성벽을 공격하는 동안 육군도 본국 근처에서 비슷한 실패를 겪고 있었다. 여기서 사라센의 적은 비잔티움인이 아니라 마르다이트족이었다. 그리스도교 해적인 이들은 원래 타우루스 산맥의 고지대에 성채를 두고 있었으나 시리아와 레바논 산으로 남하한 뒤 아랍인들을 상대로 끊임없이 게릴라전을 펼치며 멀리 예루살렘과 사해까지 진출했다. 이 산적들도 제대로 처리하지 못해 쩔쩔매고 있는 처지에 함대가 패배했다는 굴욕적인 소식은 칼리프에게 치명타였다. 마치 그리스도교의 신이 제국을 보호해 주고 있어 도저히 공략할 수 없는 것처럼 보였다. 결국 사기와 의욕을 잃은 무아위야는 679년에 몇 년 전 같으면 일축해 버렸을 콘스탄티누스의 강화 제의를 받아들였다. 강화의 조건으로 그는 그동안 점령했던 에게 해의 섬들을 반환하고 황제에게 매년 노예 50명, 말 50마리, 금 3천 파운드의 공물을 보내기로 했다. 그리고 1년 뒤에 무아위야는 죽었다.

그 반면에 콘스탄티누스의 인기와 명망은 최고에 달했다. 그는 백성들에게 사기와 의욕을 북돋워 그때까지 무적이었던 사라센의 5년에 걸친 공격을 잘 막아 냈을 뿐 아니라 서구 문명 전체를 위기에서 구했다. 난공불락의 콘스탄티노플 성벽, 황제와 백성들의 굳건한 기백에 가로막힌 예언자의 군대는 지중해를 빙 돌아 지브롤터 해협으로 가서 대륙 침략을 노릴 수밖에 없었다. 그러나 통신선과 보급선이 너무 길어진 탓에 피레네 산맥 너머의 항구적인 정복이 불가능해졌다. 만약 15세기*가 아니라 7세기에 사라센이 콘스탄티노플을 정복했다면, 오늘날 유럽은 물론 아메리카까지도 이슬람권이 되었을 것이다.

서구 문명은 제국의 공로를 잊지 않았다. 발칸에 있는 아바르족의 카간이나 슬라브족의 지도자들만이 아니라 서유럽의 롬바르드족과 프랑크족도 콘스탄티노플에 축하와 더불어 평화와 우호를 다짐하기 위한 사절을 보냈다는 것이 그 사실을 말해 준다. 콘스탄티누스는 과연 그리스도교 세계의 유일한 황제였던 것이다. 서유럽의 군

* 비잔티움 제국이 오스만투르크에 멸망한 시기.

주들은 때로 황제와 불화도 빚고 심지어 전쟁도 벌였지만, 황제의 우위를 결코 의문시하지 않았다. 또한 황제도 그 직함에 걸맞은 활약을 보여 주었다.

사라센이 마침내 물러가자 콘스탄티누스는 비로소 더 작은 적인 불가르족에 관심을 돌릴 수 있게 되었다. 이 호전적인 이교도들은 슬라브족이 아니라—오늘날에는 언어적으로 볼 때 슬라브족의 후손으로 간주된다—투르크족에서 갈라져 나온 민족이었다. 하지만 그들은 볼가 강과 돈 강 하류의 고향을 버리고 서쪽으로 이주하여 도나우 강 북안에 정착한 뒤 강 건너 제국의 영토로 조금씩 침투해 들어왔다. 680년에 황제는 대규모 함대를 직접 이끌고 보스포루스를 거쳐 흑해로 들어가서 도나우 강 삼각주 바로 북쪽에 군대를 상륙시켰다. 그런데 불행히도 이곳은 사전 답사를 하지 않은 지역이었다. 늪이 많은 지대라서 조직적인 행군이 불가능했을뿐더러 콘스탄티누스도 통풍에 걸려 인근의 메셈브리아로 가서 며칠 쉬지 않으면 안 되었다. 원래는 그런 사소한 사건들이 군대 전체에 영향을 미치지 않아야 했다. 그런데 어디서 나온 것인지 모르지만 황제가 도망쳤다는 소문이 군대 내에 나돌았다. 공포에 사로잡힌 병사들은 방향을 돌려 달아났다. 이 틈을 타서 추격에 나선 불가르족은 도나우 강을 건너 제국의 예전 속주였던 모이시아까지 들어와서 제국의 병사들을 학살했다.

결국 이 원정은 애초에 의도했던 것과 정반대의 결과를 낳고 말았다. 즉 불가르족을 격퇴한 게 아니라 오히려 제국으로 더 쉽게 침투하도록 만들어 주고 그들의 의욕을 북돋워 준 것이다. 침략자들은 새로 얻은 지역이 예전에 살던 지역보다 땅도 비옥할 뿐 아니라 북쪽에는 도나우 강, 남쪽에는 발칸 산맥, 동쪽에는 흑해가 있어 방어하기가 훨씬 쉽다는 것을 알았다. 그래서 그들은 그곳에 살고 있던 일곱 개 슬라브 종족을 쉽게 정복하고, 재빨리 강력한 불가르 왕국—형태는 약간 바뀌지만 이것이 오늘날의 불가리아까지 이어진다—을 세웠으며, 심지어 황제에게서 보호비의 명목으로 매년 공물까지 받아 내기에 이르렀다.

그것은 재앙이라기보다는 굴욕에 가까웠다. 변방에 자리잡은 불가르족의 힘을 감안할 때 어차피 그 정도 굴욕은 불가피했다. 게다가 그렇게 얻은 평화는 콘스탄티누스의 치세 내내 이어졌고 그 덕분에 황제는 제국의 가장 고질적인 문제를 해결할 여유를 가질 수 있었다. 그리스도의 단일 의지론은 이미 그의 아버지 치세에 몇 차례나 심각한 타격을 입었는 데도 아직 죽지 않고 끈질기게 살아남았다. 이미 678년에 황제는 교황에게 서신을 보내 교리 문제를 완전히 매듭짓기 위한 공의회를 열자고 제안했다. 교황은 로마에서 예비 종교 회의를 소집하여 서방 대표들이 적어도 한 목소리를 낸다는 것을 확인한 뒤 황제의 제안에 적극적으로 찬성했다. 이리하여 680년 초가을에 전 그리스도교권에서 174명의 대표들이 콘스탄티노플에 도착했다. 펠라르모, 레지오, 포르토의 주교들과 그 수행원들로 구성된 이탈리아 대표단은 라벤나의 그리스 교회를 대표하는 테오도루스라는 사제와 함께 특별한 환대를 받았으며, 플라키디아 궁전에 묵는 숙박비도 황제가 댔다. 11월 초에 대표들은 거의 다 도착했고, 일주일 뒤에 황궁의 트룰로스 돔 홀에서 제6차 세계 공의회의 첫 회의

가 열렸다.

회의는 열 달에 걸쳐 모두 18차례 열렸다. 그 가운데 콘스탄티누스가 직접 주재한 회의는 앞부분의 11차례—그는 회의 내내 자신의 견해를 표명하지 않고 공정성을 유지했다—와 맨 마지막 회의였다. 681년 9월 16일에 열린 최종 회의에서 그는 거의 만장일치로 내려진 결정을 공식적으로 승인했다. 그 결론은, 단의론은 구세주의 인간적 본성과 양립할 수 없는 것이므로 폐기되었고, 구세주는 "두 개의 본성적 의지와 두 개의 본성적 에너지를 가지며, 양자는 분열, 변형, 분리, 융합이 불가능하다"는 것이었다. 그와 다른 견해를 가진 사람들은 단죄와 저주를 받았다. 그들 가운데는 반세기 전에 다소 미적지근하게 승인했던 죽은 교황 호노리우스도 포함되었다.

교회법에 따라 선출된 교황을 그 후임자가 어떻게 파문할 수 있느냐는 문제는 로마 가톨릭 신학자들에게 항구적인 쟁점으로 남았다. 특히 나중에 교황 무류성papal infallibility*을 옹호하는 사람들에게는 더욱 큰 문제가 된다. 하지만 돔 홀에 모인 사람들은 그런 걱정을 하지 않았다. 그들은 황제가 최종 연설을 마치자 갈채를 보냈고, 그를 세계의 빛, 또 다른 콘스탄티누스 대제, 또 다른 마르키아누스,[121] 또 다른 유스티니아누스, 모든 이단의 파괴자라고 부르며 칭송했다. 사실 그 칭찬들은 모두 옳지 않았으며, 특히 마지막 것은 더욱 그랬다. 그러나 4년 뒤에 서른셋이라는 젊은 나이로 이질에 걸려 갑자기 죽

* 교황은 최고의 교사로 인정되며, 신앙이나 윤리에 관한 문제를 가르치고 설교할 때 잘못을 범할 수 없다는 로마 가톨릭 신학의 교리이다.

게 되었을 당시, 콘스탄티누스는 제국을 그 어느 때보다 튼튼하고 평화적이고 통합적으로 만들었을 뿐 아니라 단의론 이단이 두 번 다시 소생할 수 없도록 결정타를 가했다고 자위할 수 있었다.

16

코를 잘린 황제

685년~711년

누구나 코를 가질 수 있는 것은 아니다.

마르티알리스

젊은 황제의 야망

콘스탄티누스 4세가 겨우 열일곱 살 때 그의 아내 아나스타시아는 첫아들을 낳았다. 아버지가 약간 더 나이를 먹었거나 현명했더라면 아기의 이름을 유스티니아누스라고 짓지는 않았을 것이다. 왜냐하면 그 오만하고 난폭한 아이는 훗날 열여섯 살에 로마 제국의 주인 자리를 물려받은 뒤 자신의 이름과 같은 대제를 본받겠다고 결심하고, 일찍이 유스티니아누스 1세가 그랬듯이 제국의 구석구석에 자신의 개성을 지울 수 없도록 깊이 남겨 놓겠다고 마음먹었기 때문이다.

어떤 면에서는 닮은 점도 있었다. 똑똑하고 기민한 성격, 뛰어난 정치적 감수성, 강력한 추진력에서 유명한 선조를 본받은 그는 젊은 시절에 이미 유능한 군주—아마도 대제—의 자질을 충분히 보여 주었다. 그러나 불행히도 그는 고조할아버지 헤라클리우스의 만년에 나타났고 할아버지 콘스탄스 2세의 행동에서도 드러난 정신 이상의 기질을 물려받은 몸이었다. 아버지 콘스탄티누스 4세는 그 광기를 거의 보이지 않았지만, 그 이유는 아마 그것이 드러나기 전에 죽은 탓이었을 것이다. 하지만 유스티니아누스에게는 훨씬 일찍 그 증상이 나타났고 급속히 뿌리를 내렸다. 그리하여 그는 판단력과 절제력을 잃었고, 비록 용기와 기백은 훌륭했으나 자기 주변 사람들 모두를 병적으로 의심하고 끊임없이 피를 탐하는 끔찍한 괴물로 변했다.

그래도 그의 치세 초기는 전도가 유망했다. 아르메니아, 그루지야, 시리아 원정의 연이은 성공으로 5대 칼리프 아브드 알 말리크—그는 유스티니아누스가 즉위한 바로 그해에 칼리프가 되었다—는 688년에 콘스탄티누스 4세와 무아위야가 체결한 이전의 조약을 갱신할 수밖에 없었다. 더구나 비잔티움에게 이번 조약은 지난번보다 조건이 훨씬 좋아졌다. 일시불로 1천 노미스마타를 받은 데다 매주 금요일마다 말과 노예를 받기로 한 것이다. 또한 아르메니아와 이베리아,[122] 키프로스의 세수입도 장차 두 나라가 동등하게 나눠 갖기로 합의했다. 그 결과 키프로스는 비무장 지대가 되어 그 주민들도 이후 300년 동안이나 남들이 부러워하는 자치를 누릴 수 있었다.[123]

그 조약에서 효과를 확신할 수 없는 조항은 마르다이트족을 레바논 산에서 몰아내 아나톨리아로 원대 복귀시키기로 한 것이었다. 이 사나운 부족은 오랫동안 사라센에게 눈엣가시였고 제국에게는 효자였다. 그래서 비잔티움에서는 그들을 쫓아내면 시리아 변방이 약해지지 않을까 우려하는 사람들이 많았다. 그러나 유스티니아누스는 그들을 아나톨리아(안탈리아)와 남해안의 몇 군데 중요 지점으로 이동시키면 반대로 전보다 방어망이 강해지리라고 생각했다.

오히려 그는 그것을 이용하여 더 크고 야심찬 계획을 실현하고자 했다. 그것은 일찍이 유스티니아누스 대제 시대에 약탈당한 이래로 내내 복구되지 않고 있는 아나톨리아에 다시 주민을 이주시키는 계획이었다. 이 정책은 사실 새로운 것이 아니라, 한 세기 전 마우리키우스가 아르메니아 기병 3만 명을 이주시킨 이래 간헐적으로 추진되던 것이었다. 하지만 유스티니아누스는 그 정책에 새로운 힘을 부여했다. 688년부터 689년까지 그가 서방의 슬라브족 영토로 대규모 군사 원정을 감행한 것도 그런 맥락에서 보아야 한다. 테살로니카를 장악한 뒤 그는 수많은 슬라브족의 농민과 촌민들을 에게 해 일대로 이주시켰고, 마르마라 남쪽 해안의 옛 비티니아, 즉 옵시키온 테마와 그 후배지에 정착하도록 했다. 그 이듬해에도 그는 동방과 서방의 외딴 곳에 있는 촌락들을 통째로 강제 이주시켰다. 그 결과 오륙년 뒤에는 소아시아에 약 25만 명의 새 이주민들이 살게 되었다.

그러한 대규모 인구 이동이 인위적으로 강행되었으니 근본적인 변화가 따를 것은 필연이다. 행정 구조의 중추는 여전히 헤라클리우스가 처음으로 도입한 테마였지만, 테마 내부의 사회적 조건은 그의 시대와 크게 달라졌다. 7세기 초에는 대지주들—서유럽 봉건귀족의 원형—의 입김이 거셌으나, 세기 말이 되자 농토는 자신의 것을 경작하면서도 삼림, 초원, 목초지는 이웃들과 공유하는 형태의 자영농이 새로 생겨나기 시작했다. 또 생활 조건이 급속히 향상되면서 출산율이 늘었고 새로운 경작지도 꾸준히 개척되었다. 급속한 인구 증가 덕분에, 헤라클리우스가 각 가정의 가장이나 맏아들을 의무적으로 군대에 복무하게 하는 제도를 시행한 이래로 강력한 속주 민병대를 언제든지 동원할 수 있게 되었다.

이러한 사회적 격변은 그 시대에 이루어진 몇 가지 입법 조치로도 확인할 수 있다. 이른바 '농민의 법' 도 대다수 현대 학자들은 유스티니아누스 2세 시대의 것으로 간주한다(약간 후대일 수도 있다). 촌락 공동체에서의 여러 가지 사소한 범죄에 대한 형벌은 상당히 야만적이지만—곡식을 도둑질한 자는 매질을 하거나 실명시켰고, 창고나 곳간에 불을 지른 자는 손을 잘랐다—다른 분야에서는 볼 수 없는 7세기의 생생한 생활상을 보여 준다.[124]

이 무렵에는 또한 세금이 촌락 주민 개인이 아니라 촌락 전체에게 부과되었다. 각 개인은 공동체에서 결정된 비례에 따라 자신에게 부과된 몫을 내면 되니까 원칙 자체로는 나쁠 게 없다. 문제는 유스티니아누스가 세금을 백성들이 부담할 수 있는 능력 이상으로 과도하게, 그것도 곧바로 올린 데서 비롯되었다. 백성들의 다수는 최근에 이주해 온 외부인들이고, 더구나 자신들의 뜻과 다르게 강제로 고향에서 쫓겨난 사람들이기 때문에 황제에게 특별한 충성심이 있을 리 만무하다. 이 때문에 691년에 아랍인들과의 전쟁이 재개되자 약 2만 명의 슬라브족 병사들이 적의 편으로 넘어가 버렸다. 결국 제국은 이듬해 세바스토폴리스(현재 시바스와 아마시아 사이에 있는 술루사라이)에서 참패를 당하고 아르메니아를 고스란히 잃었다. 테오파네스에 의하면 유스티니아누스가 자신의 이름을 더럽힌 야만성을 처음으로 드러낸 것은 바로 이 사건 때문이었다. 그는 비티니아—슬라브족이 배신한 곳에서 수백 킬로미터나 떨어진 곳이다—의 모든 슬라브족을 니코메디아 만의 연안에 불러모은 다음 남녀노소 할 것 없이 학살하라고 명했다는 것이다. 여기서 수천 명이 무참히 살육되어 바다에 던져졌다고 한다.

공정을 기하기 위해 테오파네스의 주장에 관한 몇 가지 의혹도 소개하기로 하자. 그 학살이 일어나고 이삼 년 뒤에 해당하는 694년~695년의 것으로 밝혀진 납 도장이 발견된 적이 있는데, 그 주인을 확인해 보니 비티니아 슬라브족 용병대의 관리인이었다. 이것은 분명히 당시 그 지역에서 슬라브족이 모조리 학살되지는 않았음을 말해 준다. 하지만 죽은 주민들을 대신하여 새로 이주민들이 들어왔다고 볼 수도 있다. 현대의 어느 역사가는 "테오파네스의 말은 믿을 수 없다"[125]고 단언한다. 하지만 우리가 아는 한 유스티니아누스의 후기 생애는 테오파네스의 이야기가 분명한 사실일 것이라고 믿게 해 준다.

야망의 부작용

'농민의 법' 도 흥미롭지만, 유스티니아누스 2세 치하의 풍습과 관습에 관해 많은 것을 알게 해 주는 문서는 또 있다. 691년에 황제가 소집하여 165명의 동방 주교들이 참석한 퀴니섹스툼Quinisextum이라는 공의회의 기록이 그것이다. 이 회의가 표방한 취지를 알면 왜 그렇게 괴상한 이름이 붙었는지 알 수 있다. 즉 이 공의회는 제5차와 제6차 세계 공의회 이후에도 해결되지 않은 문제들을 다루기 위한 것이었다.* 그러나 이 공의회는 또한 황제가 정치 분야만이 아니라 종교 문제에서도 자신의 흔적을 남기겠다는 결의를 보여 주는 또 하나의 사례이기도 하다. 그 때문에 참석자들은 별로 중요한 쟁점도 없이 아주 사소한, 때로는 지극히 시시콜콜한 문제들을 놓고 씨름하느라 많은 시간을 보내야 했다.

하지만 그 덕분에 우리는 그 시대의 생활상에 관해 매우 흥미로운 사실들을 알 수 있다. 예를 들어 교회법 3조는 성직자의 재혼을 금지하며, 세례를 받은 뒤에 과부, 창녀, 노예, 여배우와 결혼한 남자는 절대 사제가 될 수 없다고 되어 있다. 교회법 11조를 보면, 사제는 유대인 의사에게서 진료를 받거나 유대인과 함께 목욕탕에 들어가지 말아야 한다고 되어 있다. 또한 성직자는 경기장과 극장에 들어가지 못하며, 결혼식에 초대를 받으면 "놀이가 시작되기 전에" 나와야 한다(교회법 24조). "검은 옷을 입고 머리를 길게 기른 채 마을들을 돌며 속인과 여자들을 접하는 은둔자"는 머리를 깎아야만 수도원에 들어갈 수 있으며, 만약 머리 깎기를 거절할 경우 사막으로 쫓아 버려야 한다(교회법 42조). 속인이라 할지라도 주사위 놀이를 하면 파문의 징계를 받는다(교회법 50조). 점쟁이를 찾아가는 자, "곰 같은 짐승들을 보여 주며 무지한 사람들을 현혹하는 자", 또는 부적을 파는 자는 6년간 회개해야 한다(교회법 61조). 보타(판 신을 경배하는 축제)나 브루말리아(바쿠스 신을 경배하는 축제) 같은 이교 축제, 여자의 춤, 여자든 남자든 이교의 신을 섬기는 춤, 희극과 비극, 풍자극에서 가면을 쓰는 행위, 남자가 여자 옷을 입거나 여자가 남

* 라틴어로 quin은 5, sex는 6을 가리킨다.

자 옷을 입는 행위, 포도 수확기에 바쿠스에게 기원하는 행위 등은 모두 금지된다(교회법 62조). 초승달이 뜰 때 모닥불을 피워 놓고 주위를 돌며 춤추는 행위는 금지된다(교회법 65조). 크리스마스 선물은 금지된다(교회법 79조). 아기를 낙태시켜 준 자와 아기의 부모는 살인자와 똑같은 벌을 받는다(교회법 91조). "자신의 머리털을 도발적이거나 유혹적으로 곱슬거리도록 만든 자"는 성당에 올 수 없다(교회법 96조).

여기까지는 나쁠 게 없었다. 사실 퀴니섹스툼에서 논의된 사항은 아나톨리아와 발칸에 사는 시골 주민들의 습관과 미신을 거의 또는 전혀 고치지 못했다. 그것들은 오늘날에도 대부분 존재하기 때문이다. 어쨌든 유스티니아누스만 아니었다면 모든 게 잘 굴러갔을 것이다. 그는 로마 대표단을 초청하지 않았으면서도 교황 세르기우스 1세에게 102개의 교회법 조항을 보내 즉각 승인하라고 다그쳤다. 몇 가지 조항들—이를테면 세속의 성직자에게 결혼을 허용하는 것, 사순절 토요일마다 금식을 하는 것—은 로마의 사정에 정면으로 반하는 것이었으므로 교황은 당연히 거부했다.[126] 그러자 유스티니아누스는 라벤나 총독 자카리아스에게 교황을 당장 체포하여 콘스탄티노플로 압송하라고 명했다.

그때 유스티니아누스는 필경 자기 할아버지가 마르티누스 교황을 어떻게 다루었는지를 염두에 두었을 것이다. 혹은 유스티니아누스 대제가 비길리우스 교황에게 한 행동을 생각했는지도 모른다. 그러나 시대는 달라졌다. 세르기우스는 그 불행한 두 전임 교황보다 훨씬 권력이 강하고 인기가 높았다. 우선 라벤나와 로마의 제국 민병대는 황제의 명령을 단호하게 거부했다. 자카리아스가 라테란 궁전에 도착했을 때 이미 사람들이 궁전 주위를 에워싸고 있었다. 총독은 오히려 자신의 군대와 로마 시민들의 포로가 되어 버렸다. 군중은 모두 교황을 건드리려는 황제와 자카리아스를 격렬하게 비난하고 있었다. 결국 자카리아스는 교황의 침대 밑으로 피신했다가 세르기우스가 직접 중재에 나선 덕분에 겨우 살아 나왔다고 한다.[127]

이 소식이 콘스탄티노플에 전해지자 유스티니아누스는 이미 유명해진 예의 그 통제하지 못하는 분노를 터뜨렸다. 하지만 백성들은 황제에게 그다지 공감하지 않은 듯하다. 7년 동안 재위하면서 이제 스물세 살이 된 황제는 과거의 포카스에 견줄 만큼 인기가 바닥이었다. 앞에서 본 것처럼 이주민들에 대한 독단적인 처리는 결국 대규모 폭동을 유발해 아르메니아를 잃게 했다. 황제의 적대감을 잘 알고 있는 전통 귀족들은 그가 자신들의 권력과 특권을 계속 박탈하는 데도 무기력으로 일관할 수밖에 없었다. 그러나 황제가 그렇게 해서 자기 편으로 만들고자 한 자유 농민층도 이제는 황제의 탐욕스러운 돈 욕심에 고개를 가로젓고 있었다.

유스티니아누스 2세가 같은 이름의 대제와 동등하거나 그를 능가한 분야도 있었다. 그도 건축에 열정을 가지고 있어 백성들을 궁핍으로 몰아넣었던 것이다. 황제의 징세관들—특히 전직 사제로서 로고테테스의 책임자였던 테오도투스와, 언제나 채찍을 들고 다니는 몸집이 크고 무시무시하게 생긴 페르시아인 심복 스테파누스—은 카파도키아의 요한네스 뺨칠 만큼 잔인하고 무자비한 자들로서, 오로지 백성들을 쥐어짜서 자신들의 주인에게 조금이라도 더 많은 세금을 바칠 궁리만 하고 있었다(그들은 심지어 사람들을 약한 불 위에 매달거나 연기로 기절시키는 방법까지 구사했다). 그들에게 가장 큰 고통을 당하는 사람들은 부유한 귀족들이었다. 착취를 견디다 못한 그들은 마침내 반란을 일으켰다.

반란의 지도자는 전직 군인인 레온티우스였다. 그는 아르메니아와 카프카스 원정에서 명성을 쌓은 인물로서, 692년에 군대에서 면직되어—세바스토폴리스 전투에서 패배한 탓일 것이다—감옥에 간 경험이 있었다. 전하는 바에 따르면 감옥에서 그는 수도사 두 사람을 만난 적이 있었는데, 그중 한 사람은 그가 장차 제관을 쓰게 될 것이라고 예언했다. 이 예언을 잊지 않고 있었던 그는 695년에 예상치 않게 석방되어 새로 설치된 헬라스 테마의 군 사령관으로 임명되자 프라이토리움으로 가서 감옥의 책임자를 제압하고 갇혀 있던 죄수들을 모두 방면했다. 죄수들은 대부분 그의 옛 전우들이었으므로 당연히 그의 편이 되었다. 그들은 소피아 대성당으로 가면서 만나는 시민들에게 자기들을 따라오라고 외쳤다. 마침 총대주교는 얼마 전에 황제의 노여움을 사서 최악의 사태를 걱정하며 전전긍긍하던 참이었다. 이런 판에 군중이 몰려들자 총대주교는 주저없이 그들의 편에 가담하면서 이렇게 말했다. "오늘은 주님께서 정하신 날이로다!"

오전 무렵 청색당의 열렬한 지지를 얻어 낸 레온티우스가 바실레오스로 추대되면서 혁명은 끝났다. 유스티니아누스는 사로잡혀 쇠사슬에 묶인 몸으로 예전에 그의 백성이었던 군중으로부터 비난과 욕설을 들으면서 원형 경기장을 한 바퀴 돌았다. 레온티우스는 그의 아버지 콘스탄티누스 4세와 오랜 친분이 있음을 고려하여 그의 목숨만은 살려주었다. 그 대신 유스티니아누스는 코와 혀를 잘리고[128] 크리미아의 케르손에 영구 유배되었다. 그러나 탐욕스러운 신하들은 그런 행운마저 기대할 수 없었다. 그들은 수레에 발이 묶인 채로 아우구스테움에서 메세를 거쳐 보비스 광장까지 끌려가서 산 채로 화형되었다. 그러나 10년이 가고 두 황제의 치세가 지난 뒤 비잔티움의 백성들은 유스티니아누스를 그 신하들처럼 화형에 처하지 않은 것을 뼈저리게 후회해야 했다.

지극히 평범했던 레온티우스의 치세에도 딱 한 가지 주목할 만한 게 있었다. 698년에 사라센이 카르타고를 함락시킴으로써 아프리카 총독령이 완전히 사라진 것이다. 신출내기 황제는 상황을 개선하기 위해 나름대로 최선을 다했다. 대규모 함대를 편성하여 포위된 도시에 지원군을 보낸 것이다. 그러나 공교롭게도 그 함대는 오히려 그를 몰락시켰다. 함대의 지휘자들은 돌아와서 패전을 보고하느니 반란을 일으키는 게 낫겠다고 판단하고, 드룬가리우스drungarius(부제독 정도에 해당하는 직책)들 중 한 명을 바실레오스로 추대했다. 추대된 자는 아프시마르라는 게르만식 이름을 즉각 티베리우스라는 이름으로 바꾸었다. 함대가 콘스탄티노플로 귀환했을 때, 원래 레온티우스를 좋아하지 않았던 녹색당은 반란 세력을 지지하고 나섰는데, 결국 그들의 지지가 결정적인 역할을 했다. 레온티우스는 코를 잘리고 삭발식*을 치른 뒤 달마투스의 수도원에 감금되었다.

* 그리스도교에서 성직자가 되기 위한 삭발은 불교의 승려처럼 머리털을 전부 깎는 게 아니라 정수리 부분만 깎는 것을 말한다.

유스티니아누스의 화려한 복귀

티베리우스는 나름대로 상당히 유능한 인물이었다. 동생인 헤라클리우스의 도움으로 그는 아나톨리아의 육상과 바다의 방어를 강화했고, 700년에는 사라센이 장악하고 있는 시리아를 침공하여 비록 잠시뿐이기는 하지만 아르메니아의 일부를 되찾았다. 그 뒤 703년과 704년에도 그는 아랍인들의 연이은 킬리키아 침공을 물리쳤고 적에게 상당한 피해를 입혔다. 그가 제위에 좀더 오래 있었더라면 훨씬 더 큰 업적을 쌓을 수 있었을 테고 위대한 황제의 반열에 올랐을 것이다. 그러나 그는 그렇게 하지 못하고 705년에 몰락했다. 신체를 훼손당했음에도 불구하고 유배지에서 복수심과 더불어 야망을 불태우며 10년을 보낸 유스티니아누스가 수도로 돌아온 것이다.

지금은 코르순이라고 불리는 케르손 시는 오늘날 6세기의 거리 몇 군데와 중앙 광장, 극장, 훌륭한 모자이크 바닥의 잔해로 남아 있다. 그러나 1300년 전에 이곳은 상당한 요처였다. 케르손은 제국의 반자치적인 보호령이면서 자체로 독자적인 그리스적 전통을 가지고 있었으며, 별도의 행정관, 별도의 원로원이 있었다. 그곳에 주둔한 소규모의 제국군은 도시를 통제하기보다 보호하는 역할을 했다. 하지만 이 도시는 비잔티움에게 두 가지 면에서 유용했다. 첫째, 야만족들을 감시하기에 좋은 관측 기지였다. 알라니족, 아바르족, 불가르족, 슬라브족, 하자르족, 페체네그족은 여전히 남부 러시아와 카프카스 일대를 돌아다니며 살고 있었다. 둘째, 외딴 곳이어서 유배지로 알맞았다. 특히 마르티누스 교황은 유스티니아누스보다 딱 30년 전

에 그곳에서 죽었다.[129]

유배될 때 아직 스물여섯 살의 청년이었던 유스티니아누스는 처음부터 자신이 케르손에 머무는 시간은 잠시뿐일 것이라고 믿었다. 그는 충성스러운 지지자들을 하나둘씩 규합하더니 시간이 지나면서 점차 레온티우스에 대한 적대감을 거리낌 없이 표현하기 시작했다. 698년에 그 찬탈자가 폐위되었을 때 그들은 노골적으로 기뻐했다. 702년 혹은 703년 초에 마침내 현지 당국에서는 그를 감당할 수 없어 콘스탄티노플로 돌려보내기로 결정했다. 그 낌새를 눈치챈 유스티니아누스는 몰래 케르손을 빠져나와 하자르족의 카간인 이부지르에게 보호를 요청했다. 카간은 그를 크게 환영하면서 그에게 여동생을 시집보냈다. 다행히도 이부지르의 여동생이 유스티니아누스를 처음 보고 어떤 인상을 받았는지는 기록에 없다. 물론 그리 예뻐 보이지는 않았을 것이다. 하지만 그가 그녀의 이름을 금세 테오도라로 바꾸었다는 사실은 의미가 있다. 이후 두 사람은 아조프 해 입구인 파나고리아에 머물면서 때를 기다렸다.

그들의 결혼 생활은 곧 중단되었다. 어차피 유배된 황제가 어디 있는지 콘스탄티노플에서 알게 되는 것은 시간문제일 뿐이었다. 704년의 어느 날에 한 하녀가 테오도라에게 보고했다. 제국의 사절이 오빠의 궁정에 와서는 유스티니아누스를 산 채로든 시신으로든 넘겨주기만 하면 많은 돈을 주겠다는 제의를 했다는 것이었다. 이부지르는 아마 처음에는 완강하게 버틴 듯하다. 그러나 사절의 어조가 점차 윽박지르는 투로 바뀌자 그의 마음은 차차 약해졌다. 이제 유스티니아누스의 목숨은 경각에 달렸다.

하녀의 보고는 며칠 뒤에 한 무리의 병사들이 갑자기 파나고리아에 나타남으로써 사실로 드러났다. 그들은 유스티니아누스를 위해 파견된 경호병인 것처럼 말했으나 그는 전혀 그들의 말을 믿지 않았다. 그는 병사들 가운데 두 지휘관이 자신의 암살을 획책하고 있다는 것을 금세 알아차렸다. 그들이 선수를 치기 전에 유스티니아누스는 두 사람을 따로따로 자기 집에 초청했다. 그리고 그들이 들어오는 순간 번개같이 달려들어 목을 졸라 죽여버렸다. 이로써 임박한 위험은 해소되었으나 시간 여유는 여전히 별로 없었다. 임신한 테오도라는 일단 처남에게 데려다줄 수밖에 없었다. 그 뒤 유스티니아누스는 항구로 나와 낚싯배 한 척을 징발한 다음—훔쳤다고 보는 게 더 옳을 것이다—한밤중에 크리미아 해안을 돌아 케르손으로 갔다. 당시 그는 자신이 목숨을 건 모험을 하고 있다는 사실을 잘 알았다. 그는 도시 전역에 잘 알려져 있었으므로 변장도 불가능했다. 시 당국은 그가 또 다시 도망치도록 놔두지는 않을 터였다. 그러나 그는 이윽고 지지자들과 접촉하여 비밀리에 규합했다. 그들은 야음을 틈타 함께 배를 타고 서쪽으로 흑해를 가로질러 항해했다.

계속해서 이 이야기는 이렇게 전개된다. 그들이 탄 연약한 배는 사나운 폭풍을 만났다. 그때 한 사람이 황제에게, 신의 분노를 달래려면 그가 제위를 되찾았을 때 예전에 자신에게 반대한 사람들을 모두 살려주겠다는 약속을 해야 한다고 말했다. 하지만 유스티니아누스는 과연 그답게 대답했다. "한 놈이라도 살려주느니 차라리 지금 당장 물에 빠져 죽겠다." 결국 폭풍이 가라앉았고 작은 배는 무사히 불가르족의 영토인 도나우 강 삼각지대에 도착했다.

불가르 왕 테르벨은 한두 해 전에 하자르족의 카간이 그랬던 것처럼 유스티니아누스를 따뜻하게 맞아 주었고 그의 제안에 즉각 동의했다. 즉 황제에게 제위를 되찾아 주기 위해 모든 군사적 지원을 하는 대가로 그는 부제의 직함을 받고 황제의 딸[130]을 아내로 맞는다는 조건이었다. 마침내 705년 봄에 유배되었던 황제는 슬라브족과 불가르족으로 이루어진 군대를 거느리고 콘스탄티노플 성벽 앞에 도착했다. 그곳에서 그는 사흘 동안 대기하면서 고압적인 자세로 성문을 열라고 했으나 되돌아온 것은 조소와 욕설뿐이었다. 그러자 그는 행동을 취했다. 그 사흘 동안 정찰병들은 오랫동안 사용되지 않고 있던 옛 수도가 성벽 아래를 통해 도시로 이어져 있다는 것을 발견했다. 사흘째 되는 날 밤에 유스티니아누스는 병사 몇 명만을 데리고 직접 수도를 따라 들어가서 성벽의 북쪽 끝에 위치한 블라케르나이 궁전의 바로 바깥에 도착했다. 졸고 있는 경비병들을 해치우니 몇 분 만에 궁전은 그의 것이 되었다. 이튿날 아침 황제가 돌아와서 옛 궁전을 차지했다는 소식이 퍼지자 티베리우스는 비티니아로 줄행랑을 쳤다. 콘스탄티노플 시민들은 항복할 것이냐, 야만족 무리에게 약탈을 당할 것이냐를 놓고 아주 현명하게도 앞의 것을 선택했다.

만약 흑해를 지날 때 황제가 진짜 그 무시무시한 맹세를 했다면, 그의 부하들은 이제 어떤 일이 벌어질지 잘 알고 있었을 것이다. 머지않아 티베리우스는 사로잡혔고 레온티우스도 수도원에서 끌려나왔다. 706년 2월 15일 두 사람은 10년 전에 유스티니아누스가 그랬듯이 사슬에 묶인 채 시내를 가로질러 원형 경기장으로 갔다. 시민들은 그들에게 욕설과 더불어 오물 세례를 안겼다. 경기장을 한 바퀴 돈 뒤 그들이 황제 앞으로 끌려오자 유스티니아누스는 그들의 목에 상징적으로 발길질을 한 번씩 가했다. 그러자 군중은 이 장면에 꼭 어울리는 『시편』 91장 13절을 읊었다.

네가 사자와 독사를 밟으며
젊은 사자와 뱀을 발로 누르리로다.[131]

그런 다음에 두 사람은 형장으로 끌려가 참수형을 당했다.

그동안 불가르군은 성문 앞에서 대기 중이었다. 테르벨은 도시 안으로 뛰어들어가 마음껏 약탈하고자 하는 병사들을 말리느라 어려움을 겪고 있었다. 유스티니아누스는 그들이 보수를 받기 전에는 돌아가지 않으리라는 것을 잘 알았다. 그의 딸과 테르벨의 결혼에 관해서는 알려진 게 없다. 역사가들은 유스티니아누스의 딸 자체에 관해 더 이상 언급하지 않았기 때문에 우리는 그녀가 어머니처럼 일찍 죽었다고 추측할 수밖에 없다. 하지만 나머지 협상 조건은 피할 수 없었다. 그래서 유스티니아누스는 제위에 복귀한 뒤 곧바로 수많은 군중이 지켜보는 가운데 자신의 옆자리에 앉은 불가르 왕의 어깨에 자주색 황제복을 걸쳐 주며 그를 부제로 공식 임명했다. 참석한 사람들은 경악했다. 부제라면 황제 바로 아래의 높은 직함으로, 지금까지는 거의 황족 중의 원로에게 내주는 게 보통이었다. 그런데 이제 제국의 시민도 아닌 야만족 산적 두목에게 부제의 직함을 내준 것이다. 그들의 바실레오스는 전통을 전혀 존중하지 않는다는 게 명백해졌다. 또한 황제의 결정에 관해 사람들이 왈가왈부해서는 안 된다는 것도 명백해졌다.

이때부터 공포 정치의 막이 올랐다. 한 세기 전 포카스 시대보다 더욱 유혈 낭자한 폭력의 시대가 되었다. 파울루스 디아코누스[132]는 불쾌한 기색으로 이렇게 말한다(황제에게 코가 없다는 사실을 새삼 일깨워 주는 표현이기도 하다). "그는 마치 콧구멍에서 콧물을 훔쳐내듯이 아무렇지도 않게 자신에게 반대하는 사람을 죽이라고 명했다." 티베리우스의 동생 헤라클리우스는 제국 최고의 장군이었고 유스티니아누스로서도 잃기 아까운 군인이었으나 자신의 부하들과 함께 육로성벽을 따라 길게 늘어선 교수대에서 이슬로 사라졌다. 자루에 담겨 바다에 던져진 사람들도 많았다. 두 반역자의 대관식을 치러 준 갈리니쿠스 총대주교는 두 눈을 빼앗기고 로마로 추방되었다(퀴니섹스툼을 비준하지 않으면 이렇게 된다는 것을 교황 요한네스 7세에게 경고하는 의미도 있었다고 한다). 그 밖에 꼭 과거에 유스티니아누스에게 반대하지 않은 사람이라 해도 많은 사람들이 고문과 사지 절단 형벌을 당했다. 당대 사람들이 볼 때 거기에는 한 가지 이유밖에 없었다. 즉 황제는 정신적 장애가 있었던 것이다. 그 무렵 그는 국사를 돌보는 것도, 변방의 사정이 악화되고 있다는 것도 완전히 잊은 듯했다. 그가 원하는 것은 단 두 가지였다. 첫째는 피였고(그 피가 과연 제국을 살리기 위한 것인지는 신경쓰지 않았다), 다른 하나는 그의 아내였다.

그가 아내를 못 만난 지도 벌써 2년이나 되었다. 아내가 낳은 아기가 살았는지 죽었는지조차 그는 알지 못했다. 아내의 오빠가 아내를 고이 보내 줄지도 확신할 수 없었다. 하지만 결과적으로 그것은 기우였다. 유스티니아누스가 제위에 복귀했다는 소식을 들은 카간 이부지르르는 자신이 신의 없이 행동한 것을 크게 뉘우쳤다. 이제 그는 예전의 친분을 회복하고 황제의 처남으로서 특권을 누리고 싶었다. 테오도라는 어린 아들—아들의 이름은 좀 유감스럽게도 티베리우스였다—과 함께 콘스탄티노플에 무사히 도착해서 비잔티움 역사상 최초의 외국인 황후가 되었다. 유스티니아누스는 부두에까지 나가서 아내를 맞았다. 그 광경을 지켜보는 군중은 놀라움에 숨이 막힐 지경이었다. 원한과 증오만이 가득한 괴물 같은 황제에게 가족을 사랑하는 마음이 있다니. 소피아 성당에서 황제가 아내와 아들의 머리에 제관을 씌워 주는 모습을 보면서 믿지 못하겠다는 듯 고개를 세차게 가로저은 사람들이 틀림없이 있었을 것이다. 하지만 황후는 그냥 외국인도 아니고 야만족이었으며, 유스티니아누스가 공동 황제로 임명한 그 아들 역시 절반은 야만족이었다. 예전 같으면 이런 잘못된 결혼은 생각할 수조차 없었다고 사람들은 수군거렸다.

그러나 황제도 이미 코가 없는 몸이었으니 그따위 낡은 편견은 유스티니아누스의 콘스탄티노플에서는 더 이상 통하지 않았다. 그가 레온티우스와 티베리우스의 코를 자르지 않았다는 것은 의미가 있다. 그 자신이 직접 코가 없는 황제도 있을 수 있다는 것을 증명해 보인 이상 굳이 그들의 코를 자를 필요가 없었던 것이다. 따라서 더 이상 그들이 말썽을 일으키지 못하도록 하는 유일한 방법은 그들을 처형하는 것뿐이었다. 그 덕분에 리노코피아rhinokopia라고 불리던 그 혐오스러운 관습은 사라졌다. 그와 마찬가지로 하자르족 황후도 단지 제국의 변방 너머에서 태어난 많은 황후들 중 한 사람일 뿐이었다.

요컨대 8세기의 비잔티움은 7세기와는 사뭇 다른 세계였다. 그리고 유스티니아누스 2세는 비록 폭력적이고 잔인한 황제였으나 그 변화를 일군 주역이었다.

교황 앞에 무릎 꿇은 황제

유스티니아누스가 테르벨을 부제로 임명한 것은 이웃과의 관계를 개선하려는 여러 가지 노력의 일환이었다. 그는 복위한 뒤 곧 두 전임 황제의 치세에 사로잡은 아랍인 전쟁 포로 6천 명을 방면했고, 한두 해 뒤에는 칼리프 왈리드 1세에게 많은 금과 숙련 노동자 집단, 메디나의 대모스크를 장식하기 위한 모자이크 테세라를 보냈다. 그 답례로 왈리드는 황제에게 2만 디나르에 해당하는 '온 집안 가득한 분량'의 후추를 보내 주었다고 한다.

하지만 아무리 돈을 많이 쓴다 해도 돈으로 변방의 평화를 마냥 유지할 수는 없었다. 동방과 서방의 이웃들은 유스티니아누스의 대대적인 숙청으로 제국의 유능한 장군들이 제거된 것을 좋은 기회로 여겼다. 708년에 비잔티움군은 도나우 강 하구의 앙키알로스에서 불가르족(테르벨의 지배를 받지 않는 불가르족인 것이 확실하다)에게 참패했다. 게다가 709년에는 더 심각한 손실을 입었다. 카파도키아의 중요한 요새인 티아나를 아랍인들에게 잃은 것인데, 아랍 세력은 이 요새를 기지로 삼아 제국의 영토 안으로 더 깊숙이 침략할 수 있게 되었다.

같은 해인 709년에는 또한 어느 요새를 잃은 것보다도 유스티니아누스의 명성을 더욱 크게 떨어뜨리는 사건이 일어났다. 그가 라벤나로 응징 원정군을 보낸 탓이었는데, 그 동기는 지금도 수수께끼다. 그가 세르기우스 교황을 체포하려 한 것 때문에 라벤나 시민들이 황제에게 불만이 많은 것은 사실이었다. 그러나 그 사건은 17년 전의 일이고, 그동안 그 자신도 10년이나 유배 생활을 했기 때문에 그 문제로 응징한다는 것은 가능성이 적어 보인다. 이 사건에 관한 가장 확실한 자료에 의하면, 9세기에 아그넬루스라는 라벤나 사람은 황제가 리노코피아를 당한 것이 라벤나 시민들의 책임이었다고 주장했는데, 이것은 더 가능성이 적다.

또 다른 추측도 있다. 당시 라벤나는 로마에 대해 서서히 반기를 드는 조짐을 보였다. 사실 두 도시의 관계는 편한 적이 없었다. 라벤나는 총독령이 설치된 수도로서 늘 종교적인 자치권을 주장하고 로마의 우위를 거부했다. 특히 대주교가 임명될 때 교황에게 복종을 맹세해야 하는 특별한 서약을 싫어했다. 보통 이 반감은 은근히 표출되었을 뿐 그다지 큰 해를 끼치지는 않았다. 그러나 708년에 신임 대주교인 펠릭스는 필요한 사업에 대한 서명을 단호하게 거부했다. 이로 인해 격렬한 논쟁이 벌어졌는데, 황제는 뭔가 조치를 취해야 한다고—혹은 사태에 개입할 구실을 찾아야 한다고—여겼을 것이다.

709년 봄에 유스티니아누스는 테오도루스라는 파트리키우스에게 지휘를 맡겨 함대를 라벤나로 보내면서, 테오도루스에게는 황제의 이름으로 연회를 열어 라벤나의 모든 고관들을 초청하라는 지침을 내렸다. 그들은 아무 의심 없이 약속된 날짜에 연회에 참석했다가 현장에서 체포되어 콘스탄티노플로 압송되었으며, 테오도루스의 병사들은 라벤나를 약탈하고 유린했다. 라벤나의 고관들이 끌려오자 유스티니아누스—아그넬루스에 의하면 당시 그는 황후가 그를 위해 손수 만들어 준 진주가 박힌 제관을 쓰고 금과 에메랄드로 장식된 왕좌에 앉았다—는 주저없이 그들에게 사형선고를 내렸다. 펠릭스 대주교의 목숨만 살려주었는데, 그 이유는 황제가 간밤에 꾼 꿈 덕분이었다. 펠릭스는 실명의 형벌[133]로 감형을 받은 뒤 폰투스로 유배되었다가 나중에 유스티니아누스가 죽은 뒤에야 자기 교구로 돌아갈 수 있었다.

예상할 수 있듯이 라벤나에서 유스티니아누스의 조치는 재앙을 불렀다. 은근히 표출되던 불만은 노골적인 봉기로 터져 나왔고, 그에 뒤이은 시민 불복종 운동은 몇 년 동안 라벤나 총독령의 상당한 불안 요소가 되었다. 그와 대조적으로 로마에서는 별다른 반응이 없었다. 티아라[tiara, 교황이 머리에 쓰는 삼중관]에 어울리는 교황이라면 자신의 신도들만이 아니라 고위 성직자들까지—설사 그들이 반항적이었다 하더라도—그렇듯 잔인한 취급을 당한 것에 마땅히 항의했을 것이다. 그러나 교황 콘스탄티누스 1세는 아무런 이의도 제기하지 않았다. 그 뒤의 사태는 그 이유를 말해 준다. 결국 황제와 교황은 둘 다 퀴니섹스툼의 성가신 문제를 해소하고 싶었던 것이다.

유스티니아누스가 유배되어 있는 동안 퀴니섹스툼에서 의결된 그 102개의 교회법 조항은 교황의 승인을 받지 못하고 있었다. 그래서 제위에 복귀한 뒤 그는 주교 두 명을 교황(당시는 요한네스 7세)에게 보내 최소한 교황이 반대하지 않는 조항들만이라도 승인을 해달라고 요청했다. 그것은 충분히 타당한 요구였으나—특히 유스티니아누스 같은 전제 군주라는 점을 감안하면—교황은 타당하지 않다고 여기고 통째로 거부했다. 그로 인해 양측은 교착 상태가 되었는데, 다행히도 707년에 요한네스가 죽었다. 그의 둘째 후계자—첫째는 시신니우스라는 시리아 태생의 노인이었으나 불과 3주만 재위했다—는 뜻이 통하는 사람이었다. 역시 시리아인이었던 콘스탄티누스 교황은 710년에 유스티니아누스의 초청을 받아들여 콘스탄티노플로 직접 가서 문제를 완전히 매듭짓고자 했다.

콘스탄티누스는 많은 수행원들을 거느리고 711년 초봄에 도착했다. 여정의 마지막 구간을 육로로 왔기 때문에 그는 일곱째 초석에서 콘스탄티노플의 총대주교와 유스티니아누스의 아들이자 여섯 살짜리 공동 황제인 티베리우스의 성대한 영접을 받았다. 교황 일행은 금으로 된 마구를 달고 화려한 옷을 입힌 말을 타고 금문을 통해 공식적으로 수도에 입성하여 메세를 따라 플라키디아 궁전으로 당당하게 행진했다(또다시 플라키디아 궁전이 교황 일행의 숙소로 준비되었다).

그런데 묘하게도 그 무렵 황제는 손님을 맞으러 수도에 있지 않고 니케아에 가 있었다. 하지만 그는 진심어린 환영의 서신을 보내 니코메디아로 가는 길의 중간 지점에서 만나자고 제안했다. 그가 콘스탄티누스를 억지로 끌어냄으로써 전술적 이득을 얻기 위해 그렇게 했는지는 추측해 볼 도리밖에 없다. 어쨌든 교황은 선뜻 동의했는데, 그 대가는 충분히 받았다. 하루 이틀 뒤에 두 사람이 만났을 때 유스티니아누스는 정복을 입고 제관을 쓴 차림으로 바닥에 엎드려 교황의 발에 입을 맞추었던 것이다. 그 주의 일요일에 황제는 교황이 주재한 성찬식에 참석하여 자신의 죄에 대한 용서를 빌었다. 그 뒤 두 사람은 함께 콘스탄티노플로 돌아와서 회의를 시작했다.

회의에서 양측이 어떻게 합의했는지에 관해서는 개략적인 것밖에 알 수 없다. 그 시기를 말해 주는 두 그리스 문헌은 서방 교회에 대해 관심이 없고, 반면에 『교황실록』의 저자는 교황이 어떤 접대를 받았고 어떤 행사가 있었는지에 관해서만 상세히 서술할 뿐 신학적 사항에 관해서는 거의 언급하지 않는다. 확실하게 말할 수 있는 것은 양측에서 한걸음씩 양보했다는 사실이다. 교황은 그 교회법 조항의 약 절반을 승인했고, 황제는 나머지 조항들을 폐기하기로 했다. 두 사람은 우호적인 분위기에서 작별했으며, 유스티니아누스는 "교회의 모든 특권을 부활시키겠다"고 포괄적으로 약속했다. 그리고 교황 사절단은 로마를 출발한 지 꼭 1년 만인 10월에 무사히 돌아갔다.

코 없는 황제의 최후

제국의 백성들은 황제가 라벤나 응징 원정 이후에 격렬한 봉기가 일어난 것을 보았으니 그런 종류의 모험을 또 벌이지는 않으리라고 예상했을 것이다. 하지만 유스티니아누스의 전매 특허는 바로 어디로 튈지 모른다는 점이었다. 711년 초—교황과 헤어진 직후였을 것이다—에 그는 자신의 유배지였던 크리미아의 케르손에 대한 공격에 나섰다. 이번에도 라벤나의 경우처럼 그의 의도를 분석하기는 쉽지 않다. 니케포루스와 테오파네스에 의하면 황제는 케르손 시가 자신을 찬탈자 황제인 티베리우스에게 넘겨주려 했기 때문에 복수하려는 마음에서 원정한 것이라고 한다. 하지만 그렇다면 왜 복위한 지 6년이나 지난 뒤에 복수하려 했던 걸까? 그런데 다행히도 더 그럴듯한 또 다른 가능성이 있다. 그가 크리미아를 떠난 지 얼마 뒤에 그의 처남인 하자르족의 카간은 케르손에 진출해서—그 도시를 정복까지는 하지 않았지만—그곳에 하자르의 투둔Tudun, 즉 총독을 두었다. 그러므로 아마 그렇게 제국의 영토(혹은 세력권)를 침범한 것이 황제의 분노를 샀는지도 모른다. 하지만 그랬다면 그 분노의 대상은 케르손의 원주민이라기보다 하자르족이었을 것이다.

동기가 무엇이었든 간에 그의 원정군—좀 과장이겠지만 10만여 명이었다고 전한다—은 목적을 충분히 달성했다. 시민 지도자 일곱 명을 산 채로 화형시켰고, 수많은 시민들을 돌멩이에 매달아 강물에 던졌으며, 투둔과 그리스인 시장 조일로스를 포함한 30명 가량은 가족과 함께 사슬에 묶어 콘스탄티노플로 압송했다. 그런 다음에 엘리아스라는 제국의 총독이 투둔의 직위에 임명되었고, 많은 주둔 병력과 함께 현지에 머물렀다. 그러나 황제가 원정군을 귀환시키려 했을 때 재앙이 닥쳤다. 예고 없이 발생하기로 유명한 흑해의 폭풍이 함대를 삼켜 버린 것이다. 늘 그렇듯이 정확한 수치에는 의심이 가지만 당시 사상자는 약 7만 3천 명이었다고 한다.

우리의 두 문헌은 당시 유스티니아누스가 그 소식을 듣고 큰 웃음을 터뜨렸다고 기록했다. 그렇다면 그는 심각한 히스테리에 걸렸다고 해석해도 무방할 듯싶다. 즉 가문의 내력인 광기에 빠져든 게 아니면 달리 설명할 수 없다. 그는 곧바로 두 번째 원정군을 보내려 했다. 그러나 그 순간 전령이 도착해서 실망스러운 소식을 전했다. 하자르군이 케르손으로 와서 도시 방어에 나섰다는 것이다. 더 나쁜 것은 엘리아스 총독과 제국의 수비대가 중과부적임을 깨닫고 목숨을 건지기 위해 모조리 적에게 투항했다는 소식이었다.

멀쩡하든 미쳤든 이제 그에게 남은 방책은 한 가지, 즉 외교밖에 없었다. 결국 그는 투둔과 시장을 석방하고 300명의 호위대와 함께 돌려보내 원직에 복귀시켰다. 아울러 황제는 로고테테스 책임자인 시리아의 게오르기우스를 보내 이번 사태에 대한 자신의 심심한 사과를 카간에게 전하도록 했다. 그런 다음 그는 엘리아스와 비잔티움의 유배자인 아르메니아 태생의 장군 바르단—그리스 식 이름은 바르다네스—을 넘겨달라고 요청했다(황제는 그의 반역죄를 물을 참이었다).

그러나 케르손 시민들은 전혀 화해할 분위기가 아니었다. 로고테테스 일행은 도착하자마자 즉각 처형되었고, 투둔과 호위대는 카간에게로 끌려갔다. 불행히도 투둔은 돌아가는 도중에 죽었는데, 투둔의 명복을 위해 저승길에서도 호위병이 필요하다고 생각한 하자르족은 호위대를 모두 죽여 버렸다. 케르손을 비롯하여 크리미아의 도시들은 이제 유스티니아누스를 황제로 인정하지 않겠다고 공식 선언했다. 그 대신 그들은 오랫동안 유배 생활을 하던 제국의 장군 바르다네스에게 충성을 다짐했다. 바르다네스는 옛 로마 식 이름인 필리피쿠스로 이름을 바꾸고 바실레오스를 자칭하고 나섰다. 이제부터는 전면전이었다.

이 사태에 대한 유스티니아누스의 분노는 보기에도 끔찍할 정도였다. 그는 즉각 새로 군대를 편성해서 파트리키우스 마우루스에게 맡기고, 케르손을 불살라 버리고 성 안에 살아 있는 것은 모조리 죽이라는 명령을 내렸다. 거대한 공성기를 가져간 덕분에 마우루스는 케르손의 방어용 망루 두 개를 파괴하는 데 성공했다. 그러나 그때 하자르군의 대병력이 도착하는 바람에 그는 타협하지 않을 수 없었다. 문제는 돌아가서 유스티니아누스에게 그렇게 보고할 수 없다는 것이었다. 그래서 그는 필리피쿠스를 만나게 해 달라고 부탁한 뒤 그의 앞에서 무릎을 꿇었다. 이제 주사위는 던져졌고, 더 이상 기다리는 것은 무의미했다. 비잔티움 함대와 나머지 육군 병력은 새 황제를 모시고 콘스탄티노플로 돌아갔다.

그때 유스티니아누스는 수도를 떠나는 중대한 실수를 저질렀다. 도피하는 것은 아니라(그런 최악의 순간은 아직 생각하지 않았다) 아르메니아에서 일어난 소규모 봉기를 진압하러 가는 것이었다. 하지만 또다른 반역자가 흑해에서 오고 있다는 소식을 듣고는 더 이상 갈 수 없었다. 그는 "사자처럼 울부짖으며" 최대한 서둘러 수도로 돌아왔으나 이미 때는 늦었다. 필리피쿠스가 먼저 도착해서 시민들의 환영을 받고 있었던 것이다. 유스티니아누스는 열두째 초석에서 엘리아스—십중팔구 몇 달 전에 유스티니아누스가 케르손의 총독으로 임명한 그 엘리아스일 것이다—가 지휘하는 병사들에게 체포되었다. 엘리아스는 자신이 직접 처형을 담당하겠다고 나서서 단칼에 황제의 목을 베어 머리를 새 황제에게 전리품으로 보냈다. 이후 그의 머리는 로마와 라벤나에서도 전시되었다고 한다. 한편 머리를 잃은 시신은 그리스도교도로서의 품위도 보장받지 못한 채 마르마라 해에 던져졌다.

유스티니아누스가 죽었다는 소식이 콘스탄티노플에 전해지자 그의 어머니인 아나스타시아 태후는 황급히 어린 손자 티베리우스를 데리고 블라케르나이에 있는 성모 성당의 성소로 피신했다. 하지만 그들이 거기에 도착하자마자 필리피쿠스의 부하 두 명이 들이닥쳐 황태자를 내놓으라고 다그쳤다. 늙은 태후가 애원하자 한 명은 마음이 움직이는 듯했으나 그의 동료—'참새' 요한네스 스트로우토스라는 자였다—는 겁에 질린 채 한 손으로는 제단을, 다른 손으로는 참십자가의 한 조각을 움켜쥐고 있는 티베리우스에게 다가갔다. 무릇 비잔티움 사람이라면 누구도 그 성물을 무시할 수 없었지만 스트로우토스는 흔들림 없이 자신의 임무를 수행했다. 그는 소년의 손아귀에서 십자가 조각을 우악스럽게 빼앗은 다음 공손하게 제단 위에 올려놓았다. 그리고 황태자의 목에 걸린 성물함을 벗겨 자기 목에 걸었다. 그 다음에는 소년을 이웃 성당의 현관으로 끌고 가서는 옷을 벗기고, 기록자의 생생한 묘사에 따르면 "그를 마치 양처럼 도살했다." 여섯 살짜리 어린 소년이 잔혹하게 살해된 것으로 헤라클리우스의 혈통은 영원히 끊겼다.

연이어 다섯 명의 황제를 배출한 그 가문은 비잔티움 역사상 최초의 진정한 왕조였다. 이 왕조의 출범은 화려했으나 101년 뒤에 맞은 종말은 비참하기 그지없었다. 사실 유스티니아누스 2세는 흔히 말하는 것처럼 아주 실망스런 황제는 아니었다. 특히 치세 초반에는 전임 황제들에 못지않게 제국의 방어력을 크게 강화하기 위해 힘썼고, 테마 제도도 더 발전시켰으며, 필요한 경우에는 군사적 요충지에 인구 전체를 이주시키기도 했다. '농민의 법'도—그가 제정한 게 옳다면—농민층을 예전처럼 지주 귀족에게 속박된 상태에서 해방시키고, 이들에게 독립성과 자존심, 그리고 미래 세대에 새 이주민들로부터 자신들의 영토를 지킬 수 있는 힘을 주었다. 또한 그는 가장 위협적인 두 이웃인 아랍인과 불가르족과의 관계도 크게 개선했다. 가장 빛을 보지 못한 분야가 바로 외교였지만 여기서도 그는 나름대로 성과를 올렸다. 마지막으로, 그는 로마 교회와의 협상에서도 유리한 입장을 관철했으며, 교황을 명예로운 손님으로서 수도에 초청했다. 로마에서 선출된 교황이 콘스탄티노플에 다시 발을 들여놓은 것은 그로부터 무려 1250년 뒤의 일이다.[134]

그런 업적은 결코 작지 않은 것이었다. 게다가 신체를 훼손당하고 10년 가까이 유배 생활을 한 뒤에도 그는 크리미아에서 돌아와 제위에 복귀하는 비상한 용기와 의지를 보여 주었다. 하지만 그 어떤 변론도 그가 저지른 만행의 구실이 될 수는 없으며, 그가 처형 명령을 내린 수많은 무고한 백성들의 귀중한 목숨을 변상할 수도 없다. 그가 통제할 수 없을 만큼 폭력적인 본성을 드러낸 이유는, 적어도 부분적으로는 신체를 훼손당하고 평생 끔찍한 얼굴을 세상에 내놓고 살 수밖에 없었던 데서 찾을 수 있다(그는 순금으로 인조 코를 만들어 붙이기도 했으나 별로 효과가 없었고 그마저도 나중에는 닳아 문드러졌다고 한다). 하지만 그것도 설명은 될 수 있을지언정 변명은 될 수 없다. 그에게 희생된 사람들과 그 가족들은 분명히 그것을 작은 위안으로 삼을 수도 있다. 하지만 그는 치세 초기에도, 비록 후기보다는 덜 난폭했지만 혁명을 유발할 만큼 잔혹한 행동을 일삼았다.

요컨대 백성들이 그를 제거한 것은 당연했다. 그러나 그의 어머니 아나스타시아에게는 동정을 느낄 수 있다. 그녀는 스테파누스라는 자에게 매질을 당한 적이 있었는데, 그녀의 아들은 어머니를 위해 손가락 하나 까딱하지 않았고 나중에도 응징 조치를 취하지 않았다. 그의 아내인 테오도라에 관해서는 알려진 바가 없지만, 아들과 함께 있지 않았던 것으로 보아 필경 남편과 운명을 같이했을 것이다. 특히 그의 아들, 그 공포에 질린 불쌍한 티베리우스 소년은 일곱 번째 생일을 맞기 직전에 아무런 이유도 없이 살해되었다. 유스티니아누스는 711년 11월 4일에 마흔두 살로 죽었지만, 그의 죽음에 관해 말할 수 있는 것은 결코 때이른 죽음이 아니었다는 것뿐이다.

17

제1차 성상 파괴

711년~775년

길고 어두운 미신 속에서 그리스도교도들은 소박한 복음서를 멀리 한 채 헤매고 다녔다. 실마리를 식별하기도 쉽지 않았고, 미로의 입구로 더듬어 가기도 쉽지 않았다. 성상 숭배는 적어도 신앙심에 대한 환상을 줄 수 있었으므로 십자가, 성모, 성인들, 그들의 유물과 불가분하게 결합되어 있었다. 그 신성한 마당은 기적과 환영의 구름 속에 휩싸였고, 지성과 호기심, 회의懷疑의 기운은 복종과 믿음의 습관에 의해 마비되었다.

에드워드 기번 『로마 제국 쇠망사』, 제49장

연이은 궁정 쿠데타

콘스탄티노플의 사기가 위험할 만큼 저하되었다는 사실을 감안하면, 유스티니아누스 2세가 유능한 지배자였을 때 제국의 핵심부를 경제적·군사적으로 크게 강화한 것은 다행스러운 일이었다. 하지만 필리피쿠스 바르다네스가 대책없는 쾌락주의자라는 것은 문제였다. 그는 심각한 상황에서도 돈을 펑펑 쓰며 자신의 즐거움만 추구했고, 비잔티움 사람들이 이미 큰 대가를 치른 낡은 신학 논쟁을 부활시키는 데만 관심이 있었다. 그의 가장 깊은 신앙심은 아마 단성론이었던 듯하나, 이것은 가장 논란이 많은 이단이었으므로 그로서도 굳이 내세우려 하지는 않았다. 하지만 그는 절충적인 단의론을 어떻게든 부활시키려 했으며, 불과 30년 전에 단의론을 폐기한 제6차 세계 공의회의 결정을 자신의 권위로써 거부하려는 칙령까지 반포했다. 그와 동시에 그는 공의회의 회의 장면을 묘사한 황궁의 그림을 치우고 밀리온 성문에 부착된 공의회의 장식판을 떼어 버리라고 명했다.

이런 소식이 로마에 전해지자, 그렇잖아도 친구인 유스티니아누스의 운명에 경악하고 그 후계자에게 적의를 품고 있던 콘스탄티누스 교황은 격분했다. 필리피쿠스는 교황에게 공식 서한을 보내 자신의 즉위를 통지했으나 그 말투가 워낙 이단적이어서 교황은 그의 승인을 즉각 거부했다. 답신에서 교황은 새 황제의 초상을 주화에 찍는 것, 황제의 치세로 문서의 날짜를 정하는 것은 물론 교회 기도자의 명단에 그의 이름을 넣는 것도 금지했다. 마지막으로, 교황은 황궁의 그림을 없앤 데 대한 보복으로 성 베드로 대성당*의 벽을 그와 비슷한 그림—제6차만이 아니라 제1차에서 제5차까지 세계 공의회 전부를 그린 그림—들로 특별히 장식하라고 명령했다.

평화로운 시기였다면 황제는 세속적인 쾌락과 그리스도적인 명상을 결합하여 자기 만족을 도모하면서 백성들이 마음대로 살도록 놔두었을 것이다. 하지만 유스티니아누스가 살해된 것은 불가르 왕 테르벨에게 필요한 구실을 만들어 주었다. 712년에 그는 옛 친구의 복수를 하지 않을 수 없다는 구실을 내세워 두 번째로 제국을 침략했다. 그리고 또 다시 원정 도상의 촌락들을 쑥밭으로 만들고 콘스탄티노플의 성벽에 들이닥쳤다. 일찍이 유스티니아누스는 불가르족과의 동맹을 믿었기 때문에 트라키아 방면의 방어에는 별로 신경을 쓰지 않았는데, 필리피쿠스는 그런 것도 없으면서 방어를 하지 않았다. 침략자를 격퇴하기 위해 황제는 마르마라 해 건너편에 있는 옵시키온 테마에서 지원군을 부를 수밖에 없었다.

* 16세기에 건립된 현재의 성 베드로 성당 위치에 있던 옛 성 베드로 성당을 말한다.

비록 어쩔 수 없는 것이었다 하더라도 결국 그 결정이 그의 파멸을 불렀다. 옵시키온 군대는 원래부터 말을 잘 듣지 않기로 악명이 높은 데다 족보에도 없다가 변칙적인 수단으로 제위에 오른 아르메니아 출신의 황제에게 충성심이 있을 리 없었다. 더욱이 그들은 황제가 어린애 장난하듯 일을 처리하는 꼴을 못마땅하게 여겼다. 그들은 신중하게 거사를 꾀했다. 713년 6월 3일 성령강림절 전날의 토요일에 황제가 친지들과 유쾌하게 오전 연회를 즐긴 뒤 낮잠을 자고 있을 때 일군의 병사들이 그의 침실로 침입하여 그를 황급히 원형경기장으로 끌고 갔다. 그리고 녹색당 소속 전차 경주 선수들의 탈의실로 데리고 들어가 황제의 두 눈을 뽑아 버렸다. 재위한 지 불과 열아홉 달 만의 일이었다.

쿠데타에 성공했으니 차기 황제는 옵시키온 병사들이 자기들 중 한 사람을 추대할 가능성이 높았지만 그것은 간신히 막을 수 있었다. 원로원과 시민들이 낙점한 인물은 전 황제의 비서장인 아르테미우스였다. 출신이 그랬기 때문에 그는 자신처럼 관리로서 최고 권력자의 자리에 올랐던 옛 황제와 같은 이름을 취했다. 이튿날 성령강림절에 그는 소피아 대성당에서 총대주교에 의해 황제 아나스타시우스 2세로 임명되었다.

아나스타시우스는 전임 황제보다 한층 유능한 군주였고 재위 기간도 훨씬 더 길었다. 아주 현명하게도 그는 필리피쿠스의 단의론 칙령을 철회하고 제6차 세계 공의회의 결정 사항을 원래대로 복원하는 일부터 처리했다. 그 다음은 제국을 방어하는 문제였다. 옵시키온 군대 덕분에 불가르족은 자기들의 고향으로 물러갔으나 이번에는 아랍인들이 문제였다. 황제가 보낸 첩자의 보고에 따르면 그들은 다시 콘스탄티노플에 대한 대규모 공세를 준비하고 있다는 것이었다. 아나스타시우스는 즉각 육로성벽을 수리하고 보강하는 작업을 서둘렀다. 국가의 식량 창고도 최대한으로 채웠고, 모든 시민들에게는 3년 동안 가족이 먹을 양식을 비축해 두라는 명령을 내렸다. 조선소 역시 그 어느 때보다도 열심히 작업했다. 이제 제국은 두 번 다시 무방비 상태로 적을 맞지 않을 각오였다.

그러나 그것으로 완전 방비가 된 걸까? 아나스타시우스는 그렇게 믿고, 715년 초에 로도스 섬을 기지로 삼아 사라센에 대한 선제공격을 감행하기로 결심했다. 그의 계획대로만 된다면 승산은 꽤 높아 보였고, 백성들도 적극적으로 따라주었다. 그런데 불행히도 옵시키온 군대가 반란의 조짐을 보였다. 그들은 로도스에 도착하자마자 ―필리피쿠스를 폐위시킨 지 2년밖에 안 되었는데도―아나스타시우스가 원정군 사령관으로 임명한 로고테테스 장군 요한네스를 곤봉으로 때려 죽였다.

그런 다음 그들은 콘스탄티노플로 진격하면서, 도중에 테오도시우스라는 평범한 징세관을 허수아비 황제로 추대하는 엉뚱한 짓을 저질렀다. 테오도시우스는 병사들의 의도를 잘 알고 있었으므로 틈을 봐서 산으로 달아났으나, 병사들의 추격으로 도로 잡혀와 칼 앞에서 자신은 기대하지도 않고 환영하지도 않은 제위를 수락했다. 반란군이 수도에 도착한 뒤 몇 달 동안 격렬한 싸움이 전개되다가 마침내 아나스타시우스는 폐위되어 테살로니카의 한 수도원에 감금되었다.

외교의 승리

테오도시우스 3세의 즉위로 비잔티움은 20년 동안 벌써 여섯 명째 황제가 즉위했다. 게다가 다섯 명의 황제는 모두 비참한 최후를 맞았고 여섯 번째 황제도 곧 그들 뒤를 따르게 된다. 콘스탄티노플이 창건된 이래 그토록 불안한 무정부 상태가 오래 지속된 시기는 없었다. 그러나 사람들은 아직 모르고 있었지만, 다행히도 구원의 손길이 오고 있었다. 이제 우리는 이 미래의 구원자에게 관심을 돌려야 한다. 그의 이름은 레오였는데, '이사우리아인' 이라고 알려져 있으나 실제로는 그렇지 않은 것이 거의 확실하다.[135] 우리가 아는 한 그의 집안은 원래 타우루스 산맥 너머 콤마게네 지구의 게르마니키아라는 오래된 로마 도시(현재의 마라시)에 살던 평범한 농민 가정이었는데, 유스티니아누스 2세의 대규모 인구 이주 정책에 따라 트라키아의 메셈브리아 부근으로 옮겼다.

레오의 처지에서 보면 그 이주는 최선의 선택이었다. 어린 시절부터 출세하고자 하는 각오가 남달랐던 레오는 705년에 유스티니아누스 2세가 제위에 복귀하기 위해 콘스탄티노플로 진격할 때 그를 만났다. 전하는 바에 따르면 당시 그는 황제에게 군대에서 쓰라고 양 500마리를 기증했다고 한다. 그 대가로 레오는 스파타리우스spatharius(시종) 서열로 황궁 경비대에서 일하게 되었다. 오래지 않아 발군의 능력을 과시한 그는(일각에 의하면 그는 야심을 별로 감추지 않았다고 한다) 유스티니아누스의 눈에 들어 동방으로 파견되었다. 여기서 레오는 알라니족, 아바스기아족, 아르메니아인 등 시리아와 카프카스 일대의 여러 야만족과 완충국들을 상대로, 때로는 서로를 부추겨 싸우게 만들고 때로는 동맹을 맺어 아랍 세력과 싸우는 등 뛰어난 외교 솜씨를 발휘했다.

레오는 마치 고기가 물을 만난 듯 이 분야에서 몇 년 동안 빛나는 활약을 보였다. 이 성과를 바탕으로 715년에 아나스타시우스는 그를 제국의 가장 크고 중요한 테마인 아나톨리콘의 군사 총독(스트라테고스)으로 임명했다. 그 임명은 아주 시기적절했다. 이듬해 초에 사라센의 대군이 두 차례나 제국의 국경을 넘어온 것이다. 한번은 칼리프의 동생 마슬라마가 이끄는 군대였고 그 다음의 침략자는 슐레이만 장군이었다. 특히 슐레이만의 일차적 목적은 아나톨리콘의 수도인 아모리움 시였다.[136]

그 다음에 어떻게 되었는지는 확실치 않다. 테오파네스는 악당을 주인공으로 하는 무용담을 쓰면서 레오가 직접 쓴 일기에 바탕을 둔 이야기라고 주장한다. 하지만 그의 설명은 너무 장황해서 이해하기가 어렵다. 어느 정도 확실하다고 여겨지는 사실만 말하면, 레오는 얼마 뒤에 아랍 지도자들과 협상을 했고 그 결과 716년 후반기에 사라센군은 국경에서 다시 물러갔다.

그런데 이 명백한 진술은 오히려 의문을 낳는다. 레오는 어떻게 그렇듯 뛰어난 성과를 거둘 수 있었을까? 철수의 대가로 사라센에게 무엇을 제의했을까? 무엇보다도, 양측은 어느 정도로 공모한 걸까? 문헌에는 나와 있지 않지만 추측은 가능하다. 아마 마슬라마와 슐레이만은 레오를 이용하여 자기들의 목적을 이루려 했지만 실은 레오에게 넘어가 오히려 이용당했을 것이다. 그들은 레오가 테오도시우스를 싫어한다는 것을 잘 알았고, 조만간 그가 제위에 오르리라는 것도 감지하고 있었다. 그러므로 그들의 의도는 우선 레오가 반란을 일으키도록 부추기고, 그 반란이 성공하면 그를 꼭두각시처럼 조종하여 궁극적으로는 제국 전체를 칼리프의 손에 내주도록 하려는 것이었다. 테오파네스에 의하면 아모리움 성 밖에 주둔한 슐레이만의 병사들은 명령을 받고 "레오 황제 만세!"라고 외쳤으며, 성의 수비병들에게도 따라 외치도록 부추겼다고 한다. 또한 아랍측 문헌 두 가지에는 레오가 비밀리에 아랍 장군들의 지령을 받아 행동하기로 약속했다고 되어 있다.

그렇다면 레오는 사라센의 지원을 받은 게 알려질 경우 제위에 오르기가 더 어려워지므로 그들을 설득하여 전술적 퇴각을 하도록 했다고 볼 수 있다. 물론 레오에게 제국을 배신하려는 의도가 있었다는 증거는 전혀 없다. 이 점은 황제가 된 뒤 보여 준 그의 행동만으로도 충분히 입증된다. 하지만 그가 아랍인의 심리를 잘 이해했고 아랍어—그의 태생을 감안하면 그는 먼저 아랍어를 배우고 나중에 그리스어를 배웠을 것으로 생각된다—를 매우 유창하게 구사했다는 사실은 그들을 속이고 이용하는 데 큰 도움이 되었을 것이다.

사실 몇 달 전에 레오는 아르메니아콘 테마의 스트라테고스인 아르타바스두스의 지지를 확보하는 치밀한 예방 조치를 취해 둔 바 있었다. 거사가 성공할 경우 자기 딸을 그에게 주고, 그를 제국의 서열 3위에 해당하며 보통 황족으로 간주되는 쿠로팔라테스curopalates에 임명한다는 조건이었다. 그래서 두 사람은 함께 콘스탄티노플을 향해 진격했다. 니코메디아에서 그들은 테오도시우스의 아들이 지휘하는 소규모 군대를 손쉽게 무찌르고 그와 식솔들 모두를 포로로 잡았다. 수도의 방어가 매우 튼튼하다는 것을 알았던 레오는 그때부터 총대주교와 원로원을 상대로 협상에 들어갔다. 그들을 설득하는 일은 쉬웠다. 사라센이 언제라도 공세를 재개할 태세를 갖추고 있었으므로 만약 콘스탄티노플이 다시 포위된다면 누구를 지도자로 삼아야 할지는 뻔했던 것이다. 717년 초에 테오도시우스는 자신과 아들의 신변을 공식적으로 보장받고, 애초부터 억지로 올랐던 제위에서 내려와 에페수스의 수도원으로 은거했다. 그리고 3월 25일 헤라클리우스 이래 가장 위대한 황제가 금문을 통해 수도로 개선하여 소피아 대성당에서 대관식을 치렀다.

우리의 추측이 옳다면, 717년 한여름에 마슬라마가 소아시아로 진격한 것은 미리 용의주도하게 세워진 계획에 따른 행동일 것이다. 그는 페르가몬을 점령하고 아비도스를 압박했으며, 거기서부터는 헬레스폰트를 건너 트라키아로 들어갔다. 그리고 8월 15일에는 8만 대군과 함께 콘스탄티노플로 왔다. 그로부터 2주일 뒤인 9월 1일에 슐레이만은 전함 1800척을 거느리고 마르마라로 들어와서 수도의 봉쇄를 시작했다.

레오 3세는 만반의 준비를 갖추고 있었다. 아랍 장군들이 예상한 정도는 아니었겠지만. 대관식 이후 다섯 달 동안 그는 아나스타시우스가 착수한 다양한 방어 태세를 완비하는 데 총력을 기울였으며, 백성들에게도 사라센의 침략으로 인해 빚어질 수 있는 최악의 사태에 대비해 두라고 지시했다. 포위가 시작되자 상황은 점점 670년대에 콘스탄티누스 4세와 시민들이 5년 동안 사라센의 공격에 저항했

† 717년경의 비잔티움 제국 영토.

던 상황과 비슷해졌다.

하지만 그때는 여름철에만 전투가 벌어진 데 비해 이번에는 겨울이라는 점이 달랐다. 더구나 그해 겨울에는 노인들의 기억에도 없는 기록적인 강추위가 찾아왔다. 석 달 동안이나 땅바닥에 눈이 두텁게 덮여 있을 정도였다. 당연히 공격자는 더 심한 고통을 겪을 수밖에 없었다. 그들은 콘스탄티노플의 변화무쌍한 기후에 익숙하지 않았고 얄팍한 천막 이외에 별다른 장비가 없었기 때문이다. 천막은 사막의 태양을 가려 주는 데는 효과적이었으나 트라키아의 추위에는 속수무책이었다. 게다가 얼마 안 가서 식량도 동이 났다. 그런 조건에서는 식량을 찾아 나서는 것도 불가능했다. 테오파네스에 의하면 아랍군은 말과 나귀, 낙타까지 잡아먹었고 심지어는 죽은 동료의 시신에서 떼어 낸 살점에 자신들의 대변을 섞어 구워 먹기까지 했다. 언제나 그렇듯이 굶주림은 질병을 가져왔다. 땅이 얼어붙어 시신을 매장할 수 없게 되자 수백 구의 시신들이 마르마라 해로 던져졌다. 슐레이만 자신도 거기에 포함되었다.

한편 바다에서는 그리스 화약이 연일 사라센 함선에 치명타를 안기고 있었다. 하지만 위급한 순간도 있었다. 초봄이 되자 방어군은 멀리 수평선에 또 다른 함대가 나타나는 것을 보고 경악했다. 첫 번째 함대에 못지않은 규모의 함대가 이집트에서 온 것이었다. 갤리선의 노를 젓는 인력의 대부분이 그리스도교도 노예들이라는 게 다행이었다. 그들은 기회가 생기자 곧바로 배를 버리고 탈출해 버렸다.

최후의 일격을 가한 것은 불가르군이었다. 그들은 비잔티움을 그다지 좋아하지는 않았지만 이교도보다는 덜 싫어했다. 또한 그들은 콘스탄티노플이 점령된다면 점령자는 아랍인이 아니라 자기들이어야 한다고 믿었다. 봄이 가고 여름이 되었을 때 그들은 북쪽에서 내려와 병들고 사기가 저하된 사라센군을 덮쳤다. 2만 2천 명의 병사들이 현장에서 죽었다고 전한다. 결국 마슬라마도 더 이상 견딜 수 없다고 판단하고 8월 초에 퇴각을 명했다. 남은 병사들은 지친 몸을 추스려 그런대로 무사히 시리아로 갔다. 그러나 남은 함선들은 항해가 불가능할 정도로 큰 손상을 입어 여름의 폭풍에 거의 전멸했다. 살아남아 귀환한 배는 겨우 다섯 척이었다.

이번 결과는 비잔티움의 완전한 승리였다. 이후에도 레오의 치세 동안 아랍인들은 내내 아나톨리아를 기습하고 약탈했으나 제국의 생존을 위협한 적은 한번도 없었고 두 번 다시 수도를 포위한 적도 없었다. 한편 황제의 입지는 크게 강화되었다. 그는 수많은 백성들을 구하는 데 결정적인 기여를 했다. 후대의 아랍 문헌들이 말하듯이 레오는 처음부터 마슬라마나 슐레이만과 접촉하면서 자신은 그들을 핍박할 의도가 전혀 없다고 거듭 다짐했다. 결국 그들은 속았다는 것을 알았고, 레오도 그 점을 선뜻 인정했다. 하지만 그때는 이미 늦었다. 황제는 공을 들여 교묘한 음모를 꾸몄다. 갤리선의 노예들이 대거 배를 버렸다는 사실, 그리고 불가르군이 정확히 때를 맞춰 도착했다는 사실은 적어도 부분적으로는 레오의 계략 덕분이었다.

불과 10여 년 만에, 서른을 갓 넘은 젊은 나이에 레오는 시리아의 평범한 농부에서 일약 비잔티움의 황제로 도약했다. 게다가 그는 제국을 파멸로부터 구했다. 그러나 묘하게도 후대에 전해지는 그의 명성은 그런 업적에 있지 않았다. 그의 경력에서 가장 중요한 단계는 아직 시작되지 않았다.

무엇을 노린 성상 파괴일까?

유사 이래 인간이 처음으로 종교적 동물이 되고 거의 동시에—천 년 정도의 시차는 있겠지만—서투르게나마 동굴 벽을 그림으로 장식했을 때, 인간은 한 가지 근본적인 문제에 봉착했을 것이다. 예술은 종교의 친구인가, 아니면 교활한 적인가? 원시 사회는 양자를 동일시하는 쉬운 방법을 택했다. 즉 처음에는 물신物神 자체를 창조하고 그 다음에는 그 물신을 숭배하는 것이다. 그러나 신학 이론이 발달하고 보편적 신의 개념이 등장함에 따라 나무나 돌보다는 더 나은 것이 필요해졌으며, 질문의 형식도 약간 달라졌다. 신의 형상을 시각적으로 표현하는 것은 가능할까? 만약 가능하다면 용인되어야 할까?

세계적인 종교들을 일반적으로 살펴보면 유대교와 이슬람교는 그런 관습에 대해 단호히 반대한 반면 힌두교와 불교는 그렇지 않았다.* 그런데 그리스도교에 관해서는 확실하게 말하기가 어렵다. 그리스도교의 역사와 신도들을 기준으로 보면, 예수 그리스도나 (더 드문 경우지만) 하느님 아버지의 모습을 그림이나 조각으로 표현하는 것은 매우 긍정적이었고 세계의 예술적 유산에 큰 기여를 했다. 물론 시대와 장소에 따라서는—공화국 시대의 영국**이 대표적인 사례다—정반대의 견해가 나타나기도 했다. 그러나 레오 3세가 주도하고 그의 아들 콘스탄티누스가 이어받아 한층 더 증폭시킨 종교

* 지은이는 불상이 흔해진 후대의 불교를 염두에 두고 이렇게 말하는 것이겠지만, 사실 불교에서도 처음부터 불상이 있었던 것은 아니다. 또한 불교는 힌두교의 영향을 받아서 생겨났어도 다신교인 힌두교와는 다르다(처음에는 부처를 신으로 섬기지 않았으므로 불교를 일신교라고 할 수는 없겠으나 불교도 나중에는 다른 종교들과 경쟁하는 과정에서 부처가 사실상의 유일신이 된다). 원래 유일신 종교에서는 신의 모습을 형상화하지 않는 게 일반적이었다. 유대교나 이슬람교처럼 불교도 이 점에서는 마찬가지였으므로 불교가 처음 발생한 기원전 6세기 무렵에는 불상이 없었다. 그러다가 기원전 4세기 말 알렉산드로스의 동방 원정 이후, 성상(종교적 우상)의 전통이 오래 이어진 그리스 문화가 동방에 파급되어 헬레니즘 문화가 생성되면서(간다라 양식) 비로소 불상이 만들어지기 시작한다(그전까지는 부처의 모습을 굳이 표현해야 할 경우 빈 의자나 발자국 따위로 묘사했다). 이렇게 본다면, 나중에 나오겠지만 레오 3세의 성상 파괴 정책은 오히려 유일신 종교의 전통에 부합하는 것이라고 볼 수도 있을 것이다.

** 1649년~1960년까지의 크롬웰 정권 시기를 가리킨다.

정책만큼 역사상 가장 큰 파괴를 빚었고 그리스도교권에 길고 광범위한 후유증을 남긴 사례는 없었다.

비잔티움의 종교 무대에 갑작스레 성상 파괴iconoclasm가 등장한 이유는 흔히 이슬람권의 영향이라고 말한다. 이슬람교에서는 종교에서든 세속에서든 인간의 모습을 형상화하는 게 금지되어 있기 때문이다. 시리아의 배경을 지닌 레오가 이슬람교의 신앙과 관습으로부터 어느 정도 영향을 받지 않았다고는 단언할 수 없다. 오히려 성상 파괴라는 새롭고도 혁명적인 교리는 단성론의 논리적인 귀결이라고 봐야 할 것이다. 그리스도의 신성—이것은 정의상 묘사가 불가능하다—만을 인정한다면, 당연히 그리스도를 인간처럼 2차원 혹은 3차원의 형상으로 표현하는 것을 용인할 수 없게 되기 때문이다. 그렇게 보면 성상 파괴 운동의 지지 기반이 동부 속주라는 것은 지극히 당연한 현상이다. 이 지역은 늘 단성론이 만연했고 현실적이고 물질적인 서양의 철학보다는 신비주의적인 오리엔트 철학의 영향을 많이 받아왔기 때문이다.

그렇다 하더라도 성상 파괴는 예상치 못한 강수였다. 8세기 초부터 성상 숭배는 꾸준히 늘어났고, 마침내는 성화 자체를 노골적으로 숭배

† 콘스탄티노플의 성 소피아 성당 서남쪽 계단 난간에 있는 모자이크. 성상 파괴 기간에 성인의 반신상을 지우고 십자가 모양으로 대체했다.

한다거나 세례식에서 그것을 대부모로 사용하는 경우마저 생겨났다. 그래서 소아시아의 많은 주교들은 그런 관습을 우상 숭배로 여기고 그것에 반대하기 위해 성상 파괴 선언을 채택했으며, 자신들의 사상을 유럽 전역에 확산시키고자 했다.

레오 자신은 시리아의 배경을 가지고 있음에도 불구하고 그전까지 그런 성향을 내비친 적이 없었고, 오히려 성상을 이용한 적이 몇 차례 있었다. 얼마 전에 수도가 포위되었을 때도 그는 콘스탄티노플에서 기적을 일으키는 성화로 가장 인기가 높은 호데게트리아[Hodegetria, 길을 가리키는 성모 마리아] 성모상을 쳐들고 도시 성벽에서 행진하게 함으로써 아군 병사들에게는 용기를 주고 침략자들에게 공포를 준 바 있었다. 하지만 레오에게는 다른 면도 있었다. 723년에 칼리프 야지드가 티베리아스 출신의 유대인 강령술사*에게서 치료를 받고 중병에서 나은 뒤 그의 사주를 받아 자기 영토 내의 모든 성당, 시장, 주택에서 그리스도교의 성상들을 즉각 파괴하라는 명을 내렸을 때도[137] 레오는 전혀 항의하지 않았던 것이다. 이후 그 유대인 강령술사가 콘스탄티노플에까지 와서 황제에게 같은 압력을 행사했다는 설도 있다.

확실한 것은 725년에 성상 파괴를 주창하는 주교들이 황제에게 진언을 했다는 사실이다. 그렇다면 레오의 심경 변화는 아마 자발적인 것이 아니었을 것이다. 그것은 이슬람교와 유대교의 영향에다—가장 강력한 것으로—수많은 그리스도교 신민들의 영향이 혼합된

* 죽은 사람의 영혼과 교감하여 점을 치는 무당.

결과였다. 같은 해에 그는 몇 차례의 연설을 통해 우상 숭배자들의 일부 지나친 행동을 지적하면서, 그것이 모세의 십계명 중 둘째 계명에 정면으로 어긋나는 것이라는 자신의 견해를 밝혔다.* 그 이듬해 그는 드디어 본보기를 보이기로 결심했다.

그가 선택한 것은 본보기로 딱 알맞았다. 아우구스테움의 넓게 트인 공간에서 동쪽으로 소피아 대성당을 바라보면 황궁으로 향하는 칼케라고 불리는 청동 대문이 있었다. 이 대문은 니카의 반란 때 군중에 의해 파괴된 뒤 유스티니아누스가 복구하여 나름대로의 위용을 되찾았다. 프로코피우스의 설명에 의하면,[138] 대문은 가운데에 돔이 있는 높은 아치형 건물로서 내부에는 여러 가지 색의 대리석판이 덮여 있었고, 그 위에 유스티니아누스와 벨리사리우스의 전투 장면, 이탈리아와 리비아의 여러 도시를 점령하는 장면을 묘사한 현란한 모자이크가 한 바퀴 빙 두르고 있었다. 한복판의 모자이크는 유스티니아누스와 테오도라의 전신 초상인데—아마 지금도 남아 있는 라벤나 산비탈레 성당의 모자이크와 비슷했을 것이다—고트족과 반달족의 왕들이 그들 앞에 묶인 채로 서 있고 양측에는 원로원 의원들이 엄숙하게 도열한 장면이었다. 또한 벽에는 고대와 그 시대 황제들의 조각상들이 있었고, 바깥에는 커다란 청동 문 위에 황금으

* 『구약성서』에 나오는 십계명의 둘째 계명은 이렇다. "너를 위하여 새긴 우상을 만들지 말고, 또 위로 하늘에 있는 것이나 아래로 땅에 있는 것이나 땅 아래 물속에 있는 것의 어떤 형상이든지 만들지 말며, 그것들에게 절하지 말며, 그것들을 섬기지 말라." 사실 이 말은 원래 성상보다는 고대의 다신교에서 받들던 여러 가지 우상들을 겨냥한 조항이었으나, 레오 3세는 그것을 성상 파괴로 연결시켰다.

로 장식된 그리스도의 대형 성화가 있었다.

레오는 콘스탄티노플 전체에서 가장 크고 가장 유명한 이 성상을 가장 먼저 파괴하기로 한 것이다. 시민들은 즉각 반응을 보였다. 파괴 작업의 지휘자는 성난 여자들의 공격을 받고 그 자리에서 살해되었다. 신성 모독의 소식이 퍼지자 곧이어 시위가 잇달았다. 에게 해의 함대와 트라키아의 육군에서도 대규모 폭동이 일어났다. 동방의 주교들이 뭐라고 하든 상관없이, 그리스-로마 전통의 상속자임을 자부하던 황제의 유럽 측 신민들은 자신들 나름대로의 정서에 따라 독자적으로 행동했다. 그들에게 성상 파괴는 의도적인 신성 모독이었다. 성상을 사랑하고 존경하는 그들은 성상을 위해 싸울 태세였다.

레오는 조심스럽게 일을 추진해야 한다고 생각했다. 폭도들을 한 번 대해 본 뒤 그는 평정을 되찾을 시간을 주기로 했다. 그런데 상황은 그렇게 돌아가지 않았다. 727년에 라벤나 총독령의 이탈리아 백성들은 교황 그레고리우스의 철저한 지원을 받아 반란을 일으켰다. 교황은 성상 파괴라는 사태에 대한 본능적인 감정은 차치하고라도 황제가 교리 문제에 관해 최고의 권위자인 양 자처하고 나서는 꼴이 몹시 못마땅했다. 총독은 살해되었고 그의 휘하에 있던 속주 총독들은 달아나 버렸다. 반란 부대는 자체적으로 병력을 충원하여 새로 지휘관을 뽑고 독립을 주장하기에 이르렀다.[139]

주목해야 할 것은 이런 봉기들이 제국의 어떤 법령 때문이 아니라 칼케 대문 위의 성상을 파괴한 황제의 행동 하나 때문에 일어났다는 점이다. 그것이 엄청난 분노를 낳은 것을 보았으니 대규모 내전으로 번질지도 모른다는 우려에서 레오는 행동을 중지했을 법도

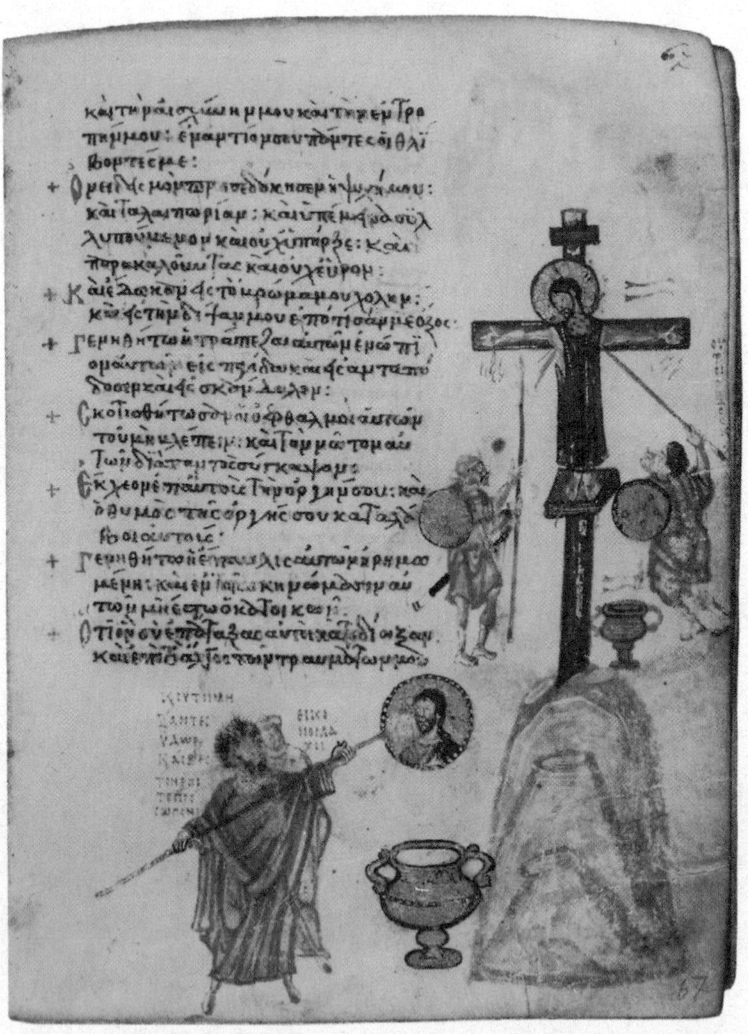

† 성상 파괴 반대자들은 성상을 파괴하는 행위가 그리스도를 십자가에 매단 유대인들의 행위와 동일하다고 주장했다. 유대인들이 십자가에 매달린 그리스도를 박해하는 그림 밑에 두 명의 성상 파괴자들이 유대인들을 흉내 내며 예수의 성상에 회반죽을 칠하고 있다.

하건만 그의 결심은 결코 흔들리지 않았다. 그는 3년 동안 동방과 서방의 교회 지도자들과 협상하려 했으나 실패했고 그들은 그와 대립했다. 그러다가 730년에 레오는 우선 예비 조치로 성상 숭배자인 게르마누스 총대주교를 해임하고 아나스타시우스라는 유약하고 고분고분한 성직자를 총대주교로 앉힌 다음, 마침내 성상을 금지하는 단호한 칙령을 내렸다.

주사위는 던져졌다. 모든 성상을 즉각 파괴하라. 이 명령에 거역하는 자는 체포되어 형벌을 받을 것이며, 성상을 몰래 간직한 자가 있으면 혹독한 탄압을 받으리라. 동방에서는 주로 수도원에 무거운 철퇴가 가해졌다. 수도원에 보관되어 있는 고대 성상의 뛰어난 예술품들과 이제는 성상처럼 탄핵을 받는 많은 성물들이 그 대상이었다. 수많은 수도사들이 그리스와 이탈리아로 몰래 탈출하면서 품속에 감출 수 있는 작은 물건들을 가져갔다. 또 카파도키아의 황야로 은둔지를 찾아 떠난 수도사들도 있었다. 이 지역은 부드럽고 연약하면서도 울퉁불퉁한 화산성 석회암 지형으로 되어 있어 오래전부터 사라센의 진출로 위협을 받는 은둔자들에게는 좋은 피난처였다. 한편 서방에서는 교황 그레고리우스 2세가 더 이상 대응을 미룰 수 없다고 판단하고 공개적으로 성상 파괴를 비난했다. 그리고 레오에게 두 통의 서한을 보내 성상에 관한 정통적 견해를 피력하는 한편 그리스도교의 교리를 다듬는 과업은 그에 가장 적격인 인물들에게 맡기라고 주장했다.

그레고리우스 교황에 대한 레오의 첫 반응은 일찍이 콘스탄스 2세가 마르티누스 교황을 처리했던 것과 같았다. 그러나 교황을 체포하러 보낸 배들은 아드리아 해에 침몰해 버렸으며, 후속 조치를 취하기도 전에 교황은 죽고 말았다. 후임 교황인 그레고리우스 3세는 전임자와 마찬가지로 강경한 태도를 취했다. 특히 731년 초에 황제가 시칠리아와 칼라브리아의 교회들에서 나오는 연간 수입을 몰수해 버리자 격앙된 교황은 그해 11월에 종교 회의를 소집하여 신성한 물건들에 불경스럽게 손대는 자는 모두 파문에 처할 것이라고 선언했다. 이에 대해 레오는 시칠리아와 칼라브리아, 그리고 발칸 여러 지역의 교구를 로마의 관할에서 콘스탄티노플의 관할로 옮기는 것으로 응수했다. 그렇잖아도 팽팽했던 동방 교회와 서방 교회의 관계는 바야흐로 노골적인 적대 관계로 접어들게 되었다. 이런 상태는 아주 잠깐씩 있었던 평화기를 제외하고는 이후 최종적인 교회 분열에 이를 때까지 300년 동안 지속된다.*

레오의 치세 말년에 관해서는 알려진 바가 거의 없다. 730년대는 비잔티움으로서 비교적 조용한 시대였다. 사라센이 아나톨리아를 몇 차례 기습했으나 이제는 그것도 생활의 일부가 되어 그다지 특기할 만한 사항은 아니었다. 그동안 비잔티움에서는 성상 파괴의 강행과 그것에 반대하는 사람들에 대한 징벌을 둘러싸고 열띤 논쟁이 전개되었다. 비교적 평화로웠다 해도 썩 좋은 시절이라고는 할 수 없

* 로마 교황이 성상 파괴에 반대한 데는 제국과의 경쟁심도 있었겠지만 또 다른 이유도 있었다. 신학적 토론이 고도의 단계에까지 접어들었던 동방 제국에 비해 서방 세계는 신학 논쟁은 커녕 이교도 야만족에 대한 그리스도교의 포교 자체가 여전히 중요한 문제였다(프랑크족을 제외한 게르만족의 대부분은 아리우스파였는데, 이렇게 잽싸게 노선을 바꾼 덕에 다음 장에서 보게 되듯이 프랑크족의 왕은 로마 교황의 특별한 대우를 받게 된다). 그런데 포교를 위해서는 성상만큼 유용한 게 없었던 것이다.

었다. 서구 세계를 구해 냈다는 점에서 레오 3세는 헤라클리우스에 못지않은 업적을 남겼다. 그러나 헤라클리우스는 종교 분쟁을 종식시키려 애쓴 반면 레오는 오히려 의도적으로 종교 분쟁을 조장한 것으로 보인다. 741년 6월 18일 그가 죽었을 때 제국은 아랍의 공격으로부터는 안전해졌지만 역사상 어느 때보다도 심각한 분열의 조짐을 맞고 있었다.

성상 파괴에서 성상 숭배로, 다시 성상 파괴로

레오의 아들로서 제위를 계승한 콘스탄티누스 5세는 제국을 재통합할 능력이 전혀 없는 황제였다. 평생토록, 나아가 후대에까지도 코프로니무스(똥싸개)라는 좋지 못한 별명—테오파네스는 세례성사 때 있었던 불미스러운 사고 때문이라고 말한다—을 가졌던 그는 720년에 겨우 두 살의 나이로 아버지와 공동 황제가 되었으며, 어린 시절부터 아버지의 성상 파괴 정책에 깊이 연루되어 있었다. 그의 매형인 아르타바스두스—그는 레오가 즉위하는 데 큰 공을 세워 그 대가로 레오의 딸 안나를 아내로 맞았다—가 742년에 갑자기 반란을 일으킨 이유도 필경 그 때문일 것이다. 당시 그는 사라센을 정벌하기 위해 동방으로 가다가 느닷없이 수도로 되돌아와 젊은 황제를 밀어내고 바실레오스를 자칭했다. 그런 다음에 곧바로 성상을 복원하라고 명했다. 사람들은 파괴되었다고 알려진 많은 성상들이 금세 멀쩡하게 나타난 것을 보고 깜짝 놀랐다. 마치 그동안의 성상 파괴자들이 모두 속으로는 성상 숭배자인 듯했다. 이로써 16개월 만에 콘스탄티노플은 옛 모습을 되찾았고 성당과 관청 건물들은 다시 금빛으로 빛났다.

그러나 콘스탄티누스는 완전히 패배한 게 아니었다. 그는 자기 아버지가 젊은 시절에 입지를 다진 아모리움으로 피신했는데, 거의 아나톨리아 현지 주민들로 구성된 그곳의 주둔군은 철저한 성상 파괴자였으므로 콘스탄티누스를 열렬히 환영했다. 그들을 기반으로 비슷한 신념을 가진 병력을 더 모으는 것은 어렵지 않은 일이었다. 이들의 도움으로 734년에 콘스탄티누스는 고대 리디아의 사르디스(사르데스)에서 아르타바스두스를 격파하고 콘스탄티노플로 행진하여 11월 2일에 입성했다.

아르타바스두스와 그의 두 아들은 원형 경기장에서 공개적으로 실명을 당했고, 그의 주요 지지자들은 처형되거나 다양한 신체 절단의 형벌을 받았다. 황제를 배신하고 찬탈자에게 제관을 씌워 준 아나스타시우스 총대주교는 매질을 당하고 벌거벗겨진 채 당나귀를 거꾸로 타고 원형 경기장을 한 바퀴 도는 수모를 당했다. 그러나 전임 총대주교인 게르마누스가 15년 전에 정확하게 예견했듯이 그런 치욕을 당한 뒤 그는 놀랍게도 복직되었다. 여기에는 콘스탄티누스의 섬세한 계산이 있었다. 그는 늘 총대주교의 영향력을 줄이고 자신의 수중에 권력을 집중시키기 위해 애썼으므로 철저히 불신을 당하는 총대주교야말로 그가 원하는 것이었다.

아르타바스두스의 반란은 두 가지 중대한 결과를 낳았다. 하나는 성상 숭배자에 대한 황제의 증오심을 병적일 정도로 증폭시켰다는 점이다. 제위에 복귀한 뒤 그는 누구든 종교적 미신을 조금이라도 보이면 가혹하게 탄압했다. 특히 콘스탄티노플의 시민들은 또 다시 공포정치에 몸을 떨었다. 하지만 다소 놀랍게도 레오도 그랬지만 콘스탄티누스도 금욕적인 면을 강조하지는 않았다. 실제로 성화聖畵와 관련된 측면을 제외하면 성상 파괴자들은 결코 청교도적인 사람들이 아니었고, 성화를 사랑하는 서방 성직자들과 다를 바가 없었다.

그레고리우스 교황은 레오에게 보낸 서한에서 황제가 성상을 그리워하는 사람들에게 "하프, 심벌즈, 플루트 등 하찮은 것들"로 위안을 주려 한다고 비난했으며, 세속적인 주제를 표현한 미술 작품은 적극적으로 권장되었다. 예를 들어 비슷한 시대를 산 어떤 사람[140]의 이야기에 따르면, 블라케르나이의 성모 성당 벽에 있던 그리스도의 생애를 표현한 모자이크를 떼어 낸 자리에 대신 들어간 그림은 나무와 새, 과일이 가득한, 시장인지 새장인지 모를 풍경화였다고 한다. 더욱 믿지 못할 것은 총대주교의 궁전도 경마와 사냥 장면을 묘사한 그림들로 화려하게 장식되었다는 사실이다.

우리의 빈약한(안타깝게도 성상 숭배의 측면에만 국한된) 문헌이 옳다면, 콘스탄티누스는 방탕한 생활을 즐겼다. 추잡하게도 양성애자였던 그는 궁정에 아름다운 젊은이들이 드나들게 했다. 그가 난잡한 파티를 몹시 좋아했다는 악의에 찬 험담은 주로 그의 적들이 말하는 이야기지만, 음악과 춤이 어우러진 화려한 파티인 것은 사실인 듯하다. 황제 자신도 하프 연주 실력이 상당했다고 전한다. 하지만 그렇다고 해서 그가 근본적으로 종교적인 심성이 없었다고 생각하는 것은 잘못이다. 오히려 그 반대로 콘스탄티누스는 자기 정책에 내포

된 종교적 쟁점에 관해 심사숙고한 결과—그는 신학 논문을 열세 편이나 직접 썼다—나름대로의 결론을 내렸고 그것을 감추려 하지 않았다.

우리가 가진 증거로 볼 때 그는 열렬한 단성론자였음이 확실하다. 그는 성모 마리아 숭배를 싫어했고, 마리아를 테오토코스, 즉 신의 어머니라고 부르려 하지 않았다. 그가 보기에 마리아는 예수 그리스도의 성령이 잠시 머문 그의 신체만을 낳았기 때문이다. 또한 콘스탄티누스는 성인들이나 그들의 유물을 숭배하는 관습, 모든 중재의 기도 따위를 경멸했다. 심지어 '성聖'이라는 접두사를 이름 앞에 붙이는 것에 대해서조차 화를 냈다. 따라서 성 베드로는 그냥 '사도 베드로'였고, 성모 마리아 성당은 '마리아 성당'일 뿐이었다. 황궁에서 누가 무심코 성인의 이름을 말할 경우에는 황제의 책망을 들어야 했다. 그것은 그 성인에 대한 존경심이 결여된 태도일 뿐 아니라 명칭도 마땅치 않다는 게 황제의 생각이었다.

아르타바스두스의 쿠데타가 낳은 또 하나의 결과는 콘스탄티누스가 수도에서 성상 파괴를 반대하는 데 힘쓰게 되었다는 점이다. 그는 730년 레오 3세의 법령이 부적절했다는 것을 깨달았다. 그런 법령보다 대규모 공의회가 필요했다. 그는 자기 아버지처럼 너무 강하게 밀어붙이면 혁명을 유발할 수도 있기 때문에 위험하다고 생각했다. 그래서 그는 한동안 종교 문제를 거론하지 않다가 12년이 지나서야 비로소 공의회를 소집하고 성상 파괴의 교리를 공식적으로 승인하고자 했다. 그 과정에서 그는 신중에 신중을 기했다. 그가 보기에 잘못되었다고 생각되는 견해를 가진 주교들은 교묘하게 해임

† 에페수스에 남은 성모 마리아 성당의 잔해.

되었고, 황제가 지명한 인물들로 하나씩 대체되었다. 또 믿을 만한 지지자들에게는 새로운 교구를 만들어 주었다.

그러나 콘스탄티노플 총대주교구 이외의 곳에서는 비교적 황제의 영향력이 작았다. 이미 알렉산드리아, 안티오크, 예루살렘 총대주교구들은 모두 성상을 찬성한다고 선언한 바 있었다. 그래서 콘스탄티누스는 자칫 가열찬 논쟁으로 진행되면 공의회의 결론이 의도

했던 것에서 벗어나게 될까 우려한 나머지, 그 교구들—물론 로마 교구도 포함되었다—의 대표는 초청하지 않기로 결정했다. 그 결과 754년 2월 10일에 보스포루스의 아시아쪽 해안에 위치한 히에라 궁전에 모인 소수의 주교들은 사실 '공의회'라는 거창한 명칭을 내걸 처지가 아니었다.

어쨌든 이 공의회에는 고위 성직자 338명이 참석했고, 전 황제 티베리우스 2세의 아들이자 에페수스 주교인 테오도시우스가 사회를 맡았다(아나스타시우스 총대주교는 그 전해 가을에 심한 병에 걸렸는데,[141] 그를 대체할 적임자를 찾지 못했다). 7개월 동안의 토의 끝에 8월 29일 콘스탄티노플에서 발표된 만장일치의 결론은 전혀 새로울 게 없었다. 그리스도의 본성은 명확하게 규정할 수 없으므로 유한한 공간 속의 형상으로 표현할 수 없다. 따라서 성모나 성인들을 묘사한 성상은 이교도의 우상 숭배와 같은 성격을 지니는 것으로 폐기되어야 마땅하다는 것이었다.

예상할 수 있듯이 그 결론은 엄밀한 추론에 입각하여 대단히 상세하게 기술되었고 성서와 교부들의 저작, 기타 방대한 학문 체계에 근거를 두었다. 이제 황제에게 필요한 것은 다 갖춰졌다. 모든 성상을 파괴하라는 그의 명령은 추인을 얻었고 성상 옹호파의 대표자들—폐위된 총대주교 게르마누스, 주요 논객인 다마스쿠스의 요한네스가 포함되었다—은 파문되었다. 탄압 정책도 새로 힘을 얻었다. 하지만 이때부터는 강조점이 약간 달라졌다. 앞에서 보았듯이 오래전부터 성상 파괴의 대상은 수도원이었는데, 그 이유는 성상과 성물을 많이 보관하고 있는 곳이기 때문이었다. 그러나 공의회 이후 황제는 아예 수도원 자체를 탄압하기 시작했으며,* 그것도 그의 정신 상태를 의심할 만큼 난폭했다. 그는 수도원을 '언급할 가치도 없는 것' 이라고 비하하면서 수도원의 탐욕, 부패, 방탕을 광적으로 맹렬하게 비난했다. 마치 수도원이 온갖 죄악과 타락의 온상처럼 보였다.

가장 유명한 희생자(지금까지 전기가 전하는 인물이기 때문에 유명해졌다)는 비티니아에 있는 성 아욱센티우스 수도원의 대수도원장인 스테파누스였다. 수도원의 저항 운동을 지휘했던 그는 온갖 죄목—가장 심한 것은 순진한 사람들을 거짓으로 속여 수도원으로 이끌었다는 죄였다—을 뒤집어쓰고 체포되어, 처음에는 유배되었다가 나중에 투옥되었고 결국에는 그와 이름이 같은 최초의 순교자** 처럼 거리에서 돌을 맞아 죽었다.

그러나 스테파누스는 콘스탄티누스의 치세 후기 15년 동안에 자신의 신념을 옹호했다는 이유로 조소, 신체 절단, 처형(때로는 세 가지 벌 모두)을 당한 수백 명(혹은 수천 명)의 수도사, 수녀들 중 한 사람에 불과했다. 트라키시온 테마—트라키아 북부에 있으나 이오니아 해안과 그 후배지의 중심부를 포함한다—의 총독인 미카일 라카노드라콘이라는 자는 수도사와 수녀를 모두 불러모은 뒤 그 자리에서 당장 서로 결혼하지 않으면 키프로스로 보내 버리겠다고 으름장

* 수도원을 탄압의 주요 대상으로 삼았던 데는 황제의 광증 이외에 아마 경제적인 이유도 있었을 것이다. 당시 수도원은 대표적인 대토지 소유자였고, 동서고금의 모든 종교 단체가 그렇듯 면세 혜택을 누리고 있었다. 따라서 수도원을 공략하면 토지를 빼앗을 수도 있었고, 그 토지를 다른 신민들에게 분급하여 제국의 세수도 늘릴 수 있었던 것이다.

** 1세기에 순교한 스데반을 가리킨다.

을 놓았다. 또한 그는 말을 듣지 않는 수도사의 수염에 기름이나 밀랍을 칠한 다음 불을 붙였으며, 버려진 수도원 서고의 책을 모조리 불살라 버리고 금과 은으로 된 제기들을 팔아 그 수익금을 황제에게 보냈다. 그 대가로 황제는 감사의 편지를 보내 그를 바로 자기가 좋아하는 유형의 사람이라고 추켜세웠다. 다른 테마에서 어떤 일이 있었는지는 전해지지 않지만 사정은 크게 다르지 않았을 것이다.

이런 만행에는 변명의 여지가 있을 수 없지만, 굳이 찾자면 그럴 만한 사정은 있었다. 사실 7~8세기에 제국의 수도원은 규모에서나 수에서나 행정상의 심각한 문제를 야기할 만큼 비대한 상태였다. 유스티니아누스 2세를 비롯한 여러 황제들의 야심찬 이주 정책에도 불구하고 소아시아의 광대한 지역은 여전히 인구 부족에 허덕였다. 게다가 745년부터 747년에는 선페스트로 인해 그나마 인구의 3분의 1이 줄어들었다. 따라서 경제적으로나 군사적으로나 인력이 절실하게 필요했다. 토지를 개간하고, 변방을 수비하기 위해, 무엇보다도 인구의 유지를 위해서라도 인력이 있어야 했던 것이다. 그런데도 사람들은 남녀노소, 부자와 빈민 할 것 없이 모두들 쓸모없고 비생산적인 수도원의 삶을 택했다. 정신적으로는 도움이 될지 몰라도 국가적으로는 인력의 낭비였다. 이런 위험한 상황이었기에 콘스탄티누스는 치세 후기에 종교적 미신의 범위를 최대한 좁히면서 압박을 가했던 것이다. 궁정의 조신이나 군대의 지휘관이 임무를 마친 뒤 외딴 수도원에 들어가고 싶다고 말할 때 그는 어느 때보다도 크게 화를 냈다. 하지만 결국 콘스탄티누스는 그 싸움에서 지고 말았다. 그의 가혹한 조치는 단기적으로는 효과가 있었으나 그가 죽자마자 수도원은 다시금 전과 같은 수준으로 늘어나 버렸다. 수도원은 비잔티움의 문화에 분명히 큰 기여를 했지만, 이때부터 700년 동안 제국의 생명력을 갉아먹게 된다.

멀어져 가는 이탈리아

콘스탄티누스 코프로니무스의 치세는 성상 파괴의 망령으로 심하게 얼룩진 탓에 그의 군사적 업적이 간과되는 경우가 많다. 그는 아버지처럼 천부적인 군인은 결코 아니었다. 오히려 겁이 많고 소심한 성격에다 허약한 체질이었으며, 이따금 우울증이 발작하거나 건강이 좋지 않은 탓에 고통을 겪었다. 콘스탄티누스만큼 신체적으로나 성격적으로 엄격한 군대 생활에 맞지 않은 황제도 드물 것이다. 하지만 예상외로 그는 용감한 전사였고 뛰어난 전술가이자 지도자였으며, 병사들의 사랑을 많이 받았다.

그의 치세 초기만 해도 최대의 적은 아랍인들이었다. 그러나 그들은 오랜 내전으로 약화되었으므로 드디어 비잔티움은 기선을 제압할 기회를 얻었다. 746년에 콘스탄티누스는 시리아 북부를 침략하고 자기 조상들의 고향인 게르마니키아를 점령했다. 그는 이곳으로 트라키아의 주민들을 상당수 이주시켰는데, 이들이 이룬 시리아 단성론자 정착촌은 9세기를 한참 지나서까지도 존속했다. 그 이듬해에는 바다에서 큰 승리를 거뒀다. 알렉산드리아에서 온 아랍 함대를 예의 그 그리스 화약으로 격파한 것이었다. 또한 아르메니아와 메소포타미아에서도 승리를 거두었다. 하지만 750년에는 상황이 급격히 변했다. 대 자브 강 전투에서 칼리프 마르완 2세가 아부 알 아바스 앗 사파흐에게 패배하면서 다마스쿠스의 우마이야 왕조가 멸망한 것이다. 그에 따라 칼리프 왕조는 바그다드의 아바스 왕조로 바뀌었는데, 이들은 유럽, 아프리카, ·소아시아보다 동방의 페르시아, 아프가니스탄, 트란속사니아 등지에 더 관심이 많았다. 그 덕분에 콘스탄티노플의 황제는 수도에 가까운 임박한 위험에 신경을 쓸 수 있었다.

가장 큰 위협은 불가르족이었다. 그들이 제국을 대하는 태도가 점점 위협적으로 변해 가는가 싶더니 756년에 드디어 사태는 절정에 달했다. 불화의 직접적인 원인은 시리아인들이 콘스탄티누스의 원정 이후 갑자기 트라키아로 몰려들었고 얼마 뒤에는 아르메니아인들의 정착촌도 생겨났다는 점이었다. 이로 인해 몇 군데 요새를 건설할 수밖에 없었는데, 그것은 716년에 테오도시우스 3세와 테르벨이 맺었던 조약을 위반하는 행동이었다. 불가르족은 이것을 빌미로 제국의 영토를 침략했다. 직접 말을 타고 군대를 이끌고 대응에 나선 황제는 손쉽게 침략자들을 물리쳤다. 그러나 그것으로 불가르족의 연이은 침략을 근절할 수는 없었다. 이때부터 불가르족과의 전쟁은 비잔티움 군대의 거의 정기적인 행사가 되었다. 콘스탄티누스 자신도 아홉 차례나 직접 참전했으며, 763년에는 가장 어렵고 가장 영광스러운 승리를 거두었다. 그해 6월 30일 새벽부터 밤까지 벌어진 하루 동안의 혈전에서 그는 텔레츠 왕의 침략군을 크게 무찌르고 수도에 개선하여 원형 경기장에서 특별 경기를 열었다.

그러나 아직도 전쟁은 끝나지 않았다. 773년에도, 775년에도 대규모 전투가 벌어졌다. 결국 이것이 콘스탄티누스에게는 마지막 전투가 되었다. 8월의 폭염을 뚫고 북쪽으로 변방을 향해 행군하다가 그는 다리가 너무 부어올라 걸을 수조차 없게 되었다. 그는 들것에 실려 아르카디오폴리스로 후퇴한 다음 셀림브리아 항구에서 곧바로 배를 타고 콘스탄티노플로 돌아왔다. 길지 않은 여정이었지만 그는 그 여정을 끝마치지 못했다. 몸 상태가 갑자기 악화되더니 9월 14일에 죽은 것이다. 그의 나이 쉰일곱 살이었다.

안타깝게도 콘스탄티누스는 서방 영토에 관해서는 동방처럼 신경을 쓰지 못했는데, 이것은 비잔티움에 큰 재앙을 가져왔다. 그가 즉위한 지 몇 년도 되지 않아 이탈리아는 비잔티움의 영토를 침탈하는 롬바르드족의 진출에 크게 시달렸다. 그 무렵 원정군을 잘 조직했더라면—제국은 충분히 그럴 역량을 가지고 있었다—이탈리아 사태를 바로잡을 수도 있었을 것이다. 그러나 콘스탄티누스는 그토록 절실하게 필요한 유대감을 보여 주는 대신 오히려 성상 파괴를 강화함으로써 의도적으로 교황과 교황을 따르는 이탈리아의 수많은 신도들을 적으로 만들었다. 라벤나 총독령은 727년의 사태를 겪고도 그럭저럭 살아남았으나, 751년에 롬바르드 왕 아이스툴프가 라벤나를 점령함으로써 제국의 북이탈리아 거점은 완전히 사라져 버렸다. 이제 황제가 내팽개친 로마는 맨몸으로 적을 맞게 되었다.

그러나 그 기간도 오래가지 않았다. 알프스 너머 서쪽에서 새롭고 우호적인 세력이 급속히 성장하고 있었던 것이다. 라벤나 총독령이 몰락한 그해에 프랑크족의 지도자인 단신왕短身王 피핀은 교황의 승인을 얻어 오랫동안 자신의 꼭두각시였던 메로빙거 왕 힐데리히 3세를 폐위시키고 자신이 왕으로 즉위했다. 교황 스테파누스 2세에게 프랑크족은 이단적이고 고압적인 비잔티움보다 훨씬 더 바람직한 동맹자였다.* 그래서 교황은 우호를 강화하기 위해 몸소 프랑스로 가서 754년 예수공현축일에 퐁티옹에서 피핀에게 파트리키우스의 직함을 수여하고 그의 두 아들 카를과 카를로망을 축성祝聖해 주었다. 그 보답으로 피핀은 롬바르드족이 차지하고 있던 예전의 제국 영토를 모두 점령하여 교황에게 기증하겠다고 약속했다.

그는 과연 약속을 지켰다. 성 베드로가 직접 기적적으로 썼다는 편지에 부응하듯이 프랑크군은 이탈리아로 밀고 들어와 아이스툴프를 물리쳤으며, 756년에 피핀은 예전의 제국의 총독령이었던 라벤나, 페루자, 로마를 포함하는 중부 이탈리아의 모든 지역이 교황의 소유임을 선언했다. 물론 피핀에게 그럴 권한이 있었는지는 의심스럽다. 그래서 당시 그가 후대에 많은 논란을 부른 이른바 콘스탄티누스 대제의 기증Donatio Constantini**으로 자신의 행위를 합리화하려 했다는 설도 제기되었다. 하지만 최근의 증거에 따르면 그가 했

* 사실 로마 교황이 똑같은 '야만족'인데도 롬바르드족은 반대하고 프랑크족의 편으로 달라붙은 데는 종교적인 이유가 컸다. 아리우스 이단을 받아들인 다른 게르만 민족들과는 달리 프랑크족은 처음부터 로마 가톨릭을 받아들여 차별화를 꾀했기 때문이다(결국 프랑크와 교황이 합세함으로써 서양 중세를 이루게 되므로 서양사에서 이것은 지극히 중요한 사건이다). 게다가 피핀은 아버지 카를 마르텔과 함께 732년 이베리아에서 공격해 온 이슬람을 물리친 공로도 있었으니 여러 모로 교황의 낙점을 받을 자격이 충분했다. 참고로, 피핀의 가문에는 여러 명의 피핀이 있었으므로 구별을 위해 역사가들은 '이 피핀'을 단신왕 피핀(Pepin the short, Pépin le Bref)이라고 부르는데, 아마 그의 키가 작았던 모양이다.

다는 문서 위조는 반세기 뒤의 일이었다고 한다. 어쨌든 그가 탄생시킨 교황령은 비록 법적 근거는 취약하지만, 이후 1100년 동안이나 존속하면서 나폴레옹 3세를 포함한 숱한 외국 침략자들을 불러들였으며, 다른 한편으로는 이탈리아인들이 그토록 오랫동안 꿈꾸던 통일을 저해하는 주요 장애물이 되었다. 그러나 프랑크족과 교황의 동맹은 반세기 뒤에 교황령 이외에 비잔티움에 맞설 수 있는 유일한 그리스도교 국가인 신성 로마 제국을 낳게 된다.

** 콘스탄티누스 대제가 당시의 교황 실베스테르 1세에게 보냈다고 알려진 위조된 문서이다. 피핀이 위조에 관여했는지는 알 수 없지만 교황령의 문헌적 근거를 콘스탄티누스 대제의 시대인 4세기까지 끌어올리려는 의도에서 위조된 것만은 분명하다. 이 문서에 관해서는 다음 장에 소개되어 있다.

18

비정한 어머니 이레네

775년~802년

실물이 존재하지 않을 때는 그림이 마치 실물처럼 훌륭하다. 그러나 현실이 존재할 때 그림은 빛을 잃는다. 이처럼 유사성은 진실을 드러내는 한에서만 용인될 수 있다.

알렉산드리아의 클레멘스 니케포루스의 인용

수렴을 걷은 황후

특이한 성적 취향을 지녔음에도 불구하고 콘스탄티누스 코프로니무스는 세 번이나 결혼하여 두 아내에게서 아들 여섯과 딸 하나를 얻었다. 그가 죽은 뒤 제위를 계승한 맏아들은 또 다른 하자르족 공주에게서 낳은 레오 4세였다. 레오는 아버지보다 훨씬 안정적인 성격이었으나 군주로서는 매우 무능했다. 하지만 그가 짧은 치세 동안 두 가지 악조건과 싸워야 했다는 점에서 정상을 참작해야 할 것이다. 하나는 서른두 번째 생일을 몇 개월 앞두고 그를 죽게 만든 질병—아마 결핵일 것이다—이었고, 다른 하나는 그의 아내 이레네였다.

아테네 여자로서는 둘째로 비잔티움의 황후가 된 이레네는 350년 전에 테오도시우스 2세와 결혼했던 똑똑한 처녀 아테나이스와 별반 다르지 않은 인물이었다. 교활하고 이중적인 성격에다 야심과 권력을 몹시 탐했던 그녀는 제국에 사반세기 동안 불화와 재앙을 가져왔으며, 비잔티움의 역사상 가장 추잡한 살인극으로 자신의 명성에 먹칠을 하기도 했다. 남편이 살아 있는 동안 그녀는 남편을 통해서만 국정에 개입할 수 있었다. 그러나 남편의 심신이 쇠약해지자 그녀는 불가사의할 정도로 강해졌으며, 그녀의 영향력은 남편이 최고 권력자로 있을 때와 사뭇 달라졌다.

레오가—실은 그보다도 그의 아버지가—왜 그녀를 아내로 택했는지는 수수께끼다. 물론 그녀는 뛰어난 미모를 자랑했다. 하지만 제국에는 미인이 많았고 그녀는 미모 이외에 내세울 게 없는 처지였다. 가계와 조상도 불명확했으며, 이레네라는 이름은 결혼한 뒤에 사용한 것으로 보이는데 그전에는 어떤 이름이었는지도 알려져 있지 않다. 그녀의 고향인 아테네도 유명세를 잃은 지 이미 오래였다. 고대 세계 지식의 중심지였던 그 도시는 이제 보잘것없는 속주 도시로 전락했으며, 파르테논 신전도 교회로 개조되었다.

황제의 관점에서 보면 아테네 백성들은 열렬한 성상 옹호자들이었고 이레네도 예외가 아니었다. 그녀의 남편이라면 물론 자기 아버지처럼 성상 파괴를 밀어붙였을 것이다(레오는 자기 주장을 내세운 일이 거의 없었으나 한번은 성상을 숭배했다는 이유로 고위직 관리들을 공개적으로 징계하고 투옥한 일이 있었다). 하지만 그의 아내는 성상 숭배에 대해 공감하는 태도를 숨기려 하지 않았고, 성상 파괴를 저지하기 위해 끊임없이 노력했다.

이레네는 자신의 신념에 매우 충실했지만, 그러면서도 남편에게 온건한 영향력을 행사할 때는 상당히 유익한 결과를 낳기도 했다. 그 덕분에 유배되었던 수도사들은 수도원에 돌아올 수 있었고, 성모 마리아도 상스러운 우스갯소리의 대상에서 다시 숭배의 대상이 될 수 있었다. 또한 황제도 '성모의 친구'라는 칭송을 들었는데, 그의 아버지였다면 아마 그 말에 펄쩍 뛰었을 것이다. 그러나 780년 한여름에 레오는 건강이 갑자기 나빠졌다. 그는 이마와 얼굴이 온통 부스럼으로 뒤덮이더니 심한 열병을 앓다가 9월 8일에 죽었다. 그의 외아들은 겨우 열 살이었으므로 이레네에게는 좋은 기회였다. 그녀는 즉각 아들을 대신하여 섭정을 자임했으며, 이후 11년 동안 로마 제국의 실질적인 지배자로 군림했다.

하지만 그녀의 지위에 관해서는 논란이 많았다. 성상 파괴자가 압도적으로 많은 아나톨리아의 군대는 몇 주 만에 폭동을 일으키고 레오의 다섯 동생들 중 하나를 지지하고 나섰다. 그의 동생들은 모두 무능했으나 불만을 표출하는 데는 유용한 구심점이었다. 그러나 이 봉기는 곧 진압되었고 주모자들은 처형되었다. 레오의 동생들은 모두 삭발당하고 강제로 성직자 서품을 받았다. 혹시 누가 그들의 종교적 신분을 따지고 들지 않을까 하는 우려에서 그들의 세례식은 그해 크리스마스를 맞아 소피아 대성당에서 한꺼번에 집행했다. 이레네에게 그 사건은 큰 교훈을 주었다. 이제 그녀는 반대파의 힘이 만만치 않다는 것을 실감했다. 교회와 국가, 군대의 고위직 인사들은 거의 대부분 성상 파괴자였던 것이다. 따라서 자신의 목적을 이루려면 그녀는 모든 것을 신중하게 해야 했다.

그 폭동을 계기로 이레네는 군대를 숙청할 구실을 얻었으나 그 대가는 무척 컸다. 군대의 가장 유능하고 인기가 높은 지휘관들을 드러내 놓고 해임하자 숙청을 모면한 사람들도 불만이 커졌고 사기가 꺾여 결국은 황제에 대한 충성심을 보이지 않게 되었다. 시칠리아의 비잔티움 총독은 독립을 선언하고 곧바로 북아프리카의 사라센과 같은 배를 탔다. 동방에서는 782년 칼리프의 아들 하룬 알 라시드가 약 10만 명의 병력을 거느리고 제국을 침범해 오자 아르메니아 장군 타차테스는 변절해서 적의 편에 가담했고 병사들도 주저없이 그 뒤를 따랐다. 결국 이레네는 돈을 먹여 하룬과 휴전을 맺을 수밖에 없었다. 향후 3년 동안 매년 금 7만 디나르를 주기로 하는 치욕적이고 값비싼 조건이었다. 황후가 섭정으로 재임하는 동안 전쟁에서 거둔 유일한 승리는 자기 고향인 그리스에서였는데, 그 군대는 주로 서방인들로 구성되었고 성상 파괴자는 드물었다. 또한 783년에 그녀는 총애하는 신하인 스타우라키우스라는 환관을 보내 마케도니아와 테살리아에서 반란을 일으킨 슬라브족을 진압하게 했는데, 그는 반란을 진압한 뒤 펠로폰네소스의 미정복지로 깊이 들어갔다가 많은 전리품을 가지고 돌아왔다.

이 작은 전과를 올린 뒤 이레네는 자신의 교회 정책을 줄기차게 밀고 나갔다.

784년에는 성상 파괴자인 총대주교가 물러났고—표면상의 이유는 건강이 좋지 않다는 것이었지만 신앙상의 문제도 있었을 게 확실하다—그의 직위는 이레네의 전직 비서인 타라시우스가 차지했다. 이런 상황에서는 더없이 적절한 인선이었다. 새 총대주교는 사실 성직자의 경험은 없었지만, 비잔티움의 여느 지식인들처럼 신학에 해박했고 관리와 외교관 경력이 있었다. 따라서 성상 파괴 문제에 대한 그의 해법도 성직자라기보다는 현실적인 정치가의 방식이었다.

그런 그도 나중에 보겠지만 실수를 저지른다. 그러나 성상 숭배로의 복귀가 단기적으로나마 성공할 수 있었던 것은 그의 지혜와 판단력에 힘입은 바가 컸다.

그가 보기에 가장 시급한 일은 로마와의 관계를 개선하는 것이었다. 그래서 785년 8월 29일에 이레네와 그녀의 아들은 교황 하드리아누스 1세에게 서한을 보내 이단적인 이전 공의회의 결론을 뒤집기 위한 새 공의회에 대표단을 파견해 달라고 요청했다. 물론 교황은 열렬히 동의하는 답신을 보내 왔다. 서한에서 교황은 황제*와 황후가 속인을 총대주교로 임명하고 그를 '교회 사람'이라고 부른 것이 유감이라고 말하면서도, 이탈리아 남부, 시칠리아, 일리리아의 주교구들을 다시 자신이 관장하도록 해달라는 기대감을 피력했다. 그리고 황제와 황후가 자신을 영적인 아버지로 여기고 자신의 안내를 충실히 따른다면, 어린 콘스탄티누스는 장차 자라서 또 다른 콘스탄티누스 대제가 될 것이며, 이레네는 또 다른 헬레나로 역사에 남을 것이라고 자신 있게 말했다.

성상 숭배를 결정한 공의회

786년 8월 17일 사도 성당에서 로마와 동방의 세 교구 모두에서 대표단이 참석한 공의회의 첫 회의가 시작되었을 때, 성상 문제는 곧

* 이레네의 아들인 콘스탄티누스 6세를 말한다.

매듭이 지어질 것처럼 여겨졌다. 그러나 타라시우스는 그때까지 자신의 계획을 신중하게 진행해 왔지만, 성상 파괴자들의 강고한 의지를 과소평가하고 있었다. 그들은 자신들이 아직 패배하지 않았다는 사실을 가장 강력한 방식으로 표현했다. 공의회 대표들이 자리에 앉자마자 갑자기 황궁 경비대와 수도 주둔군 소속의 병사들이 성당 안으로 박차고 들어오더니, 모두들 당장 이곳을 떠나지 않으면 끔찍한 처벌을 받게 될 것이라고 으름장을 놓았다. 회의장은 순식간에 혼란의 도가니로 변해 버렸고, 겁에 질린 교황의 특사들은 곧장 로마로 돌아갔다.

이레네와 타라시우스의 대처는 단호했다. 몇 주일 뒤 그들은 다시 사라센을 원정하겠다고 발표했다. 폭동을 일으킨 군대는 작전을 위해 아시아로 이동했고, 그들이 물러간 자리에는 비티니아 출신의 믿을 만한 병력으로 채워졌다. 다른 한편으로는 콘스탄티노플을 떠났던 대표들을 애써 불러모아 787년 9월 드디어 제7차 세계 공의회가 소집되었다. 이 공의회는 철통 같은 보안 속에서, 일찍이 450년 전 콘스탄티누스가 최초로 공의회*를 소집했던 니케아의 성 지혜 성당**에서 열렸다.

로마에 대한 열렬한 호의의 표시로, 공의회의 사회는 타라시우스 총대주교가 참석했음에도 불구하고 교황 특사 두 명—그들은 시칠리아까지 갔다가 마지못해 돌아왔다—에게 맡겨졌다. 하지만 총대

* 325년의 니케아 공의회를 말한다.

** '성스러운 지혜'는 소피아 성당의 별명이지만, 물론 이 성당은 소피아 대성당과는 다르다.

주교는 대리 의장으로 활동했다. 이 직책은 그리스도의 권한을 부여받은 사실상의 사회자로서 (교회 집회에서 흔히 그렇게 했듯이) 사회자 좌석에 펼쳐져 있는 복음서로 표현되었다.

이번에는 공의회가 중단되는 사태는 벌어지지 않았다. 공의회의 임무는 성상 파괴에 찬성하느냐 반대하느냐를 놓고 토의하는 게 아니라, 단지 성상의 복권을 비준하는 요식적인 데 있었다. 1년 전에 콘스탄티노플 공회의가 무산된 이래로 전반적인 반대는 점차 약해졌지만 그렇다고 해서 모든 절차가 순탄하게만 진행된 것은 아니었다. 첫 번째 논의 사항이었던, 예전에 성상 파괴에 가담했으나 지금은 자신의 과오를 시인하는 주교들을 처리하는 문제는 제법 상당한 열기를 모았고 몇 사람은 거의 싸울 지경에까지 갔다. 공의회는 현명하게도 그 주교들이 공개적으로 완전하게 잘못을 인정한다면 교회의 품으로 돌아올 수 있도록 허용해야 한다는 결정을 내렸다.

하지만 그 제안은 완고한 수도원 대표자들의 격렬한 반발을 불렀다. 그들은 죄를 범한 성직자들을 영원히 매장시켜야 한다고 주장했다. 성상 파괴자였던 성직자들이 한 사람씩 차례로 일어나서 "이단으로 태어나고 자라고 배웠다"고 고백하자 곳곳에서 분노에 찬 불평이 흘러나왔다. 죄를 고백한 사람들 중 어떤 이는 754년의 공의회를 "진실이나 신앙심과는 반대로 …… 완고함과 광기에서 소집된 종교 회의이며, 신성하고 존경스러운 성상을 경멸하고 모욕함으로써 교회의 전통적인 법을 뻔뻔스럽고도 후안무치하게 파괴한 종교 회의"라고 맹렬히 비난했다.

다행히 그 다음에는 불화를 덜 일으키는 주제로 넘어갔다. 참석자들은 성상이 대체로 바람직하다는 데 만장일치로 동의했지만, 그 견해를 입증해 줄 만한 근거를 성서나 초기 교부들의 저작에서 찾아내야만 그것을 영원불멸의 진리로 확립할 수 있었고, 후대 사람들도 똑같은 교리적 오류를 저지르지 않을 수 있었다. 그러나 제시된 증거들 중에는 무시해도 좋을 만큼 하찮은 것도 있었다. 예를 들어 앙키라의 주교 바실리우스는 이삭의 희생에 관한 이야기를 여러 차례 읽고서도 감동을 느끼지 않다가 그림으로 표현된 것을 보는 순간 눈물을 터뜨렸다고 고백했다. 예전에 성상 파괴자였던 미라의 테오도루스라는 사람은 자기 교구의 부주교가 해 준 이야기를 전했는데, 성 니콜라우스의 꿈을 꾸었을 때 다행히도 전에 그의 성상을 보았던 덕택에 그를 금세 알아볼 수 있었다는 내용이었다.

그래도 증거를 수집하는 작업은 그런대로 만족스럽게 끝났고, 공의회의 제7차 회의에서는 새로운 교리의 규정을 승인할 수 있게 되었다. 이제 성상에 대한 적대감은 이단으로 간주되었다. 성상 파괴를 주장하는 모든 문헌은 즉각 콘스탄티노플 총대주교의 집무실로 넘겨야 한다는 법령이 공포되었다. 이를 어기면 성직이 박탈되며, 속인의 경우에는 파문을 당했다. 또한 공의회에서는 성상에 대한 존중을 다음과 같이 공식적으로 승인했다.

> 그러므로 우리는 거룩한 성상이 만들어질 수 있다는 것을 엄밀하고도 꼼꼼하게 정의한다. 생명을 주는 거룩한 십자가의 그림도 마찬가지다. 물감과 자갈, 기타 재료로 이루어진 물질은 성스러운 신의 교회에 적합하며, 신성한 그릇과 옷, 벽과 패널, 집과 거리에 표현될 수 있다. 우리

주님과 하느님, 구세주 예수 그리스도, 순결한 성모, 고귀한 천사, 모든 성인들의 성상도 가능하다.

그림을 통한 재현으로 성상을 바라보면 볼수록, 그것을 보는 사람들은 원래의 것을 기억하고 사랑하게 되며, 원래의 것에 존경과 경의를 표하게 된다. 물론 신에게만 드려야 할 진정한 경배를 성상에 드려서는 안 된다. 하지만 촛불과 향으로 기도를 올리듯이 생명을 주는 거룩한 십자가와 성스러운 복음서, 기타 신성한 물건에 대해서도 기도를 올릴 수 있다. 이것은 고대로부터 내려온 경건한 관습이기도 하다.

특히 이 글의 뒷부분에서는, 성상은 이제 단순한 흠모latreia의 대상이 아니라 경배proskynesis의 대상이라는 은근한 경고를 감지할 수 있다. 요점은 명백하다. 성상 이외의 다른 모든 것은 용서할 수 없는 우상 숭배라는 것이다. 그러나 공의회 참석자들은 양자의 구분이 모호해진 이유가 적어도 부분적으로는 성상 파괴 운동이 먼저 일어났기 때문이라는 것을 잘 알고 있었다. 따라서 신도들을 잘 단속해야 했다.

콘스탄티노플로 장소를 옮긴 마지막 제8차 회의는 10월 23일 마그나우라 궁전에서 이레네와 콘스탄티누스의 공동 사회로 진행되었다. 교리의 정의가 다시 낭독되었고 만장일치로 승인을 얻었다. 그런 다음에 황후와 황제가 엄숙히 서명했고 대표단은 각자 고향으로 돌아갔다. 이레네와 타라시우스는 마침내 목적을 달성하고 마음껏 자축했다.

기번은 이 제2차 니케아 공의회를 "미신과 무지, 거짓과 어리석음의 묘한 상징물"이라고 말한다. 어떤 면에서는 그렇다. 특히 겉으로는 만장일치의 결론이 내려졌음에도 불구하고 이 결론이 통용된 시기는 아주 짧았기 때문이다. 즉 사반세기 뒤에 이 결론은 거부되고 성상은 또 다시 비난을 받게 된다. 하지만 성상 파괴에 관한 가장 포괄적인 저작 가운데 하나를 쓴 어느 학자는 근본적으로 다른 견해를 취하고 있다.[142] 그가 보기에 공의회는 "그 자체로는 사소하지만 그리스도교 역사의 중대한 위기를 보여 주는 사건들 중 하나"이다. 왜냐하면 그 공의회로써 "그리스도교는 그리스-라틴 문명과 완전히 동일시되었기 때문"이다.

그 이전의 단성론자 같은 성상 파괴자들은 그리스도교 신앙의 동양적이고 신비주의적인 측면을 강조했다. 비잔티움 제국은 동방 속주들과 이슬람교의 영향으로 인해 그런 측면에 끊임없이 이끌리고 있었다. 하지만 그에 대한 저항 역시 끊임없이 지속되었다. 신학적으로 볼 때 그 저항은 지중해 세계에 뿌리를 두고 있었다. 이 이론을 인정한다면—사실 거부하기가 쉽지 않지만—제2차 니케아 공의회는 "아시아적 이념을 받아들이지 않으려는 제국의 마지막 거부의 몸짓"이었던 칼케돈 공의회의 후속편이라고 볼 수 있다. 비극은 시간이 갈수록 제국과 서방의 정치적 접촉이 약해졌다는 데 있다. 그래서 제국은 "고집스런 고립의 비극적 상징물"이 되었는데, 이 점은 이야기가 진행될수록 점점 더 분명히 드러날 것이다.

아들의 눈을 뽑은 어머니

제2차 니케아 공의회의 결의에 서명하던 열일곱 살 때까지도 황제 콘스탄티누스 6세는 여전히 허수아비였다. 그 이듬해에 파플라고니아의 미녀인 암니아의 마리아와 결혼한 뒤에도 그는 허수아비 황제에 만족했다. 만약 그의 어머니가 자신의 야심을 통제했더라면, 콘스탄티누스는 국정에서 거의 배제되는 것에 언제까지나 만족하고 살았을지도 모른다. 하지만 790년에 이레네는 그만 정도를 넘어서고 말았다. 아들에게 차츰 국정을 넘기기 시작할 시기가 되었는데도 그녀는 오히려 아들의 가슴에 불필요한 굴욕을 안겨 주었다. 이후에도 자신이 아들보다 지위가 높은 선임 군주로 군림할 것이며, 자신의 이름이 황제의 이름보다 먼저 언급되어야 한다는 법령을 반포한 것이다. 그 순간부터 콘스탄티누스는 싫든 좋든 자기 어머니에 반대하는 사람들, 즉 옛 성상 파괴자들의 구심점이 되어 버렸다. 얼마 뒤에 그들은 황후를 체포하여 시칠리아로 유배 보내려는 음모를 꾸몄다. 그러나 늘 의심이 많았던 이레네는 낌새를 채고 책임자를 단호히 처벌하고, 아들인 콘스탄티누스를 투옥했으며, 자신의 입지를 더욱 강화하여 마침내는 전체 군대가 바로 자신에게 충성 서약을 해야 한다고 주장하기에 이르렀다.

그녀는 또다시 정도를 넘어섰다. 콘스탄티노플과 유럽 속주의 병사들은 기꺼이 황후에게 충성을 맹세했다. 그러나 성상 파괴 성향이 강하게 남아 있는 소아시아의 병사들은 노골적으로 거부했다. 아르메니아콘 테마의 병사들이 주도하는 폭동은 삽시간에 사방으로 퍼졌다. 불과 며칠 뒤에 그들은 콘스탄티누스를 유일하게 적법한 군주로 내세웠다. 곧바로 감옥에서 풀려난 젊은 황제는 아나톨리아의 지지자들과 합세하여 당당히 수도로 돌아왔다. 이레네의 로고테테스이자 심복인 스타우라키우스는 매질과 삭발을 당하고 아르메니아콘으로 유배되었고, 황후의 대신들 몇몇도 같은 운명을 당했다. 또 이레네는 얼마 전에 완공된 자신의 엘레우테리우스 궁전에 감금되었다.

우리는 콘스탄티누스도 그런 결정적인 사태의 전환에 어느 정도 기여하지 않았을까 하고 여기기 쉽지만, 아마 결정은 그를 지지하는 병사들이 내리고 그는 늘 그렇듯이 수동적으로 행동했을 것이다. 그러나 어쨌든 그는 어느 때보다도 인기가 높아졌고 최고의 권력을 지니게 되었다. 이제 미래는 그의 것이었다.

그런데 그는 미래를 팽개쳐 버렸다. 유약하고 우유부단하고 귀가 얇은 그는 항상 제일 나중에 들은 말, 즉 가장 최근에 들은 조언만 믿는다는 평판을 얻었다. 791년 가을에 하룬 알 라시드의 사라센군이 동부 속주를 침략하자 황제는 즉각 굴욕적인 강화를 맺고 제국이 감당하기에 무리한 양의 공물을 바치겠다고 약속했다. 또 비슷한 시기에 불가르족과의 국경에서 분쟁이 발생했을 때도 그는 당장 군대를 이끌고 직접 원정을 가야 했지만 지휘 능력의 부재를 드러내고 792년 마르켈라이에서 수치스럽게 발을 빼 버렸다. 그해에 그는 결국 어머니를 수도로 불러들여 이전 지위에 복귀시켰다.

콘스탄티노플에서 숨죽이고 지내던 성상 파괴자들은 그가 희망을 저버리자 이제 지푸라기라도 잡지 않으면 안 된다고 판단했다.

그들은 황제 모자를 타도하고 이미 12년 전에 강제로 성직자가 된 레오 4세의 다섯 동생 중에 니케포루스 부제를 제위에 앉히려는 음모를 꾸몄다. 그러나 이 음모는 사전에 발각되었다. 이때 콘스탄티누스는 생애 최초로 과감한 결단을 내렸다. 니케포루스를 맹인으로 만들었고, 다른 네 명의 삼촌들은 제위에 대한 야망을 품었다는 것이 확인되지 않았는데도 모조리 혀를 잘라 버린 것이다.

이제 황제는 우유부단하고 믿을 수 없는 겁쟁이일 뿐만 아니라 아주 잔혹한 짓도 서슴없이 할 수 있는 위인임이 드러났다. 백성들은 그처럼 비열한 군주는 존경하지 않았다. 소아시아의 군대 내의 성상 파괴자들을 제외하면 약간이나마 그를 지지하는 집단은 옛 수도원 세력밖에 없었다. 그들은 황제가 성상 파괴자들을 공공연히 지지하는 대신 자신들에게 호의적이라는 것을 알고 기뻐했으며, 그가 어머니인 이레네를 복위시키자 더욱 기뻐했다. 그러나 그들은 곧 황제에게서 버림을 받게 된다.

795년 1월에 그들은 황제가 아내와 이혼하고 재혼을 염두에 두고 있다는 사실을 알고 깜짝 놀랐다. 암니아의 마리아는 빼어난 미인이었음에도 불구하고 만족스럽지 못했다. 그녀가 낳은 딸 유프로시네는 30년 뒤에 황제 미카일 2세의 황후가 되지만, 그것은 나중 이야기이고 당시 그녀에게는 후사를 이을 아들이 없었다. 게다가 콘스탄티누스는 아내에게 싫증을 느끼고 오래전부터 테오도테라는 궁녀를 마음에 두고 있었다. 이내 마리아는 수녀원에 감금되었고, 타라시우스 총대주교는 그 이혼을 눈감아 주었다. 그리고 그해 8월 황제와 테오도테는 콘스탄티노플 바깥의 성 마마스 궁전에서 결혼했다. 14개월 뒤 테오도테는 기다리던 아들을 낳았다.

수도원은 발칵 뒤집혔다. 아내가 죽고 난 뒤에 재혼을 하는 것은 괜찮았으나 적법한 황후를 버리고 다른 여자를 취한다는 것은 성령에 죄를 짓는 행위였다. 수도사들은 콘스탄티누스가 테오도테와 결혼한 것은 어떤 상황에서도 용납될 수 없으며, 따라서 그 아들도 사생아이므로 제위의 상속자가 될 수 없다고 일갈했다. 항의의 지도자인 비티니아의 사쿠디온 대수도원장인 플라톤과 그의 조카인 테오도루스—나중에 콘스탄티노플의 스투디움 대수도원장으로 명성을 날리게 된다—는 테살로니카로 유배되었으나 그 추종자들은 침묵하려 하지 않았다. 그들의 비난은 간통을 저지른 황제만이 아니라 그 결혼을 묵인한 타라시우스에게도 쏟아졌다. 사실 그는 그런 사태를 우려하여 황제의 결혼식을 집전하지 않았지만 그래도 용서받지는 못했다.

그 약삭빠른 총대주교가 자신을 비난하는 사람들에게, 만약 결혼식을 허가하지 않는다면 성상 파괴자들과 손을 잡겠다고 콘스탄티누스가 노골적인 위협을 가했다는 사실을 털어놓았는지는 알 수 없다. 설사 그랬다고 해도 그가 이단이라는 비난을 모면할 길은 없었을 것이다. 몇 달이 지나자 황제의 재혼이라는 협소한 쟁점을 넘어 이른바 간통 논쟁Moechian controversy[143]이 중요한 의미를 지니게 되었다. 그 장기적인 결과로서 성상 파괴자와 성상 숭배자의 분열이 아니라 성상 숭배자들의 내부 분열이 격화되었다. 한쪽 끝에는 신앙심이 광적이라 할 수 있는 수도사들이 있었고, 다른 쪽 끝에는 제국을 하나의 거대한 수도원으로 만들 수는 없다면서 교회와 국가가 조화를 이루려면 양측이 한 발씩 양보해야 한다고 생각하는 온건파가 있었다. 사실 이러한 분열의 조짐은 이미 얼마 전의 니케아 공의회 때 자신의 죄를 고백한 주교들의 지위를 어떻게 할 것이냐를 놓고 벌어진 논쟁에서도 뚜렷이 드러났다. 이후 이 논쟁은 한 세기 이상을 끌면서, 통일이 절실하게 필요한 때 여러 측면에서 교회를 분열시키고 약화시켰으며, 함께 협력했더라면 제국에 지속적인 이득을 줄 수도 있었을 성직자들 간에 해로운 관계를 정착시켰다.

한편 콘스탄티노플에서 마지막으로 남은 지지 세력을 잃은 콘스탄티누스는 이제 강력한 적, 즉 그의 어머니 이레네 앞에서 무방비 상태가 되어 버렸다. 그녀는 비록 잠시이기는 하지만 아들이 자신을 폐위시켰다는 것을 용서하지 않았으며, 언제든 다시 그런 일이 일어날 수 있다는 것도 잘 알았다. 또한 그녀는 아들의 본심이 성상 파괴 쪽에 기울어 있다는 것도 잘 알았다. 아시아 군대의 힘은 결코 무시할 수 없었다. 콘스탄티누스가 살아 있는 한 얼마든지 또 다른 쿠데타가 터져 나올 수 있었다. 그렇게 된다면 그녀 자신이 몰락하는 것은 물론 그녀가 해 온 모든 일이 물거품으로 돌아갈 것이며, 제국 전역에 성상 파괴 운동이 벌어질 터였다.

그런 이유로, 그녀는 권좌에 복귀한 이후 내내 황제의 입지를 약화시키기 위해 노력했다. 아마 아들이 이혼과 재혼을 한 데도 그녀의 부추김이 한몫 거들지 않았을까 싶다. 그렇게 하면 황제는 그녀의 열렬한 지지자들인 수도사들에게서 신망을 잃을 것이기 때문이다. 또한 797년 봄에 콘스탄티누스가 자신의 군사적 명성을 되찾으려는 목적에서 사라센을 공격하기 위해 행군에 나섰을 때, 적군이 변방에서 철군했다는 거짓 정보를 그에게 준 것도 이레네의 계략이 거의 확실하다. 콘스탄티노플로 돌아온 뒤에야 그는 하룬 알 라시드가 철군을 하기는커녕 여전히 방대한 제국의 영토를 점령하고 있다는 사실을 알게 된 것이다. 그 때문에 이레네가 바라던 대로 황제는 겁쟁이라는 수군거림이 그치지 않고 점점 커졌다.

6월에 그녀는 결정타를 준비했다. 어느 날 콘스탄티누스가 말을 타고 원형 경기장에서 나와 블라케르나이의 성 마마스 성당으로 가고 있을 때 한 무리의 병사들이 거리 양편에서 뛰어나와 그를 덮쳤다. 경호병들이 맞서 싸우는 틈을 타서 그 자리에서 간신히 도망친 황제는 지지 세력을 규합하기 위해 직접 노를 저어 보스포루스를 건넜다. 그러나 이레네의 행동은 아들보다 더 신속했다. 결국 콘스탄티누스는 곧 사로잡혀 황궁으로 끌려왔다. 그리고 8월 15일 화요일 오후 3시에 자신이 27년 전에 태어났던 포르피리 누각에서 두 눈이 뽑혔다. 그것도 더 이상 살 수 없을 만큼 특별히 잔인한 수법이 사용되었다. 그런 일이 없더라도 그가 얼마나 오래 살았을지는 의문이지만, 그래도 이레네가 아들을 죽인 것은 너무 심한 일이었다. 테오파네스는 신이 분노한 조짐으로서 하늘이 어두워진 상태가 이후 17일 동안이나 지속되었다고 말한다.

테오도테가 낳은 콘스탄티누스의 어린 아들은 태어난 지 몇 달도 되지 않아 일찍 죽었으므로—자연사인 듯하지만 할머니의 성정으로 볼 때 확신할 수는 없다—이레네는 이제 비잔티움의 섭정이 아니라 유일한 제위 계승자가 되었다. 그토록 오래 꿈꾸어 왔던 목표였으나 그녀는 그 지위를 얼마 누리지 못했다. 우선 그동안 그녀의 주요 자문관 역할을 해온 스타우라키우스와 아이티우스라는 두 환관이 서로에 대해 거의 병적인 시기심을 드러내며 끊임없이 음모를 획책하는 바람에 효율적인 정치가 이루어지지 못했다. 또한 가뜩이나 신통치 않았던 그녀의 인기는 아들 시해 사건으로 아예 바닥에 떨어졌다. 그녀는 정부가 감당할 수 없을 정도로 세금을 대폭 감면하는 정책을 써서 인기를 만회하고자 했다. 이로 인해 가장 큰 혜택을 본 것은 늘 그녀의 주요한 지지 기반이었던 수도원이었다. 게다가 아비도스와 보스포루스 및 헬레스폰트의 두 해협에서 거두어들이던 막대한 관세도 절반으로 줄였으며, 많은 사람들이 싫어하는 거래세와 콘스탄티노플의 모든 자유 시민들이 납부해야 하는 주민세는 아예 폐지했다.

하지만 그런 조치들도 몰락을 늦출 뿐 막지는 못했다. 생각이 깊은 백성들은 이레네의 무책임한 행동에 염증을 내면서 그녀가 백성들의 사랑을 돈으로 쉽게 살 수 있다고 생각하는 것에 환멸을 느꼈다. 그러잖아도 늘 그녀를 싫어했고 콘스탄티누스 시해 사건으로 폭동의 분위기가 팽배한 성상 파괴를 지지하는 아시아 군대들은 이레네가 하룬 알 라시드에게 공물을 더 많이 보내기로 약속한 것에 굴욕감을 느꼈으며, 장차 자신들의 급료가 제대로 지불될지조차 의심하기 시작했다. 관리들은 제국의 국고가 매일 줄어드는 것을 속수무책으로 지켜보면서 경제를 바로잡을 가능성을 포기했다. 한편 여제女帝가 지배한다는 상상만으로도 치를 떠는 제국 전역의 복고주의자들은 마침내 그들의 상상이 현실로 이루어지는 꼴을 목격했다. 이렇게 불만 집단이 많았으니 그중 누군가—자신들의 이익을 위해서가 아니라 비잔티움 자체를 위해서—이레네를 타도하려는 봉기를 일으킬 것은 어차피 시간문제였다.

그렇다면 실제로 쿠데타가 일어났을 때는 앞의 이유들 중 어떤 것이 결정적인 역할을 했을까? 공교롭게도 어느 것도 관련이 없었다. 그보다 훨씬 신속하고 단호한 대응이 요망되는 긴박한 문제가 터져 나온 것이다. 800년 크리스마스에 로마의 성 베드로 대성당에서는 로마 교황 레오 3세가 프랑크 왕 피핀의 아들인 샤를의 머리에 제관을 씌워 주고 '로마의 황제'라는 직함을 부여했다. 그리고 802년 여름 어느 무렵 샤를은 이레네에게 청혼하는 사절단을 파견했다.

서방 황제의 등장

샤를 대제—얼마 뒤에 그는 샤를마뉴*라고 불리게 되었다—는 이미 즉위하기 오래전부터 이름만 황제가 아니었을 뿐 사실상의 황제였다. 그는 771년에 형인 카를로만이 갑자기 죽자 프랑크족의 단독 지배자가 되었으며, 2년 뒤 파비아를 점령하고 롬바르드족의 왕이라고 자칭했다. 독일로 돌아온 뒤 그는 이교도인 색슨족을 복속시키

* 샤를마뉴에서 샤를(Charles)은 이름이고 마뉴(magne)는 존칭이다. 프랑크 왕국이 오늘날 프랑스와 독일의 시조가 되었기에 샤를은 독일식으로 읽어 카를 대제(혹은 카를 1세)라고 부르기도 한다(라틴어로 읽으면 카롤루스가 되는데, 카롤링거 왕조라는 이름은 여기서 나왔다). 그의 이름은 이후 유럽 전역의 왕명이나 인명으로 널리 퍼졌다. 이를테면 프랑스의 샤를, 독일의 카를, 영국의 찰스, 에스파냐의 카를로스 등이 모두 같은 이름이다.

고 그리스도교로 개종시킨 다음 이미 그리스도교화된 바이에른을 합병했다. 에스파냐 침공은 별로 성공적이지 못했지만—그래도 그 사건은 서유럽 최초의 서사시인 『롤랑의 노래』의 소재가 되었다—그 뒤에 샤를마뉴는 헝가리와 상上 오스트리아의 아바르족을 원정하여 독립국이었던 그들의 왕국을 멸망시키고 자신의 영토로 삼았다. 이리하여 불과 한 세대의 기간에 그는 유럽의 수많은 반半 부족국가들 중 하나에 불과했던 프랑크 왕국을 로마 제국 이래 최대 규모의 단일한 정치적 단위로 발전시켰다.

게다가 그는 교황의 열렬한 지지를 등에 업고 있었다. 반세기 전에 스테파누스 교황은 롬바르드족을 막기 위해 몸소 알프스를 넘어 샤를의 아버지인 피핀에게 도움을 청한 바 있었다. 사실 그 일은 비잔티움의 황제에게 요청하는 것이 더 적절했을 테고, 실제로 만약 콘스탄티누스 코프로니무스가 성상 파괴에서 몇 개월만이라도 손을 떼고 이탈리아 문제로 관심을 돌렸더라면 교황은 아마 그에게 요청했을 것이다. 피핀과 샤를은 비잔티움이 실패한 곳에서 성공을 거두었다.

비록 니케아에서 로마와 콘스탄티노플의 갈등이 표면적으로 해소되었다고는 하지만, 하드리아누스 교황은 로마에 돌아온 대표들이 보고한 내용에 전혀 만족하지 못했다. 예를 들어 그들은 교황이 이레네와 콘스탄티누스에게 보내는 서한을 공의회 참석자들 앞에서 큰 소리로 낭독했을 때, 쟁점이 되는 구절들—이를테면 교회법에 따르지 않고 타라시우스 총대주교를 임명한 것이라든가, 타라시우스가 '세계 교회'라는 명칭을 사용한 것—은 모두 삭제되었다고 보고했다. 또한 문제가 된 이탈리아 남부, 시칠리아, 일리리아의 교구들을 교황의 관할권으로 복귀시켜 줄 조짐도 전혀 보이지 않았다. 그랬으니 하드리아누스와 그의 후임자인 레오가 비잔티움의 황제보다 서유럽의 패자를 더욱 신뢰한 것은 놀랄 일이 아니었다. 설사 성상 숭배에 관해 다소 양보를 하더라도 그들은 샤를마뉴를 택했던 것이다(성상에 대한 샤를마뉴의 견해는 754년의 공의회보다는 덜 극단적이지만 교황청의 견해보다는 성상 파괴의 교리에 더 가까웠다).

샤를마뉴는 전에도 로마에 간 적이 있었다. 서른두 살이던 774년에 로마를 공식 방문한 그는 하드리아누스의 환대에다 로마의 풍모에 깊은 인상을 받아 중부 이탈리아 일대를 교황령으로 기증하겠다는 아버지의 약속을 재확인했다. 그리고 800년에는 더 중요한 일로 로마를 방문했다. 당시 재위 4년째를 맞은 교황 레오는 그를 제거하려는 로마 젊은 귀족단의 끊임없는 음모에 시달리고 있었다. 심지어 4월 25일에는 거리에서 피격을 당해 기절했다. 요행히 친구들에 의해 구조된 그는 안전을 위해 파더보른에 있는 샤를의 궁전으로 피신했다. 몇 달 뒤 레오는 프랑크족 병사들의 보호를 받으며 로마에 돌아왔으나 그동안 그의 적들이 그에게 성직 매매, 위증, 간통 등 각종 혐의를 뒤집어씌웠다는 것을 알았다.

그러나 교황을 누가 심판할 수 있을까? 그리스도의 대리인을 심판할 자격을 가진 사람이 어디 있을까? 정상적인 상황이라면 오로지 콘스탄티노플의 황제만이 그럴 수 있다고 해야 할 것이다. 그러나 당시 비잔티움의 제위는 이레네가 차지하고 있었다. 황후가 자신의 아들마저도 실명시키고 살해한 것으로 악명이 높다는 사실은 레오에게나 샤를에게나 별로 중요치 않았다. 중요한 것은 그녀가 여자라는 사실이었다. 여성은 나라를 다스릴 능력이 없다고 여겨졌고, 게르만 전통에 의해서도 금지되어 있었다.* 이런 서유럽의 관점에서 보면 비잔티움의 제위는 비어 있는 것이나 마찬가지였다. 이레네가 여제를 주장하는 것은 이른바 동방의 로마 제국이 그만큼 타락했음을 말해 주는 또 하나의 증거에 불과했다.

800년 말에 로마로 갈 때 샤를은 자신이나 이레네나 성 베드로 대성당에서의 결정에 개입할 권한이 없다는 것을 잘 알고 있었다. 그러나 이 문제를 논박하지 않는다면 그리스도교권에는 황제만이 아니라 교황도 없어질 수 있다는 것도 알고 있었다. 그래서 그는 어떻게든 레오의 오명을 씻어 주기로 마음먹었다. 당시 그가 정확히 뭐라고 증언했는지는 확인할 길이 없다. 그러나 12월 23일 교황은 주제단에서 자신에게 씌워진 모든 죄목에 대해 결백하다는 엄숙한 선서를 했으며, 소집된 종교 회의에서는 교황의 말을 인정했다. 이틀 뒤 샤를은 크리스마스 미사가 끝날 무렵 무릎을 꿇고 앉았고 레오는 그의 머리에 제관을 씌워 주었다. 참석한 사람들은 샤를에게 환호를 보냈다. 그의 적들은 그가 그저 직함만을 받았을 뿐이라고

* 원래 가부장제가 강했던 게르만 전통에는 여왕이 금지되어 있었던 탓에 이후 유럽에서도 역사상 게르만 전통이 강한 나라(프랑스와 독일)에서는 여왕이 등장하지 않는다. 여왕이나 여제는 비잔티움 제국의 후예임을 자처한 러시아 제국, 800년 동안 이슬람의 지배를 받다가 15세기에 뒤늦게 서유럽 세계의 일원이 된 에스파냐, 그리고 서유럽의 변방에서 비교적 독자적인 역사를 꾸렸던 영국과 스칸디나비아 등 유럽 문명에서 '변방'에 속하는 지역의 역사에서나 볼 수 있다. 게르만 법의 전통이 강력한 오스트리아에서는 18세기에 제위가 끊기자 여성인 마리아 테레지아가 즉위한 것이 오스트리아 왕위 계승 전쟁을 유발하는 구실이 되기도 했다.

폄하했으나 그 제관은 단지 백성이나 병사, 영토를 더 얻은 데 불과한 것이 아니었다. 그것은 어떤 정복보다도 중요한 의미, 즉 서로마 제국이 멸망한 이후 400여 년 만에 서유럽에 다시 황제가 탄생했음을 의미하는 일대 사건이었다.

교황은 왜 그런 행동을 한 걸까? 로마 제국을 분열시키기 위한 의도적인 공작은 분명히 아니었고, 예전에 그랬던 것처럼 두 제국의 경쟁을 유발하려는 의도는 더욱더 없었다. 그가 보기에 그 시대에 살아 있는 황제는 없었다. 그럼 하나를 만들면 어떨까? 비잔티움인들은 정치, 군사, 종교 등 모든 면에서 마음에 들지 않으니 서유럽인을 황제로 발탁하는 것이다. 지혜와 정치적 역량, 방대한 영토를 가진 사람, 게다가 여느 사람들보다 훤칠한 키와 건장한 체구를 자랑하는 사나이라면 더욱 좋지 않을까? 하지만 레오가 크리스마스 날 아침에 샤를에게 큰 명예를 수여했다면, 동시에 그 자신은 더욱 큰 명예, 즉 제관과 왕홀을 부여할 권리, 로마인의 황제를 임명할 권리를 갖게 된 셈이다. 이는 혁명적이라고까지 말할 수는 없다 해도 새로운 것이다. 일찍이 어떤 교황도 그런 특권을 가진 적은 없었다. 그런데 레오는 제관을 자신의 개인적인 선물처럼 수여함으로써 자신이 만들어 낸 황제보다 교황이 우위에 있음을 암묵적으로 드러낸 것이다.

하지만 만약 이 특별한 행동의 전례가 없었다면 어디서 권위를 확보할 수 있었을까? 여기서 우리는 중세의 가장 중대한—동시에 가장 성공적인—사기극을 보게 된다. 이른바 「콘스탄티누스의 기증」이라고 알려진 문서인데, 그에 따르면 콘스탄티누스 대제는 당시 교황 실베스테르의 우위를 인정했으며, 정략적으로 비잔티움의 '속주'에 은거하면서 자신의 제관을 교황에게 맡겨 두고 교황이 알아서 세속의 로마 황제를 선택하도록 했다는 것이다. 그것은 8세기 말에 교황청에서 위조한 허위 문서였으나 15세기까지 600여 년에 걸쳐 콘스탄티누스 시대의 진품으로 인정되었고 교황의 권리를 보장한 극히 귀중한 문서로 취급되었다. 로마의 적들까지도 그 문서를 의심하지 않았지만, 15세기 중반에 마침내 르네상스 인문주의자인 로렌초 발라가 사실을 밝혀냈다.[144]

역사가들은 그 대관식이 레오와 샤를의 공동 계획이었는지, 아니면 당시 현장에서 보듯이 샤를이 그것을 알고 깜짝 놀랐는지를 놓고 오래전부터 토론을 벌여 왔다. 두 가지 가능성 중에 후자가 더 사실에 가까워 보인다. 샤를은 제위에 전혀 관심을 보이지 않았으며, 대관식 이후에도 평생 '프랑크족과 롬바르드족의 왕'으로 자칭했다. 무엇보다도 그는 교황에게 어떤 의무도 지고 싶지 않았다. 그런 의무가 자신에게 지워진다는 것을 사전에 알았더라면 그는 매우 분노했을지도 모른다. 여느 때였다면 그는 필경 화를 내면서 교황이 내미는 제관을 거부했을 것이다. 그러나 중대한 역사적 시점을 맞아 그는 그것이 두 번 다시 오지 않을 기회라는 것을 알았다. 이레네는 숱한 결함에도 불구하고 여전히 결혼 상대가 될 만한 과부였고 누구나 말하는 뛰어난 미인이었다. 그녀를 설득해서 아내로 맞아들이기만 한다면 동방과 서방의 모든 영토는 다시 한 사람의 황제, 즉 바로 샤를 자신에게로 재통합될 터였다.

샤를의 대관식 소식이 전해졌을 때 콘스탄티노플에서의 반응은 충분히 상상할 수 있다. 분별력을 지닌 그리스인이라면 누구나 그것을 엄청나게 오만한 행위이자 신성 모독으로 간주했다. 비잔티움 제국의 토대는 로마의 권력과 그리스도교 신앙이라는 두 가지 요소였다. 양자가 최초로 하나의 인물로 합일된 경우는 콘스탄티누스 대제였다. 그는 로마의 황제이자 12사도와 동격이었기 때문이다. 이 신비한 결합은 그의 적법한 후계자들에게만 전승되었다. 하늘에 신이 하나이듯이 지상에도 최고 지배자는 하나뿐이었다. 최고 지배자를 참칭한 다른 모든 자들은 사기꾼이며 신성 모독을 저지르는 자였다.

게다가 서유럽의 군주들과는 달리 비잔티움인에게는 게르만법 같은 게 없었다. 물론 그들도 여제를 무척 싫어했고 이레네를 폐위시키려 노력했지만, 그녀에게 근본적으로 제위 계승권이 있다는 사실은 부인하지 않았다. 그러므로 그들은, 이레네가 글도 모르는 야만인*—샤를은 글을 조금 읽을 줄은 알았으나 쓸 줄 모른다는 것은 솔직히 인정했다—의 청혼에 크게 화를 내며 어떻게 그런 생각을 할 수 있느냐고 발끈하기는커녕 오히려 감사하는 태도로 응하려는 기색을 보이자 경악하지 않을 수 없었다.

우리가 아는 이레네의 성격으로 미루어 그녀의 의도는 알기 어렵지 않다. 이레네는 매우 이기적인 여성이었으나 동시에 현실적이기

* 샤를마뉴는 군사와 행정 능력이 뛰어났고 인물과 인품도 훌륭했으나 글은 알지 못했다. 그러나 그는 문화와 예술을 사랑한 군주였다. 프랑크 왕국이 반석에 오른 뒤 그는 그리스도교 신앙을 전파하고 문화와 예술을 부흥시키려 노력했는데, 그래서 그의 지배기를 가리켜 '카롤링거 르네상스' 라고 부르기도 한다. 물론 그 자신도 글을 배우려 무척 노력했다. 그는 침대 밑에 펜과 양피지를 넣어 두고 틈틈이 글쓰기를 연습했다고 한다.

도 했다. 802년 샤를의 사절단이 콘스탄티노플에 도착했을 때는 이미 이레네가 제국을 파탄으로 만들어 버린 뒤였다. 백성들은 그녀를 혐오하고 경멸했고, 신하들은 자기들끼리 치고받았으며, 국고는 바닥을 드러냈다. 어차피 조만간 쿠데타가 일어날 것은 뻔하고 그녀의 목숨은 경각에 달릴 판이었다. 그런데 갑자기 예기치 않게 구원의 손길이 온 것이다. 구혼자가 경쟁 관계에 있는 서방 황제라는 사실, 사기꾼일지도 모르는 이교도라는 사실은 그녀에게 중요치 않았다. 소문처럼 샤를이 일자무식이라면 오히려 남편이나 아들처럼 손쉽게 그를 조종할 수도 있을 터였다. 그와 결혼하면 제국의 통일을 이룰 수 있고, 더 중요하게는 바로 제국을 자신의 지배 아래 둘 수 있으리라.

또한 다른 장점들도 있었다. 그 결혼은 적어도 당분간 숨이 막힐 듯한 황궁의 분위기에서 벗어날 수 있는 기회였다. 이미 22년 동안이나 과부로 살아온 이레네였지만—그 기간 동안 그녀의 주변에는 온통 여자들과 환관들만 있었다—아직 50대 초반의 나이였다. 아니, 더 젊을지도 몰랐다.* 새 남편을 얻는다는 설렘에 반색을 보이는 게 뭐 잘못이란 말인가? 더욱이 들리는 바에 의하면 샤를은 키가 크고 빼어난 미남인 데다가 사냥 실력도 출중하고 낭랑한 목소리에 반짝이는 파란 눈을 지닌 사나이라 하지 않던가?**

그러나 현실은 그렇게 전개되지 않았다. 그녀의 백성들은, 십자

* 이레네는 752년 무렵에 태어난 것으로 추측된다.

** 샤를마뉴는 이레네보다 열 살 정도 위였으니까 청춘 남녀의 결혼은 분명 아니었다.

무늬의 우스꽝스러운 진홍색 대님을 발에 매고, 알아들을 수 없는 언어를 말하며, 300년 전 동고트족의 테오도리쿠스가 그랬듯이 미리 구멍을 뚫어 놓은 금판을 대고 서명을 해야 하는 무식한 프랑크 촌놈을 제위에 올릴 생각이 전혀 없었다. 802년 10월의 마지막 날, 이레네가 엘리우테리우스에서 가벼운 병에 걸렸다가 회복되었을 때 고위 관리들이 황궁을 장악하더니 사람들을 원형 경기장으로 불러 모으고는 이레네의 퇴위를 부르짖었다. 체포되어 수도로 끌려온 이레네는 저항하지 않고 의연하게 상황을 받아들였다. 어쩌면 그녀는 일종의 안도감을 느꼈는지도 모른다. 이후 이레네는 마르마라 해에 있는 프린키포 섬(왕자의 섬)에 유배되었다가 나중에 레스보스로 옮겨졌고 이듬해에 죽었다.

이레네 여제가 폐위됨으로써 비잔틴 제국사의 첫 단계가 끝났다. 콘스탄티누스 대제가 보스포루스 어귀에 새 로마를 건설한 지 472년이 지났다(이 기간은 대략 종교 개혁기에서 현대까지의 기간에 해당한다). 그동안 로마 제국과 그 심장에 있는 콘스탄티노플은 알아볼 수 없을 만큼 변했다. 제국의 영토는 크게 줄어들었다. 시리아, 팔레스타인, 이집트, 북아프리카, 에스파냐는 모두 무슬림의 손아귀에 들어갔고, 중부 이탈리아는 롬바르드족이 점령했다가 프랑크족에게로 넘어간 다음에 교황의 소유가 되었다. 하지만 콘스탄티노플 자체는 세계 최대의 도시이자 가장 부유하고 화려한 도시로 발전했다. 이따금 전염병이 돌아 많은 사람이 죽었으나 9세기 벽두에 콘스탄티노플의 인구는 25만 명이 훨씬 넘었다.

하지만 콘스탄티노플은 항상 포위되어 있었다. 동방에서는 잘 훈련되고 조직된 사라센이 전성기 페르시아보다도 더 강력한 적이었다. 서방에서는 고트족, 훈족, 아바르족을 모두 물리쳤지만 새로 불가르족과 슬라브족의 압력이 어느 때보다도 거셌다. 만약 콘스탄티누스가 콘스탄티노플보다 전략적으로 처지는 곳을 수도로 선택했더라면, 만약 테오도시우스와 그의 후계자들이 상당한 시간과 공을 들여 육로성벽과 해로성벽을 쌓지 않았더라면, 제국의 많은 적들 중 하나가 손쉽게 쳐들어왔을 테고 이 책은 훨씬 짧아졌을 것이다.

그러나 최악의 시기—이를테면 페르시아가 보스포루스 건너편에 진을 쳤을 때, 아바르족이 성문 앞까지 들이닥쳤을 때, 사라센의 갤리선들이 마르마라 해로 몰려들었을 때—에도 비잔티움 사람들은 바실레오스에서부터 일개 백성들에 이르기까지 모두가 단일하고 흔들리지 않는 믿음, 즉 로마 제국은 분리될 수 없는 한 몸이며 황제는 신이 지상의 대리인으로서 간택한 사람이라는 믿음으로부터 힘과 위안을 끌어 냈다. 때로는 그리스도교권의 하위 군주들이 마땅히 존경해야 할 황제를 존경하지 않은 적도 있었고, 심지어 무기를 들고 황제와 싸우기도 했다. 그러나 어느 누구도 황제와 같은 지위를 가졌다고 주장한 적은 없었다. 그런데 이제 느닷없이 생각지도 않은 일이 일어난 것이다. 벼락 출세한 일개 야만인 족장이 황제를 자칭하더니 로마 교황에게서 제관까지 받았다. 옛 질서는 사라졌다. 그리스도교 세계는 전과 달라질 수밖에 없었다.

주석

1 제위에서 물러나고 얼마 뒤에 디오클레티아누스는 정신없이 분주한 막시미아누스에게서 제위에 복귀해 달라는 전갈을 받았다. 기번은 그 장면을 이렇게 전한다. "그는 연민의 미소로 그 유혹을 뿌리치고는 '살로나에서 내 손으로 직접 심은 양배추를 막시미아누스에게 보여 줄 수 있다면, 그도 권력을 추구하는 데서 행복을 찾는 짓을 단념할 텐데' 라고 차분하게 말했다."

2 이 다리는 기원전 109년에 처음 놓였다. 지금도 밀비오 다리가 남아 있는데, 이는 여러 차례 재건되고 복구된 것이다. 가리발디가 다리를 폭파한 뒤 1850년에 교황 피우스 9세가 복구한 것이 마지막이다

3 콘스탄티누스의 세례당은 지금 남아 있지 않다. 현재 남아 있는 팔각형의 건물은 교황 식스투스 3세 시대(432년~440년)에 지어진 것이다.

4 이 2인 콘술제는 로마 공화정의 가장 오래되고 가장 유서 깊은 제도였다. 콘술들은 재임기간 동안 민간과 군사 부문에 대해 절대적인 권한을 가졌다. 하지만 제정 후기에 이르자 콘술은 순전히 명예직이 되었고, 콘술로 발탁된 두 사람도 하는 일이 전혀 없었다(기번의 인상적인 표현을 빌리면 그들은 "자신들의 위대함을 방해받지 않고 마음껏 관조하고자 했다"). 그래도 매년 콘술은 임명되었고, 그 직함이 지닌 명예는 언제나 대단했다. 황제가 직접 콘술이 되는 경우도 드물지 않았는데, 콘스탄티누스는 320년까지 이미 여섯 차례나 콘술을 지낸 바 있었다.

5 "우리는 그를 그리스도교 교회 종교음악의 아버지로 간주하며 그에게 커다란 경의를 표한다."(『가톨릭 신학 사전』의 '아리우스파' 항목)

6 후대에 전하는 바에 따르면, 당시 아리우스파의 주교들은 어쩔 수 없이 합의문에 서명하게 되자 문제가 된 용어에 'i' 라는 철자—그리스어로 '이오타' —를 삽입했다고 한다. 즉 homoousios를 homoiousios로 만든 것인데, 이 말은 '유사 본질' 이라는 뜻이다. 하지만 그런 행위는 상당한 모험이었을 것이며, 실제로 그랬다는 증거는 없다.

7 Saturni aurea saecla quis requirat?

Sunt haec gemmea, sed Neroniana.

– 편지, V, 8

전설에 의하면 사투르누스의 시대—로마에서는 매년 사투르날리아 축제가 벌어졌다—에는 마음대로 성적 향락을 즐겼다고 한다. 네로는 흔히 자기 어머니인 아그리피나와 근친상간을 저질렀다고 믿어졌다. 그러므로 이 시의 의미는 아주 분명하다

8 안타깝게도 현재의 성 파올로 푸오리 레 무라 성당은 콘스탄티누스의 후계자들이 지은 바실리카가 1823년경 화재로 파괴된 뒤 그 자리에 재건된 것이다. 개선문의 복원된 모자이크—갈라 플라키디아의 선물—는 세심하게 연구해 볼 가치가 있으며, 로마네스크 식 수도원은 로마에서 가장 아름답다. 그러나 콘스탄티누스 시절의 것은 전혀 남아 있지 않다.

9 성 세바스티아노라고 부르는 현재의 성당은 철두철미한 바로크 식이다. 하지만 이 성당과 바로 옆 성 칼리스토 성당 아래에 있는 카타콤은 콘스탄티누스 시대보다 앞선 것으로서 신비하고 주술적인 분위기가 강하다.

10 따라서 콘스탄티누스가 콘스탄티노플 성곽의 선을 그렸다는 이야기처럼 그가 직접 바실리카를 설계했다는 전설은 믿기 어렵다. 잘 알려져 있듯이 옛 성 베드로 대성당은 16세기 초 교황 율리우스 2세가 파괴했다. 현재의 건물은 원래의 바실리카가 세워진 지 1300년이 지난 1626년 11월 18일에 봉헌된 것이다. 1940년부터 1949년까지 그로테 바티카네를 발굴한 결과 실제로 성 베드로의 무덤을 이루었던 기념물의 잔해가 나왔다.

11 콘스탄티누스 성벽은 오늘날 우리에게 전해지는 테오도시우스 성벽보다 약 1.5킬로미터 안쪽에 세워졌다. 지상에 윤곽선은 남아 있지 않다.

12 세 마리의 뱀이 서로 몸을 꼬고 있는 청동상이었는데, 그 머리 부분은 1700년에 터키에 주재하던 폴란드 대사관 직원이 술에 취해 잘라 버렸다고 한다. 그중 하나는 1847년에 복구되어 고고학 박물관에 전시되었다.

13 이 콘스탄티누스의 기둥은 지금도 있으나 남아 있는 것은 기둥뿐이다. 416년의 사고 이후 기둥은 쇠고리로 묶였고(1701년에 술탄 무스타파 3세가 새로 묶었다), 1106년에 황제의 조상은 돌풍으로 파괴되었다. 또 12세기 후반에 마누엘 콤네누스가 수도를 옮겼다. 게다가 이 기념물은 몇 차례 화재로 큰 피해를 입은 탓에 영국에서는 흔히 '불탄 기둥'으로 불린다. 터키인들은 '테를 두른 기둥(젬베를리타시)'이라고 부른다. 이름이야 어떻든 오늘날 그 모습은 아주 처참하다.

14 콘스탄티누스는 그 신전들 가운데 두 곳을 허가했다고 한다. 하나는 티케 신전이었고 다른 하나는 원형 경기장 근처에 있는 디오스쿠로이(쌍둥이인 카스토르와 폴룩스) 신전이었다. 또한 예전부터 전해지던 곳들 이외에도 신전들이 더 있었을 것이다.

15 "도시가 창건된 지 한 세기 가량 뒤에 작성된 어느 상세한 기록을 보면, 의사당과 학교, 경기장이 각각 한 곳, 극장이 두 곳, 공공 목욕탕이 여덟 곳, 개인 목욕탕이 쉰세 곳, 주랑식 현관이 쉰두 곳, 곡식 창고가 다섯 곳, 수도 혹은 저수지가 여덟 곳, 원로원 의원이나 판사들이 회합을 가질 수 있는 넓은 홀이 네 곳, 성당이 열네 곳, 궁전이 열네 곳, 그리고 주택이 4,388채가 있었는데, 평민들의 거주지라고 보기에는 훨씬 규모가 크고 아름다웠다."(기번, 제17장)

16 이 성당의 지하실에 있는 성 헬레나 예배당은 성 그레고리우스 예배당과 더불어 그 고대 궁전의 일부분이다. 전설에 따르면 그곳은 헬레나 황후의 침실이었다고 하지만 지금은 그녀의 개인 예배당이었을 것으로 추측된다.

17 예를 들어 소크라테스 스콜라스티쿠스는 아리우스가 "많은 사람들의 이목을 끌며 도시 한복판을 행진하던 도중에" 콘스탄티누스 광장을 지나칠 무렵 갑자기 일을 당했다고 기록한다. 소크라테스가 그 글을 쓴 시기는 다음 세기 초가 분명하지만, 그는 자신 있게 말하고 있다. "그 비극의 장소는 지금도 콘스탄티노플에서 볼 수 있다. …… 주랑 근처를 지나치는 사람들은 지금도 그 현장을 손으로 가리킨다. 그런 특별한 죽음의 기억은 영원히 잊혀지지 않게 마련이다."

18 콘스탄티노플이 로마를 계승한다고 볼 수 있는 또 다른 증거는 콘스탄티노플도 로마처럼 일곱 개의 언덕 위에 세워졌다는 점이다. 하지만 로마의 일곱 언덕처럼 윤곽이 명확하지 않기 때문에 콘스탄티노플의 일곱 언덕을 확인하려면 좀 상상력이 필요하다.

19 『콘스탄티누스의 생애』, IV, 60~71.

20 존 홀랜드 스미스, 『콘스탄티누스 대제』.

21 그의 차림새에 관해 기번은 이렇게 썼다. "디오클레티아누스가 임명한 아시아적 군주의 화려한 차림은 콘스탄티누스를 부드럽고 나약한 인물로 보이게 했다. 그는 당대 최고의 뛰어난 기술자들이 공들여 만든 다양한 색깔의 가발과 호화로운 제관을 썼고, 보석과 진주, 목걸이와 팔찌를 주렁주렁 걸었으며, 여러 가지 빛으로 반짝이고 황금의 꽃을 정교하게 수놓은 비단 옷을 입었다. 그런 차림새는 엘라가발루스(괴상한 신을 믿고 동성애 등 괴팍한 행동을 한 것으로 유명한 3세기 초의 로마 황제—옮긴이)와 같은 치기와 어리석음을 그대로 보여 주며, 거기서 우리는 연로한 군주의 지혜나 로마 베테랑 병사의 소박함을 전혀 찾아볼 수 없다."

22 콘스탄스는 341년에 브리타니아를 방문하는데, 적법한 로마 황제로서 브리타니아에 간 것은 그가 마지막이었다.

23 조시무스(iv, 19,43)는 유스티나가 발렌티니아누스와 결혼하기 전에 제위 찬탈자였던 마그넨티우스의 아내였다고 주장하지만 그럴 가능성은 거의 없다.

24 조시무스(iv, 44)는 테오도시우스가 처음에는 막시무스와 전쟁을 벌이지 않으려 했다가 유스티나 때문에 마음을 바꾸었다고 말한다. 유스티나는 테오도시우스가 얼마 전에 아내를 잃었고 미녀를 좋아한다는 것을 알고는 갈라를 보내 마음을 돌리게 했다는 것이다. 조시무스에 의하면 황제는 갈라에게 설득당한 정도가 아니라 아예 빠져 버렸다. 갈라의 노력은 전쟁만이 아니라 결혼까지 이뤄 낸 것이다.

25 암브로시우스, 『발렌티니아누스에게 바치는 조사』, Vol. vii.

26 "군주의 의상과 황금 식기들을 관리하고, 군주의 식사를 돌보고, 신성한 소파를 펴고, 화려한 옷을 입은 시종들을 감독하고, 갑옷과 투구를 착용한 30명의 실렌티아리를 두 번째 장막 앞에 배치하여 군주의 침실을 호위하는 것, 이것들이 바로 로마 제국의 대신들이 늘 신경 써야 하는 중대한 책무였다"(T. 호지킨, 『이탈리아와 그 침략자들』, 제1권, 제3장)

27 아드리아 해에서 발칸 반도와 트라키아를 가로질러 콘스탄티노플에 이르는 제국의 도로.

28 『유트로피움』, I, 199~207. 베리 교수는 "그러나 우리는 유트로피우스와 같이 신체적 장애를 가지고 있는 사람에 대한 일반적인 편견을 크게 참작해야 한다"고 경고한다.

29 그의 이름에서 크리소스톰이란 '황금의 입을 가졌다'는 뜻이다.

30 클라우디아누스는 이 결혼에 대한 축시로 무려 500행이나 할애하고 있다. 이 시는 갓난 아기가 부모의 무릎에 앉아 있는 흐뭇한 장면으로 끝난다. 하지만 마리아는 처녀로 살다가 죽었다고 전해진다.

31 기번은 코웃음을 치며 "그렇게 어색한 장신구로 석상을 장식한 데서 그 시대의 나쁜 취향을 볼 수 있다"고 말한다.

32 포르피로게니투스, 즉 '태어나면서부터 황태자'라는 말은 아버지가 제위에 오른 이후 황궁의 황제실에서 태어난 황태자만을 가리키는 이름이다.

33 포르피리우스 주교의 보제補祭였던 마르쿠스는 그 과정을 우리에게 이렇게 전해 준다. 그와 스승은 교회 밖에 나와 있다가 세례 행렬이 보이자 "우리는 그대의 신앙심을 기원하노라"라고 소리치고는 문서를 내밀었다. "아기를 안은 사람은 …… 걸음을 멈추고 군중을 조용히 시킨 뒤 두루마리의 일부분을 풀고 읽었다. …… 그는 손을 아기의 머리 아래로 집어넣고 큰 소리로 말했다. '폐하께서 청원에 포함된 요청을 비준하도록 명하셨습니다.'" 나중에 궁전에서 "황제는 그 문서의 내용을 다 들은 뒤 '그 요청은 들어주기 어렵지만 거절하기는 더 어렵도다. 우리 아들의 첫 번째 명령이니까.'라고 말했다."(베리, 앞의 책에서 인용, 베를린 아카데미의 『논문』, 1879)

34 여기서부터는 그녀를 유도키아라고 불러야 마땅하겠지만, 그녀의 시어머니와 그녀가 낳을 딸 이름이 모두 유독시아이기 때문에 ― 게다가 유도키아와 유독시아는 자주 혼용된 듯하다 ― 혼동을 조금이나마 줄이기 위해 원래의 이교도 이름을 그대로 부르기로 한다. 어

쨌든 매우 예쁜 이름인 것은 사실이다.

35 그는 콘스탄티누스에게 항복하면 목숨을 살려주겠다고 약속하고, 그와 그의 아들 율리아누스를 엄중한 호위 속에 라벤나로 보냈다. 그러나 라벤나의 스무 번째 초석에 이르렀을 때 황제의 명령에 의해 포로 부자는 처형되고 말았다. 당시의 역사가인 올림피오도루스는 부자의 머리가 장대에 꿰인 채 카르타고 성문 밖에 걸렸다고 한다. 카르타고를 택한 것은 기묘한 일인데, 그것에 관해서는 설명이 없다.

36 이 생각은 니케아 공의회에 참가한 일부 대표들이 제기했다. 주석 6을 참조하라.

37 이렇게 수모를 당했지만 네스토리우스의 교리는 그가 아는 것보다 더 오래 존속했다. 그의 추종자들은 동쪽의 페르시아와 메소포타미아로 가서 훗날 네스토리우스 교회를 세웠다. 여기서 상당한 성공을 거둔 뒤 네스토리우스교는 티무르가 지배하는 몽골의 억압을 피해 쿠르디스탄의 산지로 터전을 옮겼는데, 이곳에서 소수의 교도들이 지금까지 그 명맥을 잇고 있다.

38 이런 주장은 대개 청중의 심금을 울리게 마련이다. 참고로, 1945년에 런던이 자유를 되찾은 뒤 아이젠하워 장군이 군중에게 한 연설을 보라. "저도 여러분처럼 그 아래에서 투덜댈 권리가 있습니다. 저도 런던 사람이거든요." 또 케네디 대통령이 1963년에 "저는 베를린 사람입니다"라고 말한 것도 마찬가지 맥락이다.

39 그녀는 그 사슬 중 하나를 딸 유독시아에게 보냈는데, 유독시아는 곧장 지금의 빈콜리의 산피에트로 교회라고 알려진 로마 교회를 세워 그 유물을 보관했다. 나중에는 베드로가 로마에 잡혀 있을 때 그를 묶었던 다른 족쇄들도 그 교회에 보관되었다.

40 라벤나에 있는 플라키디아의 무덤은 당대를 대표하는 기념물이다. 화려한 모자이크 아래서 있는 대리석관 세 개 중에서 왼쪽의 관에는 그녀의 둘째 남편 콘스탄티우스와 아들 발렌티니아누스 3세의 유골이 지금도 남아 있다. 오른쪽 관은 호노리우스의 것이고, 중앙의 가장 큰 석관이 플라키디아의 것이다. 기록에 의하면 그 관 속에서 그녀의 시신은 1100년 동안이나 정복을 입고 옥좌에 앉은 채로 있었다. 원래는 뒤에 뚫린 구멍으로 들여다볼 수 있었는데, 1577년에 아이들이 그 구멍으로 불이 붙은 초를 집어넣었다. 순간 불꽃이 번쩍하면서 무덤 안의 모든 것이 잿더미로 변했다.

41 지난 세 차례의 공의회는 325년의 니케아 공의회, 381년의 콘스탄티노플 공의회, 431년의 에페수스 공의회를 말한다.

42 1190년에 익명의 영국인이 쓴 기록에 따르면, 서로 대립하는 정통론과 단성론 두 진영은 성 유페미아의 관—성 유페미아는 303년에 순교했다—속에 각각 자신들의 교리를 집어넣고 그녀에게 판결을 의뢰했다고 한다. 일주일 뒤 관을 열어보니 정통론 교리가 그녀의 가슴 위에 있었고 단성론 교리는 그녀의 발아래에 있었다. 그것으로 더 이상의 논쟁은 필

요 없었다.

43 단성론은 오늘날에도 콥트 교회와 아비시니아 교회, 시리아의 야코부스파 교회, 아르메니아 교회 등에 퍼져 있다.

44 옛 기록자들은 전투가 벌어진 장소만이 아니라 이름도 제각각으로 말한다. 호지킨은 입수할 수 있는 모든 자료를 주의 깊게 검토한 뒤, 그 전장이 트루아에서 북서쪽으로 30킬로미터 가량 떨어진 메리쉬르센이라는 결론을 내렸다. 그의 결론이 옳다면 실제 전투는 메리와 에스티사크의 중간 부분 바로 남쪽에 위치한 넓고 평평한 평원에서 벌어졌을 가능성이 크다.

45 프로코피우스(『전쟁의 역사』, III, iv)는 발렌티니아누스의 암살을 지시한 사람이 바로 막시무스였으며, 그 직전에 황제는 그의 아내를 폭행했다고 말한다. 하지만 기번의 견해에 의하면 프로코피우스(그는 약 500년경에 태어났다)는 "자신이 기억하기 이전에 있었던 사건들을 황당무계하게 지어 낸 사람"이다.

46 유독시아는 카르타고에 7년 동안 머물렀다. 462년에야 레오의 거듭된 요청으로 그녀는 딸 플라키디아—딸은 로마의 원로원 의원 올리브리우스(훗날 잠시 황제가 된다)와 결혼했다—와 함께 콘스탄티노플에 올 수 있었다. 다른 딸인 유도키아는 가이세리크가 자기 아들 후네리크와 결혼시켰다.

47 『전쟁의 역사』, III. vi. 기번의 비난(주석 45)에도 불구하고 여기서 프로코피우스의 말은 믿을 만하다. 그의 시대에는 진실이 잘 알려졌을 것이다. 게다가 그는 벨리사리우스가 533년에 바실리스쿠스가 실패한 카르타고 원정을 재개했을 때 참여한 바 있다.

48 거기에 필요한 몸값의 대부분은 돌아오는 길에 세베루스가 직접 좋은 옷과 금은제 식기를 팔아 조달함으로써 반달 왕국의 궁정에 비잔티움의 위엄을 과시했다.

49 주상고행자 다니엘은 전에 안티오크 근처의 기둥 위에 있는 성 시메온을 찾아갔는데, 나중에 시메온이 죽자 그의 뒤를 따르기로 결심했다. 처음에는 소박한 기둥 위에서 지내던 그는 나중에 레오 황제가 그를 위해 세워 준 웅장한 기둥 두 개 위로 거처를 옮겼다. 두 기둥 사이에는 판자로 만든 임시 다리가 설치되어 오갈 수 있게 되어 있었다. 다니엘은 493년 12월 11일에 죽을 때까지 도합 33년 3개월 동안 기둥 위에서 살았다. 그의 전기를 쓴 작가에 따르면 다니엘은 바실리스쿠스를 설득할 때 단 한번 기둥에서 내려왔다고 한다. 당시 다니엘은 황제의 잘못을 지적하고 소피아 대성당에서 정식으로 철회하게 했다지만, 그렇게까지는 하지 못했을 것이다.

50 수에비족은 훈족이 닥쳐오기 전에 고향—엘베 강 유역—을 떠난 소수 게르만족 가운데 하나다. 그 무렵 그들 대다수는 에스파냐와 포르투갈에 정착했다.

51 오도아케르의 아버지는 에데코인데, 7장에 잠깐 나온 아틸라의 사절과 같은 사람일 수도

있다. 스키리족은 게르만족의 일파로 이 이야기에서 그다지 중요하지 않다.

52 아코이메타이(Akoimētai)는 '잠들지 않는 사람들'이라는 뜻으로 알렉산데르라는 대수도원장이 400년경에 세웠다. 이들의 규칙은 절대적인 빈곤을 유지하는 한편, 육체노동을 하지 않고 교대로 성가대를 하면서 끊임없이 기도하는 것이었다(쉬지 않고 기도한다고 해서 아코이메타이라는 이름이 붙었다). 그들은 황궁의 조치에 대해 공공연히 불만의 목소리를 내는 것 때문에 세력이 강해졌으며, 정부와의 마찰이 잦았다. 네스토리우스는 그들을 콘스탄티노플에서 쫓아냈지만, 그들은 곧 보스포루스의 아시아 쪽 연안에 수도원과 수녀원을 다시 설립했다.

53 보이티우스의 유일한 죄목은 반역죄의 누명을 쓴 친구이자 전직 콘술 알비누스를 적극적으로 옹호했다는 것이었다. 이 때문에 그와 그의 장인인 심마쿠스까지 기소되었다. 감옥에 있는 동안 그는 『철학의 위안』을 썼는데, 이 책은 후대에 큰 인기를 누렸고 앨프레드 대왕에 의해 앵글로색슨어로 번역되기도 했다.

54 이것은 뜻밖의 일이다. 우리가 아는 한 펠릭스는 황제에게 자신이 선출되었음을 정식으로 통보한 최초의 교황이기 때문이다.

55 디라키움은 나중에 두라초라 불렸는데, 현재 알바니아의 항구인 두러스다. 에그나티아 가도의 서쪽 끝에 해당하는 도시였다.

56 이 금액을 현재의 시세로 평가하면 얼마일지 정확히 알기란 불가능하지만, 468년 레오 1세가 실패한 아프리카 원정에 든 비용이 13만 파운드였다는 사실(프로코피우스, 『아네크도타』, xix, 7)과 비교해 보면 어느 정도 짐작할 수는 있다.

57 원래는 네 팀이 있었는데, 이 무렵에는 적색당과 백색당이 다른 두 파에 흡수되었다.

58 이곳에서부터 이어지는 내용의 전거를 확인하려면 『비밀스러운 역사』, vi~viii쪽을 참조하라.

59 이 딥티크에는 정통 신앙을 가진 사람들의 이름이 적혀 있는데, 당시에는 성찬식이 있을 때마다 그 이름들을 읽는 게 관례였다.

60 『비밀스러운 역사』, ix, 10~22쪽.

61 이 아름다운 건축물은 현재 '작은 소피아'라고 불리는 모스크다. 원형 경기장의 남단, 해로성벽의 바로 뒤에 있다. 두 수호성인은 원래 로마의 백부장이었다가 그리스도교로 개종한 뒤 신앙으로 인해 순교했는데, 유스티니아누스가 젊은 시절부터 특히 존경했다. 그가 아나스타시우스를 타도하기 위한 역모를 꾸몄다는 혐의로 사형 선고를 받았을 때 두 성인이 그의 꿈에 나타나 그를 석방시켜 주었기 때문이다.

62 이 시기보다 9세기 전 인물인 헤로도토스에 의하면, 리디아 사람들은 딸을 결혼시키기 전에 몸을 팔게 하는 악습이 있었다고 한다. 비록 그가 "그 밖에 그들의 생활 방식은 우리와

매우 비슷하다"고 말했지만, 헤로도토스의 시대 이후 리디아 여인들의 도덕은 크게 변했을 것이다.

63 『전쟁의 역사』, I, xxiv, 16.

64 프로코피우스, 『전쟁의 역사』, I, xxiv, 33~7.

65 208쪽을 참조하라.

66 실제로 이 성당은 700년 뒤에 세비야 대성당이 건축될 때까지 가장 큰 규모를 자랑했다.

67 『건물』, i, 1.

68 첫 번째 돔 지붕은 553년과 557년의 지진으로 크게 약해졌다가 558년 5월 7일에 무너졌다. 그것을 재건한 사람은 이시도루스와 이름이 같은 그의 조카인데, 그는 원래의 지붕보다 물매를 약간 더 가파르게 하고 중앙부를 7미터 가량 더 높였다. 하지만 이 두 번째 지붕은 989년에 서쪽 아치와 함께 무너졌고, 세 번째 지붕도 1346년에 동쪽 아치와 함께 무너졌다. 현재의 돔 지붕은 네 번째 것이며, 1860년대에 이탈리아의 건축가인 가스파레 포사티가 복구 작업을 할 때 쇠사슬을 삽입하여 강화했다.

69 261쪽을 참조하라.

70 프로코피우스, 『전쟁의 역사』, III, x, 14~16.

71 드로몬(dromon, 쾌속 범선)은 비잔티움 전함 중에서 가장 작은 종류로 선체가 가볍고 속도가 빨랐다. 사공은 노 한 열당 약 20명이 있었으며, 적의 대포 공격으로부터 보호하기 위해 지붕이 설치되어 있었다.

72 프로코피우스는 아무리 벨리사리우스라 해도 원형 경기장에 들어올 때는 콰드리가(quadriga, 말 네 마리가 끄는 전차)를 타지 않고 걸어야 했다고 분명히 말한다.

73 유일하게 저항을 한 것은 파노르무스에 주둔한 고트족 수비대였다. 현재의 팔레르모인 이곳은 당시에는 중요하지 않은 작은 항구였다. 벨리사리우스는 함선들을 바짝 모이게 해서 함선의 돛대가 도시의 성벽보다 높아지도록 했다. 그런 다음에 보트에 병사들을 실어 밧줄로 돛의 가로 활대까지 끌어올렸다. 거기서 병사들은 성을 방어하는 적병들을 향해 불화살을 쏘고 성벽 위로 뛰어내렸다. 결국 수비대는 항복할 수밖에 없었다.

74 겨우 6개월 전에 교황이 된 실베리우스는 아마 역사상 유일하게 교황의 적자로 태어난 사람일 것이다. 그의 아버지인 교황 호르미스다스는 아내가 죽은 뒤에 성직자가 되었기 때문이다.

75 만약 당시 벨리사리우스가 휴식과 재충전을 위해 오른쪽 높은 언덕에 도로를 굽어보며 서 있는 대수도원에 잠시 들렀더라면, 그는 성 베네딕투스를 직접 볼 수 있었을 것이다. 베네딕투스는 8년 전에 몬테카시노에 자신의 이름을 딴 수도원을 건립했기 때문이다.

76 프로코피우스, 『전쟁의 역사』, VI, xvi.

77 물론 아라비아 남부의 대상隊商 도시인 페트라와는 다른 도시다. 이 페트라는 당시에 이미 버려져 잔해만 남아 있었다.

78 『비밀스러운 역사』, i~iii.

79 『전쟁의 역사』, II, 21.

80 프로코피우스는 이렇게 묘사한다(『전쟁의 역사』, VII, I, 47~9). "힐데바드가 의자에 비스듬히 누운 채 음식을 향해 손을 뻗었을 때 벨라스는 갑자기 칼로 그의 목을 찔렀다. 음식을 손에 든 채 잘린 목이 식탁 위로 떨어졌다. 그의 머리는 대경실색한 표정을 짓고 있었다."

81 토틸라의 로마 포위에 관한 그의 자세한 설명은 『전쟁의 역사』, VII, xv~xx를 보라.

82 아나스타시우스 비블리오테카리우스라는 작가의 주장에 의하면, 비길리우스를 납치한 사람은 유스티니아누스가 아니라 테오도라였다고 한다. 황후가 그 일에 대해 복수하려는 마음에서 그런 공작을 꾸몄고 다른 범죄(살인까지 포함하여)도 저질렀다는 것이다. 그러나 이 이야기는 진지하게 받아들이기에는 무리가 있다.

83 그레고리우스 대교황은 비길리우스가 테오도라 황후도 파문했다고 말한다. 그러나 당시 그레고리우스는 로마에 사는 어린이였기 때문에, 그 이야기는 사실로 믿기 어렵다. 만약 비길리우스가 그렇게까지 대담한 조치를 취했다면, 우리도 그 이야기를 들었어야 할 것이다. 게다가 설사 그게 사실이라 해도 비길리우스가 그다지 오래 버티지는 못했을 것이다.

84 서고트족은 다른 야만족들과 마찬가지로 독실한 아리우스파였다. 하지만 세비야의 이시도루스 주교에 의하면, 아타나길드는 은밀하게 가톨릭 신앙, 즉 정통 그리스도교 신앙을 가졌다고 한다. 그의 말이 옳다면 유스티니아누스는 아타나길드를 적극적으로 도와주려 했을 것이다.

85 이 궁전은 소피아 대성당의 바로 남쪽에서 마르마라 해를 굽어보는 위치에 세워진 콘스탄티누스 시대의 궁전이었다. 호르미스다스는 초창기 주인의 이름인데, 페르시아의 망명자로 콘스탄티우스 황제의 주요 자문관이었다.

86 그들의 서한은 다음 문헌에서 볼 수 있다. 미뉴, 『라틴 교부 선집』, 제69권, 113~119쪽.

87 원문은 Non sedem sed sedentem, 즉 "자리가 아니라 자리에 앉은 사람"이다.

88 묘하게도 그 이야기가 실린 문헌—미카일 프셀루스가 11세기 후반에 썼다고 추정된다—은 같은 쪽에 유스티니아누스가 549년에 세워 준 벨리사리우스의 금동상이 그대로 남아 있다고 기록한다. 그가 그런 비참한 운명에 처했다면 그 금동상도 틀림없이 철거되었을 것이다.

89 롬바르드족이 이탈리아에 온 것은 나르세스가 소피아 황후에게서 모욕을 받고 그 앙갚음을 하기 위해 그들을 불렀기 때문이라는 멋진 전설이 있다. 이야기인즉 황후는 나르세스

가 거세당한 것을 야유하기 위해 실패를 그에게 보냈다는 것이다. 나르세스는 이를 갈면서 이렇게 중얼거렸다. "황후를 실타래로 칭칭 감아 평생토록 풀지 못하도록 하겠다." 흥미로운 이야기지만 그저 전설일 따름이다.

90 에페수스의 요한네스, 『교회사』, VI, i. 이 시기에는 서양사에 처음으로 투르크족이 등장한다. 568년 혹은 569년에 그들은 콘스탄티노플에 대사를 보냈고 그 이듬해에는 제국이 페르시아와 다시 전쟁을 할 경우 제국을 돕겠다는 충성 조약을 체결했다. 그러나 호스로우는 그들을 자기 편으로 만들 수 있다는 희망을 포기하지 않았다.

91 "그들은 힘센 청년들을 뽑아 황제의 시종이자 간수 역할을 하게 했다. 이 청년들이 황제의 뒤를 쫓아 붙잡을 때면, 힘이 대단한 황제는 청년들을 공격하고 물어뜯기까지 했다. 그 중 두 명은 황제에게 머리를 심하게 물려 중상을 입었다. 그들은 곧 병원으로 옮겨졌는데, 수도에는 황제가 시종 두 명을 잡아먹었다는 소문이 나돌았다."(에페수스의 요한네스, III, iii)

92 하지만 공정을 기하려면 그가 아리우스파에도 상당히 우호적이었다는 점을 알아두어야 한다. 아마 거의 모든 야만족들이 아리우스 이단을 좋아했으므로 그도 마찬가지 심정이었을 것이다.

93 일곱째 초석 부근에 위치한 교외 지역.

94 마우리키우스의 치세에 관한 주요 참고문헌은 테오필락투스 시모카타의 『역사』다. 이집트인인 그의 이름은 원래 '납작코 고양이'라는 뜻인데, 베리 교수의 말을 빌리면 그의 문체는 "대단히 따분하면서도 극도로 과장되어 있다."

95 테오필락투스는 이렇게 말한다. "이제 동방의 사태가 미소를 짓게 되었으므로, 호메로스식으로 표현하면 야만족의 소굴에서 벗어났고, '장미를 만졌다'고 할 정도로 칼이 핏빛으로 물들지 않게 되었으므로 황제는 군대를 유럽으로 이동시켰다." 당대의 문투가 이런 식이었던 탓에 그 불운한 역사가는 이렇게 억지로라도 흉내를 내지 않을 수 없었다.

96 마우리키우스의 몰락에 관한 자세한 이야기는 테오필락투스(『역사』, VIII, vi~xii)가 전하고 있다.

97 이곳은 현재 마라시 북쪽의 야르푸즈라는 더 초라한 마을이 되어 있다. 자신이 세운 건물들이 지진으로 무너지자 마우리키우스는 처음부터 모두 다시 시작했다.

98 니케타스는 이집트에서 지체한 탓에 사촌보다 상당히 늦게 콘스탄티노플에 도착하게 되었다. 기번은 이렇게 말한다. "그는 군말 없이 친구의 행운을 인정했다. 그는 훌륭한 처사에 대한 보답으로 기마상과 황제의 딸을 받았다."

99 프리스쿠스는 데모스의 지도자들이 원형 경기장에서 황제와 황후의 조상 옆에 자기 부부의 조상을 세웠을 때부터 장인을 타도하려는 음모를 꾸몄다. 그 이야기를 듣고 격노한 포

카스는 딸 부부의 조상을 철거하라고 명했으며, 프리스쿠스를 반역죄로 처형하려다가 간신히 참았다. 나중에 즉위한 지 2년 뒤에 프리스쿠스의 충성심을 의심한 헤라클리우스는 그를 강제로 삭발시키고 수도원으로 보냈다. 결국 프리스쿠스는 수도원에서 한두 해 뒤에 죽었다.

100 칼케돈의 페르시아 진지는 임시 전진 기지였을 뿐이고 그 주변의 영토는 모두 여전히 황제에게 충성하는 곳이었다.

101 427쪽을 참조하라.

102 487년에 제논 황제는 경솔하게 동고트족의 테오도리쿠스를 공격한 적이 있었고, 한 세기 뒤에 마우리키우스는 아바르족을 상대로 전투를 지휘하려 했다. 하지만 둘 다 성과는 신통치 않았다.

103 현재의 쿠라 강과 아라스 강에 해당한다.

104 그는 일부 역사서에 사에스라는 이름으로 나온다.

105 테오파네스, 『연대기』, Vol. 108, p. 654.

106 이 사실을 알게 된 이유는 페르시아의 또 다른 전령이 비잔티움 측에 사로잡혔기 때문이다. 이번에는 전령이 지닌 서한을 그대로 샤흐르바라즈에게 전하게 놔두고 유죄 판결을 받았다고 알려진 페르시아군 고위 장교 400명의 명단을 첨부했는데, 반란이 일어날 경우 많은 지지를 확보하기 위해서였다.

107 전문은 『유월절 연대기』에 있다.

108 칼리프가 성묘 성당에 있을 때 마침 기도 시간이 되었다. 그러나 그는 이슬람교도를 위한 장소가 아니라는 이유로 성당 안에 기도용 융단을 깔지 말라고 명했다. 그 대신 그는 성당 바깥의 현관으로 물러나 거기서 기도했다. 그의 두려움은 결국 옳았다. 그 현관은—그 현관만—즉시 무너졌고 그 잔해는 오늘날까지 무슬림들의 수중에 있다.

109 그의 본명은 헤라클리우스였으나 그의 아버지와 구별하기 위해 주로 헤라클로나스라는 이름으로 불렸다.

110 "그는 소변을 볼 때마다 소변이 얼굴에 튀지 않도록 하기 위해 배 부분에 판자를 걸쳐 놓아야만 했다"(니케포루스, VII, xi). 신민들은 근친상간을 저지른 황제의 그 신체 기관을 신께서 특별히 벌하시는 것이라고 수군거렸다.

111 케드레누스, I, 753쪽.

112 코를 자르는 형벌은 원래 고대 오리엔트의 관습이었는데, 헤라클리우스가 몇 년 전 역모를 꾸몄다는 혐의로 테오도루스와 아탈라리크를 징벌할 때 비잔티움에 처음 도입했다. 그 형벌의 목적은 희생자가 제위를 탐낼 수 없도록 만드는 데 있었다. 비잔티움 시민들은 황제에게 신체적 결함이 없어야 한다고 생각했기 때문이다.

113 테오파네스, 6134.

114 현재는 원래의 그리스식 이름인 살라미스로 더 잘 알려져 있는 콘스탄티아는 파마구스타의 북쪽 약 5킬로미터 지점에 있다. 나중에 재건된 도시이지만, 그 뒤에도 여러 차례 적의 공격과 지진 피해를 입은 탓에 항구가 침적토로 막혀 사용할 수 없게 되었다. 이 도시가 버려진 뒤 건물들에서 나온 잔해는 14세기 전성기에 파마구스타를 건설하는 데 유용하게 쓰였다.

115 항구 위에 두 다리를 벌리고 서 있었다는 설이 있지만 그것은 사실이 아니다.

116 밈바르(mimbar 또는 mimber)는 덮개가 있는 연단인데, 긴 계단을 통해 올라가서 금요일의 설교를 하는 곳이다.

117 한동안 이 별명은 콘스탄스의 아들인 콘스탄티누스 4세를 가리키는 것으로 잘못 전해졌다. 이 착각은 E. W. 브룩스가 『비잔티움 학회지』, 제17권(1908), 460~462쪽에 「콘스탄티누스 포고나투스는 누구인가?」라는 논문을 게재함으로써 말끔히 해소되었다. 이 시기의 황제들은 모두 수염을 길렀다. 그러나 주화를 보면 알 수 있듯이 콘스탄스처럼 얼굴에 수염을 잔뜩 기른 황제는 7세기의 기준으로 보아도 특별한 경우에 속한다.

118 막시무스는 마르티누스 교황보다 「진술」과 「전범」에 대한 반대를 더 열렬히 주도한 정신적 지도자였다. 심지어 그는 속인인 황제는 신학적 문제에 대해 의견을 말할 권리가 없다고까지 주장했다. 그는 90여 편의 저작을 펴냈고, 여러 가지 면에서 수백 년 뒤 국가에 대해 교회의 우위를 주장하는 중세 교부의 선구자였다.

119 시민들이 천도에 무관심했던 또 다른 이유는 황제의 진의를 모른 채 그가 수도를 옮기려 하는 것이 아니라 단지 서방의 영토를 좀 길게 순방하려는 것으로만 알았기 때문이다.

120 10세기의 작가인 마르쿠스 그라이쿠스는 '그리스 화약'의 개략적인 제조 방법을 이렇게 설명한다. "순수한 황, 주석酒石, 사르코콜라[페르시아 고무], 역청, 녹인 초석, 석유[메소포타미아와 카프카스의 지표면 침전물에서 얻을 수 있다], 송진을 준비한다. 이 재료들을 끓인 다음 밧줄에 스며들게 해서 불을 붙인다. 이 불은 소변, 식초, 모래로만 끌 수 있다." 정말 그런 성질을 가졌다면 소방 기법도 전혀 달라져야 할 것이다.

121 451년에 칼케돈 공의회를 소집하여 단성론을 처음으로 단죄한 사람은 마르키아누스였다(제7장 참조).

122 아르메니아의 북쪽에 인접한, 흑해와 카스피 해 사이의 지역이다.

123 주민들은 특히 군대 징집을 면제받았으며, 8세기에 불어닥치는 성상 파괴의 영향도 받지 않았다.

124 영어로 번역된 내용은 『그리스 연구』, 제32권(1912), 87~95쪽에서 볼 수 있다.

125 오스트로고르스키, 번역본 초판. 2판에서는 문장이 수정되어 "물론 테오파네스를 믿을

수는 없다"(131~132쪽)고 되어 있는데, 뉘앙스의 변화가 흥미롭다.

126 그 밖에 교황이 특별히 이의를 제기한 법규는 그리스도를 양에 비유하지 말라는 조항이었다. 세르기우스는 양의 이미지에 각별한 애착을 가지고 있어 미사를 집전할 때 일부러 '하느님의 어린 양Agnus Dei'이라는 말을 추가하여 자신의 불만을 드러냈다고 한다.

127 『교황실록』, I, 373~374.

128 이 경우 혀를 자른 것은 무엇보다도 상징적이었을 것이다. 유스티니아누스는 굉장한 수다쟁이로 알려져 있었기 때문이다. 반면 코를 자른 것은 그에게 지속적인 모욕을 주었다. 그 뒤 그는 리노트메투스, 즉 '코 잘린 자'로 불렸다.

129 교황은 케르손을 싫어했고 생활 조건에 관해서도 불만이 많았다. 심지어 그는 친구들에게 빵을 보내 달라는 편지를 쓰기도 했다. "빵 이야기를 많이들 하지만 본 적은 없다네."

130 젊어서 죽은 첫 아내 유도키아의 딸을 가리킨다.

131 여기서 눈여겨봐야 할 것은 말장난이다. '사자'는 레온티우스이고 '독사'는 아프시마르(티베리우스의 본명)를 가리킨다[라틴어로 사자는 레오Leo이고 독사는 아스피스aspis다].

132 『롬바르드족의 역사』, VI, xxxii.

133 그를 실명시킨 데는 흥미로운 방법이 쓰였다. 커다란 은 접시를 가열하여 빨갛게 달구고 그 위에 '가장 강한 식초'를 뿌린다. 그런 다음에 그에게 시력을 잃을 때까지 접시를 오랫동안 쳐다보도록 했다.(아그넬루스, 369쪽)

134 그 다음으로 콘스탄티노플(이스탄불)을 방문한 교황은 1967년의 파울루스 6세였다.

135 이 부분에 관해서는 테오파네스의 모호한 문구(391쪽) 때문에 혼동이 생긴다. 상세하게 알고 싶은 독자는 K. 셍크가 쓴 대단히 박식한 논문 「황제 레오 3세의 국내 지배」, 『비잔티움 학회지』, 제5권(1896), 296쪽 이하를 참고하라.

136 과거에 제국의 핵심 요새였던 아모리움은 현재 건물 잔해와 방어 성벽의 일부만 남아 있다. 게다가 아직 미발굴 상태다. 이 도시의 위치는 현재 시브리히사르에서 남서쪽으로 55킬로미터 지점에 있는 아사르쾨이 촌락의 외곽 에르간칼레다.

137 야지드의 칙령이 전해지지 않기 때문에 상세한 내용은 알 수 없지만, 그에 따라 대대적인 파괴가 자행된 것은 틀림없는 사실이다.

138 『건물』, I, 10.

139 베네치아 석호 연안의 공동체들은 옛 속주 정부의 수반이자 둑스dux라는 직함을 지녔던 헤르클레아 출신의 우르수스 혹은 오르소라는 사람을 지도자로 추대했다. 이것이 바로 베네치아 공화국의 탄생이다. 둑스라는 직함은 베네치아 방언의 영향을 받아 도제Doge라는 명칭으로 변형되었다. 이후 베네치아 공화국이 존속하는 1797년까지 1천여 년에 걸쳐

모두 117명의 도제가 배출된다.

140 소피아 대성당의 보제였던 스테파누스가 제공한 정보를 토대로 808년에 『성 소 스테파누스의 생애』를 쓴 사람이다.

141 테오파네스에 의하면, 장에 탈이 나 음식물을 토하는 병이었다고 한다. 신도들은 그가 총대주교로서 별다른 업적을 쌓지 못했다고 여기고 여느 때처럼 자체적으로 결론을 내렸다.

142 E. J. 마틴, 『성상 파괴 논쟁의 역사』.

143 간통을 뜻하는 그리스어인 모이케이아에서 나왔다.

144 황제의 권리를 전폭적으로 지지했던 단테는 이렇게 개탄한다.

아, 콘스탄티누스여, 진정으로 큰 악은
그대의 개종에서 비롯된 것이 아니라
가장 부유한 사제가 그대에게서 받은 그 선물에서 나왔도다!
「지옥편」, xix, 115~117

옮긴이의 글

로마 제국은 2세기 말 이른바 '5현제 시대'가 끝나면서 멸망했어야 했다. 5현제의 마지막인 철학자 황제 마르쿠스 아우렐리우스는 사실상 로마 제국 최후의 황제였다. 이후 로마 제국은 안으로는 끊임없는 권력 투쟁에 휘말렸고(황제의 평균 재위 기간은 10년도 못되었다), 바깥으로는 나날이 세력이 커져 가는 북방 이민족들(이를 통칭해서 게르만 민족이라고 부르지만 단일한 민족 개념은 아니다)의 침략에 호되게 시달렸다.

쓰러져 가는 제국을 되살리기 위해 293년에 디오클레티아누스는 제국을 동방과 서방의 둘로 나누는 극약 처방을 내렸으나, 그 결정은 그의 의도와 무관하게 하나의 로마를 죽이고 다른 로마를 살리는 결과를 빚었다. 그의 뒤를 이은 콘스탄티누스는 아예 제국의 중심을 동방으로 옮기기로 작정하고 고대 도시 비잔티움의 터에 신도시를 건설했다. 이것이 동로마, 비잔티움 제국의 기원이며 이 책의 출발점이다.

우리가 배우는 세계사는 보통 동양사와 서양사로 나뉜다. 동양사는 주로 동아시아와 인도를 다루며, 서양사는 이집트와 중동에서 시작해 북아프리카와 유럽으로 퍼지고 거기서 다시 아메리카로 확장된 유럽 문명의 역사를 다룬다. 아프리카와 동남아시아는 안됐지만 일반적인 세계사의 범주에서 벗어난 마이너 문명으로 분류된다. 그러나 마이너 문명이 아닌데도 늘 세계사의 공백으로 남는 지역이 있다. 이곳이 바로 비잔티움 제국이 지배했던 동유럽과 소아시아다.

로마 제국을 분할한 디오클레티아누스가 니코메디아(오늘날 터키의 이즈미트)를 수도로 정하고 소아시아, 시리아, 이집트를 직접 관할 구역으로 삼았다는 사실은 무엇을 말할까? 당시 로마 제국의 수도는 유구한 역사와 전통에 빛나는 로마인데, 그는 왜 이 지역을 차지하지 않았을까? 실은 로마 제국이 강성하던 시절에도 로마는 정치와 행정의 중심지였을 뿐이고 경제와 무역의 중심지는 동부 지중해권이었다. 동유럽에서 중동에까지 이르는 방대한 지역은 서유럽 문명권보다 인구도 훨씬 많았을뿐더러 문명의 수준과 다양성에서도 훨씬 앞서 있었다.

그런데도 오늘날 동로마의 역사가 소홀히 다뤄지는 이유는 후대에 문명의 중심이 서유럽으로 옮겨 가고 서유럽 중심으로 서양사가 전개되었기 때문이다. 덕분에 동로마, 동유럽과 소아시아의 역사는 세계사의 주요 무대에서 탈락하고 말았는데, 과연 실제 역사도 그랬을까?

서로마는 로마 제국이 동서로 분리된 뒤 두 세기가량 그럭저럭 명맥만 유지하다가 결국 게르만 용병 대장인 오도아케르의 손에 형식상의 마지막 황제인 로물루스 아우구스툴루스가 폐위됨으로써 476년에 공식적으로 멸망했다. 그러나 정작 서유럽 세계가 약동하는 것은 고대 제국이 역사의 뒤안길로 묻힌 이때부터다. 로마 시대에 남유럽에 국한되어 있던 유럽 문명은 서로마의 멸망을 계기로 북쪽의 게르만 문명을 받아들여 로마-게르만 문명으로 발돋움했으며, 이후 오랜 중세 동안 교황과 세속 군주들이 종교와 정치를 분업적으로 관장하면서 힘을 키우다가 근대에 들어 서유럽 세계를 중심으로 만개했다.

중세가 끝날 때까지 유럽 문명이 서서히 발달하는 그 기나긴 시기에 방패막이를 해 준 것이 바로 비잔티움이다. 로마 말기에 콘스탄티누스가 그리스도교를 공인한 덕분에, 이후 유럽은 종교적으로 통합된 그리스도교권을 이루었으나 7세기에 강력한 도전자를 맞았다. 아라비아 사막에서 불쑥 솟아나 불과 한 세기 만에 거센 모래 바람을 일으키며 북아프리카 일대를 모조리 점령한 이슬람 제국이었다. 원래부터 문명의 힘과 경제력이 강했던 동부 지중해-오리엔트 지역을 기반으로 삼았던 만큼 이슬람 제국은 서유럽 세계가 감당할 수 있는 적수가 아니었다.

717년 여름 이슬람 제국은 8만의 대군과 1800척의 전함으로 콘스탄티노플을 공격했다(이 책 제18장 참조). 여기서 비잔티움 방어군은 강력한 신무기 그리스 화약과 시민들의 단결, 튼튼한 성벽을 효과적으로 이용하여 예상을 뒤엎고 이슬람군을 격퇴한다. 당시 콘스탄티노플의 황제와 시민들은 제국의 수도를 방어해야 한다는 사명감 이외에는 다른 것을 생각하지 못했겠지만, 이 전투의 더 큰 세계사적 의미는 취약한 서유럽 문명을 이슬람권의 침략으로부터 보호한 것이었다. 그에 비하면 732년 서유럽의 카를 마르텔이 에스파냐에서 침공해온 이슬람 군을 프랑스 남부의 투르에서 물리친 것은 아무것도 아니다. 비록 그 업적 덕분에 마르텔의 가문이 일약 지도 세력으로 떠올랐고 나중에 그의 손자 샤를마뉴가 로마에서 황제로 즉위하게 되지만, 투르 전투는 이슬람의 주력군이 아닌 지대支隊를 상대한 것에 불과했을 뿐 아니라 당시 에스파냐 이슬람군의 지휘관도 반드시 프랑크족을 격퇴해야겠다는 각오를 다진 것은 아니었다.

역사에 가정은 없다지만 그 중대한 시기에 동로마가 아니었다면 이슬람 세력은 유럽의 동쪽 관문을 쉽게 뚫고 들어와 무인지경으로 서유럽까지 치고 들어갔을 게 틀림없다. 그랬다면 유럽의 중세는 없었고, 멀리는 2001년의 9·11 사태도 없었으리라. 그런 점에서 비잔티움 제국은 존재 자체로서 서유럽 세계를 지켜준 수호신의 역할을 했다. 물론 자체의 생존을 도모하려는 노력이 그런 결과를 빚은 것이었지만.

그러나 18~19세기에 체계화된 '서양사'—특히 에드워드 기번의 『로마 제국 쇠망사』—에서 비잔티움 제국은 주연은커녕 조연도 못 되고 엑스트라의 역할에 불과하게 취급된다. 영국의 시인 바이런이 불편한 몸으로 그리스의 독립을 위해 투쟁하다가 죽은 데서 알 수 있듯이, 예술적 낭만주의와 정치적 민족주의가 판치던 19세기에 유럽의 역사가들은 유럽 문명이 고대 오리엔트에 기원을 두고 있다는 사실을 무시하고 유럽의 그리스에서 시작된 것으로 보고자 했으며, 중세에 비잔티움 제국이 존재한 덕분에 서유럽 세계가 발달할 수 있었다는 사실을 무시하고 서유럽이 자체의 발전 동력을 지닌 것으로 이해하고자 했다. 동로마 제국의 역사가 세계사의 '빈칸'으로 남은 것은 그 때문이다.

이 책의 지은이 존 줄리어스 노리치는 바로 그런 문제의식에서 『로마 제국 쇠망사』에 맞먹는 동로마사를 저술하기로 마음먹었다. 잘나가는 외교관 직책을 박차고 역사 연구에 뛰어든 이색적인 경력을 가진 지은이는 외교관 출신답게 노련하면서도 재치 넘치는 서술로 1100년의 동로마 제국사를 생생하게 엮어 낸다.

지은이는 역사를 평면적으로 보지 않고 종횡무진으로 누비는 '역사의 인디애나 존스'를 자처한다. 정식 역사서라면 감히 하지 못할 이야기를 서슴없이 하는가 하면, 고상한 역사서라면 감히 담지 못할 표현을 거침없이 쏟아 낸다. 특히 비잔티움의 황실에서 벌어진 권력 투쟁과 외교, 종교 논쟁 등에 관한 흥미로운 주제들을 다룰 때는 그러잖아도 얌전하지 않은 지은이의 붓끝이 더욱 험해진다. 물론 지은이의 의도가 그 '험함'을 통해 역사를 현장감 있게 되살리려는 데 있음은 두말할 것도 없다.

지은이의 그런 노력은 이 책을 드라마 같은 역사서로 만들었다. 이 책의 첫 머리에 나오듯이 그동안 우리에게 "황금과 공작석과 반암斑岩의 이미지, 웅장하고 엄숙한 의식, 루비와 에메랄드가 수놓인 직물, 은은한 향이 풍기는 어둑한 회랑을 희미한 빛으로 장식하고 있는 호사스러운 모자이크"라는 표현이 어울리던 비잔티움 제국의 이미지는 지은이의 손에서 더없이 생생하고 흥미로우면서도 더없이 끔찍하고 잔혹한 이미지로 바뀐다(한편으로는 고도의 신학 논쟁이 벌어지면서도 다른 한편으로는 권력을 빼앗긴 황제가 눈이 파이고 코가 잘리는 형벌을 당하는 게 비잔티움의 역사다).

세 권으로 구성된 방대한 역사서의 첫째 권인 이 책은 제국이 탄생한 로마 말기에서부터 9세기까지의 역사를 다룬다. 기번의 『로마 제국 쇠망사』를 읽은 독자라면 이 책에서 그보다 더 생생한 역사를 찾을 수 있을 테고, 중국의 『삼국지』를 읽은 독자라면 이 책에서 그보다 더 흥미로운 인물 열전과 더불어 정사正史가 주는 참맛을 느낄 수 있을 것이다.

2007년 3월

남경태

디오클레티아누스, 콘스탄티누스 대제, 발렌티니아누스, 테오도시우스의 가계

디오클레티아누스 + 프리스카
막시미아누스 1세 + 유트로피아 + 한니발리아누스
갈레리우스 + 발레리아
헬레나(1) + **콘스탄티우스 1세 클로루스** + (2)테오도라
?
막시미누스 다이아
딸 + **막센티우스**
파우스타(2) + **콘스탄티누스 대제** + (1)미네르비나
유트로피아 + 포필리우스 네포티아누스
아나스타시아 + 플라비우스 오프타투스
콘스탄티아 + **리키니우스**
델마티우스
크리스푸스
아들
리키니아누스
델마티우스
한니발리아누스 + 콘스탄티나, 콘스탄티누스 대제의 딸
율리우스 콘스탄티우스 + (1)바실리나
콘스탄티누스 2세
콘스탄티우스 2세
콘스탄스
콘스탄티나 + 한니발리아누스
헬레나 + **율리아누스**
갈루스
귀족 그라티아누스
마리나(1) + **발렌티니아누스 1세** + (2)유스티나
발렌스
콘스탄티아 + **그라티아누스**
테오도시우스 장군
발렌티니아누스 2세
갈라(2) + **테오도시우스 1세** + (1) 아일리아 플라킬라
딸
콘스탄티우스 3세(2) + 갈라 플라키디아 + (1)아타울푸스
세레나 + 스틸리코
유독시아 + **아르카디우스**
호노리우스 + (1)마리아 + (2) 테르만티아
유케리우스
플라킬라
풀케리아 + **마르키아누스**
테오도시우스 2세 + 유도키아(아테나이스)
아르카디아
마리나
안테미우스 + 유페미아
마르키아누스
호노리아
발렌티니아누스 3세 + 유독시아
플라킬라
가이세리크
올리브리우스 + 플라키디아
유도키아 + 후네리크
힐데리크

레오 1세의 가계

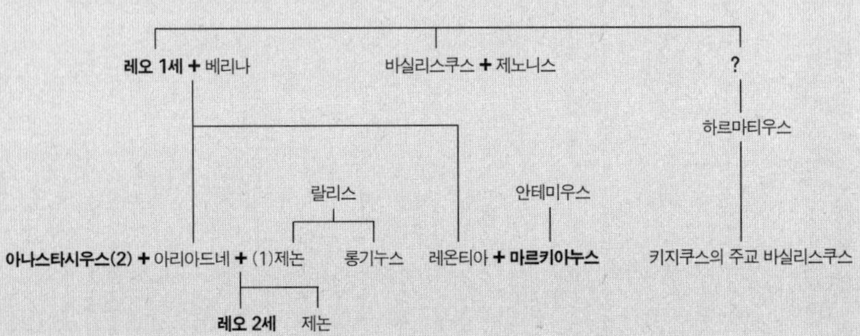

레오 3세의 가계

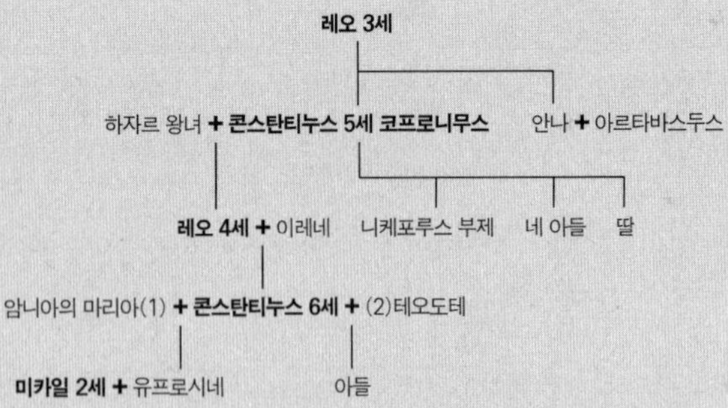

유스티니아누스와 테오도리쿠스의 가계

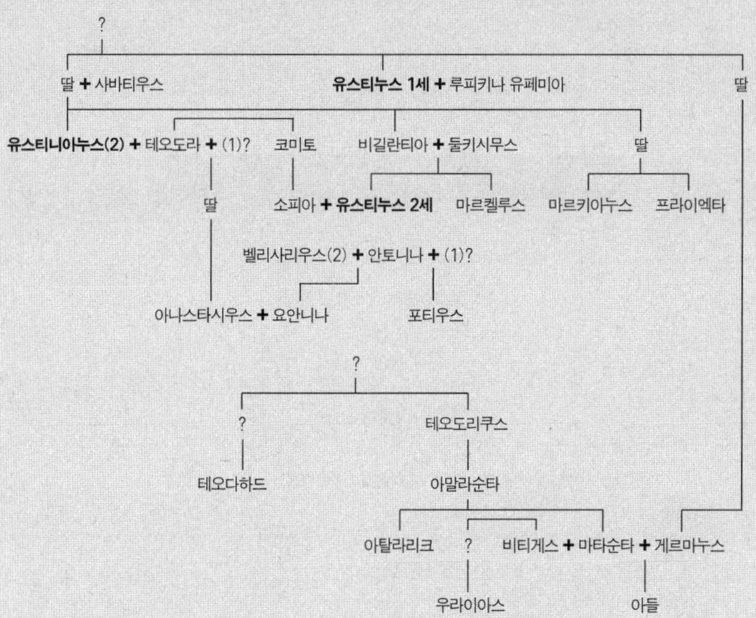

티베리우스 콘스탄티누스의 가계

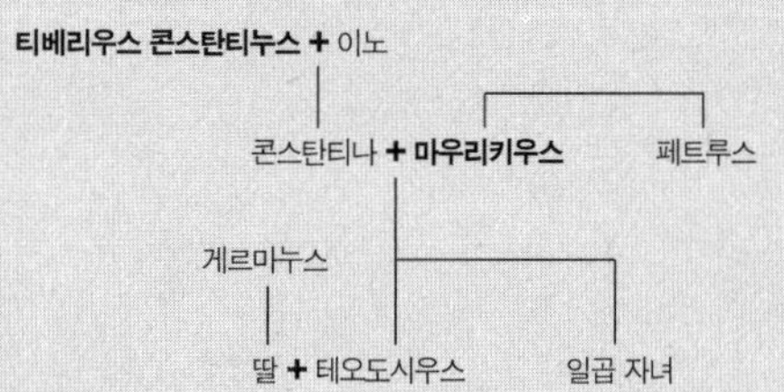

헤라클리우스의 가계

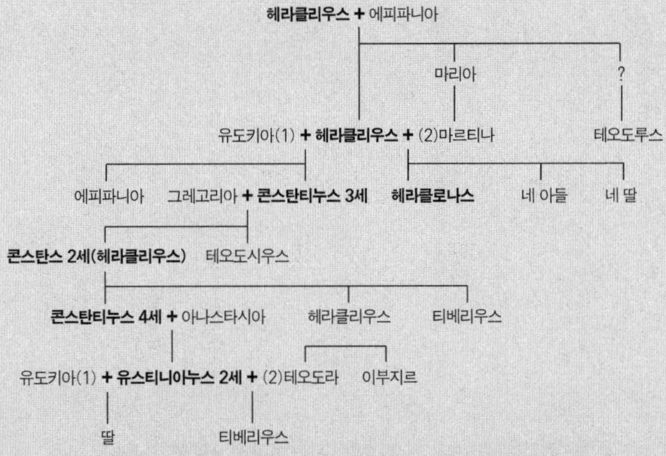

헤라클리우스 + 에피파니아
마리아
?
유도키아(1) + 헤라클리우스 + (2)마르티나
테오도루스
에피파니아
그레고리아 + 콘스탄티누스 3세
헤라클로나스
네 아들
네 딸
콘스탄스 2세(헤라클리우스)
테오도시우스
콘스탄티누스 4세 + 아나스타시아
헤라클리우스
티베리우스
유도키아(1) + 유스티니아누스 2세 + (2)테오도라
이부지르
딸
티베리우스

참고문헌

1 원전

전집

- BLOCKLEY, R. C. *The Fragmentary Classicising Historians of the Later Roman Empire.* English translations. Vol. II, Liverpool 1983 (B.F.C.H.).
- *Corpus Scriptorum Ecclesiasticorum Latinorum.* 57 vols. Vienna 1866-(incomplete) (C.S.E.L.).
- *Corpus Scriptorum Historiae Byzantinae.* Bonn 1828- (incomplete) (C.S.H.B.).
- COUSIN, L. *Histoire de Constantinople.* French translations. 8 vols. Paris 1685 (C.H.C.).
- HOARE, F. R. *The Western Fathers.* English translations. London 1954 (H.W.F.).
- MIGNE, J. P. *Patrologia Graeca.* 161 vols. Paris 1857-66 (M.P.G.).

——— *Patrologia Latina.* 221 vols. Paris 1844-55 (M.P.L.).

- *Monumenta Germaniae Historica.* Eds. G. H. Pertz, T. Mommsen *et al.* Hanover 1826-(in progress) (M.G.H.).
- MULLER, C. I. T. *Fragmenta Historicorum* Graecorum. 5 vols. Paris 1841-83 (M.F.H.G.).
- MURATORI, L. A. *Rerum Italicarum Scriptores.* 25 vols. Milan 1723-51 (M.R.I.S.).
- *Nicene and Post-Nicene Fathers, Library of the.* 2nd series. 14 vols. with trans. Oxford 1890-1900 (N.P.N.F.).

개별 저작

- AGATHIAS of Myrina. *The Histories.* Trans. J. D. Frendo. Berlin 1975.
- AGNELLUS of Ravenna. *De Sancto Felice.* In *Liber Pontificalis Ecclesiae Ravennatis*, ed. O. Holder-Egger. In M.G.H., *Scriptores Rerum Lango-bardicarum et Italicarum, saec*. VI-IX. Hanover 1878.
- AL-BALADHURI. *Kitab Futuh al-Buldan.* Trans, as *The Origins of the Islamic State* by Philip K. Hitti. New York 1916.
- AMBROSE, Saint. *Opera.* In C.S.E.L., Vol. 73. 10 parts. Vienna 1955-64.
- AMMIANUS MARCELLINUS. *Rerum Gestarum Libri.* Ed. V. Gardthausen. 2 vols. Leipzig 1874-5.
- ANASTASIUS, Bibliothecarius. In M.P.L., Vol. 80; M.P.G., Vol. 108.
- ANONYMUS VALESII. Usually included with Ammianus Marcellinus, *q.v.*

- AURELIUS VICTOR. *De Caesaribus*. Eds. F. Pichlmayr and R. Gruendal. Leipzig 1966.
- CANDIDUS the Isaurian. *History*. Trans, in B.F.C.H.
- CEDRENUS, Georgius. In C.S.H.B.; also M.P.G., Vols. 121-2.
- CLAUDIAN. *Carmina*. Ed. T. Birt. In M.G.H., Vol. 10 (Eng. verse trans. by A. Hawkins. 2 vols. London 1817).
- CONSTANTINE VII PORPHYROGENITUS. *De Administrando Imperio*. Gk. text with Eng. trans. by R. J. H. Jenkins. Washington 1969.

——— Commentary, by R. J. H. Jenkins. London 1962.

- CORIPPUS. *De Laudibus Justini Augusti Minoris*. In M.G.H., Auctores Antiquissimi, III, ii.
- EUNAPIUS. *History*. Trans, in B.F.C.H.
- EUSEBIUS, Bishop of Caesarea. *A History of the Church from Christ to Constantine*. Trans. G. A. Williamson. London 1965.

——— Life of Constantine. Trans. A. C. McGiffert in N.P.N.F., Vol. 2.

- EUTROPIUS. *Breviarium ab Urbe Condita*. Ed. F. Ruehl. Leipzig 1887. Trans. J. S. Watson, London 1890.
- EVAGRIUS. In M.F.H.G., Vol. 5.
- GEORGE of Pisidia. The Heracliad, The Persian Expedition and the *Bellum Avaricum*. In C.S.H.B., Vol. 19; also M.P.H., Vol. 92.
- GERMANUS, Patriarch. *Letters*. In M.P.G., Vol. 98, 156ff.
- GREGORY of Nazianzus, St. *Selected Orations and Letters*. Trans. C. G. Browne and J. E. Swallow in N.P.N.F., Vol. 7.
- JEROME, Saint. *Letters*. Fr. trans. by J. Labourt. 8 vols. Paris 1951-63.
- JOANNES ANTIOCHENUS. In M.F.H.G., Vols. 4-5.
- JOANNES LYDUS. *On Powers, or The Magistracies of the Roman State*. Ed. and trans. A. C. Bandy. Philadelphia 1983.
- JOHN CHRYSOSTOM, Saint. Œuvres Complètes. Fr. trans. Abbé Joly. 8 vols. Paris 1864-7.
- JOHN of Damascus. *Orations*. In M.P.G., Vol. 94, 1232ff.
- JOHN, Bishop of Ephesus. *Ecclesiastical History*, Pt. III. Ed. and trans. R. P. Smith. Oxford 1860.
- JORDANES (JORNANDES). In M.R.I.S., Vol. I.
- JULIAN, Emperor. *Works*. Trans. W. C. Wright. 3 vols. London 1913.
- LACTANTIUS. *On the Deaths of the Persecutors*. Trans. W. Fletcher. Ante-Nicene Library. Edinburgh 1871.

- LEO, Grammaticus. *Lives of the Emperors (813-948)*. In C.H.C., Vol. III.
- LIBANIUS. *Selected Works*. Trans. A. F. Norman. 2 vols. London and Cambridge, Mass. 1969 and 1977.
- *Liber Pontificalis. De Gestis Romanorum Pontificum*. Text, intr. and comm. by L. Duchesne. 2 vols. Paris 1886-92 (reprint, Paris 195 5)
- MALALAS, JOHN. In M.P.G., Vol. 97.
- MARTIN I, Pope. *Letters*. In M.P.L., Vol. 87.
- MENANDER, Protector. *Embassies*. In C.H.C., Vol. III.
- NICEPHORUS, St, Patriarch. *Opuscula Historica* (602-770). Ed. C. de Boor. Leipzig 1880. Fr. trans, in C.H.C., Vol. III.
- OLYMPIODORUS. *History*. In B.F.C.H.
- *Paschal Chronicle*. In M.P.G., Vol. 92.
- PAUL the Deacon. *Historia Langobardorum*. In M.G.H., *Scriptores*, Vols. ii, xiii. Eng. trans, by W. C. Foulke, Philadelphia 1905.
- PAULINUS. *Life of Ambrose*. In H.W.F.
- PHILOSTORGIUS. *Historia Ecclesiae*. In M.P.G., Vol. 65. Partial trans. E. Walford, London 1851.
- PRISCUS. *History*. Trans, in B.F.C.H.
- PROCOPIUS of Caesarea. *Works*. Trans. H. B. Dewing. 7 vols. London 1914-40.
- RUFINUS, TYRANNIUS. *Ecclesiastical History*. Trans, in N.P.N.F., Vol. 3.
- SEBEOS, Bishop. *Histoire d' Héraclius*. Trans, and ed. F. Macler. Paris 1904.
- SIDONIUS, APOLLINARIS. *Poems and Letters*. Trans. W. C. Anderson. 2 vols. London 1936.
- SOCRATES SCHOLASTICUS. *Ecclesiastical History*. Trans, in N.P.N.F., Vol. 2.
- SOZOMEN. *Ecclesiastical History*. Trans, (anon.) in N.P.N.F., Vol. 2.
- THEODORET. *History of the Church*. Trans, (anon.) London 1854.
- THEOPHANES, St (called Isaacius). *Chronographia*. Ed. C. de Boor. 2 vols. Leipzig 1883 (reprinted Hildesheim 1963). Also in M.P.G., Vols. 108-9.
- THEOPHYLACT, Simocatta. *History of the Emperor Maurice*. In C.S.H.B., 1924. Fr. trans, in C.H.C., Vol. III.
- ZONARAS, Joannes. *Annales*. Ex rec. M. Pindari. In C.S.H.B. and M.P.G., 134-5
- ZOSIMUS (Panopolitanus). *Historia*. Ed. with Latin trans. J.F. Reitemeyer. Leipzig 1784.

2 현대 문헌

- ALFOLDI, A. *The Conversion of Constantine and Pagan Rome*. Oxford 1948.
- ANDREOTTI, R. *Il Regno dell' Imperatore Giuliano*. Bologna 1936.
- BAYNES, N. H. 'Constantine the Great and the Christian Church' .*Proceedings of the British Academy*. 1929.
- BAYNES, N. H. *Byzantine Studies and Other Essays*. London 1955.
- BAYNES, N. H. and Moss, H. St L. B. (eds.) *Byzantium: an Introduction to East Roman Civilisation*. Oxford 1948.
- BIDEZ, J. *La Vie de l' Empereur Julien*. Paris 1930.
- BOWERSOCK, G. W. Julian the Apostate. London 1978.
- BROWNING, R. *Justinian and Theodora*. London 1971.

—— *The Emperor Julian*. London 1975.

—— *The Byzantine Empire*. London 1980.

- BURCKHARDT, J. *The Age of Constantine the Great*. Trans. M. Hadas. London 1849.
- BURY, J. B. *A History of the Later Roman Empire (395-800 A.D.)*. 2 vols. London 1889.
- BUTLER, A. J. *The Arab Conquest of Egypt and the Last Thirty Years of Roman Dominion*. Oxford 1902.
- BYRON, R. *The Byzantine Achievement*. London 1929.
- CAETANI, G. C. *Annali dell' Islam*. Vols. I-VIII. Milan 1905-18.
- *Cambridge Medieval History*. Esp. Vol. IV, The Byzantine Empire, 717-1453. New edition, ed. J. M. Hussey. 2 vols. Cambridge 1966-7.
- CHARLESWORTH, M. P. *The Roman Empire*. Oxford 1951.
- COBHAM, C. D. *The Patriarchs of Constantinople*. Cambridge 1911.
- DELEHAYE, H. *Les Saints Stylites*. Brussels and Paris 1923.
- *Dictionnaire d' Histoire et de Geographic Ecclésiastiques*. Eds. A. Baudrillart, R. Aubert and others. Paris 1912-(in progress).
- *Dictionnaire de Théologie Catholique*. 15 vols in 30. Paris 1909?50 (with supplements).
- DIEHL, C. L' *Afrique Byzantine*. 2 vols. Paris 1896.

—— *Figures Byzantines*. 2 ser. Paris 1906 and 1913.

—— *Histoire de l' Empire Byzantin*. Paris 1918.

—— *Choses et Gens de Byzance*. Paris 1926.

- DOWNEY, G. *Constantinople in the Age of Justinian.* University of Oklahoma 1960.
- DRAPEYRON, L. *L' Empereur Héraclius et l' Empire Byzantin.* Paris 1869.
- DUDDEN, F. H. *The Life and Times of St Ambrose,* 2 vols. Oxford 1935.
- DUNLOP, D. M. *The History of the Jewish Khazars.* Princeton 1954.
- EBERSOLT, J. *Le Grand Palais de Constantinople et le Livre des Ceremonies.* Paris 1910.
- *Enciclopedia Italiana.* 36 yols. 1929-39 (with later appendices).
- *Encyclopaedia Britannica.* nth ed. 29 vols. Cambridge 1910-11.

——— 15th ed. 30 vols. University of Chicago 1974.

- FINLAY, G. *History of Greece, BC 146 to AD 1864.* New ed. Ed. H. F. Tozer, 1877. 8 vols.
- FIRTH, J. B. *Constantine the Great.* New York 1905.
- FISHER, H. A. L. *A History of Europe.* London 1935.
- FLICHE, A. and MARTIN, V. *Histoire de l' Eglise, depuis les Origines jusqu' à nos Jours.* Paris 1934.
- FRENCH, R. M. *The Eastern Orthodox Church.* London and New York 1951.
- GARDNER, A. *Julian, Emperor and Philosopher, and the Last Struggle of Paganism against Christianity.* London 1895.

——— *Theodore of Studium.* London 1905.

- GIBBON, E. *The History of the Decline and Fall of the Roman Empire.* 7 vols. Ed. J. B. Bury. London 1896.
- GORDON, C. D. *The Age of Attila* (trans, of contemporary sources). University of Michigan 1966.
- GRANT, M. *The History of Rome.* London 1978.
- GROSVENOR, E. A. *Constantinople.* 2 vols. Boston 1895.
- GWATKIN, H. M. *Eusebius of Caesarea.* London 1896.
- HARNACK, T. G. A. *History of Dogma.* Eng. trans. London 1899.
- HEAD, C. *Justinian II of Byzantium.* University of Wisconsin Press 1972.
- HEFELE, C. J. von. *Histoire des Conciles d' après les Documents Originaux* (Fr. trans, from German by H. Leclercq). 5 vols in 10. Paris 1907-13.
- HILL, Sir George. *A History of Cyprus.* 3 vols. Cambridge 1913.
- HITTI, P. K. *History of the Arabs.* 3rd ed. New York 1951.
- HODGKIN, T. *Italy and her Invaders.* 8 vols. Oxford 1880-99.
- HOLMES, W. G. *The Age of Justinian and Theodora.* 2 vols. London 1907.
- HUSSEY, J. M. *The Byzantine World.* London and New York 1957.
- JANIN, R. *Constantinople Byzantine.* Paris 1950.

- JENKINS, R. *Byzantium: The Imperial Centuries, AD 610-1071.* London, 1966.
- JONES, A. H. M. *Constantine and the Conversion of Europe*. London 1948.
- KRAUTHEIMER, R. *Early Christian and Byzantine Architecture* (Pelican History of Art). London 1965.
- LETHABY, W. R. and SWAINSON, H. *The Church of Sancta Sophia, Constantinople: a Study of Byzantine Building.* London 1894.
- MACLAGAN, M. *The City of Constantinople.* London 1968.
- MACMULLEN, R. *Constantine.* London 1970.
- MAINSTONE, R. J. *Hagia Sophia: Architecture, Structure and Liturgy of Justinian's Great Church.* London 1988.
- MANN, H. K. *The Lives of the Popes in the Middle Ages.* 18 vols. London 1902-32.
- MARIN, E. *Les Moines de Constantinople.* Paris 1897.
- MARTIN, E. J. *A History of the Iconoclastic Controversy.* London 1930.
- MILMAN, H. H. *The History of Christianity from the Birth of Christ to the Abolition of Paganism in the Roman Empire.* 3 vols. Rev. ed. 1867.
- NEANDER, A. *General History of the Christian Religion and Church.* 9 vols. Eng. trans. London 1876.
- *New Catholic Encyclopaedia.* Washington, DC 1967.
- OCKLEY, S. *History of the Saracens.* 4th ed. London 1847.
- OMAN, C. W. C. *The Byzantine Empire.* London 1897.
- OSTROGORSKY, G. *History of the Byzantine State.* Trans. J. Hussey. 2nd ed. Oxford 1968.
- PEROWNE, S. *The End of the Roman World.* London 1966.
- RIDLEY, F. A. *Julian the Apostate and the Rise of Christianity.* London 1937.
- RUNCIMAN, S. *A History of the First Bulgarian Empire.* London 1930.
- SETTON, K. M. *The Byzantine Background to the Italian Renaissance.* Proceedings of the American Philosophical Society, Vol. 100, no. 1 (February 1956).
- SMITH, J. H. *Constantine the Great.* London 1971.
- SMITH, W. and WACE, H. *Dictionary of Christian Biography.* 4 vols. London 1877-87.
- STEIN, E. *Histoire du Bas-Empire, II: de la Disparition de l'Empire de l'Occident á la Mort de Justinien (476-565).* Paris and Brussels 1949.
- SUMNER-BOYD, H. and FREELY, J. *Strolling through Istanbul.* Istanbul 1972.
- SWIFT, E. A. *Hagia Sophia.* New York 1940.
- SYKES, Sir Percy. *A History of Persia*, 2 vols. 3rd ed. London 1930.
- THOMPSON, E. A. *A History of Attila and the Huns.* London 1948.

▪ VAN DER MEER, F. *Atlas of Western Civilisation.* Trans. T. A. Birrell. Amsterdam 1954.

——— and MOHRMANN, C. *Atlas of the Early Christian World.* Trans. M. F. Hedlund and H. H. Rowley. London 1958.

▪ VASILIEV, A. A. *The Goths in the Crimea.* Cambridge, Mass. 1936.

——— *Justin the First: an Introduction to the Epoch of Justinian the Great.* Cambridge, Mass. 1950.

——— *History of the Byzantine Empire, 324-1453.* Madison, Wisconsin 1952.

▪ VOGT, J. *The Decline of Rome: The Metamorphosis of Ancient Civilisation.* Trans. J. Sondheimer. London 1967.

찾아보기

ㅎ

비잔티움 연대기 창건과 혼란

초판 1쇄 발행 2007년 4월 9일
개정판(아카데미판) 발행 2016년 6월 7일

지은이 | 존 줄리어스 노리치
옮긴이 | 남경태

책임편집 | 정일웅·나현영
디자인 | 최선영·남금란

펴낸곳 | 바다출판사
펴낸이 | 김인호
주소 | 서울시 마포구 어울마당로5길 17(서교동, 5층)
전화 | 322-3885(편집부), 322-3575(마케팅부)
팩스 | 322-3858
E-mail | badabooks@daum.net
출판등록일 | 1996년 5월 8일
등록번호 | 제10-1288호

ISBN 978-89-5561-827-3 04920
978-89-5561-830-3 04920(전 3권)